中华古村落

江西卷

顾问　陈志华
主编　李秋香　李玉祥
许飞进　著

江蘇鳳凰教育出版社
Phoenix Education Publishing, Ltd

总序

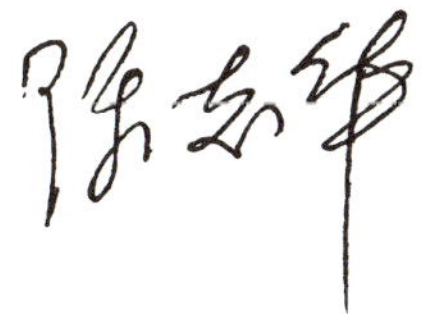

中国有着非常漫长的自然农业历史，传统的中华文明，基本上是农业文明。农业文明的基础是乡村的社会生活。在广阔的乡土社会里，以农民为主，加上小手工业者、小商贩、在乡知识分子和少数退休还乡的官吏，一起创造了像海洋般深厚瑰丽的乡土文化。比起庙堂文化、士大夫文化和市井文化来，乡土文化是绝大多数人创造的文化，为绝大多数人服务。乡土文化依赖于土地，是一种地域性文化，它不像庙堂文化、士大夫文化和市井文化那样有强烈的趋同性，它千变万化，更丰富多彩，是中华民族文化遗产中还没有被充分开发的宝藏。没有乡土文化的中国文化史是残缺不全的，不研究乡土文化就不能真正了解我们这个民族。

乡土建筑是乡土生活的舞台和物质环境，它是乡土文化最普遍存在的、信息含量最大的组成部分。它的综合度最高，紧密联系着许多其他乡土文化要素，甚或是它们的重要载体。不研究乡土建筑就不能完整地认识乡土文化，甚至可以说，乡土建筑研究是乡土文化系统研究的基础。

乡土建筑当然也是中国传统建筑最朴实、最率真、最生活化、最富有人情味的一部分，不仅有很高的历史文化价值，对建筑工作者来说，还可能有一些直接的借鉴价值。没有乡土建筑的中国建筑史是残缺不全的。

有一个漫长的历史时期，中国的经济、文化中心在农村。农村里建筑品类之多样胜过一般的城市，连书院、藏书楼、寺庙也大多在农村，更不必提路亭、磨坊、水碓、畜舍之类的了。雕梁画栋、琐窗朱户也并不次于城里。但是，乡土建筑优秀遗产的价值还远远没有被正确而充分地认识。一个物种的灭绝是巨大的损失，一种文化的灭绝岂不是更大的损失？大熊猫、金丝猴的保护已经是全人类关注的大事，我们的乡土建筑却正在以极快的速度、极大的规模被破坏着，我们正无可奈何地失去它们。

我们无力回天，但我们决心用全部的精力立即抢救性地做些乡土建筑的研究工作。

我们的乡土建筑研究从聚落下手。这是因为，绝大多数的乡民生活在特定的封建宗法制的社区中，所以，乡土建筑的基本存在方式是形成聚落。作为与乡民们社会生活的各个侧面相对应的物质条件，聚落中的乡土建筑包含着许多种类，有居住建筑，有礼制建筑，有寺庙建筑，有商业建筑，有公益建筑，也有文教建筑，等等。当然更有农业、手工业所必须的建筑，例如磨坊、水碓、染坊、畜舍、粮仓之类。几乎每一类建筑都构成一个或大或小的系统。例如宗庙，有总祠、房祠、支祠、香火堂和祖屋；例如文教建筑，有家塾、义塾、书院、文昌（奎星）阁、文峰塔、进士牌楼、功名桅杆、戏台；生产性建筑则有陶瓷窑、抄纸作坊、竹木店、染坊、铁匠铺、油榨坊等等。这些建筑系统在聚落中形成一个有机的大系统，这个大系统规定着聚落的结构，使它成为功能完备的整体，满足一定社会历史条件下乡民们物质的和精神的生活需求，以及社会的制度性需求。打个比方，聚落好像物质的分子，分子是具备了某种物质的全部性质的最小的单元，聚落就是社会的这种最小单元。我们以完整的聚落作为研究乡土建筑的对象。这个研究目标本身规定了研究的基本方法，即以田野调查为主，结合文献考查。

乡土生活赋予乡土建筑丰富的文化内涵，我们力求把乡土建筑与乡土生活联系起来研究，因此便是把乡土建筑当作乡土文化的基本部分来研究。聚落的建筑大系统是一个有机整体，我们力求把研究的重点放在聚落的整体上，放在各种建筑与整体的关系及它们之间的相互关系上，放在聚落整体及它们的各个部分与自然环境和历史环境的关系上。乡土文化不是孤立的，它参与形成庙堂文化、士大夫文化、市井文化的共同基础，和它们都有千丝万缕的关系。乡土生活不是完全封闭的，它与一个历史时代整个社会的各个生活领域也有千丝万缕的关系。我们力求在这些关系中研究乡土建筑。例如，明代初年“九边”的乡土建筑随军事形势的张弛而变化，明代末年江南和晋中的乡土建筑随着商品经济的发展而有很大的变化，等等。聚落是在比较长的时期里定型的，这个发展过程蕴含着丰富的历史文化内容，我们也希望有足够的资料可以让我们对聚落做动态的研究。总之，我们的研究方法综合了建筑学的、历史学的、民俗学的、社会学的、文化人类学的各种方法。方法的综合性是由乡土社会和建筑固有的复杂性与外部联系的多方位性决定的。

因为我们的研究是抢救性的，所以我们不选已经名闻天下的聚落作为研究课题，而去发掘一些默默无闻但很有历史价值的聚落。这样的选题很难：聚落要发育得成熟一些，建筑类型比较完全，建筑质量好，有家谱、碑铭之类的文献资料。当然聚落最好还保存得相当完整，老的没有太大的损坏，新的又没有太多的增加。从系列化的研究来说，更希望聚落在各个层次上都有类型性的变化：有纯农业村，有手工业村，有从农业向商业、手工业转化的村；有窑洞村，有雕梁画栋的村；有山头村，有河边村；有马头墙参差的，也有吊脚楼错落的；还有不同地区不同民族的，等等。这样才能一步步接近中国乡土建筑的全貌，虽然这个路程非常漫长。选题的时候，要区分各个层次上的类别和性质，我们使用了细致的比较法，就是要找出各个聚落的特征性因子，这些因子相互之间要有可比性，要在聚落内部有特殊性，要在类型之间或类型内部有普遍性。我们不仅尽可能选取不同的角度和重点，还力求写出每个聚落的特殊性，而不是去把它纳入一般化的模子里。只有写出每个题材的特殊性，才能多少写出一点点中国乡土建筑的丰富性和多样性。所以，挖掘题材的特殊性，是我们着手研究的切入点，必须下比较大的工夫。类型性和个体性的挖掘，也都要靠细致运用比较的方法。

虽然我们只能从汪洋大海中取得一勺水，这勺水毕竟带着海洋的全部滋味。希望我们的书能够引起读者们对乡土建筑的兴趣，有更多的人乐于来研究它们，进而能有选择地保护其中最有价值的一部分，使它们免被彻底毁灭。

2013 年夏日

目录

国家自然科学基金资助（项目批准号：51568047）
江西省社科规划重点项目资助（项目批准号：17YS02）
江西省教育厅科技课题资助（项目批准号：GJJ180931）

概述

一、自然环境

1. 地形

江西省位于中国大陆东南长江中下游交界处的南岸，地处北纬24° 29′ —30° 04′ ，东经113° 34′ —118° 28′ ，南北长约620千米，东西宽约490千米，总面积约16.69万平方千米。

江西东部的怀玉山和武夷山脉，将江西和浙江、福建两省分隔开；南部的大庾岭、九连山脉处于赣粤之间，将江西与广东分开；西部南段有罗霄山脉的万洋、诸广、武功山等；北段有幕阜山、九岭山，将江西与湖南、湖北分隔。这使得江西在地理上形成一个较为封闭的单元。在上述山脉间，仅有一些天然的隘口和通道，与外省保持经济文化联系。其中重要的隘口有上饶广丰区的二渡关，铅山县与福建交界的分水关、桐木关，资溪县与福建交界的铁牛关，黎川县与福建交界的杉关、德胜关，瑞金市的大岭隘，以及大庾岭上的梅关。境内地势南高北低，边缘群山环绕，中部丘陵起伏，北部平原坦荡，四周渐次向鄱阳湖区倾斜，形成南窄北宽、以鄱阳湖为底部的盆地状地形。

2. 水资源

江西省境内水系发达，河流众多。赣江、抚河、信江、饶河和修河五大河流为省内主要河流，五河来水汇入鄱阳湖后经湖口注入长江。境内水系主要属长江流域，占97.4%，其中绝大部分属鄱阳湖水系，珠江流域占2%，还有约285平方千米面积属东南沿海的钱塘江及韩江流域诸水系。

江西流域面积达50平方千米及以上的河流有967条，总长度为34380千米。其中涉及流域面积达100平方千米及以上河流有490条，总长度为25220千米；涉及流域面积达1000平方千米及以上的河流有51条，总长度为8200千米；涉及流域面积达10000平方千米及以上的河流有8条，总长度为2470千米。

丰富的水资源为江西水上交通提供了便利。四通八达的水系使江西与安徽、浙江、广东、福建、湖南紧密相连。

3. 植物与矿产资源

江西森林覆盖率高达63.1%，位居全国第二。植物系统演化中各个阶段的代表植物江西均有分布，同时发现不少原始性状的古老植物，如“活化石”银杏等。由于江西竹子、杉木、樟树等植物资源丰富，竹木、药材从唐代以来已经是贸易的重要商品，为古村镇的建筑营造提供了物质基础，也为村镇药材产业的勃兴打下良好基础。

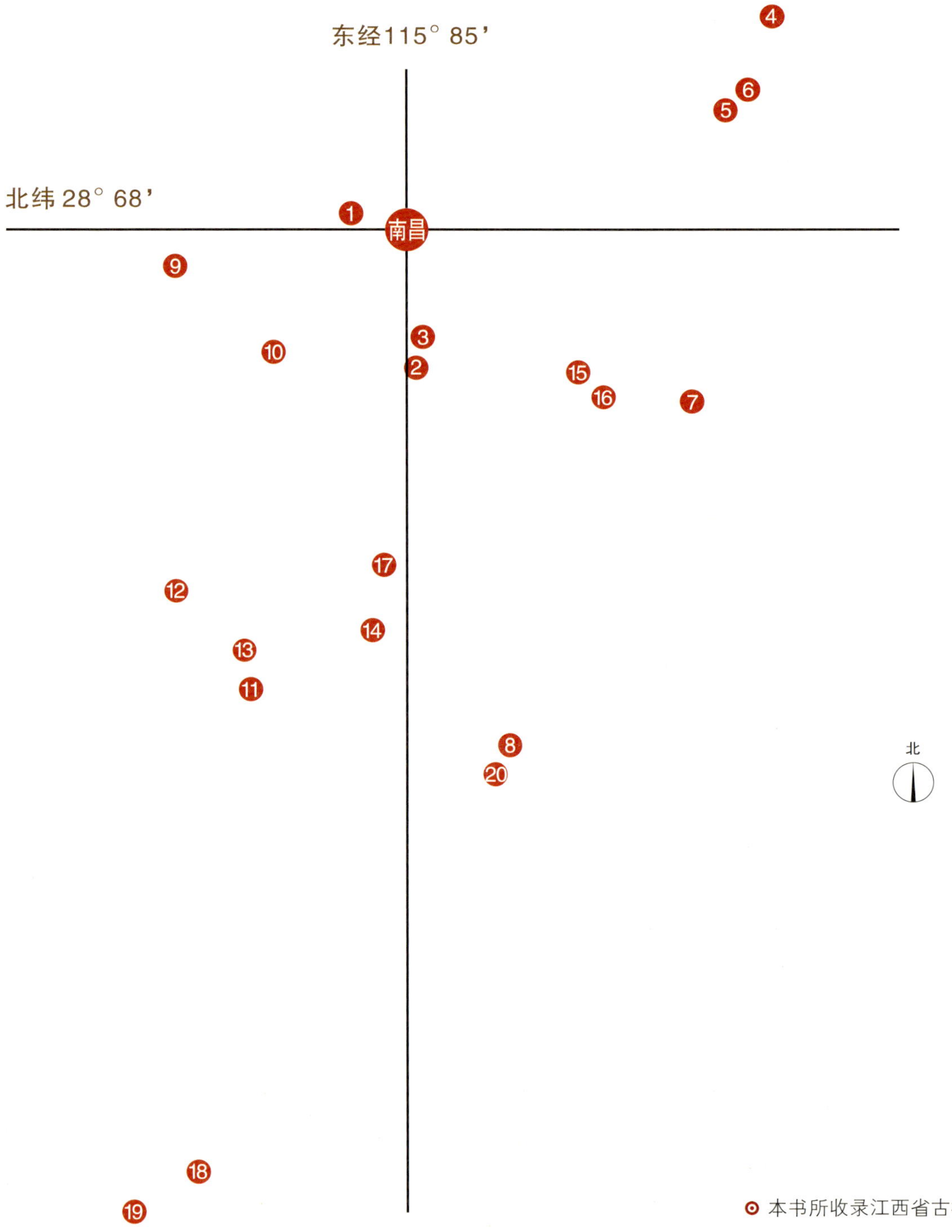

本书所收录江西省古村落分布示意图

① 南昌市安义县石鼻镇罗田村
② 宜春市丰城市张巷镇白马寨村
③ 宜春市丰城市筱塘乡厚板塘村
④ 景德镇市浮梁县瑶里镇瑶里村
⑤ 景德镇市乐平市涌山镇涌山村
⑥ 上饶市婺源县镇头镇游山村
⑦ 鹰潭市贵溪市耳口镇曾家村
⑧ 抚州市广昌县驿前镇驿前村
⑨ 宜春市宜丰县天宝乡天宝村
⑩ 宜春市高安市新街镇贾家村
⑪ 吉安市青原区富田镇陂下村
⑫ 吉安市吉州区兴桥镇钓源村
⑬ 吉安市青原区文陂镇渼陂村
⑭ 吉安市永丰县沙溪镇河下村
⑮ 抚州市东乡区黎圩镇浯溪村
⑯ 抚州市金溪县双塘镇竹桥村
⑰ 抚州市乐安县牛田镇流坑村
⑱ 赣州市龙南县关西镇关西村
⑲ 赣州市龙南县杨村镇杨村村
⑳ 赣州市宁都县田埠乡东龙村

江西矿产资源丰富，已发现的矿产有171种，已探明储量的有111种，保有储量居全国首位的有12种，居前十位的有66种。在省内已知的非金属矿产中，磷、岩盐、高岭土、瓷石等均占有重要地位。景德镇附近的高岭村出产的高岭土矿，享誉中外，高岭土因此得名。高岭土和瓷石矿主要分布于赣北，赣中和赣南也有少量分布，是陶瓷工业的重要原料。江西铜矿产量高，宋代时江西饶州永平监铸造的铜钱达61万贯，占全国总额的21%。宋代的铅山场，是全国三大铜场之一。至明代初年，江西铸钱数占全国总额的37%以上。如今，鹰潭市的贵溪冶铜厂在铜业界独占鳌头。丰富的矿产资源为村镇围绕相应产业的发展奠定了基础，如景德镇、永和镇、河口镇等。

4. 土壤资源

红壤和黄壤是江西最有代表性的地带性土壤。其中以红壤分布最广，总面积13966万亩，约占江西总面积的56%，根据红壤的发育程度和主要性状，大致可划分为红壤、红壤性土、黄红壤等三个亚类。土体厚度不一，自然肥力一般较高，很适合林木的生长。此外，还有小面积的石灰土分布。

江西的耕作土壤以水稻土为重，面积约3000万亩，占江西耕地的80%。土壤资源是历史时期江西农业生产及其布局的主要约束条件之一，这也使得“耕读传家”成为江西古村落的主题内容之一。

5. 气候

江西属亚热带季风气候，年降雨量为1600

瓘山村新溪桥及蓄水闸门槽

毫米左右，主要集中在春夏两季。夏天平均气温在23℃以上，5、6月为雨季，7、8月受副热带高压控制，天气炎热，盛行偏南风。冬季湿冷，平均气温在0℃至8℃，受西伯利亚或蒙古冷高压影响，盛行偏北风。春季天气潮湿，秋季较为舒适，凉爽干燥。夏冬两季长，春秋两季短，因此古村落建筑的春季防潮、春夏间防雨、夏季防晒、冬季防冷成为重点考虑的要素。此外受微环境的影响，村落建筑也要考虑一定的防风。

另一方面，江西雨水有着自己的分布特点，首先全省降水年内分布极不均匀，丰水年会出现旱情，枯水年亦会出现洪灾，在同一年份短期内还会出现旱涝急转的现象。但无论是丰水年还是枯水年，全年降雨量的60%左右集中在主汛期4—6月份，汛期降雨以洪水形式流出省境，往往出现汛期洪水成灾、汛后无水可用的局面。在江西古村落，建筑排水与古村落防洪、调洪、蓄水以及利用水成为古村人们生活的重要内容，通过水陂等水利设施来蓄水成为农耕生产的重要工作。

二、古村落所在政区的历史沿革

江西是一个素有悠久历史和优秀文化传承的省份，时至今日，还留存下来大量原生态的自然村落。这些古村落受行政分区的影响，呈现出不同的特点。

早在1962年，中国科学院古脊椎动物与古人类研究所黄万波先生等就在赣东北的乐平市涌山镇鸡公山发现了“大熊猫—剑齿象”化石（简称涌山洞穴），同时出土数件石片石器和陶片，从而揭开了江西旧石器考古的序幕。涌山洞穴遗址位于涌山村的西面，遗址所在地是东西向孤立的连绵喀斯特地貌，南北长约1110米，东西宽约865米。山腰分布有大小56个石灰岩洞穴，其中有10

涌山洞穴

个洞穴较大，且发现有动物化石，因而形成了涌山洞穴遗址群。在发现动物群化石之后，陆续又发现了商周遗址、墓葬以及战国、西汉、三国、南朝时期的青铜器、陶器等遗存物。

涌山洞穴遗址处于山腰高地，而上、下河谷地带又有显示新石器时代到商周时期的大型台地遗址，人类在此地的历史活动自上而下相呼应，形成蔚为壮观的高低差空间相联的文化景观。距今约50万年的古人类定居在山腰洞穴；而距今5000年到2600年的新石器时代至商周时期的人类则定居在山下河谷的二级台地上，以稻作农业经济为主，辅以上山采集、狩猎的经济活动，洞穴内所遗存的旧石器时代以后的文化堆积，应是定居在山下台地的人们上山狩猎、采集的临时营地。这种上、下人文地理环境演绎着人类社会的经济活动从完全依赖掠夺性获取生活资源转向以种植业为主、辅以采集和狩猎的漫长历史进程，它的历史、科学、社会价值不言而喻。

山下的台地遗址为先秦时期文化遗存，它进一步丰富了涌山洞穴遗址的文化内涵，并对人类从山上迁徙至山下台地的进化历程提供了科学的事实依据，这也是聚落形成与演变的重要物证。

旧石器时代涌山洞穴的原始人还未过着定居生活；新石器时代万年仙人洞的原始人尚未脱离穴居生活，他们也不会营造房屋，居住建筑无法形成。

万年仙人洞文化之后，江西新石器文化得到进一步的发展。距今5000年左右，鄱阳湖—赣江流域的原始居民更为密集。修水县山背地区的一批遗址具有代表性，这里发现了当时人们居住的房子的残基。山背人已经脱离了穴居生活，他们在山岗或平原上盖起房屋，把住房与耕地连在一起，这为农业生产经营提供了更多的便利。

中国史书中记载，大约在公元前21世纪，启建立了中国历史上第一个统一的奴隶制王朝——夏朝。而当时江西地区的土著居民有“三苗”之称。活动于彭蠡即鄱阳湖一带的居民可能进入了阶级社会。考古表明，商周时期的江西地区已陆续进入了奴隶社会，并产生了军队。在商代，江西地区已经出现了城镇。

约公元前11世纪末，周武王推翻商朝，建立周王朝，开始了对江西地区的统治，中原文化自此对江西文化影响巨大。东周时，江西地区受不同国家的统治。从以下的行政分区可以看出不同国家地区对江西的影响。

春秋战国时代，有番邑（在今鄱阳一带）、艾邑（在今修水、武宁一带）。江西全境先后在楚、吴、越三国的统辖之下。

秦灭六国，实现一统，推行郡县制度，江西地方属淮南九江郡管辖。

两汉时的豫章郡相当于今天的江西省，只有今日之玉山、铅山、婺源三县不在当时豫章郡的管辖范围之内。

西汉时，豫章郡下辖18个县，辖境为南昌、柴桑（今九江）、彭泽、鄡阳（今都昌）、鄱阳、艾县、海昏（今永修）、历陵（今德安）、余汗（汗读干，南朝刘宋时改汗为干）、建成（今高安）、宜春、新淦（今新干）、南城、安平（今安福）、庐陵、雩都（今于都）、赣县、南野（今南康）。

西汉末年，王莽当政，将豫章郡改名为九江郡，东汉时又恢复豫章郡旧名，但多划出三个县，即于新淦、庐陵中间增立石阳县，于南城西北角立临汝县，于海昏（今武宁、靖安、奉新一带）立建昌县，共21个县。

三国开始，郡县迅速增多。从豫章郡析建出鄱阳、庐陵、临川、安平、南康、寻阳诸郡，县增为60多个。

西晋元康元年（291），以江西境内的豫章等郡为主干，加上武昌、建安等共计10个郡，建立江州，治豫章。这就从行政区划领域确立了江西对江南的控制性战略地位。任江州刺史的多是元勋大臣，冠以“平南”“镇南”等将军名号，以示倚重。南朝各代，大体维持这种格局。

隋代建立以后，调整全国行政区，裁闲并小，撤销州级政区。经此裁并，江西境内留下豫章、鄱阳、临川、庐陵、南康、宜春、九江等7个郡，共辖23县。这7个郡即是7个地区性的经济文化中心，而且已经稳定，所以能长期不变。

唐宋以后，江西的行政区再次增多，基础坚实。

唐承隋制，改郡为州。江西的7个郡依次更名为洪、饶、抚、吉、虔、袁、江7个州。唐肃宗时增置信州，治上饶县。为了加强对地方的监督，唐太宗依山河形便，分全国为十道，江西地方属江南道。唐玄宗时改为十五道，江南道分为东、西二道。洪、饶、抚、吉、虔、袁、江、信8个州所辖38县，统归江南西道，江西省名由此而来。

南唐时代，江西境内增置两个州级政区。北宋时代，江西再增3个州级政区，全境共9个州4个军，分属二路，即洪、吉、抚、袁、筠、虔6个州，临江、南安、建昌3个军属江南西路，江、饶、信3个州及南康军隶江南东路，和今天的苏南、皖南连在一起。另一方面，在今湖北境内的兴国军（辖3县）也隶属江南西路。就江西地区全境的13个州、军而言，已有68个县，遍布四境，比较完密地管辖着各地。

元朝实施行中书省制度，区划分为岭北、辽阳、河南、陕西、四川、甘肃、云南、江浙、江西、湖广等行省。此外，山东、山西、河北直属中书省。在南昌设江西等处行中书省，辖区除江西部分地方以外，还有广州等15个路州。但是，元代的江西行中书省管辖范围比较大，除今天的江西外，还包括了广东，江西的饶州路、信州路和铅山州则在江浙行省属下。辖区的交叉分属状况，为增进相关地域的经济文化交流，提供了很大的行政便利。

从明朝开始，改行中书省为承宣布政使司，分全国为南北二直隶（京师辖区、南京辖区）及山东、山西、河南、陕西、四川、湖广、浙江、江西、福建、广东、广西、云南、贵州13个布政使司，习惯上合称为十五省。自后，省就成了一个区划名称。江西全境隶属江西承宣布政使司。明代的江西承宣布政使司领13个府78个县，北至九江，东至玉山，南至安远，西至永宁（今称龙市），与今天省境基本一致，不再统辖广东等地方，但婺源县不在江西区划之内。宋代江西境域的十三州军，明清时称十三府。清乾隆间把宁都县升为省辖州，全境便是十四府州，分布于四境，使政区网络完密而饱和。

民国初撤销府州，江西省共辖81个县。1934年婺源县从安徽、光泽县从福建划归江

玉山官溪胡氏宗祠入口门廊

西。1947年两县又划回去，1949年4月婺源县再划归江西。自此以后，江西省的辖区范围便没有大的变动。

行政归属的变化，也使江西古村落的建筑文化发生改变，玉山官溪村原属浙江，后归江西玉山管辖，受其影响，玉山县官溪社区胡氏宗祠的建筑风格与浙江南坞村一带接近。

三、古村落形成与演变的特性

人类在文明进化过程中，创造了聚众而居的村落，这些村落成为最初的社会生活场所，继而有了村镇和城市。江西古村落的形成与发展有以下特点：

1. 资源的多样化形成村落生产与生活方式的多元性

如前所述，江西自然资源极为丰富，从而形成了旅游资源的多样化特征。江西古瓷窑遍布全省，南昌洪州窑、吉州永和窑、抚州白舍窑、赣州七里窑等自古有名。景德镇是以盛产瓷器而闻名于世的，有着瓷都的美誉。庐山地处中国亚热带东部季风气候范围，面江临湖，山高谷深，具有鲜明的山地气候特征。年平均降水1917毫米，年平均雾日191天，年平均相对湿度78%，每年7月—9月平均温度16.9℃，夏季最高温度32℃。良好的气候和优美的自然环境，使庐山成为休闲避暑胜地。据中国庐山网介绍：由亚太环境保护协会、中国城市竞争力研究会等6个单位组织评选的“2008中国避暑名山榜”中，庐山名列第三，入选中国十大避暑名山。 江西还有美丽的村庄婺源，鄱阳湖、赣江等自然景观，都是旅游的佳地。

其次，江西的文化资源出类拔萃，丰富了旅

新余市分宜县尚睦村邓家大屋走马楼

遂川县民居

游资源的内涵。江西是理学家朱熹与心学家陆象山的故里。南宋淳熙二年（1175），朱陆之间的重大论争在铅山鹅湖书院进行。针对理学中的客观唯心主义和主观唯心主义两大派别的观点，两位在这所书院展开激烈的争论。江西也是旧时代的风水之源，这里是形势派风水发展的高峰。唐末杨筠松到江西赣州之后，将形势派风水发扬光大。《地理正宗》所载历代风水名师中，江西人占一半以上。兴国县梅窖镇三僚村旧时被称为风水之村，明末廖均卿作为钦天监灵台博士，与江西丰城、婺源的风水师一起，为皇家选陵址，将江西的风水师声名进一步提振，也是风水的形势派发展的高峰。此外，江西赣州是中国客家人最大的聚集地，使客家文化在赣南一带繁衍生息。虽部分江西客家人后又返迁，但在江西吉安、宜春、新余等地仍留有遗迹，江西新余市分宜县尚睦邓家大屋作为客家形制的围屋便是其中的佐证。

在江西这片土地上，红色文化蓬勃发展，古村落中几乎到处可见红色标语历史遗存。中国共产党在这里开辟了中国民主革命的胜利道路，创造了先建立农村革命根据地，以农村包围城市，然后夺取全国政权的模式。共和国创始人大多在江西活动过，他们的足迹遍布江西的山山水水，留下的遗迹都是珍贵的革命文物，足以让后人敬仰。

自然资源、文化资源和丰富的旅游资源使得江西成为经济和文化交流的重地，从而形成村落生产方式与居住生活的多元性特征。

不同地域的自然资源，影响了村落的经济生产与生活。如抚州南丰不少古村落以蜜橘生产作为经济支柱；上饶婺源不少村落以茶叶生产与加工作为经济支柱；上饶铅山不少村落以纸业生产为经济支柱；乐平不少村落则以石灰与煤开采为经济支柱，等等。再以自然资源中的建材资源为例，江西建材资源丰富，森林资源覆盖率高，木材蓄积量3.5亿立方米，特别是林产木材得天独厚。因而江西民居中的木构架用材都十分讲究，做工也严谨精细，这也是一大批古老的民居能保存至今的重要原因之一。另外，江西盛产适合建筑装修和雕刻的名贵树种，如樟、檫、楮、楠、枫、银杏等树种，村落各户再依据不同的经济实力，将雕刻体现在民居之中。江西民居中的木雕较为精美，其图纹之丰富、雕镂之精细，可谓巧夺天工，令人叹为观止。

江西民居大量地使用了砖木石材料，工匠依据材料的特点和自身对材料的实践与理解，对材料进行加工，从而形成了不同的地方性特点。如弋阳、余江、上饶一带采用红石（红砂岩）垒房砌墙；星子所产青石因易于分层解理，村民不但用其筑墙、铺地和制作石础，甚至把它分割成薄片板瓦用来铺盖屋面，别具一格。在江西还有不少匠人就近使用河滩卵石和生土筑墙（如鄱阳县枧田街乡丰田村及德兴市宗儒村），既方便又经济。得益于构筑工艺沿袭年代的久远和使用的广泛，赣南的生土结构已发展到非常成熟的程度，一栋生土建筑可以垒筑至三层甚至更高，且历经数百年风雨而不毁。

2. 宗族与民俗的共同作用凸显了赣文化风水现象的地域性

唐末杨筠松到江西赣州后，促进了江西形势派风水的最终完成，自此形势派的风水从赣州传往江西各地，使江西传统聚落的规划建设深深地打上形势派风水的烙印。其中最为典型的是江西流坑村，该村的大宗祠竟然有杨筠松等风水师的牌位，以感谢他们给该村带来的福祉。在万历十年（1582）修的《流坑董氏重修族谱》中，有

丰城市瓘山村利用现存的巷道和外围的水塘形成弓与箭的意象

一篇《报功堂记》载："董氏祠旧在杏林之墟，祠左为育贤楼，楼祀杨、曾二仙。岁秋祀，请二仙之主入祠，配以二世祖四司空，盖不忘其卜宅卜坟之功也。余童蒙时及见之。"

丰城白马寨《杨氏五修族谱》中有一篇《香泉记》，为该村进士杨祖兰所写："山川水土之灵，未有无故而发者。其或英雄未生则氤氲蟠结，以兆其祥；既生矣，而功名方见，则又假诸物象，以泄宇宙之文明，古今所传不可诬也。邑之东南上点杨氏，历代奇人杰士类皆磨砻乎事业，而奋发乎经纶。当明季时，有杨公号震宇先生者，官至尚宝司卿，生平博极群书、大明典故，仰观俯察，而天地阴阳之理悠然会于心目。虽专家之学，往往有所不及，噫，亦人杰矣哉！"

在丰城市，张巷镇瓘山村利用现有的巷道和外围水塘，形成了"大巷似箭塘如弓，儿孙世代在朝中"的风水意向。如果说流坑村是宗族乡绅共同造神，将风水师抬至高位，那么丰城白马寨则通过通灵传说等将风水这一民俗信仰塑造得淋漓尽致，瓘山村则通过风水寄托了对子孙后代的强烈期待。

3. 礼制与政治的合力作用形成了村落空间秩序的合理性

中国古代的礼起源于原始宗教，而且在相当长的时期内仍保留有原始宗教的印记。随着人们社会化生活的发展以及认识能力的提高，礼的宗教精神逐渐内化为道德自律的精神。又经过一段时间后，礼的道德自律精神逐渐外化为法的他律的精神。最终，礼的宗教的、道德的和法的精神都表现出政治的功能，从而成为国家各项制度的依据所在。此外，有学者认为，宋代以前的"礼"与宋代以后的"理"实有关联。后者是前者的理论升华，成为中国文化的主流，一直绵延至近代。可见理学所提倡的，也是国家政治所依靠的，二者共同作用对全国政治及村镇聚落的生活、空间形态产生重要的影响力，影响到之后的明朝和清朝。

明朝初期，开国皇帝朱元璋试图通过推行里甲制度，规范地方社会的权力结构，形成以安分守法的地主富民为乡村社区领导层的社会政治秩序。里甲、乡约理论来源于《周礼・地官》，明太祖朱元璋要求在乡里宣讲"圣谕六言"是复兴《周礼》之始。而里甲、乡约的普及，与明成祖朱棣将朱子《家礼》《蓝田吕氏乡约》列于《性理大全》刊行天下有关。《蓝田吕氏乡约》是宋神宗熙宁九年（1076）陕西蓝田吕大均兄弟制定的，推行于所在乡里，后经江西朱熹修改为《增损吕氏乡约》，文字更简明扼要，易于普及。据调查，安义县古村采取里甲制，与其配套的仪礼有乡饮酒礼，重视老人在社区中的权威和地位。简而言之，明朝对基层社会的控制，主要依靠对以征收税赋为主的里甲制度和以祭祀社神为主的里社组织实施教化。这种里甲结合社学、乡饮等制度的实施和推广，得到了政府支持，安

乐安流坑王门学者罗汝芳题字匾

义古村无疑也受此影响。

明初及中期流坑村也实施里甲制。明中期后，随着各种社会矛盾的加深，里甲制度逐渐瓦解。明正德十二年（1517），王阳明任南赣（江西南安府赣州府的简称）巡抚都御史，全面推行“知行合一”学说。先前他在庐陵时还使用洪武时期的《教民榜文》之法，到了南赣后，鉴于当地民众实际，首先推行“十家牌法”，第二年又推行他制定的《南赣乡约》，在江西省及全国产生了极大的影响。其中江右地区是王阳明为官和创业之地，王学的影响尤为深远，其传播中心主要在吉安、抚州二府以北腹地。而流坑村所在的云盖乡由于历史及地理的原因，始终与吉安府关系密切，在嘉靖、万历年间，流坑村董氏逐渐涌现一批以董燧为代表的王学门人，这些王学门人一方面向上交结重要的王门学者和国家大吏；另一方面又在地方秩序的重建中身先士卒地推广王学学说和治安措施，在频繁的政治文化活动中，不断提升个人的影响力，进而成为统治宗族的主导力量，这股力量使流坑村的宗族建设力度加强，祠堂意识深入民间，数量快速增长，形成聚落的框架。

祭祀祖先既是中国古代社会的民间信仰，也是一种权力，它是社会身份等级的一种标记。明初，由徐一夔等人于洪武三年（1370）修成礼书，朱元璋赐名《大明集礼》。其中，将朱熹《家礼》内容列入国家典制，在中国礼制上是一个突破，使祭祖的限制进一步放宽，且强化了朱熹的地位。朱熹曾指出：“有惕于此，创为祠堂之制，使上下贵贱皆得以通过，其意嘉也。”结果祠堂之制在民间普遍施行。明制庶人只许祭祀三代，这是胡秉中建议的结果。然而事实并非如此，洪武三十一年（1398）要求各地推行的《教民要款》即《教民榜文》也有祭祖内容，其中又认可庶民祭祀四代祖先做法。到了嘉靖朝，发生了“大礼议”，带来了皇室宗庙制度改革，并放宽官民祭祖的规定。到嘉靖十五年（1536）则诏天下臣民祭始祖。这实际是吸收了程颐的做法。“臣按宋儒程颐尝修六礼，大略家必有庙，庶人立影堂，庙必有主……冬至祭始祖……至朱熹纂集《家礼》，则以为始祖之祭近于逼上，乃删去之……”此诏令实际相当于推恩令，允许祭始祖等于允许各支同姓宗祖联宗祭祖。这一方面加强了宗族力量，另一方面也使聚落的格局因祠堂而发生重大改变。总之，明朝非常重视祭祖问题，祭祖礼制基于《大明集礼》，后又仿朱熹《家礼》，从而使《家礼》第一次进入国家礼制。明朝不同时期有不同的礼制体现，允许庶民祭始祖，客观上为宗祠普及提供了契机，也使聚落发生了较大的演变。至民国时期，官方制度多沿袭朱熹《家礼》，《家礼》仍然是一般社会仪礼的依据，这可以从很多地方志中得到佐证。可见，适序指的是在适应时代思潮与相关政策法规的前提下，村镇聚落的有序建设与管理，这对现代村镇建设有所启发。

4. 历史移民与战乱的反复造成村落族群变迁的复杂性

从秦朝到南宋期间，由于江西的区位优势，长期较为安宁，人口大量迁移进入江西，为江西带来了大量的劳动力和外来的思想文化，促进了江西地方经济文化的发展。到了明代，由于战乱、阶级矛盾和政治形势的变化，人口逐渐减少，江西的发展受到了阻碍。到了清朝，闽广客家人大量迁入江西，江西的发展又开始壮大，烧瓷、造纸、织夏布等手工业有了很大进步，商品经济更为活跃，市镇繁荣，在中国的市场占有重要地位。但到了近现代，即清道光二十年（1840）到1949年，由于战争等各种原因，江西村落的发展开始衰退。

以历史上乐安县流坑村的人口迁移为例，流坑村经历了以下阶段：

（1）游动期。汉民族在历史上曾出现多次大迁移，第一次南迁源于西晋的永嘉之乱，连年战争使中原汉人离开了故土向四方迁移。第二次南迁源于唐朝的安史之乱，此时董氏由北方迁至皖南，再迁至江西。

（2）奠基期。董氏先祖董清然住江西宜黄，后人丁兴旺，南唐时期，董氏家族分居；其中董合一支迁至流坑村，先在乌江东岸的白泥塘下定居，其后不久，人员渐繁，又在河东南岸白茅洲处易居。

（3）发展期。北宋时期，董家官宦如云，流坑村董氏由一个中小地主发展成为政治地位和社会声望甚高的大家族。南宋时期还出了一名状元董德元。

（4）兴盛期。明中后期的稳定局势促进了人口的发展。此时聚族数万。其后虽经明嘉靖二十三年（1544）大疫和嘉靖四十年（1561）的农民起义，但仍有千户之众。崇祯九年（1636），徐霞客途经流坑村，描述道："此处阛阓纵横，是为万家之市。"

（5）衰退期。至元十三年（1276）元军攻打江南，流坑村董氏随文天祥义军抵抗，兵败后遭受重创。元末至正十一年（1351）红巾军起义，在赣中一带"磨富长贫"，至正十六年（1356）该村被当地起义武装攻破，死者过半。清道光三十年（1850）的太平军起义对该村破坏严重，死伤者众。20世纪20年代地震多发、兵事频繁，对该村也有一定影响。北洋军阀孙传芳下属邢玉堂将流坑村的大宗祠烧毁，该村人已无力抵抗，此后抗日战争又使流坑村断绝了经济来源。民国三十五年（1946）流坑村董姓的死亡率是出生率的1.5倍，人口降至1500人。1959至1961年，三年困难时期出生率下降，死亡率上升，人口下降。

（6）复兴期。清康熙、乾隆时期该村人口逐渐增长，逐渐复兴。20世纪70年代，流坑村人口增至近4000人，而全村仅有耕地3000亩左右。改革开放后至1996年，该村人口为4290人，820户；2005年8月笔者调查时，流坑村人口5000人，约1000户。

可见，流坑村就是江西历史移民、战乱与经济起伏不定的真实写照，流坑村的人口减少还因为人口大量迁出，而这也是战乱等诸多原因造成的。这种适应乡镇发展的历史变迁，我们称之为"适时"。

5. 文化的多样性与本土化造成村落建筑风格的丰富性

江西的道教、佛教文化对建筑风格有一定影响。

（1）道教文化。自古以来，江西的名山大川、风景胜地，如西山、麻姑山、金精山、阁皂山、仙女湖等地均有神仙传说。西山万寿宫、阁皂山崇真观等也享有盛名。道教文化对古村落的方方面面均有影响，如木雕中的"暗八仙"，民居中的镇宅符尺等。

（2）佛教文化。江西有多处著名古代佛教道场，如东晋庐山东林寺，南朝南昌佑民寺，唐朝靖安县宝峰寺、永修县云山真如禅寺和奉新县百丈寺等。其中，唐代兴建的真如禅寺是禅宗胜地，寺中施行"一日不作，一日不食"的农禅寺风。

此外，外来文化也对古村落建筑有一定影响。如流坑村懋官公祠为清道光前后的建筑，纵三段，其欧式特点应源于天主教的宗教建筑风格。而住宅方面，流坑村“云汉为章”宅以及董国珍宅则与法国建筑风格类似。

6. 商帮发展的滞后性形成村落中赣文化核心价值的模糊性

与山右帮、徽帮等商帮不同的是，江右商帮凝聚力相对较弱。在江西省内的部分商帮凝聚力较强，如乐安县流坑村。该村经济崛起，繁荣昌盛，先靠科举，后靠经商。科举给流坑村带来了巨大的经济利益。商业和宗族力量之间形成相互支持、相互巩固的内在机制。总之，近代流坑村虽然商业繁荣，文化昌盛，但由于明清以来没有自发地从封建社会向近代市场转变，因此后期逐渐走向衰落。曾经发达的宗族组织也随之涣散，村中“木纲会”随之分裂，昔日强大的家族逐渐瓦解，流坑村彻底衰落了。与乐安县流坑村不同，丰城市白马寨村的发展则明显具有对外经济交流的特点。在明朝崇祯年间就活跃着一群“一个包袱一把伞，跑到外地当老板”的经商群体。他们跨府跑县，利用自己的精明才智，秉承吃苦耐劳的精神，从小本经营开始，行业由单一变多样，生意越做越大，人员愈来愈多。到清代乾隆年间，丰城客商在湘西、黔东南一带经营兴旺，被称为白马商帮，白马商帮经济实力雄厚，活动范围广泛，延续时间长久，社会影响深远。在丰城乃至江西都首屈一指，形成江右商帮的一部分。他们将经营所获得的大量财富流回故乡，改善村落居住环境，加强宗族管理，调整社会关系，兴学重教，为建造白马寨规模宏大、结构复杂、工艺精湛的古建筑打下基础。白马商帮的衰落主要受国内政治局势的影响，同时京广铁路的建成带动了湖南沅江流域的发展，丰城白马商帮生存难度加大，逐渐衰落。

以上两种经营模式并存，预示着江右商帮的家族化和分散化的并存，家族化极易形成经营理念的滞后性，而分散化形成不了规模化经营，在新一轮的商业竞争中极易被淘汰，使得赣文化难以形成一种持久的传播动力，其核心价值也较为模糊。

7. 科技发展的辉煌创造了村落建筑文化的领先性

江西特殊的自然环境和历史文化背景，构成赣文化不同的建筑风格，形成赣文化的特色，其中最为显著的特点是农业科技的领先性和建筑工匠水平的卓尔不群。

唐代是我国封建社会经济文化的高潮时期。其中赣地的建筑技术和艺术也有了巨大的发展和提高。江西古建筑以木结构为主，解决了较大面积、较大体量的技术问题，建筑群的营造技术日趋成熟，如滕王阁的建筑艺术不仅独具匠心，而且考虑到远近景的协调和建筑的完美，这种独到的风格成为赣地的一种重要标志，在中国民族建筑的文化中有了一定的地位。从宋代至明清，由于手工业和商业的发达，建筑水平又达到了一个新的高度。赣地工匠合理利用地方资源，因天时、就地利，察地貌、取石材和砖材等，构建了一系列的以石材、砖木材料为主的、不同风格和形态的建筑群。诸如，乐安流坑村、景德镇祥集弄等地方的传统民居，乐平古戏台，贵溪塘湾古街，宜丰县天宝村、吉安市钓源村等民居，龙南杨村村燕翼围等地方的客家围屋，以及贵溪上清宫等地方宫庙寺观等等。这些建筑形式与功能不一，结构造型也不尽相同。丰富的建筑文化背景和基础，造就了一大批的建筑大师，其中最为著名的是清代的“样式雷”家族。

金溪县浒湾书铺街

8. 士绅的主导与介入造就了村落文化景观的可识别性

士绅包括世族、世家、巨室、门阀、富商等，也即地方上较多财富和较高社会地位的人，是中国封建社会一个特有的阶层，主要由当地较有文化的中小地主、退休回乡或长期赋闲居乡养病的中小官吏、宗族元老、富商财阀等一批在乡村社会有影响的人物构成。

在江西，这些士绅主导与介入村落营造，参与宗族建设。以丰城市杜市镇邹家村为例，邹家村周边属丘陵，该村处于平地，村落周边玉带水抱，阡陌交通。村落沿商道槎溪水发展，因水而盛，因水而衰。自明末至清主要经营茶叶生意，一直延续至今。邹家以茶为业有几百年的历史，据《邹氏族谱》（1933）卷一载《诰封奉直大夫学龙公传》载："学龙遂废弃笔砚，随晴圃公业茶。"《武略左骑尉平涯先生传》载："复随父客于粤，经司茶栈生理，时乾隆丁酉春。"《观察蓝田先生传》载："羊城经理茶务。"从邹家村现状来看，该村早期由一批茶商带领族人外出经营茶叶，从而使得该村得到发展，数百年来延续至今。不仅如此，该村非物质文化遗产众多，民风淳朴，代代相承，武术健身是该村特色之一，其源头也受邹氏士绅习武的影响。《邹氏族谱》卷一《创立编修会记》载："思义公元季人也……大有武略。明太祖洪武定鼎初，太守邓授以守御职，元帅宋加金陵总秩。"此外，漕差军籍也是该村历史中的特色，《邹氏族谱》卷一《创立军会记》载有该村始祖邹思义军籍为漕运之职，《创立编修会记》《武略左骑尉平涯先生传》都有记载，并且宗族士绅通过创立军会建立基金，以补贴漕运所带来的亏损。

不仅如此，村落士绅也会带领族人共同致富，并制定村规民约。士绅中的商人集团提倡"以和为贵""和气生财"，婺源县游山村《蔚其公传》便有如是记载："昌朋翁，予先大殳之刎颈交也，少先大殳数龄，曾合伙业茶，追随十数载，相依如家人焉……禀性聪敏，善机变，尤长于持筹，人皆目之为殖货才，以故乡阁之绌行者，多倚赖之。壮岁操掾茶业，能耐苦，任劳累，占优胜，然豪侠好义，稍有寸进，即以之奉甘旨。"士绅还与村民共同制定村规民约，以保障乡村民众的正常生活秩序。游山村原村中万年台（即古戏台，今毁）右边竖青石碑刻十余方，高3米，宽1米。为"永禁赌博"碑、"封山育林"碑、"濬源养生"碑等（现已收藏）。这些碑刻都是董氏宗族族规家法的重要规条，引导制约着村落中村民的行为规范，是当时生活的真实写照。

9. 文化的中心与边缘造成村落文化兴衰的更替性

宋朝以前，江西人才并不突出，除陶渊明之外，知名者不多，但在北宋中后期江西迅速崛起，成为文化中心。就诗家而言，唐时"唐诗大家胥出中州"，至宋时，则转而为"宋诗大家胥出江西"了。唐有"李杜韩白"，宋有"欧王苏黄"，江西的文化中心地位一直保持到明代前中期。宋朝至明朝时期是中国学术文化史上的第二个诸子百家时代，江西文化人无疑是其中的主角。两宋时期，众多文化巨子从江右喷薄而出，叱咤风云，开宗立派，引领潮流。晏殊、欧阳修、李觏、曾巩、王安石、黄庭坚、陆九渊、杨万里、姜夔、文天祥等就是其中杰出的代表，这一时期也无疑是江西人文辉煌灿烂、如日中天的极盛之期，并对中华文化的进程做出了巨大贡献。元代至明初，江西在文化领域取得的成就和地位仍然首屈一指。元代以来江西文化名人有马端临、吴澄、罗钦顺、汤显祖、宋应星、魏禧、朱奁、蒋士铨、陈三立、文廷式、李瑞清、陈寅恪、萧公权、傅抱石等等。明清时期，江西大批士绅主导或介入乡村建设，传统村落保留了大量的历史文化痕迹。随着近现代中国天翻地覆的变化，在全国的政治、经济、文化格局的重新组合过程中，江西从原来的中心逐渐走向了边缘，士绅也逐渐退出历史舞台。

四、古村落的分类与空间形态构成

1. 古村落的分类

古村落的自然环境空间模式实际上指的是古村落的选址类型，村落选址不仅融入了深厚的中国儒家哲学、天人合一的环境观和根深蒂固的宗族观，还融入了"微文化"的精髓，在多方面因素影响的相互作用下，形成了古村落群多样而又统一的自然环境空间模式。此处结合黄浩先生观点进行分类。

（1）结合江西丰富的山水资源分类。江西东、南、西三面环山，北部临江，整个地势由外向里、由南向北渐次向鄱阳湖倾斜，形成了一个向长江开口的巨大盆地。江西地貌类型较为齐全，分布大致成不规则环状结构，常态地貌类型则以山地、丘陵为主，其中山地和高丘占总面积60%，平原及盆地占30%，水面占10%，俗称"六山一水二分田，一分道路与庄园"。由此，江西村落可分为平原型（或盆地型）、山地型（或坡地型）、滨水型与岛屿型四种类型。

① 平原型（或盆地型）

江西的岗地和平原地约20000平方千米，占全省面积的12%，但有两大片著名平原地——赣北的鄱阳湖平原和赣中的吉泰平原，这两个平原都是江西的粮食基地。

安义县长埠镇的罗田、水南、京台是鄱阳湖平原三个著名的古村综合体，也是典型的平原型聚落。这三个村落虽各自独立，但之间相距仅一千米，呈三角形分布在广袤的田畈上。平原型村庄因为地形条件较优越，村庄内部布局结构相对整齐。罗田主要街道为两纵一横呈"工"字形结构，通过主街向东、南、北伸展许多巷道，宽窄不等，南通北达。按照明朝里甲管理制度，罗田被划为一里并配置十甲，建筑布局与社会和宗族体制相对应，直到今天，这种里甲聚居体系仍清晰可辨。京台、水南村落虽然规模较小，但都能反映出平原型村落的基本特征。平原村落因为不受地形条件的制约，又能靠近耕作田地，生产生活便利，布局和发展较少受限制。但是有些平原型村落由于不紧靠河道，生活上要靠水塘存水或水井汲水以供村民饮用。此类型村落中的排水系统也因平原地形明显要比其他类型村落更为合理完善。如赣中吉安富田镇陂下古村，它就属于不是紧靠河道的平原型村落。1500人的村落就有18口水井和多个水塘，并有5条排水明（暗）渠通过一些水塘与村外排水系统连接。吉水县金滩镇燕坊与仁和店古村落地处吉泰盆地的东缘。燕坊村与仁和店村相距只有0.5千米。燕坊村建筑群有很强的独立性。十余栋几乎同样造型和体量的院宅分列3排，规划得规矩而整齐。燕坊村始建于宋朝，有800多年历史，而仁和店这个小村是清中后期由一个在四川经商发迹后回来的商人为他的3个儿子统筹修建的祖业。与燕坊村相仿，由于早期村庄人多务农，村落选址在农田附近。仁和店村分两排建12栋院宅以及与之对应的仓储用房等附属建筑，共同构成紧凑的建筑组群，并以主人经商的店号作为村名。从仁和店的格局可以看出中国古代小农经济时期的村庄向商品经济时期的村庄过渡的一种变化。

② 山地型（或坡地型）

江西地貌以山地和丘陵为主，但真正选址在高差较大的山丘上建村的并不多。丘陵也多为破碎形状或者与盆地、河谷交错，所以大多村落尽量在面积不大但比较平坦的坡地上选址。比较典型的山地型村落如婺源县江湾镇汪口村。汪口村处于山水环抱之中，江湾水汇入段莘水在村落南侧由东向西流过，正好在汪口形成“U”形弯曲。该村落建在逐渐升高的山体上，隔着段莘水，面对山口，十分符合“枕山、环水、面屏”的所谓腰带水的传统村落空间模式。汪口村单姓俞氏，建村于宋政和年间，有近千年历史。村落街坊布置在分为三个台地的山体上。一条平行于段莘水而贯通全村的街道与11条横街连接并与许多南北小巷相连，成为典型的梳形结构布局，这种格局既与地形地貌有机联系，又具有良好的通风纳阳的效果。

地形和村落结构与汪口相仿的还有赣县区白鹭村。该村在江西的南端，距赣县区63千米。白鹭村依山傍水，沿着鹭溪呈月牙形布局，南北走向长约1千米，宽0.5千米。村南是龙岗，村北是玉屏山，五条山脚直伸村后，符合风水说的“五虎下山形”。山地型的村庄在江西还有不少，典型的有贵溪耳口镇曾家村、宜丰县天宝村、婺源县游山村等。山地型的村庄建筑一般都比较密集，建筑体量则根据人口密度、经济情况和场地的大小而定。人口越多，受场地限制，单体建筑基底面积小，婺源游山村属此典型。而宜丰县天宝村属古宜丰县治所在地，场地大，单体建筑面积大。由于江西属亚热带季风气候，所以山地型村落择址一般选在山体坡度不大的南坡向阳面，尽可能与山水相伴，因而具有良好的自然生态环境。但也有例外，如东乡县黎墟镇浯溪村建在东西向坡地上。

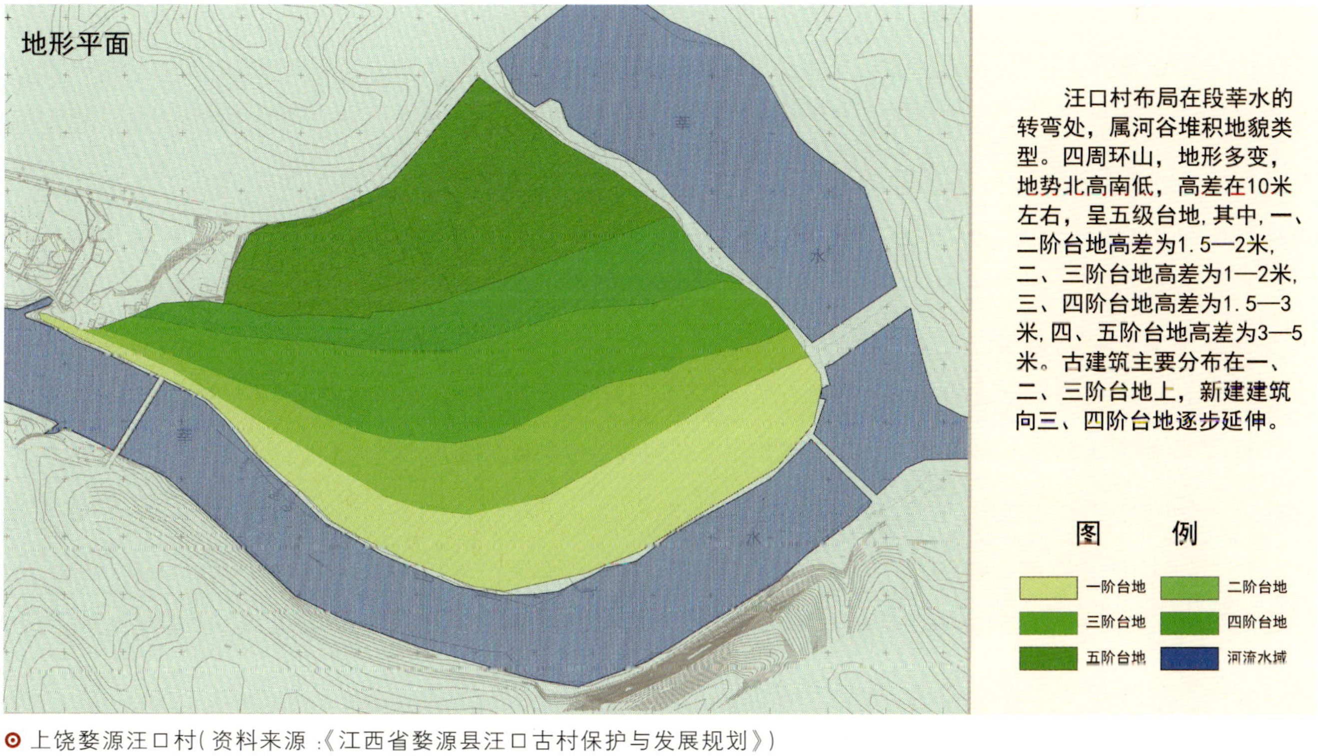

上饶婺源汪口村（资料来源：《江西省婺源县汪口古村保护与发展规划》）

③ 滨水型

江西水系众多，赣江是长江八大支流之一，自南向北贯通全省，总长766千米。在明清以前，丰富的水资源和良好的自然条件可以保证农耕和林业得到长期稳定的发展。江西古村落具有多种特点，无论是平原型还是山地型村落，多数都与水有关，又属于滨水型村落。或紧靠大江大河，或依伴溪水一侧，或夹溪流而建，因此水体与这些村落形态有着密切的联系。水系在古代不仅是村镇耕作和饮用的重要水源，而且也是重要的交通命脉。流坑村自明代从仕途经济转为农商经济后，乌江就成为发展流坑村经济的重要载体，为本地区竹木的水上运输带来便利。所以流坑七纵多横的形态不仅可以反映他们的宗族房系关系，还是组织商运所必需的布局，七条纵巷直伸乌江，都有各自专用的码头。临瑶河而建的瑶里村也是通过瑶河把所产的瓷石釉果和竹木运至景德镇，成为山区中经济发达的古村。傍依肖江河的高安贾家村、紧靠赣江的吉水仁和店村以及建在赣江支流禾水河南面的吉安唐贤坊村等一大批江西古村都是直接选址建在江西重要水道一侧。优越的水利条件给这些古村发展提供了非常有利的自然优势。

江西绝大部分的村落选址都脱离不了对水环境的选择，把水道看成是村落发展的生命线。那些与水相伴的村落在营建时特别注意对洪水的防范，以求保障聚落基址的安全，村落的道路布置和房屋朝向与水道密切关联而组成村落的有机体，从而提高了居民生活质量，美化了居民的生活环境。

过去风水讲究“龙、砂、穴、水、向”。其中水是风水不可或缺的内容。江西古村落的选址与营建都较多受风水的影响。古村落择基选址的山水格局在很大程度上能满足居住环境对通风、纳阳、防潮、防洪等的基本要求，同时也使人们在心理上产生稳定、舒适的感觉。英溪村、汪口村、流坑村、渼陂村、白马寨等众多村落布局形态都与风水学有着密切的关联。如英溪村采取的是北斗七星布局。

④ 岛屿型

此种类型属特殊的滨水型村落。河湖水域将村落包围，在水位常态情况下，岛屿型村落与周边陆地隔水相望，以船为交通工具，如崇仁县航埠镇程坊村。河湖水域在枯水位时，有些岛屿型村落与周边陆地部分相连，满足村民临时通行的要求，如乐平市接渡镇莲湖村。

（2）结合江西不同地域文化影响的分类。由于受不同地域的文化影响，江西古村落形成了不同类型的文化群村落。可分为客家文化村落（如宁都东龙村、瑞金九堡镇密溪村），庐陵文化村落（吉安钓源村与渼陂村），临川文化村落（抚州东乡区浯溪村、上池村与金溪县竹桥村等），豫章文化村落（丰城市白马寨与厚板塘村），徽州文化村落（婺源县镇头镇游山村）等等。

（3）结合江西方言的分区分类。江西的汉语方言分区为赣语、客家话、江淮方言、徽语和吴语区。其中赣语区又可分为南昌片、余干片、抚州片、吉安片和宜春片。相应的代表性古村落有：赣语南昌片（高安市贾家村），余干片（余干县瑞洪镇西岗村），抚州片（南丰县古竹村），吉安片（安福县柘溪村）和宜春片（分宜县介桥村）。

客家话的代表村落有宁都县东龙村、龙南县杨村村和关西村。

徽语区有上饶市婺源县游山村和庆源村等。吴语区有上饶市广丰区东阳乡龙溪村和管村、玉山县官溪社区。江淮方言区目前还缺乏比较好的代表性村落。

（4）结合行政区的地理分布分类。江西古村又可分成赣北、赣东北及赣东、赣西北、赣中和赣南六区。

① 赣北：南昌市，九江市（含瑞昌县、庐山市、永修县、都昌县、彭泽县、湖口县等），宜春市（含樟树市、丰城市、高安市等），上饶市（含余干县、鄱阳县等）。

代表性古村有安义县罗田，水南与京台村（天井放水极富有江西风水特点，建筑属卷轴遮阳手法），丰城市白马寨村（建有江西唯一的地师府），丰城市厚板塘村（建筑组群的代表）。

② 赣东北及赣东：

以下分区为一家之言，也有学者将铅山及鹰潭划为赣东北，并不影响典型村落的选取及研究。

赣东北：景德镇市，上饶市（除余干县、鄱阳县、铅山县之外），代表性古村有景德镇市瑶里村、英溪村（两村与茶叶等商业有关），婺源县游山村（大量三层古建筑和坡地建筑），乐平市涌山镇涌山村（资源特点以及戏台建筑艺术）。

赣东：上饶市铅山县和鹰潭市，代表性古村有贵溪市耳口镇曾家（坡地民居）。

③ 赣西北：萍乡市、九江市（修水县、武宁县）、宜春市（奉新县、靖安县、宜丰县、上高县、万载县、铜鼓县）。

代表性古村有宜丰县天宝村（赣西北的代表，其建筑雕刻受宗教文化影响），高安市新街镇贾家村（部分建筑具有北方特点）。

④ 赣中：吉安市、抚州市。

庐陵民居（为天井式民居的变体）：

代表性古村有吉安青原区陂下村（高位采光

崇仁县航埠镇程坊村

璀山村鸟瞰

天井、天井院），吉安市吉州区钓源村（天门采光），吉安市青原区渼陂村（天窗采光），吉水县桑园村和仁和店村（天眼采光），安福县塘边村（集落式民居），永丰县沙溪镇河下村（集客家与庐陵建筑为一体，欧阳修故里）。

临川民居（开合式天井民居）：

代表性古村有东乡区浯溪村、上池村（两个与王安石家族有关的村落），金溪县竹桥村（建筑体现出开合式天井以及半天井的特点），乐安县流坑村（崇尚陆象山与王阳明心学的村落，建筑融合临川与庐陵二种风格），广昌县驿前镇驿前村（船屋特点的民居）。

⑤ 赣南：客家民居

代表性古村有宁都县东龙村（九厅十八井，风水景观独特），龙南县关西围屋（国字围），龙南县燕翼围村（客家民居的另一种类型，回字围）。

2. 古村落的总体布局

（1）集中式布局。整体布局紧凑集中，村落多以祠堂、庙宇为结构中心或者边界，形成层次鲜明、等级序列严谨的空间。在有些古村落中，如遇雨雪天气，由村头走至村尾，可穿堂入室而衣衫不湿，体现出“群屋一体”的特征。集中式布局是典型的内向封闭式布局，带有某种强制性色彩，但无疑有助于建筑之间取得相互的认同感和整体秩序感。集中式布局中常见的道路骨架有横巷、直巷。赣南客家围屋与客家大屋、安福县集落式民居是这方面的代表。

（2）组团式布局。组团式可看成是若干集中式村落的组合。村落宗族同一姓氏兄弟分家后，形成不同房支，不同房支又建立祠堂，其他民居常常围绕房祠建立，如丰城市瓘山村。还有不同姓氏在同一村落发展，形成多个小组团，这些组团随地形、道路、水系相变化。在空间的组合中，常常以风水树、塔、庙等标志物为起点，以路、桥、树或牌坊、亭子来延伸空间，以祠堂、庙宇、楼阁、围墙等围合村落形成较为封闭的村落空间。而戏台、古井、亭、牌楼等公共建筑、构筑物形成村内的开放空间，这些开放空间以街、巷连接，与周边的建筑组合成丰富的转折空间。

（3）线性布局。线性布局有两种形式，一种是以一条明显的流经村中的溪流为线性布局的主要参照物，如婺源李坑村，村外的两条山溪在村中汇合为一条小河，村中民居傍水而建，形成如江南“小桥流水人家”一般的景致。河水与堤岸，河水上横跨的一座座石板桥，两岸鳞次栉比的民居山墙，融合在一起，塑造出复杂而宜人的线性层次肌理。另一种则是因村落的选址及其生长方式而形成狭长的线性布局。如村落位于两山夹缝之中，或沿山水边缘而建。

（4）联排平行式布局。联排布局的村落格局规整，用地紧凑，布局科学。巷道村路统一呈南北和东西走向。以吉安市峡江县沂溪村为例，核心区中清代以前的建筑朝向呈东西向，与冷溪平行，建筑之间也互相平行，排水的水圳呈东西向，同时也有东西向的巷道可通达沂溪老街，交通便捷。南北向道路宽，东西向道路窄，次巷最窄的仅宽一米，只能容一人通过。在清代建筑的外侧多为民国及以后的建筑，这类建筑多与清代以前的建筑成垂直关系，将承恩堂等清以前的古建筑层层包围其中。网格化的街巷布局对整个村落的通风采光都起到至关重要的作用，同时十分节约用地，有利于村庄大规模扩展。

沂溪村的发展，依托沂江联系赣江的水运功能而凸显了地理优势，加之庐陵、临川地区自古商贸繁荣，在一定程度上促进了沂溪古村的商贸职能的发展。这从商人捐钱修桥也可以得到证明。另外，之所以古村能有如此规模和完整的布局以及精美宏大的祠堂和民居建筑，也多因商人经商致富回乡之后的捐赠和营建，这也从侧面反映了沂溪古村不同于一般农业型村落的规制特征。

同时，沂溪村在整体因地制宜的格局中，一方面参照城镇形式制定了相对严谨规整的布局形式，明显具有特色；另一方面也是因地制宜，充分考虑地域性环境，因为古村西侧为冷溪，水圳从东往西排，路线短，街巷的规则排布有利于排水入河汇水，赣中地区为多雨地区，降水频繁，方格网状的格局形态更有利于排水和通风透气，每条街巷旁都配有水圳系统，所以沿着街巷走向排水很便捷，这一点突出体现了古村内部格局的科学价值。

（5）自由分散的拓扑布局。有些古村处于镇区，不同姓氏受业缘与地缘的影响，聚集在一起。由于土地的转让，外姓也进入本村内，使得古村的边界逐渐模糊。同时，随着经济交流的深入，村内“插花”现象更为严重，整体意象不够明显。但仍可以发现，古村在发展与演变时，是围绕祠堂庙宇等公共建筑而展开的，庙宇、大宗祠一般在外围，村落布局尽管较为分散，但基本不超越公共建筑的外围边界。整个村落布局“形散而神不散”。

需要说明的是，村落在长期演变与发展中，会形成以上几种布局的融合。如永丰县沙溪镇河下村，李姓、王姓、孙姓、刘姓、艾姓等五姓村落分别聚族发展，各自为组团式，但在长期演化中，随着“插花”（如邱姓进驻）现象的出现，不同姓氏村落边界逐渐模糊。河下村村落的发展以商业为导向，由血缘型集中式的村落走向业缘型分散式的村落，沙溪镇最终形成了自由分散的拓扑布局。

3. 古村落的空间构成

古村落空间由人居空间、祭祀空间、神性空间、狂欢空间、慈善空间、防御空间、信仰空间、教育空间等组成。内容如下：

（1）人居空间。在村落中是指以居住的住宅建筑为主形成的空间。人居空间在江西古村落中占据了相当大的比重。以峡江县沂溪古村落为例，沂溪村建筑382栋，其中住宅占了372栋，祠堂仅占2栋。从用地来看，沂溪古村也是居住建筑用地占最大比例，占整个村落用地的71.3%。

无论是哪种类型的村落，村落中的住宅能够充分地结合周边环境形成格局不一的形式。周惇庸在《理气图说》卷三《营造要诀》中认为：“居宅稠密，岂能尽纳山水于目前。当以一层街衢为一层水，一层墙屋为一层山。门外水道为明堂，对门屋宇为案山。凡造宅，宜先收街衢水道为内局。次收山水暗地拱护为外局。然乡居狭小，山水紧密，宅宇有前有后，何能尽朝山水。”由此也可看出，江西古村落住宅建筑与建筑之间，大门避让，布局灵活且顺应地势，因借山水，形成了层次丰富却又不失条理的村落空间。

（2）祭祀空间。是指由祠堂、牌坊、墓葬所形成的空间。

祠堂：如前所述祭祀祖先既是中国古代社会的民间信仰，也是社会身份等级的一种标记。明嘉靖朝，发生了“大礼议”，带来了皇室宗庙制度改革，并放宽官民祭祖的规定。到嘉靖十五年（1536）则诏天下臣民祭始祖。允许祭始祖等于允许各支同姓宗祖联宗进祖。这一方面加强了宗族力量，另一方面也使村落的格局因祠堂而发生重大改变，这在江西古村落中都有不同程度的体现。祠堂建筑使村落成员一方面通过祭祖思源、敦亲睦族、统一思想，实现有效的宗族管理；另一方面通过拜神祈福、寄托信仰、诉诸希望，达到乡村社会的安定平和。

祠堂还有一种类型为节孝祠。旧时每年各地方的族长、保甲长都要向官府公举节妇，而各级官府要给予相应的表彰。京师、省府和州县都修建有矗立大牌坊的节孝祠，被旌表的妇女被题名于坊上，死后设位于祠中，每逢春秋受人祭祀。或官府发给本家三十两“坊银”为其建坊。节妇的名字还会被列入正史和地方志，而其节烈事迹特别突出的，甚至会得到皇帝的“御赐诗章匾额缎匹”。

牌坊：江西古村落的牌坊名目繁多，开始是用来表彰忠义孝悌之士和纪念伟人，或旌表孝贞的节妇烈女而设立的一种纪念性建筑物，后来被广泛应用于古村落。以陈氏牌坊为例，牌坊位于进贤县七里乡陈家村，分为昼锦坊和理学名贤坊两部分，分别是永乐年间四川右参政陈谟及其子孙立。陈谟，字子训，南昌人，善书，曾被解缙召至京师撰写《永乐大典》。因才德出众，乡人为表敬重，请立坊纪念，并请解缙题坊名“昼锦”。至万历年间，陈谟后裔陈良言、陈应元、陈良训3人分别考取太学生，万历三十八年（1610）和四十二年（1614）中进士并出任地方要职，显赫一时。崇祯十年（1637），朝廷在昼锦坊旁立理学名贤坊以资表彰。昼锦坊四柱三间，麻石青灰砖混合结构，高5.12米，宽8.08米，坊呈人字形，四角略翘，上盖陶灰瓦，中置莲花状顶。坊门楣上方两横梁间正中嵌石匾，石匾中间横刻正楷“昼锦”两个大字，两中柱上方为菊瓣纹图案。牌坊石质坚硬，雕工精细，纹饰严谨，线条大方，为江南现存最早的石质牌坊之一。理学名贤坊距昼锦坊12米，为四柱三间木结构，立于长方形浮雕石座上。如意斗拱，庑殿式坊顶上覆灰陶瓦，坊脊正中为乌纱帽造型，前后4对石狮面相内哭外笑、生动有趣。

墓葬：程颐说过：“古人之法，必犯大恶则焚其尸。今风俗之弊，遂以为礼，虽孝子慈孙，亦不以为异……可不哀哉。” 以儒教观念为主导的统治阶层出于统治、教化之需，反对火葬。明清时统治者屡发火葬之禁，措施十分严厉，火葬渐趋式微。于是广大地区沿袭入土为安的埋葬式。流坑村亦是如此，目前江西保留比较完整的墓葬群有宜丰天宝村刘氏古墓群以及禅宗的墓塔林等。

（3）神性空间。是指由村落庙宇所形成的空间。包括儒教所形成的文庙，佛教所形成的寺庵，天主教、基督教所形成的教堂，伊斯兰教所形成的清真寺，以及道教所形成的道观等。

从历史上看，魏晋玄学形成风度，山水诗赋盛行于此；盛唐表达气象，成就了张旭草书、裴旻剑舞及李白诗歌的豪放时代；宋朝随着里坊制的解体，市民精神得到发扬，凡市井处皆有柳永的词唱，从简约、意在言外一变而成浅吟低唱；而到元朝则有元曲，加强了通俗文化的普及性；明清时期，世风又为之一变，从元曲的吟唱逐渐演变成通俗小说的兴盛，整个审美也从宏大、质朴、简约逐渐走向繁琐和世俗化。建筑的发展也大致如此，从唐时宫殿、寺庙建筑的恢宏，构件参与结构承力演化到明清时逐渐具有装饰化的倾向，一些构件实用功能慢慢消失，取而代之的是炫耀和象征意义的极大发展，符号也大量充斥于建筑当中，显示出整体的世俗意象。另外，江西古村落的世俗意象不仅体现在门窗、柱础、书法上，更重要的是在寺庙的神性空间组合中，也隐约表达了这种世俗化要求。

（4）狂欢空间。是指由村落中的会场、戏台、神庙以及祠堂外围所形成的空间。

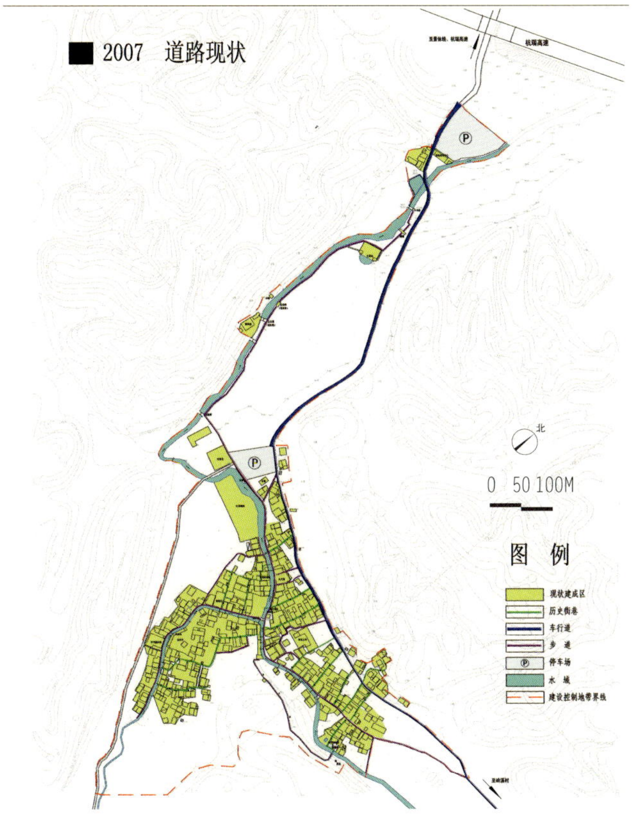

婺源李坑村道路现状
（资料来源：江西省城乡规划设计研究院）

村落会场就是指集会的场所或者礼堂。这些建筑多为20世纪50年代至70年代所建，具有一定的历史价值与建筑价值。

村落戏台指的是民国及以前建造的，以传统营造手法和传统工艺为主、传统木构架为主要承重构件，以戏曲表演为主要功能的有顶盖建筑。江西省乐平市是目前全国传统戏台保存最丰富完好的县级市之一，境内有戏台400余座，其中相当一部分的戏台为古戏台。这些戏台被誉为“中国历史文化瑰宝”和“江西最有特色的文化遗产”，乐平也因此被称为“中国古戏台博物馆”。乐平的传统戏台，多数建于明末清初，有着浓郁的赣地建筑风格，且一直延续到现在都在建造。戏台的持续营造，说明其顽强的生命力，戏台成为村民聚集狂欢之地，戏台的建造也锤炼了工匠的营造技艺。

（5）慈善空间。是指由义仓、义田、义学所构成的空间。

义仓与义田。设义仓是旧时各地汉族储粮备荒的一种社会习俗。义仓是在隋开皇五年（585）创立的，是一种由国家组织、以赈灾自助为目的的民间储备。目前江西古村保留较完好的有渼陂古村的义仓。义田泛称为赡养族人或贫困者而置的田产。

义学产生于北宋时期，始于名相范仲淹，是一种专为民间孤寒子弟所设立的学校。这类学校，有的是一些官员、地主出资在家乡开办，也有以祠堂地租或私人捐款而设。目前吉安卢家洲村还保留有义学和义仓，江西不少村落族谱或碑记保留有义学与义仓的相关记载。

（6）防御空间。流坑村早期选址时就已考虑了防御，乌江和龙湖分别形成天然和人工的第一道屏障。同时，聚落四周还设有围墙形成第二道屏障，如今仅剩下门楼。门楼的二楼除瞭望防御功能外，还结合了祭祀等其他功能。在流坑村，明朝时建有多栋建筑组群，房与房相连，步入其中如入迷宫，也起到了一定的防御作用，形成了第三道防御屏障。流坑村还有人为的第四道屏障，这就是明末实施的“十家牌法”。由于宗族极为强盛，管理又形成了一定的规模，组织了宗族大量人员成立团练，夜晚巡逻，有效地加强了聚落的防御。这种组织平时通过傩舞进行体格训练，傩舞在此地不仅为娱乐，也是自律。

江西古村落一般都具有防御的功能。但相较赣南客家建筑而言，后者更“带有强烈的防御色彩”。赣南围屋的防御意识首先体现在规模上。赣南围屋占地一般都在一两千平方米以上，最大的关西新围8000平方米。作为居住建筑的个体，其他地方汉族民居很少具有这样大的规模，至于层数和高度更是其他地方的普通民居所不及的。赣南围屋大多是二三层，也有在围屋一角建立三层以上的炮楼，用于防御。

（7）信仰空间。此处的信仰空间是指风水民俗的信仰所形成的空间。江西的古村随处可见过去追求风水的影子。

吉安市峡江县沂溪村《武城曾氏重修族谱》载：1933年，村中福惠桥倒塌，由财拔、光喜（禄盛）两人首倡捐巨金，全村族民有钱出钱，有力出力，周边曾氏村庄青壮年纷纷加入修桥的大军，日益奋战。此石桥水中有两墩，两墩用块石加桐油、石灰、糯米浆垒成，坚实无比，桥面是木质材料，板木拼接而成为栏杆。为石桥万古千年，两墩中各放有一只金鸭子用于镇邪，保护桥墩。福惠桥实际是村人的风水桥，村人借助风水、景观和历史人物将自己的心理、想象及领域边界充分表达出来。

在传统聚落发展中，风水是解释、操作、礼仪和符号表征系统的总和。“天人感应”思想渗入人们的行为规范之中，成了人们生活内容的一部分。因此，古村中良好的风水布局也会被默认是村落文人昌盛、官宦居多或经商富裕的原因之一。

（8）教育空间。指村落中人们读书学习接受教育的空间。主要包括村落的书院、家塾等。

婺源为“朱子故里”，各村落一贯有着“重教育，爱读书”的传统。据游山村董氏家族族谱载《风游山书屋记》中记载：“我郡邑曾建紫阳书院，以甄别取士，四乡或间立书院，以讲学会文，下而一村一家，亦各有其书屋者，即古所谓‘家塾’也，族师掌之，尤为子弟讲习养正之地，学业之造成，人文之聿起，皆由此始……岁丁卯，乃延矜耆集，议于是倡，首思共立家塾……”而《风游书屋捐银基地租课附》中更是详细记载了当时董氏族人对风游书屋的捐资细目。村塾受重视由此可见一斑。

（9）商业空间。是指由店铺所形成的空间，店铺与店铺之间的街道为商业街，属商业空间的有机组成部分。江西古村落的店铺多为前店后宅型，如宅后有河，为了方便运输与储存，店铺多形成店+宅+仓储型，仓储靠近河一侧。渼陂村的商业空间就是典型案例。南宋初年，渼陂开基祖梁仕阶带领族中子孙，由庐陵县纯化乡七十六都甲村徙居渼陂，始建村。明代中后期，封建社会内的商品经济得到了较快发展，该村地处富水河中下游，早已发展成为方圆数十里集市贸易之处。此时渼陂梁氏族人纷纷经商，小者以手工业起家，在村北富水河一侧的陂头街设店开铺。店铺相向布置，中间为步行街。靠近富水河一侧的店铺为了方便运输与货物储存，店铺形成店（靠街一侧）+宅+仓储（靠富水河一侧）类型。而另一侧的店铺形成店（靠街一侧）+宅类型。清代，梁氏商业得到了进一步发展，形成了以梁翰臣、梁乾元、梁敬时、梁燮廷四人为首的商业巨头。在梁氏兄弟的带动下，古村建设有了极大的发展，陂头街盛极一时，南北日杂、苏洋广货、进口药品，无所不有。每逢墟日，四方客商云集，富水河上商船竞发，吉安、赣州等地的客商都时常来陂头街进货。这时陂头街九成的店铺为渼陂梁氏族人开设，成为江右商帮的典范。

（10）交通空间。指人们行走、游憩以及运输的空间。古村落中交通空间一般由水系、驿道、街巷、桥和亭子等构成，可连接上述各种空间。

水系：以婺源游山村为例，濬源河从西北方往东南方顺流而下，经过了儒林桥、题柱桥、庆远桥、茂林桥以及一些石板或木板桥。水系是村内共用的公共空间，是南北岸互通的必经之路，各种商业活动应运而生。早市晚市均分布在水系两岸，由此濬源河两岸也理所应当地成为村落的交易中心。河岸两边有各式雨棚，一是为商铺的货物摆放提供一个遮风避雨的地点，二是为了给人们在茶余饭后提供一个聚集交流的场所，促进同村人的和谐相处与情感交流。在河的两岸有许多小码头，供给居民取水漂洗之用。外部充足的水域也满足商业的互通。同时由于水源来自山间，雨水充足时，沟渠纵横，湖塘密布，水系也承担着调蓄排涝的作用。由于水系的存在，村子与外界的商业交流也得以加强，经济的发展更顺畅。

驿道：此处指村落对外连接的重要通路，非指官道。游山村向北通往镇头镇，向西南通往景德镇，向东北通往朱村等地。村落外围现代的柏油路是现在游山村与外界交流的主要通道，它的出现也使得古道渐渐埋没，荒废在了山间田野。明清时，上海、苏州、广州、武汉、杭州、九江、铅山等地，都有游山茶商开的茶行。游山村以加工茶叶出名，茶商对茶叶的加工贩卖，陆路的通畅也是商人财源广进的原因之一。这条商道是千百年来由一条条的古山道、古驿道互相连接、延伸、发展形成的，主要路段还用青石块、青石板铺设。游山村村民发现加工比种植商业利润更高，他们利用游山村发达的水路和陆路运输系统，将游山茶文化推广到附近的城镇，形成茶业营销系统。

街巷：根据巷道的起止方位可分为横巷与纵巷。街巷是古村落的重要组成部分，是连接整个古村落的建筑群体的骨架，承载着交通联系和运输交流的重要职能。同时，古村落中的街巷空间也是村民日常生活生产、交流交往的重要场所。作为婺源境内最大的自然村，游山村也是全市街巷最多的古村落，据资料统计，村中古街巷总长度4000米以上。村落中街巷星罗棋布，互相贯通，构建起全村的骨架。临河街道上设有多处风雨廊、吴王靠供村民休息交谈，也是全村休闲交谈的重要空间。吴王靠设置于濬源河两侧，一面与沿河建筑相连，一面延伸到濬源河，形成室内空间向室外空间的过渡。因主巷起点几乎都位于濬源河两侧的临水街道上，故而交通十分便利，四通八达的巷道交织使得村内建筑与建筑之间联系密切。

有的街巷设置有拱门和过街楼。过街楼是联系街巷两旁建筑的构筑物，具有交通连接和分隔空间的作用。其次，过街楼还有为往来行人遮风避雨的功能，故而过街楼下多设有石板凳等供人休息乘凉。拱门和过街楼的设置产生了相对较暗的空间，与街道中自然光照的明亮形成明暗对比，加深了街道交通这一空间的层次感和立体感。虚实结合、显隐相现，置身其中使人倍感舒畅。街巷内弯曲流畅，光线自然，明暗交替，变化生动，形成欲扬先抑的表现方式，突出了其丰富的空间层次和生动有趣的空间构成。

桥与亭：桥为经过水路的媒介，而村落中的亭子有风雨亭、过街亭和纪念亭等。这些桥与亭多为当地士绅所建，如丰城市后坊村的双豸亭。

（11）衍生空间。所谓衍生空间是指与居住生活生产密切相关的环境景观空间，如井、风水林、碾米仓、豆腐坊，还包括农田、鱼塘、菜地、晒谷场等。

以井为例，井反映了村落的一种特定群体文化，井的布置有助于理解时代的社会状况。流坑村由于沿街巷发展，两条街相邻的房子背对背，中间形成较为私密的生活空间。井等多置此处，生活用水等多在此汲取，形成公共空间与私密空间分明的格局。显然，流坑村由于受传统礼制影响深，洗衣等一类妇女或仆人的活动处于较隐蔽的地方，空间在传统聚落中显然也是等级分明的。

井是一个村落生活的节点，也是古村发展演变的节点。以游山村为例，如果要了解其生活必然要从村内的古井开始进行深入考究。该村因濬源河分成南北二村，南村至今还有两口古井。据传董氏始祖董知仁从德兴海口迁入后，村中人口增加，筑井十分必要。在村民的共同协作下，南村筑了两口井，一口方井一口圆井，代表着以人为本、方圆统一，有着调和当地风水的说法。董氏移民过来的初期，家族居住在河的南侧，井集中在南村，北村并无井。北村发展起来时，主要利用濬源河水作为饮用水。后来随着村子中人口的增加，沿溪的村民时常在水中洗漱、洗澡、清洗衣物，原先清澈见底的水也慢慢变得不适合直接饮用，北村后改为饮用山泉水，或村民集体自挖井水饮用。

4. 古村落的天井与建筑空间

江西民居大体由三个大类型组成其核心部分。第一种是覆盖着全省境的天井式民居，在长江以南地区天井式民居虽然是传统民居所采用的普遍类型，但江西所存的天井式民居不但数量可观，远胜其他地区，而且这种类型建筑发展得较为充分，形式多样，可以探寻出其构成规律以及追踪到其退化消失的脉络，因此极具科研和历史文化价值。

另一种类型是赣中地区所采用天井院与高位采光结合的中小型民居，采用这种类型的地域虽然不是很广，主要集中在吉安一带。但可贵的是它属于与天井式民居有着本质区别的变异类型，高位采光民居的出现是人口密度增加、土地有限性、等级观念削弱等多方面因素的结果，民居从原来的封闭性转向更注重邻里关系，成为向现代

理学名贤坊与昼锦坊

⊙ 赣州市寻乌县新屋下炮楼民居

居住模式转型的类型，更显珍贵。

第三种类型是赣南客家地域的大屋民居和围屋民居。这种类型民居既有天井，又有高位采光。建筑单位组合数量多，体量较为庞大。建筑材料以土木为主。客家民居随着客家学的兴起而兴起，赣南围屋的研究起步稍晚，近几年不少学者提出赣南围屋的形成与王阳明有着密切的关系，可以预见，随着闽粤客家围楼综合研究的逐步深入，江西大屋与围屋的研究将迈向新的里程。

以下介绍江西常见的两种民居。一是天井民居，一是天井院民居。其中坡地民居、滨水民居、大屋民居、半天井民居等都属于天井或者天井院的类型，而高位采光属于天井院的变体。

（1）天井民居

江西古村落中有着非常丰富的民居文化遗产，在漫长的历史发展长河中，先辈把天井式的民居发展得非常成熟。

●分布

江西的天井民居曾经分布于江西绝大多数市、县和镇，从中可以追溯其发生、发展、消失的脉络。经现状调研，天井民居主要集中在镇和农村。

●形制

结合江西民居的采光与排水，江西民居可分为水形天井民居、土形天井民居、遮阳民居和窨井民居。天井的尺度和比例取决于建筑的规模和形制。根据中轴线上天井的组合，天井民居分为一明两暗一进式、纵向组合式、垂直轴交式、横向连接式和复杂组合式等几种形制。

●建造

① 水形天井民居：江西天井的“井形要不方不长如单棹子样”，同时要合水土二形。四围墺高，中间不结井心者为水形明堂。从调研来看，在中轴线上的建筑，如果天井为水形，则二侧的天井为土形，二侧天井称土形虎眼天井。

② 土形天井民居：四围沟低，中间结井心者，把天井隔出一周宽约30厘米的排水沟，为土形明堂。一般来说在中轴线上的天井，如果为土形，则二侧的天井为水形。水形天井经常处于潮湿状态，使用有结心的土形天井大大改善了室内的居住条件，土形天井所隔出的排水沟通过暗沟把雨水排出室外，使天井经常保持干燥、洁净。

③ 遮阳民居：由于江西夏季长，日照时间长，天气炎热，当地百姓创造性地发明了遮阳措施。如南昌市安义县罗田村天井处安装滚筒，上有夏布通过卷轴展开遮阳；丰城市湖茫村、璀山村以及后坊村习惯用竹篾编织物遮住天井口，赣中抚州一带则喜用开合式天井进行采光与遮阳。宜丰民居中轴线后进常放祖宗牌位，天井上方则建亭子间屋顶，满足了采光而弱化了排水，地面铺装则保留了天井的遗痕，强化了祭祀空间的完整性。

④ 窨井民居：江西民居多通过天井的排水

管道将水排到屋外。在江西赣南、赣北普遍存在另一种窨井式排水方法，明显受过去风水的影响。窨井在《理气图说》中称为水柜、太极、水锭和注水湖，形状及使用位置不一致，其安置的方法依据水道的理论进行。据现场勘察，通过窨井排水更简便。

宁都东龙村土形天井

●装饰

水形天井多做成渗透式排水，也就是不设排水沟，天井壁边多用青砖砌筑，井底则用条石或卵石铺筑，通过一层砂垫层将天井收纳的雨水自行渗入土内，也有在卵石滤水层上用两层薄砖架空铺设青石底板，开出水口，再向地下渗透。土形天井大多使用青石板材铺装，还在边角处或“金钱”水眼口刻出纹样，加强了天井铺装的装饰效果。为防止天井溅水，保持上堂地面干燥，一些民居在天井四周装上40—60厘米高的栏板，以此保证天井顺畅地排水和防止雨水外溅，同时起到装饰作用。

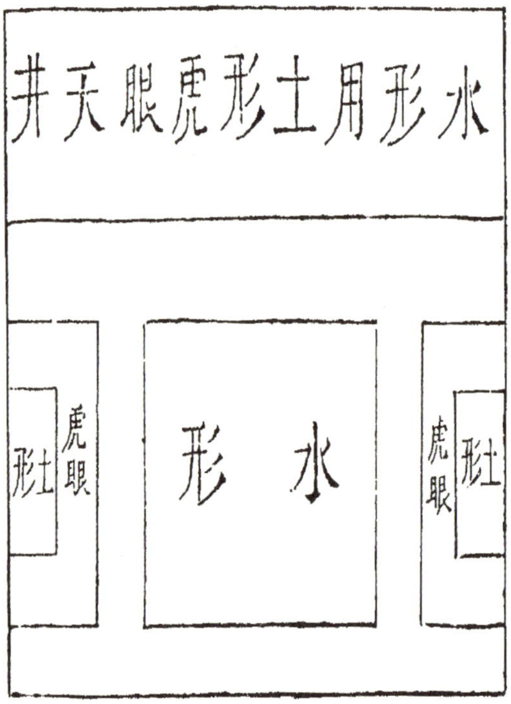

中间水形配二侧土形（资料来源：《理气图说》）

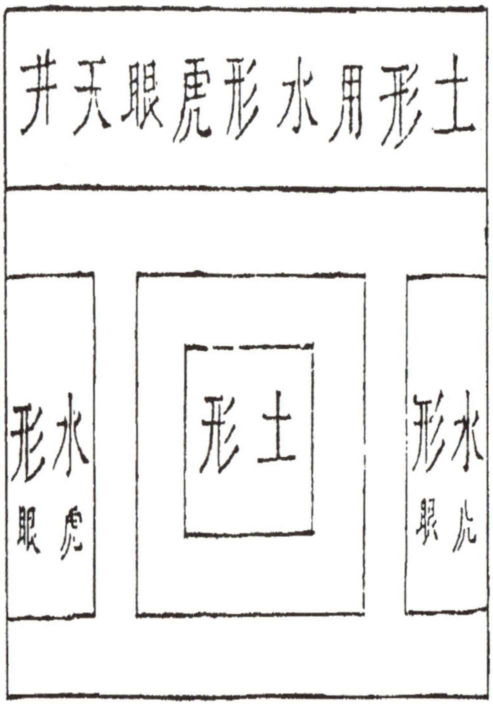

中间土形配二侧水形（资料来源：同左）

⊙ 安义罗田村民居遮阳的卷轴

⊙ 丰城市淘沙镇后坊村用竹篾编织物遮阳

●成因分析

江西地处北回归线附近，为亚热带湿润季风气候。全省水资源总量占全国淡水总面积近10%，人均水拥有量高于全国平均水平，这对民居天井的排水提出了很高的要求。此外，根据江西地区的自然气候条件，一年春夏两季雨水丰沛，潮湿闷热，所以解决户内的采光、通风与排水是制造良好居住条件的关键，天井的出现是适应自然气候的结果。

●演变

江西天井建筑与合院建筑有着本质的区别。从建筑关系看，天井可以看成建筑本身的内部空间，而合院却是建筑组合的外部空间；从使用功能来看，江西天井顶部多为采光、通风，而底部多为穿行，合院式民居则多了休憩的功能。

随着社会发展，新材料、新技术、新工艺的出现，尤其近代以后，江西人口大量增加，住宅用地紧张，同时宗法制度减弱，天井民居为了适应上述发展，将进深减小，天井逐渐演变为天门、天窗、天眼等民居形式，成为江西较为独特的民居类型。

（2）天井院民居

天井民居是江西民居的主流类型，覆盖全省各个地区。但它自身也有先天性的缺陷，因此这种民居存在的同时，也在不断做出改良的探索，天井院就是其中的一种。

●分布

前述的天井民居指内天井民居，而天井院民居就是指把内天井置于室外形成院子的民居。天井院民居较多分布于赣西北及赣中。赣西北比较典型的天井院民居有万载县株潭丁家村周家大屋、修水县上杉村朱家大屋，而赣中则集中在以吉安为中心的区域，如吉水、安福、泰和及莲花各县。

●形制

建筑受场地的限制，其外形呈不规则形，但场地内的主体建筑呈规则形，主体建筑排列整齐有序，平面强调对称，重点突出堂屋地位，附属建筑根据余地进行布置。天井有的仍在中轴线上，但功能与作用已经弱化。

①“川”字形

“川”字形即建筑以若干条轴线平行呈现，中间轴线的一组建筑等级最高，空间开敞，一般为人员聚集之处。如泰和县螺汐镇爵誉村康九生宅。

②“十”“丰”字形

“十”字或“丰”字形布局，实际是指在正中轴线呈南北向，而两侧建筑的天井院中轴线呈东西向与正中轴线垂直。这种形式的布局，有力地烘托了中轴线上的建筑。如修水县上杉村朱家大屋平面、吉安市陂下村胡登芹宅。

③ 不规则形

此种建筑中有厅堂处于中轴线，而下厅或者对厅在中轴线两侧不完全对称。如吉安市陂下村胡立言宅。

●建造

部分民居建造方法有大屋特点，但多数民居有赣中一带一明两暗三开间组合特点。建筑多为砖木结构，梁多为搁檩式。

●装饰

天井院民居主要在以下部位进行装饰：

① 大门。赣西北地区大屋民居的大门一般用石门框，下有门枕石和门槛。

② 梁枋。厅堂梁、枋是建筑中的重要承重构件，通常也是重点装饰的部位。

③ 天井院由于与天井作用不一致，院子较大，因此装饰较少。

●成因分析

天井院民居出现显然是天井民居与合院民居结合之后，受场地的限制进一步整合的产物，天井院民居将内天井推到门外，糅合了北方院落风格，天井成为排水通风、干湿两用的活动空间，虽然解决了建筑内部防潮问题，却不能获得间接的采光，势必不能像天井民居以进为单元组合建筑单体，也就不能满足大家庭的共同使用。

●演变

天井院经历天井民居、天井与合院民居融合的演变，如修水县上杉村朱家大屋平面属天井院前期；吉安市陂下村胡登芹宅属天井院后期。这种民居强烈冲击四世同堂、五世同居的宗法观念，只有封建大家庭适度解体后才会使用这一类型住宅。同时也颠覆了四水归堂这一风水观念。天井院民居为赣中一带的天门民居、天眼民居、天窗民居和斗窗民居的出现作了铺垫。

●发展

由于南方天气多雨、温湿、闷热，在吉安地区逐渐发展形成了适合本地区特点的天井类型建筑，同时也因为封建社会中皇权对“庶民”阶层建房规模的约束，民居的面阔与构架等级都受到严格的限制，天井式民居可以利用多进天井的不同组合，越过礼制的雷池而不受约束地建造更大规模的住宅。但是，“天井”有一个致命的弱点，就是无法较好地解决建筑内空间的排水（雨）和防潮问题。而赣中庐陵民居舍弃内天井的形制，把天井推到屋外改造成天井院的形式，出现一种介乎“天井”和“院落”之间的“天井院”民居类型。这类民居主要厅房不能利用天井采光，于是在还没有使用明瓦的时候，这一类型民居创造性地采用一种高位采光的办法，用这一地区所特有的“天门”“天眼”和“天窗”的采光口来解决厅堂的采光通风问题。由于取消了内天井，势必限制了住宅的规模，不似天井民居可以无限制地拼接起来。所以这一地区民居比之江西其他地区民居明显地趋向中小型化，这种中小型住宅类型成为赣中吉安地区一带的独特现象。

（3）民居的建筑空间

江西古村落建筑文化表现在多方面，如顺从自然的特点，在建筑空间布局模式、院落空间组合、雕刻技艺等方面具有地方特色。以下主要结合天井民居进行分析，见表一、表二。

古村落民居形式富于个性，空间形式丰富，对现代城市的居住空间组织有着一定的启发作用。古村因地制宜、巧布玄机的建村理念，反映的是天人合一、敬畏自然的思想；建造祠堂，反映的是敬祖崇德的思想；“围祠而居”反映的是收族睦族要求；“明厅暗房”反映的是隐秘居住的理念；丰富多彩而又中规中矩的民俗活动，是各种传统思想的表现形式。这些已经固化了的建筑语言，无一不体现中国传统文化的精髓，无一不凸显江西古村落的地域文化特色。在传统文化离我们渐渐远去的今天，其历史和社会作用更不容忽视。

五、古村落的保护与发展——以乐平市涌山村为例

传统村落是历史留下的财富，这种财富既是物质的，更是精神的。重视和保护传统村落，就是重视历史、重视文化，更是重视未来。自近代以来，传统村落都在不同程度上受到自然灾害的侵袭、战争与动乱年代的人为破坏以及现代文明的冲击，有的已经面目全非。剩下保存比较完整的村落，也面临着越来越大的保护压力。如何在城市发展的同时，更好地加强对古村落、古民居的保护，已成为需要认真思考和亟待解决的重要问题。2011年到2016年，笔者带领学生对乐平涌山村进行长期跟踪调查，发现随着中央财政资金支持传统村落的保护发展，古村落逐步解决了基础设施及文物建筑的修缮，但仍有一些重要的问题尚未得到有效解决，在保护发展中出现的新情况也亟需处理。需要说明的是，以下内容为2016年写成论文并发表，此后乐平涌山镇政府下力解决涌山古村的保护与发展问题，古建筑的维护得到较大的改善，涌山古村的保护朝着良好的态势发展。但文章所写内容在过去一段时间内具有一定的普遍性，故此录之，略有删节。

1. 涌山古村面临的迫切问题与解析

（1）面临的迫切问题

① 建设控制地带历史建筑持续受到破坏，核心区建房屡禁不止，政府管控措施不得力、不得法。主要原因在于：

⊙ 都昌县汪墩乡石树村民居天井院

人们日益增长的多元化需求与用地稀缺的矛盾。二者的矛盾一方面表现为人口的增加与土地有限，使人居环境恶化；另一方面，居住的压力造成新旧住宅混杂，违规建房没有根除，在不同程度上影响了村落原有风貌。

重点镇的发展没有惠及村民。涌山镇是景德镇市第一个财政收入过千万元的乡镇，2005年全镇实现财政收入1892万元，2005年被评为全省“百强乡镇”和景德镇市乡镇综合实力第二名。同时，涌山镇也是全国重点镇。但涌山镇的经济实力并没有对涌山村的保护起到很大的作用。如涌山村王氏村民先祖所遗留官宅，其左侧周边空地属该宅附属用地，也属该宅的一部分。由于历史的原因，尽管对这块用地的私有权有争议，但在前几年此块用地被出售，用于建私宅，以致引起部分村民的不满。

② 旅游开发并没有给古村带来明显的好转，相反急于发展反而带来了新的破坏。

资金缺乏与旅游设施更新的矛盾。目前涌山村受各界的关注，涌山政府打算从煤矿等支柱产业逐渐转轨到旅游业，但资金的瓶颈使得地方的旅游配套设施较为落后。

过度开发与风貌持续破坏的矛盾。古村开发需要把握古村保护与开发的尺度，否则古村所具有的文化空间逐渐会消失变味；同时，多数古村也不能过度保护，毕竟生活在其中的居民，其生活与生产方式早与原先不同。在保护的前提下进行开发，在开发的情形下促进保护，二者之间需平衡把握，其中对古村进行历史文化的发掘有利于寻找古村的文脉与特质，对避免古村保护的同质化起到关键作用。

③ 村民信仰、观念差异以及行政不作为造成古村发展的艰巨性。

民众观念差异较大，认同性稍差。涌山村

丰城市淘沙镇后坊村双豸亭

村民多数文化程度有限，群众对政府的方针政策不熟悉。另一方面，相关单位对古村建设思想缺乏详细有力、有组织的指导，导致建设思想不统一。为了发展旅游的需要，涌山村对鸡公山顶进行开发，由于建筑体量过大，对鸡公山的景观有一定的影响。涌山村银杏木宅原归属涌山村委会，该宅斗栱众多，平面布局呈双进路线，布局较独特，是涌山古建筑的代表。由于老宅偏旧，村委会打算卖掉此宅，以建新宅，并委托了外来工匠对建筑进行编号。涌山村居民王长寿知晓后，从申报历史文化名村的角度，说服了村委会，保留了此栋民宅。

④ 对古村认知的整体性缺失与特色研究的不足。涌山村历史文化独特，人文昌达。从旧石器、新石器遗址文化至近代，人类活动轨迹清晰，从新石器陶到青瓷（豆）石灰釉、乐平南窑，涌山宋代官口窑、闵口窑遗址，这种文化现象实属罕见，独特的涌山历史文化形成独特的古代建筑风格，如王氏宗祠等建筑气势恢宏，雕刻精细，聚宝盆式屋顶、龙形防火墙等等，具有地方特点，有利于促进支撑景德镇地区建筑特色品牌的创立，这是我们祖先留下的丰富多彩的文化遗产。然而细究涌山村的历史发展，远不止这

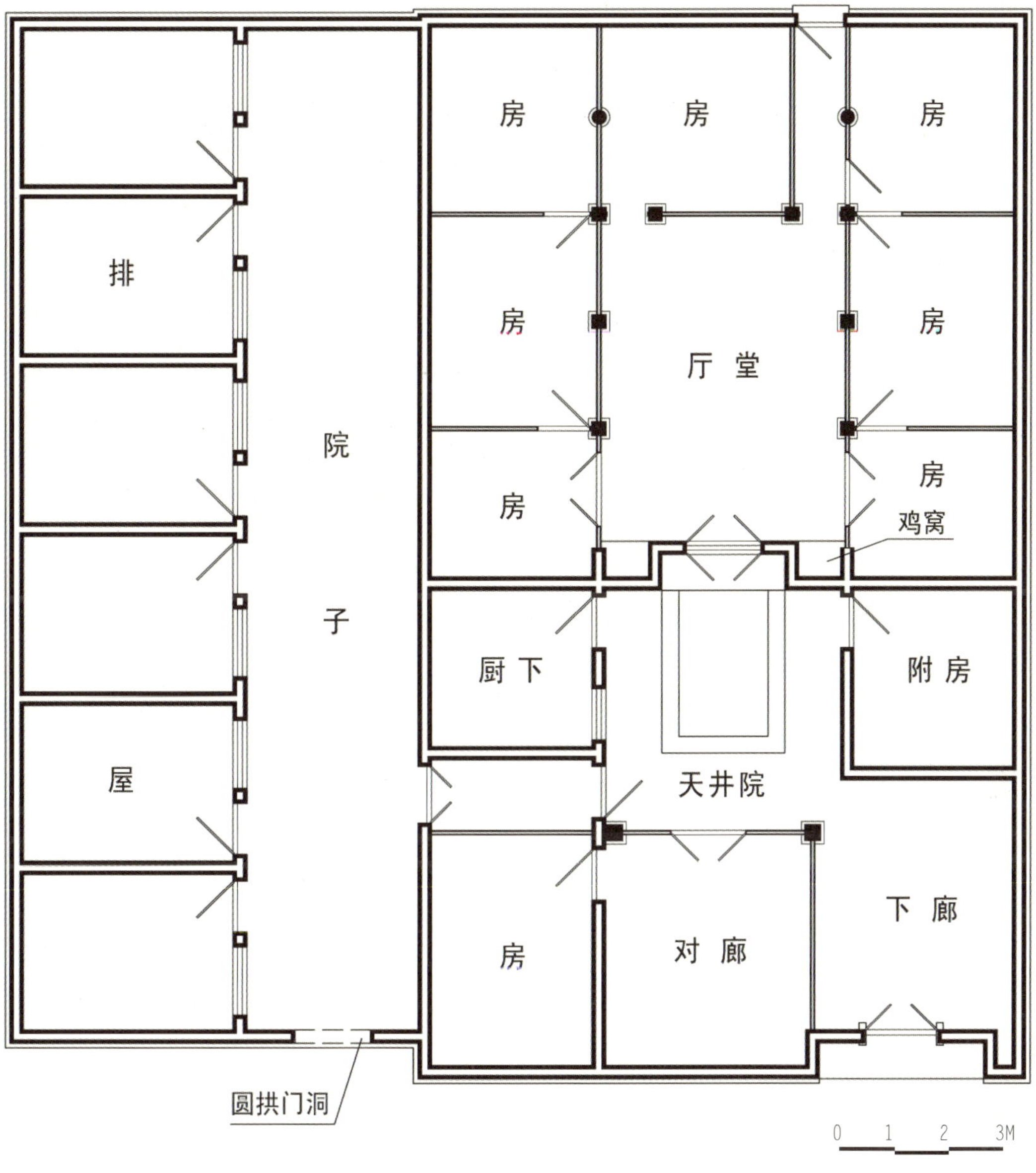

⊙ 泰和县螺汐镇爵誉村康九牛宅平面示意图（黄浩绘制）

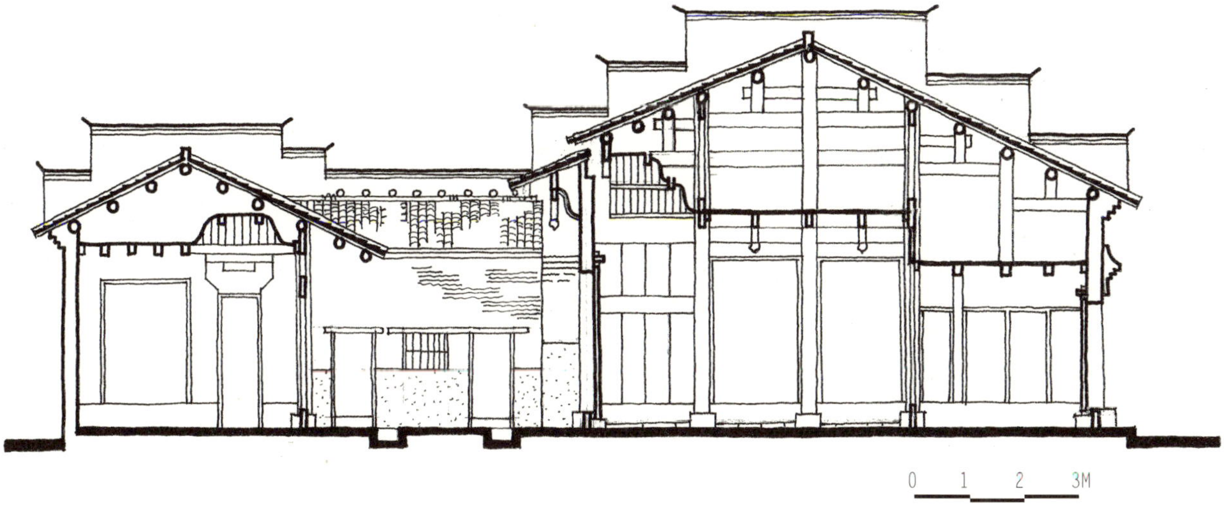

⊙ 泰和县螺汐镇爵誉村康九生宅剖面图（黄浩绘制）

⊙ 乐平市涌山镇车溪村敦本堂外立面

些。其一，古村落具有较为特殊的风水文化，可从民俗文化的角度进一步审视。其二，资源与交通优势促进了地方经济的发展。涌山古时为乐平县的经济重镇，也是辐射周边的经济中心。其资源与交通条件对涌山经济文化发展起到重要作用。

2. 问题剖析

涌山村传统村落出现以上的问题，有几个主要原因：

第一，政府工作没有惠及村民；另一方面，政府也没有财力解决古村落的居民安置。本来政府是有所作为的，提供土地即可，但实际调查，涌山镇政府为土地财政，虽为重点镇，但在2015年调查时得知，镇区建设用地指标已基本用完。

第二，古村落的村民普遍缺乏文化信仰。文化的崩塌导致对古村的文化传承消失殆尽，在古村知道传统文化意蕴的原居村民已逐渐逝去，古村落正在逐渐失去其特色的文化土壤。

第三，矛盾的政绩考核观。以往考核，注重的是城镇GDP的增长，地方官员将城市经济发展的经济指标看成了主要的价值杠杆，而生态文明建筑则要靠后，把经济作为量化考核指标无可厚非，但地方文物古迹保护及生态建设的破坏成为发展的阻力，这对涌山古村落的发展也是一个警示。

第四，研究团队缺乏。目前乐平及涌山镇与北京高校联系多，但与江西高校合作少，江西高校虽具有天时地利人和的优势，但与地方政府合作没有找到契合点，以致研究不能进一步深入。

3. 古村落保护与再利用的对策

（1）深度挖掘、充分认识古村落的特色及价值，并加大宣传及育人工作。宣传是为了再认识古村、增强村民的认同感，育人则指培养古村保护及发展方面的人才，这是其他后续工作的基石。目前涌山村有部分较好的建筑尚不在文物保护单位名录上，如2015年调查时，涌山村王家街入口处的民国建筑——老人饭店被拆除，这是对村落建筑特色不明晰之故。同时，在实际操作中，应加大古村、古村所在镇及县建设局等相关部门相关人员的专业培训力度，将古村落的保护工作落到实处。

（2）在江西建立完善的法律和体制保障。《中华人民共和国城乡规划法》无疑对传统村落的保护起到了推动作用。但江西由于古村众多，各村的保护力度受各种因素影响相差较大，不利于古村的长久保护。2016年，江西省第十二届人大常委会第二十七次会议对《江西省传统村落保护条例（草案）》进行了一审，并对社会公布，征求广大群众的意见。目前该条例已正式实施，这对涌山古村落的保护与发展起到了促进作用。

（3）拓宽调查方法，加大合作力度，从科学规划到精细设计。调查方法除田野调查外，谱牒等文献的调查也起着重要作用。此外，古村落历史文化涉及自然、社会、经济、政治等诸多因素，在充分调研登录的基础上，应加大不同部门和专业的合作力度。在古村落进行新农村建设时一定要先行编制好保护规划，同时根据建设需要做好修建的详细规划设计，从以往的粗放经营过渡到现在的精细设计与管理，使古村落的保护与发展具备更大的可操作性。

（4）对权力的协调、引导与约束。根据村落实际情况，争取在管理体制上有所突破。事实上，在中国，没有政府的参与，古村落的事情办

抚州市南丰县古竹村

不了的，但政府权力过大，又形成包办，民间组织难以有效生存。涌山古村落民间保护人士王长寿，需要依靠政府才能开展活动，而镇政府领导班子现已换届，希望新的领导团队，吸取前面教训，读懂国家的方针政策，为建设涌山古村落做好扎实的基础工作。

（5）在非物质文化遗产及古村特色方面，需着力进行研究保护，并加大实施力度。如在戏台建造技艺方面，加强院校交流，寻访工匠，记录有效信息。就建造戏台的工匠而言，他们建造的技艺大多源于多年来建造戏台积累起来的经验，流传方式基本都是师徒口传身授，只有很少的文字记录。另外，多数工匠年龄都偏大，他们一旦去世很可能造成乐平传统戏台建造技艺的流失。我们必须要以实际行动来保护、传承祖先留下的财富。此外，传统戏台雕刻工艺传承也不容忽视。如今，随着工匠学徒越来越少，某些精湛的工匠技艺面临失传。不仅木匠越来越少，而且懂得雕刻的人更是凤毛麟角。从村庄建设所要求的“一村一品”来看，非物质文化遗产也恰好是村庄特色的一部分。

（6）加强底线思维和预案思维。尽管近几年国家级历史文化名村及传统村落申报数量有所增加，但全国古村的总数仍在逐年减少，形势不可逆转，作为保护者应该有清醒的认识。涌山村近几年已有几栋古民居被拆，一栋民国的店铺已拆除，还有几栋清中期的民居也已拆除，如司马第民居。应该考虑一下古村古建筑拆除的处理方法，同时应该具有古村拆除底线，核心区范围线内古建筑不得拆除，这在实际操作中要有思想准备。

4. 结论

涌山古村落资源较为丰富，具有多方面的价值。笔者认为，涌山村传统村落的保护和发展一定要依照特色，系统开发。涌山村工匠技艺是活态的非物质文化遗产，其在全省范围内来看具有典型性。因此，在非物质文化遗产的保护中，尤其要关注传承主体。其中，古村传统戏台的保存，首先要增强现代人的文化意识，让他们懂得雕刻是一种文化，从而投入到这项事业中去，使之得到传承。在传承过程中，可采取“内外兼修”的方式，让传统戏台雕刻工艺薪火相传，后继有人。涌山古村落的发展和变迁，是地方社会发展和变迁的一个缩影。古村落建筑文化是一笔富矿，它是传统社会民众价值取向、审美情趣和人与环境和谐相处的有机统一。其学术研究与保护应该受到极大的重视，需要学术机构与地方相关人员的密切合作。涌山的戏台建筑文化是具有鲜明特色的地域文化，也是赣鄱文化的有机组成部分。这在历史文化遗存丰富浓厚的乐平传统戏台中得到较好的展现。涌山村是一个较好的戏曲、戏台田野调查点。

总之，涌山村是历史留下的财富，涌山古村需要结合规划学、建筑学、历史学、人类学、旅游学等多种学科、多种方法，在保护基础上谋求发展，为和谐社会奠定坚实基础。

表一　古村落建筑空间特征分析表

空间分类		以乐安县流坑村、靖安县雷家村为例
私密空间	公共空间	龙湖上的廊桥、朝朝街、四牌楼及寺庙，侧重生活、交通、游憩与祭祀功能
	半公共空间	戏台、三官殿二楼文昌阁、玉皇阁及书院等，侧重娱乐与文人的文化交流
	半私密空间	下厅
	私密空间	拖步处或上厅
视觉空间		一进院较大，且种植花草，如“花萼联辉”宅；二进院为狭长形，现已消失，仅在屋上留有一空间
行为空间		采取单线，前后及侧面开门，路线不交叉，人的活动不互相干扰
层次空间		明代建筑采取侧门，经过花厅，光线在照壁上的反射较强，层次分明；清时建筑基本采用正门，空间层次曲折性弱，一目了然，如靖安县雷家村民宅
动静空间		厅及院为晚辈活动或接待客人的场所。上厅为长辈活动场所，女眷一般在上厅厢房二楼活动，如藏恕阁。但也有例外，如爵先公祠右侧房间为绣楼

表二　江西古村落传统民居空间组合分析

类别	元素	形态特征	功能	地点	使用条件	利用方式
空间组合（1）	祠堂	处于聚落中心，单体或者群体联排方式	宗族精神中心，公共活动中心，聚会公共空间	吉水县义富村缵绪堂及周边建筑	缵绪堂内有戏台，可作为文化活动及居民聚会场所	社区会所、活动中心
空间组合（2）	水塘	聚落前布置水或者借用水道	有调节小气候和美化环境的作用，并增加社区亲和力	乐平市涌山镇车溪村水塘	村落水系常与周边溪流河湖衔接，有入水口和出水口，可形成循环系统	利用活水增加生活情趣，提升景观层次，创造生动的自然化景观
通道（1）	冷巷	巷子窄而两侧建筑物高耸；一般高约 5—7 米，宽约为 1.2—2 米	通风、导流、降温	金溪县潢源村	借助巷道的特殊性，形成宁静的外部空间；节约用地	局部形成阴影，促进空气流通，达到遮阴、降温、排热的目的，可直接运用于街巷空间组织
通道（2）	巷道内街	线性空间，直线或者曲线型	邻里交流，交通，疏散	金溪县浒湾书铺街	建构公共空间，丰富空间层次，形成灰色的过渡性空间	营造灰色空间、邻里交流的领域，建造丰富的沿街立面

类别	元素	形态特征	功能	地点	使用条件	利用方式
开敞空间	禾坪谷场	空间开敞，具有多种功能，为聚落中共同使用的公共性场所	劳作、交流、集会	进贤县架桥镇陈桥村	具有生产和生活方面的实际功能，强调观感性	为住宅区提供开敞空间，为交流和聚会场所
半开敞空间（1）	中庭天井	宽度大于进深，对外封闭，对内开敞	产生聚合与向心力	赣县区白鹭村葆中堂天井	内部功能分区明确，层次分明，内外有别；单元化的组合方式，空间围合方式强调私密性和向心性	空间联系的分合处理灵活
半开敞空间（2）	敞厅＋廊道	传统民居内部以廊道或甬道连接	连通内部空间，向内开敞，组织穿堂风	靖安县进士第宅甬道	既提供了便利的内部交通，又具有导风的功能	现代住宅可采用大进深，多半开敞空间，并且使得朝向主导风向
内部剖面形式	前后进空间	楼板交错布置，不在同一个水平面上，而且随进深形成一定的交叉和变化	顺应鄱阳湖亚热带气候，能够在室内空间产生足够的气流运动	南昌市青云谱区朱姑桥梅村民宅	属近代城镇地区的住宅类型，规模较大，内部空间丰富，构造复杂	这种构造的气候适应性，特别值得现代住宅设计关注
内外空间关联	前院后井	前部为生产性院落，后部一进为居住空间，供起居、睡眠，或者为书房	内外空间分明，互不干扰	九江市都昌县苏山鹤舍村	多见于高密度的聚落	较节约土地，内部空间自成一体，有着较好的私密性，内天井或院子较凉爽，具有一定的借鉴意义
与环境的关系	融于环境，注重因借与体宜	强调与环境因素的协调和呼应	得自然山水养护，保持自然风土，将大地景观汇入聚落，形成和谐的聚落形态	抚州市南丰县古竹村	自然景观成为聚落的一部分	强调引入自然山水，维护环境的生态风貌，保持自然平衡
建筑空间组合	拟物（竹排、船、梳、螃蟹等）以及象天法地的空间布局	鄱阳湖地区的传统聚落，多采取密集紧凑的方式布局	强调群体、紧凑、节约土地。建筑物的间距小，减少了日照时间，增加阴影区域	吉安市峡江县湖洲村	建筑物紧密排列，留出山水、林地，节省用地	从与自然相呼应出发，在规划设计当中尽量节约土地

罗田村

1. 历史概况

安义县石鼻镇罗田村地处赣北，距县城14千米，距南昌市60千米，距昌北机场35千米。与省道万赤公路相连，陆路交通快捷便利。

安义县石鼻镇罗田村地处亚洲东部低纬度地区，属亚热带季风性湿润气候，四季分明，气候温和，无霜期长，日照充足，雨量充沛，十分有利于植物生长及多种作物经营。罗田村现有人口1700多人，经济上仍以第一产业为主，主要经济作物为水稻、油菜、花生、红薯等，经济来源主要为农业种植、养殖收入和外出打工收入。

唐末广明元年（880），罗田村始祖黄克昌为避战乱，从湖北蕲州罗田迁徙而来，故名罗田村。此区域唐代属洪州管辖，宋代属南康郡之建昌县，明代改南康府建昌县，明正德十三年（1518）分建昌县为5个乡，设安义县。自此该区域由南康府安义县管辖，清代仍属南康府安义县，1949年属南昌专员公署安义县所辖，1958年改为宜春地区安义县，1983年重新划归南昌市安义县管辖。罗田村原隶属于安义县长埠镇管辖，为便于对罗田、水南、京台3个古村的集中管理，2007年8月经江西省民政厅批准划归安义县石鼻镇管辖（由于罗田、水南与京台村紧密联系在一起，以下介绍以罗田为主，同时兼顾水南村与京台村）。罗田村村域面积为3平方千米，现有明末清初时期古民居建筑44幢，其中明代建筑3幢，清代建筑41幢，建筑面积17630平方米，有古街3条，分别为罗田前街、横街、后街，长度615米，有古商铺32个，大多保存完好。

2. 村落形态

（1）属平原型村落。罗田古村属平原地带，地势东高西低，东部和东南部为国家森林公园野猪岭和灌边岭。南北为低丘岗地，中部和西部为河，中部和西部为河谷平原地，海拔高度为52米。罗田村从选址之时，既高度注重结合地形的整体布局和乡土建筑的排布与街巷的走势，又合理引导风向，调节村落小气候，精心规划引水渠道、挖水塘、打水井，罗田村结合地势的全村排水系统令人称叹。

（2）村落空间格局较完整。罗田村除具有优美的自然环境外，其空间格局保存完整，功能特色十分明显。早期罗田村防御性强，村子四周均有围墙，围墙高约2.5米，设置东、南、西、北四门。每门设有门楼，门楼设有守卫、更夫，村内中心形成二纵一横的前街、横街、后街，成为商贸区。房屋的向位多为朝街形成铺面。非商业区居民房屋仍为坐北朝南。房屋与房屋之间由一条条或纵或横的巷道连接，并与街道相通。

（3）以宗族里甲制度为基础，结合自然环境和堪舆文化形成构思缜密的古村落整体布局和引水排水灌溉体系。里甲体制建筑完整，每甲均有里甲门头、学屋、香火堂（族祠）、民居、水塘、水井、坪场、碾槽、族田等。

（4）具有较完善的排水工程。古罗田村建村时十分注重规划的超前性和建设的科学性，建设有一套完整的给排水系统，从东到西引村东面逍遥湖之水贯穿全村，蓄于水塘，排于水道，泄于稻田，集洗涤、消防、养殖、排污、灌溉等作用于一体。这套下水道系统由主管道、支管道和细管道构成。主管道分布在后街、横街、前街的街道麻石板底下和村前的石板路下面；支管道分布在罗田村的20多条巷道的麻石路之下；细管道就是各家的房屋里天井的排水管道，由细管到支管再到主管，整个排污系统呈叶脉状，建设非常完善。除了管道布置外，古村的排水管道上还设有雨水沉淀池——窨井。窨井，是排水系统中不可缺少的重要设施，每幢古屋设有小窨井，巷道里设中型窨井，而街道主下水道设置大型窨井。这些大型窨井，都是露天的、面积约20平方米的小水塘。罗田共有八口这样的小水塘，分布在主管道的旁侧。水塘既起沉淀污泥的作用，又可作为消防用的水池。

（5）便捷的水陆交通促进了古村的发展。历史上的罗田村也是客流、物流要道，这里紧靠潦河，水陆交通发达。它东通西山万寿宫、南昌、进贤乃至苏、浙、粤、闽；西接奉新、靖安、武宁、修水；北达永修、星子、九江、湖口，是古洪洲和西北各地的交通要道之一，也是西北各地香客到万寿宫进香的主要通道和客流、物流集散地，故历史上物资集聚、商贸繁荣，有“小小安义县，大大罗田黄”之美誉。

3. 村落建筑

（1）建筑特点

村落民居多为院落组合，村中巷道均用古麻石连为一体。其中较大的古民居建筑有世大夫第、友山私宅、必万家屋。罗田古村传统建筑的主要特点是：

① 建筑以大门和后墙的中心为轴线，两侧房间、巷道呈对称排列。所有古建筑均有精美的砖雕、石雕、木雕、墨线画、匾额、楹联等建筑装饰。

② 赣北乡土建筑特色鲜明。古建筑以砖木混合承重体系为主，采用抬梁穿斗混合梁架结构。建筑平面围绕天井进行布局，由入口始逐渐抬高组织排水。为与湿热气候相适应，天井处设置防雨溅水的天井栏板，天井上方滑轮导轨配合长条卷轴进行遮阳，隔扇棂心通透，便于通风采光。

③ 建筑种类多样，雕刻丰富。除罗田村外，与其紧密联系的古村有水南村和京台村。水南村有百蝠图民居，京台村有戏台、私塾及刘氏宗祠等古建筑。

（2）代表建筑

① 黄氏宗祠：

位于水南村，在闺秀楼西南侧。清代建筑，经多次翻修，保留了原有风貌。

② 住宅：

商邸——世大夫第：即黄秀文私宅，又称大夫第。位于罗田村，清代建筑。大夫第古宅主体建筑坐东朝西，八字形门。主体建筑为五进结构，有四堂，即正前堂、过堂、正中堂（官厅）、正后堂。除主体建筑外，另建有书塾、宴席堂、库房、下人用房、碾米房、饲养场、晒场等。原有48个天井，现尚存22个天井。大夫第建筑单体纵向排列相串，然后再横向组合。每幢既是单独的建筑，前后幢又相互依靠，紧贴而建，规模巨大，稳定性好。占地面积约4400平方米。建筑木雕和石雕精美，在大门入口一进天井四周的隔扇门绦环板上雕刻有大量的戏曲人物故事。二进山墙大门入口上方设置有精美的纱帽形石制门罩。

友山私宅：位于罗田村前街，清代建筑。该民居为黄兰芳创建，距今已有120年的历史。友山私宅为三重进的大院落，建筑面积1500平方米，其中正屋307平方米，另建有学屋、仓库、闲屋、前院、后花院。主体建筑构件、门窗保存完好。现作为展览馆使用。

闺秀楼：亦称余庆堂、“香凝绿野”古屋，位于水南村105号。建筑格局完整，隔扇木雕比较精美，保存完好，后堂楼上回廊栏雕保存较好。

宇后堂：也称“百蝠图、百花图”宅。位于水南村87号。由黄筱亭建，始建于清道光三十年（1840），保存较好。后进隔扇门棂心与裙板处木雕为百蝠图，每只蝙蝠形态各异，造型生动。前一进隔扇窗棂心为百花图，花卉千姿百态。百蝠图和百花图雕刻精美，是水南村木雕的集中代表。外立面门头为倒塌后重建。

承启堂：也称“翠拥西岚”，位于水南村71号。天井左右两厢窗雕刻有对联：阶前桂馥兰馨，槛外莺声燕语。雕刻精美，极具特色。

在水南村还有一类住宅，充分结合地形，形成类似船屋形的布局。如水南村“紫灿金枝”宅。

③ 戏台：

京台戏台：原位于京台小学正门，占地约80平方米。建于清乾隆年间，坐南朝北，系宗族祠堂建筑群的一部分。戏台对面原有祠堂，后祠堂毁。戏台为民国六年（1917）修葺，1986年重修。建筑为单开间，前后二进。一进为戏台主体部分，歇山顶。二进为演员化妆间，双坡顶，一进二进采用勾连搭。建筑为砖木结构，平面布局呈凸字形，三面观。戏台内梁架为穿斗式，中间设有藻井，采用如意斗拱造型，至今保存完好。整个建筑精秀小巧，正立面呈飞动之势。

④ 私塾建筑群：

私塾建筑群统称曦庐，位于京台村。主体建筑由墨庄、养拙斋、紫园、砥园四部分组成。由刘华松、刘华杰兄弟合建，原有48个天井，120副石立门，分工明确，布局合理。太平天国时被烧毁一部分，现保存了30余间。2019年又烧毁一部分。

⑤ 井：

明代古井：罗田村有明代古井两眼。一眼叫寿康井，位于村东前，属一甲的水井。还有一眼明代井，在六甲的菜地里，位于村子的南面，古井呈井字形，井内方形构造，井面架构榫卯，花岗岩打造，井内垒砌灰缝由糯浆灰黏合。

清代古井：罗田村有十眼清代古井，罗田村有十甲，每甲都有一眼古井，六、七、八甲井建在村南，三、四甲井在村北面，五、七、九、十甲井建在村子西面，一甲井建在东面。都是清乾隆到嘉庆年间建造，井架花岗岩打造，有圆形凿孔。

⑥ 门头及门坊：

古罗田村实行的是具有封建社会典型意义的里甲管理制度，全村按宗族血缘关系划分为十个甲，每甲都有自己的门头、香火堂、水井、水塘、碾槽、学屋等。由于古时罗田村特殊的位置，其村建布局防御性强，四周建有围墙，辟有东、西、南、北四门，每门设有门楼和门卫。由于历史的变迁，现保存有西门头、一甲门头、六甲门头。一甲香火堂位于前街一甲门头内，为清代建筑，祠堂布局形状，建筑面积130平方米，瓦屋檐，青砖外墙，木结构。六甲香火堂及门头为典型八字门，门头气氛宏大，中轴对称严谨，结构独特，是罗田存留最完好的里甲制门头香火堂。

西门头位于村子西头，由青砖砌成。门楣上有“沃野来祥”匾额，意思为这片肥沃的土地使罗田显得更加安静、祥和。

京台石门坊位于京台村中，系宗族祠堂建筑群的一部分。明正德四年（1509）复修，清嘉庆年间重建。门坊为四柱三门八字形，顶部为庑殿顶，有石雕吻兽，全系仿木结构，以麻石凿制，四棱柱。

⑦ 街巷：

罗田前街长220米，宽2.5米；横街长105米，宽2.5米；后街长290米，宽2.5米。三条古街形成于明代晚期，繁荣于清中晚期和民国时期。街面以长条状麻石板铺就而成，石板的下面，是罗田村排污和排灌系统的主管道。街两边是店铺。

功福巷，坐落在罗田村东面，全长95米，宽0.8米，清代建造，由麻石铺就。

济生巷，坐落在罗田村南面，与罗田前街相交，全长70米，宽0.5米，清代建造，由麻石铺就。

金银巷，坐落在罗田村南面，与罗田前街相交，全长40米，宽1.2米，清代建造，由麻石铺就。

4. 重要历史人物

罗田村自古以来兴文重教，六世祖黄元杞中宋元祐六年（1091）进士、探花，并创办秀峰书院（已毁）。其子侄辈黄奕、黄吉先、黄著亦登进士，人才之秀源远流长。

5. 非物质文化遗产

手工米粉制作：江西省非物质文化遗产。北宋初年，北宋四贤之一的工部侍郎杨靖公，弃官归隐故里，始创制米粉业，并以家庭世业相承，后流传至罗田村。经世代相传，逐渐形成了独具一格的地方风味特产米粉。米粉选用当地纯天然的优质稻米和地下泉水，经过浸、磨、滤、煮、团、榨、晒等一系列手工工艺制作而成。工艺考究细致，不含防腐添加剂，它的显著特点是：色泽洁白、柔软滑爽，善于吸收作料的味道。

踩火龙：又名踩火砖，傩舞的一种。据传自明正德年以来就有此俗，主要目的是祭祀和祈福，是该地世代相传的独特民间风俗。 该习俗一年举行一次，从正月十五日下午持续到正月十六凌晨。十五日这一天午后，将若干砖坯置于晒场中央，堆上千斤灌木薪柴焚烧，直烧到午夜表演才正式进行，表演者只穿短裤，赤脚在烧得通红的砖坯和炭火上来回穿越，时间可持续一个多小时，踩火者赤脚过火砖，空手挟火砖，却毫无烧伤，历练的真功夫可谓民间一绝，令人佩服。始跳前，还要举行仪式，表演者要拜菩萨、念经、用雄鸡血淋脚等。

板凳龙：又称三伢子玩灯，源于古瑞州（现高安），清乾隆年间传入安义县，至今已有200多年历史。板凳龙是该村民俗文化的一大特色。它因人物少、道具简单、演出方便而深爱群众欢迎，流传至今，久演不衰。它的制作方法是在板凳上扎上竹条龙骨，用各色绸缎缝制，饰上金银闪光片，轻巧艳丽，夺人眼目。一条板凳龙由一金童和两玉女表演，玩法别出心裁，独具一格，在省市民间舞赛中多次获奖，被收入《江西民族民间舞蹈集成》。

⊙ 安义罗田村总平面图(资料来源:《江西安义古村落群——罗田水南京台保护规划》)

⊙ “沃野来祥” 门头

⊙ 寿康井

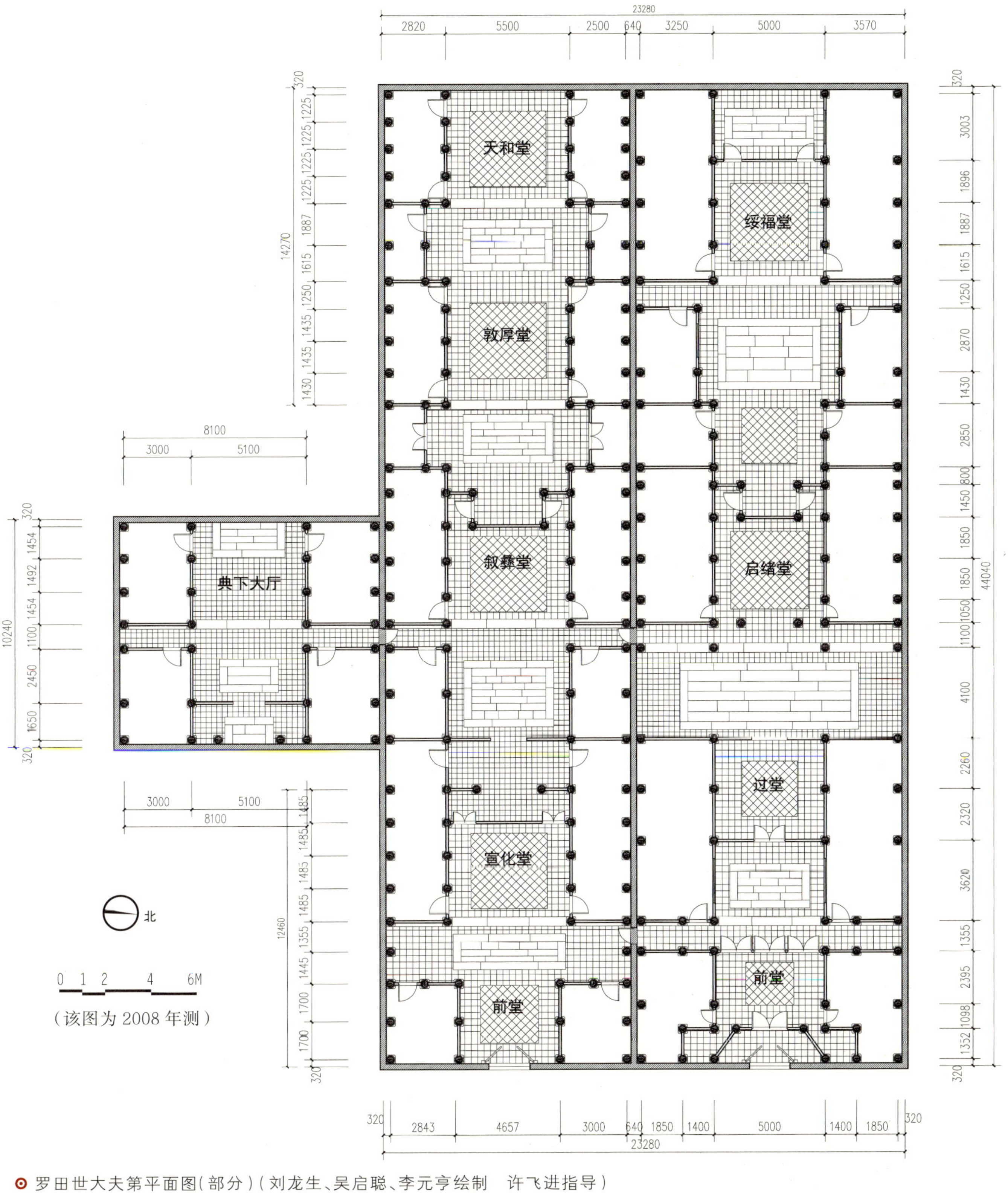

⊙ 罗田世大夫第平面图（部分）（刘龙生、吴启聪、李元亨绘制　许飞进指导）

罗田世大夫第

罗田世大夫第纱帽门头

水南村字后堂百蝠图

水南村字后堂百花图

水南村“翠拥西岚”隔扇窗

维修后的黄氏宗祠

水南村“紫灿金枝”宅

京台戏台

京台曦庐（现部分烧毁）

京台石门坊

白马寨村

1. 历史概况

白马寨村位于丰城市张巷镇西南部，西边为丰抚公路，南临白马粮站，北靠白张公路，与杜市、桥东、石滩等镇交界，距张巷镇5千米，是丰抚丰张公路交叉点，离丰城15千米，交通极为便利。自古以来就是控扼丰城至抚州官马大道的锁钥，地理位置十分重要，历来为兵家必争之地。白马寨古村气候温和，四季分明，雨量充沛，光照充足，霜期较短。全年平均气温为15.3—17.7℃。

白马寨乃东汉关西夫子陕西华阴人“四知”太尉杨震的二十九世孙杨辂之胄。

南宋咸淳年间，杨辂三世孙延规公“第七世孙杨少五郎”名桂，于咸淳九年（1273）客游至丰城白马山下，见此地山清水秀，地脉丰隆，遂辞别吉水杨庄湴塘村，携家居于此地，筑室港北梨树下，此乃白马寨杨家始祖。

白马寨现有人口2000余人，主要以杨姓为主，系吉水杨万里后裔。白马寨最早的村名为柏塘，村子西边有座小山，相传晋代有王郭二仙与浮丘公三位神仙各骑白马至山上驻足小憩，乡人建白马庙以祀，故名白马山。因南面为凤凰山（俗称鸡公脑），古时驻扎过营寨，又名白马寨。明崇祯十二年（1639）杨应祥仕于朝廷，向皇上献图，皇帝御笔亲点，又改为上点。民国时期曾用上点为乡名，现仍名白马寨。

2. 村落形态

（1）古村经长期演变形成滨水型集中式村落格局

古村北侧有一条河流，名为槎溪河，西侧为长港水，东侧为龙窟水。槎溪河绕村北而过。西边则有腰带水，由杨源村来水形成横圳水流往长港，东侧为菱湖口水流往龙窟水，二水最后由槎溪水流向丰城。古时水道是村中重要的交通要道，如今只有北边的河流，东西两侧水系萎缩，仅供灌溉用。

白马寨地势平坦，水系较完整，从街巷空间格局来讲，村落以直巷为主，横巷贯穿。每道直巷的巷道由一门楼发起，又由一门楼结束，彼此呼应，街巷形成网络。在空间形态上，白马寨古村中间核心区较密，四周相对较疏。古村建筑大体东西向，建筑肌理整齐。

（2）古村商业文化构成江右商帮文化的重要组成部分

白马寨商帮为江右商帮中的一支，自乾隆初杨学修率子孙在贵州铜仁廾设商号始，在此后200年时间里，白马商帮逐渐发展到湖南常德一带，成为活跃在湘西少数民族聚居区的商业集团，人数达到200多人，先后开设鼎兴、日升恒、瑞兴协、萃升恒等40余家典当行、钱庄。白马商帮人积累了丰厚的资金，除了回乡兴建宅第、购置田产之外，还积极投身当地及丰城的公益事业，如兴办教育、铺路、修桥、捐修县志等，白马商帮所奉行的“以义为利”思想，一直为后人所称颂。古村古建筑东侧建筑采取坐东向西，西侧建筑采取坐西向东，南北开有侧门，横巷与直巷交叉，有“东成西就，南通北达，四方进财”之意。

（3）丰富的风水民俗文化构成了古村丰富的街巷空间构架

早在明崇祯年间，白马寨人、风水大师杨应祥位居尚宝司卿，深受崇祯帝宠信。崇祯帝于崇祯十一年（1638）四月二十三日下诏兴建供奉历代风水大师的“地师府”于白马寨。但由于李自成起义，地师府未建成。村中泰山石敢当众多，受风水文化的影响，建筑多不规整。因当地人认为，直巷与横巷受煞气的影响，一般巷道转弯抹角，迂回曲折以避煞。

明兵备副使麟颖黄焯题《上点杨氏十二景》载：万历丙戌季春上巳之辰，予自邑之张渡石滩过中冈，驻节窑湾岭上，停骖偃盖，遥观一巨族在湾岭之左，山环水绕，林幽野旷，鱼跃鸢飞，花香木畅……晴岚蔼乌桕，彩绚光辉；好鸟集鸡峰，山鸣谷应。晨光乍起，古寺之钟韵频敲；晓日初升，香泉之人声四达。其森罗成象也，七宿如珠之联；其左右逢源也，双溪如带之远……

此处乌桕指的是上点，也即现在的白马寨村。文中点出了古村水口北屏禅林的钟声，古村内与风水相关的香泉，也点出了古村周边的山岗环境如“七宿联珠”，护佑白马寨。不仅如此，古村还有门榜石匾与环境对应。如“蔼瑞”对应前面诗句“晴岚蔼乌桕”。“应宿”“庚星”二门坊石匾对应天上星宿而得以庇佑。“宿接东垣”石匾则将七宿与民居结合。白马寨村通过风水的营造将古村的民居和节点与天相感应，以达到天人合一的境地。

（4）古村的军事文化底蕴较为丰厚

白马寨的军事文化色彩十分浓厚。它控扼南昌、抚州二府间要道，地理位置十分重要，加上墙高宅固，资金雄厚，历来为兵家必争之地。清咸丰六年（1856）六月，太平军卢包营攻下白马寨并一度驻扎于此，他以此为基地，于同月二十八日和同年除夕奔袭县城。咸丰八年（1858）正月，清军总兵李定泰调集大量兵力与太平军激战于此。

（5）大量的雕刻与书法丰富了民居的门榜艺术

“祖德流芳思木本，宗功浩大想水源”，在白马寨现有的一百余栋古民居建筑中，几乎每栋宅第都有石刻门榜，饱含丰富的石雕与匾额艺术。

白马寨的石雕和匾额书法艺术，其石雕艺术不论在数量上，还是规模和工艺水平上，在江西可说是首屈一指。工匠们运用不同质地和不同颜色的石材进行雕刻，雕刻手法灵活运用圆雕、高浮雕、浅浮雕和阴刻、线刻等，所雕人物、殿宇、车船、鸟兽虫鱼、嘉树瑞草，莫不栩栩如生，逼真传神。

白马寨现存匾额120余方，内容多采自“四书”“五经”，题材大多为修身齐家、治学及祖述先德等，还有一些科甲、功名、职官、节孝等内容，书体有金文（钟鼎文）、篆书、魏碑、隶书、行书、楷书以及草书等，白马寨古建筑匾额书法被誉为“书法艺术宝库”。

（6）民俗文化与女性文化形成古村的独特风格

世俗生活的繁荣，也带来了宗教文化的兴盛。古村保留至今的北屏禅林，就是兼容佛道教的载体。建寺以来，香火旺盛，前后还有多位高僧来此讲经传教。

白马寨民俗文化中还有一个与众不同的特点，就是妇女的地位特别高，与封建社会的“男尊女卑”的观念截然相反。丰城市著名的民谚“铁路头的米，白马寨的女”就是这一事实的真实写照。由于白马寨成年男子常年在外经商，家中事务基本全由女性承担，凡建筑屋宇、教育子女、涉外交往均由女性主持，所以白马寨现存古建筑有不少反映男女平等的石雕、献给母亲的匾额、以及谱中存有大量的女传就不足为奇了。以“兰陔启瑞”石匾为例。“兰”指兰草，为香草，生命力极强，长得青秀翠绿，品德高洁，比作洁身自好的女性，“陔”指田间的土岗子。“兰陔”就是生长在田间路上的兰草顽强生长。当年建房的主人是现住房杨剑鸣老人的曾祖母，她中年丧夫，上要伺奉公婆，下要抚育儿女，靠她的贤德智慧和精明才干建起这幢一连三进的高堂华厦。“启瑞”有两层含义：其一，表达自己“冰心玉洁”，以玉为信的情操；其二，希望自己的子孙后辈吉祥如意。

3. 村落建筑

房屋的坐向独具一格，多为东西向，只有少数南北向。但考虑通风、采光的需要以及“风水”的缘故，南北开有正门或侧门，以便通风。传统民居有“静观物表”“青阳毓秀”“施于有政”“清辉远播”“慎其独也”“知若勤哉”“兰陔启瑞”（“旭景延厘”）“瑞霭关西”“鳝堂贵徵”“爽邑西山”“玉环启瑞”“凌云别墅”“祥辉联壁（聚奎垣）”“亲仁居”（“秀毓金精”“邑爽”）“润邑香泉”“凝紫处”（又“新居”“南归道古”）“星聚庚垣”“诒谋大启”“派分晋阳”（“承月处”）等。

（1）住宅

①“润邑香泉”宅，红石雕刻匾额，牌坊式一字门，青砖，木质梁柱，二进二天井，二大门，前门有前院封闭，进出走侧门。

②“诒谋大启”宅，青石雕刻八字门，水磨青砖，方形立柱。此房有三板，瓦下有望板、楼板、倒板，整个楼板平整，堂中、两间、两厢、前后一般高低。

③“清辉远播”宅，白石雕刻一字门，水磨石青砖，木质梁柱，五个天井。此宅为三进三门，正门、侧门均无匾刻，三门各不相同，牌坊式叠壁垂花门，“小八字”门，砖雕、石雕、木雕，人物、山水、花鸟虫鱼，均工艺精湛。

④“兰陔启瑞”宅，白粉石雕刻，八字门，水磨青砖，四方立柱，木质楼梁，方式柱石，房有前院，此房开有六门，正房四门，前院二门，五幢房屋内部可互通。

⑤“派分晋阳”宅，青石雕刻八字门，水磨青砖，木质梁柱，青石雕刻精美。刻有“三英战吕布”“鹬蚌相争，渔翁得利”“刘海戏金蟾”“哪吒闹海”“雀鹿蜂猴”等石雕，文臣武将等石雕人物惟妙惟肖，山水楼阁逼真生动。

⑥“瑞霭关西”宅，红石雕刻牌坊式一字门，青砖墙，木质梁柱，曾有二进，现只留前进，后进经过改修拆除。与该建筑并排连接的是“鳝堂遗徵”宅。

⑦“宿接东垣”宅，豆绿石雕刻八字门，青砖，木质梁柱，正大门，进出走厢房厅堂，内部木雕飞禽走兽，栩栩如生，非常精美生动。

⑧“太华留云”宅，遮雨棚式（门斗）一字门，青砖，木质梁柱，木雕如门的门匾“福禄寿喜”等字与“龙凤”组合，花草雕刻栩栩如生，形象生动、逼真。

（2）庙宇

宗祠家庙有庆公祠、杨氏家庙、仁公祠、位公祠、铨公祠、白马庙和北屏禅林（万寿宫、天符庙、傅爷殿）。

北屏禅林寺院内有一棵千年古樟，长得龙盘苍劲，神奇怪异。它虽然经历了千年风霜，整棵树干皮落骨露，但生命力仍极其旺盛。

（3）私塾

早在明清时期，白马寨就设立“义学”，幼稚儿童都入义学启蒙，义学又称蒙馆，蒙馆授《三字经》《百家姓》《千字文》和各种“杂学”，课业比较浅显，学生读完蒙馆后入经学继续深造。经馆授《幼学琼林》“四书”“五经”“经史学集、诗词歌赋”等，并要习作“八股文”，为应科举考试。白马寨的经馆有五所：“存仁第”“隐磻家塾”“五子别塾”“书声扬处”“兰谷家塾”。其中“隐磻家塾”“五子别塾”“兰谷家塾”，都是名声较大的经馆。至民国二十三年（1934）建立保甲制度，废科举后，白马寨自筹经费设立一所完全小学。抗战时期，日寇侵华，南昌沦落，著名政治家、教坛先贤徐谷先生开办的“江南中学”进驻白马寨。虽炮火连天，学校仍招收流亡学生，坚持教育救国，救亡图存，直至民国三十四年（1945）抗战胜利后，才搬回丰城。本村学者杨佛康于民国三十五年（1946）创办的致和中学，益智启愚。这里培育出来的人才，举不胜举，在丰城文化教育上所贡献的力量，足以彪炳史册。

（4）门坊

白马寨古建筑的大门形式丰富多彩，有一字门、八字门、拱券门、贴壁垂柱门、牌坊式门、复合式门等数种，以红、白、绿、青各种石材为原料。石雕人物、宫殿、桥梁、车船、树木、花鸟、虫鱼，莫不栩栩如生。更为奇特的是每幢宅第的门楣底部都雕有八卦图，当地人习惯把大门朝向有利于自己生辰八字的方向，以期获得最佳的气场。

父子符卿坊：明代崇祯年间为尚宝司卿杨应祥敕建的功名坊，它是一座纪念性质的门式牌坊，也是白马寨重要象征和标志性建筑之一，上花坊为鲤鱼跳龙门及翔凤图，下花坊为几何型勾连纹连续图案，次间花枋饰有翔禽瑞兽。坊心碑上款刻“钦差巡按江西道监察御史周璨为”，下款刻“奉直大夫北京尚宝司卿父杨子登”“北京尚宝司卿加升三级子杨应祥”“明崇祯甲申岁仲冬月立”。此坊为明代最后一年，即崇祯十七年（1644）十一月，江西巡按周璨奉旨为杨应祥建立。距今300多年，是白马寨全村总门楼，由白石、青砖做成。现部分刻字已模糊不清。

世联科甲坊：此门楼为清代同治年间诰命敕赐建造的“三带武举人，四代受封赏”，雕刻精致，气势雄伟。

（5）井

香泉井：这是关系到白马寨人文兴盛的一口古井，井水甘甜清洌，自古以来“香泉晓汲”便是白马寨十二景之一。古井直径1米，深9米。据井底部一块大麻石携字记载，此井挖于元朝至治元年（1321），距今已有690年的历史。至今仍是村民重要水源之一。

（6）街巷

白马古街：古时候为村中重要交通要道，青石板铺面，石板上还留有古时独轮车及板车碾过的痕迹。现因改造，已无原始风貌。

4. 重要历史人物

杨应祥，号震宇，生于明万历六年（1578）正月十二日，自幼聪颖，7岁时能吟诗作对，人皆称之为“神童”。明崇祯十二年（1639）杨应祥仕于朝廷，向皇上献图，皇帝御笔亲点，地名因此改为上点。白马寨古建筑群中首推父子符卿牌坊最为显赫，它是明崇祯十七年（1644）皇上钦敕为杨应祥父子所建。

现白马寨古建筑群总体布局及巷道、水井、池塘等设施均是按照杨应祥设计规划而安排的。

杨祖兰（1854—1920年），光绪十二年（1886）丙戌科进士，殿试三甲，赐同进士出身，朝考一等，钦点主事，诰授奉直大夫户部浙江清吏司主事加一级。光绪二十七年（1901）十月皇上诏命对杨祖兰“经济学问，道德文章，政绩卓著，谨行慎言”下旨敕封：一是竖旗标榜：在村前门前塘边竖旗杆一对，凡过往官员，文官见之要停轿，武官见之要下马，并授他为通奉大夫四品升衔户部陕西司主事加三级。二是封赠三代：曾祖父杨际轫赐赠通奉大夫，叔祖父杨佐赐赠中宪大夫，祖父杨亨晋赠通奉大夫户部陕西司主事，父亲杨珍晋赠通奉大夫户部陕西司主事。三是改宗祠为家庙：白马村原祠堂为杨氏宗祠，后由皇上亲笔御书改为“杨氏家庙”，并封赠横匾“理法所在”挂于家庙堂中。

5. 非物质文化遗产

（1）唢呐调

分大喇叭和小唢呐，民间每逢婚丧红白喜事，必奏此乐，传统调子有《满堂红》《绣红鞋》《孟姜女》等，现在的白马寨乐队增加了小号、长号、拉号、巴来冬、大鼓、电子琴，常演奏现代曲调《泉水叮咚响》《十五的月亮》《在希望的田野上》等。

（2）十番锣鼓调

由胡琴、笛子、大鼓、小鼓、苏锣、当锣、喇叭、皮鼓、木鼓等多种乐器组成。调子同唢呐调，但声音铿锵，节奏感强，十种乐器交响，十分优美动听，也常参与迎亲寿庆等仪式。

（3）花鼓班（三脚班）

据丰城学者毛静考证，白马寨附近有戏台，在村北方位，当地人称的鱼街上，供戏班唱戏。

民国以前白马寨村戏班有近20人，有简单的道具和服装，演出的剧目有《卖花记》《对药》《南瓜记》《飘带记》等，白马寨的“全福堂”花鼓班在民国时期驰名县内外。民间艺人杨钵德唱演的剧种，既有丰城地方剧本的风韵，又有抚州采茶剧的调曲和脆音，更有京剧的高雅唱腔，与大班的功马表演融合，别具一格，曾风行民间，颇有声名，受人青睐。他的艺徒弟子，遍及丰城、临川、南昌、进贤等各地，“全福堂”就是由他在本地组织的民间戏班。

（4）上梁喝彩词

白马寨清朝古建筑群，是老一辈留下的珍贵遗产，他们不满足在朝为官或在外经商，都把在家乡建造新房看作人生最大的一件喜事，而上梁更是慎之又慎。做新房上梁时，亲朋好友都来庆贺，东家要大摆宴席接待。头天晚上“暖梁”时，亲朋好友要“喝彩”，东家随声应“好”，鞭炮齐鸣，奏乐队锣鼓喧天，真是热闹非凡。暖梁彩词如：“伏以！手拿金鸡是五皇，生得头高尾又长；头戴凤冠碧绿耳，身穿五色紫龙袍。此鸡不是非凡鸡，它是王母娘娘报晓鸡，不祭天来不祭地，单单先祭师傅起：一祭师傅千年寿，二祭香火万年灵，三祭墨头金丝线，四祭曲尺分四方，五祭五尺分长短，六祭度高高万丈，七祭天上七姐妹，八祭八仙飘海来，九祭九龙来聚会，十祭十全齐美来，天官赐福，打挂爆竹！”天亮前“出煞”，出煞曲如：“伏以！东煞东走，西煞西走，南煞南走，北煞北走，红煞黑煞全部走。五尺一支，远走千里，曲尺一勾，永不回头，倘若回头，先斩后奏。”舅父送来的喜幛挂在堂中央，大红蜡烛点到天亮。第二天清晨上梁，仍要“喝彩”。喝彩曲如：“伏以！大梁来自深山中，跨越屋脊似条龙。三星高照麒麟到，紫微驾临降吉祥。搁在东边生贵子，搁在西边状元郎。梁中上边天官赐福，梁中下边金玉满堂。”然后用麻糍、铜钱、银圆“抛梁”。

白马寨概貌图(从古村西侧看)

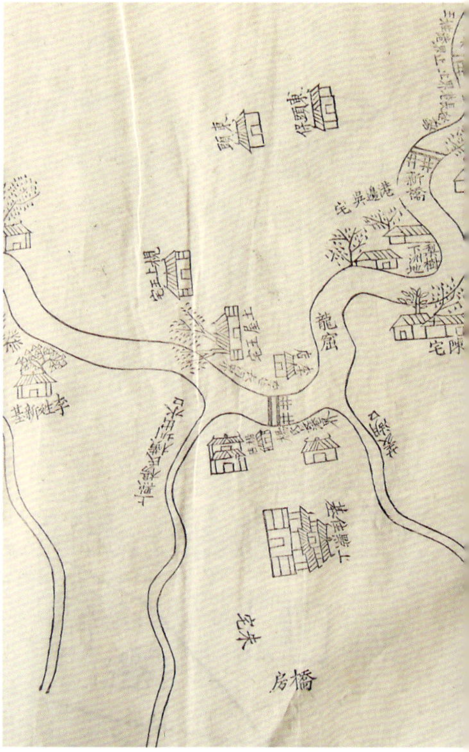

上点住基周边水系图

应宿门

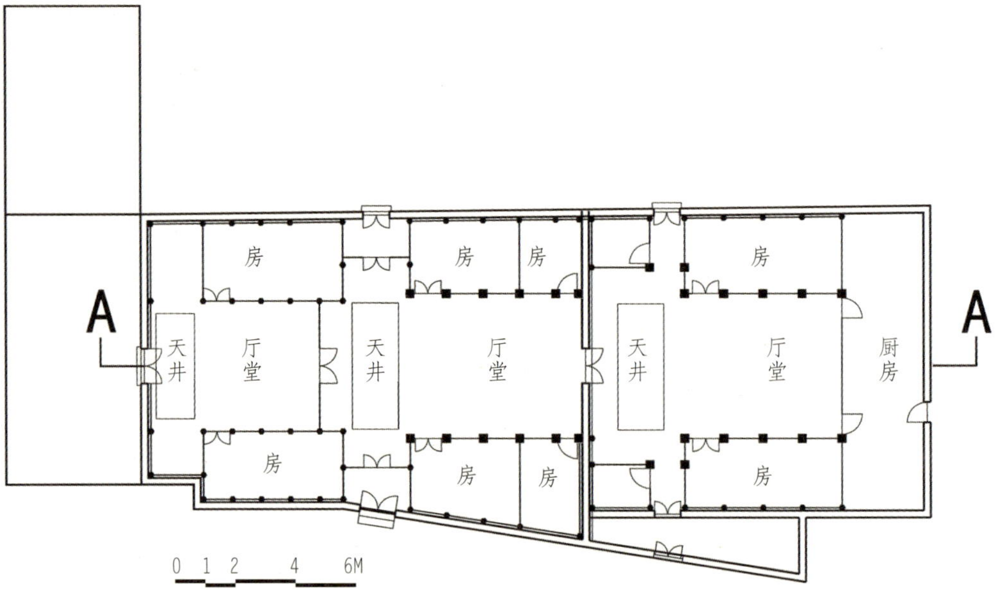

厅堂地面铺装形式

“润邑香泉”宅平面图(郭分户提供　许飞进参与)

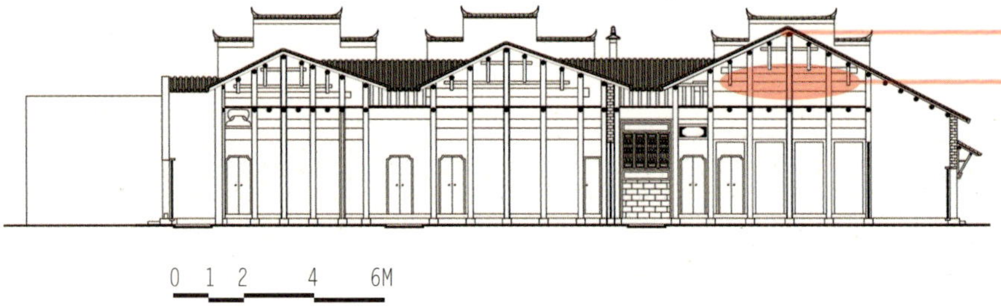

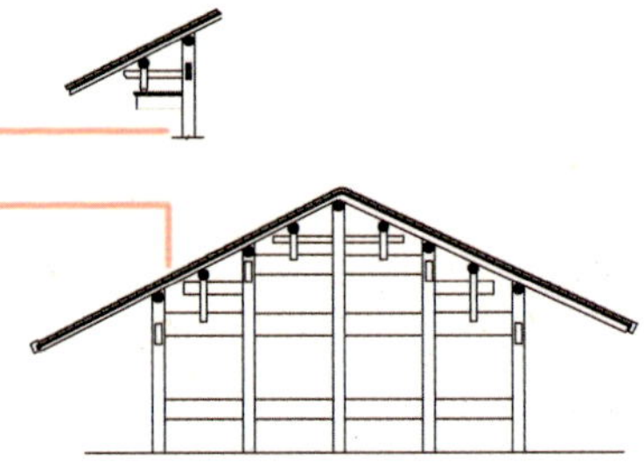

穿斗构架局部图

“润邑香泉”宅剖面图(郭分户提供　许飞进参与)

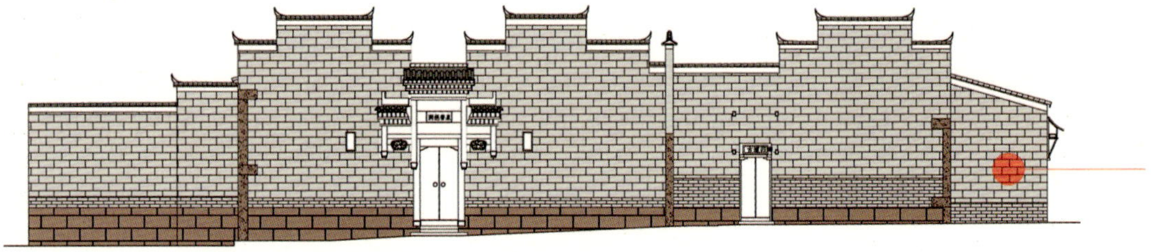

砖砌结构局部图

“润邑香泉”宅立面示意图(郭分户提供　许飞进参与)

“润邑香泉”宅

“派分晋阳”宅

“兰陔启瑞”宅

“瑞霭关西”宅

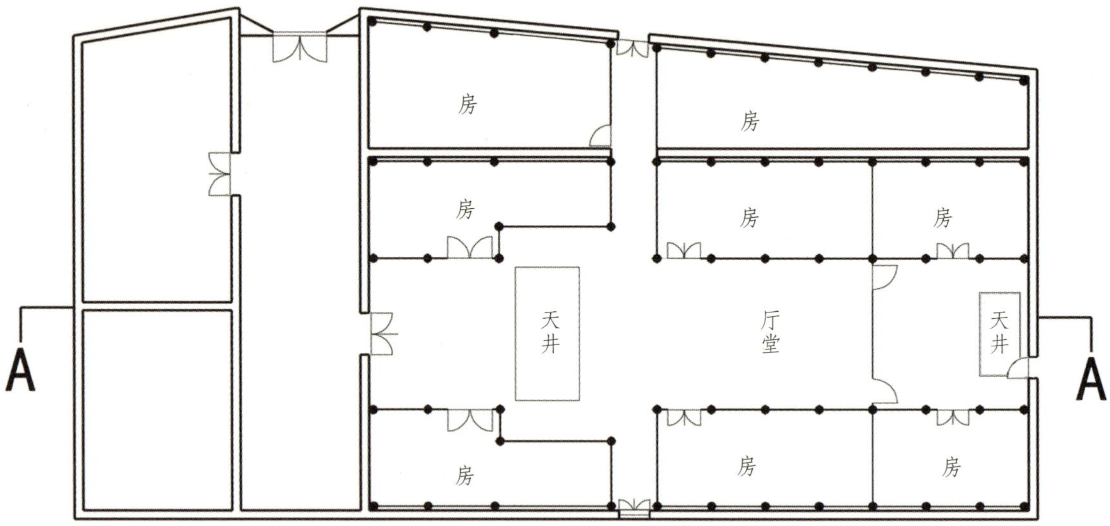

⊙ “兰陔启瑞”宅平面图（郭分户提供　许飞进参与）

0 1 2 4 6M

⊙ “兰陔启瑞”宅剖面图（郭分户提供　许飞进参与）

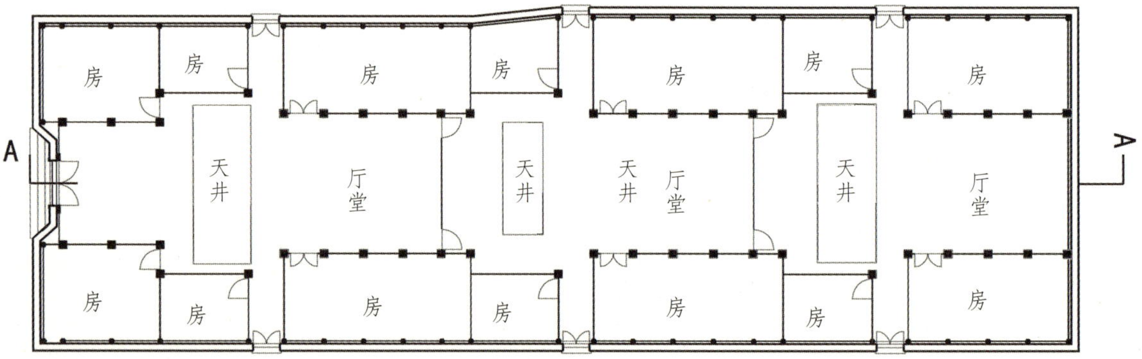

⊙ “诒谋大启”宅平面示意图（郭分户提供　许飞进参与）

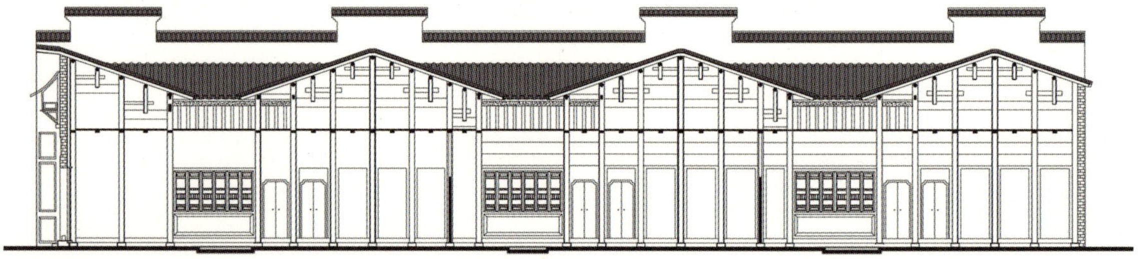

⊙ “诒谋大启”宅剖面示意图（郭分户提供　许飞进参与）

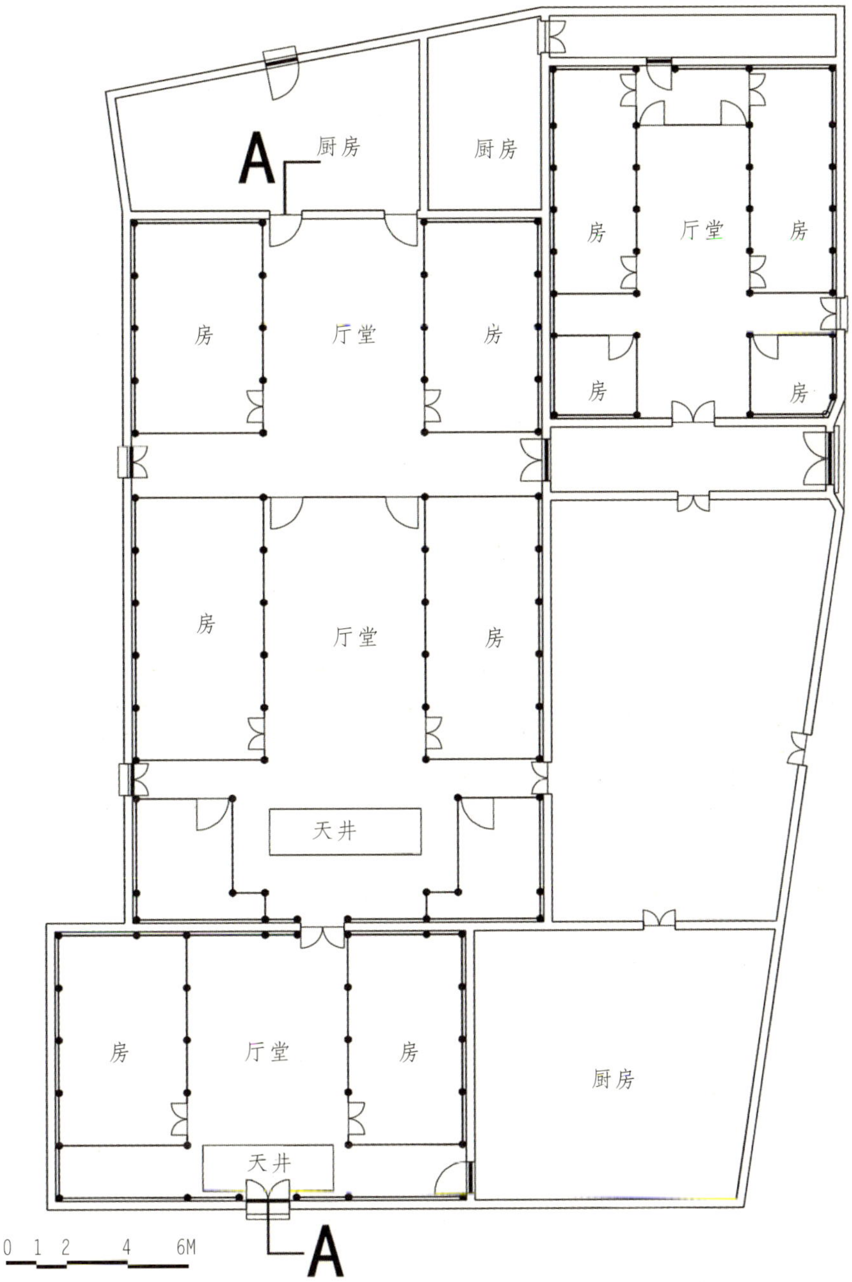

“清辉远播”宅平面图(郭分户提供　许飞进参与)

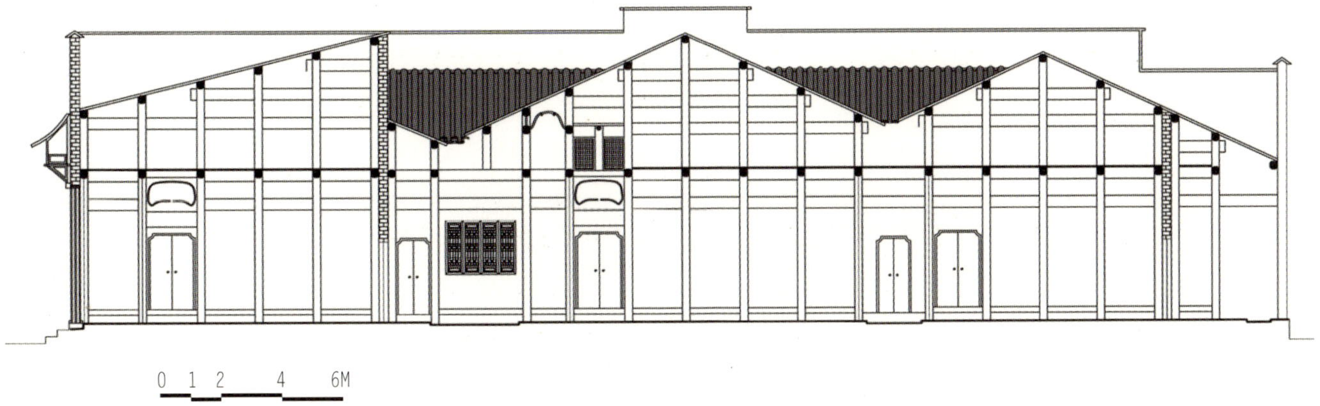

“清辉远播”宅剖面图(郭分户提供　许飞进参与)

北屏禅林大门

隐磻家塾立面

◎ 门梁底部八卦图

◎ 父子符卿坊

世联科甲坊

“诒谋大启”门口

香泉井

厚板塘村

1. 历史概况

厚板塘村位于丰城市东北部筱塘乡，具有良好的旅游、交通和区位优势：距丰城市17千米，省会南昌60千米，105国道11千米。古村属于亚热带湿润气候，四季分明，气候温暖，雨量充沛，光照充足，有霜期较短，作物生长季较长。全年平均气温为15.3—17.7℃。年平均降水量1552.1毫米，4—6月降水量约占全年降水量的50%，年平均降水日154天，年平均空气相对湿度81%。

《涂氏大乘宗族族谱》共27册。厚板塘在第19册。谱载始祖俊生公后代舜华共生三子，其中二子为逊孚（三十六世）为厚板塘西巷支，三子守孚为厚板塘东巷支。《涂氏新修族谱》引旧序《甘棠说》认为："始祖俊生，抚之宜黄石麓寨棠阴里，后周显德间迁丰城。距东北圭峰五里许之西岸。因名其地为甘棠。"

明宣德年间，厚板塘开基祖涂逊孚、涂守孚两兄弟率子孙徙居于此，始建村。兄涂逊孚居村（巷）西，弟涂守孚居村（巷）东，村中为公巷，房屋由南往北纵向排列，这种布局一直延续至今。涂守孚四世孙涂日光任广东三水县巡司3年，后因不满官场习气，辞职回乡，掌管族中事务28年。他秉承先志，建宗祠，修族谱，重教育，为厚板塘村此后的发展奠定了基础。明末清初，涂逊孚七世孙涂时燮，在举业无望的情况下，设学馆教书授徒，随后被推为族长。他不但通过整饬宗法、完善家规来进一步加强宗族的团结，而且十分重视教育，身先士卒，延师训课，督促子孙刻苦读书，光宗耀祖，使厚板塘村得到了进一步发展。

清光绪至宣统年间，厚板塘村没有因为衡阳商业的衰退而停滞不前，相反，还得到了一定的发展。如忠厚传家第即在这段时期建成。

民国十三年（1924），丰城遭受百年未遇的洪涝灾害，厚板塘村绝大部分建筑浸水，造成很大破坏。村西贫苦农民的房屋大多倒塌；村东建筑由于地势稍高，建筑用材硕大坚固，损坏不严重。通奉第、大夫第的屋柱上，今天仍明显留有大水浸漫的印迹。村围墙及门楼，除崇德门倒塌外，其他基本无碍，至今保存完好。

抗日战争期间，部分清代家具受到毁坏，"涂近仁堂"捐建的大嵊山庙被烧毁。

2. 村落形态

（1）厚板塘是一个比较典型的平原型集中式村落。古村的选址以大嵊山为背景，坐落于广阔的稻田中，"腰带水"绕村而过，门前场地布局正对半月塘。全村布局紧凑，错落有致，民居宗祠排列有序。村庄水环境由三个池塘与一条河流组成，村南有七星伴月塘，村西有吴氏塘，村东有袁氏塘。东边的港汊原可直通丰水河和赣江，过去湖泊是与村庄外界联系的重要通道，又是极佳的构景元素。

（2）官商一体化是古村发展的关键。清代嘉庆至道光初年，涂守孚十二世孙先业儒，为生活所迫，到湖南衡阳府（现衡阳市）从商。其后涂若拨（号金钟）也跟随其父经商。《厚板塘诰授中议大夫国学生子明公家传》载："公讳山衡，字春和，号子明……父华堂公……衡阳彭（玉麟）刚直未遇时，华堂尝与论交，订金兰契。彭公（官至水师提督、两江总督、兵部尚书）贵握兵柄，屡招其父子昆仲出赞军政……公先世创业由衣肆而布肆而典肆、钱肆，名动一时……彭公尤重公……连岁军饷转运于典肆，公调盈剂虚，解报以时……彭公叹曰：此会计才也。"涂若灿等人善于识人，善于与官方打交道，并利用自己会计之才运营得利，生意日渐壮大，成为远近闻名的"顶戴商人"。同时，为厚板塘的兴盛打下坚实的基础。

这期间，涂氏开始大兴土木，村中现存的绝大部分建筑，如大夫第、通奉第、逊守公祠（光绪初年又重建）、凝秀轩均在此间建成。并对全村的道路、周边环境进行了规划建设，引新塘湖（现已改为农田）水由村西而南而东，宛如一条银丝腰带，寄寓着"涂近仁堂"腰缠万贯的愿望。涂若拔三兄弟秉承先志，敦从礼仪，于咸丰年间独自捐资数万两白银，历经10年寒暑，主持修建了本县大港口桥、凤山桥（现均毁不存）；修筑了厚板塘村西至筱塘墟（现为筱塘乡）、东南至白土墟（现为白土镇）计十余千米的青石板路；捐修了村东南的大嵊山庙。目前，村中基本保存了清道光、咸丰年间的建筑和规模。

3. 村落建筑

厚板塘建筑组群有：大夫第、通奉第、逊守公祠、长工住房、书院（凝秀轩）、"忠厚传家"宅。其中南门有大夫第、通奉第、逊守公祠、文林第等，东门门榜为三妙流坊。建筑群有如下特点：

（1）建筑特点

① 形成较为完整的建筑组群：

古村基本保存了以"丛桂流芳"巷为中心，分支居住的原始风貌和布局。古村在整体布局上遵循南北向，通过南北轴线将庭院、前厅、天井、中堂、后堂等串联起来，以对称的形式将各厢房、厨房等建在轴线两侧，各建筑之间通过街巷、通廊连成一整体。

② 建筑宏大且工艺精湛：

厚板塘建筑组群具有浓郁的地方特色，是江西传统建筑雕刻工艺水平的代表之一。建筑群不仅以青砖灰瓦显示出自己的恬淡雅致，更以不失雕琢的梁架构建显示出自己的古朴大方，为了显示"顶戴商人"的富有和气派，建筑在进深上做文章，同时在天花、隔扇等部位加以精工雕饰。建筑中穿斗式的梁架做成栟枋或月梁枋；二、三、四进的檐步和金步，彻上不露明，做成卷棚轩式、藻井式的透雕天花。门、窗皆做成隔扇，隔心透雕，但所有的隔扇、月梁、天花透雕等，均为本色，未有富贵人家常用的描金施丹，精致中显出古朴。

③ 木雕石刻内容丰富：

厚板塘建筑门楼上都有精美的石刻图案，反映了房屋建造时涂氏家族辉煌时期的景象，另有雕刻精美的石鼓。建筑内部门窗木雕更是匠心独运，精妙绝伦，做工精细，形态逼真，内容多以象征吉祥的花卉、鸟兽和反映主人家族生息繁衍为主。其中“大夫第”宅中雕刻堪为代表。每一进所刻图案都不同：小姐闺房中刻有簪子、水果盘等日常生活的图案；迎宾大厅中刻有鱼、蟹、虾，其含义为“年年有余”；主人厅中刻有“松竹梅岁寒三友”等，喻义品质高洁；高堂厅中刻有寓意吉祥的图案。雕刻技法有浮雕、透雕、高浮雕和圆雕等，造型生动，层次分明，人物形象栩栩如生，堪称江西古建筑雕刻艺术的集大成者，反映了清代木雕技艺的高超水平。

（2）建筑类型

① 逊守公祠：

逊守公祠为涂氏家族所建家祠，属整个建筑群的一部分，与大夫第建筑时间相同，是涂氏子孙祭拜先祖的场所。因涂氏家族凭借个人经商致富发家创建，而没有一般读书为官之人对先祖的崇信与虔诚，故逊守公祠建筑面积较小，占地面积182平方米，亦没有做精巧的装修与严格的保养。建成后至光绪初年损毁严重，后重建。

② 商邸：

大夫第：为建筑群的主体建筑之一。结构为五进院落式，坐北朝南，布局以中轴线对称布置，面阔三间，中为厅堂，两侧为室。第一进为马房及下人用房；第二进为过堂，两边为小姐闺房；第三进为迎宾堂，两侧为宾客房；第四进为主人堂，两侧为主人住房；第五进为高堂，两侧为家族老人居住用房。大夫第占地面积931平方米。

通奉第：结构与大夫第类似，不同之处就是通奉第两侧设置了厨房，其中西面厨房是为大夫第住宅服务的，这样解决了大夫第建筑的饮食卫生问题。通奉第占地面积1122平方米。

“忠厚传家”宅：由于“忠厚传家”宅是在涂氏家族没落时期建造的，故其内部没有大夫第与通奉第精细，但整体格局基本与之前建筑相同。该建筑为一进式建筑，其东侧设有厨房等附属用房。“忠厚传家”宅占地面积381平方米。

③ 凝秀轩：

为涂氏家族所设私塾书院，是集中培养造就人才的地方。涂氏族人均在此接受教育，直至民国十三年（1924）逊守公祠改成育人小学。凝秀轩与正房仅一巷之隔，原书院内种有花草，环境优美，属典型的旧时书院性质的建筑。凝秀轩占地面积153平方米。

④ 长工住房：

位于建筑群东面，为一堂一厅的普通民房，是仆人居住生活的地方。建筑内部结构简单，装饰简陋，可见一巷之隔，贫富尊卑相差极为悬殊，封建社会等级制度在这里得到了集中的体现。长工住房占地面积683平方米，建筑面积303平方米。

⑤ 池塘：

村前池塘为“半月”形状，并有七个石砌星子墩（现只剩一个）相伴成“七星伴月”造型。村子正对七星伴月塘，夏天满塘荷叶清香四溢。古建筑经历岁月沉淀，古色古香，居住在里面冬暖夏凉；各座建筑之间有纵横交错的巷道相联系，四通八达，方便各户来往；古人在建设之前就考虑到了建筑排水系统，故每栋建筑均有完善的排水系统，排放到七星池中，完全不用担心庭院内会有积水。

⑥ 文笔塔：

厚板塘的塔较新，据传为重建。建于东南方位有以下几重寓意：

一是塔居东南之位。风水传统认为：东南之位，卦位巽，五行属木，与东方同属青龙之位，旺文昌，厚板塘涂氏后代以经商为主，少科举之士，故而建之。此塔应为文笔塔、风水塔。由于东南方位远处空位，有一处垭口，容易感受东南风大，建此塔还可避免直面东南风，起所谓“辟邪”的作用。

二是根据正五行图，巽五行属木，水生木，利于见水，宜于做出水口，从地图上看，此处属水口，锁住水口，既利科举，又利财源，二者兼得。建塔利于水口，此处地势不能过高，宜平坦宽敞。而从现场观察，的确如此。周边空阔。以下为水口图。这些都是过去所谓“风水”的讲究。

4. 重要历史人物与事件

彭玉麟（1816—1890），字雪琴，号退省庵主人、吟香外史，祖籍衡永郴桂道衡州府衡阳县（今衡阳市衡阳县渣江），生于安徽省安庆府（今安庆市内）。清朝著名政治家、军事家、书画家，人称雪帅。 与曾国藩、左宗棠、胡林翼并称中兴四大名臣，湘军水师创建者、中国近代海军奠基人之一。他官至两江总督兼南洋通商大臣，兵部尚书，封一等轻车都尉，与厚板塘村涂若灿交情莫逆。

⊙ 丰城厚板塘村总平面图（资料来源：郭分户提供，谢晨改绘）

厚板塘村鸟瞰

“三妙流芳”门

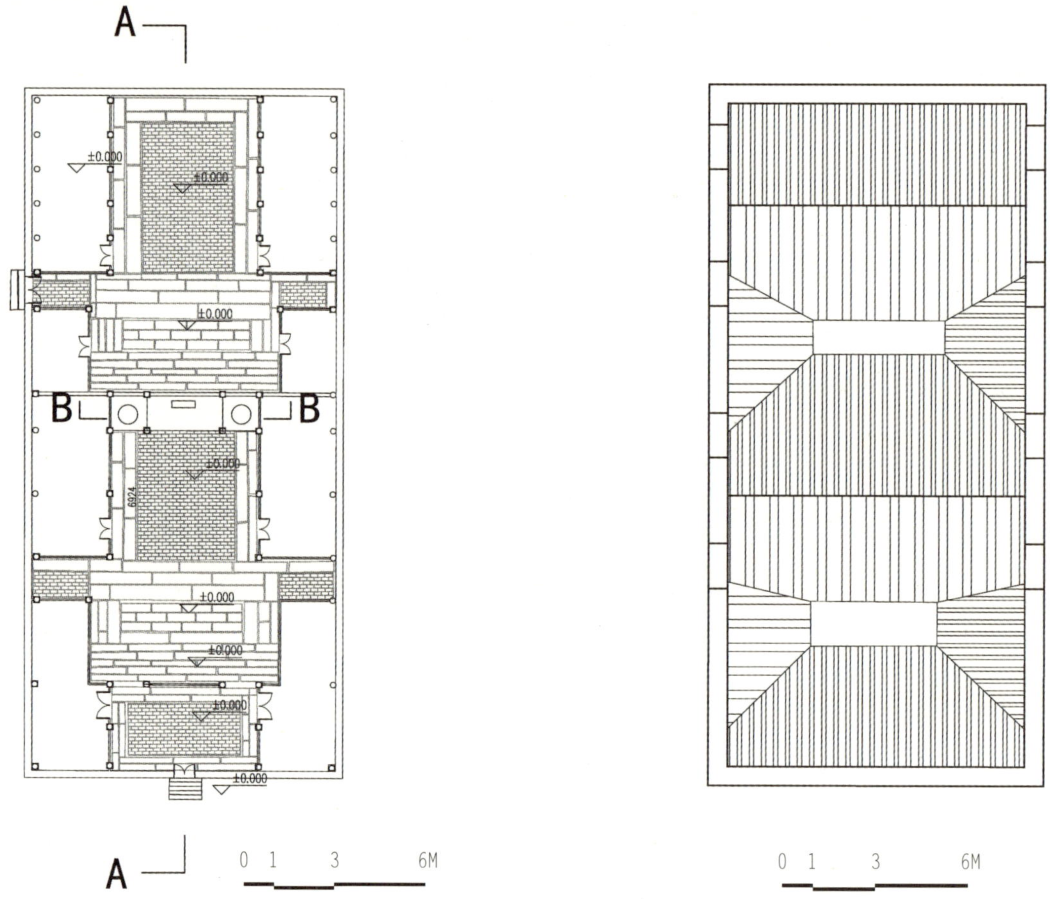

⊙ 逊守公祠平面及屋顶俯视图（郭分户提供，许飞进参与）

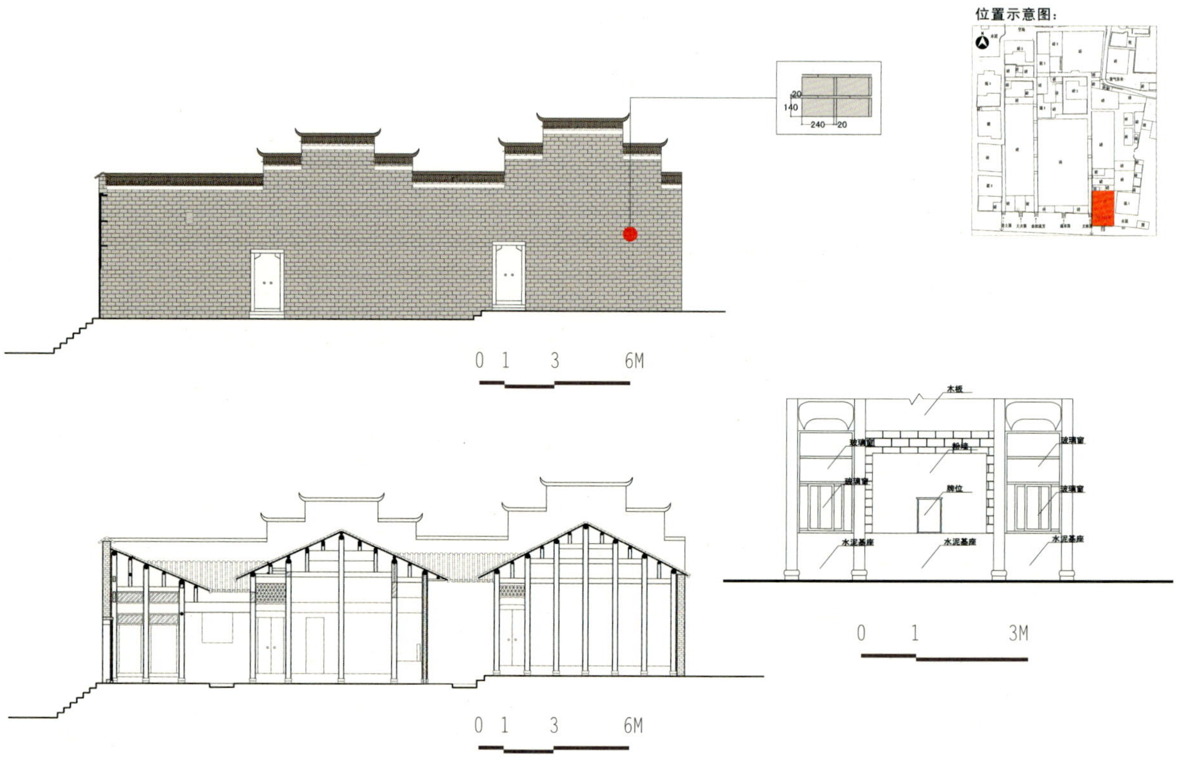

⊙ 逊守公祠山墙立面与剖面图（郭分户提供，许飞进参与）

逊守公祠

"侯祚东绵"门坊雕刻

厚板塘村民居隔扇窗

厚板塘村民居中的汉白玉石鼓

凝秀轩

七星墩之一

厚板塘村文笔塔

瑶里村

1. 历史概况

瑶里村，古名“窑里”。因村四周多梅，又称“梅村”。穿村而过的瑶河古称“梅溪”，依地势高下自北向南有“上梅潭”“中梅潭”“下梅潭”之分。现瑶里村为瑶里镇政府所在地。瑶里村位于景德镇市浮梁县瑶里镇域中部，处于赣皖两省祁门县、浮梁县、婺源县、休宁县交会处，与景德镇市区和浮梁县分别相距59千米和55千米。瑶里镇属于亚热带气候，年平均气温15.8℃。因区内峰谷交错，地势起伏大，区域内气候条件差异大。其中五股尖常年云雾缭绕，夏季平均气温仅18℃，比浮梁的平均气温低8℃。区域内降水量大，地表水丰沛，以致境内溪谷纵横，地表茂密的植被提高了土壤的蓄水能力，即使在旱季，地表河水也不间断。主要河流发源于区内的瑶河。

历史上，瑶里受浮梁官府辖治；清代中后期，属浮梁县锦绣乡兴义都、新正都第二图；民国时期属浮梁县行政第三区；中华人民共和国成立初期，属浮梁县行政第二区；1960年，浮梁县与景德镇市合并，瑶里直辖于景德镇市；1988年，浮梁县复县，瑶里重新归县管辖；1994年8月24日撤乡设镇，瑶里成为镇政府驻地。

春秋时期，吴王夫差长子带家眷逃至瑶里汪胡一带，开始繁衍，形成聚落；元代时期，高岭土与普通瓷土混合制胎的“二元配方法”的发明，带来了制瓷历史上划时代的革命，为景德镇日后成为世界瓷都奠定了基础。瑶里的瓷土开采业和制瓷产业随之兴盛起来，吸引了大量矿工和制瓷工人来瑶里创业。

明代，大量移民迁入瑶里，其中吴、程二姓分别由江苏无锡和浮梁新平迁入，成为瑶里日后最大的两姓家族。瑶里村落连成一片，村民皆从事与陶瓷有关的产业。

清代，瑶里瓷土开采业达到顶峰，大量商人和矿工纷纷涌入，瑶里、寺前、南泊等地出现繁华的商业街道。当时，区内釉果生产由程、吴、刘、李、詹五大家族所垄断。清后期，高岭土的开采被婺源人强占，在高岭的婺源人多时达数千，当地人转而以农林茶为业。

民国时期，瓷土开采业虽衰落，但釉果生产仍见兴旺。据20世纪30年代文献记载，当时瑶里居民有2000户，其中800户经营釉果业，其余从事农林茶生产。著名的釉果生产有15户，其中13户姓吴。最大釉果生产户年生产釉果可达100船。

历经2000多年的历史，瑶里村落连成一片。居民大多从事与陶瓷业有关的产业，河西为姚家旮、曹家坦、老屋上数处；河东分刘家杪、程家、李家弄、街上等地。

2. 村落形态

（1）以“风水”观念为指导形成“一河两岸”滨水型线性格局

瑶里人对居住“风水”非常重视。古村四周群峰环抱，古村就坐落在绿色葱茏的山谷之中。根植于中国传统的“天人合一”思想，聚落格局和选址、建筑形态、营建手段都反映了古代朴素的风水理论。例如，为负阴抱阳，村落大多背山面水而建，聚落周围连绵山脉被视为养山加以保护，都是风水理论的贯彻和应用。从形态上看，瑶里村落的发展山水相依，古村东北倚狮山，西南背靠瑶岭、象山，形成东雄西雌两龙夹河而居的局势；山脉所止处，恰为“穴”位，古村的明堂所在。许多民居大门面河而开，营造出“靠山不破山，临水赏水不进水，面山以为案”的特点。由于山势随着瑶河展开，河的两侧皆有空地，古村人结合风水自然地采取了“一河两岸”的线性布局模式，以河为界，面河而居。河东的南段是商业区，一条明清商业街与徽州古道相连；河西与河东的北段是生活区，分布着连片的古民居，河东、河西，一闹一静，互相比照，相互融合，浑然一体。更具特色的是充分利用沿河两岸的空地作为公用通道，街道的走向都顺着河流的走势，每隔10米还设有若干石凳供人休憩、闲坐，扩大了人际交流空间，极具科学性和实用性。

（2）丰富的资源、深厚的瓷茶商业文化刺激古村的繁荣与衰退

瑶里的山地不仅宜于制瓷，也宜于种茶。瑶里山高林密，气候适宜，从古至今都是浮梁茶最重要的生产基地。而瑶里四山富藏的优质花岗石料和林木资源，又为大兴土木奠定了良好的物质基础。尤其是宋代景德镇繁荣之后，瑶里成为其资源输出基地，大量人员迁入瑶里，吴氏为其中一支，瑶里吴氏于元代迁至瑶里。此后，一栋栋祠堂、民居，在瑶河两岸矗立起来。在鼎盛时期，形成六街四十八弄，民居400多幢，宗祠7处，支祠30多处，从而创造了高度发达的具有地方特色的陶瓷文化和以茶叶生产交易为主的商业文化。

瑶里是古代连接徽州、饶州的重要交通节点，明代的官窑制度冲击了瑶里制瓷业的发展，到了明中后期，瑶里由“瓷土—陶瓷”生产综合体转成供应景德镇瓷土的专门化生产基地，瓷土生产规模大幅增长。在此基础上，大量的外地矿工和商人来到瑶里，进一步为瑶里带来了更多商机，导致了瑶里商业街的出现，从而使瑶里成为工商重镇，这种状况延续到民国时期。

民国时期，由于景德镇瓷业衰落，瑶里村的繁华也成为过眼烟云，许多乡人举家外迁，从业谋生，致使人口减少，导致长期无人居住维护的民居大批塌圮。姚、曹、何三姓宗祠在中华人民共和国成立前倒毁；刘、吴、李三姓宗祠在中华人民共和国成立后遭到人为破坏，7大宗祠只有程氏宗祠尚存，近几年吴氏宗祠得以重建。所幸的是，由于瑶里古村地居深山一隅，受外界影响相对较小，基本保存了清代以来的历史面貌。除了保存尚好的明清民国时期的祠堂、民居、牌楼、店铺和书塾上百栋外，还保存有明清时期的泊船码头一处、明清商业街一条、乾隆三十八年（1773）所立的“徽州大道转弯”路标牌一处、明清时期修筑的河堤3000米。这些珍贵的历史遗存是研究和展示古代景德镇陶瓷发展，特别是生产制作历史和古代景德镇窑户、窑工生活

的重要窗口。

（3）辉煌的红色文化历史

瑶里还是革命老区，在第二次国内革命战争时期，中国共产党在瑶里建立过地方基层组织；抗战时期，诞生了一支战功卓著的新四军部队。敬义堂曾设为“新四军驻瑶里留守处”。另有红军游击队驻地、抗日动员大会会址、新四军改编纪念碑等众多革命遗址和纪念地。

3. 村落建筑

瑶里村的聚落形态、建筑风格、生活习俗、语言等综合了徽州文化和江西饶州文化的特色，形成了独有的商业移民文化，成为江西明清古建筑的典范。

（1）祠堂

① 程氏宗祠：

程氏宗祠又名“惇睦”堂，为“惇厚诚实、相敬和睦”的意思。它始建于明代中叶，清代道光年间重新整修过。

祠堂非常有气势，它背靠气势雄伟的狮山，前临清澈秀丽的瑶河，面对峰奇峦秀的瑶岭。它的大门砖石以模仿牌楼的形式贴砌在祠堂正面的墙上，牌楼的梁与柱紧贴墙面，而牌楼顶部却出了墙头高高而立，所有梁、柱都是由青石构筑而成，梁与柱的结合部都有精美的砖雕和石雕，以“喜鹊登枝”“鹤鹿争春”“丹凤朝阳”“鲤鱼跳龙门”等图案做装饰，使楼门在雄伟庄严之中又显得美轮美奂。为体现祠堂的规模，大门设计成牌楼式，四柱三开间，上面有五座屋顶，即三间四柱五楼式的砖雕石砌贴壁牌楼门，尽显出气势的恢宏。在大门上有“惇睦”和“程氏宗祠”六个大字，笔法雄健有力，每个字都雕刻在青石板上。程家宗祠有两个非常独特的地方，一是纵深长、空间大。祠堂为大三进，宽12米，纵深33米，总面积近400平方米，从建筑材料和建筑风格上看，其中享堂和寝殿建于明代，前厅续建于清代，同时对享堂和寝殿进行了修葺。二是祠堂的形状不规则。站在前厅大门向寝殿深处望去，整个祠堂并不在笔直的中轴线上，而是向左（由西向东偏北）折过去，折角约20度。

祠堂大门内设有戏台，在戏台的中部置有可拆卸的戏台台板，演戏时伸出台板，不演戏时收回台板，伸缩自如，可惜台板在“文革”时被拆除了。当戏台搭好后，戏台两边是供乐队和演员化妆用的厢房。戏台顶为官轿顶的形状，台顶上的屋梁均绘有图案。中梁一幅是“瓦岗寨群英会”，外梁一幅是“程咬金拜旗图”，其他横梁都雕刻着许多有关《隋唐演义》中瓦岗寨的故事。表示程氏对祖先程咬金的尊崇。享堂和两边雕梁画栋的廊庑便成了观戏席位，廊庑上建有看棚。

程氏宗祠还曾是抗日战争中新四军改编的纪念地，现为国家级文物保护单位。

② 吴氏宗祠：

吴氏宗祠早期已毁，近几年来，吴氏后人为了发展旅游将宗祠重新建起。门外建牌楼，建筑为二进三开间，原在大门倒座处建有戏台，后因不方便人员进出，已将戏台拆除。

（2）宗教建筑

除了推崇儒家理学之外，瑶里人传统上还信奉佛教和道教。当地建有一些寺庙，如高际禅林寺。

（3）住宅

① 商邸：

“狮冈胜览”宅：“狮冈胜览”宅是一座典型的欧洲巴洛克式的建筑。建筑外立面采用灰塑，有双狮戏球、麒麟望日等，体现了动感和力度。另外，整个建筑的外立面构图较丰富，通过窗、阳台、女儿墙及穹顶等元素体现出来，具有较高的艺术性。室内则采用传统中式方法。以木材料为主，穿斗式构架。

屋主名叫吴佣舟，他经营茶叶、釉果生意发了财，后来当过乡长，并且还出过国、留过洋，受西方建筑文化的影响，建了这样一座中西合璧的建筑。

这座建筑基本为半天井住宅形式，由三面房屋、一面墙组成，正屋三开间居中，两边各为两开间的厢房，前面为高墙，墙上开门。整座宅居显得高大雅秀、古风盎然、书香扑鼻。堂屋的开间大，前面空敞，不安门窗与墙，使堂屋空间与天井直接联通，利于采光与空气流通。堂屋的后板壁称为太师壁，壁两边有门可通至后堂。大堂画两侧是一对楹联条幅，上联为“两树梅花一潭水”，下联为“四时烟雨半山云”。

整个建筑精彩处为木雕，包含的主题有：关口梁处雕刻“蟠桃会”，王母娘娘正中高坐，桌上放有蟠桃三个，二侧刻有八仙来贺寿。雕刻采用了圆雕和高浮雕的手法，人物形象生动。

进门右厢房第一幅木雕为“佘太君百岁挂帅”。还有“吴越春秋”“郭子仪拜寿图”“四郎探母”“黄忠三射关云长”“岳飞大战金兀术”等花窗木雕。雕刻题材主要取自古典文学、戏文以及神话传说等。

② 府邸：

进士第是康熙三十九年（1700）进士吴从至所建。吴从至曾任河南太康县令、开封知府、工部都水司、员外侍郎，官至三品。在告老还乡时，修建了这座进士第安度晚年。康熙曾亲赐“贤良第一”匾额，悬挂在吴家祠堂里，光宗耀祖数百年。这八字形的大门、仪门、等级阶、正堂的抬梁等，都充分体现了古代官宅的建筑风格，可供考证古代官第建筑的特点。

③ 商住：

瑶里程兴旺宅为典型的前店后堂式明代民居。一层店铺和居住部分由墙体分割，私密性增强。商店及居住前后皆为二层，商店部分二层堆放货品，居住部分二楼则堆放谷仓。商店一层平面布局根据功能需要采取不对称布置，而二层则基本对称；居住部分则一层二层完全对称。此外，居住部分一楼柱网由两个半天井组成，二楼柱网由于堆放谷仓及通行的需要，增加了许多童柱，部分列子形成抬斗式，方便穿行。该宅对考察明代村镇商业的发展具有重要的价值，目前已搬迁到景德镇市陶瓷历史博物馆明园内。

（4）明清商业街

明清商业街是徽饶古商道上最为繁华的商业街之一，全长1000多米，分为上街、下街两部分。到民国时期，商业街出现了欧式风格建筑。

4. 非物质文化遗产

瑶里人在劳动生活中还创作了许多富有地方特色的戏剧曲艺以及传统歌舞剧，有地戏、木偶剧、话剧等，目前在程氏宗祠还经常上演地方小戏。

程氏尽管兴旺，但人口偏少，经费不足。祠堂建设分了不同时期。拜殿与享堂为明代所建，下厅戏台部分为清代道光年间所建。但考察戏台上的开台墨迹，有“民国拾四年闰月拾肆日，进门此乐也，开台大吉，百无禁忌。龙头山新洪春班”字样。开台是指戏台建成后，古村第一次请戏班唱戏时，由戏班在戏台所进行的祭台系列仪式中的一部分。由此可见，该戏台应为民国期间所重建。

瑶里舆地图

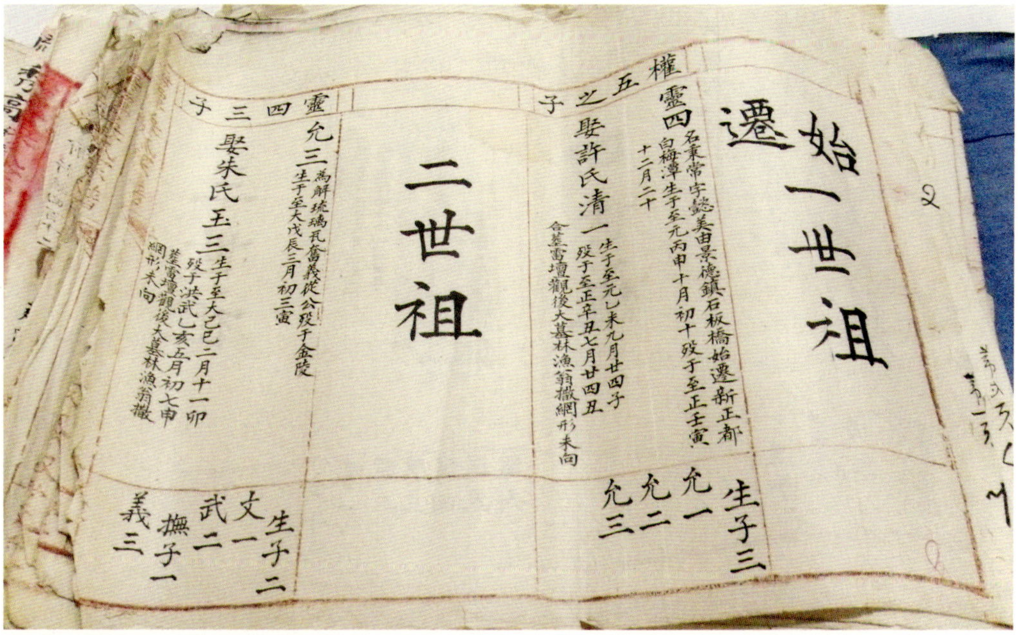

家谱载吴氏由景德镇迁来瑶里

程氏宗祠航拍鸟瞰

中心幼儿园

瑶里码头及河堤

瑶里进士第宅立面

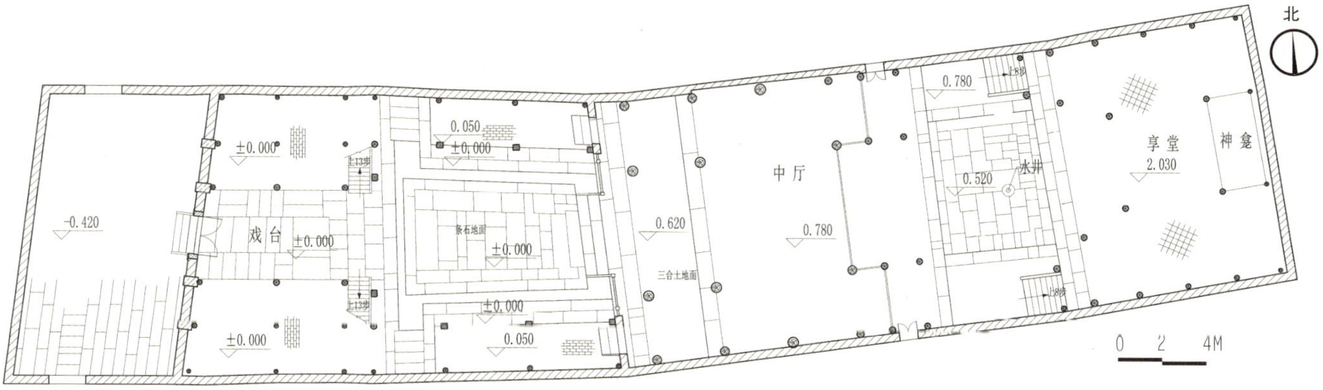

⊙ 程氏宗祠总平面图（徐少平提供）

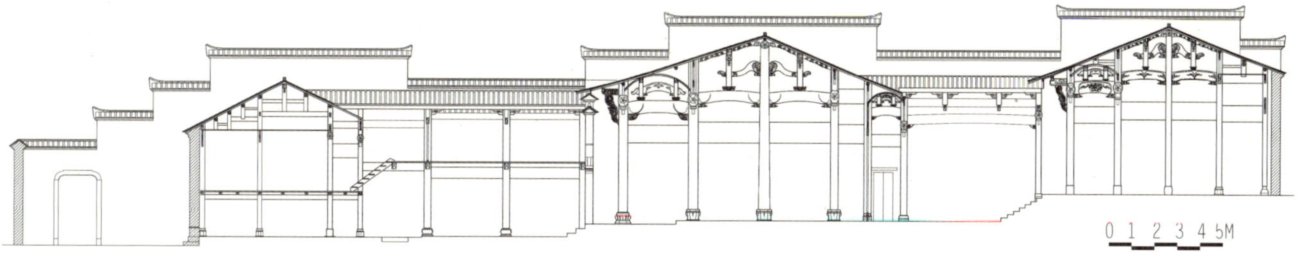

⊙ 程氏宗祠次间剖面图（徐少平提供）

⊙ 程氏宗祠正立面

程氏宗祠戏台

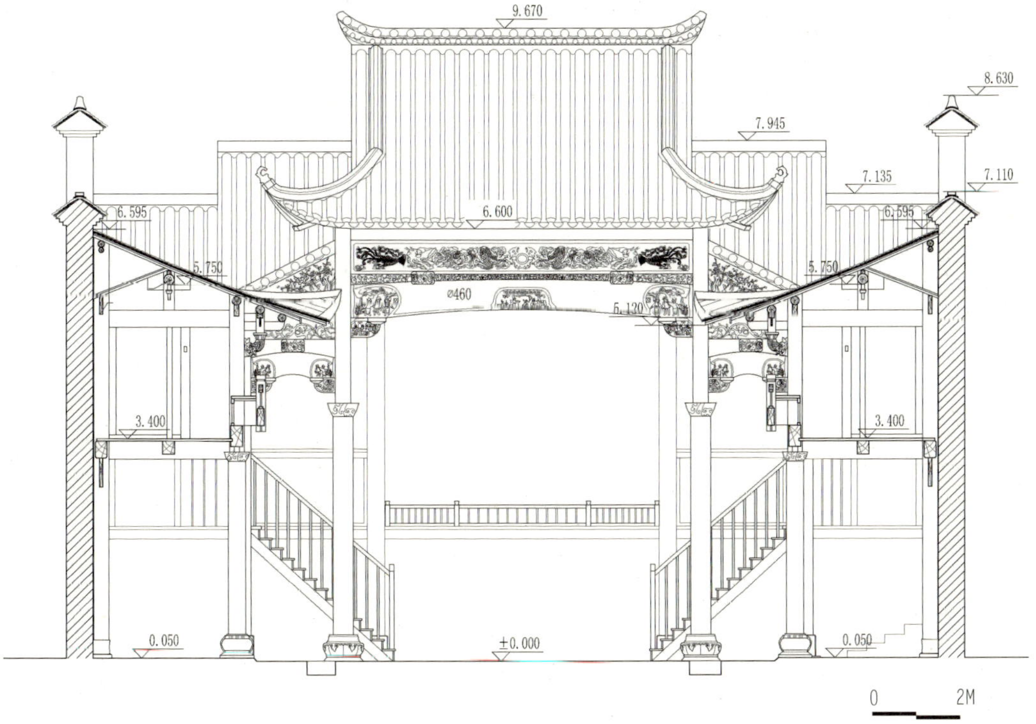

⊙ 程氏宗祠戏台立面图(徐少平提供)

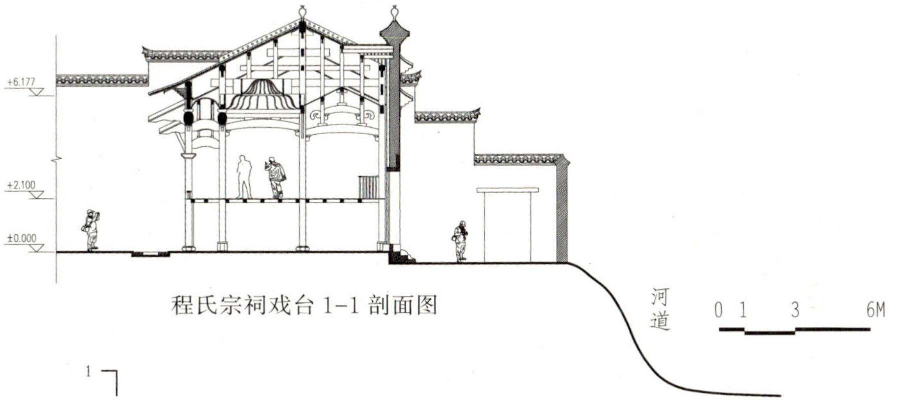

程氏宗祠戏台 1-1 剖面图

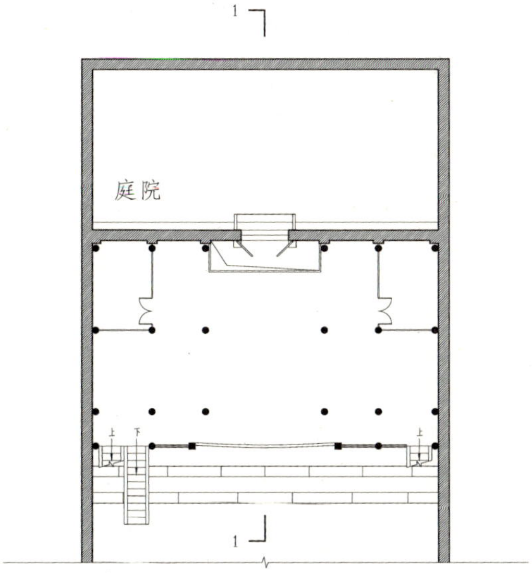

程氏宗祠戏台台上平面图

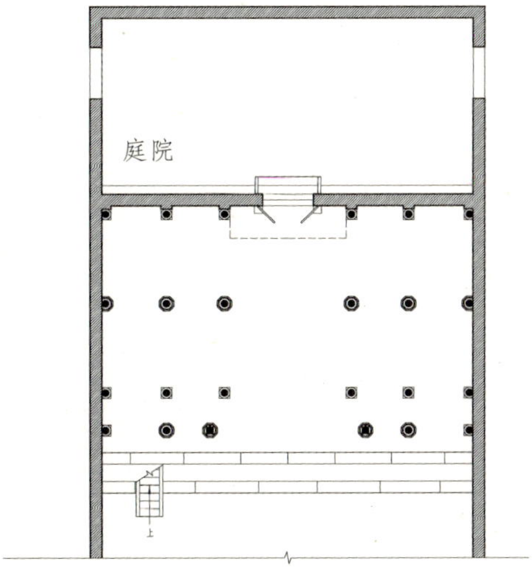

程氏宗祠戏台台下平面图

⊙ 程氏宗祠戏台平面及剖面图(李元亨绘制　许飞进指导)

“狮冈胜览”宅内关口梁“蟠桃会”雕刻

“狮冈胜览”宅内中梁“郭子仪祝寿”雕刻

“狮冈胜览”宅外立面

涌山村

1. 历史概况

涌山村位于江西省乐平市东北部涌山北麓，是涌山镇政府所在地，地处乐平、浮梁、婺源三县（市）交界处，在昌（南昌）九（九江）景（景德镇）金三角区域内，距景德镇市区25千米，距乐平市区32千米。

涌山村属亚热带季风性湿润气候，气候温和，四季分明，雨量充沛，日照充足，无霜期长。年平均气温17.6℃，常年主导风向为东北风。

涌山村初始于唐，因其山明水秀初名锦溪。唐宋时，有王、吴、余等几大姓氏定居于此。其中王、吴二支为当时的名门望族。他们在农业、煤炭、瓷土、石灰、建材等行业共同开拓，富甲一方，成就了如王巳山、王燮书、王宅仁祖孙三代富商。涌山自古以来以生产石灰闻名，有过“日楫夜泊，绕岸灯辉”的历史。

涌山自古为乐平的北大门，东南连接婺源，东北紧靠浮梁。古饶州、徽州两州文化于此碰撞融合，民谣流传“徽地多饶匠，饶地多徽商”之说。从现存的古道、桥梁及文献族谱证明，这里是徽文化与饶河文化交会之处，也是历史上几次人口迁移的一条重要通道。

元代于此设置巡检司，明代设镇建制，名为“八涧”。1950年为六区驻地，1956年改涌山乡，1958年设涌山公社，1984年复改乡，1989年改镇。附近煤炭和水泥工业生产大兴，集镇之内，交通运输，商业贸易随之发展，已成为全市最繁荣的集镇之一。

2. 村落形态

（1）涌山村属于典型的滨水平原型村落。涌山古村位于涌山镇的西面，位置较为特殊。涌山村依山傍水，地理区位优越，其东为锦溪河，西有鸡公山，山上植被覆盖良好，树木葱郁，种类繁多，有珍贵的罗汉松及银杏树，另外还有一株1500多年的皂角树；狮子山将其环抱在侧，自然山水风光优美而恬静。古村北面为秀美的田园风光；南面有共产主义水库的渡槽。涌山古村所处的地理环境，共同构成了“山—水—居”的景观特色。

（2）古村形态沿王家街呈线性和集中式布局。古村内部还存有清代的青石板街——王家街，村落内其他巷道基本都是石板铺砌而成，两旁虽有新建的住宅，但基本保存村落原有的格局。王家街区是涌山村古民宅最集中且又遗存比较完整的区域，这里的古民居建筑主要有：司马府邸、祠堂、私塾、州判官府邸、戏台看场，以及分布在各条巷道与临街的明清时期民居与店铺。这里以始建于清同治年间（后多次维修）的戏台最为抢眼，戏台位于涌山老街与王家街区结合点的八涧桥西南侧，台前有一空旷看场，左侧临河，右侧近王家街，有三条道路通戏台看场，自古以来为涌山村人气最旺的商贸集散地。此外，涌山老街区及附近还有王母石牌坊（清道光年间建造）、三孔涌山古石桥（清乾隆年间建造）二座、一些里巷民居与临街老店，以及坐落在涌山老街中段的“王宗五祠”——昭穆堂。

古村除沿王家街集中发展外，随着人口增多，多种姓氏杂居，民居还往王家街的南北两侧延伸，由线性逐渐变成集中发展。

（3）古村是涌山及乐平东北一带的经济中心。这从涌山村的早期交通可以看出。规划可简括为：四道、四关、六桥。

① 四道：

东至婺源、浙江，西临乐平、南昌，南通德兴、弋阳，北达景德镇与九江。

② 四关：

沿口：涌山以东与沿沟相邻。

岩口：涌山以西与下涌山相邻，位居仙岩以下，故名。

闵口：涌山以北，与刘家相邻。

金字港口：涌山以南与石潭山相邻，此处有公母奇石，鬼斧神工。

③ 六桥：

锦溪桥：又名老八涧桥，原建筑建于明代，后毁。清代由王巳山等人捐款重建，20世纪50年代后八涧桥得以扩建。

新大桥：又名新八涧桥，建于嘉庆六年（1801）前后，由王巳山家族所建。

都庵桥：建于1984年，乃涌山所建。

踏水桥：建于1978年。

铁路桥：建于1966年，乃涌山煤矿生活区通往矿区之必经之路。

涌山桥：建于1990年，处于锦溪桥与新大桥中间，是乐涌公路的主要桥梁。

（4）古村风水文化景观较为显著。其中锦溪河的两侧规划有七星井与七星墩。古村以锦溪为界，西南侧七口井为北斗七星形，分别坐落于北窑石灰厂、火烧厂、细麻厂、吴家街、张家祠、府堂背、庵门口。而锦溪的另一侧则有七星墩，与七星井呼应。

3. 村落建筑

（1）涌山洞穴遗址

涌山洞穴遗址位于涌山村西面的鸡公山。该山为东西向孤立的连绵喀斯特地貌组成，南北长约1110米，东西宽约865米。在山腰分布有大小56个石灰岩洞穴，其中有10个洞穴较大，且发现有动物化石，因而形成了涌山洞穴遗址群。

（2）祠堂

王宗五祠堂，也称昭穆堂。建筑坐南朝北，三进三开两明堂。通面阔16米，通进深35米。整个建筑由仪门、小院、门楼、戏台、前天井、檐廊、正堂、后天井、后堂及边门陪屋等组成。昭穆堂门楼为四柱三开三楼式，额枋悬匾“训贤门”。昭穆堂戏台精致小巧，风格古朴。三间四柱，屋顶形式为硬山屋顶周围加披檐。台高2.8米，台宽8米，台深5.8米，台口净高2.3米。昭穆堂正堂五柱九檩前双步梁，抬梁穿斗合用，梁柱用材硕大，结构坚实。后堂结构为五柱九檩前双步梁，再添飞檐，与正堂同为硬山屋顶。该祠堂始建于明崇祯年间，建筑规模宏大，各种功能齐全，木、砖、石三雕并用，装饰精美，从保留的符尺来看，该祠堂在光绪年间经过大修。

另外，涌山村还建有尚义祠。据《太原王氏

宗谱》载：涌山村人王巳山建尚义祠于新大桥附近，咸丰七年（1857）尚义祠被太平军放火焚烧，成为废墟。

（3）住宅

① 府邸：沿河西路6号民居又名州（通）判府，始建于清代中期，砖木结构穿斗式及两面坡禾斛斗式。建筑面朝锦溪河，具有饶河流域的建筑特点。入口门榜上有“竹苞松茂”四字。四柱三开两厢房，两面坡一平顶，进深22.4米，面宽约13.5米，门宽1.5米，天井深1.5米、宽3米。

② 王家街12号宅：也称银杏木宅。该宅主人曾想将建筑出售至浙江义乌，后被有识之士发现，劝阻保留。该宅为二进，一进为小院，进入小院到正屋，入口为门楼式。建筑为彻上不露明，梁柱之间以斗拱为装饰，保留有清中晚期特点。建筑为砖木结构，承重构件为木结构，木为银杏。该建筑比较特别的是在二进上厅两侧房间中，各留下一条甬道，据传为仆人行走所留，私密性强。

③ 王金水宅：位于王家街西侧，始建于清代，砖木结构，穿斗式。坐北朝南，三开间两厢房，厢房为二层两面坡。进深16米，面宽12米，大门宽1.5米，天井宽1.5米，长3米。一进为院子，种植不少植物，围墙较低，环境较优雅。二进四周山墙高耸，为禾斛斗式民居。二进天井两侧厢房开门较为特别，朝天井方向的门具有装饰作用，而侧门则方便出入。右侧厢房睡床雕刻较为精美。

（4）私塾

该建筑位于大弄仂5、6号，民居又称江南私塾，始建于清代，砖木结构，面宽1.3米，高8.3米，双坡硬山顶。立面石雕雕刻精美，但后期破坏严重。大门上方门榜行书“瑞引藜光”四字，藜光为烛光之意，较好地衬托出读书的氛围。私塾一进入口作为仪门，通道狭窄，光线较暗。二进则为小院，方便读书。南侧有一接客厅，同时有楼梯上二楼，交通流线较为清晰。二楼墙壁有早期地震留下的痕迹。

（5）万年台

涌山除了有祠堂戏台外，还有万年台。涌山万年戏台始建于清同治元年（1862），2002年重建。建筑坐北朝南，为三间四柱三楼式，面宽13.7米，进深13米，台高1.7米。屋顶形式为硬山顶周围加坡檐式。该戏台位于涌山老街与王家街区接合处的八涧桥西南侧，戏台前有一空旷看场，左侧临河右侧临近王家街，有三条道路通戏台看场，自古是涌山村人气最旺的商贸集散地。

（6）涌山大桥

又名八涧桥，横跨锦溪河，沟通枫林、涌山二村。桥长30米，宽5米。承重量12吨，为三孔石拱桥。八涧桥应八条山涧溪水汇流经此而得名。桥头一侧有《重修八涧桥碑记》碑石一块。通过碑文可知，该桥在明隆庆年间重建，后于万历四年（1576）前建成。另外，根据桥体雕刻可知，该桥1972年经过大修，老桥一侧新增浆砌块石桥，与老桥并联在一起。

4. 重要历史人物和事件

（1）重要历史人物

以下以涌山村王氏宗族为例。

元朝：

仲举公——涌山王氏一世祖，又称鄂公，生于元朝，字仲举，官至都巡。

清代：

巳山公——字莫中，附贡生，出资修涌山大桥（八涧桥）和尚义祠。

燮书公——字鼎元，候选州同，五品红顶商人，好善济贫，御赐“乐善好施”牌坊一座。

王宅仁——字羲祥，州判职衔。

咏香公——二十四世祖，道光年间举人，官至吉水县儒学中堂、吉安府石城府府台。

（2）重要历史事件

① 农民起义与太平天国事件：

《乐平县志》载：乐平建县后，历代均有战事发生。与涌山相关的有：

清顺治十七年（1660），以王鹏举（官府诬称“王跳鬼”）、程光为首的安徽歙县义军在蜈蚣岭一带活动，范围遍及浮梁、乐平和婺源三县边界。由于乐平沿沟豪绅杨遵、杨明由等与官府勾结，义军于夜间攻入沿沟，处死二杨。后义军内部有人叛变，致使起义失败。

清咸丰五年（1855），太平军检点白晖怀以乐平城为主要据点，北至涌山、沿沟，东至德兴，南至弋阳，数百里往返奔驰，扫荡清兵，并在涌山建立土城，后回景德镇。清咸丰八年（1858），太平军主将杨辅清率部由德兴到三溪，尾队驻扎涌山镇沿沟。

清咸丰十一年（1861）二月初五至二十日，太平军轮番由婺源来攻乐平，湘军岳字营与乐平团练在界牌石、段家、八涧桥、横路等地防堵失利，节节败退。

② 宗族械斗：

乐平杨家、叶家两村自清同治八年（1869）到民国十三年（1924），共发生7次宗族械斗，双方死亡970余人，烧毁房屋1000余幢。两村原有670户，到1949年只剩300户。《近代中国国内外大事记》一书将光绪三十一年（1905）乐平县东南乡民械斗记入。江西巡按使戚扬也说乐平“民情强悍，动辄械斗”。乐平县知事余重耀在其所著《乐平械斗记》一书中说：“中国械斗以福建之漳泉，江西之乐平、余干为最烈。”

5. 非物质文化遗产

饮食：涌山名菜腊猪头肉。很早以前，涌山人就有杀年猪的习俗，时逢腊月，温度低适宜保存，将猪头肉用盐腌制三至五天后，再在太阳下暴晒数天，干后吊在灶头钩上，利用烧饭时的烟熏，直到大年三十下午洗干净，蒸熟后整个猪头用饭盆装好，再带到土地公庙祭拜，祭拜后把猪头带回家用菜刀切开，装上一大盆当作年夜饭的菜肴，余下的一直吃到元宵节，象征着来年五谷丰登，六畜兴旺。

戏曲：在涌山村，逢年过节都会开台演戏，代代沿袭，戏曲文化历史悠久、源远流长。每逢春节、元宵、端午、中秋、重阳，或子弟升学，接风剪彩，新屋落成，婚丧嫁娶以及修谱、开谱，建寺庙，祈福去灾等等都要大张旗鼓地请戏班演出，演出的剧种主要为“赣剧”，又以“乐平腔”（“高腔”）为最。一次演出的时间或三五天，或七八天不等，演出活动日夜不歇，村民看戏如醉如痴。凡上点年纪的人无不谙熟剧情，唱念做打，心中有度。当地在不同的时间会演出不同的戏目。

起嫁歌：婚俗的《女起嫁歌》，说的是嫁女母亲在哭泣中把对女儿在夫家应尽之事理和教诲娓娓道来，其中孝敬父母等内容对现代家庭和谐也有启发作用。如“去到婆家做媳妇，记得为娘教你们。敬重公婆和妯娌，夫妻言语两相宜。”涌山村除了《女起嫁歌》外，还有《寡妇嫁女歌》《看情姐歌》等，都表达了类似的劝世伦理。

⊙ 涌山洞穴遗址所在地鸡公山

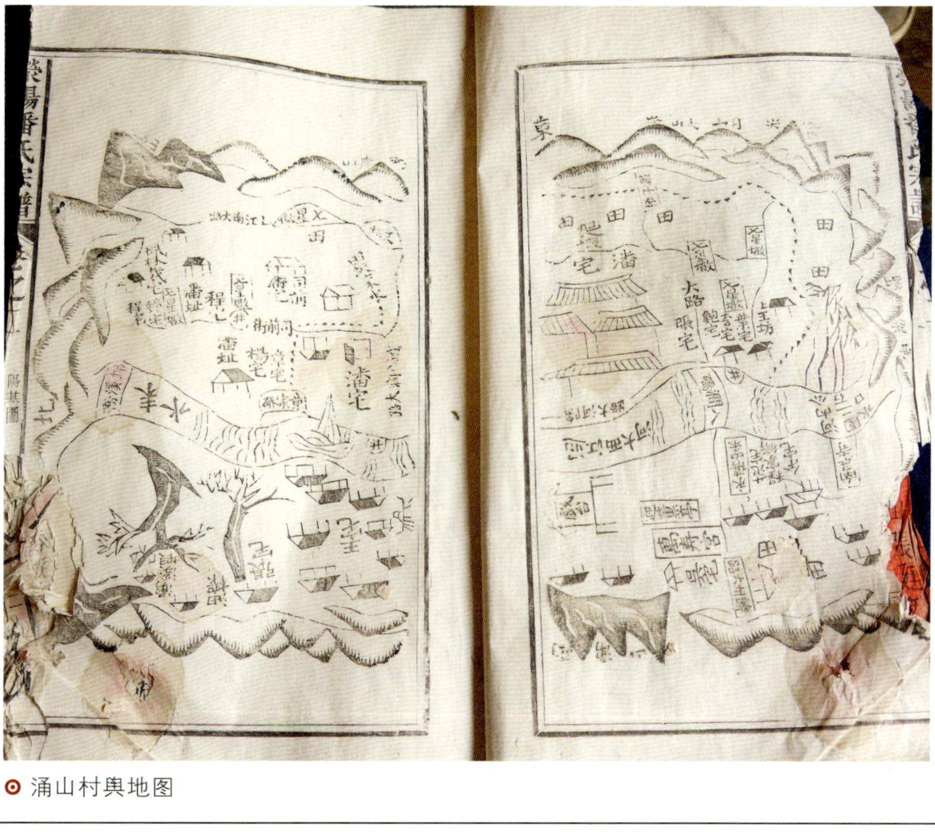

⊙ 涌山村舆地图

王氏宗祠正立面

景德镇市文物保护单位
涌山昭穆堂戏台
尊老

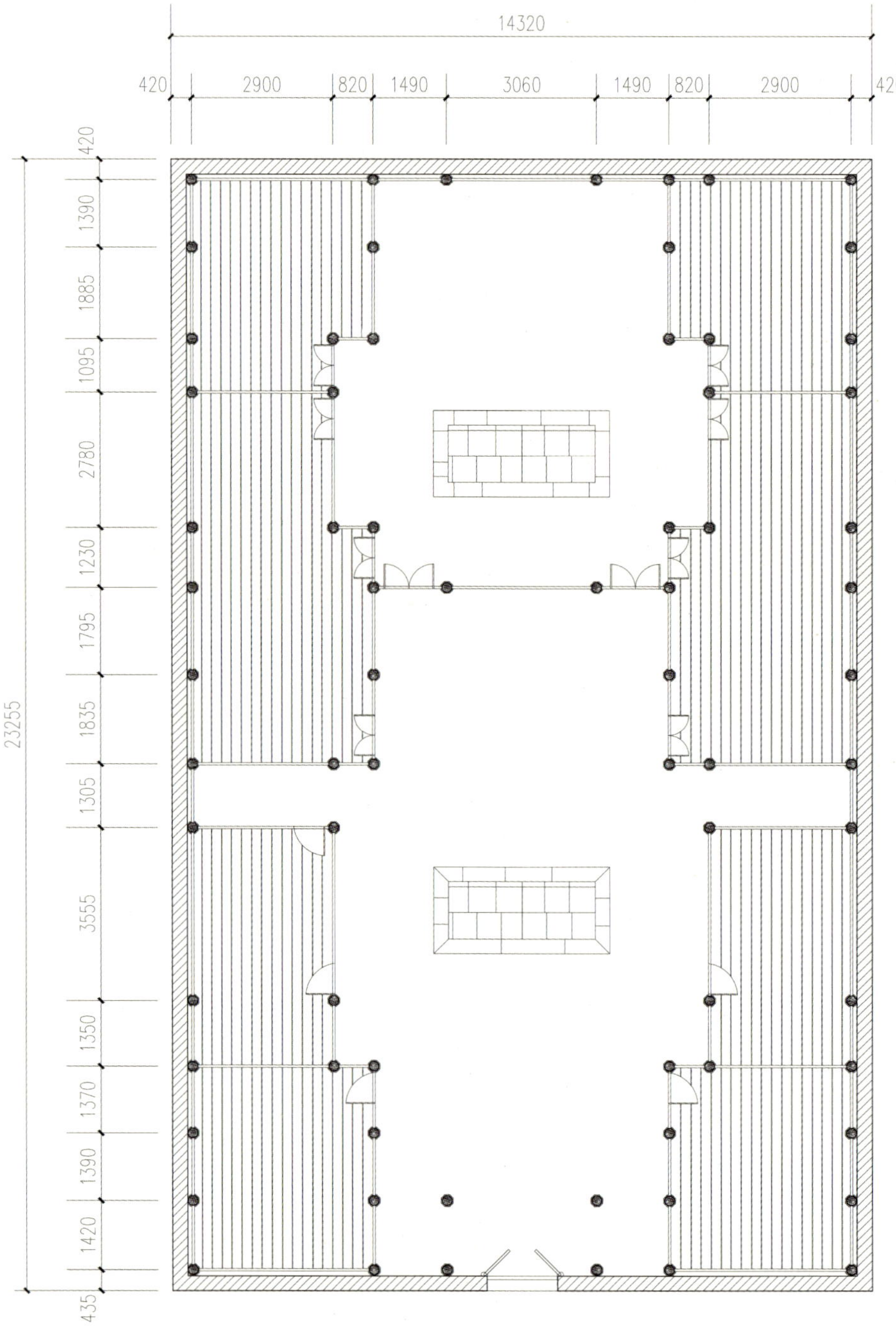

州判府平面图（邱胜等绘制　许飞进指导）

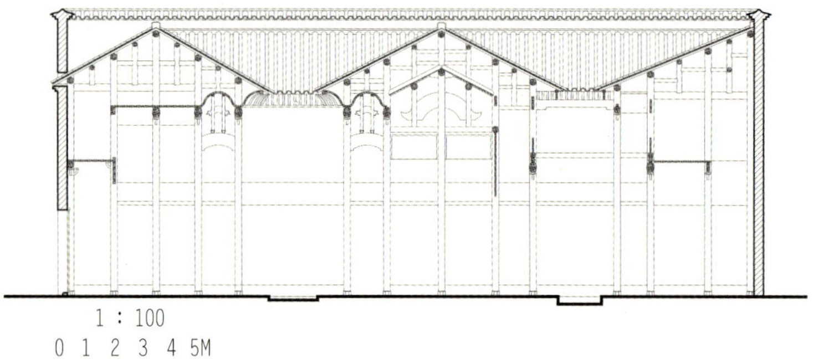

州判府剖面图（邱胜等绘制　许飞进指导）

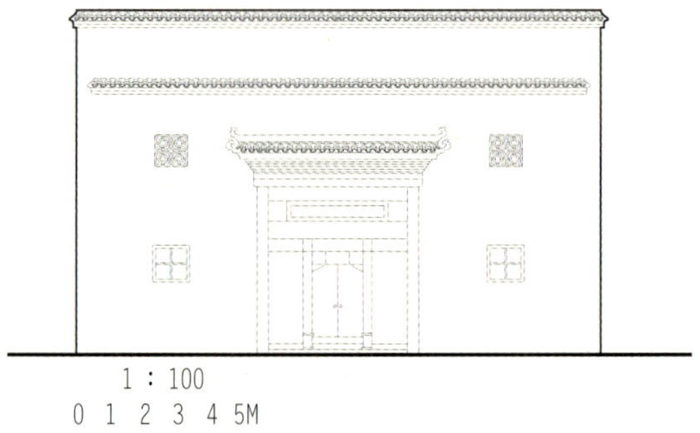

州判府正立面图（邱胜绘制　许飞进指导）

⊙ 州判府(修复前)

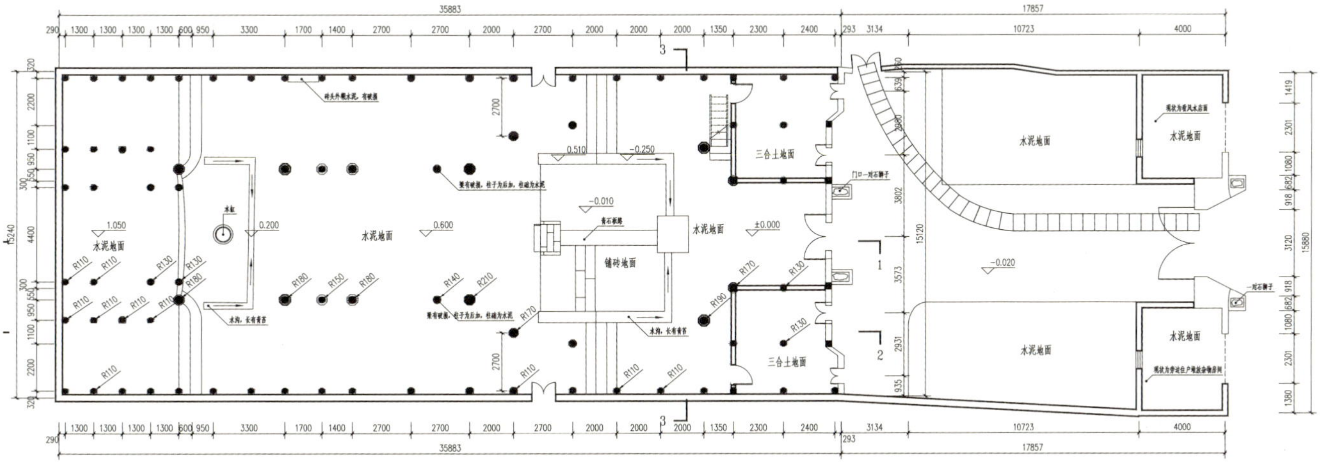

⊙ 王宗五祠总平面图(陈烁逵、朱祺绘制　许飞进指导)

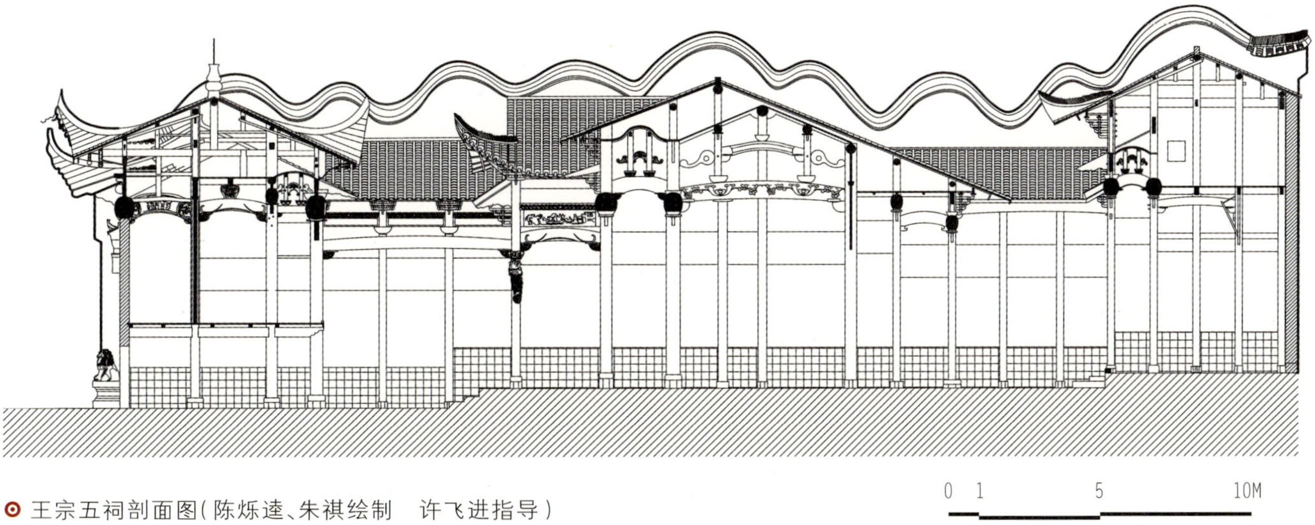

⊙ 王宗五祠剖面图(陈烁逵、朱祺绘制　许飞进指导)

“瑞引藜光”私塾入口立面

涌山万年台

游山村

1. 历史概况

游山村，位于婺源县镇头镇西偏南8千米的大游山东麓的小溪两岸，与浮梁、乐平两县（市）相邻，距县城紫阳镇58千米，距景德镇市30千米。该村四面环山，一条清溪呈“S”形贯穿于村中央，青山碧水相映，两岸建筑沿河而立，绘就了“山里水乡”的繁荣景象。

游山村属中亚热带温暖季风湿润气候区。年平均气候15.8℃，年均降水量1840.5毫米；无霜期246天；全年日照时数约1848小时。游山村现有691余户，2782余人，村中95%是董姓，游山村是婺源最大的自然村，古时有“千烟古村”“秋国古村”之称。

游山村董氏先祖来自德兴海口镇。据游山村《董氏家乘》中《重修族谱序》载：海口董氏先祖居于河中虞乡万岁里。唐季宦游江南析而为三，一居临川，一居庐陵，一居海口。调查发现，北宋景祐元年（1034），时任荆南节度判官的董知仁（董熙，字光国），路经凤游山，观山水之形胜而定居，是为游山村始祖。董氏后裔在当地聚居发展形成望族。

2. 村落形态

游山村属滨水型线性格局的古村落，保留了以下特点：

（1）古村规划建设深受道教与儒家文化影响。游山古村四面环山，一条濬源河呈“S”形贯穿于村中央，青山碧水相映，两岸古建沿河而立，形成了繁华的河街，街上商店鳞次栉比，并建有临河跨街的亭廊，设有美人靠，现尚存十余处。山墙变化起伏，极有韵味。据传修河的时候是明代，正好是凤游山静隐寺兴旺之时。挖掘河道时，得到静隐寺一位王崇二祖师的指点，人们将村庄建成形似道家八卦中心的太极图。此外，由族谱舆地图可知，古村的外围东侧设置了笔（指文笔塔，现已毁）墨（长条石凳）纸（晒谷场）砚（小水塘）小品，平添了书香气息。

（2）古村落因茶叶而兴，因兴而建设，商业氛围深厚，建筑雕刻精美。古代经商，大多需要背井离乡，大江南北，四处奔走，如缺乏勇闯四海的创业精神是无法闯出一片天地来的。游山村人很早就外出打工或经商。村中流传“前世不修，生在徽州。十三四岁，往外一丢”。毫无疑问，游山村茶商们正是有着这样一股精神，才能凭茶业蓄财万贯，并以己之力，造福一方，游山古村董氏家族的传记《凤游董慕舒先生传》中记载：“业茶廿余年，奔走于江右德安、浮乐间，恒一昼夜奔走数百里，足皲体瘁，不以为苦，自是家日裕，囊金所积，必先之以奉甘旨，继之以行慈善，不浪费，不为才拏，其通权达变，卒致丰饶，以遂其事，蓄济施之志，有如此者，其可传二。”凭借着这样一股不畏艰难，不惧风险，奋勇拼搏，经商四海的精神，婺源茶商们才得以将婺源茶叶运送至祖国大江南北，甚至远销海外。董氏家族富裕后，为家乡建设做出很大贡献，使沿河两岸逐渐形成商业街，同时还投入资金装饰住宅，尤其在一进天井处，木雕精美，富有特色。

（3）建筑依山傍势，坡地特点明显，为典型的山地滨水型村落。古村建筑依山傍势，高低错落有致，层次分明，保留了部分坡地建筑群。其中有一建筑群是清朝末期茶商董其厚所建，整个建筑由三套房子组合而成，房屋依山而建，楼台层层转上，高达四层，楼层、房屋之间交错相连，雕刻异常精美，房屋后面还有台梯园林，十分别致，极为壮观，说明当时主人是一位儒商，品位高雅。设计者根据地形特征，充分利用空间，把楼和山融为一体，构思自然和谐，实属罕见。有专家认为，普通民居在平地上建造，既使在山坡建房，也是先铲成平地，再在平地建房。这幢商宅却依附山体而建，全国罕见，在江西也是首次发现，具有重要的建筑学研究价值。

（4）古村的规划布局保留了里甲制特点，明代至中华人民共和国成立后的文化脉络清晰。古村明代里甲制得到了保留。从传承来看，董知仁公始一传讳益公，以子贵赠承侍郎，生子三。大一公节臣，生子岩，迁鄱阳县之丽阳镇（现景德镇市管辖）。大三公信臣，生子签。大四公贵臣，生子四，崧、巍、崟、岂。巍与崟世居游山之南北村。传至第九世祖，游山村始分派别。竹林派，世居东村，建琳公祠——保和堂，又称下四甲。儒林派，世居南村，建儒林门楼戏台（在今游山会场地址），又建嘉会堂。其后分支为一甲、二甲、上四甲、六甲、七甲、上八甲、九甲。溪北派，世居北村，建溪北世居门楼于八甲坦。后人建星同公祠——崇德堂，又称下八甲。随着古村发展，游山村又分东村、南村和北村，不同房派的子孙分居东、南、北三村，整个村落不断发展，和谐有序。村中保留了清代、民国以及中华人民共和国成立后的建筑，其中不少建筑入口门楣上方绘制了中华人民共和国成立后到改革开放以前的图案，具有明显的时代印迹。

（5）徽饶文化交汇。据《婺源县志》记载，唐开元二十八年（740）置婺源县。唐元和七年（812），乐平县丹阳乡划属婺源县，游山也在划归之列。由于游山村地处徽饶交界之地，历史上时而属饶、时而属徽，故千百年来，在饮食、生活以及生产劳作方面还保留了众多的饶文化风俗，同时又接受了徽州文化的熏陶，徽饶文化在这个古老的山村交会融合。到了清代，游山村经商的人越来越多，仅经营茶叶一项当时就有茶行12家。上海、江苏、安徽、湖北等地都有游山人开的茶行，一直到清末民初都很兴盛。

3. 村落建筑

徽州的历史建筑多数为两层的楼房，而游山的古建筑除了具有徽州的“四水朝堂” 的特点外，大多为三层建筑，第三层可用于晾晒生活用品及茶叶等，充分结合了业态的需求。乐平、浮梁的大户人家大门口的左右两侧各有一个像磨盘一样大小的石刻钱模，游山古村八家坦门前也有两个用砖块嵌成的铜钱图案，名曰“双钱过街”。游山村古建筑天井的两个排水孔与上堂的一个排水孔全都是石刻钱模。

（1）祠堂

① 总祠：嘉会堂俗称总祠，大祠堂，统祠，

也称俊济公祠。它是董氏宗族的宗祠。嘉会堂起始于清乾隆五十年（1785），由支丁董希俊、董希济（十五世）倡议牵头建成。这座宗祠坐南朝北，位于村南的中心位置，为两进三开间。当地人称此祠堂为江西屋，据传由乐平工匠建造。

祠堂祭祀是展亲大典，董氏宗族祭祀有清明、冬至、除夕，以除夕祭祀最为隆重。宗族祭祀设主祭一人，陪祭二人。担任主祭和陪祭者是文化水平高、年龄大、能力强、德高望重的绅士。清明、冬至，设礼生28人；除夕设礼生52人。需具有小学文化才可担任通赞、引赞、司祝、司帛、司樽、司爵、司盥、司馔；担任纠仪和侍神的礼生还必须是年长男丁。具有小学文化水平以上或年满60岁者才有资格参加祭祀。

② 支祠：星同公祠，又称崇德堂。因建堂时的老大名为董崇德，故以他的名字来命名，是下四甲房派的宗祠。除了之前说的清明、冬至、除夕举行祭祀典礼外，这个房派的人做喜事也要来祠堂。

支祠还有贞训堂，属于九甲房派，是一个小祠堂。只有董氏才能进入，即使打扫也不能是别的姓氏的人。此外还有福相公祠等小祠。

（2）住宅

游山村民居大多是一进或二进建筑。二进建筑分前后堂，三间两进，前进正厅三间两厢，半浅天井，上堂横梁雕刻以花卉及戏剧人物为主。后进三间两厢，天井处构件也是雕花卉。晋室南渡后，特别是经历了南宋江山偏安江左等历史演变，徽地汉化文风盛起，建筑风格也受其影响，融穿斗式与抬梁式于一体。到了明代，民居格局形成以内设天井，三间五架程式化的格局，并基本定形。游山村民居多为二至三层，根据天井的位置，民居多分为“凹”“H”两种天井，“回”形、“目”形天井多用于祠堂一类公建。

以“凹”字形天井为例，徽称明三间，即半天井民居。如寿星居建筑，一进门就是靠壁天井，三间朝天井露明，一厅两卧两层楼阁。天井两侧花坊采用了高浮雕手法，立体感强。

另有常见的“H”形天井，徽称三间两进堂，即前后沿各一靠壁天井，脊柱设在中缝上，两厅合一屋脊，亦称一脊翻两堂，内设两楼梯于连廊内。如董其厚宅。

民居大门位置多开在中轴线正对厅堂位置，亦有为与村落巷道联络方便开在两侧，还有受“风水”影响开成斜向。为使室内空气流通，形成穿堂风，中轴线以主导风向顺前就后，室内从前至后逐渐增高，徽称“步步高升”。

还有一种牌坊式民居，因董氏某男去世，妻子终不改嫁而建立的带有旌表功能的坊门式民居。如旌表儒士董天成妻张氏民居。

另外，游山村还有少量木门罩门楼式民居。门居入口采用木门罩门楼，三开重檐，莲花吊柱，石库门枋，八字门墙，三步台阶，气派不凡。房子不大，一进一天井，房间有二正、二厢。梁枋、雀替、门窗、隔扇都有雕刻，雕工粗犷，内容比较繁杂。石板铺地，正堂中心石板上也雕一枚“金钱”图案。不过，现在多数“金钱”图案已经磨灭。

（3）客栈

怀旧客栈：为清代后期一位茶商所建。屋内梁枋、门窗都雕有人物、花卉。客栈中保留一套完整的清代木雕家具，做工精细。屋内上堂地下正中有一枚“金钱”图案。村中商家都把“金钱”图案刻在房子正中，这是当地一种风俗。从建筑砖雕木雕的图案上看得出来，这里的商家保留了历史上江西商人的性格特点，他们不计较雕刻什么内容，只按雕刻的多少来标志富有的程度。经商的目的就是为了赚钱，钱越多越好。因此，当地商家把“金钱”图案作为商家的标志，放在房子正中，很直接地体现出商人的心态。

（4）桥

题柱桥：这座石拱桥始建于清顺治十六年（1659），为单孔廊桥，桥廊内两侧有围栏和板凳，可供行人休息。中间柱上两边各有对联一副，右边上联是“桥高亭更高重重频生财气”；下联为“村大龙尤大隐隐稠密人烟”；横批为“桥高亭凉”。左边上联是“登高桥远眺儒林赞扬先辈”；下联为“站函谷遐思文笔羡慕前徽”；横批为“风景可观”。通过两副对联，点出此桥的高，站在桥上可看到村子前后的景色，同时告知此处是人丁兴旺、富甲一方的大村庄，历史上曾出现不少读书人，成为子孙后代的榜样。

（5）亭

函谷亭：函谷亭始建于明代，飞檐戗角，气势轩昂，八个戗角底下的铺作上各雕刻一只展翅而飞的凤凰，底下一层戗角的脊上各放置卧龙一条，寓意“龙飞凤舞”。函谷亭是游山村的大门，因为建在村中小河的下游，所以称为“下门亭”。村中习俗规定，凡婚嫁，新娘都必须经过此亭，因为亭上刻有龙凤，寓意“龙凤姻缘”“龙凤呈祥”。亭上额枋上刻“函谷”二字，出自老子当年过函谷关而得道成名的典故。

（6）其他公共建筑

卫生室：清代建筑，民国及中华人民共和国成立后经过改造。

村委会：中华人民共和国成立后建筑。

游山会场：中华人民共和国成立后建筑，此处原为万年戏台，1978年拆毁，后建成会场。也有人认为是1980年后拆毁。

九龙庙：为村民祭祀的场所，内部神祇众多。

5. 重要历史人物

刘子壮：进士。据《董氏家乘》卷首《凤游万洪公下派迁居总录》载：“廿一世天琚公幼从医业，寓居湖广夷陵州（治今湖北宜昌市），托身刘氏，遂随刘姓。更名宜慎，娶万氏，状元子壮即其嗣也。”此文中，刘从医经历不详。而据学者刘飙研究认为，状元刘子壮为明末清初人，号稚川，先世居清江（今江西樟树），后移民湖广。该研究弥补了《董氏家乘》的不足。又，《清史稿》曰：“开国之初，若熊伯龙、刘子壮、张玉书，为文雄浑博大，起衰式靡。”康熙初，湖广提学道蒋永修也提及“国初楚文大家，首推稚川刘太史”。可见董氏后裔刘子壮是明末清初董氏移民后裔的精英。

6. 非物质文化遗产

游山村的上梁文具有民间祝祷的特点，如木匠董五福上梁时有如下步骤：上正梁，退煞所用，顺手拿斧头，反手捉鸡公，割鸡脖，将鸡血涂在大门门外墙下面左右，但不要太高，离地一尺五六寸即可。屋内上门头方柱、各房门左右两边、后门都要涂上，先要正梁两头全都涂上鸡血，口中念退煞口诀。

另外，上梁时先在桌案上放好“三牲”：猪肉、鲜鱼、豆芽。先向上奉敬祖先，再开始涂鸡血退煞上梁。退煞献好正梁后，还要拿鸡公、红米祭梁。

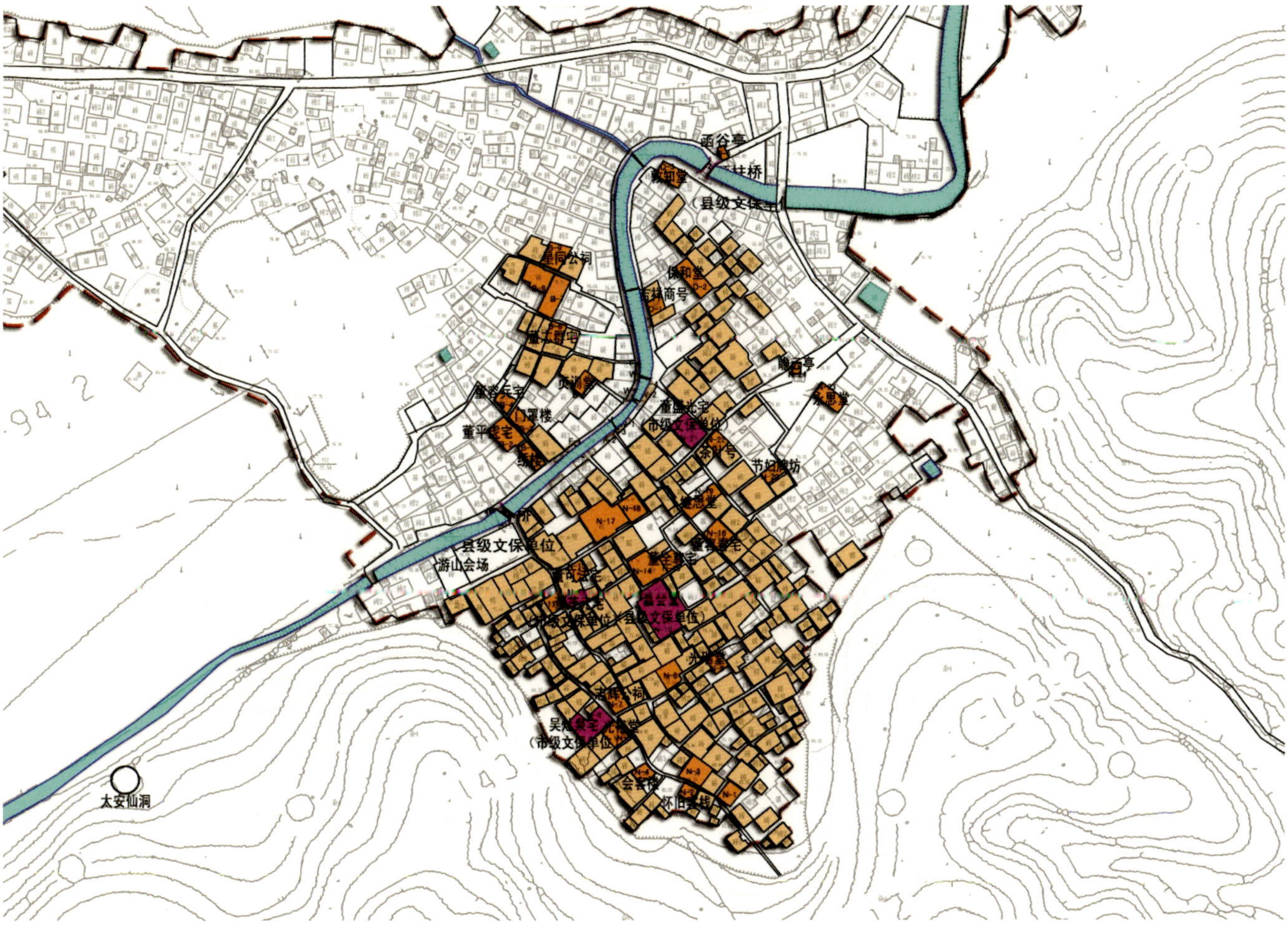

⊙ 游山村总平图（许飞进改绘）

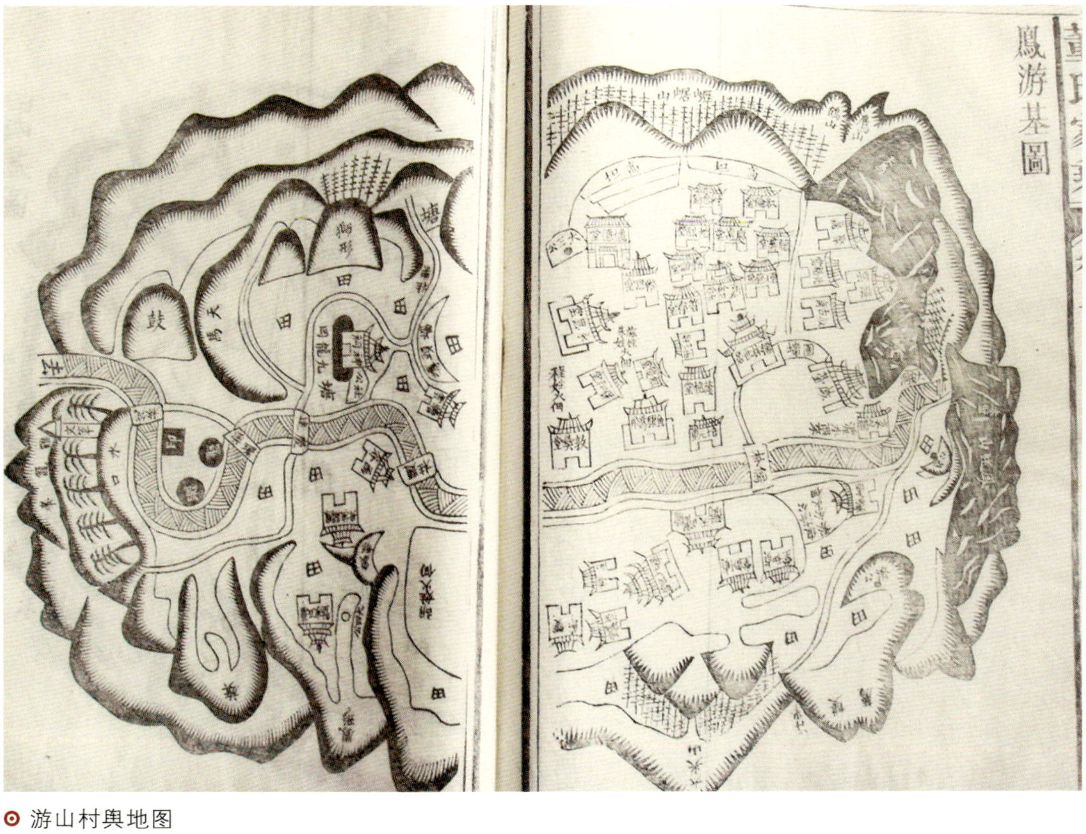

⊙ 游山村舆地图

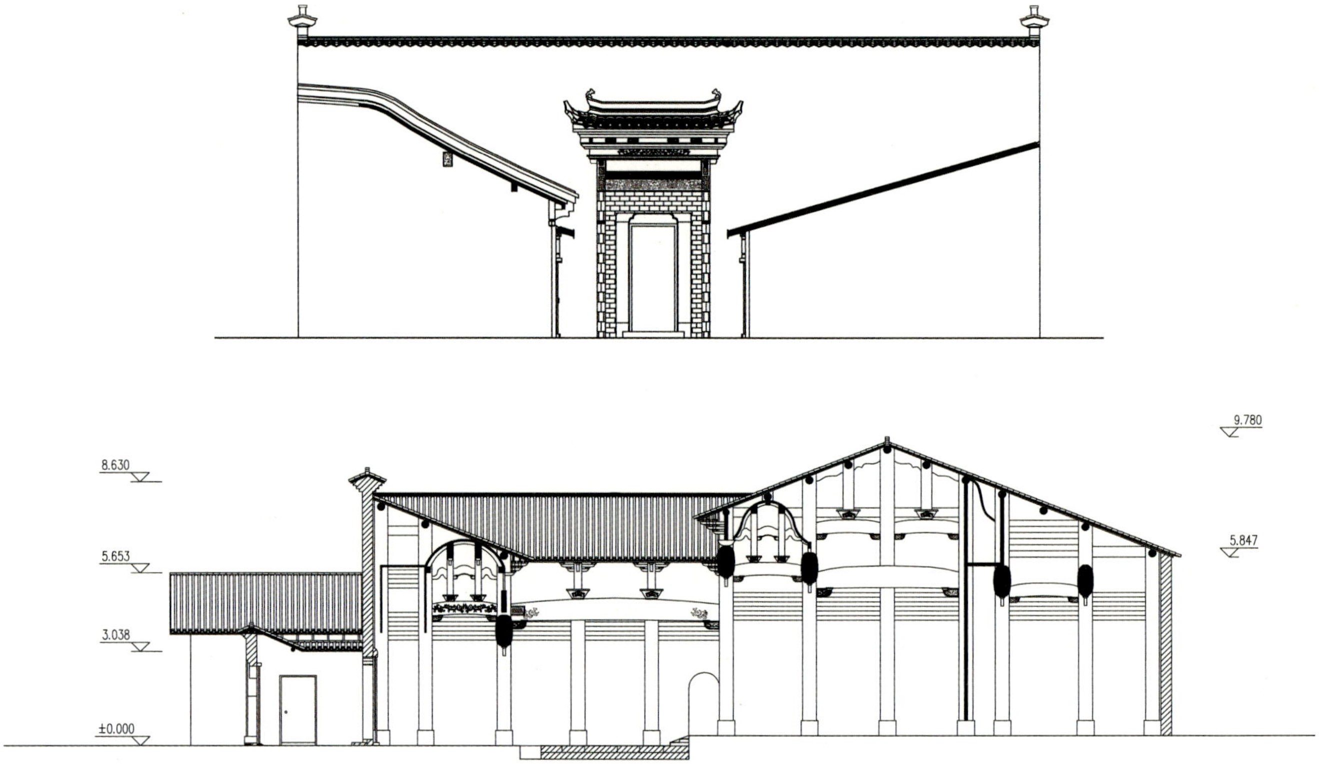

⊙ 嘉会堂立面及剖面图（谢晨等绘制　许飞进指导）

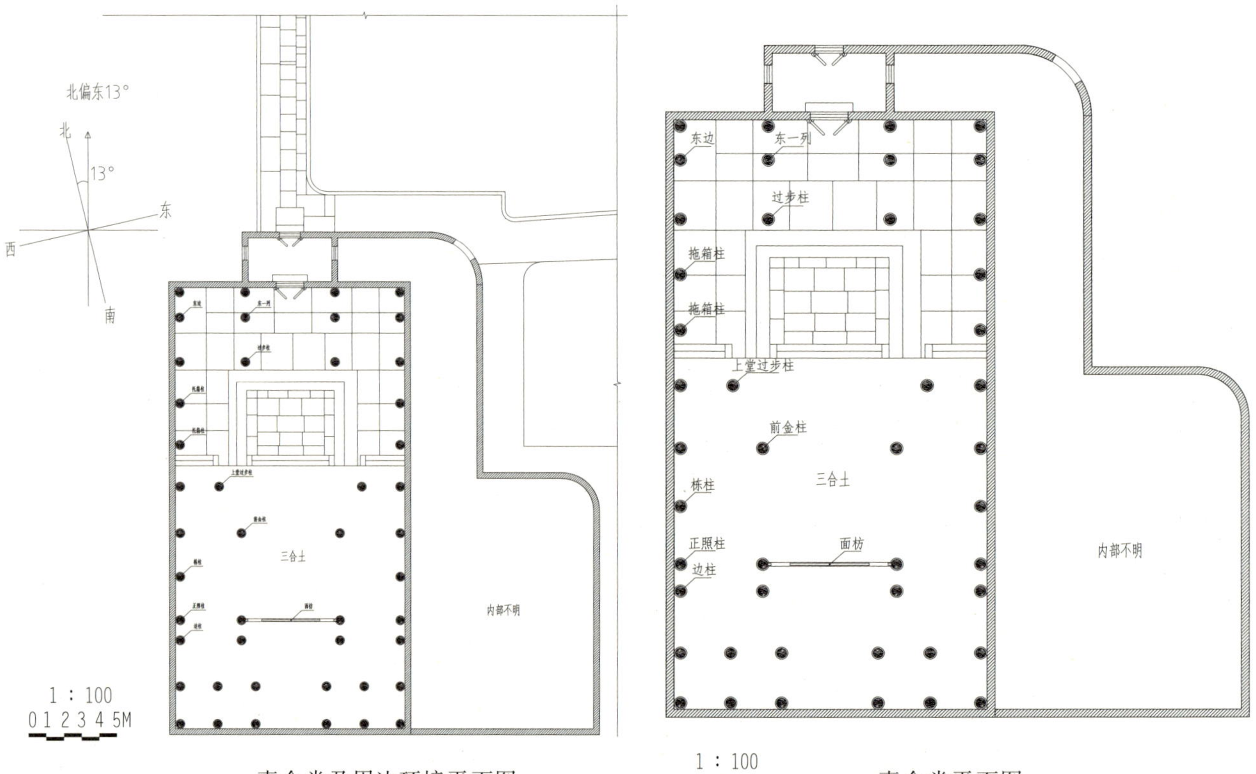

嘉会堂及周边环境平面图　　嘉会堂平面图

⊙ 嘉会堂平面图（谢晨等绘制　许飞进指导）

嘉会堂与巷道

星同公祠

旌表坊门式建筑

寿星居天井左厢房穿枋木雕

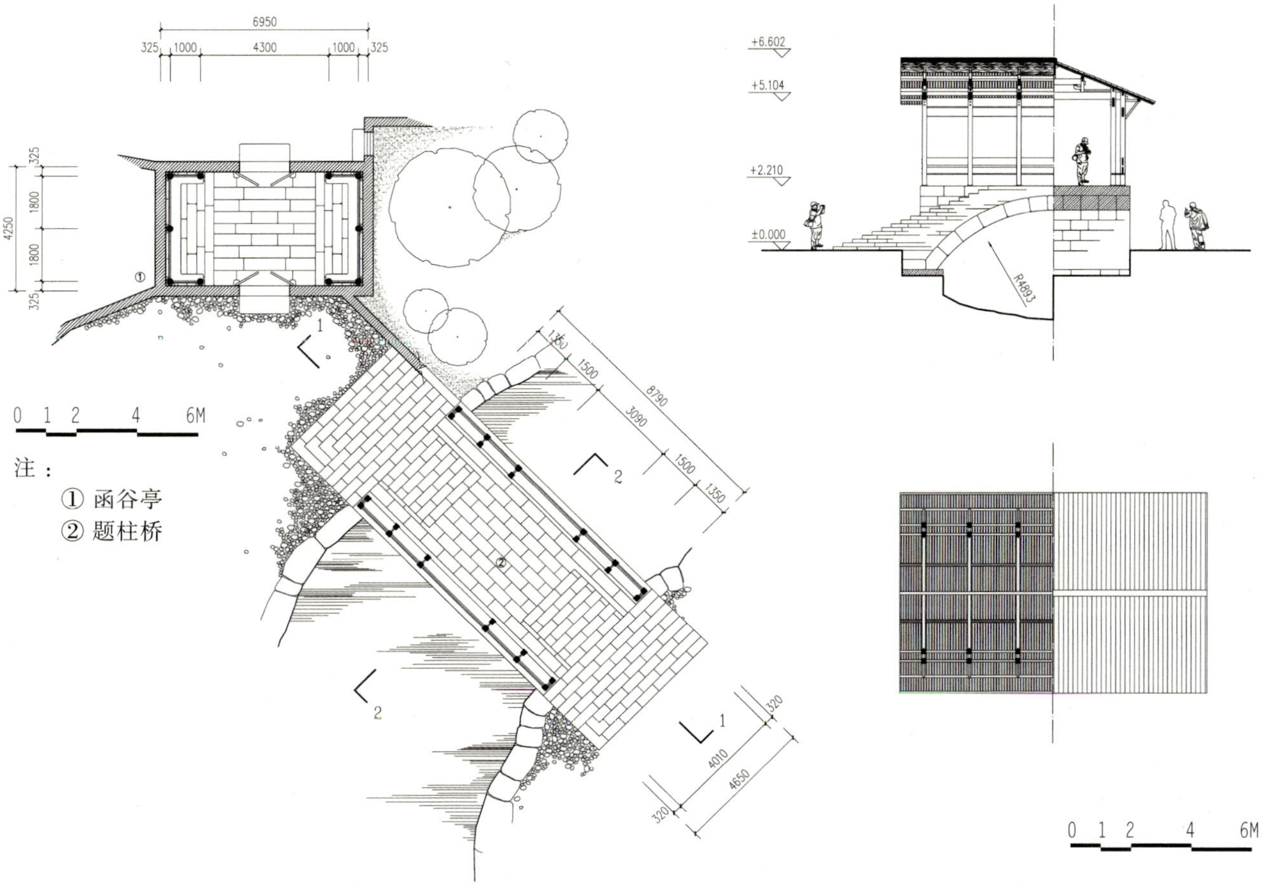

题柱桥与函谷亭测绘图（李元亨绘制　许飞进指导）

题柱桥与函谷亭

卫生室

九龙庙

游山村村委会

曾家村

1. 历史概况

耳口镇曾家村，位于贵溪市南部。距贵溪市约71千米，距鹰潭市约50千米。曾家村南与冷水相连，西与金溪县、资溪县毗邻，北与龙虎山上清镇接壤。曾家村地处山坡，背依云台山，前临泸溪河。交通便捷，铁路有鹰厦线，设有圳上火车站；有鹰潭至冷水、资溪的公路，且均为硬化水泥路面；水路有泸溪河直通天师府和龙虎山。曾家现有66户，人口约340人，村民多为曾姓。

曾家村发脉于山东省济南府嘉祥县南四十里南武山西元寨，在战国时南迁到湖南湘乡，再迁到江西省吉阳（今吉安），后迁往贵溪县南约60千米处务义港村，最后至现耳口镇曾家村，后人通称武城曾氏。“务义港”原名“乌泥港”，至曾二世祖时，遵循“仁义道德”的古训，希望子孙后代“务义求仁”，因“务义”与“乌泥”谐音，故更名为“务义港”。

务义港曾氏，是北宋时期“唐宋八大家之一”曾巩的后裔，与曾国藩是同宗一脉，这里原是李姓和邓姓村庄。相传清雍正年间，江西吉安曾姓三兄弟，曾柏仕、曾云仕、曾在仕之父曾先公，逃荒流落到乌泥港，此后，曾姓子孙开始繁衍发迹。原来的邓姓和李姓日见衰没。

2. 村落形态

（1）村落规划结合自然环境，错落有致，属山地型村落。古村属山岗丘陵地貌，溪流不断，水塘遍布，村中各古建筑多依山傍水而建，以青、灰、木色为主色调，十分淡雅清新，山、水、建筑融为一体，彼此映衬，形成一幅“青墙灰瓦马头墙，绿水青山蔚蓝天”的优美画卷。古村的青山绿水，错落有致的古建筑群，苍劲的古树，曲折起伏的巷道，共同体现了曾家村古朴纯真的自然美。

（2）村落建于山坡，建筑沿等高线布局，为典型的坡地式建筑形态。村庄建在山地上，建筑的总体布局充分结合地形，以四至五栋小住宅院为一小群，各栋房屋相连不相通，但广开小门自由来往，有利于防止火灾蔓延。同时，为了适应山地地形，建筑多为偏东南方向梯形递进式布局，建筑风格给人以美感，既便于屋内采光，又顺应“紫气东来”的传统。所有民居遵循求同存异，既有五开间，又有七开间；有高楼台阁，也有多进的递进大厅和前后院；建筑结合地形，从前到后地势逐渐增加，建筑也随之增高。因此，此处民居入口多在侧面，是为了与一进院落处于同一高度，方便进出。

在外部造型上，由于曾家村民居为山地建

筑，民居十分重视建筑山墙轮廓线，尤其是马头山墙的使用。马头山墙主要采用跌落的方式。民居入口多在侧面，大门多用石门，门楣处多有砖制匾额，门罩常用青砖叠成。总之，民居建筑讲究工艺雕刻，门楼材料有木质和砖石两种，做工雕凿讲究，内部天井处装饰较为精美。

（3）建筑结合本土资源，地方特色明显。古村住宅入口为天井院，中轴线中心为天井。以天井来划分进数。平面布局中通过砖墙将建筑分隔成正房或者辅助用房。正房为厅堂、卧室和厢房，辅助用房为厨房、牛舍等。民居有一进、二进和三进不同形式。一进民居前有庭院，种有桂花等具有象征吉祥含义的植物。二进民居则为上下堂式，三进民居中堂为客堂，祖堂在后堂。古村在建造宅第时往往就地取材。天井院用花岗岩铺装，部分民居天井院内用鹅卵石拼贴成花纹，构图精美。各天井地下均建有暗沟，用以排除屋面雨水。后厅、中厅、前厅两旁墙均为木板墙。前厅大门两边窗户分为内、中、外三层，外层以细篾编成花格网状，罩在窗外，用以拒挡蚊蝇，中层为组成“福、禄、寿、禧”花纹的窗棂，边框再设以一层活页薄窗板。屋顶内钉以木质望板，以防雨雪，厅房地面亦有以花岗石板铺就，石板雕以花饰，亦有以石灰、黄泥等材料铺设地面。

3. 村落建筑

（1）祠堂

① 曾在公祠：曾家历史文化名村的“曾氏公祠”原有三个公祠，即曾先公祠、曾云公祠、曾在公祠。曾先公祠建于乾隆二十年（1755），为曾氏第一代所建，于1958年被毁。

曾在公祠，即现今的曾氏公祠，建于乾隆五十年（1785），为曾族第三代所建，公祠内有100根木立柱和两根长24米、直径0.5米的青石圆柱落地支撑。门仪两侧有一副对联，道明曾氏源流：“沂水长萦霜露感，春风遍拂藻蘋香。”祠内一进为戏台，戏台无翼角，双坡顶。明间由弧形游梁、斜撑来衬托。戏台台面靠檐口处安装通透栅栏，1米多高，既可防止演员从戏台上跌落，又不影响观戏。祠堂前后分为戏台、看楼、享厅、后寝（殿）四部分，建筑中的梁架，多饰以文彩，或给以雕琢，整个建筑古朴幽雅。公祠建筑以砖木结构为主，有少量石柱，穿斗式构架。四周外墙超脊，屋面雨水通过天井暗沟排出屋外。

曾氏公祠保存较完好，祠堂前面有一棵200年历史的罗汉松，是由一名寡妇突破传统礼制为纪念自己过世的丈夫于乾隆五十年（1785）所种植。

② 曾云公祠：曾云公祠建于乾隆四十年（1775），为曾氏家族第二代所建，公祠为三进。曾云公祠以传承展示曾氏家族文化和体现曾家古村历史文化为核心，曾云公祠门前有两对旗杆座，内搭有戏台，其天井卵石铺装、呈繁体的“萬”字图案、顶棚彩绘等使公祠具有较大的观赏及历史价值。

（2）住宅

① 曾宪球宅：平面为南北向布置，主体为五开间，甬道与辅助用房相连。中轴线上天井两侧的厢房布置极有特色，为了采光往后退，形成虎眼天井。上下堂皆设宝壁，两侧四间厢房相通，一进的天井院山墙设计极有韵律，建筑与地势结合，高低起伏。住宅檐部月梁及斜撑结合，雕刻较为精美。

② 曾宪有宅：户主为曾宪有和李取路二人。三进二天井一院落。中轴线一进入口为门廊

式，天花做成船篷轩。上中下厅全由三合土夯实。院子、室内天井四周皆用磨石铺就。除山墙及院墙为砖砌外，其余处皆用木板做隔断，上中下厅全为彻上不露明。装饰主要在门廊的船篷轩及室内穿斗的象鼻。

③ 杨根深宅：户主为杨根保、刘远生、吴德生和董兴才。因院内有一株茶花，故也称茶花宅。和曾家村其他民居类似。庭院为一字形，主要原因是与周边其他民居基本处于同一高程。由于地处坡地，故沿山坡等高线处理场地。一进院为卵石铺地，一株茶花树静吐芬芳。中轴线一进入口为门廊式，麻石柱础。穿斗式构架，上厅下厅均为彻上不露明。童柱下端为鹰嘴状，构架间由织壁填充。上下厅均由三合土夯实，天井四周为麻石铺就。除山墙及院墙为砖砌外，其余处皆用木材做隔断。隔扇窗由万字纹和花纹镂空组合。其大门门榜写有“咸临贞吉”四字。此为临卦，意义为初九，咸临，贞吉。象曰：咸临贞吉，志行正也。“象传”说“志行正也”，是说“初九”阳刚得正，又符合天道的规律，志向正确。因此这题字是说好运开始，刚正之士，前途吉祥。

④ 姜国水宅：建在村子东侧的坡地外，户主为姜国水、张华来、姜木生和姜财水。一进为一层，二进为二层。二栋建筑中间形成狭长天井。天井边沿为麻石砌成，麻石外侧有卵石铺地。一进三开间，面向南处开一月亮形圆洞，起到框景作用。二进由两栋房子连成，各为五开间。该建筑利用山体高差，二进一层与一进一层相通，二进二层则与其后的坡地相连，方便出入。建筑内部全用木材做隔断，隔扇窗装饰较丰富，二进底层柱与柱之间用月梁相连，雕刻手法与金溪一带相似，其余部分装饰较为简陋。二进建筑采用彻上不露明，柱头到顶，梁下端另有一顺脊串，中间有垫板。建筑东侧为封火山墙，西侧房则为重檐悬山。南立面天际线较为丰富。该建筑相传是为五十八代张天师的女儿嫁到曾家所建造的。从现状调查来看，建筑经多次维修，体现了传统赣东北山地式民居的特色。

（3）旅馆

会友堂宅：一进为东西向，主要是专门接待宾客和招待客商的场所，门匾“黄中通理”，门上对联为“知水仁山新画本，望经贤传旧家风”。两边配有扇形花框，内有松竹。门梁下有太极图以辟邪。入口门楼朝东南方位，门楼两边墙脚不对称，内墙削平，外墙侧棱角分明。寓意后代子孙对内不要针锋相对，棱角相向，应该和睦相处，团结互助。房间窗户上有古钱、蝙蝠的图案，一进院各房互不相通，使客人免受打扰，布局实用合理。

（4）花园

鱼塘花园：建于清道光年间，长200米，宽60米，占地面积1.2万平方米，后毁。鱼塘内种莲养鱼，花园内广植花草树木，还建有赏花观鱼亭阁。曲径通幽，花香四溢，是休憩的理想之地，当时，派有专人管理，其费用由“义田”开支。

（5）书院

经学书院：建于道光年间，长140米，宽36米，占地面积5040平方米，院前栽有4株桂花树，两排长柏树。经学书院是曾姓子弟读书之地，由族长聘请塾师来此执教，学童可免费入学，其经费从“义田”开支。在书院接受启蒙后，走上仕途的有曾效南、曾孙庆、曾广勋以及知名医师、教师多人，使得书院曾名噪一时。

5. 重要历史人物

曾效南：从经学书院走上仕途，道光年间拔

贡，至九江水师都督，60岁告老返乡，61岁病故，葬于冷水麻蓬，后由于开发银矿，迁葬曾姓祖坟山。

曾孙庆：从经学书院走上仕途，光绪进士。

曾广勋：从经学书院走上仕途，保定军校第一期毕业。

曾泽枪：黄埔军校第二期学生。

曾昭宗：黄埔军校第十六期学生。

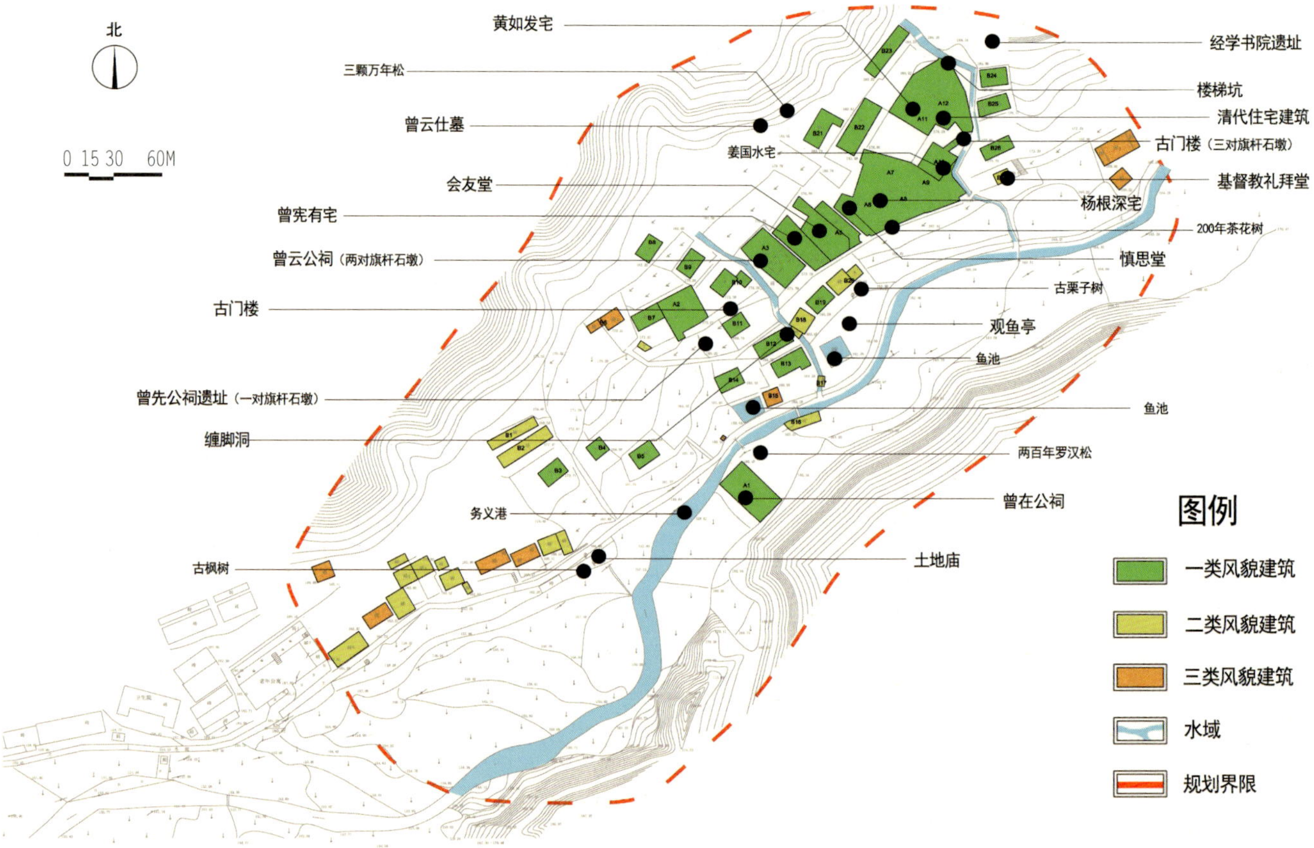

⊙ 贵溪曾家村总平面图（资料来源：《耳口乡曾家历史文化名村保护规划》，谢晨改绘）

曾在公祠周边环境

曾在公祠外立面

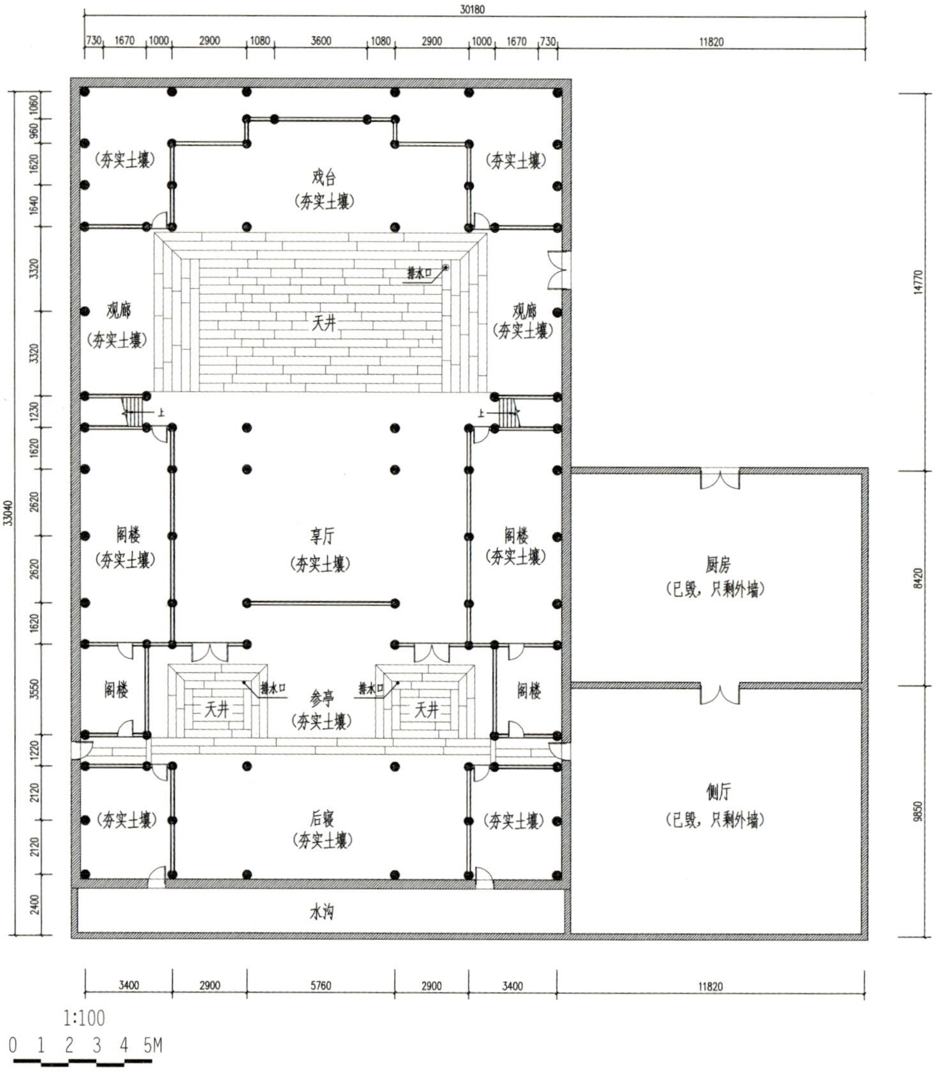

曾在公祠平面图（许飞进等绘制）

曾在公祠戏台

曾云公祠天井卵石铺地

姜国水宅（赏月楼）

⊙ 会友堂正立面

⊙ 会友堂山墙一侧

驿前村

1. 历史概况

驿前村隶属于抚州市广昌县驿前镇，位于广昌县城以南40千米处，是驿前镇政府所在地。该村属丘陵地貌，自然条件得天独厚，是抚河的发源地。村内主要河流（驿前港）由南向北穿村而过。属于亚热带季风气候，气候温和湿润，年平均无霜期为273天。

西汉时，驿前村名梅村，因冈上梅树千棵而得名。这里为古代通往闽粤的必经之道，也是南北往来的商贾，朝廷兵马传递文书歇息之处。唐代贞观二十二年（648）赖姓荪公由宁都迁居梅村，披荆斩棘，兴家立业。此地土地肥沃、阳光充足、气候适宜，是白莲、烟叶、泽泻三大特产的产区。赖姓在此繁衍生息。南宋绍兴八年（1138）朝廷派宗季为驿使，在梅村建驿站，称梅驿。元朝初期，白、许两姓相继而来，三姓开辟新市建新街（今驿前河背新街上）。明万历年间，三姓开辟茅嵊峰至高岑弄（现在的驿前老街），开古井、筑城垣、建宗祠、构庙宇，墟市建在驿站之前，驿前村由此得名。

驿前村在明末清初是通往广东、福建的边贸交易重镇，现有200多幢商邸、民宅，年年有庙会、灯会，市场繁荣。

2. 村落形态

（1）因边贸商业而兴起。驿前村地处抚河流域通往粤闽之要冲，古时在此设有官兵、商贸往返驿站。明清时期此地商贸繁盛，因此至今仍留存大量明清时期的古建筑。这些古建筑气势雄浑，从行政村中心一直延伸至抚源梅溪岸边，是江西省保存较完整、规模较大的民居古建筑群之一。现存古建筑以明清建筑为主，保留有宗祠、家庙、官邸、别墅，也有商贾店铺、手工作坊。这些建筑多归属上述三姓，不同姓氏的建筑呈组团式布局。

（2）村落依托镇而发展，不同姓氏杂居，后期逐渐形成自由分散的拓扑布局。尽管村落整体分散，但同姓之间呈现小聚居、大杂居状态。建筑结合地形，结合环境与文化风俗，形成特有风貌。如船形古屋等。

3. 村落建筑

（1）祠堂

① 赖巽宗祠：又名“下窝祠堂”，为明代云南按察使赖巽家庙，宗庙坐西朝东，平面呈长方形，面阔五间，穿斗式结构，分上下二厅，中有天井，长22.4米，宽约16米，上厅神龛右存南明隆武六年（1651）施田碑一块，高90厘米，

宽55厘米，厚13厘米。

赖巽，字宗启，号逊志，名清溪，驿前池源村人，明永乐十三年（1415）进士，官拜河南道监察御史，持身廉正，不刻不苛，察理弊端，秉公执法，颇为朝廷器重，百姓誉之为“御史体”，后奉旨考察苏州、松江两州吏治，严惩以马良为首的贪官豪绅300余人。洪熙元年（1425）选拔监察御史分赴府州考察吏治，奉旨巡抚湖广，将耽酒渎职的参政田刚、知府赵垒等几百人逐一罢黜。宣德六年（1431）官拜云南按察使，后卒于任所，民无论老幼，相聚哭于道，“为其素服私祭”。后人为怀其功德，立赖巽家庙以祭之。

② 赖布政祖庙：万历十二年（1584）建，又名赖瑛宗祠。布政即赖瑛之官衔。赖瑛，字世杰，驿前人，明永乐十六年（1418）进士，历任监察使、云南布政使，为官期间刚正不阿、遇事敢言、宪度清律、狱无冤滞，民称“贤能御史”。祠庙坐西朝东，平面呈长方形，上下两厅长13米，宽12米，总面积156平方米，砖木结构，高墙体，因赖布政祖庙在赖巽宗祠左方，有“左布政，右按察”之称。

③ 白氏宗祠：坐落于市中街，坐西朝东，是盱江（广昌）、琴江（石城）白姓宗族的总祠堂。白氏宗祠按上下厅而造，砖木结构，下厅开有三门进出，外有槽坊，内有廊阁，前有花门楼和祠堂店面三所，中有天井，上厅神龛是白氏宗祖的牌位，厅内木柱8根，上下厅主墙体是山字封火墙，地面檐阶及天井周围铺设青石板，四面墙壁有精细的水墨画，月梁和斗栱是细腻的木雕工艺，据《白氏族谱》记载：本祠堂于清代道光三十年（1850）五月动工，次年冬告竣，作为春秋祭祀之用，合族而食，聚姓于堂，俨然同敬，合爱之雅。白氏历代名人层出不穷，南宋咸淳年间进士白国瑞，任浙江金华府推官；明嘉靖年间举人白鸾任浙江郡州知州；清乾隆年间举人白云瑞授直隶州右堂等。

④ “奉先思孝”祠：又名“八天公祠”，清乾隆五年（1736）造，砖木结构，一大门，二小门，门楼上用砖雕拼出“奉先思孝”四个正楷大字，它的含义是忠于国家、孝敬父母、礼尊长辈、义联亲友、和谐民众。上有双凤朝阳、铜钱、梅花等图案，是赖氏宗族进行祭祀、敬神、扫墓、婚、丧、喜、庆等活动的集结之地。

（2）住宅

① 官厅：“清吸盱源”宅，又名船形屋、官宅，为明代云南按察使赖巽省亲别墅。该宅临江而建，一眼望去，酷似一艘逆水而上的官船。前舱、后舱、楼上、楼下、甲板、平栏、船篷，惟妙惟肖故名船形屋。建筑坐北朝南，建筑占地650平方米，穿斗式结构，大小厅堂、厢房30余间，大门建在屋中堂右侧，中部为正厅，上至亭式屋顶，藻井、楼顶重檐细腻端庄，雕有缠枝牡丹，其他檐板刻有流云花卉、人物图案，造型秀丽堂皇，门额书“清吸盱源”四字，包含着此“船”吸收万物之灵气，天地之精华，“清”包含清正、廉洁、秉公，“吸”含义为晋升、步步高升，造福百姓。整座船形屋用杉、桉、桦木接合，柱梁楚楚，古朴庄重，雕工精湛。登楼眺望，云山万里，景色优美，令人心旷神怡。

② “奎璧联辉”宅：清乾隆八年（1743）建造，施工十年，商邸，五开间深七进，故又名“七幢厅下”，有庭院一处，天井11个，房间32间，面积1582平方米，门楼居正厅左侧，上书“奎璧联辉”四字，字体雄健，笔力遒劲，整个建筑不仅规模宏伟，气势磅礴，而且石雕、砖雕、木雕随处可见，四进有石座，雕有金狮滚球、荷莲、团鹤等图案，刻工精细，栩栩如生。

门楼两侧及门额周围都用青石，雕有花卉、禽兽、“卍”字，构图严谨，刀法熟练，每一处雕刻就是一件艺术品，整个建筑堪称一个艺术天堂，显示出古代能工巧匠的才华。

③ 石屋里：清康熙五十五年（1716）建造，建筑风格独特，门槛、柱、檐板、地面、墙体都是用光滑细面石建造而成，故名石屋。石屋总面积1075平方米，双门楼居正厅右侧，上刻有双凤朝阳、龙凤呈祥等图案，石柱座的八面雕有狮、象、鹿、鹤、莲花、文房四宝、花卉等精美图案，最引人注目的是正厅，主人用36条黄金换来的12根8米高的大石柱，牢牢支撑着屋顶大梁，宏大石屋中的石块之间衔接细腻无缝，屋内冬暖夏凉，四季如春，堪称江南建筑一绝。

④ 望隆公厅堂：清道光十三年（1833）建，位于云衢公厅堂路旁以东，木质门楼朝北，厅堂大门坐西向东，门楼和大门方位各有不同。厅堂简洁大方，上下二层一天井，小院照壁后有一厢房别有风韵，走马吊楼，两边梅花和方格图饰窗棂美观优雅，中有一天井，花架上有菊、兰等花卉，室内明亮、清静，四季如春。

⑤ “金鳌鱼”宅：建于清嘉庆二十三年（1818），民宅坐落于驿前村中心。正厅石质门框，门簪三支刻有古典精细雕像。木质门楼居正厅右侧，飞檐有四条鱼尾组成的鳌鱼图案，象征“鸿基永固，千秋万载”，此屋二庭院，二厅堂，一天井，呈不规则鱼形，共36间，总面积为970平方米。

⑥ “秘书袭庆”宅：清代雍正五年（1727）建造，正厅坐西朝东，门楼在正堂左侧，二院、三厅、三天井、一神龛、一半祠堂一半厅堂，有“半只祠堂”之称，呈90度角弯形，总面积876平方米。正厅门额为石质，上书“秘书袭庆”四字，字体神韵妍华，遒劲有力，题字者为赖姓妙通，于东汉灵帝光和二年（184）初任秘书郎，后拜崇政殿大学士，加议大夫，赠太子太师，赖氏世传“秘书第”，世代“袭庆”，寓意赖姓旺族后继有人。

⑧ 进士第：进士第为赖晋的府第。赖晋是乾隆十三年（1748）进士，官居南安镇洋知县、滨州永宁知府，官宅坐西向东，砖木结构，面积449平方米，门楼建在大门左侧，上刻喜鹊闹梅、蜂、猴、牡丹、人物等图案，雕工精细，别具一格，象征封侯拜相，喜事盈门。

⑨ “迎薰”宅：清同治五年（1856）建。外有翘脊门楼，门楼内装饰一藻井，正厅大门坐西向东，门额上方以木雕为主体，刻有流云花卉的吉祥图案，屋檐下、厅堂内、墙壁上饰以墨画，斗栱精致，屋脊独具一格，龙头凤尾，造型剔透，大气壮观，栩栩如生，总面积为875平方米，厢房和正房、门窗都以精致木雕花纹图案装饰。相传屋主做了一年泽泻生意，赚的钱建造了这幢房屋，人称“万富头”。

（3）楼

魁星楼。清同治六年（1867）建，位于“进士第”和“望隆公厅堂”两屋之间，上中下三幢式砖木结构，上厅堂有阁楼，堂中悬挂一块刻有“敕命”的匾额，是清光绪十年（1884）儿子送给父亲大人的功名牌。父子都是修职郎。上厅三楼有一“学阁”，叫“魁星阁”，上有双凤朝阳、琴棋书画、八仙图壁画，两厢有三副对联：

沉色云中开晓日；万年枝上动春风。

书读秦汉以上；意在山水之间。

一帘佳景王维画；四壁青山杜甫诗。

4. 重要历史人物

赖晋，清乾隆十三年（1748）进士，曾任太仓知州，是清代考古名家，有《昼亭初稿》

《盱源考》等著作。盱江源头原名血水岭，岭下有一村庄叫里木庄，赖晋到盱源考察后，将血水岭的“血”和里木庄的“木”两名合并为一，改名血木岭，清乾隆后的地名之志，即按照这位考古名家所定的地名为血木岭。

赖瑛，字世杰，号梅溪，生于明洪武十七年（1384），殁于正统十三年（1448）。历任御史、太守、左布政使。永乐十七年（1419）选为山东道监察御史，巡按陕西、浙江、苏松、嘉湖等处。他正直廉洁，遇事敢言，激扬善恶，宪度肃清，誉称“贤能御史”，仁宗知其名，密遣访察京师机务。宣德三年（1428），赖瑛告假返乡，宣宗亲赐御酒三杯，御诗一首：“携手天街远送卿，送卿万里早回程。朝中不可无卿在，卿在朝中永太平。”宣德六年（1431），宣宗诏大臣议云南省临安府太守事宜，众臣推举赖瑛。赖瑛授命重任，率军民励精图治，兴学校、振农商、简词讼、察民情、恤老弱、弭盗贼。赖瑛施仁政于民，军民和睦，四方安平，边疆稳固，深受军民爱戴。

5. 非物质文化遗产

枣仔灯灯会是驿前古镇民间传统灯会，因白莲、烟叶、泽泻三大特产历史悠久，畅销海内外，由赖姓商贾在明代万历年间将灯会引进驿前。灯会最早是仿照苏州、杭州及四川形式举行的，经历代沿袭至今，结合当地风情、民俗，形成具有古镇民间特色的彩灯，它吸引着三省（江西、福建、广东）八县的游客前来观灯。

枣仔灯是用一根长七尺的小竹竿，上挂一串四盏不同形状的花灯，一人一根，单行排列，形同一个个树上的蜜枣，故名枣仔灯。灯会有七八百人上路，由鸡公龙头引路，大型莲花灯为主灯，后穿插着杨、柳、香案、彩旗、空心字灯、鳌鱼灯、各式不同枣仔灯、吊灯、闯灯、花神、高桥、马灯，按不同灯组，中间穿插民乐队，最后是龙尾。夜间灯火辉煌、五彩缤纷。艳丽盛大的灯会，寄托着人们美好的愿望：来年五谷丰登、平顺安康，为百姓带来吉祥、和谐、好运和富贵。驿前灯会既能表现“莲文化”风韵，又能体现民间舞蹈特色，具有本土特点。

驿前村鸟瞰

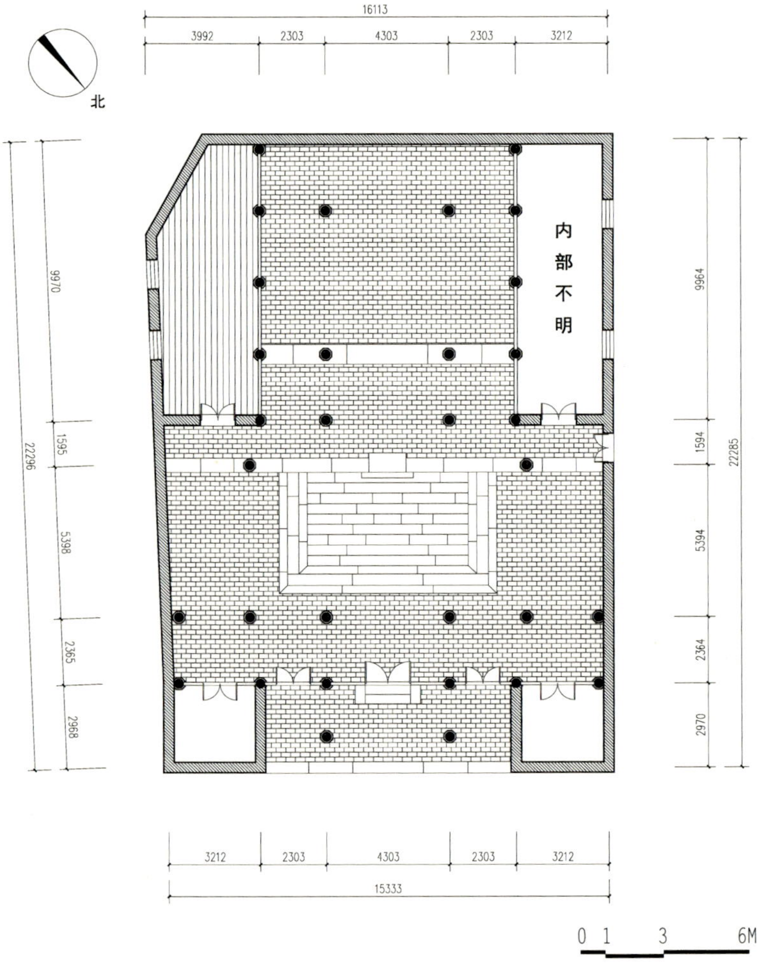

赖巽祖庙平面图（李元亨等绘制　许飞进指导）

赖布政祖庙门头

石屋里

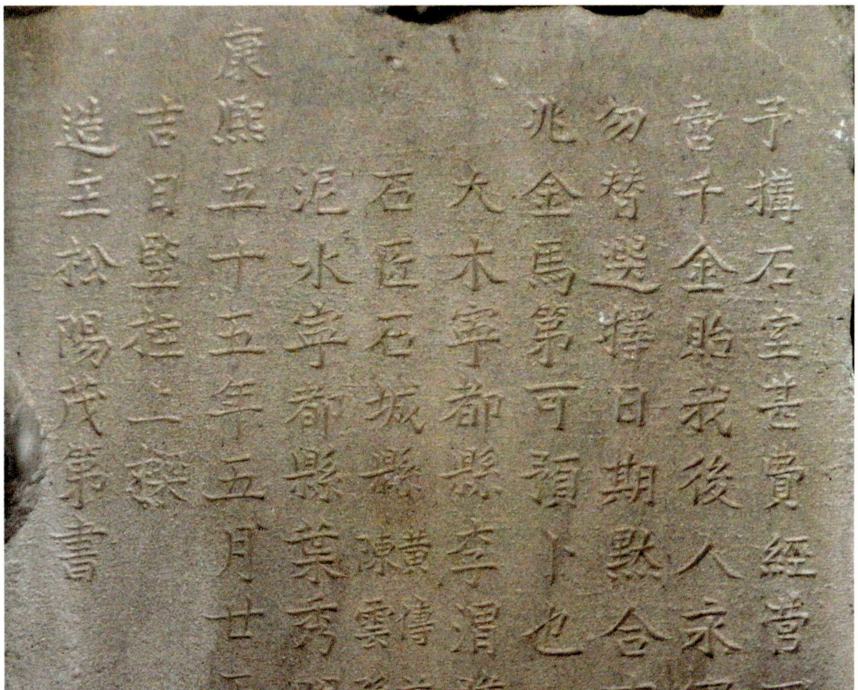

石屋里侧门上方的建筑施工记载

魁星楼

囍
庆此日宫马迎来云外客
良
缘

“金鳌鱼”宅

“秘书袭庆”宅

天宝村

1. 历史概况

天宝古村（即现在的辛会村、辛联村的组合）位于江西省宜春市天宝乡，距宜丰县城23千米，距南昌130千米，大广高速和昌铜高速傍村而过，公路四通八达。年平均气温16.9℃。

天宝之名始于唐天宝年间，天宝在秦时属九江郡，西汉时属豫赣郡建成县，王莽时属多聚县，东汉光武时属建城县，灵帝时属上蔡县，三国吴大帝黄武年间属宜丰县，南北朝时之梁朝属望蔡县，隋开皇九年（589）属建城，唐武德五年（622）属望蔡，武德八年（625）属高安，宋太平兴国六年（981）属新昌县，元元贞元年（1295）属新昌州，明洪武五年（1372）属新昌县，此后隶属关系未变。

天宝曾三设县治之所，即三国吴大帝黄武年间前后150年至170年；南朝之梁代初期约70年；唐高祖武德五年（622）设县治仅三年，后归新昌县即现在宜丰县管辖至今。天宝村自三国之时即开始修建，历朝均有发展，但到宋朝刘椿之后修建尤盛。

作为古宜丰县治所在地，天宝古村已有1800余年历史，历史上从三国东吴至唐代三次设县达250年之久，故称“古宜丰治”。古村不仅自然景观优美，历史人文资源亦深厚，自唐至清曾孕育出进士举人151名，其中进士22名。

明中叶以前，天宝刘氏家族一直处于缓慢而有序的传统渐进式的社会变迁中。明中叶后期随着整个社会商品经济的发展，刘氏家族也融入了整个社会的发展演变之中，不断繁盛。近代以来，在社会大变革下，随新的交通道路的开发和商贸中心地位的丧失，刘氏家族衰落也不可避免。

2. 村落形态

（1）多个文化层交叠形成丰厚的历史底蕴。天宝古村历史悠久，出土的青铜器说明商周时期就有先民居住，东吴至唐代设县治于此，为“古宜丰治”，并有文化遗址和遗物存在。天宝古村延续时间达3000余年，且均有史迹存在，在江西古村落中十分罕见。天宝古村扼赣西北要冲，水陆交通发达，是明清时期赣西北重要的交通中心（至今仍举足轻重）。明清时期天宝古村处在通往两湖贸易的重要交通枢纽上，商业活动十分活跃，是明清时期赣西北重要的商贸中心，与客家移民路线也保持着联系。天宝古村的建筑及文化在长期的积淀中形成自身的特点。天宝古村处在百丈禅寺、洞山禅寺、黄檗山禅寺的辐射区域，加之占据交通要道、农耕文化发达和商贸活动繁盛，天宝古村成了佛教传播的交汇中心，从天宝村附近发现的和尚墓葬群及建筑风格可以得到些许佐证。天宝古村历史文化既是赣鄱文化的一个组成部分，又保留了自身特点，天宝村是江西古村落的典型代表之一。

（2）村落依坡、依巷傍水形成坡地型集中式布局。天宝古村建筑坐北朝南，山峦竹林形成天然屏障，人工开河（腰带水）绕村而过。古村落依山坡集聚发展，天宝古村内大部分建筑坐北朝南，东高西低，村内排水系统十分发达，排水沟采取明暗交替错落有致的开排方法，在村内有数十口鱼塘可以用来蓄水和洗涤。古村的发展首先是集中聚集，祠堂在村子外围，而后在总祠两侧发展，形成东西纵向巷道，主要用于步行。而横向巷道主要用于排水，部分用于交通。在长期发展中，六世祖照公生五子，逐渐分家，形成文翁、奇翁为阶下房，宁翁为上房的组团格局。

（3）古村选址和布局受到了风水习俗的影响，村落防御体系完整，祠堂众多，宗族与风水文化使天宝古村形成了独特的景观。

天宝古村坐落于较为平缓的坡地上，地势由东北向西南倾斜，南北约长880米，东西约长1000米。天宝古村分布面积达2000平方米，古村北面为山峦树林，海拔最高处约137米，海拔最低处约97米。古村山环水抱，利用山涧水开掘护城河，东西南三面以护城河为界，驳岸植有楠竹，形成天然屏障。古村在东西南北四个方向设有门楼。街巷体系也随地形布置，房屋就地势的高低进行组合，民宅坐北朝南，沿后街、横街等古街巷布置，自然形成了“三街六市、内外八景、六门十三第、四十八条巷、四十八口井，四周竹城墙，四季马蹄响”的人居环境。村落建筑、环境、街道有机结合。巷道交会处的水井，水质纯净，井圈用花岗石弧形砌筑，极有特色，至今仍为村民汲水之用。古村黛峦作衬，翠竹为屏，内外八景，形成独特的村落景观。内八景为文溪玉带、宜阳彩虹、淡田围竹、汴河采莲、六门晨鼓、三街夜市、南塘钓月和北楼望烟。外八景为古寨旗尖、仙人履足、云观飞钟、花庄聚泊、司马书台、老姑石屋、文峰三塔和观澜二水。

（4）建筑形制与装饰风格较为独特。单体建筑采取“丰”字形布局，建筑空间变换丰富，整个建筑空间主要从中轴线进，从中轴线两侧厢房进，以及从附属用房进入这三种进入方式。形成独特的分流路线，礼制性强，干扰性小。天井呈“品”字形布局，其中后进保留有轴心舍的痕迹。府第建筑一般明间多为木结构，柱梁用料硕大，构架比较敦厚。民居外墙以青石为基础，其上砌青砖。中厅采取抬梁式和减柱造的做法。柱与柱上方多置普拍枋，枋上（也有在穿枋上）立有一斗三升或六升作为过渡。正堂檐部如作轩廊者，都有轩廊顶棚，顶棚多为平顶式、拱形二种。拱形轩廊一般在轩梁上做一驼峰，上置矩形檩支轩椽，其上多铺望板。此外，民居中轴线天井上加接亭子间屋顶，使得屋面交接变得复杂，但为了排水顺畅，在平坡相接处做离空处理。

古村建筑装饰也较有特点，由于该村处于江西省宜丰县，境内的洞山、黄檗山分别是中国禅宗曹洞宗、临济宗的祖庭。从对天宝古村及周边的宗教资源的调研来看，佛教对其影响最大，道教次之。古村在建筑装饰上采用“卍”字纹、莲花撑等形式，具有较为浓郁的佛教特点。宜丰民居一般采用白石灰粉墙或者青砖墙、灰瓦，白、青、灰组成了民居的色调。该村还有用土坯做成的房屋，黄色与白灰色搭配，富有乡土特点。民居构架装饰简洁，柱身光洁，一般不加雕饰。梁柱的衔接习惯用丁头拱，其余部位仅有少量的雕刻，保持梁身的整体感。清代以后，木构架的装饰发展得更为华丽。天井四周、有楼的民居二层的挑楼栏板附近也是一个重点装饰部位。两厢构架、门廊装饰性更强，与别处不一样的是，天宝古村到后来出现了莲花撑和伴梁，丰富了梁架的装饰。

3. 村落建筑

（1）祠堂

① 昭公祠：建于明万历十二年（1584），昭公名季昭，为墨庄刘氏六世祖，季昭有四兄弟，即季铭、季昭、季华、季荣，称墨庄下四房。昭公祠即为下四房祖祠，后称四季公祠。公祠三栋一寝回字楼，二拱一亭。整个建筑气势雄伟，宽16米，进深65米，总建筑面积为1040平方米。门前有一对威武石狮镇守，门口八字墙面留有历史标语数条，大门门楣上部刻有福、禄、寿三星，龙凤呈祥、鲤鱼跃龙门精美图案。祠内下部有雕花石础，前栋建有印把天井（即似一颗印的方形天井），后栋石栏天井中建有象征步步高升的五步台阶，可登上祖寝。祠两边墙面绘有苦读寒窗、松鹤延年、五子登科、双凤朝阳、麒麟送子等栩栩如生的吉祥古画，还有朱熹题写的“忠孝廉节”大字。祠堂上部有工艺精美的螺旋藻井和官帽藻井，天花“卍”字花板下悬挂有“进士、举人、博士、大夫第、岁贡”等见证墨庄刘氏深厚人文历史的牌匾。

② 莅堂翁祠：由大纸商刘应葆于清乾隆年间所建，砖木结构，面宽27米，进深约43米，门厅高大，门前八字形摆首，三进一寝，八扇七间二通廊的布局。中轴线有大天井，厢房有小天井四个，均以石砌栏杆相围合。整屋方砖墁地，占地1394.5平方米。刘应葆是江南的大纸商，产品远销南洋，因及时行善，受封中宪大夫（正四品）。该建筑在大门门廊两侧设置侧立门，使得中轴路线与侧面路线分开，有不同等级之意。同时，侧门敞开，若遇风雨，行人可入内躲避，两旁各设一室，方便落脚。

③ 益新翁祠：建于清朝乾隆年间，自益新公开始，十世书香，九代为官，有“十世书香绵世泽，九传仕宦振家声”“头顶博士，脚踏专员”的赞誉。益新公后代刘大成为乾隆四十六年（1781）进士，曾任湖北竹山知县，受皇封为“五忠烈”之一。进士刘如玉在历任湖南宁远知县、湘潭知县、茶陵知州期间，清正廉洁，爱民如子，政绩卓著，受皇帝颁圣旨嘉奖。该祠建造为三栋一寝，雍荣气派。外建左右圆门，上刻扇形图案，内设独特的栅栏门，大门绘有栩栩如生的武将门神，上部有工艺精美的雕花雀替、门簪，蜡梅、“卍”字花窗，松、竹、梅、兰镂空木雕斗栱，虹梁、雕花木托、天顶花窗；下部有石栏天井、石雕麒麟门墩，金猴、玉兔、禄鹿、寿鹤、雄狮等吉祥石雕。与该家族相关的人还有清代顺治十八年（1661）状元刘钦邻等。

（2）住宅

天宝古村的民居大致可分为府第与民宅二类。府第建筑的材料做工精细，保留时间长，普通民宅则保留时间短，以下介绍以府第建筑为主。

府第类建筑有进士第、翰林第、文林第、秋台第、郎官第、大夫第。据现场调查，文林第、秋台第、郎官第和大夫第都有不同程度的损坏，进士第、翰林第则较为完整。在建筑平面布局中，进士第为二进，前后各有一院落；翰林第为一进院落，前后各有一院落，建筑左侧布置私塾和粮仓，家族共一口水井。进士第的建筑有其独特性，在中厅采取抬梁式和减柱造的做法，郎官第与此类似。两栋建筑的大门入口都从侧面进入，翰林第保留了照壁，入口皆为槽门。文林第则为一建筑组群，惜已破坏大半，难以看出全貌。以上建筑无一例外的就是天井正在逐渐消失。翰林第一进牌位处，天井上面已加盖了两坡屋顶，使天井的作用消失，而在地面原天井排水处增加了两块条石，在中轴线上形成重要节点，衬托正堂的气派。正堂如做轩廊者，都有轩廊顶棚，顶棚有平顶式、拱形和藻井三种。拱形多做成船篷、鹤颈等形式。拱形轩廊一般在轩梁上做一驼峰装饰，上置两根矩形檩支轩椽，其上多铺望板。

天宝古村民居外部色彩主要依靠材料本身的不同色彩。一般采用白粉墙、黑瓦与灰砖，黑白灰组成了民居的色调。该村还有用土坯做成的房屋，黄色与周边的绿色、墙的白色搭配，富有乡土特点。

① 郎官第：该宅为“丰”字形布局。明显分成前后两段，由不同时间建造。前段为七开间两进式，大门入口为拱券，立面为牌楼式，石雕美观。主体建筑一层采取穿斗式，构架把穿枋转化成琴面月梁，扁作。二层在天井处设有美人靠，天井处装饰精美。后段是九开间两进式，用料粗大。住宅面积达1800平方米，共有13个天井，各种等级和不同规格的厅堂有7个。该宅对天井采取多次分割和巧妙安排，不但较好地解决了采光通风问题，同时使平面布局更加灵活。前段一进采用穿斗构架。郎官第次间厢房用砖砌，梁为搁檩式，保留了赣西北乡土建筑的特点。

② 进士第：原名溥亭公祠，清乾隆年间刘应俊所建，因其曾孙刘拱辰于道光二十四年（1844）中进士，改为进士第。后因五代分别管任按察司、司狱、布政司都事、知县和知府等，故也称世观察第。进士第建筑平面呈“丰”字形，为二进一寝，六扇五间二通廊的布局。前后各有一院落，主体建筑入口为门廊，大门入口从东南向的侧面进入，中轴线上的天井从中轴线移到两侧的辅轴线处，使中轴线的天井有逐渐弱化的倾向。建筑面宽26米，进深52.2米，占地面积1357平方米。

③ 翰林第：翰林第建筑为一进五开间二通廊，悬山顶。前后各有一院落，建筑左侧布置私塾（书房）和粮仓，右侧布置厨房等辅助用房，厅堂中轴线天井移到两侧厢房，厢房辅助轴线则与厅堂主轴线垂直，呈“十”字形。建筑外墙以青石为基础，上砌青砖。上厅采取抬梁式和减柱造的做法。中轴线天井上加接亭子间屋顶，在原天井地面处设置条石作为装饰，形成中轴线上的重要节点。此外，翰林第还保留了照壁和影壁。翰林第亭子间屋顶处有一木匾，上有“怀德维宁”四字，语出《诗经·大雅·板》，其意为国君有美好的德行，国家就能安宁。

（3）培根学校

这是江西省最早的职业学校，该校为一幢西洋式建筑，面积达200平方米，是五四运动以来开办最早且招女生的新兴职业培训学校。学校门口写有“培养自食关吾分，根荒由来自尔成”的对联，“培根”之名由此而来。学校创建于民国八年（1919），是一所培养农业专门人才的职业学校，创始人刘化成，首任校长是刘师舜博士的父亲刘天衢，首任校务主任刘己达（后任民国赣州专员）。课程开设有：国语、算术、化学、园艺、土壤、自然、历史、地理、音乐、体育、手工劳作、英语、农业研究等。实行男女同校，学制三年，生源来自宜丰、铜鼓、奉新、南昌以及外省如湖南等地。学生毕业后分赴各地农村从事与农业技术相关的工作，社会评价很高，每年报考的学生踊跃，学生人数录取高峰时达数百人。学校建筑二层，木质地板。建筑具有中西结合、以西为主的风格。

（4）鲁班庙

鲁班庙不属佛，不属道，是个民间的庙宇，平时很少香火。只有到了每年农历五月初七，鲁班的祭祀之日，才热闹一番。这一天，天宝村的木工、泥瓦工、石匠、铁匠、席匠、油漆匠、裱糊匠等一切与建筑行业有关的手工业工人，都穿戴整齐，早早来到庙内，互相道辛苦问好，上供、焚香，参拜“祖师”，举行祭祀活动。如遇风调雨顺、比较太平的年月，除祭祀之外，还要举行庆祝和联欢活动。民国初年到抗战前一段时间，年景较好，五行八作收入比较稳定，几乎每年都举行隆重的庆祝活动。所谓隆重，就是在“参拜敬祖”之外，举行集体的“收徒拜师”仪式，而后大摆酒席。庆祝活动由临时推举出来的班子负责筹备，费用自愿捐助。鲁班庙屋顶为硬山，室内有龙腾柱，两侧有碑墙，碑现已丢失。梁架为抬梁式结合减柱造。2018年4月调研时，该庙已拆毁。

（5）关公楼

建筑分二层，为本村人通往潭山的出入口。二楼放有关羽像，既有祭祀之意，也希望有保卫村庄的作用，楼有窗可以观敌瞭望。砖木结构，穿斗构架。

（6）桥

天宝村目前保留较老的桥有东门桥和宜阳桥，宜阳桥是乾隆年间修建。另还有小桥，如顺应桥，在鲁班庙一侧。

（7）其他公共建筑

天宝村原有三个古戏台。第一个位于东门楼通往东巷交叉口附近，第二个位于秋台第的西北角，第三个位于关公楼外。现均毁。

4. 重要历史人物

刘椿，宋光宗时任大姑岭巡检，为今天宝墨庄刘氏始祖。

刘师舜，生于光绪二十六年（1900），清华大学毕业，曾任中华民国驻加拿大大使等职，1996年卒于美国。

5. 非物质文化遗产

宜丰天宝特有传统名酒——罗酒，色呈浅黄，酒清见底，味香爽口，富有后劲，被誉为“三碗倒”。以农历八九月间制作最宜。用上等柳条糯为原料，清水洗净，浸泡3—4小时，捞起滤干，上甑蒸熟，把米饭倒入竹盘内，冷却到20度左右时，再放入盛有等量清水（以松溪桂花井井水为佳，相传此井与紫阳坛泉同一泉脉）的大桶内，边洗边下酒药（以奉新上富镇锁口的酒米曲为佳），后倒入甑内滤干，入缸密封保温。三四天出酒后，倒入大缸内封好，一星期后用锅铲搅动，清明前用大壶煮沸后再入缸密封，陈酿半年后食用。

罗酒的来历据传源于锣声，锣声“哐哐”响，谐音“响响叫”，故又名“锣酒”。天宝罗酒以松溪所产为佳。旧志云：“天宝仍有罗酒，漓者为水酒，醇者为罗酒，三钱可以取醉。”正宗罗酒为乡人待客之上品。

天宝村鸟瞰

翰林第亭子间屋顶与遮阳物

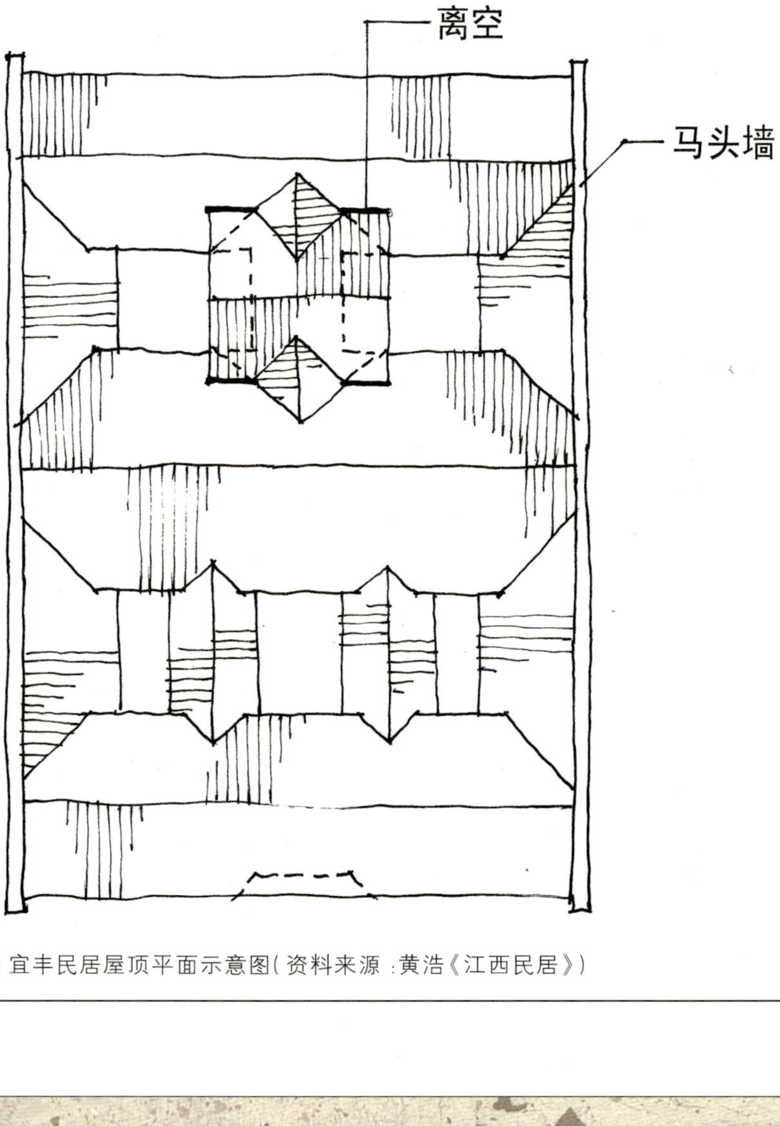

宜丰民居屋顶平面示意图（资料来源：黄浩《江西民居》）

昭公祠门廊

昭公祠内部

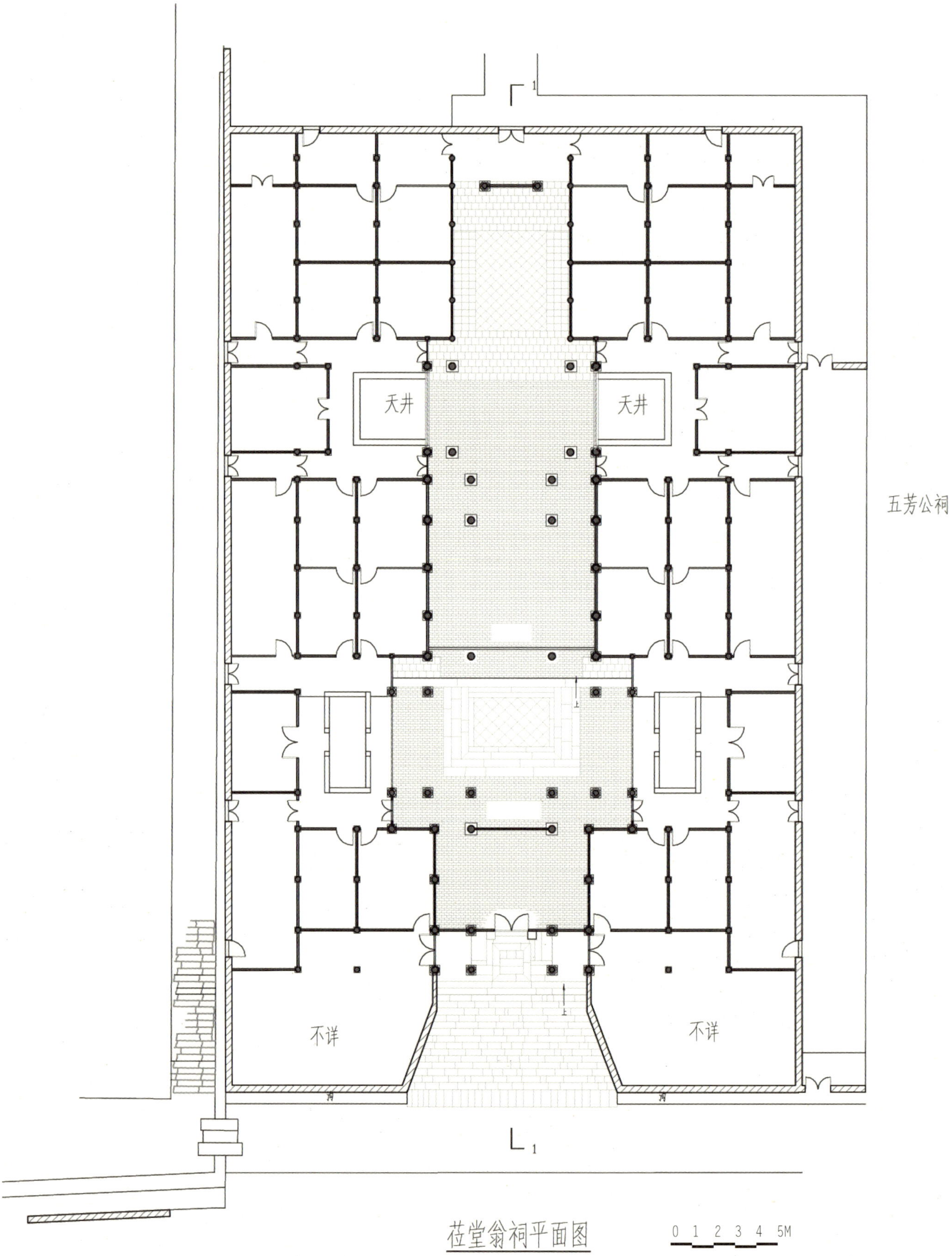

莅堂翁祠平面图（罗俊文绘制　许飞进指导）

⊙ 莅堂翁祠入口

⊙ 益新翁祠内部

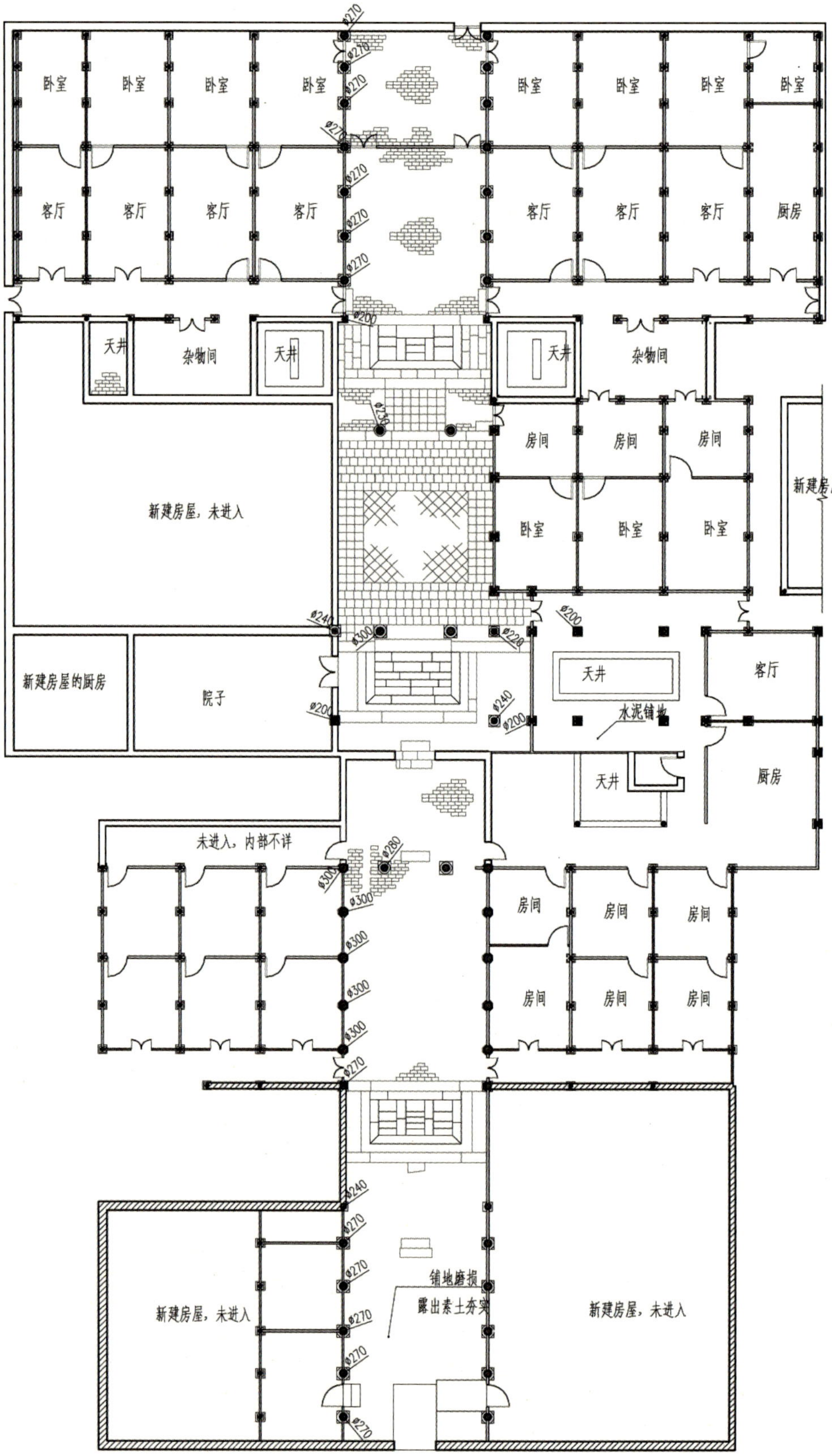

郎官第平面图

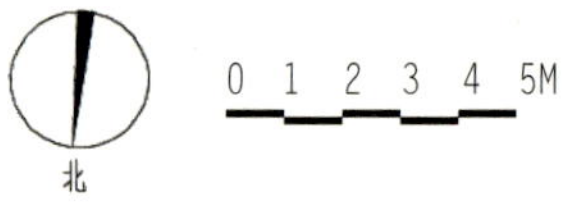

⊙ 郎官第平面图（梁燕绘制　许飞进指导）

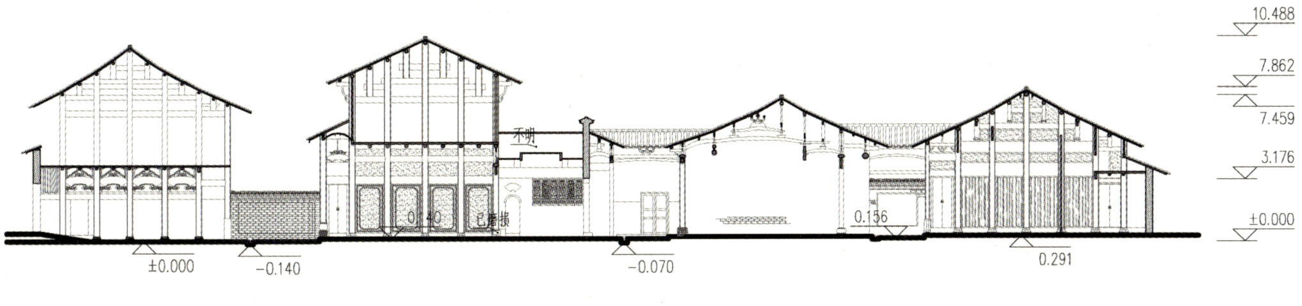

郎官第剖面图(刘雯青绘制　许飞进指导)

郎官第内景

⊙ 进士第内部梁架

⊙ 关公楼

贾家村

1. 历史概况

贾家村位于高安市新街镇西南5千米处，距省道清高公路30千米；距赣粤高速公路13千米、高安市城区28千米、省会南昌80千米。村庄东临站上村，西邻西港村，北连邓家村，南接杨桥村。

1984年实行乡镇制，贾家村划入新街镇景贤行政村。2004年8月16日，高安市人民政府公布贾家古村为县级文物保护单位，并成立景贤贾家古村落文物保护管理委员会，与景贤村村委会合署办公。

古村周边植被覆盖率较高，有众多古树名木，大都枝繁叶茂，苍劲挺拔。村前不远处有稳泉、芦泉两水交汇，汇成小河行4千米后注入肖江。后龙山、三台山重峦叠嶂达14千米直至钧岭山，村北部东有芦泉湖，西有珠山水库，水库干渠从北到南环村而绕。整个村落刚好建于“凹”地处，恰似金盆落地，这里土地肥沃，水旱无忧。

古村依山傍水，坐北朝南，村内排水系统科学合理，沿用至今。村中散布着12个水塘，用以调蓄雨水、吞吐淤泥。古建筑历史悠久，外观为封火墙，内为木质构架，分穿斗式、抬梁式。庵、堂、祠、寺、观、书院遍布于古村内外，抬轿、神龛、匾额、古陶瓷、木质家具等文物众多，七级玉塔矗立于古村前的田野上。

2. 历史沿革

贾家村历史久远，据《畲山贾氏宗谱》记载，高安贾氏始祖贾湖于宋开宝年间中进士，后调任筠州刺史，退仕后，与长子贾九四定居高安坪湖。贾湖十七世孙贾季良，于明洪武初年娶南家村南氏之女为妻，路经畲山胜地，视其佳山胜水、良田沃野，遂定居畲山。此地原有贾、孙、罗、蓝、雷等姓氏。贾氏为官宦之家、经商旺族，在此居住后不断壮大，人丁兴旺，人才辈出，远近闻名。其余姓氏则有的迁移，有的随岁月流逝而消失。

贾家古村坐落于青山绿水之间，一座小山头立于村口，祖辈称之为畲山，故又名畲山贾村。北望，郁郁葱葱的钧山、三台山叠嶂蜿蜒；南瞰，嶙峋奇秀的阁皂山突兀如屏；东照，氤氲缭绕的庐泉湖碧水如镜；西听，清澈的稳泉溪流自北向南婉转低吟。周边田畴方正整齐，阡陌纵横有序，绿树成行成荫，充满诗情画意。它还有着悠久的历史、古老的传说，令人心仪神往。贾家村有民宅、祠庙及历代遗迹300余栋（处），其中明清至民国民宅保存完好的有120余栋。古村民宅栉比鳞次，错落有致，古巷古道交错纵横，路路相通。

由于贾家村在高安的声誉及其风景秀丽的自然环境，太平天国忠王李秀成率部在高安活动时，就慕名来到贾家村游览，遗憾的是他下令烧掉了贾氏宗祠藏书阁中的藏书。第一次国内革命战争时期，中国工农红军第一军团攻打南昌，途经高安境内的贾家村时，在这里曾短暂整休停留，进行革命宣传。

从清末开始，因社会动荡，贾家村的发展受到严重影响，许多在外经商者陆续回家避乱，家族经济日益萎缩，失去了往日的辉煌。一些古建筑因年久失修，失去原有风貌。

3. 村落形态

（1）典型的移民村落。《畲山贾氏宗谱》记载，高安贾氏的先祖名贾建深，汴梁鄢陵（今河南开封市）人，生于唐光化元年（898），曾任河南江北行中书省参知政事。贾建深生有三子，长子贾俊，次子贾杰，幼子贾仁。贾仁又生三子，长子贾湖，次子贾海，幼子贾川。贾湖字本渊，生于后晋开运三年（946），与弟弟贾海一同考中宋开宝元年（968）进士，初任河东路平阳府（今山西省）判官，后调任筠州（今高安市）刺史。贾湖亦生有三子，长子九四，次子九五，幼子九六。长子九四在父亲任所筠州高明门外斛里（今高安平湖）置田构屋安身立业；九五迁居安庆（今安徽省）；九六则回归鄢陵。贾湖70岁告老致仕，随长子九四居于平湖，成为高安贾氏始祖。此后，经历300余年，贾湖第十五世孙贾德容又生三子，长子贾孟良，次子贾仲良，幼子贾季良。明洪武年间，次子贾仲良从平湖迁居营下，后子孙又分迁三湖、梅溪；幼子贾季良则从平湖迁居畲山，成为今畲山贾家村始祖。

（2）村落呈盆地型集中式的格局，风水特点明显。贾季良迁畲山前，畲山就有蓝、孙、雷、罗等姓家族聚族而居，且已基本形成村落。贾姓定居后，畲山共有七姓。后来，七姓人共同出资修建了七宝祠，以示团结和睦，共祭祖先。随着时间流逝，贾姓之外的六姓逐渐外迁、衰落，村中最后剩下一户孙姓，仅十几口人，而只有七宝祠作为历史的见证，至今犹在（2005年修复）。

贾家古村选址布局遵循风水文化，推崇天人合一。俯瞰贾家古村，群山环抱，似一“金盆”坠地，阁峰前峙、钧岭后倚，四周高而中间低，属四水归聚。背阴向阳，又是一个绝佳内敛型的小盆地。古村前有稔泉、庐泉两水交汇形成的小河绕村注入肖江；后有乌龙山、三台山重峦叠嶂绵延14千米；东有庐泉湖，西有珠山湖，可谓“藏风聚气”风水颇佳。

（3）村落规划实用科学合理。贾家村的排水系统科学，即使天降大雨，院无积水，沟不外露，路不湿鞋。古村排水系统由天井和暗沟、阴沟三部分组成。全村号称有近百口大小不一的天井，其暗沟在地下相互联通，连贯院落，勾连各家，将偌大一个古村的生活用水和雨水排入池塘，注入溪中，流向肖江。村中天井，大的约20多平方米，小的约2平方米，排水孔都暗藏在不同的地方，有的天井多达四五个排水孔。古宅排水阴沟设在巷道两侧，暗沟的设计十分科学，沟上覆盖石板，与巷道融为一体。

（4）官商一体的发展模式促进村落格局的形成。畲山贾氏发展的鼎盛时期是在清乾隆至咸丰的一百余年之间，贾村的规模、布局即在此期间基本形成。贾村人这一时期外出求学、为官、经商者，达到前所未有的高峰，特别是经商者遍及大江南北。他们在外积累了大量资金后，便纷纷回到家乡置田建屋，修宗祠造庙宇，修桥铺路等。如嘉庆年间族人出巨资重修了贾氏宗祠昼锦堂，使祠堂恢复一新。

（5）建筑种类及风格多样，富有特色。

在建筑风格上，高安建县始于汉高祖六年（前201），取名建成。建成县管辖的范围相当于今高安、上高、宜丰、万载四县（市）全境和樟树市一部分。大业初年（605），废州复置郡，建成县仍属豫章郡。唐朝改郡为州。武德五年（622），为避太子李建成名讳，改建成为高安。据《太平寰宇记》载："地形似高而安，故名。"武德七年（624），先改名米州，继改名筠州；武德八年（625），废靖州，将望蔡、宜丰、阳乐、华阳四县并入高安县，隶属洪州。现状调研中，高安民居在伴梁、抬梁处理上与靖安、宜丰有相似之处，而其雕刻更为精美、繁复，拜亭的做法与庐陵一带相似。

贾家村建筑种类多样，空间变换丰富。古村神庙系统相当完善，方圆不足一平方千米的村落共建庙13座，神塑18尊。观音庙、真武庙、关帝庙、文昌阁、魁星楼、河神庙、山神庙等依风水而建，按方位而立，将儒、佛、道三教囊括为一村。形成祭祀建筑、神性建筑在外侧围护，人居空间受其庇佑的格局。

4. 村落建筑

（1）祠堂

① 贾氏宗祠：贾氏宗祠始建于明代，坐北朝南，硬山顶式。祠堂为抬梁与穿斗混合式梁架结构，面宽7间、宽17.5米，进深27间，长107.4米，为四进式穿堂建筑，由昼锦堂、拜亭、寝殿、观音堂四部分组成。贾氏宗祠位于村子南北中轴线上，依照地形顺势渐高。廊道、厢房、楼阁沿中轴线对称布局。一进院为昼锦堂。宗祠大门两侧有一对用寮山青石精雕细刻的石鼓。屋内为天井廊院式结构，天井为"回"字形，由四根粗大的石柱支撑。天井院中有一参亭，亭顶采重檐四垂顶式，坡度和缓，参亭天花顶的构造十分罕见，为八卦造型藻井。参亭藻井为三层，顶部为圆形，正中饰以宝相花一枚。昼锦堂东西两内侧建有吊楼、重檐。 二进院为拜亭，拜亭前的地面用砖墁地镶成八卦形图案，与八卦形围墙融为一体。

拜亭：顾名思义即是供人祭拜的地方，也是香火较鼎盛的场所，由于正殿的空间有限，为增加祭拜的空间，又避免族人在祭拜时遭受日晒雨淋，于是加盖屋檐成为拜亭。拜亭范围内建有两座大焚香塔，让族众可以先对"天"膜拜，再祭拜殿内的祖宗牌位。拜亭梁枋上的木雕精湛巧妙，左右两侧的弯月形雕花板上，分别刻有龙吐莲花、双龙拱磬等吉祥图案，斜撑则雕刻成狮子滚绣球。三进院为寝殿，供奉着祖先牌位。面阔三间，进深五间，为抬梁和穿斗混合结构，悬山顶，彻上露明。

四进院为观音堂，观音堂面阔三间，堂门正上方悬一块大匾，上镌"观音堂"三个镏金大字。观音堂内有观音一尊。

贾氏宗祠气势恢宏，内涵丰富，其布局在宗祠建筑中极为少见。用巍峨壮观、伟丽气派来形容它也不为过，其间的梁架结构、精雕细刻集中体现了当时建筑工艺水准之高。祠堂三院四栋的大连体、宗祠内"偷梁换柱"的独特结构，合起来便是一座民间建筑艺术的殿堂。建筑与文化融为一体，这是中国传统建筑的特点。贾氏宗祠是中国古代建筑与儒家、道家和释文化有机融合的一个典范。

② 舜夫公祠：也称陆家厅。明代建筑，砖

木结构，为祭祀贾氏十八世祖贾信（字舜夫）所建。占地面积285.5平方米。两进四间，形制较为独特，正门八字形，侧门拱形。大厅加厢房结构，为祠堂样式所罕见。立柱用料粗大，采用抬梁式结构。地面为古水磨地砖铺就。

（2）住宅

① 厚德堂：清代建筑，官厅，坐北朝南。上悬因兄弟中举获咸丰帝赐“兄弟同科”匾额而得名。占地面积728.8平方米，共52个房间，8个天井。其中4个为厢房内虎眼天井，开井处置有影壁，由青砖砌成福、禄、寿、喜圆形字样。厚德堂装饰上为木雕、石雕，采用圆雕、镂雕和高浮雕技法。雀替、垂莲柱以浮雕或圆雕手法装饰。纹饰有卷云、鱼藻、莲瓣、几何图案，雕刻刀法娴熟，线条流畅。隔扇以及漏窗均镂空，多作拼合锦，绦环板图案丰富多彩。厚德堂山墙均用条形麻石砌成，高1.5米，非常坚固，防盗性能良好。山墙和后墙上有石刻多处，纹饰有鹿、凤、八卦、蝙蝠等，雕刻清晰细腻，技法娴熟。

② 洪发堂：建于清早期，占地316.1平方米。该户七代都是做油漆生意的，因贾代发之名取号为“洪发堂”。

③ 怡爱堂：属该村最早建筑，系明洪武初年贾湖十七世孙贾季良所建。该建筑位于上龙腾巷，坐北朝南，为单进建筑，占地面积349.7平方米。怡爱堂面阔六间，进深四间，外观墙体为青砖眠砌，双开一字门。山墙为马头墙，硬山顶。屋顶覆青灰瓦，顶棚彻上露明。结构为抬梁、穿斗相结合。立柱用料硕大，二穿枋做成月梁式，关口、月梁为甚。明间后金柱立宝壁，辟甬门置神龛，神龛简洁古朴。四面上枋分刻“福”“寿”“康”“宁”四字，四间正房的门楣上分刻有“元”“亨”“利”“贞”四字，典出《周·易乾卦》“保合太和，乃利贞”，天地阴阳交汇而万物生，太和元气是天地之正气，是吉祥之气，是道家和理学家追求及信奉的境界。

（3）明月轩书院：为小庭院一进式的建筑。厅堂与庭院无隔墙，两侧为正房，并设有与一般民居不同的厢房，采光很好，私塾特征十分明显。建筑格调古朴、典雅、庄重，又不乏清新，处处散发出浓郁的古文化气息。这里的一匾一联、一雕一刻、一砖一瓦乃至一草一木都意味隽永，极具文化品位。明月轩“月”字给人以温馨宁静的感觉之外，又给人以无限想象的空间。明月轩的木雕及石刻也“书味”十足。厢房板壁上雕有梅、竹、荷、牡丹，分别有“梅花香自苦寒来”“高风亮节”“出淤泥而不染”“富贵荣华”等寓意，以此勉励学子。天井内四个角分别以印章形方石装饰，象征学子将来登科掌印；天井出水口是桃形石刻，比喻学堂先生桃李满天下。书院的建造与装饰散发着浓浓的书香墨韵。

（4）畲山精武馆：也称养恬堂。贾家村人崇尚习武，建有这种场地可专门习武。村中习武风俗是传男不传女。养恬堂一进为天井院，实为练武场。二进为水形天井，天井四周有石垂柱，雕刻成吞口形，别具一格。天井四周厢房隔扇雕刻精美，二层为走马楼，楼梯扶手采用吊脚垂莲柱样式。二层房间为小姐绣花楼。侧门入口穹顶，有民国建筑特点。

（5）东典当行：典当是专门收到抵押物品而借钱给人的店铺。该建筑为民国建筑，在典当柜台和房间内部使用斗窗，以便取得良好光线，同时兼具室内装饰效果，这在赣西一带较为常见。

（6）宝塔：村口东南约一里处矗立着一座文笔宝塔，塔高七级。原塔始建于明代，2002年修复。传统风水文化中认为贾村地处四水归聚的“金盆之地”，只有村口南边地势略低，水往外流。水在古人观念中主财富，建塔一为镇住水不让“财”往外流，二是为了压邪把住水口，三是东南为巽位，主文风昌盛。这是古人的吉祥祈愿。

4. 重要历史人物

贾怀（1366—1440），字季良，号愈奇，筠州刺史贾湖十六世孙，今高安畲山贾氏始祖。元至正二十六年（1366）生于高安平湖，为贾德容第三子。贾怀自幼受到良好教育，精通天文地理。他待人谦和，淡泊名利。虽家境富裕，但崇尚节俭，对遇有困难的乡邻则常常周济。贾怀长子贾信以广博的学识而闻名远近，被明宣宗选授刑部广东清吏司主事，不久升工部郎中，后继升广东廉州府知府。贾怀也因子贵而被敕封为承德郎南京刑部清吏司主事，例封中宪大夫。

贾运生（1639—1705），字应际，贾季良第九世孙。贾运生自幼聪慧，以学优闻名于县学，补为增生。因累试不第而绝意于名场，一生埋头于书史。他常对子孙们说：“士田虽尽吾身老，心田无损尔曹耕。”为教育子孙，他亲自书写了匾额“种德堂”，以勉励子孙恪守道德，多行善事。他的学问和品行受到清朝大学士朱轼等人的交口称赞。逝世后，户部侍郎陈宗创亲自为他撰写墓志铭。

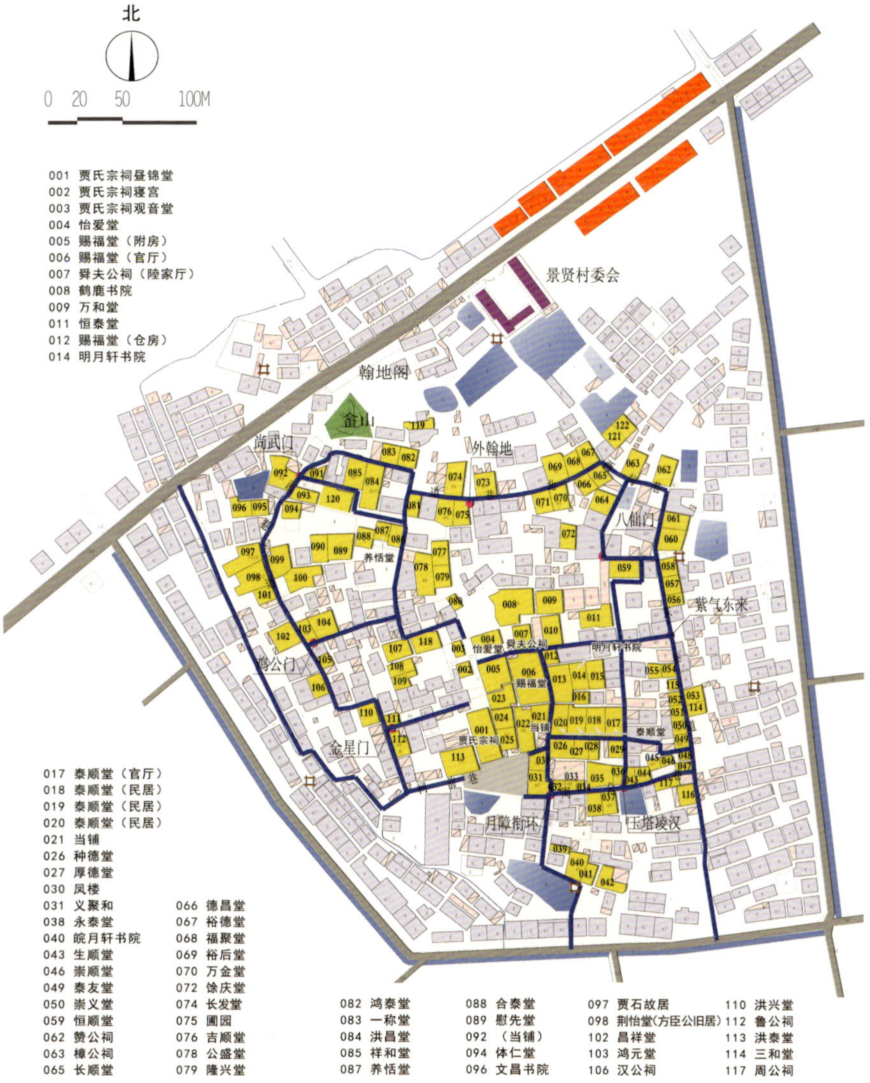

高安贾家村总平面图（资料来源：《高安市新街镇贾家古村保护规划》，龚凯轩改绘）

⊙ 贾家古村全貌（资料来源：《历史文化名村申报材料》）

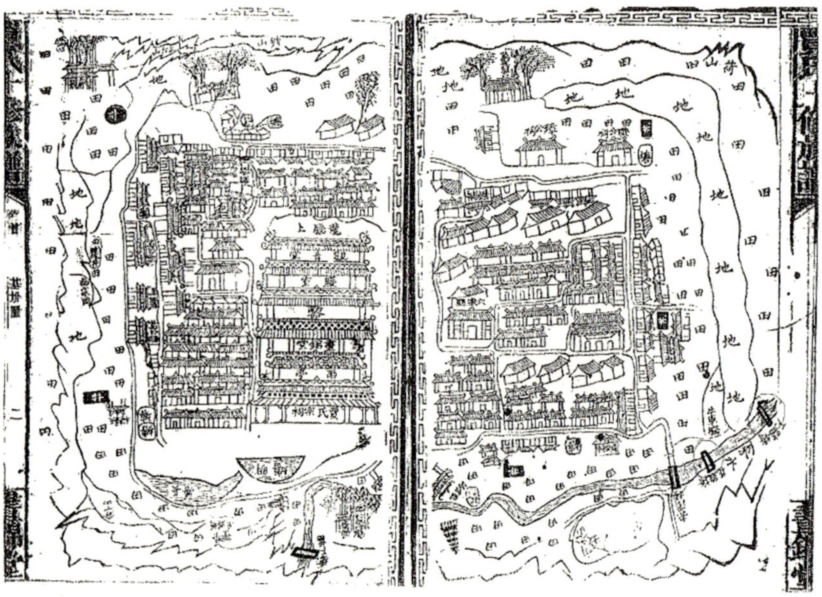

⊙ 贾家村舆地图

贾氏宗祠外立面

贾氏宗祠参亭及看棚

贾氏宗祠入口

◎ 怡爱堂梁架

◎ 明月轩书院室内

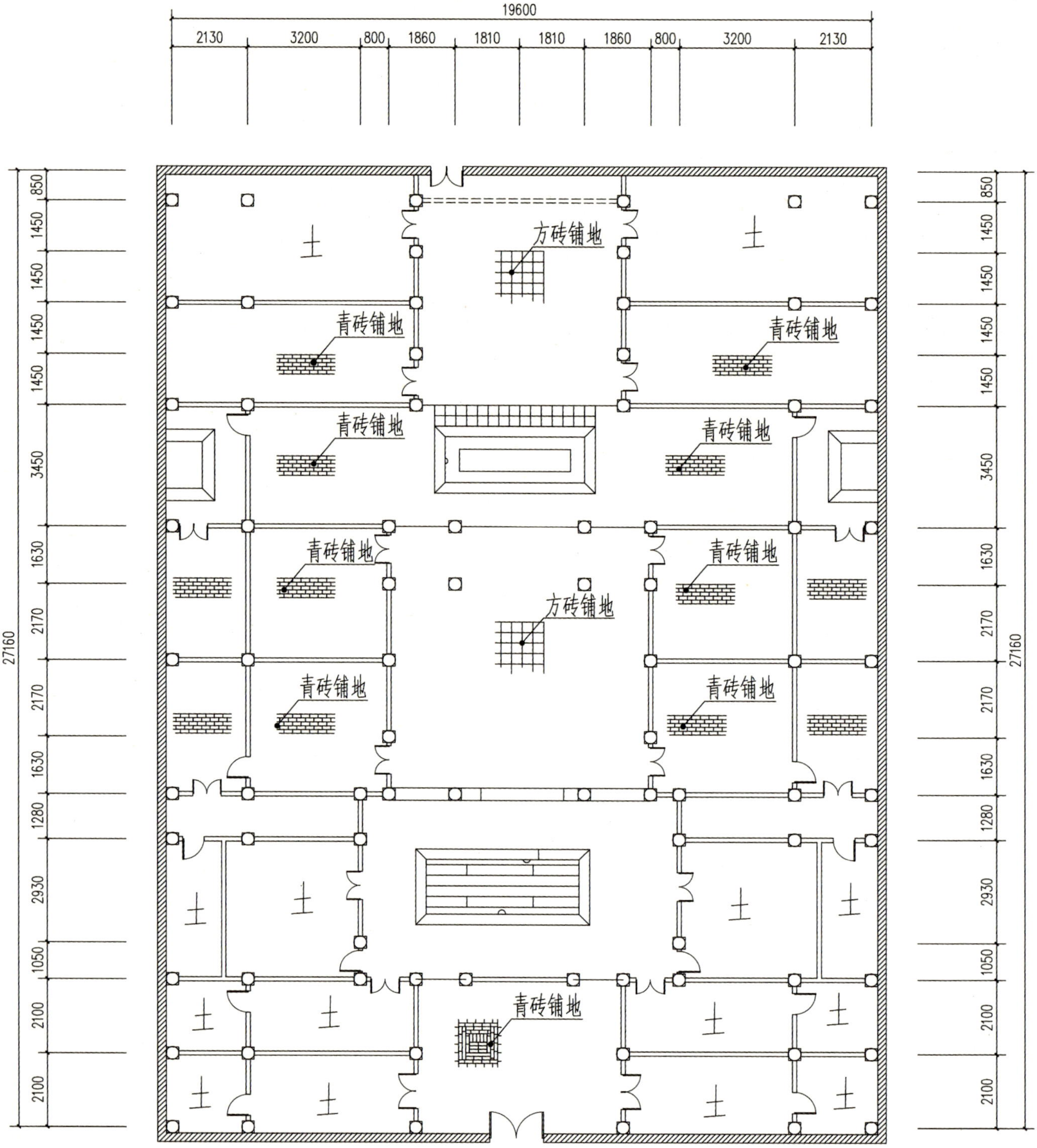

⊙ 厚德堂平面图（余鹏飞绘制　许飞进指导）

⊙ 厚德堂室内

⊙ 厚德堂天井图案

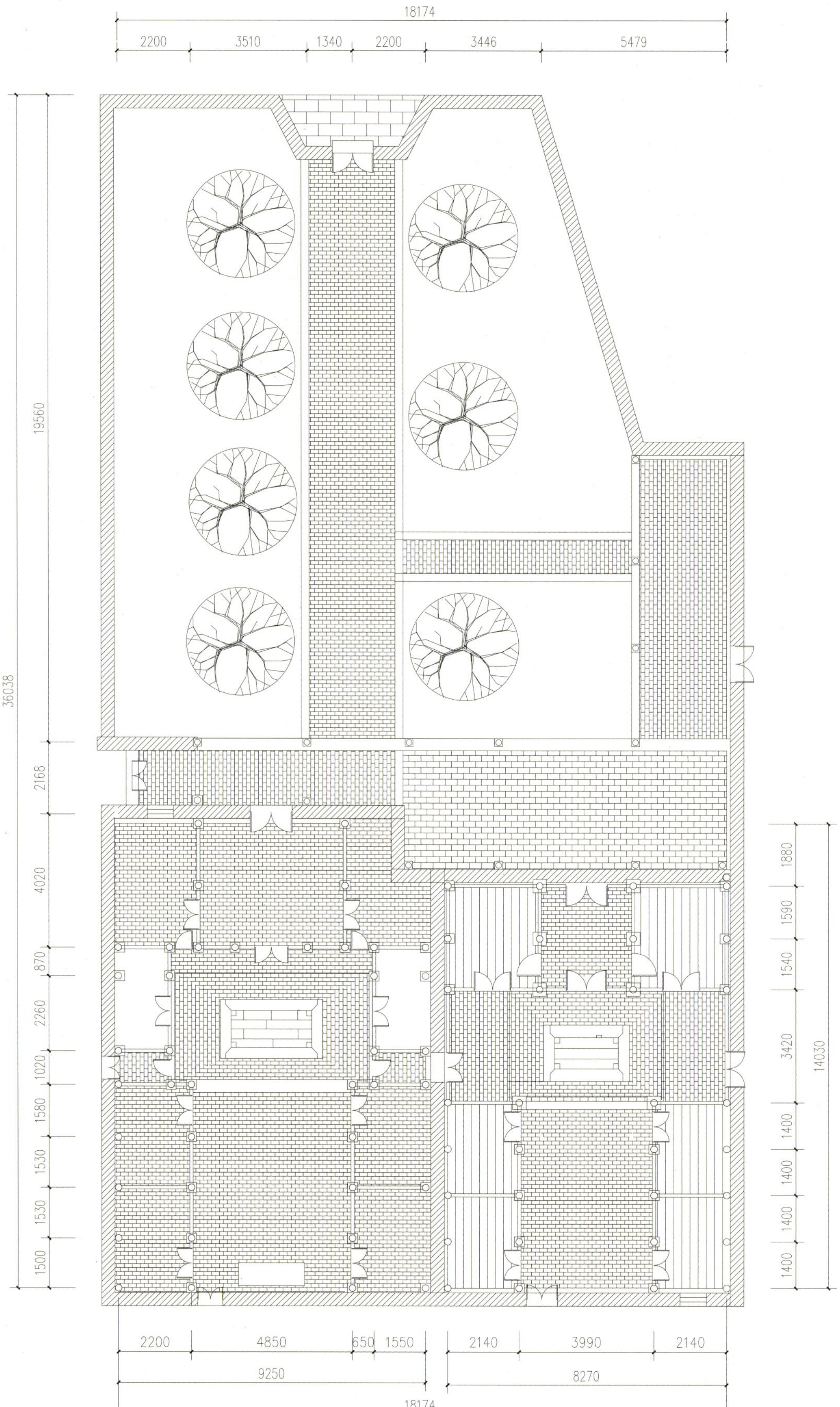

⊙ 养恬堂平面图（许飞进绘制）

养恬堂绣花楼

东典当行内部用于采光的斗窗

贾家村风水塔(资料来源:《历史文化名村申报材料》)

陂下村

1. 历史概况

陂下村落位于吉安市青原区富田镇镇政府驻地西南约3千米处，古村距离吉安市区48千米，占地面积约为1.5平方千米。陂下村属亚热带季风性湿润气候，气候温和，无霜期长，日照充足，雨量充沛，四季分明。年平均气温在17.8℃到19℃，全年主导风向为北风。

陂下村坐落在富水河畔，富水河绕村而过。村落东迎天马山、文峰山，南有甫公山、紫瑶山拱翠，西有大眼塘波光粼粼，莲花飘香，后有龙山，紫沙庙翠竹揽护。村东千余棵古樟树、古枫树连成一片，几十亩翠竹掺杂其中，凸显了秀美的自然风光，构成了古村“山水居”的滨河居住景观特色。

陂下村始建于唐代，原名潭溪，由陈姓、肖姓建基，胡姓北宋时迁入，罗姓南宋时立基。北宋年间胡晃公从文陂甲村迁入，建有敦仁堂，氏族发达。宋代富田锦溪刘斗圩在少傅山脚下拦河筑石陂一座，而胡氏居陂之下，故又名陂下。1928年，胡家驹同志在陂下建立了富田地区第一个共产党的组织——陂下特支。陂下村至今仍保留有大量上世纪30年代红军使用过的建筑。

陂下村主要为胡、罗二姓，全村450多户，人口2500多人，胡姓占90%。陂下村胡姓开基祖胡晃，为银青光禄大夫。芗城崇本堂宗支三派，晏、晃、冕，其中胡晃排行第二。胡晃生于宋景德四年（1007），字君德，号芗山，23岁中进士，29岁赴皇城开封考试，被当朝参知政事范仲淹录用，供职于狄青元帅帐下为参军，55岁溯水而上，由青原区文陂甲村迁潭溪，肇基潭溪，为陂下村的始迁祖。胡姓从晃公繁衍至今已有34代。陂下村有祠堂36座，现保存下来有25座，形成了以宗祠文化为中心，以血缘关系维系，以胡姓人口为主的聚落。

2. 村落形态

（1）古村属滨水平原型村落，集中式布局。

据传，胡晃55岁时从青原区文陂甲村溯富水而上一路认真选址，船行至潭溪见此地山清水秀、风景秀丽、依山傍水、地域开阔，坐落在富水河畔，古樟掩映，因地势像竹排，故又称“排形”，地形平坦、土地肥沃，是吉泰盆地的一块风水宝地，于是在此结庐居住。经过多年营造，形成西起迎龙门，东至富水河，南北两条对外通道自然围合的聚落核心。全村由2000米鹅卵石铺就交错纵横的古巷道自然联结古民居，构成了陂下古村原生态的街巷风貌。

陂下古村在历史上经过多次战争的破坏，虽

然幸存清代早期建筑不多，但在不断复建和更新中还基本保留着原来村落形态和建筑格局，以家族为纽带的众多宗祠成为村落建筑组团的中心，建筑布局紧凑，巷道空间丰富。

村内采用“围中有围，门中有门”的建筑布局，比较完整地保留了古代村落抵御强敌入侵的布防体系。

（2）古村环境元素众多，红色文化突出。

陂下村是赣中典型的“村街合一”形态，由古街密集地聚集了36座古祠堂，现存25座，牌楼是建筑的一大特色，每个祠堂前都有牌楼或喜鹊楼，民居建有吊脚坊牌，村中有18口形态各异的古井，现存9口，如南明井、龙井、安人井、郎侯井、十八桌井等。陂下古街名为扁担街，清光绪六年（1880）至光绪九年（1883）建造，东起“安人亭”，北至列宁台，街长80米，全部用鹅卵石铺就，青砖砌就两边水沟，店铺均采用木构架、木门扇。老店招牌，如粮食杂货、药品真传……均彰显着当年的兴旺发达与商业辉煌。古村巷道丰富，用来自然联结各祠堂、民居，使聚落环境完整优美。富水河河道宽阔、水质清亮，沿岸绿树葱茏，富水河陂下地域长1220米。陂下古码头是明嘉靖年间建造，为古代水运的黄金码头，现已被破坏。

富田是东固革命根据地的重要组成部分。1930年前后红军主力常在富田一带活动，其中陂下是一个重要组成部分。陂下村的竹隐堂旧址对于研究中国红色文化史、党史、军史以及赣西南区域的传统建筑、社会生活、宗教文化的形成和多元性有着重要意义。

（3）古村建筑种类丰富，是研究天井变化的典例。

黄浩先生认为，天井民居指内天井民居，而天井院民居就是指把内天井置于室外形成院子的民居。天井民居是江西民居的主流类型，但它自身也有先天性的缺陷，因此人们不断做出改良的探索，天井院就是其中的一种。天井院民居较多地分布在赣西北及赣中。赣西北比较典型的天井院民居有万载县株潭丁家村周家大屋、修水县上杉村朱家大屋等。而赣中则集中在以吉安为中心的区域，如陂下村。陂下村的民居建筑受场地的限制，使得建筑的外形呈不规则形，但场地内的主体建筑却呈规则形，主体建筑排列整齐有序，平面强调对称，重点突出堂屋地位，附属建筑根据余地进行布置。天井有的仍在中轴线上，但功能与作用已经弱化。也有民居建筑中有厅堂处于中轴线，而下厅或者对厅在中轴线两侧不完全对称。如吉安陂下胡立言宅。

3. 村落建筑

（1）祠堂

祠堂立面为魁星点斗造型，有鳌鱼、卷草装饰，飞檐翘角、马头墙墙体用青砖砌成，屋面用黛瓦盖覆盖，这是独特的庐陵建造风格。陂下祠堂明显有其独特的地方特色，打破了江西入口门厅、享堂、后寝三段形式，在享堂前连接一个敞开的名为参亭的亭式空间，这部分结构高出了享堂并做成歇山顶，形成非常宏伟的内立面。参亭前本是第一进的天井，明显地加大了它的尺度，而且具有使用功能，它显然是从天井式布局改进过来，这就和赣中天井院民居如出一辙。增加参亭不但在建筑空间加强了气势，更主要是在祭祀中增加了一个辈分排位的序列空间和作为演出的场地。陂下祠堂有参亭的厢廊，很多都做成开放的两层结构，这里是观看戏曲等各类演出最佳的地方。

① 敦仁堂：潭溪（陂下）胡氏总祠，市级文保单位。扩建于明朝嘉靖年间，维修于清朝咸

丰年间，建筑面积2700平方米。穿斗式砖木结构，两进两天井式中带参亭布局，门前设有大院与朝天门牌坊，规模宏大，保存完好。祠内的石廊柱、木柱、抬梁、雀替、卷棚、藻井、匾额、楹间梁坊、牌坊等仍保存完好。

② 星聚堂：潭溪胡氏大分宗祠，市级文保单位。始建于明朝中期，维修于清朝中期及末期，建筑面积857平方米。穿斗式砖木结构，两进两天井，中带参亭布局，两层木结构门楼为门景。参亭及门楼雕刻精美，气势宏大，保存较完好。据《东固·赣西南革命根据地史料选编》记载：星聚堂是当年中共江西省委、省苏维埃政府四次重要会议旧址。

③ 竹隐堂：潭溪胡氏分祠，是星聚堂所属支祠，吉安市级文保单位。始建于明朝嘉靖年间，维修于清末，面积456平方米，两进一天井带参亭布局，保存完好。清代状元曾彦题额。据《东固·赣西南革命根据地史料选编》第一册的记录：1929年底至1930年6月，红军学校由敦仁堂迁此办学，改为中国工农红军学校。堂内满墙红军标语，至今仍清晰可见。

④ 志善堂（瑞公祠）：为市级文保单位。始建于清朝中期，面积244平方米，穿斗式砖木结构，一进一天井式布局，前檐泥塑人物，马头墙泥塑花卉，做工精巧。门楣处人物石雕，细致入微。内柱梁托、神龛，雕刻精致，线条流畅，保存完好，有较高的艺术价值。

⑤ 乐善堂：始建于清朝中期，建筑面积219平方米，入口为门廊穿斗式砖木结构，一进一天井式布局，保存完好。该堂在1930年为红军学校学员宿舍驻地。

⑥ 潭滨堂：也即潭溪胡氏大分祠。始建于明朝中期，清末维修，建筑面积522平方米。穿斗式砖木构架，二进一天井式布局，保存完好。

（2）住宅

陂下现存从早清到近代的传统民居约130栋，陂下大都是没有天井的一进三开间一单元式民居，只有少部分是带天井院的两进式增加两列侧间的格局。陂下民居取消了正堂前的天井，在正门上部墙面开出90厘米高、60厘米宽的高窗来解决采光问题，与吉安吉州区传统民居的屋顶天门采光、吉水传统民居的屋顶天眼采光有所不同，成为带有明显地域特色的采光方法。陂下民居还在正堂前沿的空间上部做了抬高和增加棋盘顶的处理，有利于采光。三向的界面还隐约流露出天井民居两厢与轩廊的韵味。

① 两秀堂：始建于晚清，面积495平方米，穿斗式砖木结构，二进二天井式布局，保存完好。1930年至1934年为陂下村农会旧址、红军第五师军械处旧址。

② 胡登芹宅：平面布局一明两暗，主屋通过小小的天井院连接两旁的侧厅和后房，空间转换紧凑、自然，且增添了几分活泼的情趣。平面呈“十”字形布局，是指在正中轴线呈南北向，而两侧建筑的天井院中轴线呈东西向，与正中轴线垂直。这种形式的布局，有力地烘托了南北向中轴线上的建筑。天井院经历天井民居、天井与合院民居融合、消化的演变，如修水县上杉村朱家大屋平面属天井院前期，吉安陂下胡登芹宅属天井院后期。这种民居的出现一方面受封建礼制削弱的影响，另一方面是村落人口激增，居住用地受限，这种紧凑型住宅也就适时出现。

（3）书院

陂下书院建于1926年，为村办学堂，面积690平方米。砖木结构两进一天井式，具有中西合璧的风格。上下拱形排窗的形制布局，保存完好。

（4）列宁台

列宁台为市文保单位。1930年左右建造，建筑为前后进勾连搭式。平面为“T”字形三面观。

（5）门坊

① 迎龙门：市文保单位。清嘉庆年间建造，面积46平方米，砖砌两层四柱三楼式布局，为陂下村的大型构筑物。“黄耇繁衍”的匾额置于牌坊（迎龙门）门牌字上方，牌坊砖砌四柱及横梁，其梁托等均用石灰泥浆塑造，其工艺精巧，属泥塑精品，很有观赏价值。

② 巷门：有朝天门、迎龙门、孝义坊、延福门，高大轩昂，四座大门紧锁全村。围中围与门中门、各巷道有巷道门的建筑布局，比较完整地保留了古代村落抵御强敌入侵的布防体系。

③ 牌坊：有朝天门牌坊，清咸丰年间建造，为敦仁堂潭溪胡氏总祠大院门，四柱三间，高大轩昂，东接天马山之文峰。

（6）亭

安人亭，清道光十九年（1838）建造，建筑精巧，是村民的休闲场所。

4. 重要历史人物与事件

（1）重要历史人物

胡晃（1006—1072），开基祖，进士，为狄青元帅府参军，载于《潭溪族谱》。

胡穆爕（1824—1866），又名胡理明，被曾国藩封为武功将军，载于《吉安县志》。

胡嘉诏（1887—1962），民国时，曾任江西省建设厅厅长，江西田赋粮食处处长，抗战时期主持设计中缅公路，载于《芗城胡氏族谱》。

胡发坚（1906—1939），曾任新四军第一支队参谋长，江南抗日义勇军副司令，抗日英雄，载于《常州革命英烈》。

胡发鑫（1900—1935），曾任中央苏区公略县县长，赣西南特委书记，公万泰游击队独立团团长，载于《吉安县志》。

（2）重要历史事件

1928年胡家驹创建了富田地区第一个中国共产党的组织——陂下特支，载于《富田乡志》。

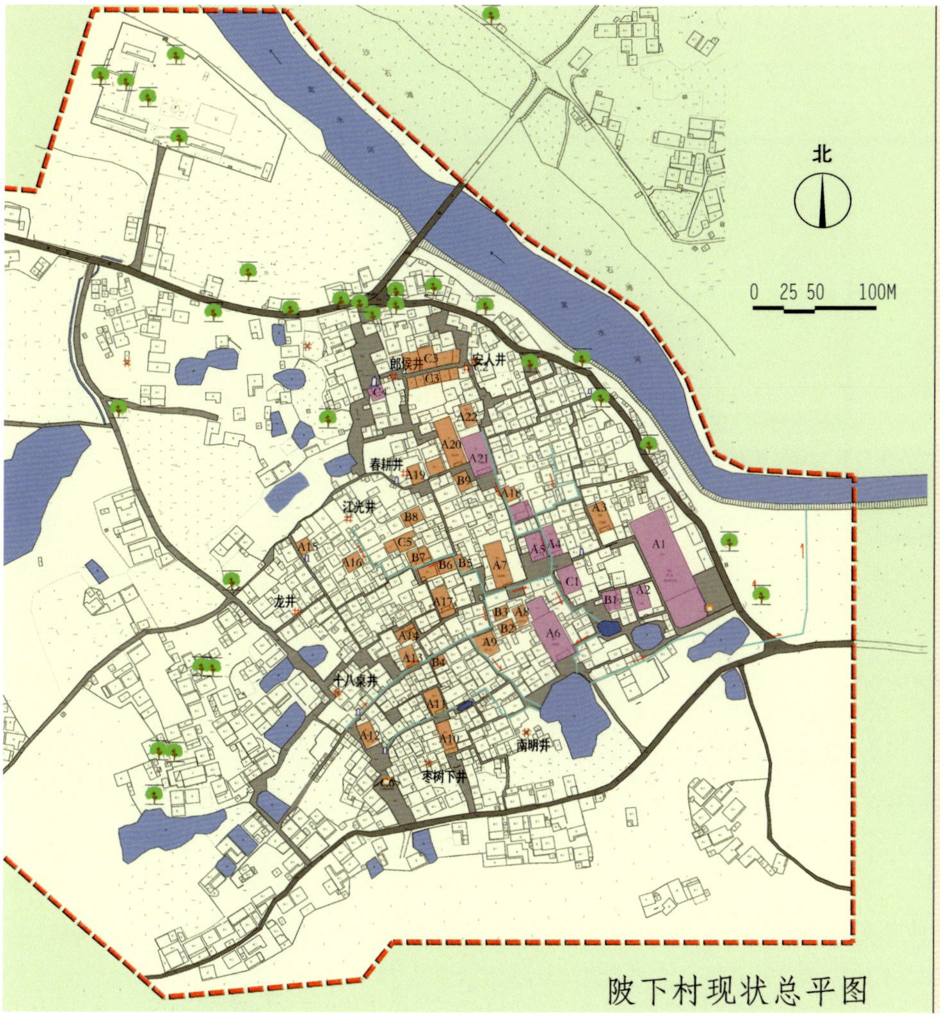

图 例

- 排水沟
- 沉淀池塘
- 水域
- 规划界线
- 古树名木
- 古 井
- 古巷道门
- 牌 坊
- 革命历史旧址

A1	敦仁堂	A12	仰山堂	B1	胡氏旧宅	C1	新书院
A2	景山堂	A13	爱敬堂	B2	胡名须宅	C2	安人亭
A3	学贤堂	A14	玉岗堂	B3	胡登芹宅	C3	陂下古街
A4	乐善堂	A15	善公祠	B4	雍正宅	C4	列宁台
A5	瑞公祠	A16	桂林堂	B5	胡盛奏宅	C5	半壁天
A6	星聚堂	A17	思敬堂	B6	胡登兰宅	C6	迎龙门
A7	竹隐堂	A18	九思堂	B7	胡登苏宅		
A8	启正堂	A19	吉先祠	B8	胡立言宅		
A9	致中堂	A20	两秀堂	B9	胡立谋宅		
A10	承启堂	A21	潭滨堂				
A11	养性堂	A22	让公祠				

陂下古村落排水系统主要由五条明沟组成，村落中的雨水和村民日常生活污水通过这五条主要明沟排放至村外围的沉淀池塘，污水中的杂质在经过沉淀池塘的过滤后，再经过回龙圳排放至富水河。形成陂下古村所特有的“五水朝东”排放形态。这种排放模式是简单的污水处理方法在村落建设中具体应用的体现。

⊙ 吉安陂下村总平面图（资料来源：《吉安市陂下村历史文化名村保护规划》，魏琳臻改绘）

⊙ 列宁台

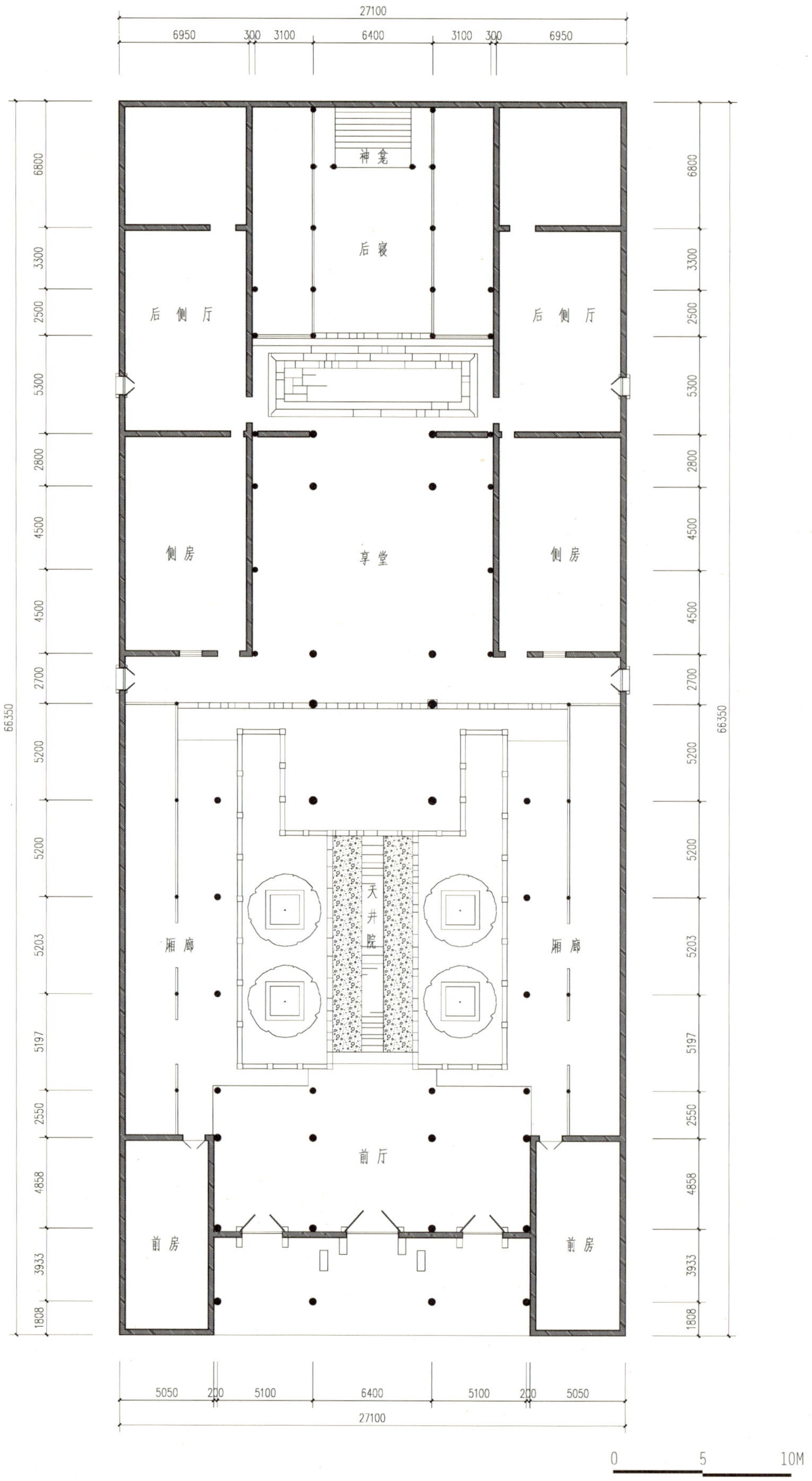

⊙ 敦仁堂平面图（邱胜、罗谟强绘制　许飞进指导）

安人亭

陂下敦仁堂参亭及戏台看棚

⊙ 星聚堂

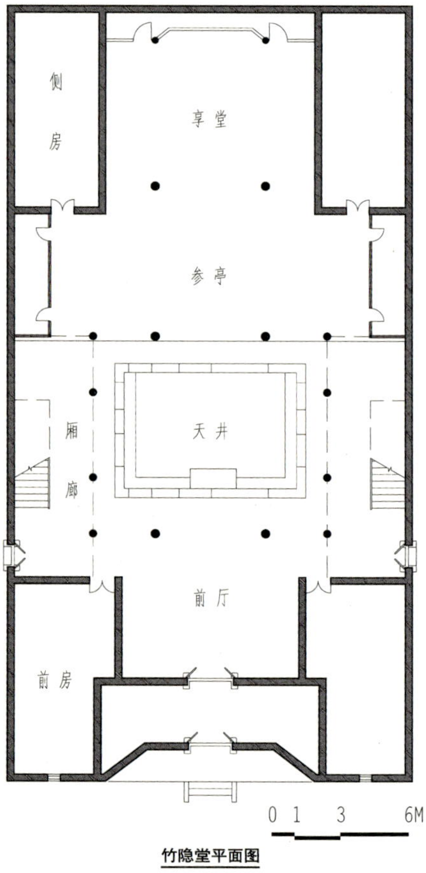

⊙ 竹隐堂平面图（李元亨绘制　许飞进指导）

⊙ 瑞公祠

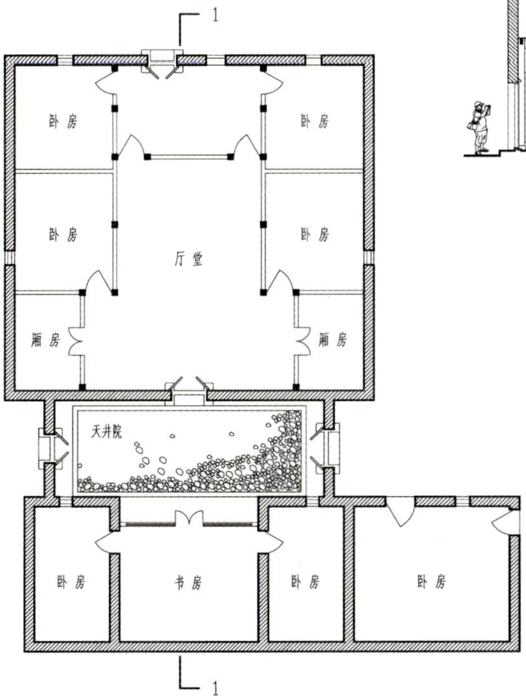

潭滨堂平面图

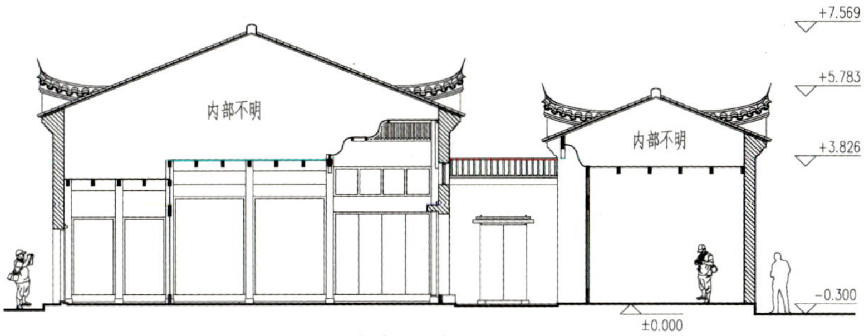

潭滨堂1-1剖面图

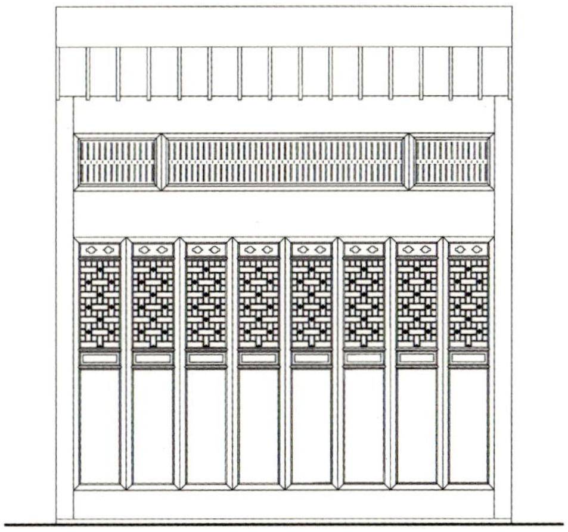

隔扇大样

0 1 3 6M

⊙ 潭滨堂测绘图（李元亨、谢晨等绘制　许飞进指导）

陂下书院

朝天门

钓源村

1. 历史概况

吉安市古称庐陵，位于江西省中西部，赣江中游。钓源古村坐落于吉安市吉州区兴桥镇西北部，包括庄山、渭溪两个自然村，距吉安市中心城区仅18千米。古村南侧3千米处有吉福公路（省道），往来十分便利。该村属中亚热带季风湿润气候，气候温和，无霜期长，日照充足，雨量充沛，四季分明。无霜期为280天，年均降雨量1457.5毫米。

钓源古村唐末肇基，历史悠久，距今已有1100多年建村历史。至北宋成为文学家、政治家欧阳修后裔及宗裔聚居地。

自明代中叶起，钓源人转向以经商为主。富裕后他们又投入巨资，在家乡兴建宅院，铺路架桥，规划街区，使钓源成为显赫于庐陵地区的乡村闹市“小南京”。至清嘉庆、道光年间，钓源居民达1500多户，人口逾万。在长达1千米的商业区内，形成纵横16路，每路32家铺面的繁华街市。鼎盛时期的钓源，设置有钱庄、赌场、戏楼、妓院、跑马场，现有遗址有：钱庄、戏台、跑马场、义仓、宁国府花园、元化坛、钓鱼台、古驿道、弘公祖坟、旺街、吉化山等。

2. 村落形态

兴桥镇大部分为山地和丘陵，占总面积的80%以上。钓源古村处于山水环绕之中，遍植古樟，村外青山叠翠，云雾缭绕。整个村落靠山临水，风景秀美。

（1）钓源村为欧阳修宗裔与嫡系聚族而居的村落。据《欧阳氏通谱》及出土墓志铭载：唐代择定钓源作为子孙分徙地的是先祖欧阳万，开基祖弘公，与欧阳修同宗。十三世有辅、实、永、宽、宁、宝六子，分为仁、义、礼、智、信五派，辅为仁派，居渭溪，宽为礼派，居庄山。十四世茂实，号拙谋，无子立嗣，以欧阳修四子辨五世孙下阶的第三子腾为嗣，更名胜，继嗣钓源仁派。此外，钓源村有专祀欧阳修的“文忠公祠”和大书法家米芾题写的欧阳修名篇《昼锦堂记》石刻碑文，以及苏东坡用过的“大端砚”，均保存至今，亦可佐证钓源村历来兴文重教，礼派开基祖欧阳弘为唐博士，两村先后出了9个进士，有“父子登科，兄弟连科”佳话，并有三边总制都御中宪大夫欧阳重、兵部尚书欧阳慎、宁国知府欧阳衡等21人在朝中为官。

（2）师法自然、因地制宜、巧布玄机的独特聚落。钓源最基本的建村理念是依山就势，靠山面水，最基本的居住模式则是围祠而居。其平面布局井然有序，其单元组合则暗含玄机。

钓源由庄山、渭溪两个自然村组成。东为渭溪，西为庄山，均以东西走向的长安岭为屏，两村分别落位于长安岭类似太极图的“少阴”位和“太阴”位，两口井位于太极的鱼眼处。为了最大限度地适应围祠而居的宗族管理要求，古村大胆破除南北朝向的建房常规，根据当地的风场气流变化，大量使用夹角，形成了“墙折、路弯、巷曲、分房向祠”的村落形态。从离村三里外开始，一直到村口，筑有三道人工堤，堤内有一座庙、一座塔，称之为“三门两锁”。它以一个特有的模式，表达了钓源先人对地理环境、气候条件以及天人合一理论的理解，体现了追求自然与人文、天道与人道完美交融的境界。

（3）众多形制特殊的祠堂建筑。钓源古村是一个以血缘关系维系的、以欧阳姓人口聚居为主的居住聚落。祠堂通常作为耕读文化和农耕经济的标志，单一地分布在以血缘关系和地域为特征的家族聚居地，缺乏密集分布的祠堂群落形态。而在钓源古村落则形成了大规模、密集型的具有一定特色的祠堂建筑群落。钓源古村现存8座古祠，分别为：欧阳氏宗祠、文忠公祠、仁派宗祠、礼派祠堂、楚畹公祠、明善祖祠、纶祖祠、经祖祠，古祠均为具有赣中特色的“天井式祠堂”。建筑风格凸显坊牌、喜鹊聚巢式门楼、三进式、祖宗神龛的赣派风格。研究祠堂文化及其载体是研究中国传统文化的重要组成部分，江西境内现存宗祠建筑丰富多彩，规模巨大，形制严谨，建筑修建得精丽壮观。虽然钓源民居非常简朴，主要是紧凑相似的一进一单元平面，但祠堂却是如此壮观和宏大，不难看出宗祠在钓源的地位和功能。

（4）村落为坡地型组团式格局。钓源古村在历史上经过多次战乱，虽然年代较早的建筑留下的已经不多，但在不断复建和更新中基本还保留着原来的村落形态和建筑格局，以家族为纽带的众多宗祠成为村落建筑组团的中心，紧凑的建筑布局，迷离狭小的巷道空间，用血缘的团结和紧相偎依来获得安全感的心理。这种聚落的形态在众多原生态村庄中比较罕见。

（5）典型而独特，形成赣中建筑样式的范例。钓源古村位于庐陵文化的腹地，至今仍保留有明清古建筑130余幢，其中：祠堂8座，庙宇1座，书院3座，别墅式庄园1座。这些古建筑除了祠堂完整保留了天井合院式，民居则变化为重檐四坡水并带有天门。

钓源民居大部分是没有天井的一进三开间式平面，另一部分是带天井院的三进式增加两列侧间的格局。钓源民居打破内部天井形式，在大门入口上方屋顶开“天眼”，做成“元宝窗”，不仅巧妙地替代了天井的排水采光功能，节约了空间，而且更好地解决了天井所具有的御寒、潮湿等难题。钓源追求建筑与自然的和谐统一，外观线条讲究柔美，讲究变化。其红石门窗、青砖蓝灰割缝墙体、黛瓦白檐头以及“重檐四坡水”“天门”等建筑特色，在我国传统民居中较为少见，构成了典型的赣中建筑样式，所以，这种独特民居类型，典型反映了从内部天井到完整闭合的建筑样式过渡，具有极高的学术研究价值，在我国乡土建筑中具有典型性。

（6）璀璨且凝固的庐陵文化代表。刚正义烈、博大精深的庐陵文化，是赣中文化的突出代表，在我国传统文化中占有不可或缺的地位。钓源建筑装饰随处可见，金碧辉煌的鎏金彩绘、玲珑剔透的镂空雕饰、流光溢彩的楹联、格言家训以及枋檩雀替、藻井漏窗等都极为精美，而且内容十分讲究，多以道德伦理教育为纲，以“崇孝敬祖、勤俭治家、耕读为本、审慎处世”等思想为核心，然后通过家喻户晓、通俗易懂的传统戏文故事形式表现出来，从而达到潜移默化、持之久远的教化作用。钓源古村落具有较高的历史、科学和艺术价值，具有独特风貌格局和深厚的历史文化内涵，集中体现了赣中优秀的地方历史文化，反映了中国历史上长期稳定存在的社会经济结构，保存了相对完整和真实的历史遗存。

3. 村落建筑

在钓源村现存的150多处古建筑中，上可追溯至宋元，下则延绵于明清。现保存的主要是明清时期建筑。

（1）祠堂

① 文忠公祠：在钓源古建筑中，营造时间最早规模最大的是祭祀欧阳修的“文忠公祠”。它始建于北宋末年，历经元明清各代多次修葺的这座祠堂，前有30多米长的甬道，上饰宝顶门坊，内有天井、回廊、串楼、殿堂，整个建筑群落布局严谨，气势恢宏。入口为门廊式。

② 楚畹公祠：公名国宝，以字行。清雍正年间，楚畹公富甲一方，晚年子孙为其建专祠以祀，祠高18米，超过总祠，遭族人非议，遂简祠内装饰以息民忿。入口槽门式，二进。

③ 仁派宗祠：入口门廊式，木结构为主，内部天井四周为石柱，石灰粉刷。

④ 经祖祠：礼派二房祭祖之堂，堂名聚奎。房祖经，字歧瑞，号精一，祠创于明正德二年（1507），再修于清乾隆元年（1736），原有堂、廊，祠前有坊，与百石义仓毗邻。今仅剩一隅。

⑤ 纶祖祠：礼派三房祭祖之堂。房祖纶，名三达，号绎斋，堂名“三达”，因子鸣皋、鸣汉、鸣霄先后中举，入享郡祠而冠堂名。祠堂建于明弘治十三年（1500），面阔三间，一井两进，祠前置聚星池，后鸣霄进士及第，再于池前建弧形照壁以奉圣旨，现主体建筑为清乾隆年间遗存。

（2）住宅

49号民居：清道光末年建，前后堂组合式民居。正房为直进式一厅六房，建有倒座、后堂、后花园。院门侧入，厅门中开，后堂中开。倒座为仆人居室和灶间，后堂为内眷居住或作书房，反映传统等级的居住理念。

41号民居：清嘉庆十三年（1808）建，青石板铺成小院，宽敞整洁，墙壁上有一巨大的阴刻福字。厅内描金雕刻装饰简朴洗练，家藏描金架子床连暗柜，构造考究，木质上乘，做工精良。沿用数百年完好无损，堪称家具精品。

28号民居：清道光三十四年（1864）建，直进式一厅六房，结构完整留存最全，其装饰主题为透雕描金，“团寿”花格窗，配以“鱼龙”戏文故事，上厅的门楣刻“天兵交战图”，整座厅堂金碧辉煌，耀眼夺目。

27号民居：清道光十七年（1847）建，直进式一厅六房，结构完整，庄重雅致。厅内满饰描金图，其主题画《访贤才于渭滨》《求寿考于仙境》，分别描绘了“周文王访姜子牙”“郭子仪求寿”故事。画面生动，寓意深刻，出自名家徐庭焕之手，家藏书法家米芾书、欧阳修撰《昼锦堂记》碑刻颇为珍贵。

（3）别墅

八老爷别墅：该院创建于清道光末年，民国时重修。初为家庙，后“八老爷”欧阳杰在此养老，人称八老爷别墅。院内布局别致，雅趣横溢，四季花木飘香。“八老爷”性情怪戾，当地有诸如“出恭打铳”“逍遥床”等众多传说。

（4）建筑群

村中村（23、24、25、26号民居）：清嘉庆年间“八老爷”欧阳杰避居别墅后为四个儿子所建，四栋一组，呈规则“田”字形，配有廊舍，高墙院门隔离外界，反映“关门一家，析门别居”的居住理念，装饰主题为描金家训，配饰四季花卉，体现“礼让传家”思想。

（5）广公书舍

渭溪为欧阳家族仁派居住之地。其中广公书舍为私塾，创办于清道光十五年（1853），清末沦为鸦片馆，为渭溪从斯文走向败落的历史见证。

（6）牌坊

忠节第牌坊：礼派宗祠前标志性建筑，是全村原16座牌坊中的唯一遗存，三檐单门砖砌，正面颂近代科第名贤，家乘风范；背面追远祖功名业绩，支派绵延。坊前垂丝柏又名香扁柏，为元代时钓源外迁后裔远从广西引种，历经500余年，是欧阳氏族繁衍延绵的活见证。

（7）喇叭巷和钓鱼窗

喇叭巷南窄北宽，青条石铺就路面，平坦整洁，巷道下水沟相连，两边墙壁曲折勾连，更有巧设的钓鱼窗，集中反映了钓源“村座鱼尾，依山就势，面水而居，四方为大”的建村理念和“墙折、路弯、巷曲，分房向祠”的村落形态。

（8）墓亭

即墓地上的碑亭。钓源于2004年重修大唐肇基始祖欧阳公讳弘翁府君之墓。同时修建墓碑及墓亭，于2005年勒石纪念。

4. 重要历史人物

唐，欧阳宏（弘），博士。

南唐，欧阳季东，进士，屯田郎中。

宋，欧阳通、欧阳叔豹、欧阳仲熊，进士。

明正德年间，欧阳重，进士，都察院右佥都御史、云南巡抚、三边总制都御、中宪大夫。

明，欧阳盛（慎），云南按察司经历。

清康熙年间，欧阳齐，进士，翰林院庶吉士、太史。

清康熙年间，欧阳菴清，宁州学正。

清康熙年间，欧阳天惠，进士，内阁中书。

清乾隆年间，欧阳衡，宁国知府。

清嘉庆年间，欧阳棨，资政大夫、内阁中书。

清嘉庆年间，欧阳杰，国子监监丞。

5. 非物质文化遗产

钓源村民风古朴纯正，各种节日风俗，都充满着团结、平和、吉祥的热闹氛围和村民真诚、勤劳、团结互助的良好风气。

春节：从农历头年的腊月初八“打扬尘”就意味着开始过年，从腊月二十过小年起至第二年正月十五元宵止，为春节。期间农户无论贫富，都穿一身新，正月初一不出门，家中由男人掌厨，从初二开始拜年，直至元宵举行灯会。

送神：农历十二月二十四日当天，子时起便先祭拜再去睡，好早早地送灶神上天庭述职，也使灶神们可以上天庭占个好位子。是期望诸神能有风神协助早些升天。正月初四接神时，则希望能下雨，此被视为天神下凡时所携来的神雨。

灯彩：又叫“花灯”，每年的农历正月十五元宵节前后，人们都挂起象征团圆意义的红灯笼，来营造一种喜庆的氛围。

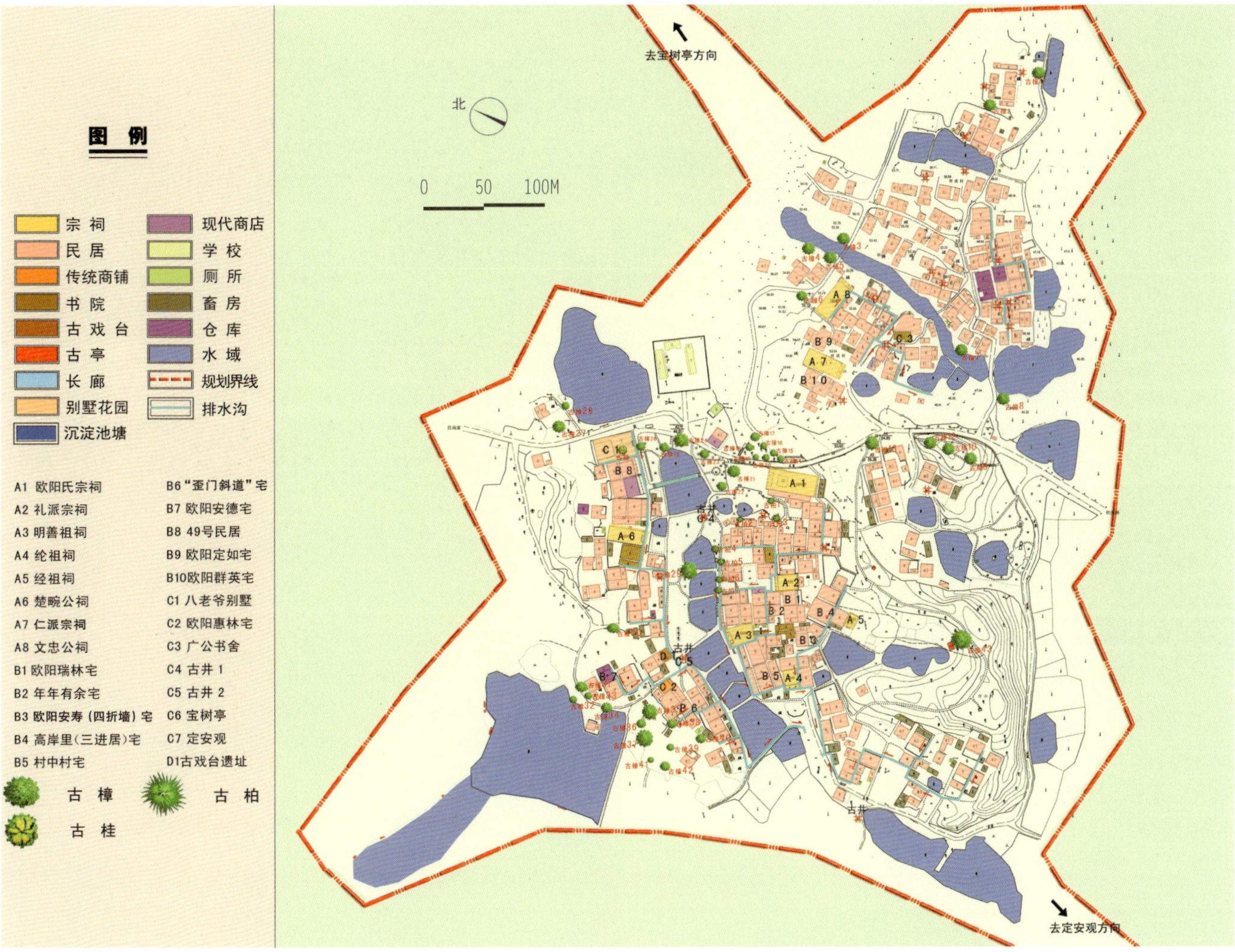

⊙ 吉安钓源村总平面图(资料来源：《吉安市吉州区兴桥镇钓源历史文化名村保护规划》)

⊙ 钓源村鸟瞰

太极图“鱼眼”处的井

民居重檐及天门

父子登科
忠節寸心足萬古

八老爷别墅二楼藻井

八老爷别墅入口

渼陂村

1. 历史概况

渼陂古村位于吉安赣江支流富水河西岸，古为庐陵县纯化乡七十六都，现属吉安市青原区文陂乡管辖，是文陂乡政府所在地。渼陂古村位于集镇的南部，距离青原城区22千米，行车时间半小时左右，至吉州区、吉安县敦厚镇行车时间均在1小时之内，到东固镇56千米。渼陂古村西北边背靠低山，东面临富水河，南面遥望连绵的山体，地处一片平地之中。海拔51米—54米，地势比较低洼，在洪水季节常被富水河水淹。古村内部多水塘，土地肥沃，地势平缓，山上绿树成荫，植被覆盖完好。

渼陂古村始建于南宋初年，距今有近千年历史。渼陂村梁氏，开基于北宋宣和年间至南宋初年，距今有900余年的历史。基祖从绅公至今传了33代。元末明初，陂头街发展较快，随着发展的需要，街道按四节段不断延伸；至明朝宣德年间，街市日趋完善，店铺鳞次栉比；至清乾隆年间，陂头街已十分繁华；时至道光、咸丰年间进入兴旺时期；到清光绪，陂头街达到鼎盛时期，不仅有100多家店铺，还有规模宏大的万寿宫、当铺店、义仓、急公祠、福神庙等有代表性的建筑。街市上不仅经营棉布土产、竹木粮油及药材，南北海鲜杂货也应有尽有。后来洋布、洋纱、洋油、洋火等洋货又源源不断进入陂头市场。江面上帆船来往如梭，络绎不绝，船歌号子此起彼伏，大小码头装卸货物日夜不停。陂头街由于水运方便，货源充足，所以商贾云集、交易繁忙，吉安、兴国等地富商也常来此调货。

村中保存完整的明清古建筑有367栋，且类型较全，有祠堂、书院、义仓、牌坊、楼阁、码头、教堂、革命旧居旧址等，渼陂古村融书院文化、祠堂文化、宗教文化、红色文化和明清雕刻艺术为一体，有着“文武合一、耕读合一、官商合一、红古合一、村镇合一”的独特魅力，被誉为“庐陵文化第一村”。古村现有民居582栋，600余户，2800多人，古祠堂5座，古书院4座，古庙宇1座，古楼阁1座，古牌坊3座，古街道900余米。

2. 村落形态

渼陂古村坐落在吉安市青原区文陂镇，整个村庄山环水绕，风景优美，民风淳朴，天然形胜。渼陂古村以明清建筑为基础，蕴含多种文化，形成了自身特色。

（1）以商业兴盛，演化成滨水型集中式格局。渼陂嗣孙凤羽民国三十二年（1943）在《芗城梁氏四房宗谱》中写道：“祖秦仲而下阙略未详，自汉永间，湖南天监公出守长沙，遂家焉。由天监至义公，居长沙者凡六代；由唐末进士震公至处廉公，居江陵者六代；自南唐征仕郎胜用公由江陵徙泰和，生子六，以龙为行。龙二郎世居西昌梁家巷，传三十世曰信可公，始徙娄冈，是为娄冈基祖；龙四郎由泰和徙甲村竹𥨪寨，六传至从绅公，由甲村徙今渼陂寨上，是为渼陂基祖；仕冠则宋隆兴间任走马埁巡简，传至才一公遂家今之印冈，是为印冈基祖；龙六郎由西昌徙归湖广葱旦沟，二十传至性存公徙璋塘，是为璋塘基祖，此四房支分派别之大纲也……”此后，渼陂村梁氏通过灵活的头脑，利用古村地处庐、吉、泰交会点，水运方便，生产百货，开设店铺，雇请船队，行走粤、赣，长途贩运，村子成为方圆数十里的集市贸易中心。古村原有多个姓氏，后经发展形成以梁氏宗族为主的滨水集中式格局的村落。

（2）象天法地的规划设计与高位采光的建筑设计，成为庐陵民居的代表之一。古村芗峰东立，象岭西护，瑶山南耸，富水北流，山抱水环，天然形胜，坐落在文陂乡政府所在地王江（富水）西岸，紧靠陂头古街，面积约1平方千米。村子四周有28个水塘环抱，小桥流水，个个相通，村民认为与上天的二十八星宿相吻合。渼陂民居除天井民居外，还有大量的高位采光民居。庐陵民居有天窗、天眼、天门、立面采光和斗窗采光五种类型。斗窗多出现在民国时期及以后，吉安地区普遍存在。渼陂的部分建筑属于高位立面采光，其主要特点是在大门门楣上方的墙面上设置固定窗口进行采光，成为现代乡土民居高位采光的典范。

（3）具有厚重的古色文化与红色文化。古村至今仍保存有较为完好的367栋明清时期的古民居、古祠堂、古书院等，屋内有众多的石雕和木雕，蕴含了丰富的庐陵文化，具有很高的历史和文化价值。古村还有彪炳千秋的红色历史。渼陂古村的革命旧居旧址较多，其中2处省级文物保护单位，5处县级文物保护单位，著名的“二七会议”就是在渼陂召开的，渼陂古村还走出了四位将军，他们分别是梁兴初、梁必业、梁仁芥、梁必骎，其中前三位将军是1955年受衔的。电影《闪闪的红星》《决裂》和电视连续剧《井冈山》《浴血坚持》等都是在渼陂取景拍摄的。因此，渼陂又被誉为“将军村”和“电影村”。

（4）丰富的楹联文化体现儒商合一的文化底蕴。渼陂梁氏宗祠，始建于南宋，以后历代有修葺或扩建，堂内有25副楹联，其中一副对联为：宝柱擎天，鳌头直顶乾坤秀；文星焕斗，凤羽高腾日月辉。据传，唐宋时翰林学士、承旨等官朝见皇帝时立于镌有巨鳌的殿陛石正中，因此称入翰林院为上鳌头。清光绪九年（1883），渼陂梁家璋被赐翰林院检讨官。文星焕斗是指文曲星与北斗星相辉映，谓人文荟萃。

另一副对联是：肇基于斯，喜紫瑶左峙，芗城侧横，本地名山钟灵秀；发祥有自，看渼水南来，王江北绕，中流砥柱汇渊源。紫瑶是指泰和县苑前境内的紫瑶山，距渼陂20千米，在渼陂之南，故谓左峙。芗城，又名南华山，在文陂乡境内，距渼陂6千米。《庐陵县志》载，相传浮丘公与弟子王郭二真人曾于此修炼，文天祥曾题词“芗城名山”。渼水源自泰和县万合境内，流经小水，注入富水河。王江则是富水流至渼陂一段的称谓。

楹联文化充分体现渼陂村人儒商结合的特点，值得进一步研究。

3. 村落建筑

（1）祠堂

① 梁氏宗祠（永慕堂）：也称翰林第。始建于宋初，元季毁于兵燹，明正德年间重建，重修于崇祯四年（1631），再修于乾隆十六年（1751），同治年间几度重建扩建，最后重修于光绪五年（1879）至民国四年（1915）。宗祠翼角挑檐，二层三进砖木瓦结构，长62米，宽19.7米，面积1221.4平方米，有石柱34根，木柱24根，石刻对联20条，村口有石狮一对、石鼓一对，及“梁氏宗祠”石刻牌匾。中、后栋有石刻围栏，左侧有宽敞厨房。梁托雕刻精美，中栋两侧有“忠、信、笃、敬”四个大字，“永慕堂”巨匾悬在中堂正中，板壁后面书有“朱柏庐先生家训格言”。天花处均有绘画。大门后原有“唐源名宗”牌匾。第一次国内革命战争时期曾为“红四军军部”及“四三分校”旧址。

② 求志堂（轩公祠）：清光绪二十一年（1895）秋吉日重修，二进砖木瓦结构，有石柱12根，石刻对联9副，上栋有缕空木雕屏12块，“轩公祠”石刻牌匾1块，石雕神台1个，堂宇长32.4米，宽13.4米，高9.6米，面积434.16平方米。

（2）住宅

① 渼陂古村“二七会议”会址：属典型的庐陵风格的民居。

② “惟吾德馨”宅：晚清建筑，建筑内有一书斋，其建筑构造像一张古床，上面的“贴花”均由竹片一片一片粘上去，到现在都完好无损。书斋正对一副对联：“万里风云三尺剑，一庭花草半床书。”整个书斋典雅而安静。

③ 罗炳辉旧居（司马第）：司马第是当时武举的一处官宅，现在是展览馆。

（3）书院及文昌阁

① 养源书院：俗称“八角楼”。楼阁建于明嘉靖年间，三层飞角挑檐，坐南向北，砖木瓦结构，楼高15.75米，建筑面积312平方米，经多次维修。它曾是文人学士交友会友，读书静思的佳处。红四军总部和赣西南苏维埃政府转驻陂头期间，此处常举行小型会议，是当年红四军重要的联络点。

② 敬德书院：即家祠“文思堂”。建于清中期，二进砖木瓦结构，高8.1米，建筑面积339平方米，后为苏维埃政府总工会旧址，至今仍留存不少红色标语，以及部分描金木刻。是“达亿”家族所建。

③ 明新书院：即家祠“达尊堂”。建于清中晚期，砖木结构，高7.5米，建筑面积235平方米，由渼陂村经长期发展形成的四个有地位的房支共建。

④ 振翰学舍：即家祠“明和堂”。建于咸丰二年（1852），砖木瓦结构，有雕屏和花窗，但损坏严重，高7.9米，建筑面积379.8平方米，内有一排学舍，年久失修，漏水严重。

⑤ 文昌阁：清光绪八年（1882）兴建，横截面近正方形，歇山屋顶，砖木结构，明二暗二层，长23.7米，宽23.2米，顶高15.75米，位于双层台基之上，两层之间有六级台阶。楼的底层面阔三开间，前墙门为板壁双开式隔扇门，四檐柱为木柱石础。室内立前金柱及宝壁，共四柱落地，明间次间砌以砖墙，将次间隔成房间，明间后步檐有板梯通楼层。二楼布局与底层相仿，北侧墙外有通间平座，带扶栏，三层内收。1930年左右这里曾是红军开展革命的秘密联络点。

（4）义仓

建于光绪四年（1878），四进砖木瓦结构，是庐陵纯化七十六都慈善建筑，是储藏粮食用于赈灾济贫和修桥筑路的房舍。面积为744平方米，现为大学生实习基地的一部分。义仓左侧约8米宽的巷道，是进出街市的交通要道。巷道前有横跨而立的孝子坊，后有城门般的“开门见山”门楼。义仓右侧为“都急公祠”。这些建筑连为一体，形成规模化的古建筑群。遗憾的是现只留下残缺不全的义仓了。

（5）宗教建筑

① 万寿宫：建于乾隆后期，是庐陵纯化七十六都公益建筑，建筑面积1119平方米，三进砖木瓦结构，前有242.97平方米天井院。建于嘉庆四年（1799），临街的牌坊镶嵌着“万寿宫”石刻匾，左右二侧是“天不夜”“月常明”拱门，中大门上悬挂“王江铁柱”牌；进入大门是挑角飞檐，雕龙画凤，金碧辉煌的古戏台；经过天井和青石栏杆，登上二级台阶，是中栋“忠孝堂”，“忠、孝、神、仙”四个大字，分别书写在左右高墙上。又有天井青石栏杆将中、后栋隔开，后栋正中是十分精美的“万寿菩萨”神龛，与前栋古戏台遥相辉映，异常壮观，整个建筑规模宏大，布局讲究，结构严谨，工艺精致。万寿宫前院两侧拱门上“天不夜”“月常明”是当时陂头街真实的写照。大门前地面用卵石铺成铜钱图案，意为祈盼兴旺发达，财源滚滚。红四军驻扎陂头期间，这里曾是赣西南和江西省苏维埃政府所在地。2016年万寿宫建筑按原貌重建。

② 小教堂：一幢中西合璧的西式教堂，建筑面积为110平方米。1930年左右，黄公略、彭德怀曾在此居住。由于年代久远，房屋木梁部分损坏，侧面的中式吊楼已朽烂，屋顶瓦片已烂，窗户玻璃已破损坏，周边风貌破坏严重，现已部分修复。

（6）牌坊与门楼

① 翰林第门楼：建于晚清，坐西向东，砖木结构，高7米，面积为40.29平方米。“翰林第”石刻长1.36米，宽0.44米，其上悬挂镌刻“集东光辉”的牌匾，后有“爽气宜人”的字牌，是梁家璋翰林的纪念建筑。

② 古槐第牌坊：建于晚清，高6米，宽10.7米。

4. 重要历史人物

梁兴初，1930年参加中国工农红军，1955年被授予中将军衔。

梁必业，1930年参加中国工农红军，为繁荣和发展军事科学研究，作出了突出贡献，1955年被授予中将军衔。

梁仁芥，1930年参加中国工农红军，1955年被授予中将军衔。

梁必骎，军事科学院战略部研究员，2000年被授予中将军衔。

5. 非物质文化遗产

（1）彩擎

彩擎是渼陂先民们在上千年的传承发展中，创造出来的一种独具魅力的民间艺术表演形式。由村里漂亮的童男童女，穿着戏剧服装，或者戴傩舞面具，装扮成传统戏剧的人物或当地的文化名人。表现形式有两种：一是由八个成年人抬着三个童男童女，在水平面的道具上旋转；另一种是八个成人抬着四个童男童女，在垂直的道具上像风车一样旋转，旋转过程中伴有表演动作。

（2）上梁文

目前渼陂古村还保留有较为完整的上梁文，以下摘录部分。

① 吊梁诗（木匠左边吊梁，泥水匠右边吊梁）：

一吊黄龙下江东，后吊鳌鱼先吊龙。一吊黄龙七地锦，我把先师地来成。

成其栋梁登宝位，骑竹马快加鞭。今日请你栋梁来登仙，登仙自有登仙位，镇守华堂万万年。

② 插彩旗诗：

一对彩旗艳艳飞，你插东我插西，插起四面君子笑嘻嘻；列位君子笑何事，笑你栋梁来登基。登基自有登基位，镇守华堂万万年。

③ 上梁诗：

天开文运，地转金轮，龙造一时科甲第，文章魁身点鳌头。子子孙孙登皇客，重重叠叠入朝堂。为巨心则必求大目。今之君子，不日信之，悠也久也，又尽善也，夫然乐也。为而记也，君子有三乐，公一位，伯一位，公侯百礼，自有爵，自有禄，爵禄封侯，德其名，得其禄，得其寿，三星齐全。梁之东，日出东山紫云峰。梁之南，好把青龙到此关。梁之西，门前车马笑嘻嘻。梁之北，真是前人所积德。梁之上，上有青天高万丈。梁之下，下有玲棋对书画。梁之中，栋梁前面好文锋。从此今日上梁后，高高挂起满堂红。从此我今祝赞后，代代儿孙掌朝中。

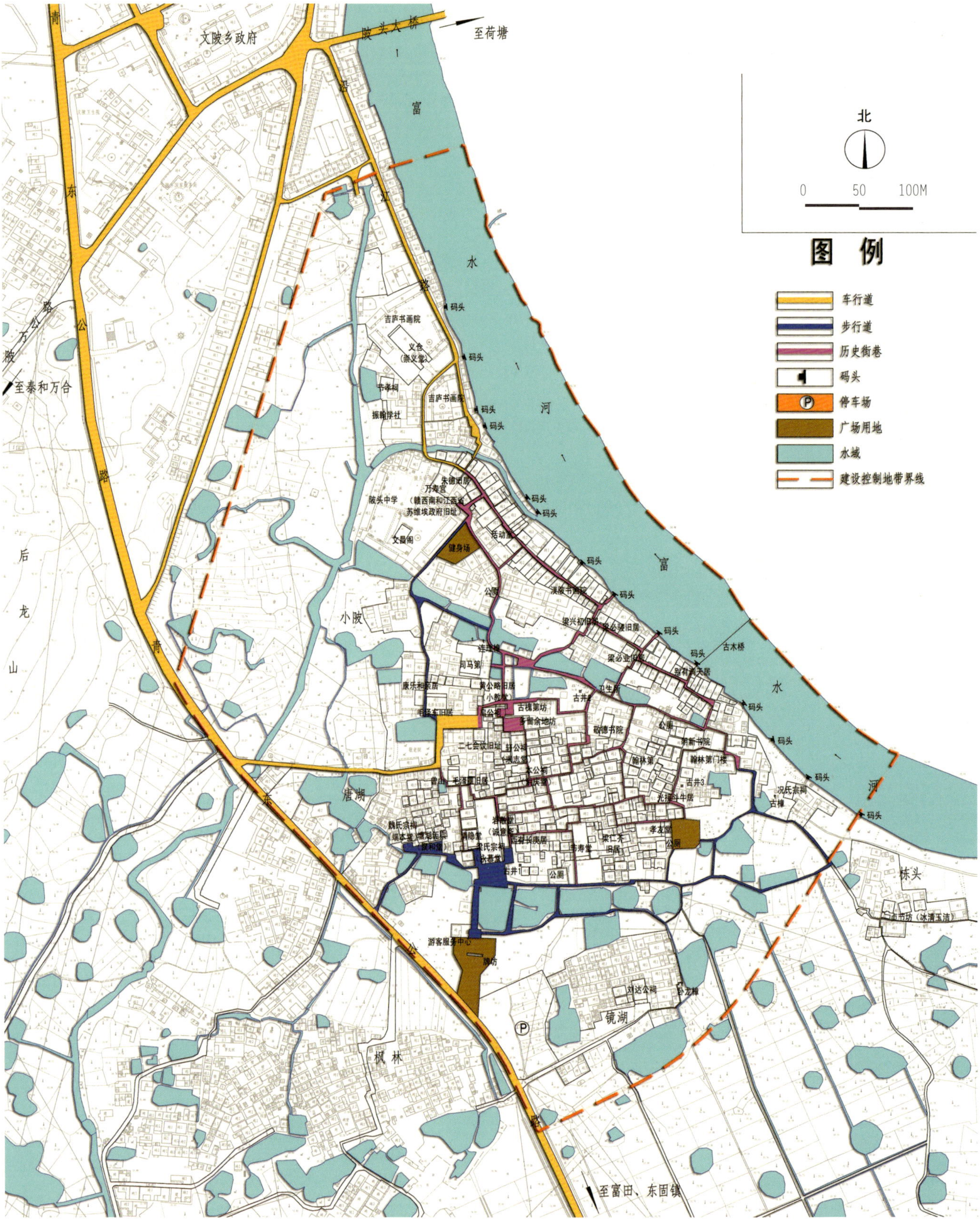

⊙ 吉安渼陂村总平面图（资料来源：《吉安市渼陂历史文化名村保护规划》）

⊙ 司马第

⊙ 养源书院与地藏阁

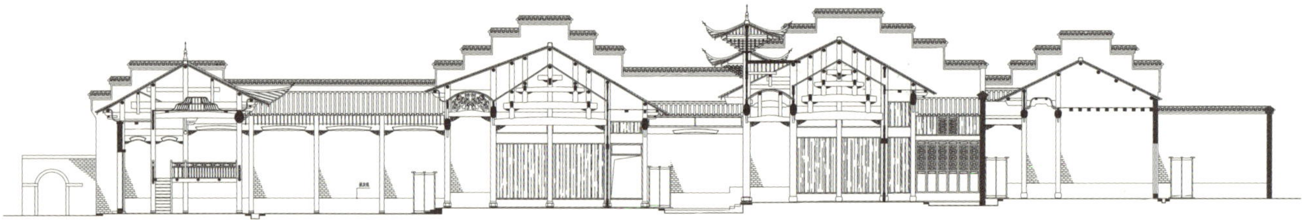

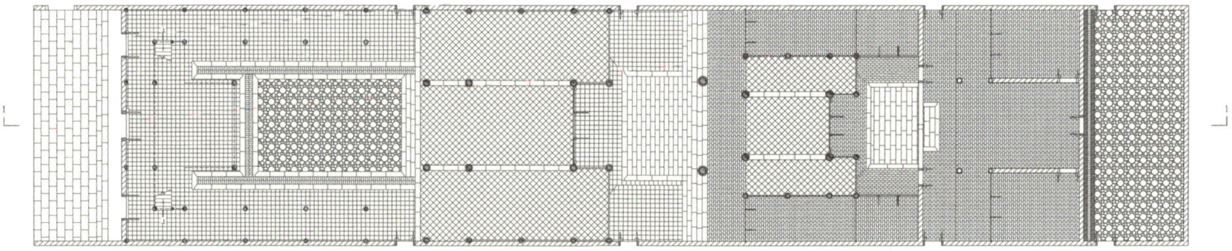

⊙ 渼陂万寿宫平面及剖面图（李昌鹏、林运青、龚凯轩、聂复丹、丰甜合作绘制　许飞进指导）

⊙ 新建万寿宫内部戏台

小教堂正立面

小教堂侧立面

翰林第门

河下村

1. 历史概况

沙溪镇位于永丰县西南部，距离县城约70千米。河下村位于沙溪镇圩镇中心、泷江河畔，距县城70千米，距沙溪镇西阳宫0.8千米，是永丰县目前保存比较完整的古村落群。河下村所在的沙溪镇辖区西宽东窄，属半山区半丘陵地带。地势东部较高，西部较低。主要河流有泷冈河，源于上溪乡，由北面流入，西至长潭流入吉水县境与孤江（也称泷江）汇合。

永丰建县，始于北宋至和二年（1055），析吉水县报恩镇及云盖、龙云、兴平、永丰、明德五乡而立，县名因永丰乡而得。根据清同治十三年（1874）《永丰县志》，明德乡所辖十三圩市，包含今天的沙溪镇河下村部分。

沙溪河下村历史悠久。唐中前期，县令张焆经恩江而抵沙溪，见其山川清秀，遂自卜筑水村，是为沙溪张氏开基祖。南宋淳熙十二年（1185），李贵、李贯、李赏三兄弟，从吉水县谷村迁居而来，定居河下村。河下村所在的沙溪镇是世界文化名人——北宋著名政治家、史学家、文学家，“唐宋八大家”之一的欧阳修故里。

2. 村落形态

（1）古村落形态因山而聚，因水成形，经长期演化形成盆地滨水型村落，后期呈自由分散的拓扑格局趋势。河下村结构形态结合山水田园，依托上西坑山脉的左右余脉半围合而成，村落大部分在平缓地带开基建村，繁衍生息。河下村至少在晚清已有五大家族。五大家族为：孙氏、王氏、刘氏、李氏、艾氏。其中也有邱姓插花现象，但大格局基本未变。 五姓氏以街道为经营，以小巷划分宗派，形成鲜明且有序的盆地型滨水组团式的村落格局。

村落随着山势自北而南发展。唐宋以来，随着不同宗族入住，村落结构即发生变化，晚清至民国时期村落格局形成，民国以后建设量少，但在改革开放后，尤其是1998年河下村遭遇百年一遇的洪水后，面对部分无家可归的百姓，沙溪开始了重建工作，主要在徐家洲。从现状调研来看，古村插花严重，呈拓扑发展，但古村核心区肌理大部分保留。

（2）形成了较为丰富的风水景观。选址受传统风水观影响，村落坐西北朝东南，北方有后龙山为靠山。河下村选址另一大特色即为泷江环抱的水环境。泷江从东北方流入村落，绕村半周，从西南方流出。且来水的水口大，去水的水口小，形成小水系汇集的现象。自古有言“门前一条玉带水，宅后两座贵人山”，说的就是河下村。

（3）沙溪河下地方文人墨客喜用数字的集合称谓表达某时、某地、某一范围的景观，形成村域丰富的景观集称文化。河下村李家、王家及艾家均有记载，体现出对沙溪的热爱和田园生活的向往，形成丰富的景观特色资源。

据《营前李氏重修族谱》载，既有沙溪八景：“沙吉钟灵，沙山耸翠，旗峰擎日，凤岭挂阳，欧水潆洄，鼓潭风奏，古庙钟声，石阆回澜”，又有沙溪营前李家四景“古井泉香，蜡园香雪，夜市笙歌，三塘映月”，还有步吟诗“古井香泉，姑园芳蜡，晚市弦歌，连塘印月”等。

民国时期《王氏重修族谱》载沙溪八景：日映旗峰、鼓潭风月、沙山灵梦、古寺暮钟、凤凰呈祥、晨涉香江、晚步渔洲、龙潭还表。

（4）古村具有显著的“二风”传承特点。“二风”指河下村不同姓氏家族承袭欧阳修家风与制谱之风。

① 家风传承：欧阳修的《泷冈阡表》碑分析。碑阳刻《泷冈阡表》，内容记载出生、父亲及母亲教育等，从其父亲具备的“廉洁好施、孝敬父母、宅心仁厚”，其母亲具备的“守节自誓、衣食自力”的品德，可以看出欧阳修的“不辱其先者，其来有自”的家风。河下村李姓、王姓等都订有村规民约，承袭欧阳修“积善成德，宜享其隆”的家风。

② 谱风传承：《泷冈阡表》碑阴刻有《欧阳氏世系表》，对后世的族谱有重要影响。欧阳氏制谱每五世一图，第二图五世至九世，第三图九世至十三世，以下类推，至现存者为止。先人小传叙源主名讳，字号，配偶，仕官，特行，葬地，封赠，享年等。沙溪河下村中营前李姓、王姓、艾姓等皆采用了欧阳氏的制谱之风。

欧阳氏制谱之风是北宋文学家、史学家欧阳修在编撰《欧阳氏谱图》中创立的：“谱图之法，断之可见之世，即为高祖，下至五世玄孙而别自为世。”此法记录的世系及旁支分支以表格图式进行表述。欧阳修式家谱格式的特点是：世代分格，由右向左排列，五世一表。用起来很方便。每个世代人名左侧可有一些生平记述，主要介绍该人的字、号、功名、官爵、生辰年月日、配偶、藏地、功绩等。

《泷冈阡表》这篇文章是追悼亡父的，但父亲亡故时，欧阳修年仅四岁，无法知悉父亲的生平行状，所以作者避实就虚，巧妙地以其母太夫人郑氏之口，从侧面落笔来写父亲。这样既表现了父亲的孝顺与仁厚，同时又颂扬了母亲的贤良。《东都事略·欧阳修传》记载：“母郑氏守节自誓，亲教修读书。家贫，至以荻画地学书。”

现实中找到了制谱延续的佐证。光绪八年（1882）《营前李氏五修族谱》载：“谱之作者，非徒以饰观瞻，端在于敦本而明伦也。”而敦本明伦则源于欧阳修、苏轼对家谱的严格制定。如丰城市曲江镇《王氏宗族族谱》载：“是谱法欧苏二式，前列吊图十世一提，遵欧式，所以明尊卑也。后序生娶殁葬，一世一提，遵苏式所以别亲疏也。”这样看来，欧阳修对宗族文化、宗族秩序的制定起着示范作用，值得大书一笔，沙溪河下村已成为示范。

3. 村落建筑

（1）祠堂

① 李氏祠堂：有惇庸堂、思敬堂和敦本堂。

惇庸堂又名月芳公祠。在营前第门的南侧，思敬堂北面。主体建筑面积315.9平方米。建筑中轴线南偏东19度。是光绪五年（1879）

李光炳奉其父李章桂之祀而建。惇庸堂的名称来源，谱载："惇，厚也；庸，常也。是故不薄之谓惇，不易之谓庸。"该建筑主体部分完好，入口门榜上保留着建筑名称：月芳公祠。门榜四周为堆塑形成装饰框。下厅与中厅组合成转角楼形式，比较少见。一进天井为土形，二进天井为水形。二楼的结构，除了在一楼的大门进口及天井处是架空以外，与一楼的结构都较为相似。山墙二层楼部分用了少量斗砖砌筑，外墙正立面气窗由青砖制作而成，门榜的雕刻精致。

思敬堂为嘉庆十六年（1811）河下村李章楫承洁斋公之志，奉其祖定斋公志镐（敕赠登士郎）之祀，以数百金购得他人住宅为祠，原名绎思堂，后于道光三十年（1850）重建，改名思敬堂。思敬堂在月芳公祠以南。大门南偏东11.48度，主体建筑面积510.1平方米。绎思堂的意义取自绎者寻也，寻而绎之，相续不绝也。此处为寻绎追念意。思敬则来源于《论语》："君子有九思：视思明，听思聪，色思温，貌思恭，言思忠，事思敬，疑思问，忿思难，见得思义。"事思敬，表示要敬业，全心全意对待要做的事。该建筑主体保留较为完整，入口前设有一照壁，照壁南侧与水塘相连。建筑四周道路皆设有卵石铺地。从正大门进入，室内宽敞明亮，中间设有一天井，天井外围由麻条石围成，沟内铺设砌砖，内围由四块方砖压角，中间设有规则的卵石铺地。主建筑的北侧围墙设有一门直接与月芳公祠相通，现已被锁。东侧偏门与祠堂附属建筑相通，其附属建筑内部主体保存完整，其南侧与一前院相连，庭院中央设有卵石铺地，庭院东侧有一大门通往室外。该建筑整体以木架结构作为承重体系。

敦本堂在思敬堂西北。始建于明朝，明末被毁，基址荡然无存，只有故址犹在。嘉庆二年（1797），李志钢、李志铨、李文漶、李文浴等族人，复造敦本堂，尽敦本之意。建筑坐壬向丙，大门南偏东16度。主体建筑面积333.68平方米。敦本堂原名文献堂，嘉庆二年（1797）合族修建。"敦本"意为注重根本。谱载：君子务本，本也者，人不可忘也。俾后之子孙共知前人劳心劳力，以尽敦本之意焉尔，是为名。主体建筑为三开间。建筑二进内后部以木隔板隔有一寝堂。室内部分地面仍留有铺地青砖，部分青砖已毁。天井水槽为青砖砌筑，井心内部铺设卵石。

该建筑一进为穿斗式构架，二进为抬梁式构架。寝堂一层为木制隔板，二层为花棂格隔扇。建筑外墙为斗砖砌筑，屋顶为双坡屋顶。建筑外部朴素，入口上方梁架穿枋雕饰精致，一进梁架间穿枋亦饰有雕刻。二进内梁上阴刻有棱形花纹，且形制优美，斜撑处则雕饰龙首。寝堂花棂格隔扇上亦有精致雕饰。

② 王氏分祠：又名"九峰来秀"，在王家23号以东，属王家古村，大门南偏东12.6度。主体建筑面积352.1平方米。正大门处的牌楼雕刻装饰极为精美，保存较为完整。牌楼主要以堆塑为主，山墙上部檐口处用丁头栱叠涩起跳，装饰以彩绘。该民居属于王家古村民居中规模最大的一栋，由三栋建筑单体构成，中间连接二天井。一进屋顶瓦片脱落漏雨，导致顶部结构坍塌较为严重；门窗上的雕花仍有部分残留，装饰丰富精致。穿过一进便来到了二进天井，天井四周铺砖种类丰富，由横纵石砖和方砖构成。二进结构较为完整，部分墙体进行了粉刷，其内部地面由横纵石砖和斜方砖组成。整体以木架结构承重为主，部分为砖墙承重。整个外墙由青砖搭砌而成，一进倒座由一单坡屋顶搭接，其余皆为双坡屋顶。该建筑的装饰主要在外墙檐部及入口处保留了庐陵文化的特点。

③ 邱氏宗祠：该宗祠位于“星云呈瑞”宅以东，属艾家古村。坐壬向丙，大门南偏东21度，主体建筑面积507.09平方米。入口为槽门式，门上悬一牌匾，上书“邱氏宗祠”。二进屋檐下有一鹤颈轩，后为一船篷轩，上悬一牌匾，书“河天堂”。寝堂神厨为八字形设计，上方饰以鹤颈轩。

④ 艾氏宗祠：该宗祠位于邱氏宗祠以东，属艾家古村。坐壬向丙，大门南偏东18度。主体建筑面积363.07平方米。入口上方为三叠水双面坡屋顶砖门头。门榜上书“艾氏宗祠”。主体建筑为三开间。该建筑一进为木桁架，有两层，二层为戏台；二进为民国及以后的构架形式。该建筑的装饰主要在入口门头处。屋顶以叠涩手法挑出屋面，上面覆以瓦片，下方以砖贴于墙面并以堆塑修饰，仿照木结构表现额枋、柱进行装饰。两侧砖制仿柱上书有对联，分别为：祥钟天水派衍东京渊源遥接三千里，迹肇冠山基开南宋世泽长绵亿万年；庙貌重新大启泷冈门第，宗风丕振长绵教授家般。

⑤ 三友公祠：在鹤林公祠以东，属孙家古村。建筑坐北朝南，北偏西17度。主体建筑面积225.84平方米。该建筑主体最后一进由于后来新建建筑占用，完全被毁坏。入口为槽门式主体建筑，三开间。进门处上方有一藻井。大门两侧厢房为二层，由活动楼梯攀登而上。建筑室内地面均为素土夯实。室内有一较大天井，采光效果较好，室内明亮。建筑后方二层由天井后方厢房内活动楼梯而上。建筑以砖木结合为主，整个构架为穿斗构架，室内墙体均为砖砌隔墙。室内多堆积用于祭祖的物品。建筑外墙由青砖筑成。入口上方为门斗，门斗用鹤颈轩等构件装饰。建筑正立面外墙檐口采用叠涩手法，上方绘制书画作品，与庐陵建筑一致。马头墙做工精美，弧线优雅。

（2）住宅

① 民宅：“复见天心”民宅在“受天之祜”宅以北，属王家古村。大门入口朝东，主体建筑轴线南偏东约15度。主体建筑面积534.72平方米。建筑的入口在大门的东侧，大门入口为槽门式，主体分为两进，一进为院，二进为主体建筑。在二进上楼梯的半天井墙壁处有“复见天心”四字，行书。“复见天心”源于《彖辞》：复—震下坤上。《彖》曰：复，亨。刚反动而以顺行。是以“出入无疾，朋来无咎”“反复其道，七日来复”，天行也。“利有攸往”，刚长也。复，其见天地之心乎。北侧围墙与“星映东壁”宅相连。整栋建筑最精美之处要数其门楣上方的堆塑，四只蝙蝠做工精美，檐口处彩绘皆保留较完整。

“受天之祜”宅在进士第以东，属王家古村。建筑朝向南偏东13度。主体建筑面积314.12平方米。该建筑由右侧一庭院门而入。整个外墙下方为卵石砌体，上方由夯土筑成。内部墙体均为青砖筑成。主体建筑入口上方有一窗式匾额：受天之祜。其意为：蒙受老天的祜佑。出自《诗经·大雅·下武》：“昭兹来许，绳其祖武。于万斯年，受天之祜。”建筑外墙正面檐口处采用叠涩手法，上面绘制大量书画作品，风格优雅，十分精美。靠近大门的两侧厢房上有月梁、雀替，雕刻精美，厢房隔板上部的窗户做工精美。整个建筑以砖木结合为主，杂有土砖，墙裙处为卵石，外部庭院地用卵石点缀。

② 府邸

章桂第：位于光熙第以北，属河下村。大门南偏东21度，主体建筑面积154.15平方米。李章桂，名鸣凤，字月芳，号丹山爱川楚，例授巡政厅，诰封奉直大夫。府邸入口为槽门式，上方有二楼挑出的栏杆，栏杆木雕刻精美。主体建筑由大厅宝壁将厅分成前后两部分，前为厅堂，后为退步。厅东西两侧为砖砌隔墙。外墙正立面气窗由青砖制作而成，该建筑的装饰主要在外墙檐部及入口处。

文澡第：李文澡，名自芬，字洗心，号秋湖，貤封奉直大夫。夫人王氏貤赠宜人，奉旨旌表节孝建牌坊。子李章桂，名鸣凤，字月芳，孙光熙、光炜、光炳。文澡第位于章桂第东侧，属河下村。建筑坐壬向丙，大门南偏东15度，主体建筑面积421.6平方米。建筑入口为槽门式，主体建筑为一明两暗三开间，东侧有一陪屋，前有一院落。山墙部分为斗砖砌筑，正立面两侧各有一气窗，四周以堆塑形成装饰框。该建筑的装饰主要在外墙檐部及入口处。外墙正面檐口处采用叠涩手法，上面绘有书法及吉祥纹饰，十分精美，檐口有瓦当滴水装饰。

文浴第：李文浴，名含芳，字怀沂，号洁斋。文浴第在文浦第东侧。大门南偏东19度。建筑主体面积141.11平方米。正立面檐口用精美的书画装饰。进门走三步就是天井，主体建筑室内厅堂及厢房三合土铺地。大厅上方的楼板较完整。整个构架为穿斗构架，在厅东西侧为木质隔板以及精美的隔扇。门坊采用歇山式，配有大量雕刻花纹。整个建筑以砖木结合为主，铺地采用卵石作为点缀。

大夫第：李文溏，名自馨，字源卢，号清溪，诰封奉直大夫，故其宅为大夫第。大夫第在光熙第以东，属河下村。大门北偏东105度，主体建筑面积295.5平方米。入口处铺设有石条与卵石，极为讲究。大门牌坊下半部分有明显的灼烧痕迹，上面的雕花有些许残留，具体内容难以辨别。主体左右两边各带有一别院，东侧保留完整，西侧不明。该建筑的装饰主要在外墙檐部及入口处，多数装饰受到损坏，剩余部分仍较精美。

（3）宗教建筑

万寿宫：现属刘家村境内，主体建筑面积441.5平方米，大门北偏东68.72度。建筑为一进。一进倒座处为二层戏台。建筑的中间为方形大天井，采光效果好。现内部的铺地均为水泥，天井中央放置了香炉，整栋建筑经过多次修缮。

（4）门楼

进士第门楼：沙溪王家“进士第”门坊，约建于明朝成化年间，位于王家古村。距沙溪河岸100米处，门楼是为纪念明朝王寿高中进士而建。大门北偏东167度。进士第门坊为四柱三间砖石木结构，面阔7.88米，进深0.45米，高9.5米，明间为门坊大门。墙体及屋顶建筑石料坚固，雕刻精细，纹饰严谨大方，线条流畅，人物花鸟形态逼真。其顶歇山，四角微微上翘，呈展翼状，上盖灰瓦。门楣上方是匾额，嵌有“进士第”字样，匾两边各有砖雕花卉一块，匾额四周和中间嵌有线枋，门框为青石，门楣上嵌有两个圆形石平雕，门楼两边内各有四个规格不等矩形砖墙，墙的交接处有四柱，柱下由石柱础承重。

营前旧第门：营前旧第门在文浴第以南。属河下村。大门南偏东157度。入口为槽门式。入口门榜上有“营前旧第”四字。此入口是营前李家建筑群的总出入口，中华人民共和国成立前入口门前有牌坊，后拆毁。

（5）桥

泷冈桥为石制拱桥，始建于民国初期。整座桥以石砖堆砌而成，桥身由7个半圆形石拱组成，拱与拱之间有船头形桥墩，部分墩上有动物石雕。整座桥长约50米，两旁没有围栏。桥的立面设计弧线优美，富有观赏价值。此桥是王润堂于日本早稻田大学留学归国后为改善本村出行条件，召集村民捐钱捐物建成。

（6）建筑群

思成堂、培风楼与玲珑桥。嘉庆四年（1799），李文漶奉其父李志录之祀而建。主体建筑面积348.16平方米。思成堂在玲珑桥以北，大门南偏东16.5度。谱载：思成者，志遗训也。培风楼在思成堂以南。属河下村。大门南偏东21度。培风楼与玲珑桥相连。玲珑桥为砖砌，将长塘划分为三块，形成三塘印月景观。其内墙有风水诗一首。诗曰：庐江金盘在河下，大溪水源地不差。刀劈卧虎徐氏败，快速结穴满刀架。

4. 重要历史人物

李贵，南宋末年，河下村李贵三兄弟跟从文天祥响应当时谢太后之诏抗击元兵，在沙溪河下、君埠空坑等地带头起兵抗元，经文天祥引见谢太后，诏封为进义校尉。因在沙溪河下等地立营扎寨、团结乡亲勇士，故其宅名营前旧第。永丰县志二十四卷载有此事。

李章桂，道光二十年（1840），遭遇饥荒，县府为五乡劝立义仓，状元刘绎撰丹山公墓志铭载：本村李章桂（名鸣凤）同堂弟李章程（名维琦）等共建义仓。

王寿，《永丰人物志》中有记载：王寿，字中埠，沙溪河下村人。成化十四年（1478）进士，以明敏干练见重。奉命巡省，黄河暴涨，溺于水者不计其数，士僚属皆束手无策。王寿奉命巡视，殚力修筑河堤，不久功成复命，授通议大夫、四川参政。

5. 非物质文化遗产

画荻教子的故事：北宋文坛宗师欧阳修的母亲郑氏，被誉为中国古代“四大贤母”之一，其“画荻教子”的故事家喻户晓，传颂古今，影响了一代又一代的中华儿女，激励了一批又一批的后学晚辈。这则成功的教子故事，成为古今母教文化的典范。在母亲的谆谆教导、辛勤培育下，加上自己天资聪颖、刻苦努力，欧阳修最终成为北宋时期著名文学家、史学家。他成功地领导了北宋诗文革新运动，被公认为北宋文坛领袖、一代文章宗师。2010年6月，“画荻教子”故事入选第三批江西省级非物质文化遗产名录。

沙溪戏曲：河下“三角班”戏剧是清道光二十三年（1843）由永丰单人戏、双人戏吸收融合宜黄“三角班”戏而成。至今已有160多年历史，是境内城乡群众喜闻乐见的一个地方剧种。

⊙ 永丰河下村总平面图（邱胜绘制　许飞进指导）

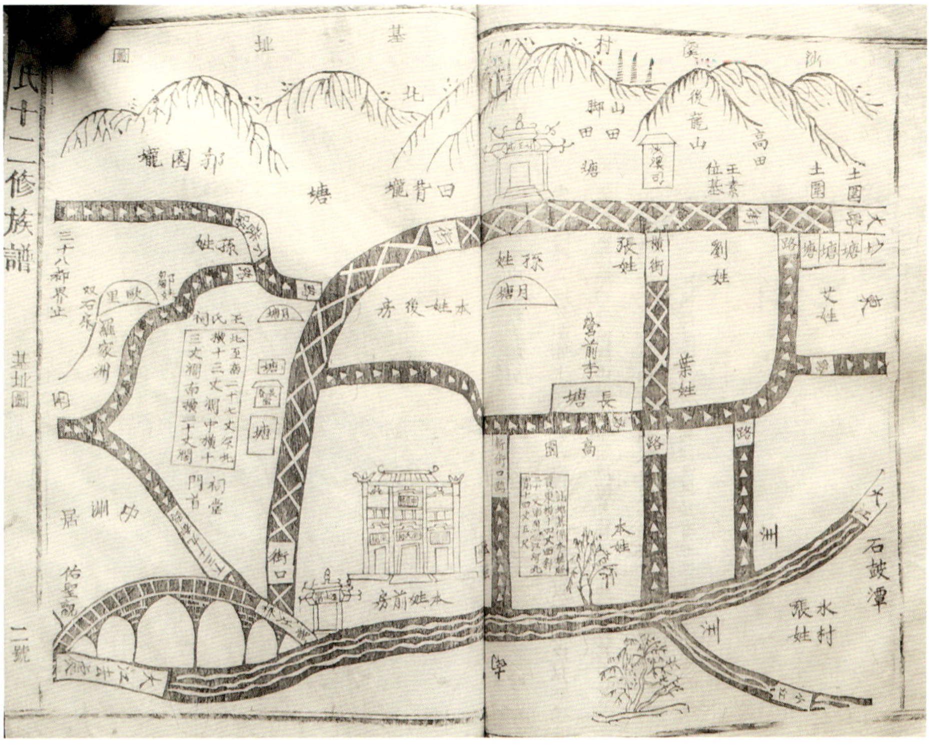

⊙ 河下村舆地图

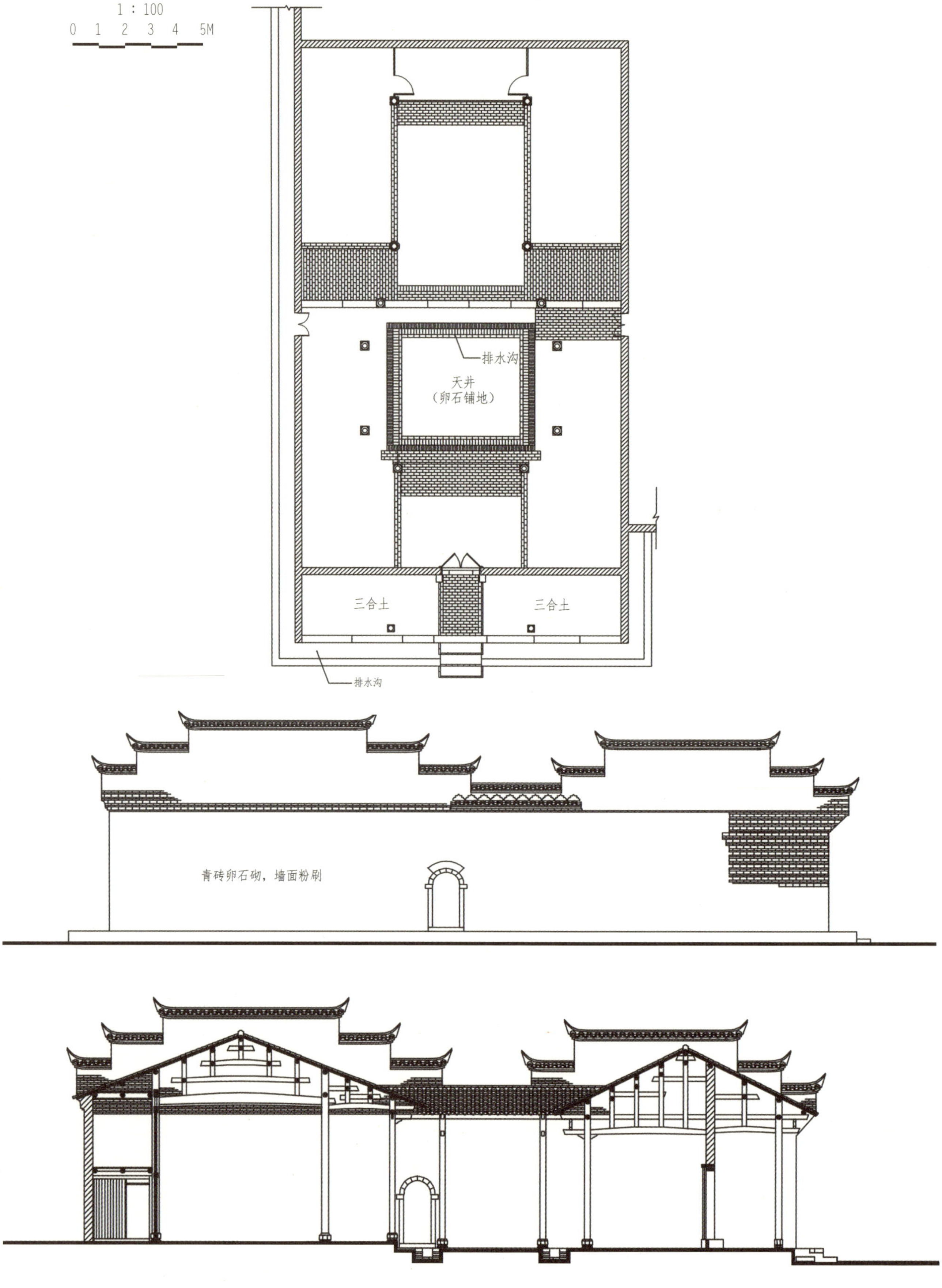

⊙ 敦本堂平面立面及剖面图（李元亨绘制　许飞进指导）

敦本堂山墙一侧

敦本堂山墙

敦本堂内部梁架

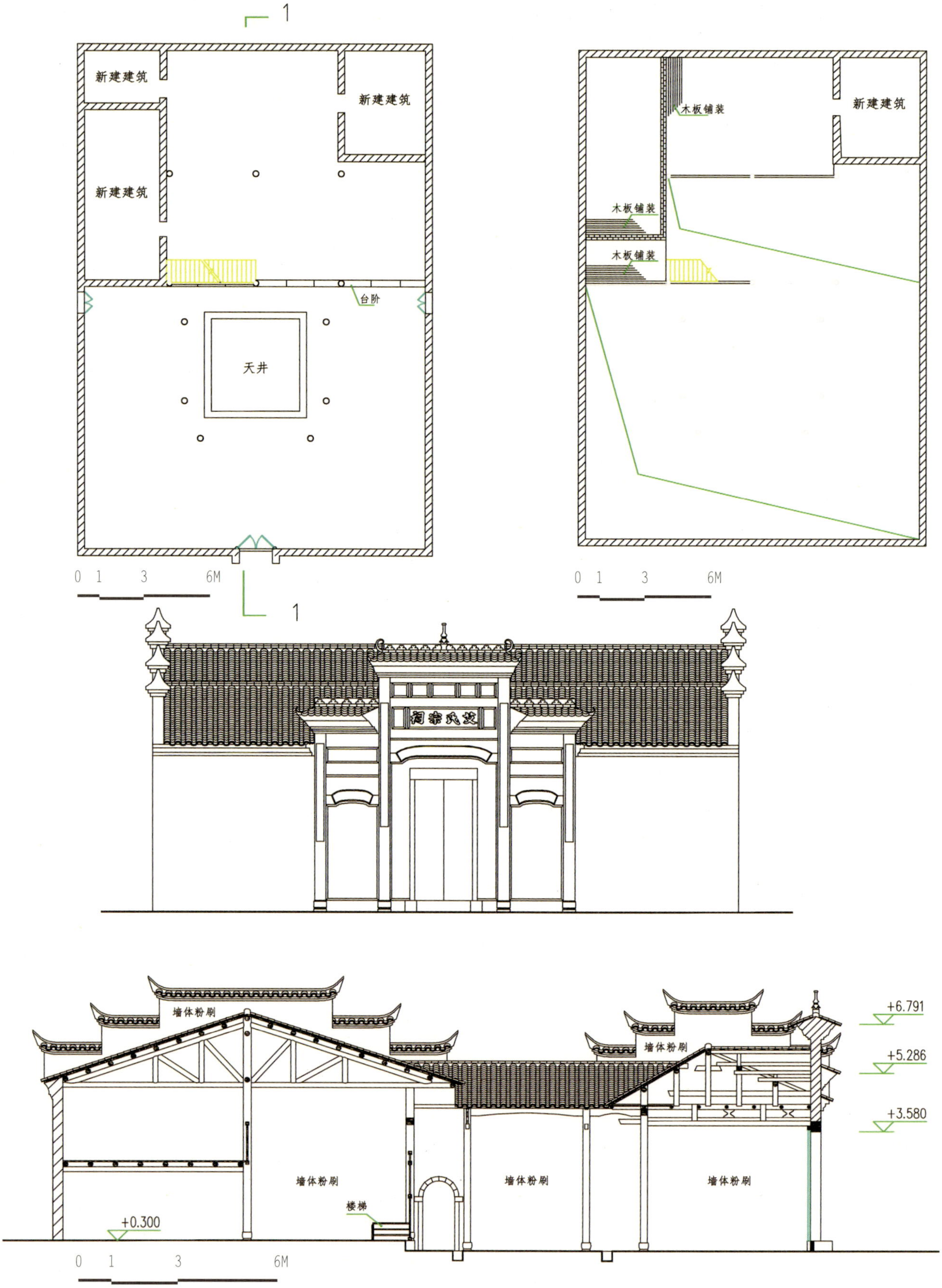

⊙ 艾氏宗祠平面立面及剖面图(张霄霄绘制　许飞进指导)

艾氏宗祠俯视

艾氏宗祠戏台构架

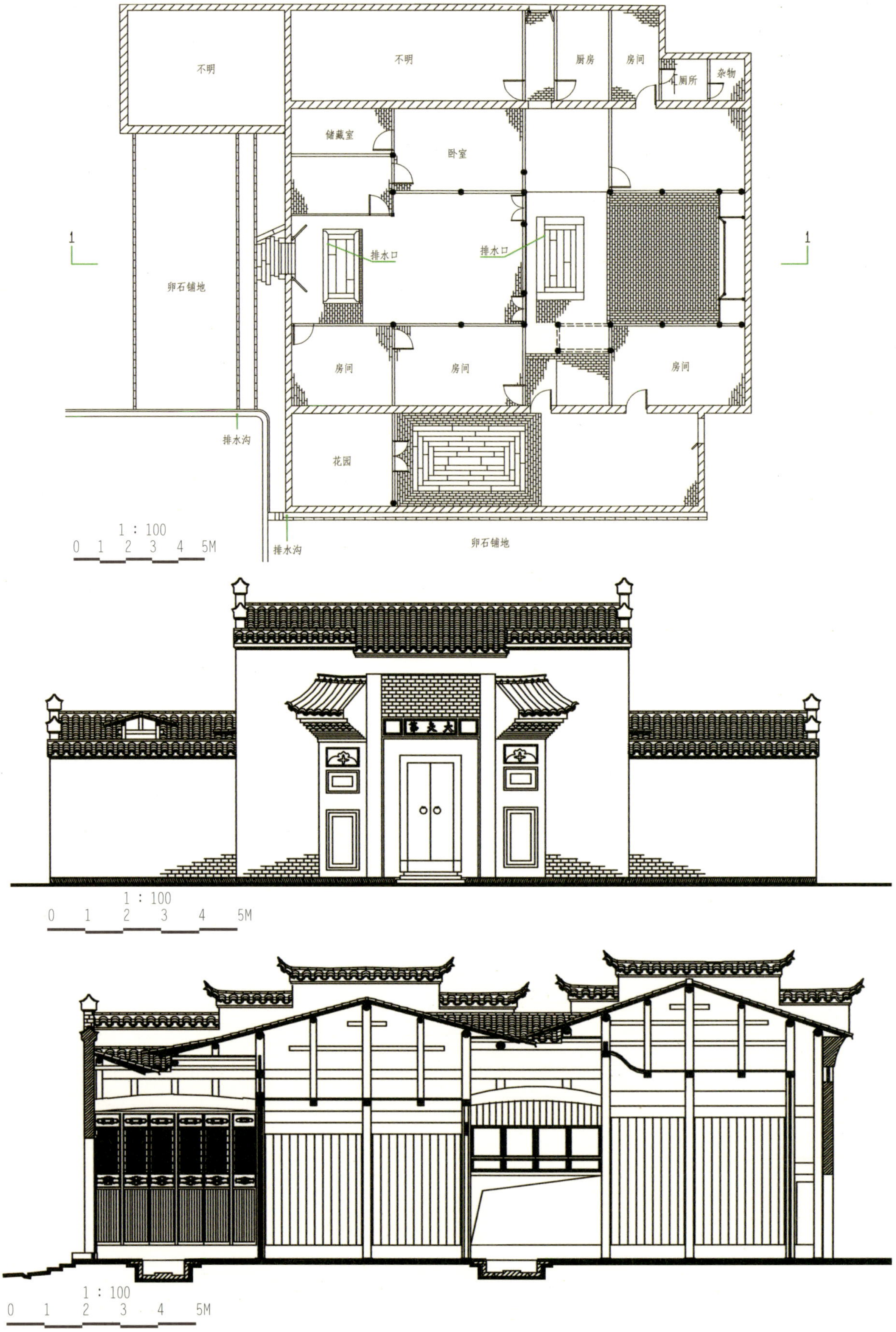

⊙ 艾氏宗祠平面立面及剖面图（赖正好、李元亨绘制　许飞进指导）

大夫第外立面

大夫第内部装饰

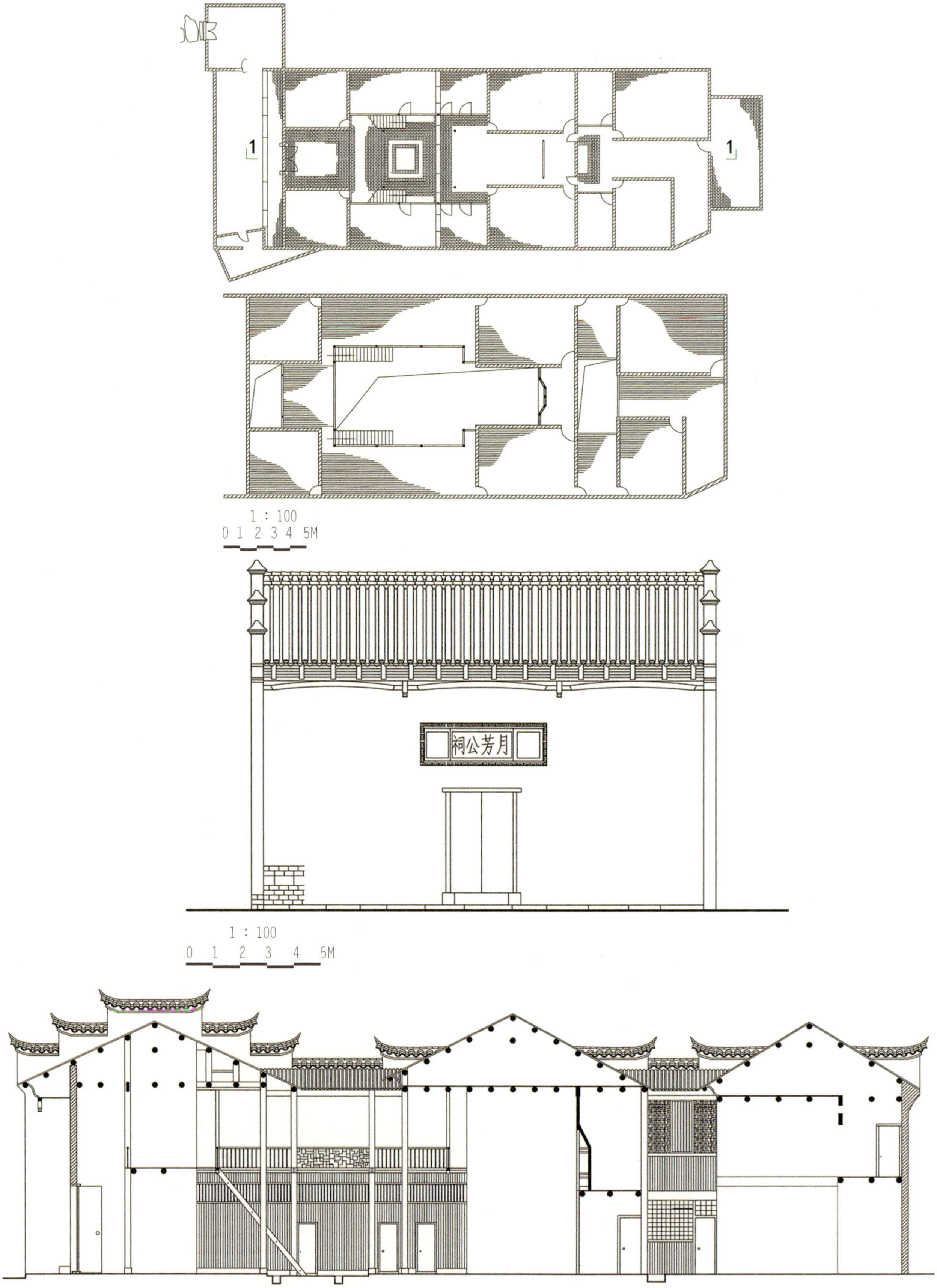

⊙ 惇庸堂平面立面及剖面图（邱胜等绘制　许飞进指导）

⊙ 惇庸堂外立面

⊙ 惇庸堂外墙檐部

⊙ 惇庸堂内部

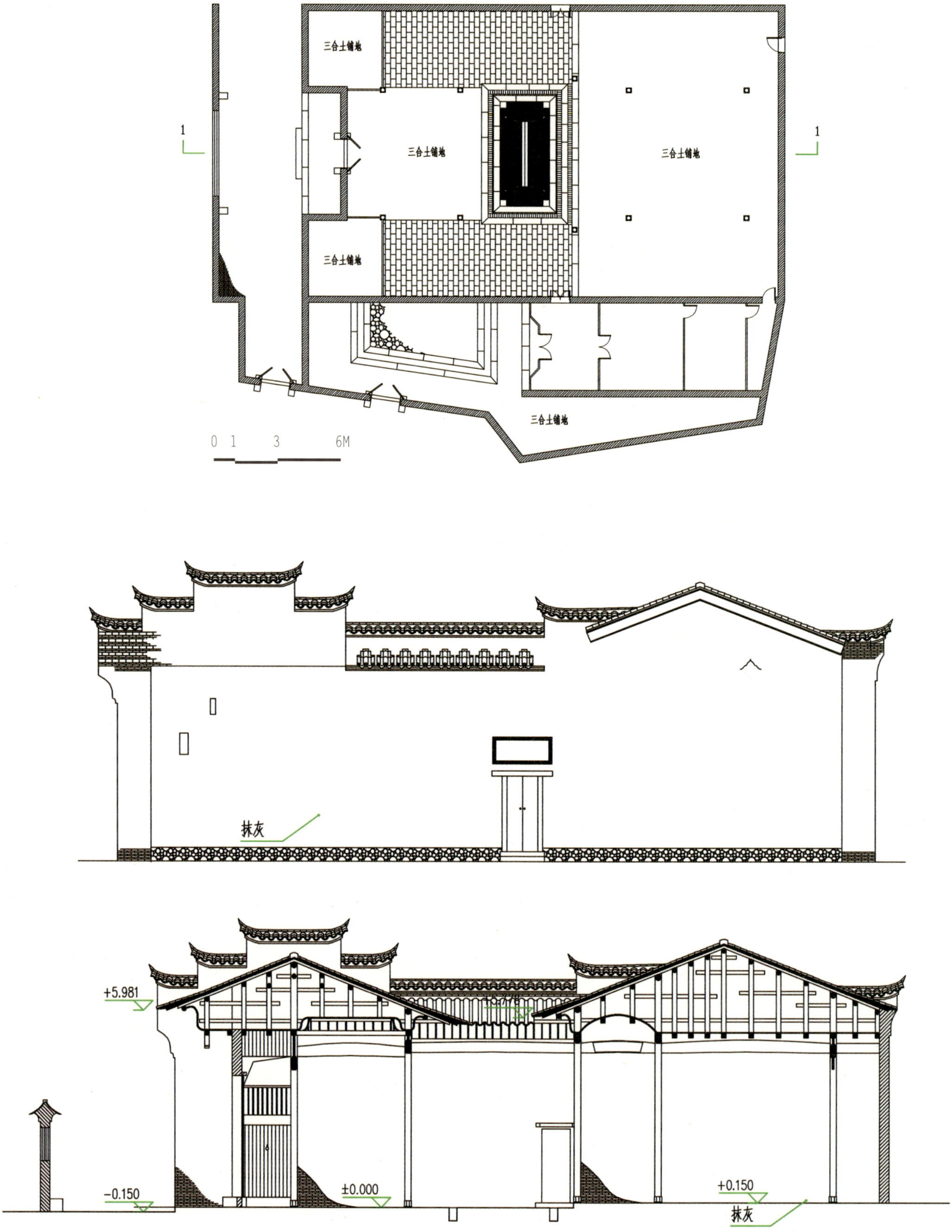

⊙ 思敬堂平面立面及剖面图（谢晨绘制　许飞进指导）

思敬堂入口周边环境

思敬堂内部梁架

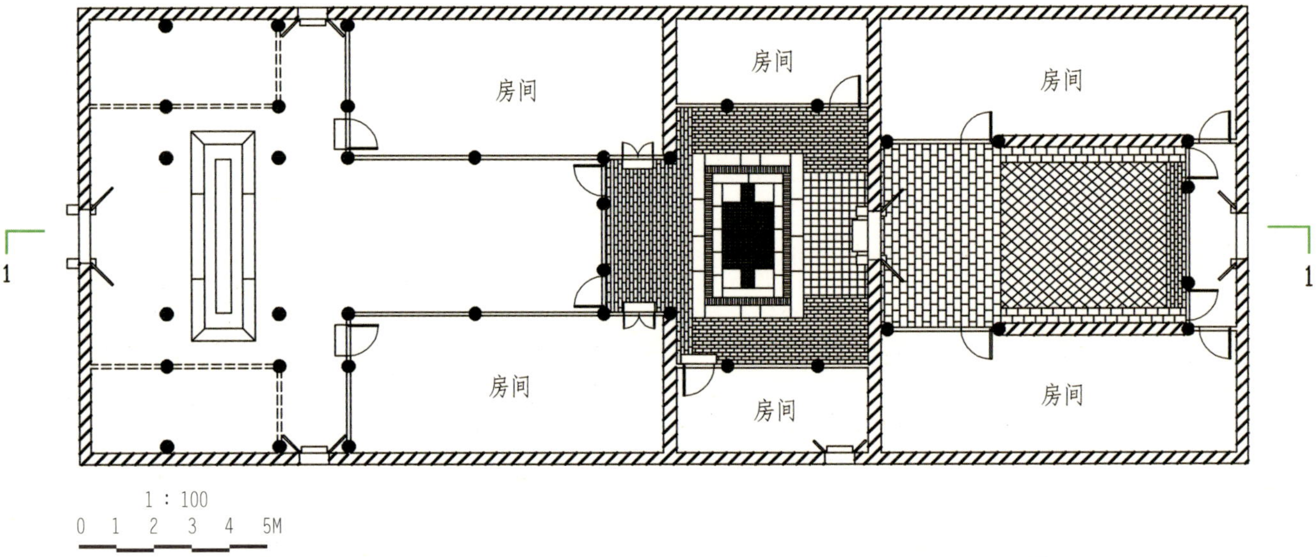

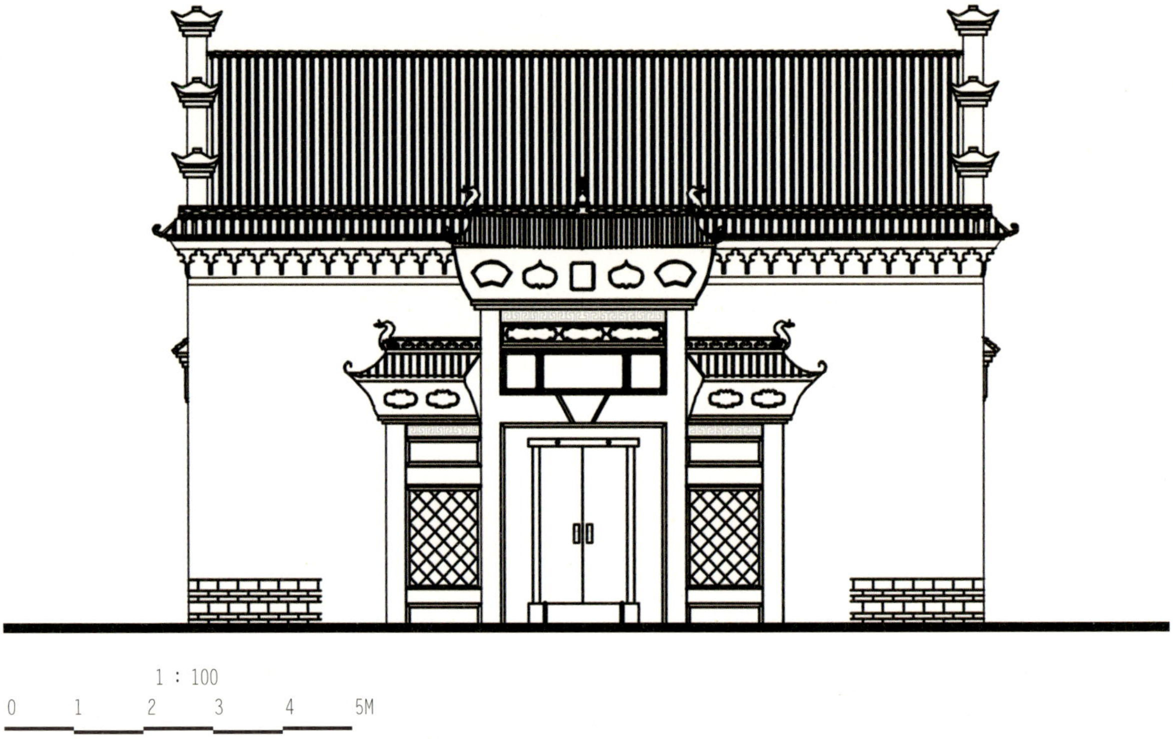

“九峰来秀”祠堂平面立面及剖面图（赖正好等绘制　许飞进指导）

"九峰来秀"祠堂外立面

"九峰来秀"祠堂内部装饰

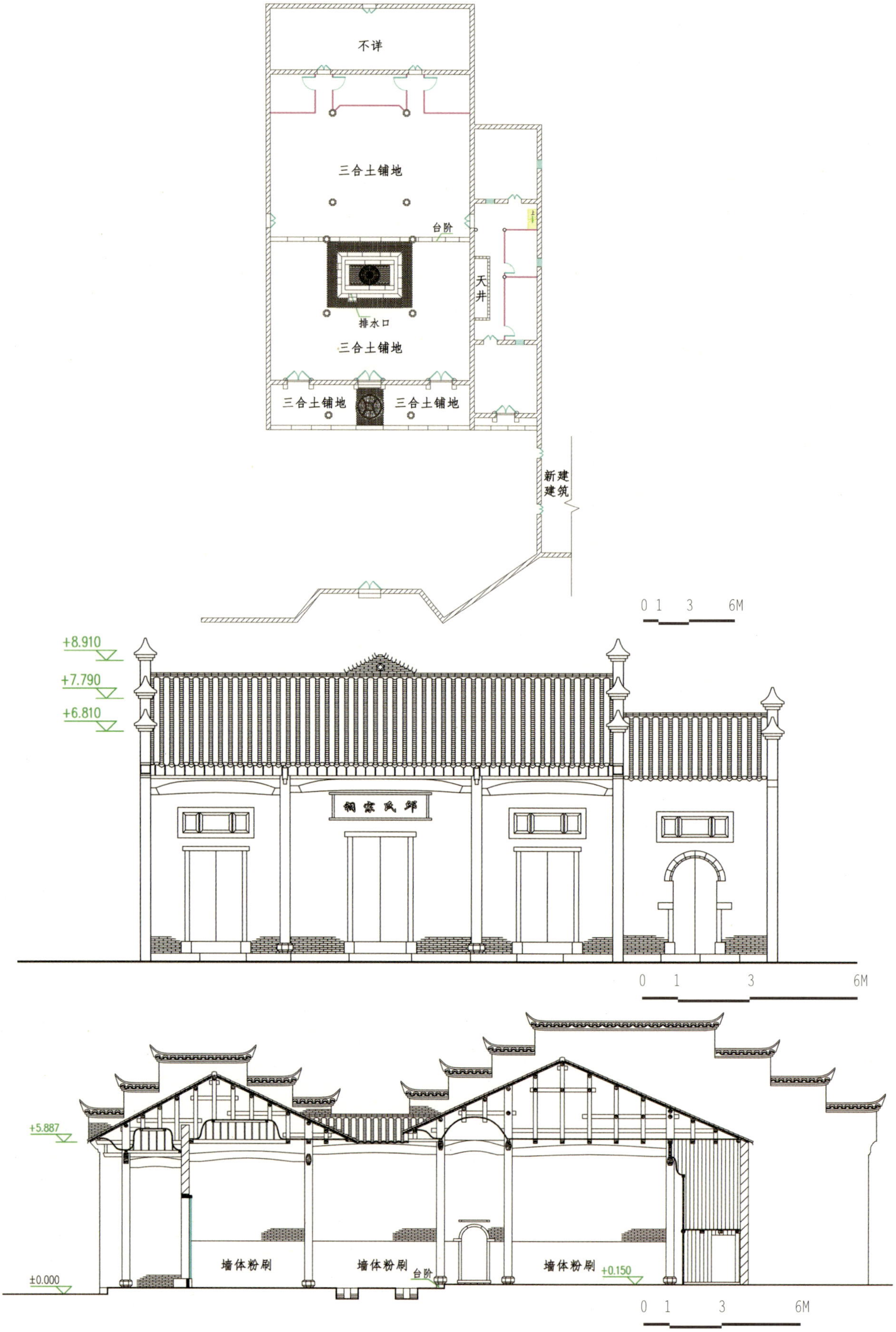

邱氏宗祠平面立面及剖面（李昌鹏等绘制　许飞进指导）

邱氏宗祠周边环境

邱氏宗祠入口

邱氏宗祠铺地

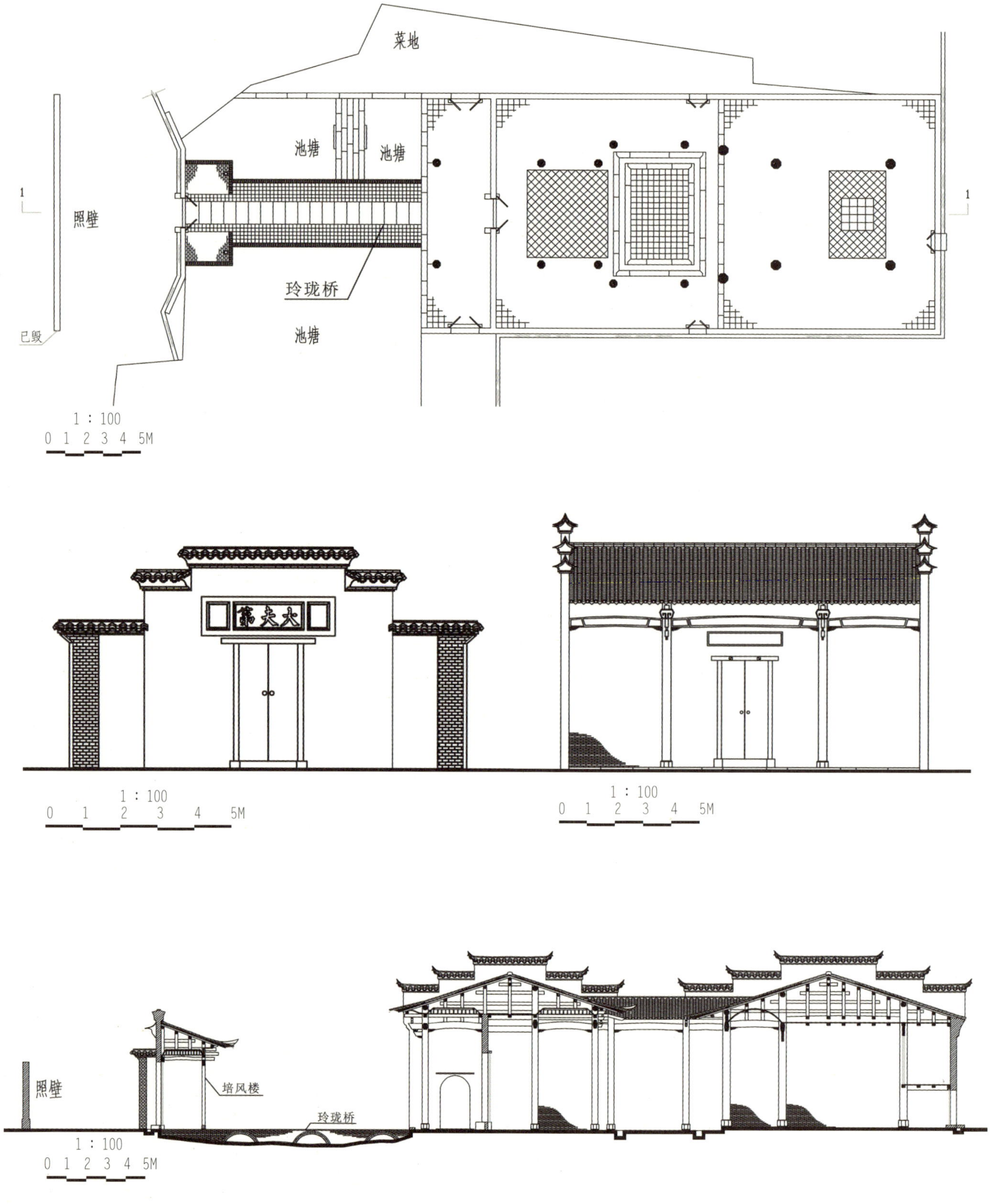

⊙ 思成堂平面立面及剖面图（李元亨绘制　许飞进指导）

思成堂周边环境

思成堂入口立面

思成堂内部

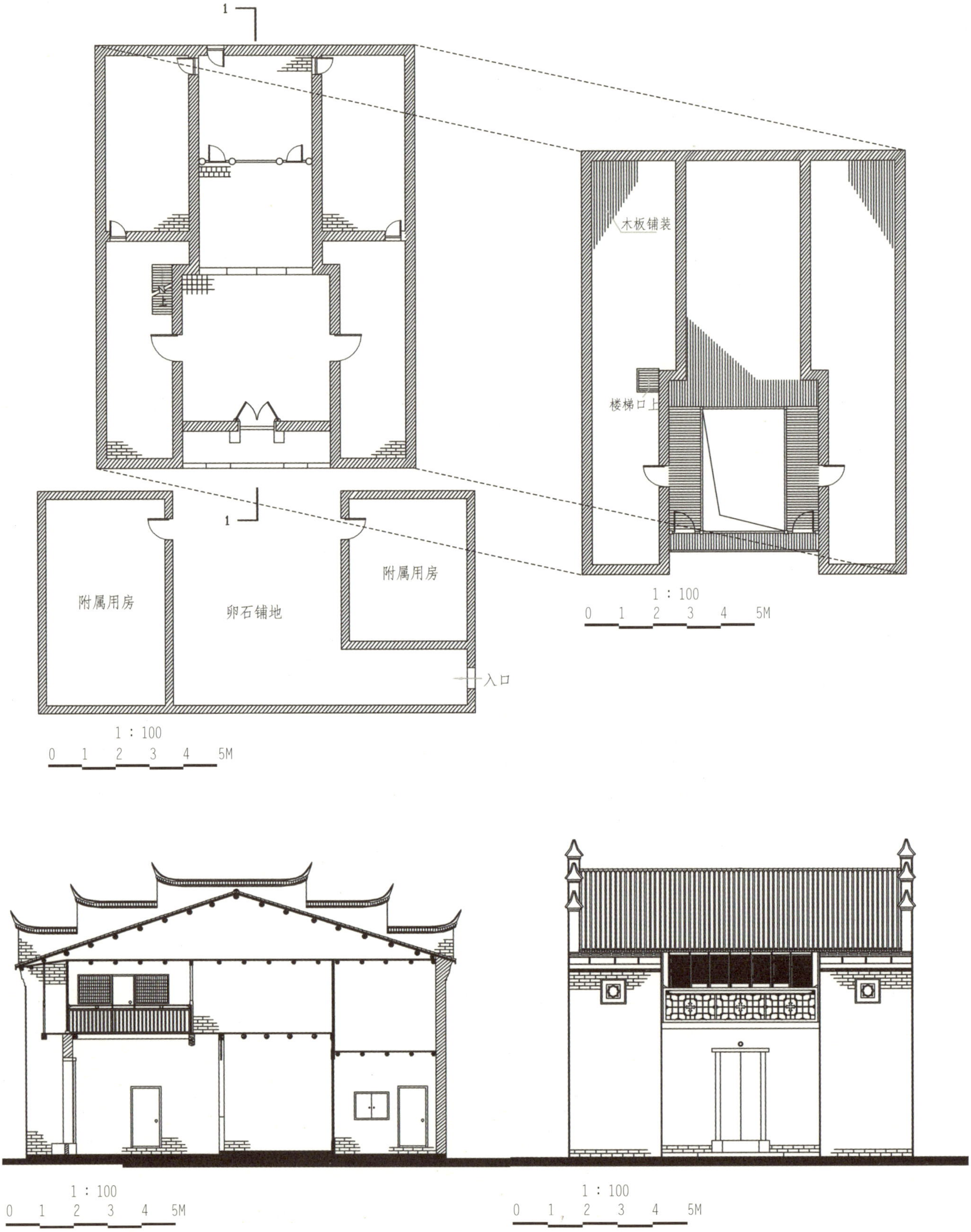

章桂第平面立面及剖面图（邱胜等绘制　许飞进指导）

章桂第入口周边环境

章桂第正立面

进士第门测绘（赖正好绘 许飞进指导）

进士第门立面

浯溪村

1. 历史概况

抚州市东乡区（原为东乡县）浯溪村坐落在东乡区的南部，黎圩镇中东部，距镇政府所在地1.5千米。东乡—虎圩—黎圩—甘坑—坑西—王桥—东乡公路沿村后而过。村前200米处有一条20多米宽的水龙港，清澈见底，溪水潺潺。浯溪村地势呈南北向狭长型，地势东高西低，东面被地势较高的山脉包围，西面分布有地势较低的农田、水系，水系西侧紧邻山脉。

浯溪村所在地域气候属亚热带湿润气候区，四季分明，气候温和，雨水充沛，日照充足，无霜期长，适宜水稻等农作物生长。但降水量年际与季节分布极不均匀，降雨集中在4—6月，占全年降水量的一半。

浯溪村，始建于宋庆元元年（1195），距今已有800多年历史。浯溪村民多数姓王，始祖为宋王安石之弟王安国的第四世孙王子春。王子春自黎圩镇上池村搬迁至此建村，繁衍了44代子孙。在明嘉靖至天启年间和清康熙、乾隆及道光年间，村中王诰、王汝为、王常、王显、王昌、王统、王盛和王廷垣等官宦商贾也发展到极盛时期，在外由儒而商、由商而官，官商结合，积累了大量的资金财富，为光宗耀祖，纷纷在家乡购田置屋、修桥铺路，形成了浯溪村建设的数次高潮。1958年冬，东乡县兴修幸福水库，原库区内愉怡乡坂上村的34户于姓居民移居此地。

该村在明正德七年（1511），即东乡建县之前，属抚州府临川县管辖；中华人民共和国成立初期划归上饶地区东乡县管辖；1968年又划归抚州地区东乡县管辖；现为抚州市东乡区管辖。

2. 村落形态

（1）村落呈坡地型集中式的格局。受传统风水观的影响，强调与自然环境协调统一，体现了“天人合一”的中国传统哲学思想。从古村落的选址来看，古村坐东朝西，南北排列，地势东高西低，利于雨水及污水的排放。左右为田野，背倚青山，面朝绿水沃野，视野开阔，空气清新。尊重自然，爱护自然，顺其自然，利用自然，山水相依，风土温润。饮则有水，行则有道，耕则有田，伐则有山，满足生产和生活需求，既为闲情隐逸之地，又可防御外来纷扰，实为理想的人居之地。

（2）村落传统建筑群是临川建筑风格的代表之一。浯溪村现保存集中连片的明清古建筑46栋，以及状元路、贞孝牌坊和各种匾牌等文物。古建筑群由封建官吏府第和商贾私宅、民居以及大祠堂组成。村里的每幢民宅内部构件都有精美的雕刻，如隔扇、花窗、穿枋、斜撑、匾额、门楣、磉礅等部件。雕刻材料有木雕、石雕、砖雕。雕刻手法有阴刻、阳刻、浮雕、镂空雕等。雕刻内容极为丰富，且意蕴深远，山水花草、人文典故、楼台亭阁、飞禽走兽，每幅图案都有不同的寓意，每个人物都有一个传说故事。这些精妙绝伦、寓意不同的雕刻，体现了古代能工巧匠富于想象、善于创造的艺术才华。这些雕刻的保存，具有较大研究价值。不仅如此，古建筑开合式天井做法与抚州金溪县、临川区、乐安县一带类似。

（3）古村书香绵延，人才辈出，是临川文化的代表之一。明清以来，该村曾有状元1名，另有进士13名，举人21人。明永乐年间，王汝为一家四代先后7人荣登科甲，轰动一时，至今传为佳话。王汝为崇尚读书，且教子有方。他的儿子王常考取进士，他的三个孙子一个考取进士，两个考取举人，侄子王统也考取进士。到重孙王廷垣这辈，更是出类拔萃。天启五年（1625）王廷垣得中头名状元。一家四代均在朝廷为官，为浯溪村增添了异样的光彩。位于村中部的“奕世甲科”牌楼，便是由抚州知府、同知、部院、东乡县知县为纪念王汝为一家四代7人名登科甲而建。

3. 村落建筑

（1）祠堂

芳谷公祠：该祠坐落在浯溪村东部，建于清朝康熙年间。大门门楣上方阴刻“芳谷公祠”四字。由于公祠后龙山为南北向走势，建筑因此坐东朝西。祠堂三进四天井，祠堂天井边缘用条石铺成。内部梁架为抬梁式木架构，马头山墙，条石铺地。祠堂长40余米，宽约15米。祠堂后进比前一进高出0.5米。每进两边设有通往过道，连接中堂和上堂中通道4.85米。通道两侧设有两个天井。祠堂地面平滑，条石质地坚硬，历经数百年未有损毁。

（2）住宅

① 官厅

王廷垣官厅：坐落在浯溪村中部，明代建筑，坐北朝南，砖木结构，梁架为抬梁式木构架。平面长34.5米，宽21.6米，呈矩形，高6米，建筑面积约746平方米。房屋南北两栋，建筑结构面积相同，两房共一墙体，墙开有两个券门，大门外立有高4.1米与房同宽的照壁，墙正面是由厚3.5厘米、宽长37.5厘米的青砖拼出的菱形图案，照壁至大门之间地面均由石板铺成，南北二栋为三进二天井五开间，正中两厅有偏房，东房上厅有60厘米与厅堂等宽的夹墙，暗室可进南栋房。王廷垣官厅整体框架保存良好，内部结构有不同程度的损坏，南栋因上世纪90年代失火整体被烧毁现只剩外框架。此官厅为王廷垣所建。王廷垣官厅建筑规模宏大，年代较早，具有一定的历史价值。

② 府邸

儒林第：位于浯溪村西南面，明代建筑，坐东朝西。砖木石结构，二进五开间，梁架为抬梁木架构式，硬山顶屋面。此屋是明嘉靖年间太学生、册封儒林郎的王浩建造的府邸庄园，占地面积926平方米。建有主人起居，读书赏花，会客交流之房，还有小姐绣花厢房。儒林第大门牌楼，依住宅和花园墙体而建，门楣上嵌有一块青石匾额，刻有“儒林第”三字，厅堂内立柱穿枋雕有动物图案，上下穿枋石灰粉，绘有丹青山水画，门窗雕有花卉图案。所有木刻浮雕刀工细腻，线条流畅，形态逼真。但由于年代远，儒林第只剩围墙框架，建筑结构基本破损。

③ 民宅

绣花楼：坐落在浯溪村南部，坐北朝南。清代建筑，长10米，宽8米，两层。墙为青砖砌成，黑瓦，抬梁木结构，一层高3米，分正厅偏房。二层高3.5米，正厅偏房均为三开间，二楼有挑台，砖木石结构。门楣上嵌有刻字“斋月轩”。此楼是清代儒士王士柏妻子李氏所居。相传李氏为金溪县合市镇人，少年时与儒士王士柏订婚，王士柏进京赴考，行至南京时得风寒不幸身亡，李氏父母仍将16岁女儿在原择定的吉日嫁给王士柏，不出厢房，在此楼守寡。后村人便将此楼称为“绣花楼”。

应宿第：应宿第位于浯溪村北处，属明代建筑。砖木石结构，坐东朝西，梁架为抬梁木构架式，二进五开间一天井。应宿第建筑面积35平方米，长7米，宽5米。门前紧邻“状元路”，对门为荷花塘，出门现绿望池。据载，“应宿第”是当年接待文武官员拜见王延垣的一座旅店。由于年代久远部分倒塌，现存门楼，门楼上嵌刻“应宿第”三字。

一径山房：山房位于“五世恩荣”遗址北面，清代建筑，坐东朝西，硬山屋顶，砖木石结构，面宽20米，进深13米，建筑占地300平方米，建筑西面院落面宽11米，进深12米，占地132平方米。建筑内部格局与官厅如出一辙，内柱与梁的纹饰、雕刻保存相当完整，具有很高的研究价值。

“泉碧流辉”宅：清代建筑，砖石结构，屋坐北朝南，抬梁式构架，硬山顶屋，二进一天井式，面宽9米，进深10.6米，建筑占地面积95.6平方米。大院门上刻有“泉碧流辉“四字。具有当地的建筑风格。

（2）牌坊

贞孝牌坊：贞孝牌坊位于浯溪村南路口，距浯溪村120米处，坐东朝西，已有150多年的历史。据传，金溪对桥李氏许配给浯溪村儒士王士柏，而王士柏未婚先殃。李氏扶棺嫁入，住进“斋月轩”，独自守贞尽孝整整五十四个春秋，直到72岁卒。道光皇帝为表其贞孝，特下旨建造此坊，以示旌表。此牌坊高7.1米，宽7.9米，四柱三间五层，以正间中心为轴线，两边对称排列，从整休上看呈金字塔式结构。正间由两根宽0.4米、高4.6米的巨大石柱支撑，石柱两侧有高2米，宽0.5米，厚0.1米的波浪形抱鼓石辅佐主柱。地面由5块平板麻石铺成，正间内空高3.2米，宽3米。浮雕分五层，第一层是“双龙戏珠”镂空雕刻。第二层是以柳体双面阴刻的“旌表儒士王士柏未婚之妻李氏坊”。第三层镂空雕有两个花瓶、两幅动植物图案，动物有麒麟、大象，植物有青松、翠竹等。第四层是以笔力遒劲的颜体双面阳刻“贞孝”二字。两旁各有一文臣武将立雕，上面是整齐排列的荷花纹。第五层正中间是“圣旨”，圣旨由两对雕龙护卫，雕龙图案的两侧是四环四方胜的花窗，两边各有一只昂首“仙鹤”，上面是整齐排列的菊花饰边。两边两间由两根高3.3米、宽0.4米的石柱与主柱互相支撑而成，地面由10根平石板铺成。侧间内空高2.2米、宽1.5米，浮雕分四层。第一层是梅、菊花、水仙、牡丹、人物等镂空雕刻图案；第二层为棱形窗格；第三层为彩带花卉、人物等图案；第四层为长方形窗格，两边各有一只昂首仙鹤图案。整个浮雕中有人物24个、舞龙4只、仙鹤4只、凤凰2只，麒麟2只，以及大象、花卉、树木等。其工艺精细，雕刻形态逼真。

（3）桥

登科桥，距村北100米，为三孔拱石桥。桥长22米，宽2.66米，拱跨4.6米。桥墩宽2米，呈船头形，桥面两侧为0.3米×0.5米×3.3米的石条，桥面中间有0.5米宽的石板供人行走。

（4）门楼

“奕世甲科”坊：该坊位于村中部，状元路东侧，由抚州知府、同知、部院、东乡县知县为纪念王汝为一家四代7人名登科甲而建。牌楼为八字形，通高5.4米，宽11米，中间一正门，两侧各一偏门。正门为长方形，净高3米，净宽1.7米；偏门上为圆拱形，净高2.4米，净宽1.4米。正门门楣上嵌有一块长4米、宽0.8米的麻石匾额，刻有“奕世甲科”四个楷体大字。匾额上方长条石上刻有“永乐丁酉乡贡进士文林郎为父王汝为、赐进士巡按两直广西监察御史子王堂”。偏门门楣上各有上下两块长条麻石，右边上层刻有“赐进士奉直大孙王显，甲午举人文林郎孙王昌”，下层刻有“天启乙丑进士翰林院编修来孙王廷垣”；左边上层刻有“赐进士朝列大夫孙王统，甲午举人承德郎孙王盛”，下层刻有“詹事府詹事晋礼部左侍郎来孙王廷垣”。牌楼前，一对公母石狮分别端坐于正偏门间，两石狮均高1.9米，长0.82米，宽0.47米，座基长0.9米，宽0.51米，高0.63米。每座石狮均抱有彩球和一只小狮，小狮嬉戏于公母石狮膝前，形态各异，憨态可掬。其背部记载有两块碑刻，可知该坊在道光间经过维修。

科甲里门楼：位于古村北入口，始建于明代天启年间，乾隆三十年（1765）仲秋重修。门亭面墙通高6.4米，宽4.6米，正门净高3米，净宽2米，门亭为八字形，八字顶宽4米，底宽6米，八字中轴长4.6米，夹角45度，八字墙高2米，门亭顶为“山”字形，正门门楣上嵌有一块阴刻“科甲里”三个楷体大字及“乾隆三十年仲秋月重修”小楷的麻石门牌。门牌左右各有一个圆形瞭望口，口内嵌有万字石雕镂空图案。门亭进深5.2米，宽4米，两边设有麻石条坐凳，门亭3.2米高处有一木制板楼，用于守卫人员瞭望、休息之用。

南垣萃秀门楼：位于古村南入口，初建于明代天启五年（1625），距今有380多年历史。门亭面墙通高5.1米，宽4.4米，正门有石拱门顶，门顶净高2.9米，净宽2.6米，门墙顶为一字形，墙顶下为一层塔形青砖，正门门楣上嵌有一块刻有“南坦萃秀”四个行楷大字，并有小楷落款“乾隆癸丑年孟冬月重建”的麻石门牌。门亭为四梁桁，进深3.3米，宽4米，两旁设有麻石条凳。门亭右边有一守卫间。守卫间的窗户为“文”字形，用于守望村口。门亭前有两块高1米、宽0.3米的旗杆石。门亭右侧有一条清澈见底的小溪潺潺流过，给整个村庄增添了诗情画意。

（5）古井

古井位于芳谷公祠南面，清朝所挖。古井口高22厘米，直径42厘米，用麻石砌成，占地面积4平方米，村民过去大多在此用水，现无人使用，整体保存良好，井口有磨损。

（6）巷道

状元路全长450米，宽0.9米，厚7厘米，用条石竖立隔开。此路是江南学子、官员因敬慕明代状元王廷垣在学术上的造诣和为官的清廉，自发捐资近千银两在村内用麻石修建的。中路道供王廷垣行走，其他文武官员从石槽两侧通过。状元路南连“南垣萃秀”门亭，北接“科甲里”门亭。当时设有专人看护。路过此地官员，文官自行落轿，武官自行下马。从此村人将这条路称为“状元路”。该路在江南古村落中极为罕见，具有一定的历史价值。

（7）碾米房

从“南垣萃秀”门进入状元路，有一间碾米房，内有碾米槽等设施。据村民说，浯溪村的后龙山为虎山，将碾米房建于此，碾米声可起敲山震虎之效。

4. 重要历史人物

王廷垣，字康侯，号光复。王安石弟王安国第十九世孙。明天启五年（1625）进士。官至礼部侍郎兼翰林院编修任内务府佐侍郎，又是福王朱由崧的老师。著有《考馆阁小草》《留园集》等书。

5. 非物质文化遗产

（1）民间文学

旧县志有“东乡山水灵淑，人文卓著”的记述，究其本源，名不虚传。出自浯溪村的著作有：王汝为的《资川宦余录》，王常的《谏垣疏略》《莆田笔记》，王显的《东浯草舍集》《梅花百咏》，王廷垣的《潜复奏议》《观生草》《国朝明辅考》《馆阁小草》《留园集》，王瑀的《诗余》《地学发微》等。

（2）民间戏剧曲艺

浯溪村特色灯舞——走马灯。走马灯主要在黎圩镇、岗上积、虎圩等地流传，到上世纪90年代初各地走马灯逐渐失传，仅浯溪村走马灯流传至今。

◎ 浯溪村鸟瞰

王廷垣官厅内部

王廷垣官厅照壁底部

绣花楼外立面

绣花楼内部

应宿第坊

"奕世甲科" 坊正面

"奕世甲科" 坊背面维修记录

科甲里门及状元路

“南垣萃秀”门

碾米房

走马灯

竹桥村

1. 历史概况

金溪县位于江西省中部，地处亚热带，季风性湿润气候，四季分明，气候温和，雨水充沛，光照充足，无霜期长，但受季风气候影响，温度和降水变幅较大，干湿分明；年平均气温17.9℃，年平均无霜期270天。

双塘镇位于金溪县北部，竹桥村位于双塘镇南5千米，金溪县城北10千米处，西距抚州市区57千米，东经206国道至龙虎山风景名胜区。金东公路沿村而过，地理位置较优越，交通较为便利。

竹桥村以余姓为主。据《竹桥余氏宗谱》记载，余氏世家原居泗州下邳（今江苏），后归入雁门郡招入乡立德里（今山西代县），五代后梁太祖开平年间从晋东迁过长江，居福建。竹桥余氏始祖为唐代吏部尚书余褐（授银青光禄大夫），居福建邵武蓝田，褐生子三，长子克忠公任昭武校尉，五代后周显德年间奉命镇守抚之临川上幕镇，即今金溪，乐火源山水之胜，遂卜居焉，为金溪余氏之大宗祖。余褐次子仁斋字克诚，幼子仁椿字克信，皆居闽。

克忠公在火源传五代至稹公，迁到上源，至十三代余文隆迁至月塘，即今之竹桥。故从克忠公算起，火源—上源—月塘已是三迁。另一说法是：迁到牛混塘（雅称游泳塘），十世祖唐正公于南宋末年迁白沙西山库，十三世祖胜五公即文隆公，约在元代中期迁月塘，即竹桥，此亦为三迁。

2. 村落形态

（1）受风水民俗的影响形成坡地型集中式格局的村落。该村始建于明初，地势坐落较高，村前一溪如带，良田千顷，视野开阔，远山横黛；村后木竹繁茂，树荫掩映，鸟鸣啁啾，生机盎然；村里古建筑鳞次栉比，错落有致，青砖灰瓦，飞檐翘脊，户超两百，人近千丁。古村中有水塘八方，中间为一月塘，形成“七星伴月”之象。这里有多种功能的建筑，是我国南方农耕文明的历史见证，蕴含了临川文化圈中多种文化元素，亦可了解江右商人的发展历程，这里有书院，有雕版刻书的作坊，有致仕归乡官员的书房民宅，有精彩的乡民龙灯、马步灯表演……竹桥古村的文化意义涵盖了考古学、社会学、人类学、民俗学等诸多领域，为我们提供了一个传统社会农、商、儒并重的有丰富人文历史信息的标本，成为当代金溪一个古风犹存的保存较好的古村落。

（2）古村建筑风貌完整，环境元素丰富。

古村中有上中下门楼和总门楼共四个，村后有三个山门，房屋为清一色的板石墙裙，一般高1.5米，最高的有2米，可有效防止盗贼打洞。古建筑群排水通畅，每条巷子都有下水道。巷子由青石板铺成，纵横交错，组成内环、外环，弯弯曲曲如迷宫般。村外有围墙相连，可以有效防止土匪盗贼的进入。

竹桥村明清古建筑现存完整的有108幢，其中明代民居7幢，明代祠堂（文隆公祠）1幢，均为清一色的青砖黛瓦。高耸的马头墙，朴实素雅，既有观赏价值，又有防火防盗的功能。这些建筑中有三组建筑最为出色，一为文林第，二为十家弄，三为八家弄。三组建筑群均设有三门，即总门、巷门、大门，各有并排四五栋样式相同的房屋，房屋有侧门相通，雨天来往，不会湿脚。其中开合式天井及半天井成为临川建筑文化的组成部分，从中可管窥江西天井式民居的演化过程。

（3）刻书业是该村发展的经济支柱，是金溪刻书的代表之一。如余仰峰，名望之，字企山，号仰峰，生于康熙四十年（1701），卒于乾隆三十五年（1770），享年70岁。他是步云公长子，兄弟四人，少随父亲在湖北黄梅县卖书，经常进出富家书室，品行端正。后侍父回故里，自开印书房，“刊书版置局于里门，昼则躬耕与南亩，暮则同诸弟徒侣肆力于书局，每夜分时休”。以刻书鬻书为业，以诚相待，从而富甲一方。乾隆三年（1738）掌管祠务，视族事如家事，虽少读书，但因长期从事书业，遍观书册。有子兆清（字渭阳）、汇青（字汉阳，号镇川）、澄清（字渭璜）、沐清（字渭征），皆杰出，光大门庭，富甲一方，且兢以诗书督课后嗣。又如：余棣，字垂芳，又字荆棠，镇川公之子。10岁时因为兄长读书，自请从商，父携至孱陵店肆，从此克勤克俭，经营商业，后来其父把湖南湖北所有店业全付垂芳经营，自己优游林下。还有余希龄，字德昭，又名余有容，雍正三年（1725）生，乾隆五十七年（1792）卒，列书肆于京城，收罗古籍，兼综金溪嘉会试馆事。子余延奏，字懋忠，号训庭，太学生。

3. 村落建筑

（1）祠堂

① 文隆公祠：建于明初，株木大柱，红石巨磉，极有特色，至今历600多年，甚为少见。面宽15米，进深29米，建筑面积435平方米，余文隆为竹桥开基祖，此祠为全村总祠。村内重大活动都在此举行。

② 仲和公祠：余仲和为文隆公之孙，生于元至正十二年（1352），卒于明宣德十年（1435）享年83岁。其子孙于道光四年（1824）建祠祭祀他，距仲和公去世已近400年了。仲和公祠结构宏大，宽敞气派，面宽15米，进深39米，充分显示了道光时期余氏子孙富甲一方的雄厚财力，祠侧为养正山房。

③ 步云公祠：余步云，康熙十五年（1676）生，乾隆二十年（1755）卒，享年80岁。经商致富。乾隆五十八年（1793），余室后人用兴工建了步云公祠。祠面宽14米，进深23米，其左为书塾，名曰“怀仁书院”，四字匾额书法精美，笔笔都有来历。封建社会富户以本生息，是一种典型的传统理财方式，只有在社会相对稳定，其家又有一定社会势力，才能运作成功。祠堂两侧门楣上标榜着“居仁”“由义”，这是儒家文化对社会最底层的浸润与教化。步云公祠保存完好，土地革命时期，竹桥村革命委员会（农会）就设在这里。

④ 镇川公祠：镇川公讳汇青，字汉阳（步

云公之孙），生于雍正十三年（1735），卒于道光十年（1830）。享年95岁。他经商湖南安乡县，富甲一方。后子孙于咸丰八年（1858），建造了这座宏大祠堂。其面宽31米，进深31米。大门砖雕石刻精美，祠前青石铺地，两侧是“培兰”“植桂”书室，为严师教育子孙之所在，“培兰”“植桂”意即培植人才。大门对面院墙上有一方石匾，上书“对云”二字，书法俊秀，上款是“乾隆丁丑年”，下款是“曹秀先书”，起首随形章“赐书堂”，落款二篆章，一为“秀先之印”，一为“地山”。据《江西历代人物辞典》及《清史稿》载：曹秀先（1703—1784），字恒所，一字冰持，号地山，江西新建人。雍正十年（1732）举人，乾隆元年（1736）进士，授翰林院编修。历官监察御史、吏科给事中、国子监祭酒、内阁学士、礼部右侍郎等职，乾隆三十六年（1771）晋礼部尚书，任四库全书馆副总裁，后为总裁，上书房总师傅。博览群书，工于诗文，尤善书法。著有《赐书堂稿》《地山初稿》等书。去世后赠一品太子太傅，谥“文恪”，是清中叶名臣。

（2）住宅

竹桥住宅多为半天井式民居，由于天井处多设置遮光设施，黄镇梁称之为开合式天井民居。半天井民居是指一栋住宅只在堂前有半个天井。这种民居取消了倒座，对着正堂面设了照壁，使天井一面靠墙，并加大正堂出檐，或者在堂前设屏门，使堂屋干爽而又保持良好的纳阳采光和通风的效果。这种变异后的天井民居不得不从一面侧厢开门，比之从正轴入门减少了几分传统的庄严。从侧门进出的另一个原因就是保留了开合式天井的特点。

半天井民居一般坐北朝南，但大门朝东或朝西开。一井两堂，但天井不在上、下堂的中间，而是位于厅堂南端，呈东西长、南北宽的长方形状。民居使用石、砖、木建造。一般有高1.4米左右的条石墙裙，有的超过2米，皆使用当地特有的石料，颜色多为灰白，也有泛红或泛青的。墙裙上面是青砖砌筑的墙体，绝大多数不加粉刷，直接露出清水砖墙身。房屋内部一般是穿斗与抬梁混合式梁架承重，木柱下有石柱础，屋面盖小青瓦。天井使用青石板铺砌，地面为三合土地面。

半天井民居的外观比较朴素，没有飞檐翘角，甚至连大门也是朴素的青石门框，缺少装饰。窗户多为方形石框，高的不过80厘米，宽的不过40厘米，但是它们均镶嵌精美的石雕。有的是简单的吉祥图案，有的是复杂的动植物甚至人物雕刻——大致有雀鹿蜂猴、福禄寿、六合同春、三阳开泰、喜上眉梢、福在眼前、国色天香、富贵平安、君子之交、一品清廉、事事如意、麒麟送子、太平有象、莲年有余、鱼跃龙门、必定如意、必定平安、暗八仙等内容。另外，在房屋内部的木隔扇与窗户上也施以精美的木雕。

半天井民居是天井式民居的一种改良与变异，这种形制可以克服因天井位于上、下堂中间带来的易潮、炫光以及飘雨的缺陷，使堂屋干爽而又保持良好的纳阳采光和通风的效果。这种民居比带前院的天井式民居更显简朴，直接简略了正面大门。从地理位置上看，抚州地区处于赣东北向赣中庐陵（今吉安）地区的过渡地带，这种半天井民居也是赣东北天井民居向庐陵高位采光民居的一种过渡形式。反映了明清以后，随着商品经济的发展，传统家族聚居形式逐渐解体，人们开始追求独家独户的私有空间，住宅逐渐走向小型化。竹桥还有一种小型民居，结合天井排水与山墙排水。余义兴兄弟宅进深小，横向五开间，入口过道狭窄，与厢房一起形成双坡，其中一坡排水至正面山墙外侧。

（3）庙宇

锡福庙：金溪古俗，有村必有水口，水口一般有大树、小庙、社公殿（又称社令祠）等，村人凡宰杀牲畜，必到此祭祀，以表示不敢自享，祈求地方神祇保佑，六畜平安，地方清洁。竹桥村口有老樟一株，蓊蓊郁郁。其下锡福庙，面宽13米，进深14米，两栋三间，原来供奉伏魔帝君，左室供观音大士，右侧庖房，庙内竖有一块康熙六十年（1721）与邻村争水结案碑，上面刻着当时的李县令处理该村与邻村争水的判词。庙前有塘，乃光绪十三年（1887）改田为塘以应风水。

（4）作坊

养正山房：古代雕版印书作坊。金溪是古代江西雕版印书中心，而以竹桥人开的“余大文堂”为最大最早。养正山房位于仲和公祠右边，进门为一大庭院，上堂及后堂为印书之所，乾隆年间书版盈架。竹桥有人在康熙年间就在全国做卖书生意，如余德昭在北京开书肆，“收罗古籍，兼理金溪嘉会试馆事”。又如余仰峰，少时随父在外贩卖书籍，后来回乡自开印书房，“刊书版置局于里门，昼则躬耕南亩，暮则肆力于书局，以刻书印书为业”。可以说竹桥人开了金溪雕版印书的先河，养正山房即为遗存之一。

（5）书屋

苍岚山房：又叫“大房书院”，位于十家弄上首，大门上石匾刻有“苍岚山房”四个遒劲大字，进门后，下堂一道屏风蔽隔上堂。上下堂相隔较大，故而天井两侧厢房较长，可作士子读书之所。上厅檐廊宽阔，通向左侧私居，私居用石圆柱建为两层，上层阳光可直接射入，为主人的“晒书楼”，私居面对小院，设以奇石、花草，更显幽静。后面是厨房、杂物间，另有通道。全屋虽然不大，却布局精致典雅，极见匠心，为文人读书吟诵之所。后来是竹桥村私塾先生教导几个学童的书院，文化气息甚浓。

（6）药铺

入口为可拆卸板门，面积小，三开间，穿斗构架。前后二间用木板隔开，缺少天井采光。当中一间为药店，其余房屋为仓储或者用以住宿。

（7）门楼

① 总门楼：总门楼关系到全村的气场。远处案山崇麓峰，近处案山黄婆岗。面前稻田平坦，三井品立，溪渠回环，不见水出。咸丰七年（1857）太平天国军队至此，门楼被焚，后族人集资重建，概遵原式。现门楼侧墙上存有道光二年（1822）修整门楼捐资碑一块，以及道光十一年（1831）县令胡某批谕的禁碑一块。

② 上、中、下三门楼：

竹桥上门楼为“谏草传芳”门，建于乾隆年间，此为纪念宋代先祖余昌言（时居上源）。他中进士做官，向皇帝写谏书，得到皇帝的采纳，故立此门以鼓励后人建功报国。

中门楼为石库门，较为低矮。门楼前地面，竹桥先人以青石板构成一个大大的“本”字，《论语·学而》：“君子务本，本立而道生。”以此时刻告诫村人，为人办事、与朋友交往以及学业都要务其根本，只有先做到这些才可能有大“道”。

下门楼为“光禄世第”门，门内地上有一个用卵石镶成的太极图。金溪火源的始祖克忠公，其父余褐曾任唐朝礼部尚书，授银青光禄大夫。竹桥余氏立“光禄世第”门，以激励后人努力奋发，追慕先祖，建功立业。

（6）巷弄

八家弄与十家弄由两排高墙大屋连缀构

成，青石街巷，整整齐齐，屋屋有侧门相通，庭院深深，屋内花格窗棂、方砖地面，古色古香。有的大门由透雕的石刻构成，人物楼台，做工精致，保存完好。房子裙部多由3至4层青石板砌接而成，既牢固又防盗，还显示了主人的富有。有一舍屋门楣上题写“拜石”二字，“石”字中还多了一点，可见主人不拘俗套，熟知北宋大书法家米芾爱石成癖，每见奇石便下拜称兄的故事，平添了建筑的人文气息。竹桥经商致富者较多，加上环境优雅，民风和谐，故鹤发鸠杖的老者大有人在。谱载乾隆时此地逾70岁的就有20余人。

（8）古井

总门楼前有“品”字形排列且周围有多边形石栏杆的古井三口，其中一口建于乾隆七年（1742），一口建于乾隆二十一年（1756），均为四方禾斛井，可供几人同时打水。《竹桥余氏宗谱》中记载：“旧有二井，一名剑井，一名新井。道光二十三年天旱，四月未雨，又开一井，亦名新井，自是三井品立，亦先人心计也。农民睹之，知为人邪正固有品级之分；士子睹之，知贫可守而品不可坏也；商贾睹之，知当忠主任事品德不谬也。”由此亦可见竹桥先人重德的古道热肠。

4. 重要历史人物

（1）余为霖，字蕴隆，号惕区，娶妻蔡氏，乃明末阁老蔡国用之孙女。顺治八年（1651）举人，康熙二十年（1681）授山东齐东县（今邹县）知县，封文林郎。时值七年干旱，户口日稀，饥民伐木换米，四山几光。余为霖到任后召集百姓，给牛给种子，劝民耕种，令民掘井种桑麻，百株者给奖赏，又请求上级免派一切征税、劳役，革除各种陋规，民困渐渐缓解。他修文庙，立义学，捐俸买田养士劝学，名声大振。在齐东四年后，余为霖丁忧回乡，守孝期满，调任四川阆中知县，未任满，以奉养老母辞职回乡，在其书室读书著述。著有《石松堂集》八卷、《决风集》两卷，又编有《齐东县志》七卷。录入《金溪县志》《齐东县志》《江西历代人物辞典》。

（2）余鸿恩，字钟祥，号菊圃，镇川公之孙，余棣之长子。上宪赐“为善最乐”匾。

（3）余启隆，字达可，晚号次蹯，父均锡公早卒，公生三月而孤，甚贫，稍长即牵车远行，同生意者无不乐其诚朴，以习贾而裕。上江抵贵州遵义经商，有旧券数百金，悉数焚之曰“无累后人”，下江抵苏松一带。嘉庆元年（1796）蒙恩赐正九品冠带。

（4）余地山，讳维谦，号地山。辛亥武昌起义南昌光复，李烈钧为都督，余地山任参谋。袁世凯窃国复辟，余地山偕李公举行湖口起义讨伐袁世凯，任赣军第一师第二旅旅长。袁死后，军阀专权，孙中山二次革命令北伐，余地山任先遣军军长。

竹桥村鸟瞰

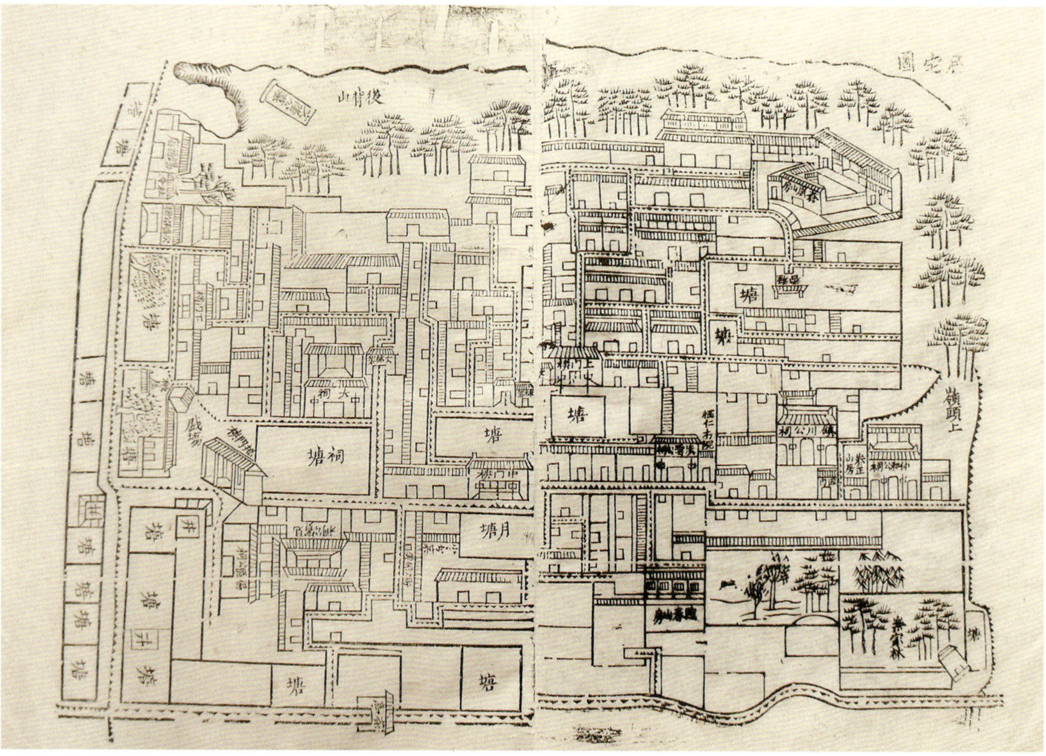

竹桥村舆地图

总门楼及“品”字三井之一

公和堂外立面

中门楼及“本”字铺地

十家弄

流坑村

1. 历史概况

乐安县位于江西省中部，抚州市西南部。东与崇仁县、宜黄县接壤，西与永丰县、新干县相邻，南连宁都县，北靠丰城市，是连接抚州、宜春、吉安三市的要塞。流坑村距省会南昌160千米、京九铁路八都站50千米。处在乐安县东南山区向西部中低丘陵的过渡地带上，四周青山环抱，三面江水绕流，山川形胜，钟灵毓秀。

流坑村归牛田镇管辖，位于牛田镇的东南方位。牛田镇地势自东南向西北倾斜，地貌以低丘岗地为主，海拔100米—300米。牛田水、恩江贯穿东西，沿河两边地势平坦，是耕地连片、人口集中的农耕区。牛田镇受亚热带湿润季风影响明显，四季分明、气候温和，年平均气温17.7℃。

流坑古村的东面、北面有乌江环绕而过，西面是人工开挖的龙湖，境内还有多处水塘。历史上这里春夏二季雨水充沛，河水上涨，排筏上下，川流不息，船只自村边码头可下漂至赣江沿江、樟树、南昌、吴城等埠。

五代南唐升元年间，流坑村始属吉州永丰县，南宋时割隶抚州乐安县，至今已有1000多年的历史。这个村子大都姓董，是一个董氏单姓聚族而居的村落。董氏尊西汉大儒董仲舒为始祖，又认唐代宰相董晋为先祖。据族谱记载，董晋裔孙董清然在唐末战乱时，由安徽迁入江西抚州的宜黄县，他的曾孙董合再迁至流坑定居，成为流坑村的开基祖。

宋代是流坑历史上最繁华的时期之一，董氏崇文重教，以科第而勃兴，成为江南大家族聚居的典范。时有“一门五进士，两朝四尚书，文武两状元，秀才若繁星”和“欧董（流坑董氏）名乡”的美称。科举昌盛，使流坑董氏在北宋一代仕宦如云。宋德祐二年（1276），元兵南下临安（今杭州），此后流坑经历了近一个世纪的动荡和劫难。与科举仕宦的日益衰微相反，流坑的社会经济，特别是明代后期逐渐兴起的竹木贸易，到清代前期步入了黄金时代。

从南唐至今的1000多年中，流坑村董氏聚族而居，既为董氏宗族活动奠定了基础，又形成了传统宗族文化的牢固载体。经过多年的发展，在流坑村现存的500余栋各类建筑中，有明清传统建筑及遗址 260 处，其中明代建筑、遗址19处，数量众多，完整地向人们展示出农村的封建宗族活动。

2. 村落形态

流坑古村是一个以血缘关系为纽带，以董

姓为主的聚落。村落特色主要体现在典型的江西盆地集中式结构，七直一横的巷道布局，类型齐全、数量众多、规模较大的古建筑群，有着深厚的农商耕读文化底蕴。

（1）对资源的利用与自然环境的适应形成盆地型集中式的村落

乐安县位于赣中南丘陵的北段，境内低山、丘陵、岗地和小盆地交错分布，流坑村就处在其中一个群山环抱的小盆地之中。流坑村位于乐安县西南部的乌江之畔，上游有旸田村，下游有麻坑村、水南村、牛田镇。这里气候温和、日照充足、雨量丰沛、无霜期长，为该村农业的发展和林木的生长提供了便利的条件。由于流坑村东侧有乌江水通过，对水资源的有效利用成为聚落发展的前提。与此同时，防洪也成为聚落生存的首要因素。流坑村的桥东中洲一带为原乌江水淹没地，后水位下降，形成湿地。明朝有洪水泛滥，嘉靖、万历期间流坑村名贤董燧与村民修龙湖排洪，洪水从乌江上游进入流坑村，通过修建的下水道等排水设施流入龙湖，再流入乌江下游，起到较好的防洪排涝作用。一系列的排水措施及龙湖的开挖也只有在强大的宗法制度、雄厚的政治及经济资本下，经大规模协作才能成功。

（2）聚落的历史文化积淀形成流坑村的特色内容

从文化圈来看，古代江西地处吴头楚尾，各时期皆有文化遗存，形成具有自身特色的江西土著文化。江西土著人为古越族及其先人三苗族人，后被中原的华夏族征服，至夏禹时，逐渐衰亡。但由于远离中原，所以三苗作为一个氏族部落仍在江西沃土上发展，传承自己的文化。后期逐渐形成三苗文化圈、荆楚文化圈、百越文化圈和中原文化圈的融合。这种融合作为赣文化的基础，共同影响着流坑村的发展，具体表现在巫术崇拜、买水习俗及傩戏等遗俗中。

从民族与语言特征分析，流坑村人皆为汉族，是血缘关系的村落。早期主要为三姓，一为董，一为曾，一为何，现何姓已消失，曾姓极少，董姓为多数。该村方言属乐安县汉语方言，乐安县由于历史上屡经迁徙，北方来的移民落户后，使客家话与本地土话结合，语言较为复杂，但主要仍为赣语系，兼杂有客家方言。由于语言受移民等多方面影响，聚落文化上显示出多元融合的特征。

从宗教文化方面考察，流坑村有多种宗教文化建筑：本土的有仰山庙、神社团；龙湖一侧有武当阁，祭祀玄武大帝等。流坑村还有少量晚清民国建筑，其风格与天主教建筑风格相似。

（3）对宗族文化的认知与互动形成聚落发展的骨架

流坑村的宏观布局受当地风水文化的影响，村中族人在来水天门处建造了三官殿，外水口地户处建观音庙，同时在五龙湖与乌江交汇处，用武当阁、玉皇阁锁住内水口，民间认为，“锁住水口也就守住了财源”。流坑村有十六古迹之说，即白茅洲、中洲、龙湖毓秀、仙冢流芳、北岭垂流、西山过化、石遗仙迹、壁写精忠、峰列台楼、峡开日月、三山起顶、五桂联名、天马南驰、兑鱼西镇、文笔插汉、石印浮江。此十六古迹中有十一景相传与风水师杨筠松有关。十六古迹中的文笔插汉指的是文笔塔，有意思的是，此塔并非董氏族人所建，而是田村姓毕的阁老所建，万历年间已塌。流坑村人只是将此景挪为己用而已。

村落中起领导作用的是士绅阶层，明朝董裕在万历二十二年（1594）任工部侍郎，对流坑村的规划有一定影响。到了明朝嘉靖、万历年间，曾在朝廷当职的董燧大力规划流坑村，据传流坑村现明代住宅“永享堂”即为董燧所设计。董燧曾在上述十六古迹中注曰：“东有梅岭，西有镜山，南有天马，北有雪峰，中有宝塔，皆秀拔高耸如文笔。”就这样，流坑村宗族士绅用景观规划贯穿了整个聚落的发展，形成了聚落发展的骨架。这种骨架就是流坑村自明末董燧等人按里坊制规划以来，道路由“五直多横”形成“七直一横”。古村在乌江岸边建有七个码头，每个码头都对着一个巷口，七条东西向的巷道与西头龙湖边一条南北向的巷道相联，形成“七直一横”的梳式形状，既体现了血缘村落的宗法关系，又反映出当时城邑建设中巷道布局的规划。

（4）经济发展是流坑村聚落发展与演变的关键

该村经济崛起，繁荣昌盛，先靠科举，后靠经商。走上仕途，伯叔子侄，昆仲邻里，声息相通，互为援引，上至宰相、侍郎，下至主簿、教谕，该村累计一百余人。而科举又给流坑村带来了巨大的经济利益。明末该村推崇王阳明心学，朝廷则以朱熹的《四书集注》为天下士人的学习准则，所学不合时宜，许多人后来投身于工商业活动中。主业为竹木经营，其后成为江右商帮的一部分，得到了这个商帮的支持。值得注意的是，乌江上游的竹木贸易到清代已为流坑村董氏所垄断，该村商人利用宗族的力量控制乌江的竹木贸易，使外姓无法立足分取利益，清朝前期该村还出现了竹木贸易的组织——“木纲会”，成为宗族组织下的一个业缘组织。商人富裕之后，不仅从朝廷获得地位，也可从家族获取声望。商人们将大量商业利润作为一种社会投资投入家乡建设，捐资建祠堂和书院，对流坑村的发展起到了一定的作用，商人逐渐成为流坑村的主角和核心人物，对聚落的演变产生了深远的影响。但是，尽管流坑村商业繁荣，文化昌盛，由于明清以来没有自发地从传统宗法向近代市场转变，此外，又因日本侵华，大片国土沦陷，流坑村赖以生存的竹木贸易这一命脉被切断，导致曾经发达的宗族组织也随之涣散，村中“木纲会”随之分裂，昔日强大的家族逐渐瓦解，造成流坑村的彻底衰落。

（5）行政划分强化了聚落特色的地域性特征

流坑村现归牛田镇管辖，在唐朝属庐陵县太平乡，由于此处曾出现紫云密布的奇异景象，庐陵县令将此现象告知于州，州刺史告于朝，遂改名为“云盖乡”。吉州庐陵县析出水东十一乡置吉水县，云盖乡属之。宋景祐元年（1034），流坑村董氏一门五进士，云盖乡一度由太守奏请朝廷改名为五桂乡，后恢复原名。宋至和元年（1054），从吉水县析出报恩、永丰、云盖等六乡设永丰县。南宋绍兴十九年（1149），从吉水县划出迁莺乡归永丰县，而将云盖乡归属抚州乐安县。乐安行政区划在宋元已无资料可考。明代实施里甲制，乐安县以下设乡、里、都、图。清沿明制，清同治期间，流坑村属云盖乡望仙里第三十八都。1984年至1985年，牛田由公社改为乡，后又撤乡建镇，流坑村大队随之改为村委会，归牛田镇管辖。可见，村落空间格局的形成，并不仅仅是民间力量在村落自足体内部独立作用，更受到国家行政区划的影响。国家对行政区的划分，意味着管辖区内的不同村庄由于在同一行政权力的指挥下，有着趋同性，而趋同性无疑影响了聚落的营造，这也可以从流坑村与周边村落建筑的一致性上做出判断。

从现场调查发现，流坑村古建筑融合了乐安与永丰县古建筑的特点，其中风格偏重永丰县，这不仅是行政分区的结果，也是文化交流的结果，流坑村前的乌江流至永丰县城恩江，使二者经济文化交流更为密切，也促成了流坑村建筑风格的进一步形成。

3. 村落建筑

（1）祠堂

流坑村的祠堂有总祠、支祠（房祠）、家祠三类，且房祠功能最多，可分成专用祠堂和多用祠堂。专用祠堂如振卿公祠。多用祠堂又分三类，其中包括祠宅合一型，即由住宅改成的祠堂，如蕃昌公祠、思齐公祠；还有将书院改为祠堂的，如肃臣公书屋等；第三种则是把祭孔、祭祖与学习合为一体的文馆。

大宗祠于民国十六年（1927）被北洋军阀孙传芳残部邢玉堂兵所焚毁。从实际调查和所留族谱判断，一至三进主体建筑为三开间，最后一进为五开间二层楼，第二层为藏书阁，等级较高。

房祠方面，专用祠堂二进檐柱向两侧移动，形成移柱造，如振卿公祠、爵先公祠等。另有少量祠堂如纯然公祠，中架采用抬梁式，山架用穿斗式。

祠宅合一型分两种，一种为仿专用祠堂形式，如蕃昌公祠，其平面做法和专用祠堂一致。另一种则纯为住宅型，如建斋公祠，形制为前后堂式，宝壁后带拖步，有中轴线。而思齐公祠则保留了住宅转祠堂的原初形态，纯砖堆砌，无中轴线。另还有书斋等转换而成的祠堂，如心斋书院保留有祠堂特点。由于祠宅合一型原为住宅，因此与周边结合紧密，有些明显考虑了风水，如蕃昌公祠。

在立面构架上，流坑村的祠堂有抬梁式、穿斗式，以及抬斗式。单间的小祠堂则采取硬山搁檩式。流坑村室内柱与柱之间用穿枋相连，中间空处用“织壁”填充。

在平面布局中，多数祠堂与民居进行组合，共有三种。其一为以家祠为中心、以左为大的布局，如存仁堂，中间为祖父董爵先的祠堂，左侧为董学文住宅，右侧为董学文书房。其二为以名望为中心的布局，如理学名家、大夫第、蓉山亦山两先生祠。前二者建于同一时期，祠堂则稍晚。“理学名家”宅为董燧住宅，大夫第为其书房，祠堂在右侧，等级低，为后人建。其三为以左为大、以名望为中心的庇护格局。如近溪祠园建筑群，左侧为在原址重建的镜山书院（也为祠堂）。后在其右侧建近溪园，又在近溪园右建文德祠。形成二侧为祠堂、生活区在中间、司马书院在其后的庇佑格局。建筑群现多数塌毁，仅剩“克绳祖武”宅。

还有一类具有风水与景观特点的祠堂。如光禄观察两先生祠。该祠堂两侧山墙皆建成一个门坊式小品。左侧为“龙光射斗”，形容此地为产生人杰之地，右侧（也即临湖一侧）为“舟誓临渊”，则形容两先生品德的高洁。字下方设置一镜，有明镜高悬和避邪之意，富有特色。

（2）住宅

① 商邸：尚义门，即怀德堂。位于贤伯巷西段的北侧，坐北朝南，面巷而建。为侧入式，前后两堂两天井、三开间的建筑。为明代后期流坑儒商善士董国举之宅。怀德堂是一栋砖木结构的明式宅第，又称“凤凰厅”“花厅”。入门的门楣上砖刻“尚义门”三字，门旁有“门对九天红日，路通万里青云”一联。入此门向右转再入正门，即为前堂天井照壁间。照壁上有“雀鹿蜂猴”砖雕，风格简朴自然，线条圆润流畅，构图富有变化，局部精雕细琢，虚与实、粗与细、质朴与华美有机结合，花鸟动物形神兼备，自然生动，顾盼有情，体现了绘制者高超的技艺，是古代建筑艺术中的珍品。

② 官邸：“理学名家”宅位于流坑中巷的

中段，坐北面巷。为明代中宪大夫、刑部郎中董燧故居。该宅入口为门廊式，正门前两侧分立圆雕红石狮一对。内廊由宝壁分隔成两个空间，以前厅作为祭祀、会客空间，宝壁后天井已消失，但保留了两侧往山墙的甬道。从拖步处的天花板处理可看出，此屋已多处改造，仅门廊处为明时所建，门廊上方彻上不露明，檐部斜撑简洁，采用弧线木，富有弹性。门楣上悬挂的“理学名家”大匾，为明代太子少保、吏部尚书曾同亨所书，其书端庄丰润，洒脱劲秀。门廊的正前方6米处，一明代影壁式砖坊上面刻的“高明广大”匾和“文章辉列宿，冠冕重南洲”联，为吉水状元罗洪先所书。

③ 民宅：董国珍宅，民国建筑，砖木结构。位于横巷中部，坐西北向东南，临巷而建。整栋房子外形及平面为方形封闭式，其窗形状受法式建筑影响，是传统民居向现代民居过渡的产物。董宅因面积有限无前院，入门前为厅堂，在宝壁之后有退步，两侧有甬道。厅四周皆木柱，其外围由砖围合形成套筒结构，天井在大门内侧，上方为明瓦铺盖，天窗四周有垂帘柱进行装饰。

④ 住宅建筑群：大宾第坐落于中巷西端的南侧，是一个庞大而布局井然的清代建筑组群，占地近2000平方米，建成于清嘉庆、道光年间。大宾第又称“村中村”，原名“金沙钱”，为清代流坑商宦宅第。大宾第建筑组群各房屋墙体相连，一色青砖灰瓦，一排排封火墙昂首相望，古典壮观。檐宇、墙头、门楣、窗栏等处有雕刻、堆塑、墨绘和墨书；堂室之中，梁枋、隔扇、窗棂、神台以及家具等均以雕刻装饰，并彩绘描金，与匾联相映生辉，使建筑富丽堂皇。庭院、门道一律用条石铺地，相互连通，环境雅洁。大宾第中的务滋堂宅，下厅仅为过渡的穿行空间，上厅明间与退步处明间面阔一致，下厅明间面阔小于上厅，上厅形成交往、祭祀、生活空间的集合，日新堂、务德堂皆为此例。大宾第的务德堂宅，其左侧山墙向前伸出一截，为的是避左侧之煞，同时也具有挡风的作用。此外，左侧山墙伸出段又形成五世门宅的照壁，上书“物华天宝”大字，风格、色彩与大宾第、务滋堂等一致。该住宅建筑群通过书法点题，运用借景与夹景，是具有江西特点的园林建筑。

流坑村还有一类串联型建筑群，如肇修、守正、日新三堂形成的建筑群，各堂建造时间、布置与辈分排列相同，从前到后形成序列。

（3）综合建筑群

流坑村有两类建筑群较有特点，一是蕃昌公祠（含高坪别墅、双寿坊、董蕃昌夫妇合葬墓）。蕃昌公祠又称高坪别墅，坐落在流坑村西北处，龙湖的西岸，坐北朝南，东侧向湖，为董蕃昌创建，其后代重建，兼具住宅和家祠双重功能。蕃昌公祠门院前墙的东段建有四柱三楼砖石混构的牌坊式院门。坊顶盖青灰瓦，四角檐宇起翘，横坊间砖面有浅浮雕图案。院门上嵌有一幅砖刻行书“双寿坊”匾。坊的后面门楣上有“高坪别墅”四个行楷字。在蕃昌公祠西南方约40米处，有董蕃昌夫妻合葬墓，墓的地上部分为石构，有四柱三碑，碑文侵蚀不清。其柱础、柱、梁和墓顶均以条石制成，粗大而平整。中碑顶部月梁上刻有“双凤朝阳”图。墓前明堂开阔，墓宽大且高，现仅墓顶石以上部分有残破，是至今保存较为完整的明代墓葬。

另一类是董氏近溪园暨两祠建筑群，为祠堂与园林结合的建筑群。

（4）书院

文馆位于环境优雅、地域开阔的流坑村北陌兰洲，其东侧紧靠大宗祠，背江面村而建。文馆又称江都书院，建于明代晚期，现所存为

2003年重建。为前带庭院，西连藏书楼，主体三进式砖木结构的建筑。它集读书、讲学、祀祖、敬贤、藏书多种功能于一体。文馆的庭院于前墙正中门，上有“儒林发藻”四个行书大字。文馆自下堂至上堂，地面逐渐升高。沿着后天井行至西侧端，穿门而过即至藏书楼。楼上为“文昌阁”，上悬“日进高明”匾。“文昌阁”是文人阅览与雅会之所，其东侧辟门设梯与敕书楼（藏书处）相通。藏书楼的下层为一小厅堂，前置一小花园，园前墙两侧辟有漏窗，中有“瞻之在前”四个草书字，园中栽花植桂，寓“蟾宫折桂”之意，暗香四溢，环境雅洁清新。

（5）庙宇与古戏台

流坑村庙宇众多，有设置于水口处的，如武当阁与神社团。也有与戏台合建的，如二王庙、仰山庙、太子庙等，目前保留稍好的是仰山庙及戏台。戏台坐落于中巷东段的南侧，南近“翰林楼”，是集舞台、看场、四角亭和庙宇于一体的建筑。戏台包括舞台和看场，砖木结构。舞台为木构，看场鹅卵石铺地，可容纳观众上百人，南北两侧为木构看台。亭内顶为天花和斗八藻井。下层硬挑为鳌鱼造型的木雕，四角斜撑分别为圆雕“倒叠罗汉”的杂耍人物。

（6）门楼及坊

镇江门：双层，单开间。镇江门上设有道教许真君之像。流坑村东侧为乌江，原洪水泛滥，民间认为是蛟龙作怪，而许真君为传说中擒孽龙之人，供奉许真君是希望可以镇住水患。

状元楼：状元楼位于流坑村西侧，坐西朝东，为古时从陆路进村的入口，其四周有武王庙、五桂坊（现为遗址）等遗迹，文化氛围十分浓厚。

除门楼外，流坑村还有不少节孝坊，此类坊纪念性与居住性相结合，颇有特色。

4. 重要历史人物与事件

董敦逸（1031—1101），字梦授，宋嘉祐八年（1063）进士。哲宗元祐六年（1091）官拜监察御史，后任户部侍郎，加御史大夫。

董德元，字体仁，初累举进士不第，年老齿凋时以特恩授州助教，“贫甚无以自养，仍从富人家书馆”。绍兴十八年（1148）廷试第一，因有官列第二，恩例与大魁等，故称“恩榜状元”。

董燧（1503—1586），字兆时，号蓉山，为流坑董氏的第二十二代，著有《学庸问答》《蓉山会语》《古今人物考》《宋元纲目问答》《董氏家志及家诗》《临汝源流》《乡约志》《丽泽录》等，其中《蓉山集》十六卷列入《四库全书总目》。他主导过流坑建村的规划。

董裕（1537—1606），字惟益，号扩庵。为流坑董氏的第二十一代，是文肇之子滋派裔孙。著有《龟川诗集》四卷，《四库全书总目提要》称其诗“不求工于声律，以理趣为主，盖濂洛风雅之流源也”。

董学文（1727—1798），字亦简，号松轩。为流坑董氏的第二十八代，是流坑董氏中的富商之一。他不仅富甲一方，而且以其资财积极从事宗族和乡村建设，对清代流坑社会的发展起到了较重要的作用。

⊙ 流坑村鸟瞰

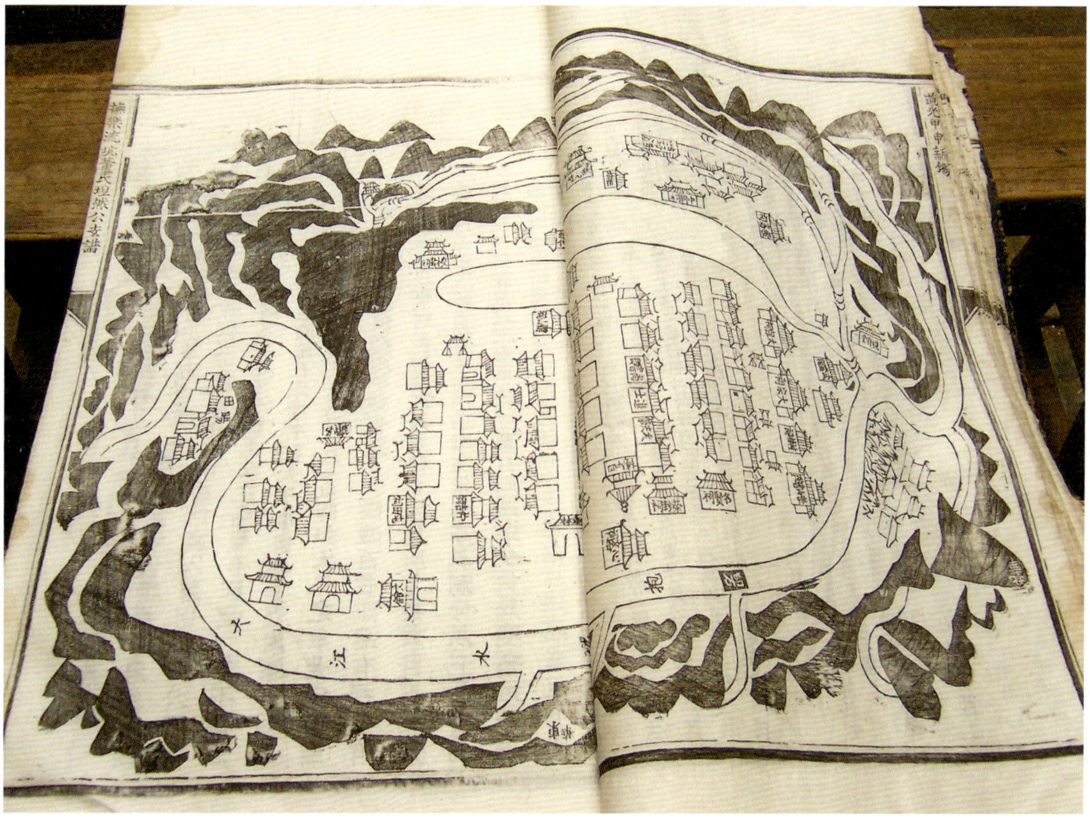

⊙ 流坑村舆地图

⊙ 流坑村振卿公祠

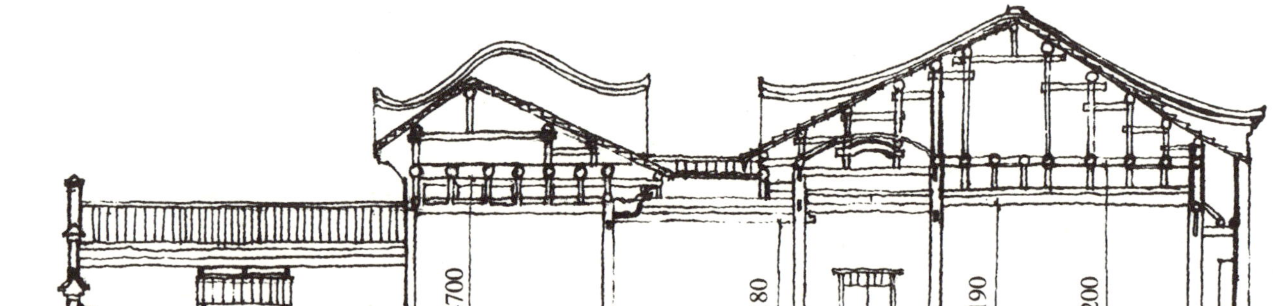

⊙ 流坑村振卿公祠剖面图（许飞进草绘）

爵先公祠

纯然公祠

蓉山亦山两先生祠

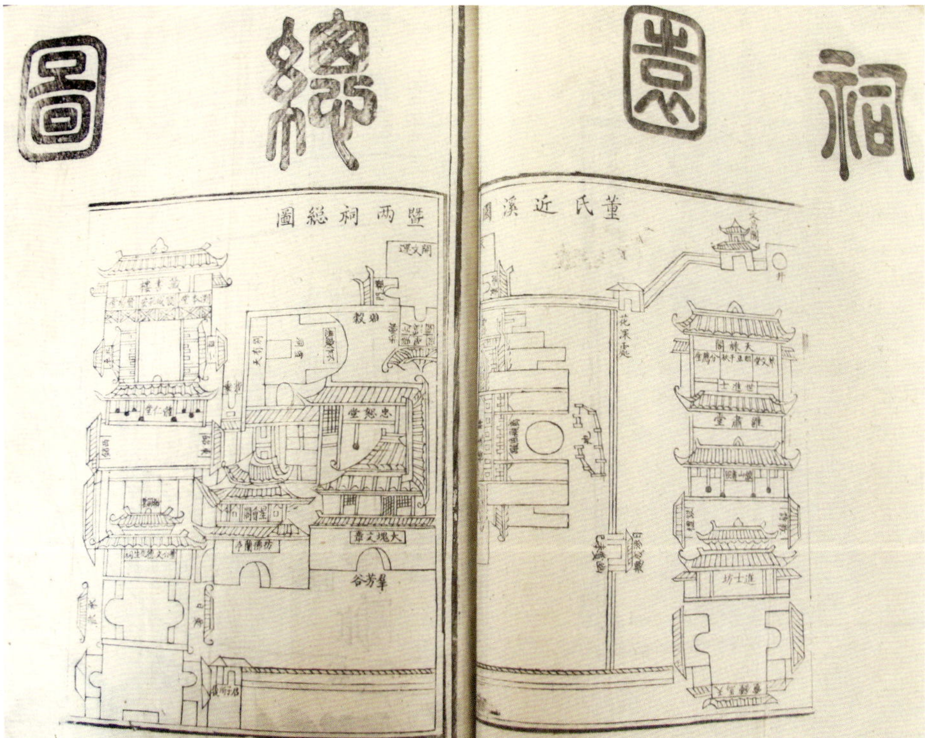

《董大司法镜山公房谱》载《董氏近溪园暨两祠总图》

光禄观察两先生祠右侧山墙

光禄观察两先生祠左侧山墙

流坑村民居旧貌

尚义门外立面

尚义门“雀鹿蜂猴”照壁

“理学名家”宅

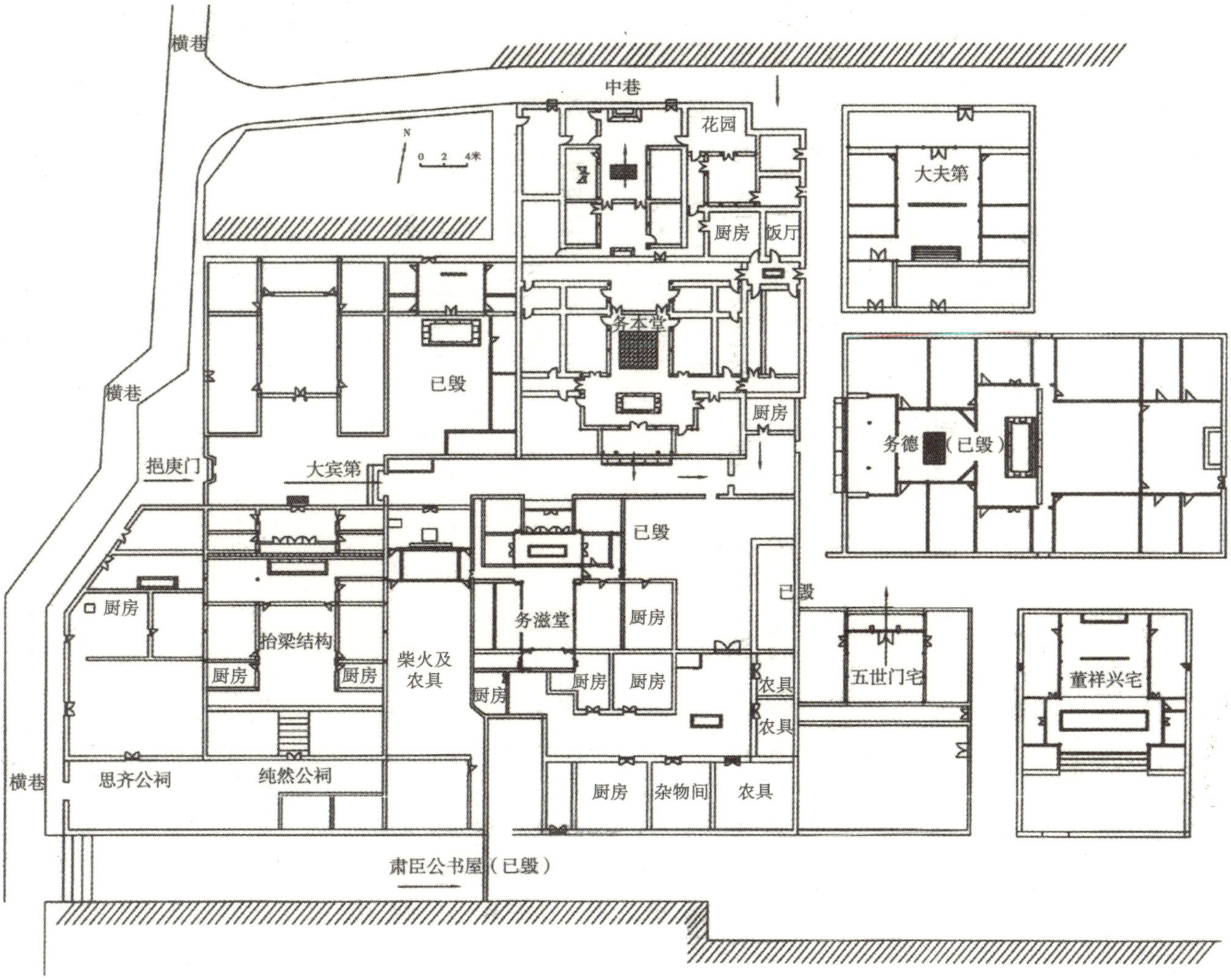

流坑村大宾第建筑群平面图（许飞进草绘）

董国珍宅局部

高坪别墅及其右侧董蕃昌夫妇合葬墓

流坑村观戏亭上方的杂耍木雕

流坑村状元楼

流坑村文馆

关西村

1. 历史概况

关西村（历史文化名村）位于赣南龙南县关西镇内，为关西镇镇政府所在地，距县城20千米。关西村整体地形南高北低，东高西低，中间为一片开阔的河谷平地，属矮山低丘地貌。高程范围在海拔245米—320米间，260米以下地势较为平坦，为田园及居民建设用地。气候属中亚热带季风湿润型，境内气候温和，四季分明，年平均气温18.7℃，全年无霜期283天，年降水量1605.6毫米，降雨多集中在4—6月。

明清时关西村属里仁堡，民国三十一年（1942）调整区划称关西乡，中华人民共和国成立之初属汶龙第5区，设有关西、程口两个乡，建有关西、关东、程口、翰岗、程岭、上燕、邹坑等高级社。关西村在1960年属关西公社，1984年关西公社改为关西乡，并于1996年8月撤乡建镇，是京九沿线50个重点建设的乡镇之一。

自宋朝末年徐姓祖先逃难至关西村下燕村一带安居以来，至今有近800年的历史。明正德元年（1507），南赣巡抚王阳明曾在程岭（与定南交界处）一带安营设关把寨，关西正处关隘之西，故名关西。

关西村现存的围屋多建于清乾隆至道光年间，有新围、西昌围、鹏皋围、圳下围、田心围、下燕围、福和围等，经历了赣南围屋的创始期（形式多样，如西昌围）、形成期（平面向方形转换，如关西新围）和极端期（底层设枪眼，如福和围）三个时期。逐渐形成了以西昌围、新围为中心，规模宏大的围屋群落。村落因关西新围的存在而声名远播，被学者认为是“赣南客家民居的突出代表”。

2. 村落形态

（1）关西村是集多种功能于一体的平原型与坡地型结合的村落，呈自由分散的拓扑结构。村落环境青峰东立，古塔西护，东山南耸，关水北流，山环水抱，田园果香，天然形胜。村落水系发达，其中关西河（宽8—22米）为干流，下燕溪（宽4—10米）、湾角溪（宽2—12米）为支流，为居民的生产、生活提供了充足的水源。关西河源自关东村，干流自南向北穿越区内约1.8千米，汛期可放木排和竹排。为团结宗族、对外防御，历代建有大量的围屋建筑，形成了围屋建筑群，从南宋嘉熙元年（1237）至清道光三十年（1850）左右，共经历了赣南围屋的三个阶段。围屋或建在高处，或建在田园间视野开阔处，外墙用三合土筑就，厚度达1米，上面设有走马楼、枪眼、炮楼。现保存较完好的有新围、西昌围、圳下围、田心围、下燕围、福和围等。其中以新围保存最为完整，为赣南客家人最具广泛性和代表性的基本民居形态，是一种集家、堡、祠、中心广场于一体的建筑，是建筑史上不可多得的珍贵遗产。

（2）单姓建成的围屋。关西村是以徐氏单姓形成的客家聚落。南宋嘉熙元年（1237），徐有翁举家自万安皂口徙泰和再辗转迁至下燕村定居，成为关西徐氏的始祖。随着岁月的流逝，社会的动荡，徐氏子孙逐步从下燕顺水往东发展，五世到了连塘（现有宗祠遗址），十一世到了田心、老围、上燕、上九。最早修建围屋的年代已不可考，但根据史料推测关西围屋作为防御型民居最早应出现在嘉靖年间。目前保存较好的围屋主要从十三世（1720年左右）开始建设，增加了炮楼、走马楼等，面积较大。出于风水考虑，建设西昌围时，建有关西塔（1724）。十四世开始（1750年左右），徐氏子孙人才辈出，徐老四更是远近闻名的财主，其营建的关西新围规模宏大，独具一格，十四世建筑遗留较多，徐立孝大儿子徐名坦的大书房（1780年左右），二子徐名培的鹏皋围（1780年左右），老书房（1740年左右），四子徐名均的关西新围（1789—1827年）、梅花书屋、新书房、小花洲，形成了一个较大规模的围屋群落。十六世（1810年左右）后又逐步返迁，如圳下围（1820年左右）（从上燕支系迁来）。十七世后建筑基本为堂屋组合式民居，更加注重实用性，但宗祠这个客家人重要的文化要素仍然存留，并开始往南、往东发展，现存有福和围（1850年左右）。

（3）防御特点尤为明显。由于明代中期以后，赣南及广东、福建等地不是一块平静的土地，战争、骚乱时有发生，因此特定的历史环境形成的围屋建筑，具有鲜明防卫特征，是一种集家、堡、祠于一体的民居建筑形态。除墙高壁厚、壁垒森严外，其巨大的尺度、冷峻的外貌、完善的防御体系、固若金汤的结构，富有威慑力。围屋一般选址在田地之中，或依山而立，外墙一般以三合土筑就，厚度达1米，高二至三层；上面设有走马楼、枪眼、炮楼，下面楼层外面不设窗孔；炮楼凸出外墙，屋面以硬山为主，撒布有三角铁钉；墙基厚实，墙基外密布桩基，围四周挖护濠，与外部水系相通；大门设在近角楼处，门墙特别加厚，除少数大围外一般只设一门；大门表面包钉铁板，门顶设有水箱及排水帘，围内设消防水池或大水缸；围内设一至两口水井，中间楼层存放粮草；有的还设有秘道或逃生口。

3. 村落建筑

（1）围屋

① 关西新围：始建于嘉庆三年（1798），于道光七年（1827）完工，历时近30年。由于地形和风水等原因，新围并非是正南北朝向，而是坐西南朝东北，建筑群的中轴线为北偏东60度左右。其平面布局呈长方形，面阔83.54米，进深92.16米，占地面积7426平方米，建筑面积11477平方米。

关西新围平面属典型的“国”字形围，除四周围屋外，在围内还建有规模宏大的厅、屋组合建筑及水井、花园等生活和休闲设施。围内居民将前面围屋称之为“走马楼”，高8米，二层18间；两侧围屋称之为“龙衣屋”，高7.4米，二层30间；后面围屋称之为“土库”，高8.52米，二层19间，主要用于储存物资，上层用木枋挑出楼廊，各间通过楼廊相连接，房间名称按八卦方位取名曰坤屋、震屋等。围屋四角建有炮楼4座，东面两座为二层，高10.1米，西面二座为三层，高11.2米。十字形孔是用特制的异形砖砌成。东炮楼因面对开阔地形，防御功能略为简单，两侧房屋多用来存放武器、弹药等战备物资。

关西新围内在中轴线上的建筑形式主要有三进三列式，中心建筑依次为下厅、大厅、上厅，与厅并列的三列建筑称为下栋、中栋和上栋。厅是围屋内的公共活动场所，主要用于商讨围内公共大事和祭祀活动，以及婚丧等事务。厅两侧建筑叫边屋，边屋是围内的主要居住地。每栋四组建筑分列于下、大、上厅的两侧，每组3开间，中间为厅，两侧为住房，每组之间开有廊门相通，每栋用天井分隔，三栋共9个天井、18个厅堂。厅、屋建筑结构较为复杂，三厅中上厅较小，大厅最大，下厅次之。当地百姓将新围的总平面概括为："三进四围五栋，九井十八厅，一百零八间。"（实为14个天井、18个厅堂，共199间）

② 西昌围：是关西新围的创建人徐名均的祖居地，是其祖辈、父辈及其兄弟们逐渐建起来的一座不规则形围屋，它位于关西新围的西北面，直线距离不到100米。西昌围，俗称"老围"，是相对于关西新围而言的。本名"西昌围"，因徐氏从泰和（古称西昌）迁来，故名。占地面积约6028平方米，建筑面积为9250平方米，主要由立孝公堂（立孝，即徐立孝，徐名均的父亲）、祠堂、六大伙厅（徐立孝有六个儿子，这一组房屋属于六个儿子共有房，故名）三幢主体建筑，以及名增（老三）、名均（老四）、名植（老五）三房后裔的住房组成。相传整个围屋是建在徐家的"风水宝地"蛤蟆形的地基上，因此，围屋的形状也如同青蛙（蛤蟆）。

由于西昌围经几代人逐渐建成，围内建筑各自独立，没有统一的规划布局，根据实地调查分析，该围先建有围内的部分建筑，后来随着安全的需要，再建四周围墙、围屋、围门楼和炮楼。

③ 鹏皋围：与关西新围仅一河之隔，位于新围东北侧，紧靠龙关公路，为徐名培所建，因其建在西昌围（老围）的下方，当地群众习惯称"围坎下"，是一幢不规则的围屋。徐名培，号"鹏皋"，故建筑名为"鹏皋围"。鹏皋围为两层土木结构，两边还保存有两座完整的三层炮楼，外墙顶层设有炮眼，到顶为青砖砌成。整幢围屋有祠堂大门和左右两侧边门进出。围屋以祖祠堂为中心，前后三进，左右是厢房，还专门开辟了一块约210平方米的禾坪。整栋围屋依势而建，采光、通风、排水等生活功能十分完善。

④ 福和围：位于杨屋场村小组，是清道光三十年（1850年）关西名绅徐绍禧所建，保存完好。围屋因随山势而建，略呈正方形，生活、防御设施布局合理。长宽均为39米，占地1193平方米。围墙高8米，墙体除炮楼用青砖砌筑外，四周均用毛石精工砌筑而成，墙厚约1米，整幢围屋有正门和后门供进出。围屋的三个炮楼都在角上，而在正门左侧的炮楼则建于侧面前段，如同城防之马面，炮楼过后，又顺山势分四段连筑，错落有致。炮楼和墙体的下方有外小内大梯形状的射击孔和瞭望孔，上方则是十字形枪眼，后门炮楼还设有逃生用的便门，防御功能十分突出。福和围同其他"回"字形围屋也大不相同，围内祠堂和厢房相对独立，并在门坪前用一堵墙隔开，不讲究中轴对称性。围屋二楼四周有走马楼可以来回，地面四周檐阶相连，每幢的房前屋后都有天井，采光通风良好。围屋曾于民国初年办过书院，后来又做过公社的食堂。

⑤ 田心围：始建于明末，位于新围西边，

为徐老四旁系远祖所建。属“国”字形围，占地2611平方米。围内乱拆乱建情况严重，文物原状和风貌破坏较大。

⑥ 下燕围：始建于明代，占地面积3173平方米。位于新围西侧600米处，为关西始祖徐有翁的居住地。围子外墙为土砖，内部建筑保存较完整，地面有损毁。

⑦ 圳下围：建于清嘉庆年间，占地面积3958平方米。位于新围北部200米处，与西昌围相邻，为徐老四旁系兄弟所建。保存有炮楼及大部分建筑，但现在被刷白墙红漆，与历史风貌大不相符。

（2）塔

关西塔，建于清雍正二年（1724），如今斜如比萨塔。

（3）寨

老寨顶和指山寨：在西昌围的后山，历史上曾有两座“山寨”，建于西昌围之前，分别为“老寨顶”和“指山寨”，两寨为村民临时躲避战乱之用，现仅存遗址。“老寨顶”位于新围的后山顶，为一座环山顶而建的土筑围墙的圆寨，直径约六七十米，现有残墙高低不等。“指山寨”也建在山顶，老寨往北再过两个山头，直径有四五十米，现仅留部分土墙。

4. 重要历史人物与事件

（1）历史人物

徐氏在清嘉庆至道光年间出了6个进士（其中3个为翰林），13个举人，另有129人受封。相关历史人物有徐立孝、徐廷岚等。

徐立孝，太学生，候选州同，覃恩弛封修职郎，晋封承德郎，诰封奉直大夫。修建西昌围。

徐名绂，乾隆年间翰林，钦点翰林院庶吉士，历任户部四川、福建、贵州司主事江南山东司员外郎（从五品）、山东司郎中（正五品），两任陕西同州知府（正五品），护理潼商兵备道，壬午恩科陕西乡试内监试官。

徐名均，字韶彬，号桀圆，生于清乾隆十九年（1754），殁于道光十二年（1832），享年78岁，贡生出身，候选布政司理问（从六品），诰授奉直大夫（从五品）。修建关西新围及周边的小花洲、新老书房、梅花书屋等。

徐思庄（1793—1865），字柳臣，号益舒，晚年号游初老人。道光二年（1822）进士。历任户部福建司主事、翰林院庶吉士等，官至山东按察使（正三品）。他精于书法，勤研欧阳询、赵孟頫书法，参以王右军，而终自成一家。

徐德周，道光年间翰林，钦点翰林院庶吉士，改授户部主事（正六品），江南湖广司行走，补贵州司主事，诰授中宪大夫（正四品）。

徐廷岚，字霁堂，号映渠，官至浙江盐运使，诰授奉直大夫，晋授奉政大夫。

（2）历史事件与传说

① 徐有翁选址安居：据1997年《徐氏七修族谱》载，南宋嘉熙元年（1237），徐氏自万安皂口徙泰和再辗转迁此建村。相传徐有翁原本是个货郎，迫于生计，携妻从泰和溯江而上，到达龙南歇息后，拟往广东和平谋生。那天，赶夜路的徐有翁挑着货担走到现关西下燕一带，天还没有放亮，徐有翁放下货担喘气休息，这时听见远处传来公鸡报晓的长鸣声，他环顾四周，但见青山秀水，群山环抱，一条清澈见底的小溪从脚下淌过，这不正是安居乐业的好地方嘛！自此徐氏宗族在关西这块土地上，开始了700多年的繁衍生息。

② 徐老四建新围：关西新围的营建者为徐老四（1754—1828），其名名均，字韵彬，号

渠园。据族谱得知，徐老四姐姐嫁在龙南杨村燕翼围，小时他常到姐姐家做客，常为燕翼围的雄伟高大所神迷，内心暗藏竞争意识。长大后姐夫赖世樟资助精明能干的徐老四做木头生意，他天生聪慧，生意渐渐做大。有一回，他从赣州发木排往南昌时，顺路搭救了省府达官之公子返回，公子的父亲有感于徐老四慷慨助人，遂给了他一块免税牌。从此，徐老四做生意如鱼得水，一时间，许多排贩纷纷依附徐老四，也求他给打上其“西昌”商号火印，徐老四则收商号费，从而盈利滚滚。发财建屋，裕后光宗，这是客家人的传统。龙南地处赣粤边境，集聚边境的土匪，常来洗劫富户，若遇荒歉和动乱的岁月，兵匪骚扰更甚。为求生存谋发展，长居久安，当地流行建围屋。大财主徐老四当然也不例外，也想建一座在防御设备、使用功能、外观造型和规模风格等方面比别人更好、更坚固的大围屋。

相传徐老四的苏州小妾张氏的父亲长于建筑设计，于是，徐老四在岳父的帮助下，完成了这座带有江南园林建筑风格的围屋设计与营建。因此，关西新围在当时的赣南围屋中独具一格、引领新潮，特别是其外形和布局，成为后来围屋建造的样板，被广泛仿效。

围屋鸟瞰

清光绪年间历史状态分析（资料来源：《龙南县关西（新围）历史文化名村保护规划》）

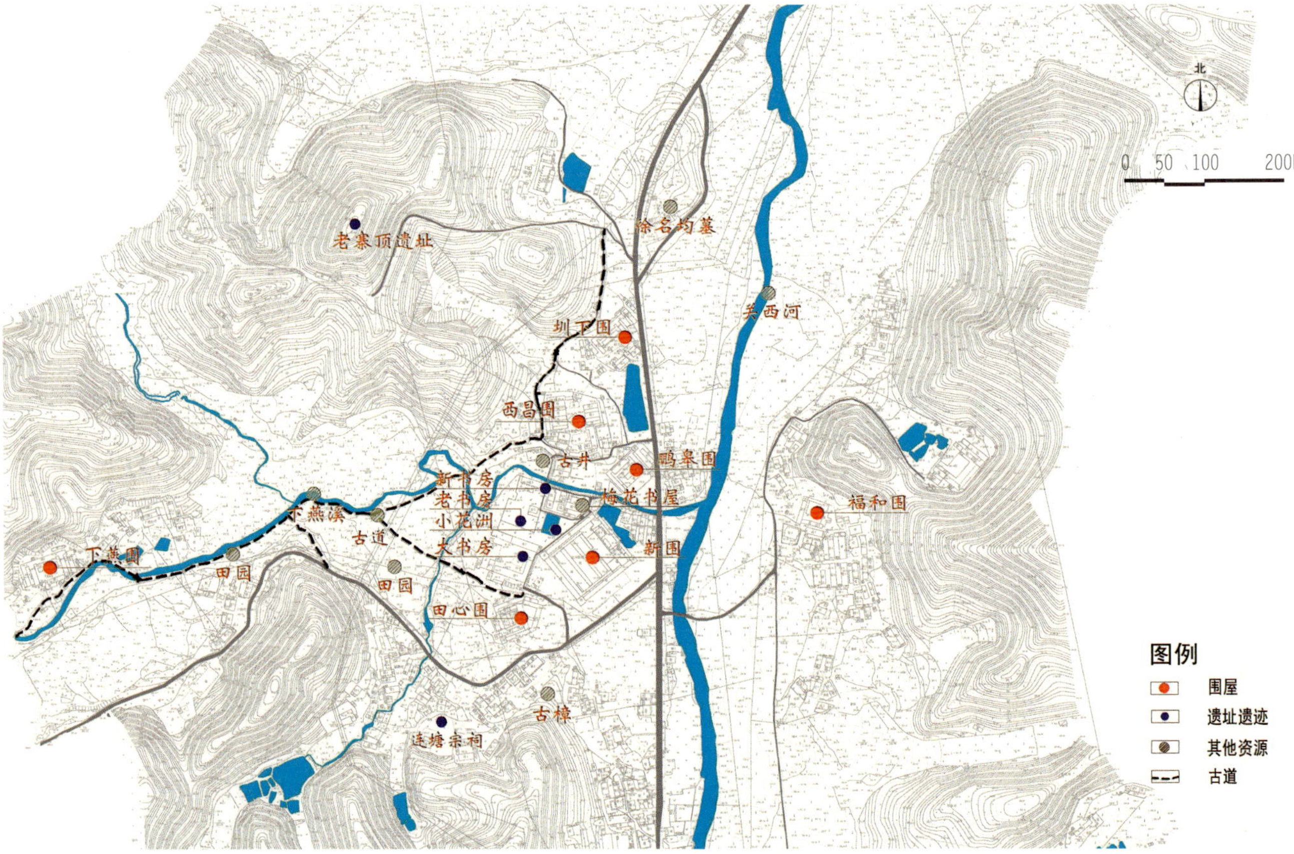

关西村围屋分布（资料来源：《龙南县关西（新围）历史文化名村保护规划》）

防御性极强的侧门

门顶排水帘

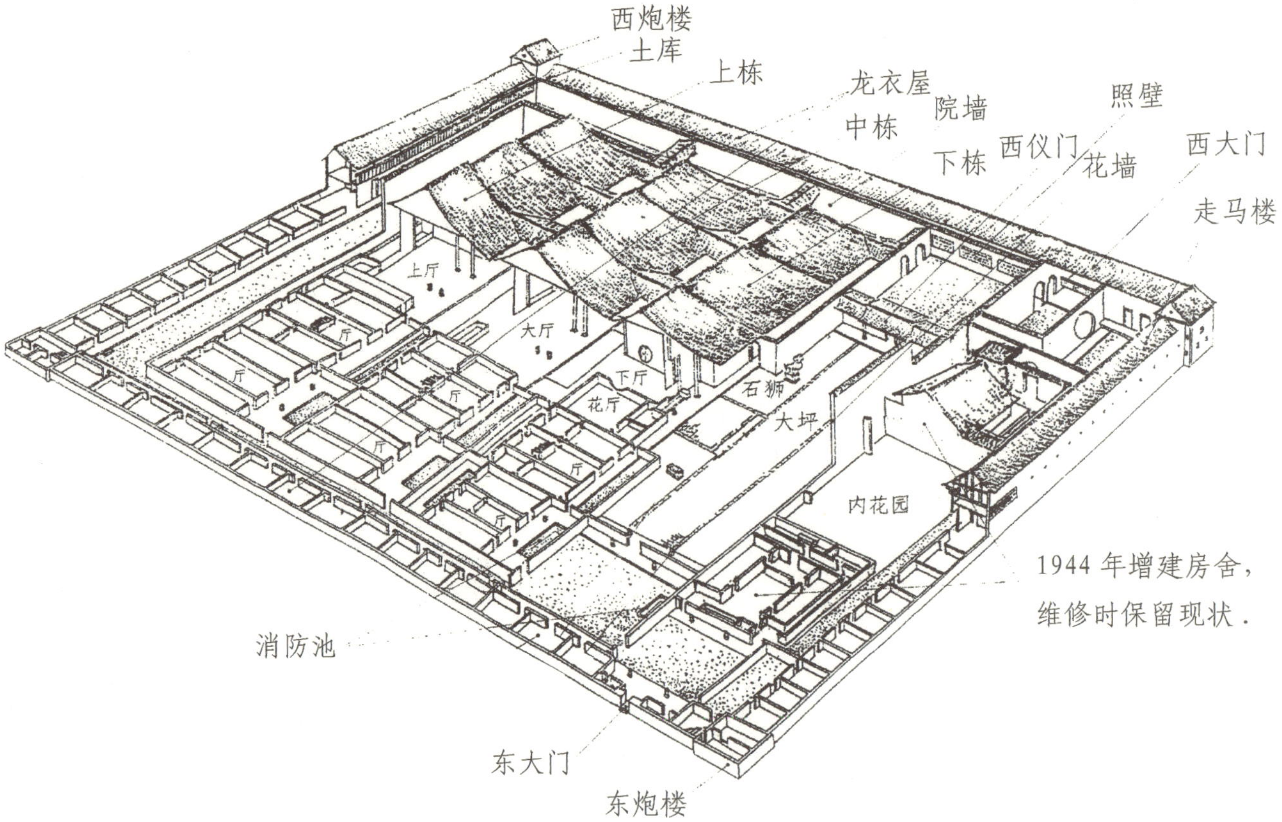

关西新围剖切示意图（资料来源：《龙南县关西（新围）历史文化名村保护规划》）

关西新围正面

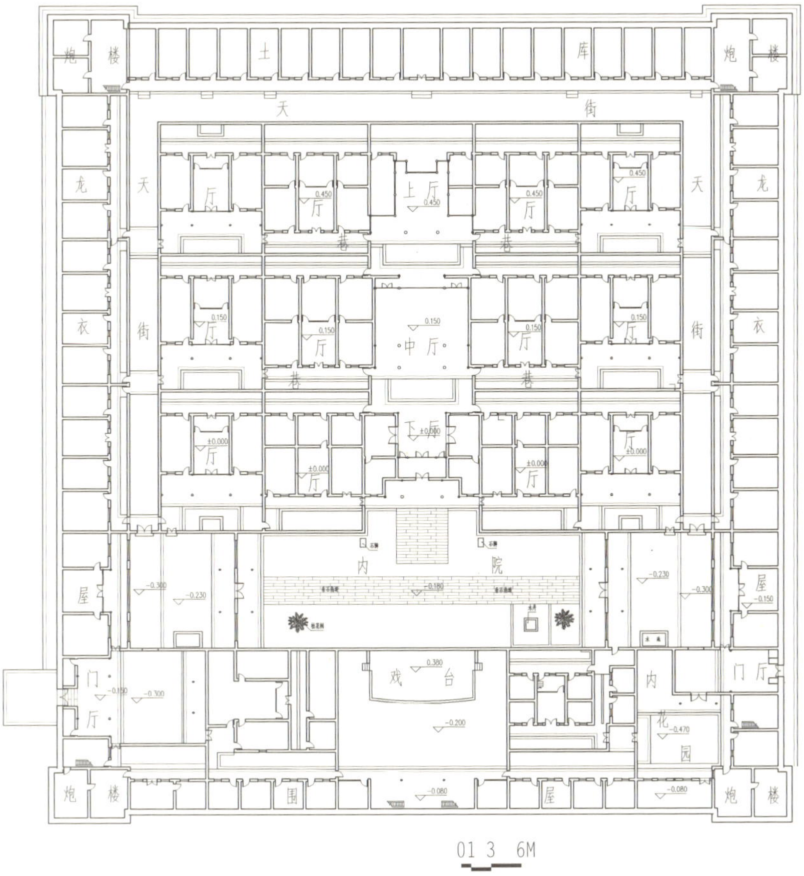

⊙ 龙南关西新围平面示意图（万幼楠提供）

⊙ 关西新围院内戏台

关西新围小花洲

西昌围平面图（资料来源：《龙南县关西（新围）历史文化名村保护规划》）

西昌围入口

西昌围内部

西昌围的彩绘

⊙ 鹏皋围炮楼

⊙ 鹏皋围外围环境

福和围入口

田心围

下燕围入口

圳下围门楣石雕

杨村村

1. 历史概况

龙南县地处江西省最南端，为江西通向广东的南大门，珠三角洲经济辐射和产业转移的前沿阵地。县城距南昌市 564 千米，距赣州市 142 千米，距广州市290千米。杨村镇位于龙南县的南面偏西，距九连山自然保护区7千米，距小武当山11千米。省道横黄线贯穿镇域东西，大广高速公路纵贯南北并在镇区设有互通出入口。杨村东邻武当镇，南与广东连平县毗邻，西与九连山林场接壤，北与夹湖乡相连。燕翼围传统村落位于杨村的北部，为杨村镇镇政府所在地。村落东起大塘头，西至杨村镇政府前街道，南达龙杨公路老路，北到横黄公路。

早年杨村镇、九连山、夹湖乡、武当镇部分区域合称太平堡。太平堡地区自古以来隶属龙南，是龙南县的南门重镇。据县志记载：南唐保大十一年（953）始建龙南县，距今已有1000多年的历史。

1949年8月下旬，人民解放军占领太平堡地区。同年10月，此地设为杨村区。

1956年2月，原杨太乡并入杨村乡，坳下乡并入东水乡。此时杨村区辖 14个乡。

1957年3月26日，调整区划，小乡并大乡。杨村区经合并后下辖有杨村乡、夹湖乡、新城乡、新蔡乡、蕉陂乡、东水乡。

1958年9月撤销杨村区，原6个乡组建成杨村人民公社。同年12月杨村公社并入九连山垦殖场。

1959年3月，杨村、东水、新蔡区域从九连山垦殖场划出，恢复杨村人民公社。

1961年9月原杨村人民公社分设为杨村、新蔡、东水3个公社。同年夹湖从九连山垦殖场划出，成立夹湖垦殖场。

1964年蕉陂从九连山垦殖场划出，成立蕉陂人民公社。同年东水、新蔡公社并入杨村公社，析出玉坑、牛眠、横岗、白沙、半坑五个生产大队组建成横岗人民公社。

1968年蕉陂、横岗公社，并入杨村公社。1984年杨村公社改称杨村乡，下辖25个自然行政村。

1992年8月杨村乡更名为杨村镇。

据《赖氏族谱》及其《六修族谱序》载，赖氏在龙南的开基始祖，泰重字世珍，号应轩，生于宋高宗时，此公生平好隐逸，乐山水，胸襟广博，卓尔不群。“闻龙南玉石岩天然胜景，有感而来，于南宋时来龙南，见上龟湖，灵犀敏秀，四顾奇光，徙居于此”，于是由宁都的桴源（今肖田乡）迁龙南之龟湖。至明永乐二年

（1404），泰重公裔孙海清公暨海真公，率子侄从龟湖徙太平东水坳下，后再迁杨村定居。

2. 村落形态

（1）风水观指导下的集中式格局的村落

燕翼围的村落选址正是反映了我国古代风水民俗文化中村落选址提出的负阴抱阳、背山面水的基本原则和格局，左有青龙山和背夫岭，右有白虎山和塘背岭，南面为太平江，前有案山鲤鱼寨，远有朝山庐岭寨。这符合中国人的生活习惯和审美要求，围合向心的空间构成正是中国人内敛性格的反映，自古以来都是令人神往的生活环境。燕翼围的村落格局对人居与自然关系的考虑也符合中国“天人合一”的环境观，建筑以群山为背景，增加景观的层次感；以太平江、龙船会大塘为前景，取得开阔的视野；建筑因山而气派，因水而富有灵气，呈现出和谐秀美的中国传统村落画卷。

（2）村落环境景观元素众多

因靠山临水，燕翼围的地下水较为丰富，因此自古村民就学会了挖井取地下水的技能，村内现有水井37口，其中古井7口，保存完好，井水清澈甘甜，现今仍为村民提供生活饮用水。

燕翼围现存5个古塘，均分布在村落内部，其中尤以村中央的龙船会大塘最为壮观，水域面积达 6764 平方米，是每年端午杨村传统节目龙船会的活动场所，充分体现了燕翼围先民喜山好水的生活理念。

区内目前保存了7条较为完整的传统街巷，是村民主要的交往空间。道士街、围背巷、高水巷、光裕巷、田心巷、明胜巷、期远巷这7条传统街巷共长1185.9 米，空间尺度较为统一，是燕翼围明清时期聚落整体空间结构和历史风貌的重要组成部分，由于年久失修，部分街巷铺装已毁。

3. 村落建筑

燕翼围：始建于清顺治七年（1650），落成于康熙十六年（1677）。燕翼围略呈长方形，对角上左右各设一对外凸的碉堡，是座四层楼高、层层环通的砖木结构方形围屋。边长41.5米，宽31.8米，高14.3米，占地面积1370.9平方米。

杨村新围：于清康熙年间所建，该围屋坐北朝南，由门厅、中厅、上栋及两侧厢房组成四合院。为燕翼围之卫星围，故有一定的战略防卫意义，也是客家围屋中少见的一种风格，有一定的历史文化和客家发展史的研究价值。

赖氏细围：于清代康熙年间所建。细围分门厅、上栋及两侧厢房组成四合院，门厅带两边房屋4间，上栋5间房，两侧各3间，故称小围屋。

石门昌围：始建于明朝，为圆形围屋，现仅剩半围保存。

景庆围：始建于清朝，围内院落由鹅卵石铺地，是比较典型的客家围屋。现保存完整，结构稳定。

围坝围：是一处清代康熙年间围屋建筑，围屋高大雄伟，现保存完整，结构稳定。

敬安堂围：于乾隆年间由三南著名财主，官拜卫千总奉直大夫、朝议大夫的赖朝扬（字望廷）的二子赖世桂（赖氏十八世）购得，每处房屋自成一小四合院，形成围中围，并由外大四合院合围，因尊敬父辈安怀堂，故将楼下围称敬安堂。该围屋大部分保存完好，并有居民居住。

新屋围：建于清朝道光年间，现仅存上厅及两侧厢房和西北角一座小碉堡炮楼，以及门厅及两侧厢房，其他房屋均被人为拆毁改建。

除了以上围屋外，杨村还有围背围以及光裕围等。

4. 重要历史人物与事件

燕翼围的筑造者——赖上拔。赖上拔，字福之，生于清崇德年间，自幼豁达，读书万卷，但因不得官场之道，未入仕途，后因经商而富家。为避战乱和匪患，赖上拔于清顺治七年（1650）开始兴建燕翼围，于清康熙十六年（1677）落成，历时27年。

赖上拔提出的“救灾分忧善道也，敬宗收族乃根本之图，凡我伯叔兄弟，强毋威弱，众毋凌寡，富毋欺贫，唯足孝悌，力田睦姻”等祖训对赖氏后人的成长起到了积极的作用，发扬光大了客家文化的精髓。

燕翼围的兴建带动并影响了一大批围屋建筑的修筑，如杨村新围、关西新围等，对龙南乃至赣南客家围屋的发展起到了带头和示范作用。

2001年7月，燕翼围经国务院批准公布为第五批全国重点文物保护单位。2011年11月，燕翼围作为赣南围屋申报世界文化遗产的主体，被列入《中国世界文化遗产预备名录》。

5. 非物质文化遗产

（1）赣南围屋习俗

赣南围屋习俗是以围屋为载体孕育出来的客家民系所特有的传统习俗，围屋是“聚族而居”的民居，是集家、祠、堡于一体的设防性民居，住在围内的居民，都是某个姓氏共同祖先的后裔，围屋维持着极强的“血缘性”，保存着较为完好的“宗族文化”。围屋习俗涵盖元宵习俗、立夏习俗、端午习俗、春节习俗，以及婚姻习俗、祭祖习俗、饮食习俗等。赣南客家围屋习俗于2006年6月被江西省人民政府公布为第一批省级非物质文化遗产。

（2）杨村龙舟赛

省级非遗保护名录。杨村龙舟赛是杨村镇独有的一种端午民俗，它起源于明朝弘治年间，至今已有500多年活动历史，成为影响赣粤两省三县的重大民俗活动。活动在面积15亩的池塘里举行，从农历五月初一开始至五月初五结束，共五天时间。活动分为请出龙神、龙神出游、龙船下水、安放龙神、做龙船会、进村避邪、龙船决赛、游船、龙神归位等仪式。活动期间，四乡八村的人们敬龙、拜龙，祈福避邪，热闹非凡。在杨村的民俗文化中，还有从农历初一至元宵节的舞龙狮。龙狮队游村上屋，舞了一个屋场又一个屋场。甚至用稻草结成龙，插上香火（称香火龙），逐街过巷上门参拜祝福新年快乐祥和。

（3）传统表演艺术

每年冬闲季节，一些寺庙会举行朝拜活动，为了增加热闹和聚集人气，大都会请本地或外地的戏班演大戏，内容多为传统节目。也会有一些走村串户的木偶戏、猴戏、小型杂技等，深得当地民众喜爱。“过山溜”可谓杨村独具一格的曲调，不分男女老少，上山打柴、下田耕作，或聚集一起聊天都会唱起“过山溜”。因为其歌声穿山越谷，环山回转，一山一山地“溜”过去，又一山一山地“溜”回来，故称“过山溜”。它的特点是在内容上情真意切，结构上巧合“啊喂”，节拍上婉转顿挫，声调上清脆悠扬。因此，“过山溜”的歌声，缠绵委婉，优美动听，圆润嘹亮，韵味无穷。1956年3月，在南昌市举办的第二届民间艺术观摩会演中，“过山溜”荣获演出奖。

（4）王阳明建太平桥的故事

据当地民间传说，明正德十三年（1518）春，时任都察院左都御史、南赣巡抚王守仁（即王阳明）率兵回师赣州府时，在太平堡水口岭处建太平桥，以示天下太平。桥建成后，桥的下游十余米处突然显现出一块巨大的奇石，形同卧伏的母水牛。民间盛传，一到晚上，母水牛便去广东连平州寻食禾麦。清道光年间，一风水先生说："神牛在桥下，必往外地爬。神牛在桥上，保得太平旺。"村民按先生的吩咐，在原桥下游100米处重建了一座太平桥（今太平桥），并将原桥拆毁，又精雕了一只公牛配对，置放在车田村围门口。桥成后，施工建桥的督理、族长赖懋杰在四通凉亭北向额上书写了"太平桥"三个大字，苍劲有力，堪称书法珍品。

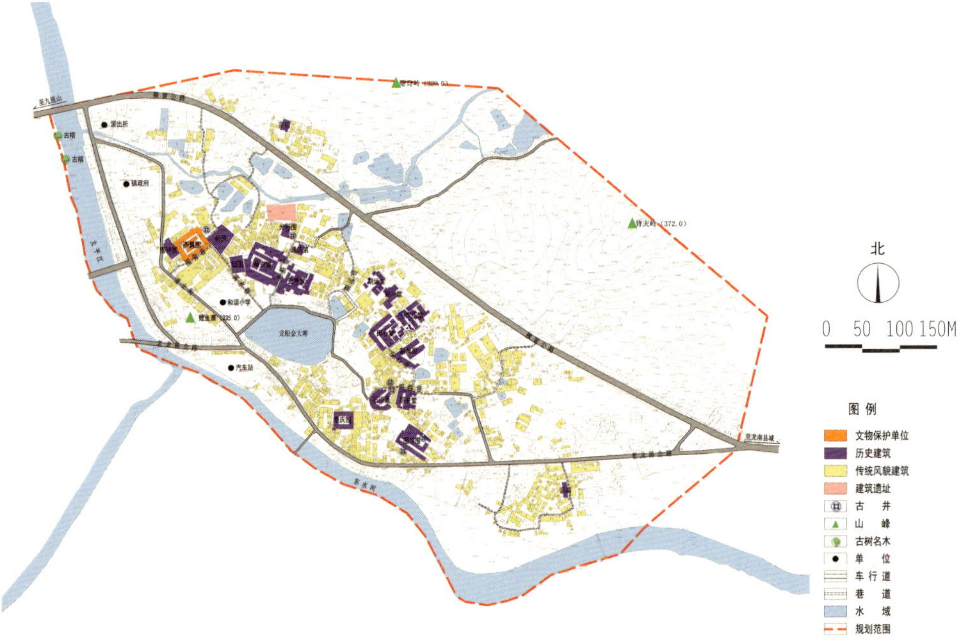

⊙ 龙南杨村村总平面图（资料来源：《龙南县杨村镇杨村燕翼围传统村落保护发展规划大纲》，龚凯轩改绘）

⊙ 杨村村鸟瞰

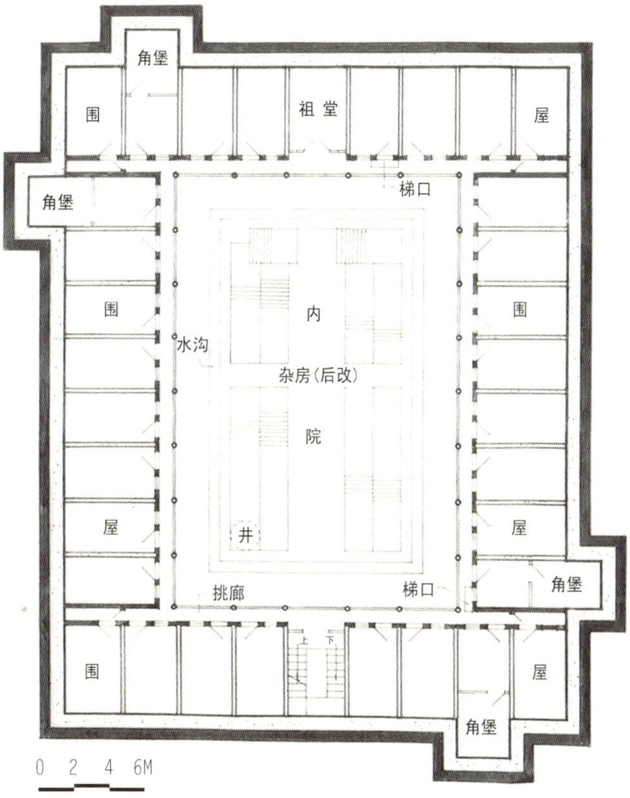

燕翼围二层平面图(黄浩绘制)

燕翼围鸟瞰(黄浩提供)

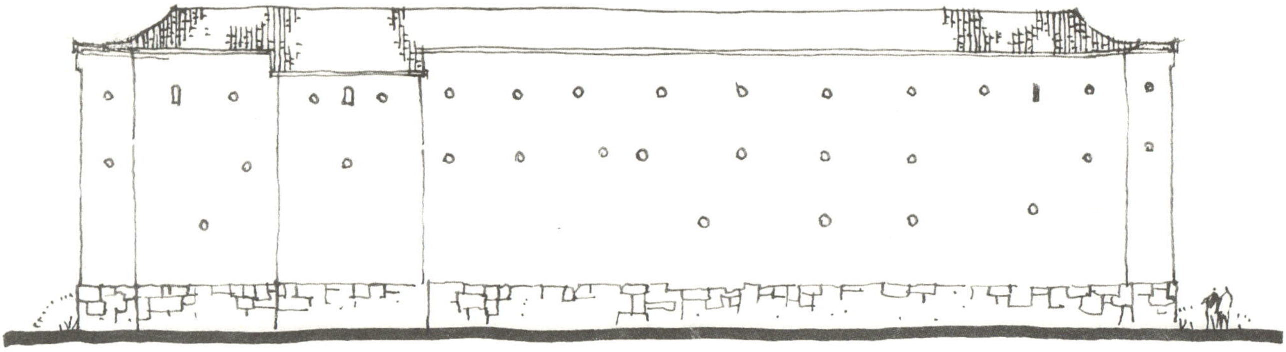

⊙ 燕翼围侧立面示意图（黄浩绘制）

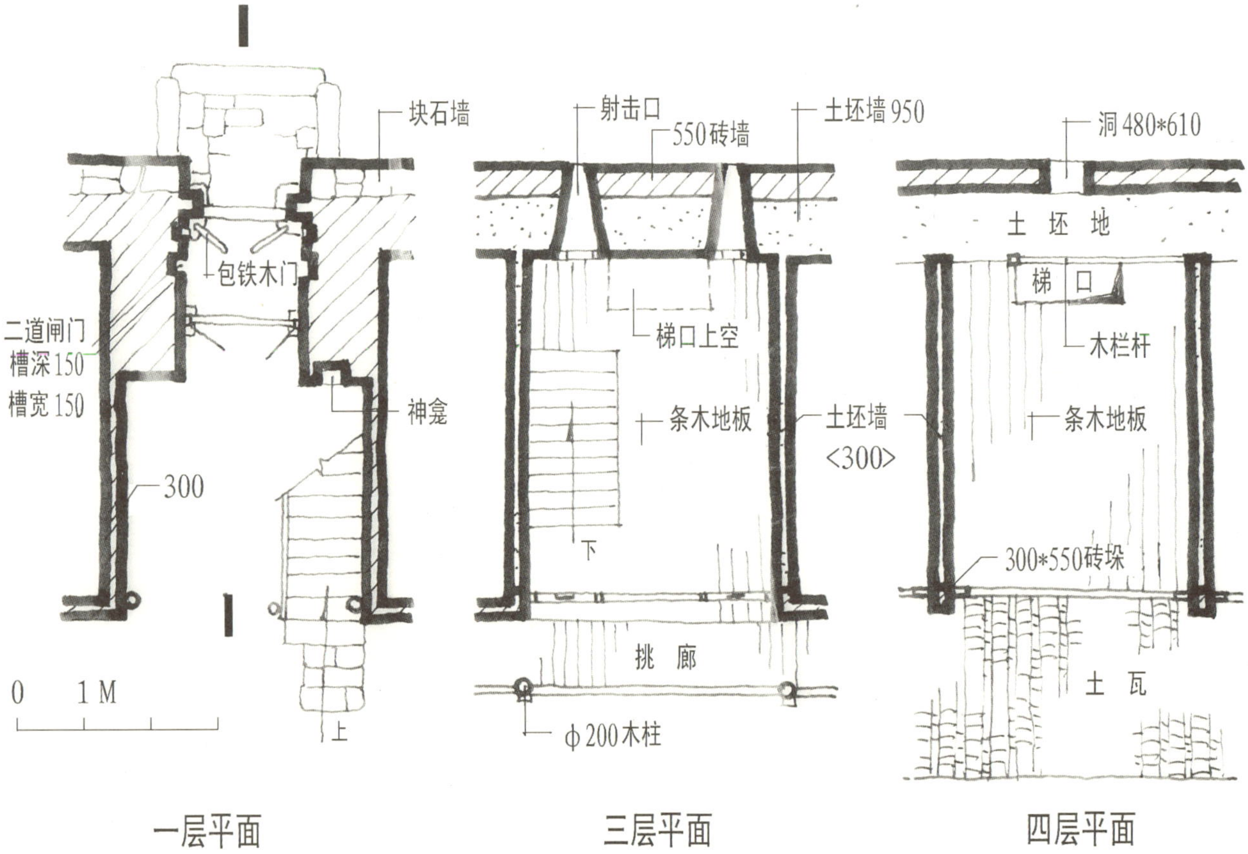

⊙ 燕翼围楼梯间平面图（黄浩绘制）

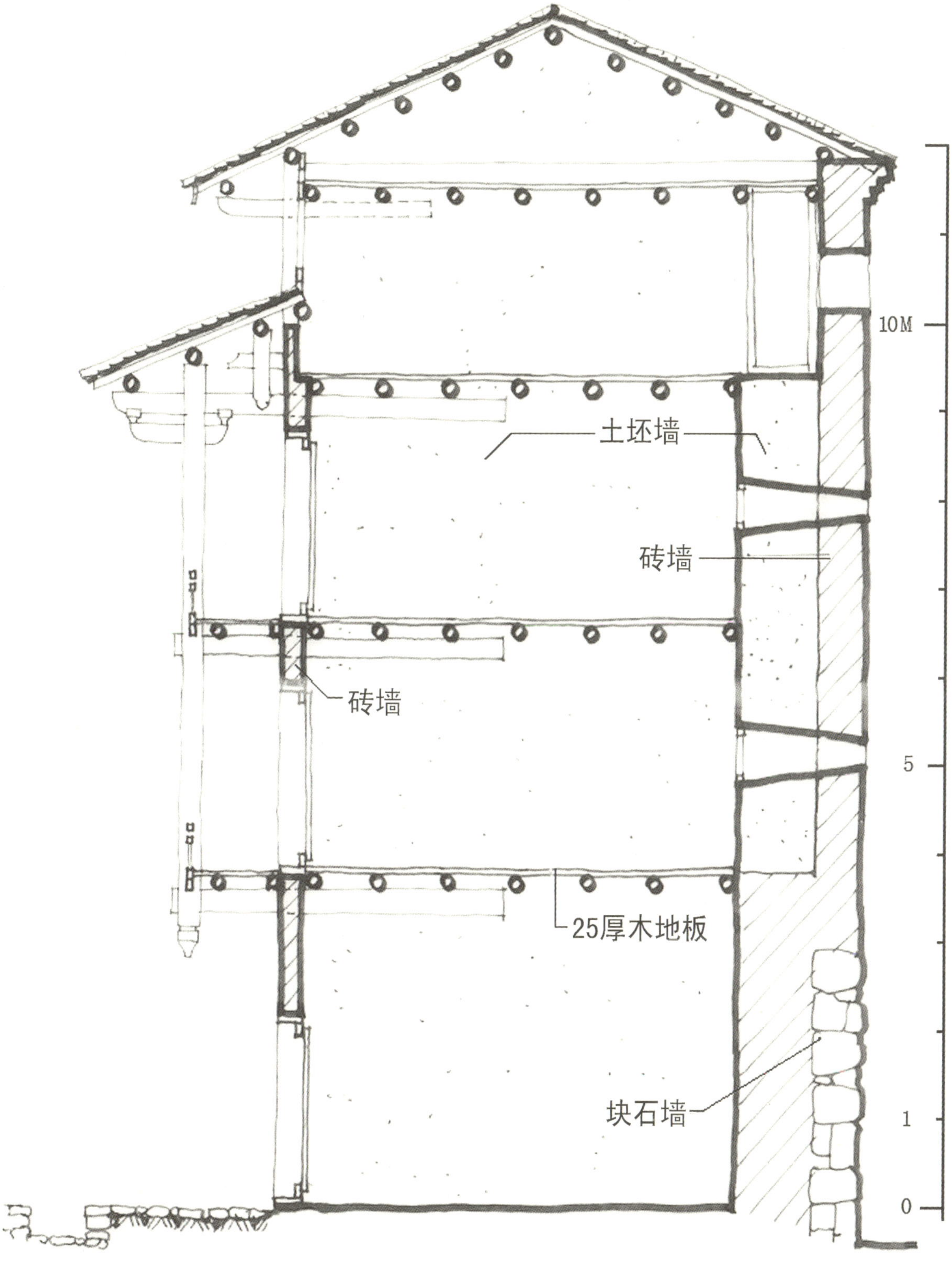

燕翼围剖面示意图(黄浩绘制)

燕翼围入口

燕翼围内部俯视

⊙ 燕翼围倒水孔

⊙ 燕翼围山墙

从燕翼围内看杨村新围

杨村新围入口

赖氏细围内部天井

石门昌围檐部

景庆围

敬安堂围

东龙村

1. 历史概况

东龙村位于赣州市宁都县东南部的田埠乡境内。东距宁都县城约50千米，西距石城县城约20千米。其东毗石城县小松镇，北接石城县小松镇罗溪村，西邻本乡马头、杉涧、王沙村，南靠本乡金钱坝村的王沙排。东龙村气候属中亚热带季风湿润气候，气候温和，多年平均气温18.4℃，无霜期约280天。年平均降水量1520毫米，其中4—6月约占55%，10—12月降水量最少。东龙村内植被类型多样，树种较丰富。村落经济以农业为主，主要经济作物为水稻、白莲、烟叶，同时种植泽泻、蜜枣等。

东龙自古至民国初年一直属宁都县（州）管辖。明清时期和民国初属仁义乡长松上团里四十都。民国十八年（1929）6月，宁都县划设7个区，东龙属第二区。苏区时期：1931年7月，东龙划属石城县。1933年1月，宁都县改为博生县，1933年7月，成立永水县，东龙仍设乡，改属赤水县马头区。1934年6月，广昌、赤水二县合并为广赤县，东龙改属广赤县。民国二十三年（1934）11月，国民政府推行保甲制，东龙复属宁都县。民国三十三年（1944）7月，东龙属马头乡。中华人民共和国成立后的1951年10月，东龙乡改属第八区（固厚区）。1984年7月，撤社建乡，东龙改村，属田埠乡。

东龙村在唐时便已有人居住，宋乾德五年（967）开基始祖李氏翊俊公迁徙至此地谋生，遂成李氏一姓繁衍生活之始，已有一千多年的历史。明末清初，这里是文学家、“易堂九子”之一李腾蛟和理学家李大集的家乡。

由于东龙位于宁都通往石城乃至福建的主干道上，民国以前，当地有一百多人长年在外从事各种商业活动。同时，由于东龙人读书风气比较浓厚，故手工业及知识型产业也得到较好的发展。在这样的商业条件下，乾隆中期东龙村已形成了一个专供本村人及外来客商进行商业交流活动的集市。但明末清初的社会动乱给东龙带来严重的灾难，村中人家大都流离搬迁。如今下祠仍留居东龙村的只有8个基本房。上祠现留居东龙的只剩7户50余人，仅占上祠李氏总人口的1%，其余人口都已迁居。

2. 村落形态

（1）村落为盆地型组团式的格局，防御性强。东龙历史悠久，留存至今的古迹众多，现保存完整或基本完整的有大小宗祠48座，主要分布在村落生活聚居区；500余年古塔1座，位于水口外侧狮山上；寨堡4座，分别位于村落四方山顶；隘口7处，所处之地均为交通要道；庙宇3座，散布在村落外围。其中，古村中间为水田及莲池，将古村分成若干个组团。

（2）充分利用山水地形，营造较为完整的环境景观。东龙村水系可分为点、线、面三种形态。点状主要指水口处的“虹桥锁水”，其设计兼有功能需求和美学价值。线状指村中的三条溪水，一条源于村西北的南桥岭，出山后沿“兔山”脚，从村西北流过。另两条发源于村东的尖峰山，出山后分成两支，一支沿糖罂寨山脚，绕过南坑，由东南向西北流；另一支沿“凤山”脚，由东向西流。三条水溪分道将村落呈舟状环绕，最终经“虹桥锁水”奔流而出。面状为村落中百余口池塘，其中溪水主动，池塘主静，水溪池塘组合形成了完整的水景格局。东龙村坐落在一块群山环抱的椭圆形盆地上，建村时选择气势雄伟的东龙岭和南桥岭作为后“龙山”，其一支余脉在村东面形成东龙岭，俗称“虎嶂”，此岭向内延伸形成五座山梁，称为“五马归槽”，中又分出小山梁为“凤形”。村头水口北面山体形如大象，称为“象山”；水口南面一个形如狮头的小山，称为“狮山”。这使东龙形成了东有“龙山”，南有“凤山”，西有“狮山”，北有“象山”的地理格局。东龙其地诸峰环峙，山清水秀，土地肥沃，形如“架上金盆”；其村依山而建，状如船形，外围由山体围合形成环状围护空间，内分街巷聚落空间、山坡散落式空间以及梯田荷塘空间，三个空间道路阡陌相连，与大自然融为一体，形成了东龙十景：龙岗古隘、巽峰插天、七星环冢、虎嶂乔峦、双涧抱村、凌霄胜阁、虹桥锁水、玉栋擎云、塔映湖心、永东古寺。

3. 村落建筑

（1）祠堂

① 李氏上祠：李氏始祖翊俊公肇基五世，均系单传，到第五世才生二子。长曰大郎，为下祠肇基祖。次曰念四郎，为上祠肇基祖。因该祠比下祠建造得早，而又坐落在下祠之上，故称上祠。为缅怀先祖，春秋祭祀，念四郎后裔经禄、经达于明洪武年间兴建该祠，后经多次维修。该祠坐西北朝东南，入口为门廊式，祠堂长30米，宽25米，占地面积约750平米，分上下两厅及左右厢房、厨房等。均为砖木结构，较雄伟壮观。

② 李氏下祠：该祠兴建于正统九年（1444），竣工于弘治四年（1491），历时40余载建成，现保存完好，祠高约12米，宽约35米，长30米，占地总面积1000余平方米。祠堂为府第式砖木框架结构，室内无墙，由75根杉圆木及纵横交叉的横梁方木条穿缝斗榫支撑，均饰有鲤鱼、莲花、龙凤、麒麟、象鼻等图案，外墙体以“囍”字头形木料做框架，既减轻墙体负荷，少用木料，又有装饰作用，还可做到“墙倒屋不倒”。祠门共一大二小三扇，正门首悬“李氏家庙”匾额。平常只开一扇侧门，祠内举行春秋大祭等庆典时，则三门齐开，以示隆重。祠门口安放一对石狮，祠前有宽广照壁，壁前植古杉两株。

③ 君绪翁祠：位于村入口处，在李氏上祠北侧，凌霄阁南侧。建筑形制为四扇三间横屋塞口的客家大屋形。建筑位于“兔山”之麓，以马头山墙朝向“马山”。凸显山墙一面，山墙开窗造型丰富，富有趣味。内部附属用房为二层，走马转角楼，有客家特点。

④ 南窗翁祠：位于村中心之下背街，南窗号春熏，为李翊俊十九世裔孙、清馆公第五房基

祖。因其一生清廉正直，创业有成，其裔孙为纪念其功，清初特建该祠。南窗翁祠为牌楼式砖木结构，由前、中、上三厅组成。前厅为花圃，植四季花卉；中厅为客厅，其右侧有厢房两间设为客房；上厅为祭祀厅，摆有祖宗牌位，其两侧各有一间住房。祠前25米处建有门楼，门楼前原有五亩大池塘一个，为“东龙十景”之一“塔映湖心”（今已废）。整个祠堂占地面积约200平方米，祠内原有6根巨杉梁。太平天国首都天京陷落，幼天王洪天贵福率部南逃至石城被俘后，其残部曾隐于此祠数十天。那时正值寒冬腊月，士兵为御寒，便砍祠内巨梁烧火取暖，但恐祠宇倒塌，每梁只砍一半。1984年失火，南窗翁祠被毁。1993年，南窗后裔集资重建起土木结构之上栋祭堂。

⑤ 升闻祠：位于排上，建于清康熙、雍正年间，砖木结构，占地面积2000余平方米。门仪以麻条石做框，高5米许，木板门宽5米多。下厅前建有一天井，中间平台前筑照壁；上厅前方左右各建一天井，中建平台做通道。梁柱以夏布缠绕，外刷土漆，地面以四方形红油石铺就，门窗皆雕刻装饰。整个结构布局合理，虽深邃，但明亮通气。祠门前有200余平方米用大理石铺就坪地，坪上现仍存有两块拴马石，分别刻有“州同知李自漂立，清乾隆丁丑岁谷旦”和“布政司司理李自浩立，清乾隆乙丑岁谷旦”字样。祠门前安放有一对罕见的开口石狮。相传因李自浩救太子有功，敕封为父升闻建祠。特许置开口石狮，以示尊荣。

（2）宗教建筑

① 玉皇宫：位于“凤形”山脚田塅上，斜对着宗祠。民国三十一年（1942）由李英士捐资建造。该宫坐西南朝东北，背靠凤山，前朝的龙山为香炉峰和五马落槽形。大门属牌楼风格，门前原有照壁，门柱上贴联云：“号尚元穹步清虚而登九五，圣称无极居太上以统三千。”并题有程颢诗句“醉里乾坤都寓物，闲来清风更输谁”。整座建筑分上下两栋三厅。廊厅供王灵官，前厅神龛空着，留待建醮时用来挂“功德”。上厅楼下为观音殿，供奉观世音和金童玉女；楼上为玉皇殿，供奉玉皇大帝、李老君、托塔天王李靖。玉皇宫是一处亦佛亦道亦儒“三教合一”的民间宗教活动场所，每年这里都会举行隆重的庙会和诵经活动。

② 凌霄阁：东龙十景之一，又称太公庙、胡公庙。庙分上下两栋，中为天井。位于村北，明代为祭祀东龙守护神胡太公而建。每年农历四月初八，阁内均要举办盛大的庙会和游神活动。同时，还有戏台唱戏以娱神。

③ 永东古寺：位于村南，旧寺颓毁但地基尚存，近年合村重建，寺周翠竹环生，松杉林立，清泉淙淙，境色幽雅。古时寺右建有书馆，易堂九子之一李腾蛟曾就读于此。清末改学馆建寺庙。其内大门首有百年前李永章所作“八仙过海”水墨画；下厅左右墙壁依次画着渔、樵、耕、读图，画风清丽空明。上厅安有十余尊佛像。有诗赞曰：“永东古寺建山孤，赖有潇潇翠竹俱。天生一块清静处，俨若瑶池福地居。”

（3）建筑群

东龙有不少祠宅合一型的建筑。如“东里一望”和下大屋。

“东里一望”又称“仁方公祠”，因内有房屋百间又称“百间大屋”。建造者为李仁方，名光恕，由国学贡生赠儒林郎布政司经历，于清雍正十二年（1734）至乾隆二年（1737）建“东里一望”。整座建筑分前院、后院、东圃、西园和仁方祠五大部分，占地面积4300平方米，距今已有300多年历史。该建筑属典型的客家围屋结构，由祠堂、住房、学馆、绣楼、仓库、门楼、庭院、雕楼、护墙等组成。东厢曾被火烧毁，后改为一层土木结构。整个建筑入口为槽形，北面山形为马形，暗含“五马归槽”，建筑内部木雕内容较为丰富。

下大屋，占地广阔，栅门，约一千平方米。故当地人称为大屋，也称俊人祖祠。整个大屋由祠堂和住宅等若干栋建筑组合而成。

（4）义仓

是村中专为赈济受灾或贫穷族民而设的一项专门资产。据十修族谱《宗祠说》载，在清乾隆以前已设有义仓，此后又陆续设立了若干个。其中记载较详尽的有：坦夫义仓，田租14.5石；草塘义仓，田租22.5石；育斋义仓，田租101.5石；君绪义仓，田租18石。此四处义仓均设立于清嘉庆至道光年间。

（5）许氏贞节牌坊

位于芸窗祠前，为位上公第三子泰鸿之妻许氏立于乾隆四十一年（1776）。石狮顶部有耳檐，通体雕刻各种花纹。许氏少年丧夫，矢志自守，旨表建坊入节孝祠。

（6）桥

位于村西水口处，由二十三世李一举独资建造。建于明嘉靖年间，桥为一孔石拱桥，长12米，宽7米。按当地风水习俗，因东龙溪流于此汇聚，过后便泻入一条十丈余高的峡谷，建此桥既可为行人提供方便，又能起到“锁住水流，留住财气”的作用，一举两得。嘉靖年间建桥时，桥名“兴隆”，条石砌筑，长三丈，宽一丈五，如彩虹横跨深涧。桥下有一水潭，潭中一石如罗汉仰卧，袒胸露脐，头部五官清楚，手脚分明。水稍满时若隐若现，水浅时全身裸露，其状如罗汉晒肚。有诗赞曰：“虹桥横锁一村流，飞泻流水成瀑布。诗情画意神仙景，醉倒罗汉忘归途。”故亦称为“虹桥锁水”景观。

（7）塔、隘口及寨堡

① 文峰塔：位于水口外侧一小山上。由东龙李氏外甥、明都察院副都御使陈勉捐资建于明嘉靖四十三年（1564）。明末清初因失修倒塌。清雍正五年（1727）重建，并将塔址迁于今狮山上。现塔为砖木筒式结构，外呈六棱形，高七层22米，底层周长17.2米，空心墙厚约2米。有楼梯通塔顶，每层开有一门可眺望四周风景。

② 隘口：村中隘口共有7处，所处之地均为交通要道，其势两山夹峙，有一夫当关，万夫莫开之险。隘口全以巨石垒筑，状如石亭，坚固异常。其7处隘口分别为：东边与石城县小松镇交界处的龙岗隘口；东南边与石城县迳里村委会交界处的荷树隘口；正南方向与本乡王沙排村委会交界处的永东隘口；西边与本乡马头村委会交界处的苏家塅隘口；西南边与本乡王沙村委会交界处的老塔寺隘口；西北边与本乡马头村委会交界处的庙上隘口；北边与石城县南桥岭交界处的南桥岭隘口。

③ 寨堡：又称“石砦”“石寨”。为抵御外敌，旧时东龙曾将全村划为4片，在附近凭险建起石寨4个。石寨占地一般为三四亩，以巨石砌数米高围墙，墙厚2米许，开前后门，内建简易住房，挖有水井，一旦村周边隘口失守，村人便转入寨中，据寨抵抗。其4个寨堡分别为：位于东南面的尖峰寨；位于西边的玉尖寨；位于西北边的龙公寨；位于北面的鳅篓寨。今四寨堡中房屋已塌废，但寨墙仍存。

④ 驿道。由宁都县会同乡苦竹经本乡马头到东龙，再由东龙东北角龙岗隘口经石城县小松乡通闽西。是古时赣西连赣东通闽西的主干道，路面以石块铺就，宽约1米。此驿道为历史上东

龙的经济繁荣起到过极为重要的作用。随着交通的发展和改道，今路面大多埋没。

4. 重要历史人物与事件

李腾蛟（1609—1668年），弃诸子业，与魏禧等八人隐居县城翠微峰躬耕自学，世称“易堂九子”，著有《周易剩言》《咸斋诗文集》《易堂三处世稿》。

李大集，字蒙泉。邑诸生，理学家。从于都黄洛村游，充然有德。认为：“学以践实为归，若薛文清之主敬，王文成之至良知，譬如舟车各适，而总赴于京。不实践非真儒也。”所居名“有晚照山”，故学者又称其照山先生。著有《性理辑醇》《易经图说》《史论》等。

5. 非物质文化遗产

（1）灯会

东龙村的灯会习俗比较丰富，有闹花灯、桥梆灯等。闹花灯以村中妇女为主角，一般每年大年初二举行。春节前，妇女们聚集一起，八人或十人为一队，准备好红烛、彩纸、浆糊、花灯骨架等。初二上午，妇女们要到胡公庙和杨公庙上香进供，并在庙中为花灯糊上彩纸，结队先入胡公庙举行起灯仪式，然后在彩旗锣鼓的引导下，挨家挨户贺春，每到一户，礼生都要“喝彩”，高呼“新春大发”“添丁进财”等古语。户主则要鸣炮相迎，备酒水、茶点款待，并送上红包。

桥梆灯是东龙全村参与的大型民俗活动，每年正月十四日至十六日举行。活动前，宗祠先召集各方开会协调，而后以小房为单位，准备桥梆灯。在一块2至3米长的宽木板上置3至5盏大灯笼为一架灯。各房出灯数依照上年新增丁而定，新丁一人一架。十四、十五日晚，各房先在本房试游，游完将灯归放祠堂，以示向祖宗报喜。十六晚，三声铳响后，以龙灯队、花灯队为先导，在布头桥梆队、锣鼓队引领下举行全族游灯，顺序为布头、大屋、下大屋、店下、高排、排上、中村、南坑、塅上、背寮、西坑，所到之处，敲锣打鼓鸣炮迎送。最后，近百架灯汇成一条火龙，在喧天鼓乐、动地炮声中奔向李氏宗祠拜祖。各地锣鼓队将本地的灯接回，在村内上年刚添丁的人家巡游。灯一进屋，主人要用刚点燃的新烛换下属于自己所有灯里的旧烛（俗称“换烛”），并把旧烛插于厅堂，以示全家同乐。游灯结束，各房迎灯入祠，将灯供奉于祖宗神台前，参与游灯的人欢聚祠堂吃夜酒。次日，抬龙灯、提花篮至杨公庙前撕下彩纸，焚化成灰，倾于小溪，称之为“送神”。

（2）庙会

是在胡公庙祀拜地方守护神胡雄而举办的活动。时间为每年的农历四月初一到十一。期间，胡太公庙前要搭台演戏，天天演出祁剧，其节目要经当值甲首严格挑选，其中的宫廷戏如《皇亲国戚》《打金枝》等为必演节目。庙会中，每天有大批的善男信女络绎前来上香、进供、看戏。传说四月初八是胡太公生日，也是神明显灵、救助百姓的日子。这天早饭后，当值甲首先选派数位礼生率众先到庙里上香进供，而后将胡太公及其左右两将塑像从神龛中“请”下来，用新毛巾、新脚盆、新鲜水分别给他们沐浴后换上新衣，安放于神轿中。事先定好的时辰一到，众人抬着神轿，在彩旗、锣鼓、由人装扮的八仙簇拥下，从胡公庙左门出发，沿背寮、上大屋、下大屋、店下、布头、高排、排上、南坑、塅上、西排开始游神。一路上人头攒动，彩旗飘扬，铳炮连天，异常热闹。游毕，从胡公庙右门回庙。将神轿停放于大厅供村民们膜拜后，由道士给胡太公“上奏表”，杀鸡供奉，最后又“请”太公归位。游神时，每到有庙处，神轿要进庙停驻，集体上香，随行道士要给该庙上一道“表文”，以示沟通。神轿经过之地，村民要提前在路边、门前设案接送。

（3）醮会

每年正月或七月之吉日分儒、佛、道三坛同时进行。在玉皇宫进行，设醮会理事会主持。会前数天，理事会要贴告示期，届时全村家家清堂扫室，洗涮锅碗瓢盆，沐浴更衣，户户斋戒，市上禁售荤腥。其儒坛设于玉皇宫楼上玉皇殿前，佛坛设于楼下上厅观音殿前，道坛设于楼下下厅。儒坛由全村的生、童念诵《玉皇经》，佛坛由村中永东寺、妙觉庵的出家人念诵《观音经》《三官经》《文殊经》《罗祖经》《关圣经》，时间均为七天六夜。其间，念经道士要安排三个下午巡游村中，各家各户和各个池塘，要备好香案，用竹筒盛一升白米置于桌上，米上插一道由道士事先制作的神主牌，牌前设香火、果品供奉。道士巡游时，要到各家所设立神主牌前施礼、念咒，在每个池塘边插上一支香。

最后一次巡游时，要将白米送给道士，神主牌让道士收走归集庙中火化。醮会最后一天的晚上，三教要集中在玉皇宫门前空坪上举行“放蒙山”（又名“施食”）仪式。空坪一角安放纸糊之鬼王（又名“大山人”）、麒麟、龙、狮、象等，空坪上方用方桌搭一高台，台上供奉着救苦天尊等神像，一名资行高深的道士坐于高台，向“孤魂野鬼”们讲经说法，劝善改恶，祈求神明大发慈悲，普度它们早离苦海，尽快超生。讲经毕，便在村庄四周高山上点起火把，在空坪中置餐桌，设酒、饭、牲畜祭款待“孤魂野鬼”，并烧孤衣、冥钱相送。“放蒙山”仪式完毕后，在空坪上烧化所有的纸扎品，谓之“送神”，至此醮会结束。

（4）建房习俗

俗称“做屋”。旧时建房要请地理先生择地基，画杨公符竖于建筑基地，选吉日破土动工。亲朋要赠工。建房期间要设宴三次，即破土动工时要做“落石脚酒”；上梁柱时要做“上梁酒”；竣工时要做“圆屋酒”。亲朋要道贺，俗称“送茶”。上梁立柱时要张灯结彩，挂红，请泥水木匠说吉利话，俗称“喝彩”。撒食米，俗称“撒粮米”。撒糯糍，俗称“撒高贵糍”。

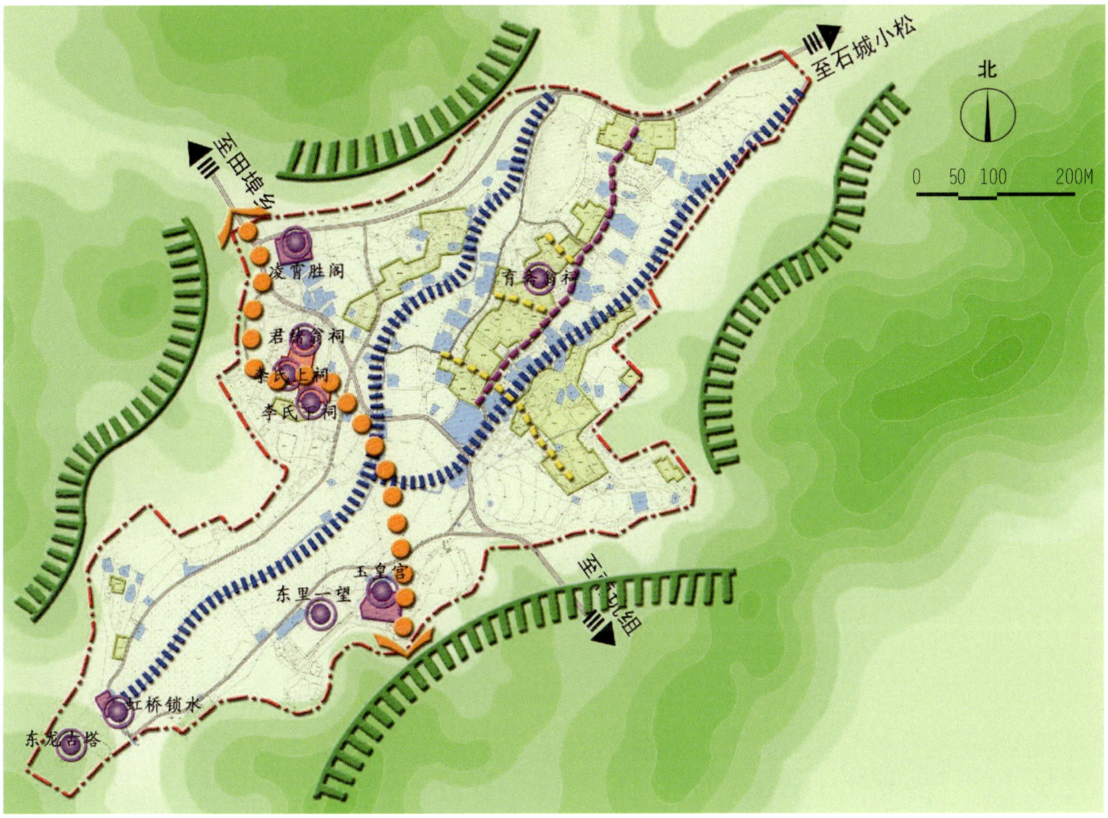

宁都东龙村总平面图（资料来源：《宁都县田埠乡东龙历史文化古村落保护与整治规划》）

君绪翁祠正立面

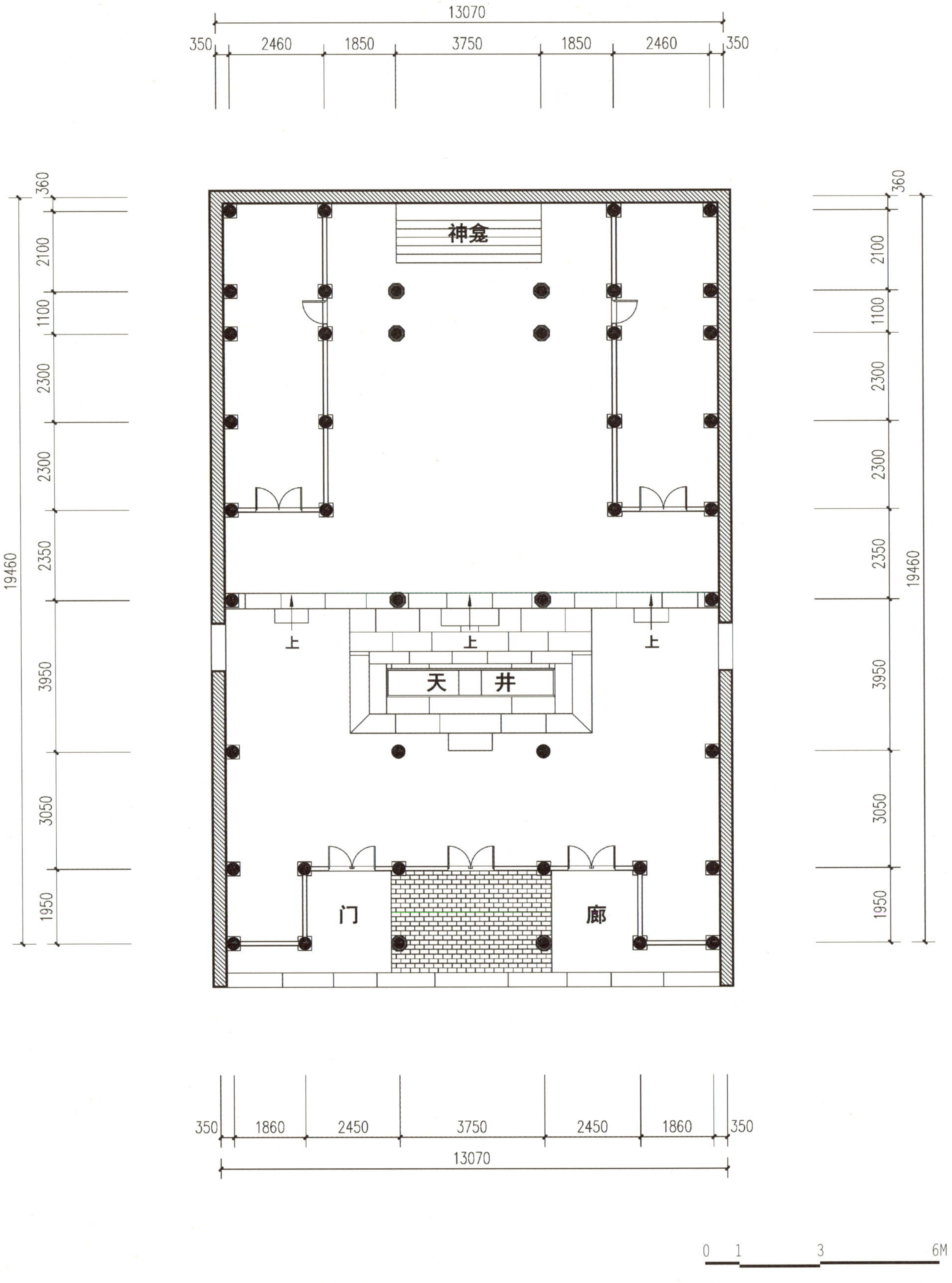

⊙ 李氏上祠平面图（李元亨绘制　许飞进指导）

李氏上祠内部

文峰塔

李氏下祠照壁

李氏下祠内部梁架

升闻祠

玉皇宫正立面

东龙村鸟瞰

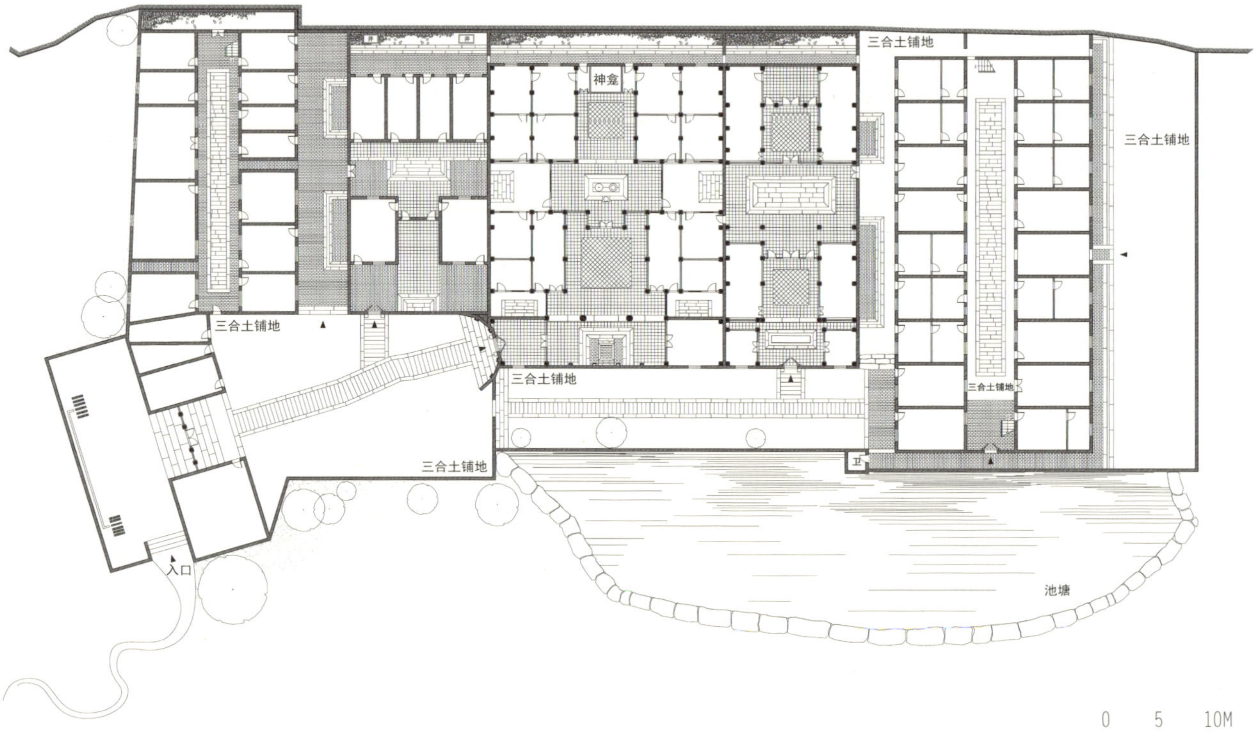

（该图为 2013 年测）

东龙村“百间大屋”平面图（李元亨、邱胜、罗谟强、谢晨、李瑶绘制　许飞进指导）

“百间大屋”俯视

⊙ 掩映在莲池中的“百间大屋”

⊙ 从入口看“百间大屋”内院

下大屋

兴隆桥

主要参考文献

一、专著

1. 罗淦先，周文英，谢苍霖，刘珈珈著. 江西文化[M]. 沈阳：辽宁教育出版社，1998.

2. 许怀林主编. 中华地域文化大系・江西文化[M]. 合肥：安徽教育出版社，2006.

3. 沈建华，方志远，汪红亮. 江西文化概论[M]. 北京：中央广播电视大学出版社，2012.

4. 虞国庆主编. 魅力江西：江西省情教育读本[M]. 南昌：江西人民出版社，2008.

5. 彭适凡. 江西通史——先秦卷[M]. 南昌：江西人民出版社，2008.

6. 陈文华，陈荣华. 江西通史[M]. 南昌：江西人民出版社，1999.

7. 周銮书.天光云影——周銮书文集（江西卷）[M]. 南昌：江西教育出版社，2002.

8. 陈昌仪. 赣方言概要[M]. 南昌：江西教育出版社，1991.

9. 江西省县志编纂委员会. 乐安县志[M]. 南昌：江西人民出版社，1989.

10. 黄浩. 江西民居[M]. 北京：中国建筑工业出版社，2008.

11. 中华人民共和国住房和城乡建设部编. 中国传统民居类型全集・中册[M]. 北京：中国建筑工业出版社，2014.

12. 周銮书. 千古一村——流坑历史文化的考察（第二版）[M]. 南昌：江西人民出版社，2000.

13. 许飞进. 探寻与求证——云南团山村与江西流坑村传统聚落的比较研究[M]. 北京：中国水利水电出版社，2012.

14. 陈志华， 李秋香. 流坑村[M]. 石家庄：河北教育出版社，2003.

15. 黄更昌. 探古览胜话流坑[M]. 南昌：江西人民出版社，2002.

16. 李梦星著. 庐陵文化研究丛书：庐陵宗族与古村[M]. 南昌：江西人民出版社，2012.

17. 万幼楠. 赣南围屋研究[M]. 哈尔滨：黑龙江人民出版社，2006.

18. [明]午荣. 新刊京版工师雕斫正式鲁班经匠家镜[M]. 李峰整理，海口：海南出版社，2004.

19. 周文铮，王振驹等. 地理正宗[M]. 南宁：广西民族出版社，1993.

20. [清]周惇庸. 理气图说[M]. 台北：武陵出版社，2006.

21. 王启发. 礼学思想体系探源[M]. 郑州：中州古籍出版社，2006.

22. 中共江西省委党校，江西行政学院. 江西省情资料手册（2017年版）[M]. 南昌：江西人民出版社，1999.

二、族谱

序号	市	区县	族谱名	姓氏	所在古村
1	宜春	丰城	白马寨《杨氏六修族谱》	杨氏	白马寨村
2	宜春	丰城	厚板塘《涂氏新修族谱》	涂氏	厚板塘村
3	景德镇	乐平	涌山枫林《荥阳潘氏宗谱》	潘氏	涌山村
4	景德镇	乐平	涌山《太原王氏宗谱》	王氏	涌山村
5	上饶	婺源	婺源游山村《董氏家乘》	董氏	游山村
6	宜春	宜丰	《天宝墨庄阶下三修房谱》	刘氏	天宝村
7	宜春	宜丰	《墨庄上四房谱》	刘氏	天宝村
8	宜春	宜丰	《天宝墨庄族谱》	刘氏	天宝村
9	宜春	高安	《畲山贾氏十修族谱》	贾氏	贾家村
10	吉安	青原区	陂下《潭溪胡氏族谱》	胡氏	陂下村
11	吉安	青原区	《芗城梁氏四房宗谱》	梁氏	渼陂村
12	吉安	永丰	沙溪《王氏重修族谱》	王氏	河下村
13	吉安	永丰	沙溪《营前李氏五修族谱》	李氏	河下村
14	抚州	东乡区	《浯溪王氏族谱》	王氏	浯溪村
15	抚州	金溪	《竹桥余氏家谱》	余氏	竹桥村
16	抚州	乐安	《抚乐流坑董氏族谱》	董氏	流坑村
17	抚州	乐安	《秘阁校书董文晃公房谱》（同治、民国）	董氏	流坑村
18	抚州	乐安	《抚乐流坑董氏直斋公房谱》	董氏	流坑村
19	抚州	乐安	《抚乐流坑董坦然公房谱》	董氏	流坑村
20	抚州	乐安	《抚乐瑶石董复彦公房谱》	董氏	流坑村
21	抚州	乐安	《董大司法镜山公房谱》	董氏	流坑村
22	抚州	乐安	《抚乐流坑董氏淳派胤隆公房谱》	董氏	流坑村
23	赣州	宁都	《东龙李氏九修族谱》《宁都东龙李氏十修族谱》	李氏	东龙村

三、古村规划设计及档案

1. 上海同济城市规划设计研究院、同济大学国家历史文化名城研究中心. 江西安义古村落群——罗田、水南、京台保护规划，2006.

2. 江西师大城市规划设计研究院. 江西省丰城市白马寨历史文化名村保护规划，2009.

3. 江西师大城市规划设计研究院. 江西省丰城市厚板塘历史文化名村保护规划，2011.

4. 江西省城乡规划设计研究院. 瑶里历史文化名镇保护规划，2008.

5. 江西师大城市规划设计研究院. 乐平市涌山镇涌山村历史文化名村保护规划（2013—2030），2013.

6. 江西省城乡规划设计研究院. 婺源县镇头镇游山历史文化名村保护规划，2008.

7. 江西师大城市规划设计研究院. 贵溪市耳口乡曾家历史文化名村保护规划（2008—2020），2008.

8. 中国传统村落档案——广昌县驿前村，2013.

9. 江西省城市环境设计事务所有限公司. 宜丰县天宝村历史文化名村保护规划，2008.

10. 江西省城市环境设计事务所有限公司. 高安市新街镇贾家古村保护规划，2006.

11. 江西省浩风建筑工程设计事务所. 吉安市陂下村历史文化名村保护规划，2007.

12. 江西师大城市规划设计研究院. 吉安市吉州区兴桥镇钓源历史文化名村保护规划，2009.

13. 江西省城市环境设计事务所有限公司. 吉安市渼陂历史文化名村保护规划，2008.

14. 中国传统村落档案——永丰县沙溪镇河下村，2015.

15. 江西省城乡规划设计研究院. 浯溪历史文化名村保护规划（2013—2030），2013.

16. 江西师大城市规划设计研究院. 金溪县竹桥历史文化名村保护规划，2009.

17. 中国传统村落档案——乐安县流坑村，2013.

18. 江西省城乡规划设计研究院. 龙南县关西（新围）历史文化名村保护规划，2009.

19. 江西省城乡规划设计研究院. 龙南县杨村镇杨村燕翼围传统村落保护发展规划大纲，2013.

20. 浙江大学城乡规划研究院、杭州广亩城市规划策划咨询研究院. 宁都县田埠乡东龙历史文化古村落保护与整治规划，2009.

附录

江西省历史文化名村（镇）、传统村落名单

序号	名称	地点	文保级别	序号	名称	地点	文保级别
1	罗田村	南昌市安义县石鼻镇	●●●	16	前后万村	南昌市南昌县三江镇	●●
2	安义千年古村群	南昌市安义县石鼻镇	●	17	朱桥梅村	南昌市青云谱区青云谱镇	●
3	梓源民国村	南昌市安义县万埠镇	●	18	瑶里镇	景德镇市浮梁县	●●●
4	陈家村	南昌市进贤县架桥镇艾溪	●●●	19	高岭村	景德镇市浮梁县瑶里镇	●
5	周坊村	南昌市进贤县文港镇	●●	20	绕南村	景德镇市浮梁县瑶里镇	●
6	前塘村	南昌市进贤县文港镇	●●	21	东埠村	景德镇浮梁县瑶里镇高岭	●
7	晏家村	南昌市进贤县文港镇	●	22	五华村	景德镇市浮梁县瑶里镇	●
8	曾湾村	南昌市进贤县文港镇	●	23	瑶里村	景德镇市浮梁县瑶里镇	●●
9	李家村	南昌市进贤县温圳镇杨溪村委	●●	24	勒功村	景德镇市浮梁县勒功乡	●
10	旧厦村	南昌市进贤县罗溪镇	●	25	沧溪村	景德镇市浮梁县勒功乡	●●●
11	三房村	南昌市进贤县罗溪镇	●	26	江村村	景德镇市浮梁县江村乡	●●
12	西湖李家	南昌市进贤县前坊镇	●	27	浩峰村	景德镇市浮梁县江村乡	●●
13	五桥村	南昌市进贤县长山晏乡	●	28	严台村	景德镇市浮梁县江村乡	●●●
14	桂桥村	南昌市进贤县李渡镇	●●	29	旧城村	景德镇市浮梁县浮梁镇	●●
15	汪山村	南昌市新建区大塘坪乡	●●	30	龙潭村	景德镇市浮梁县峙滩镇	●●

序号	名称	地点	文保级别
31	英溪村	景德镇市浮梁县峙滩镇	●(黄)●(褐)●(红)
32	磻溪村	景德镇市浮梁县西湖乡	●(褐)●(红)
33	胡宅村	景德镇市浮梁县蛟潭镇	●(红)
34	吴家村	景德镇市浮梁县蛟潭镇	●(绿)
35	礼芳村	景德镇市浮梁县蛟潭镇	●(黄)●(褐)●(红)
36	鸦桥村	景德镇市浮梁县经公桥镇	●(红)
37	新源村	景德镇市浮梁县经公桥镇	●(绿)
38	楚岗村	景德镇市浮梁县鹅湖镇桃岭村	●(绿)●(红)
39	城门村	景德镇市浮梁县兴田乡	●(绿)●(红)
40	龙源村	景德镇市浮梁县兴田乡程家山村	●(绿)●(红)
41	小坑村	景德镇市乐平市洪岩镇	●(绿)●(红)
42	名口村	景德镇市乐平市名口镇	●(红)
43	戴村	景德镇市乐平市名口镇	●(绿)
44	流芳村	景德镇市乐平市名口镇	●(绿)
45	浒崦村	景德镇市乐平市镇桥镇	●(绿)●(红)●(灰)
46	涌山村	景德镇市乐平市涌山镇	●(褐)●(红)
47	车溪村	景德镇市乐平市涌山镇	●(绿)●(红)
48	石峡村	景德镇市乐平市涌山镇东岗村委	●(绿)●(红)
49	北门村	景德镇市乐平市洎阳街道	●(红)
50	耆德村	景德镇市乐平市双田镇	●(绿)●(红)
51	横路村	景德镇市乐平市双田镇	●(红)
52	下徐村	景德镇市乐平市塔前镇	●(红)
53	上徐村	景德镇市乐平市塔前镇	●(红)
54	浒湾镇	抚州市金溪县	●(黄)●(褐)
55	棠阴镇	抚州市宜黄县	●(褐)
56	驿前镇	抚州市广昌县	●(黄)●(褐)●(灰)
57	驿前村	抚州市广昌县驿前镇	●(红)●(灰)

序号	名称	地点	文保级别
58	中洲村	抚州市金溪县浒湾镇	●(绿)
59	浒湾村	抚州市金溪县浒湾镇	●(红)
60	荣坊村	抚州市金溪县浒湾镇	●(红)
61	黄坊村	抚州市金溪县浒湾镇	●(褐)●(红)
62	铜岭村	抚州市金溪县双塘镇古圩村	●(红)
63	竹桥村	吉安市金溪县双塘镇	●(黄)●(褐)●(红)
64	湖山村	抚州市金溪县双塘镇对塘村	●(红)
65	龚家村	抚州市金溪县合市镇	●(红)
66	大耿村	抚州市金溪县合市镇	●(红)
67	游垫村	抚州市金溪县合市镇	●(黄)●(褐)●(红)
68	戌源村	抚州市金溪县合市镇	●(红)
69	全坊村	抚州市金溪县合市镇	●(黄)●(褐)●(红)
70	东岗村	抚州市金溪县合市镇	●(褐)●(红)
71	七坊村	抚州市金溪县合市镇	●(绿)
72	仲岭村	抚州市金溪县合市镇	●(绿)
73	邱家村	抚州市金溪县合市镇	●(绿)
74	楼下村	抚州市金溪县合市镇	●(绿)
75	崇麓村	抚州市金溪县合市镇	●(绿)●(红)
76	后林村	抚州市金溪县合市镇	●(绿)
77	坪上村	抚州市金溪县合市镇	●(绿)●(红)
78	车门村	抚州市金溪县合市镇	●(绿)
79	杭桥村	抚州市金溪县合市镇	●(绿)
80	胡锡村	抚州市金溪县合市镇	●(绿)
81	珊珂村	抚州市金溪县合市镇	●(绿)
82	郑坊村	抚州市金溪县合市镇良种场	●(红)
83	湖坊村	抚州市金溪县合市镇	●(红)
84	孙坊村	抚州市金溪县合市镇	●(绿)

序号	名称	地点	文保级别
85	乌墩塘村	抚州市金溪县合市镇	●
86	疏口村	抚州市金溪县琅琚镇	●●●
87	彭家村	抚州市金溪县琅琚镇安吉村	●
88	曾家村	抚州市金溪县琉璃乡东源村委	●●●
89	印山村	抚州市金溪县琉璃乡	●
90	蒲塘村	抚州市金溪县琉璃乡	●
91	北坑村	抚州市金溪县琉璃乡	●
92	古楼下村	抚州市金溪县琉璃乡	●
93	常丰岭村	抚州市金溪县琉璃乡	●
94	尚庄村	抚州市金溪县琉璃乡	●
95	澳塘村	抚州市金溪县琉璃乡	●
96	中宋村	抚州市金溪县琉璃乡	●
97	下宋村	抚州市金溪县琉璃乡桂家村	●
98	波源村	抚州市金溪县琉璃乡	●
99	谢坊村	抚州市金溪县琉璃乡	●
100	徐源村	抚州市金溪县左坊镇	●
101	后龚村	抚州市金溪县左坊镇	●●
102	彭家渡村	抚州市金溪县左坊镇	●
103	后车村	抚州市金溪县左坊镇	●
104	大拓村	抚州市金溪县对桥镇	●
105	旸田村	抚州市金溪县对桥镇	●
106	陆坊村	抚州市金溪县陆坊乡	●
107	植源村	抚州市金溪县陆坊乡	●
108	桥上村	抚州市金溪县陆坊乡	●
109	下李村	抚州市金溪县陆坊乡	●
110	上张村	抚州市金溪县陈坊积乡陈坊村委	●●
111	高坪村	抚州市金溪县陈坊积乡	●
112	涂坊村	抚州市金溪县陈坊积乡	●
113	岐山村	抚州市金溪县陈坊积乡	●●●
114	城湖村	抚州市金溪县陈坊积乡	●●
115	横源村	抚州市金溪县石门乡白沿村	●
116	石门村	抚州市金溪县石门乡	●
117	靖思村	抚州市金溪县石门乡	●●
118	杨坊村	抚州市金溪县秀谷镇	●
119	傅家村	抚州市金溪县秀谷镇先锋村	●●
120	符竹村	抚州市金溪县秀谷镇马街村	●●
121	邓家村	抚州市金溪县黄通乡	●
122	孔坊村	抚州市金溪县何源镇	●
123	湖坪村	抚州市乐安县湖坪乡	●●●
124	流坑村	抚州市乐安县牛田镇	●●●
125	连河村	抚州市乐安县牛田镇	●
126	水南村	抚州市乐安县牛田镇	●●●
127	稠溪村	抚州市乐安县南村乡炉桐村委	●●
128	前团村	抚州市乐安县南村乡	●
129	东坑村	抚州市乐安县鳌溪镇	●
130	汤山村	抚州市乐安县谷岗乡	●●
131	珠溪村	抚州市乐安县谷岗乡	●
132	万坊村	抚州市乐安县万崇镇丰林村	●
133	峡源村	抚州市乐安罗陂乡右源村	●
134	水溪村	抚州市乐安罗陂乡	●
135	古村村	抚州市乐安罗陂乡罗陂村委	●
136	浯樟村	抚州市崇仁县相山镇	●●●
137	段家车村	抚州市崇仁县河上镇陈村	●●
138	华家村	抚州市崇仁县白露乡吴坊村委	●●

序号	名称	地点	文保级别
139	谙源村	抚州市崇仁县许坊乡	●●
140	建设村	抚州市宜黄县棠阴镇	●
141	解放村	抚州市宜黄县棠阴镇	●
142	民主村	抚州市宜黄县棠阴镇	●
143	洽湾村	抚州市南丰县洽湾镇	●
144	瑶浦村	抚州市南丰县琴城镇	●●
145	港下村	抚州市南丰县傅坊乡	●●
146	梅坑村	抚州市南丰县洽湾镇长岭村委	●●
147	上甘村	抚州市南丰县白舍镇	●●
148	古竹村	抚州市南丰县白舍镇	●●
149	石邮村	抚州市南丰县三溪乡	●●
150	尧坊村	抚州市南城县天井源乡	●
151	磁圭村	抚州市南城县株良镇	●●
152	云市村	抚州市南城县株良镇	●●
153	新丰村	抚州市南城县新丰街镇	●●
154	汾水村	抚州市南城县新丰街镇	●●
155	临坊村	抚州市南城县沙洲镇	●●
156	上唐村	抚州市南城县上唐镇	●●
157	下崔村	抚州市南城县上唐镇	●●
158	源头村	抚州市南城县上唐镇	●●
159	上舍村	抚州市南城县上唐镇	●●
160	喻家村	抚州市临川区湖南乡竹溪村	●●
161	游家村	抚州市临川区湖南乡洪塘村	●●
162	新街村	抚州市临川区荣山镇	●●
163	李家村	抚州市临川区东馆镇玉湖村	●●
164	腾桥村	抚州市临川区腾桥镇	●●
165	石池村	抚州市临川区腾桥镇	●●
166	张家村	抚州市临川区龙溪镇梅溪	●●
167	黎家村	抚州市临川区太阳镇娄溪村门楼	●●
168	下丁村	抚州市临川区嵩湖乡江下村	●●
169	傅家村	抚州市临川区嵩湖乡陈油村委田南	●●
170	陈坊村	抚州市临川区鹏田乡	●●
171	周家村	抚州市临川区河埠乡河埠	●●
172	浯溪村	抚州市东乡区黎圩镇	●●
173	上池村	抚州市东乡区黎圩镇	●
174	李家村	抚州市东乡区黎圩镇枫山	●
175	黎阳村	抚州市东乡区黎圩镇	●
176	万石塘村	抚州市东乡区瑶圩乡	●
177	排头村	抚州市东乡区瑶圩乡	●
178	艾家村	抚州市东乡区岗上积镇段溪村	●●
179	水南村	抚州市东乡区岗上积镇	●
180	中洲村	抚州市黎川县樟溪乡	●●
181	洲湖村	抚州市黎川县华山镇	●●
182	社苹村	抚州市黎川县社苹乡	●
183	中田村	抚州市黎川县中田乡	●●
184	上傅村	抚州市资溪县鹤城镇大觉山村	●●
185	陈坊村	抚州市资溪县乌石镇	●
186	杜兰村	抚州市资溪县嵩市镇	●●
187	莒洲村	抚州市资溪县高阜镇	●●
188	姚家岭村	抚州市资溪县马头山镇	●
189	富田镇	吉安市青原区	●●●
190	永和镇	吉安市吉安县	●●●
191	巴邱镇	吉安市峡江县	●
192	渼陂村	吉安市青原区文陂镇	●●●●

序号	名称	地点	文保级别
193	陂下村	吉安市青原区富田镇	●●●
194	横坑村	吉安市青原区富田镇	●●
195	匡家村	吉安市青原区富田镇	●
196	奁田村	吉安市青原区富田镇	●●
197	王家村	吉安市青原区富田镇	●●
198	毛家村	吉安市青原区新圩镇江头村委会	●●●
199	永乐村	吉安市青原区值夏镇	●●
200	源头村	吉安市青原区值夏镇毛家村委会	●●
201	上赵塘村	吉安市吉州区长塘镇赵塘村委会	●●
202	卢家洲村	吉安市吉州区曲濑镇	●
203	腊塘村	吉安市吉州区曲濑镇	●
204	胡家村	吉安市吉州区曲濑镇彭家村委会	●●
205	东陂村	吉安市吉州区樟山镇	●
206	文石村	吉安市吉州区樟山镇	●
207	钓源村	吉安市吉州区兴桥镇	●●●
208	匏塘村	吉安市吉州区兴桥镇湖田村委会	●●
209	石边村	吉安市吉州区兴桥镇高坎村委会	●
210	菰塘村	吉安市吉州区兴桥镇藤桥村委会	●●
211	丁塘村	吉安市吉州区兴桥镇	●
212	上藤桥村	吉安市吉州区兴桥镇	●
213	马家村	吉安市永新县象形乡	●
214	樟枧村	吉安市永新县石桥镇	●●●
215	湖洲村	吉安市峡江县水边镇	●●●
216	何君村	吉安市峡江县水边镇	●●
217	沂溪村	吉安市峡江县水边镇	●●
218	鄢溪村	吉安市遂川县堆子前镇	●
219	下源村	吉安市万安县百嘉镇	●

序号	名称	地点	文保级别
220	塘南村	吉安市井冈山市鹅岭乡	●
221	菖蒲古村	吉安市井冈山市厦坪镇	●
222	长塘组	吉安市井冈山市拿山乡长路村	●
223	茅坪村	吉安市井冈山市茅坪乡	●
224	金溪村	吉安市永丰县陶唐乡	●●
225	河下村	吉安市永丰县沙溪镇	●
226	梅冈村	吉安市泰和县万合镇店边村委	●●
227	钟埠村	吉安市泰和县万合镇	●●
228	书院村	吉安市泰和县苑前镇	●●
229	王山村	吉安市泰和县苑前镇	●●
230	荷树峡村	吉安市泰和县沿溪镇荷树村委	●
231	蜀江村	吉安市泰和县马市镇	●●
232	爵誉村	吉安市泰和县螺溪镇	●●●
233	上寨村	吉安市新干县麦斜镇	●●
234	路溪村	吉安市新干县溧江镇桃湾村委会	●
235	神头村	吉安市新干县金川镇灌溪村委会	●
236	黎山村	吉安市新干县桃溪乡	●
237	新居村	吉安市新干县荷浦乡塘下村委会	●●
238	燥石村	吉安市新干县七琴镇	●
239	唐贤坊村	吉安市吉安县横江镇	●
240	公塘村	吉安市吉安县横江镇	●
241	中马洲村	吉安市吉安县横江镇大洲村委	●
242	圳头村	吉安市吉安县敦厚镇	●●
243	赛塘村	吉安市吉安县固江镇	●
244	社边村	吉安市吉安县固江镇	●
245	村背村	吉安市吉安县梅塘镇	●
246	小灌村	吉安市吉安县梅塘镇	●

序号	名称	地点	文保级别
247	旧居村	吉安市吉安县梅塘镇	●
248	田岸上村	吉安市吉安县浬田镇	●
249	第泗塘村	吉安市吉安县登龙乡泗塘村委	●●
250	下边村	吉安市吉安县永阳镇	●
251	沙溪村	吉安市安福县竹江乡	●
252	三舍村	吉安市安福县甘洛乡	●
253	龙田村	吉安市安福县洲湖镇毛田村委	●●
254	塘边村	吉安市安福县洲湖镇	●●●
255	银圳村	吉安市安福县金田乡	●
256	柘溪村	吉安市安福县金田乡	●●●
257	嘉溪村	吉安市安福县洋门乡	●●
258	上街村	吉安市安福县洋门乡	●●
259	松田村	吉安市安福县枫田镇枫田村委	●●
260	牌头村	吉安市安福县洋溪镇	●
261	下李家村	吉安市安福县平都镇浮山村委	●●
262	燕坊村	吉安市吉水县金滩镇	●●●
263	桑园村	吉安市吉水县金滩镇	●●●
264	仁和店村	吉安市吉水县金滩镇	●●
265	栗头村	吉安市吉水县金滩镇荷塘村委	●●
266	栋头村	吉安市吉水县金滩镇阁上村委	●
267	桥上村	吉安市吉水县白沙镇	●●
268	赤岸村	吉安市吉水县白沙镇	●
269	木口村	吉安市吉水县白沙镇	●
270	低坪村	吉安市吉水县白沙镇南坪村委	●
271	桥头村	吉安市吉水县尚贤乡	●●
272	栗下村	吉安市吉水县尚贤乡王家村委	●●
273	亿田村	吉安市吉水县螺田镇	●
274	上陇洲村	吉安市吉水县枫江镇	●●
275	东塘村	吉安市吉水县枫江镇坪洲村委	●●
276	林桥村	吉安市吉水县枫江镇	●●
277	石溪村	吉安市吉水县阜田镇高村村委	●
278	宋家村	吉安市吉水县阜田镇育贤村委	●
279	店背村	吉安市吉水县水南镇	●
280	义富村	吉安市吉水县水南镇高中村委会	●
281	大坰村	吉安市吉水县水南镇金城村委	●
282	荷山村	吉安市吉水县水南镇水南村委	●
283	泷头村	吉安市吉水县水南镇新居村委	●
284	村背村	吉安市吉水县水南镇	●
285	湴塘村	吉安市吉水县黄桥镇	●●
286	上栋村	吉安市吉水县黄桥镇西岭村委	●●
287	云庄村	吉安市吉水县黄桥镇	●●
288	大桥村	吉安市吉水县黄桥镇	●
289	固洲村	吉安市吉水县醪桥镇	●●
290	排埠镇	宜春市铜鼓县	●
291	临江镇	宜春市樟树市	●●
292	贾家村	宜春市高安市新街镇	●●●●
293	天宝村	宜春市宜丰县天宝乡	●●●
294	平溪村	宜春市宜丰县天宝乡	●
295	龙岗村	宜春市宜丰县潭山镇	●●
296	洑溪村	宜春市宜丰县潭山镇	●
297	店上村	宜春市宜丰县潭山镇	●●
298	下屋村	宜春市宜丰县芳溪镇	●●
299	周家大屋	宜春市万载县株潭镇	●
300	赵家村	宜春市丰城市白土镇	●

序号	名称	地点	文保级别
301	坑里村	宜春市丰城市湖塘乡	●
302	赤坑村	宜春市丰城市湖塘乡红湖村	●●
303	富塘村	宜春市丰城市湖塘乡六坊村	●●
304	湖塘村	宜春市丰城市湖塘乡	●●
305	洛溪村	宜春市丰城市湖塘乡	●●
306	长塘村	宜春市丰城市同田乡	●●
307	后坊村范家村	宜春市丰城市淘沙镇	●
308	白马寨村	宜春市丰城市张巷镇	●●
309	瓘山村	宜春市丰城市张巷镇	●
310	湖茫村	宜春市丰城市段潭乡	●●
311	厚板塘村	宜春市丰城市筱塘乡	●●
312	彭家村	宜春市樟树市刘公庙镇塔前	●
313	雷家村	宜春市靖安县仁首镇	●
314	水垅村	宜春市靖安县仁首镇大团村委	●●
315	占坊村	宜春市靖安县仁首镇象湖村委	●●
316	船湾村	宜春市靖安县中源乡	●●
317	长青村	宜春市奉新县干洲镇	●●
318	牌楼村	宜春市奉新县宋埠镇	●
319	河口镇	上饶市铅山县	●●
320	石塘镇	上饶市铅山县	●●
321	海口镇	上饶市德兴市	●
322	葛源镇	上饶市横峰县	●●
323	汪口村	上饶市婺源县江湾镇	●●●●
324	江湾村	上饶市婺源县江湾镇	●●
325	晓起村	上饶市婺源县江湾镇	●●
326	篁岭村	上饶市婺源县江湾镇	●●●
327	理坑村	上饶市婺源县沱川乡	●●●●
328	篁村	上饶市婺源县沱川乡	●●
329	延村	上饶市婺源县思口镇	●●●
330	思溪村	上饶市婺源县思口镇	●●●
331	西冲村	上饶市婺源县思口镇	●●●●
332	新源村	上饶市婺源县思口镇河山坦村	●●
333	龙腾上村	上饶市婺源县思口镇长滩村	●●
334	虹关村	上饶市婺源县浙源乡	●●●
335	凤山村	上饶市婺源县浙源乡	●●●
336	岭脚村	上饶市婺源县浙源乡	●
337	李坑村	上饶市婺源县秋口镇	●●
338	长径村	上饶市婺源县秋口镇	●
339	游山村	上饶市婺源县镇头镇	●●
340	庆源村	上饶市婺源县段莘乡	●●
341	东山村	上饶市婺源县段莘乡	●
342	考水村	上饶市婺源县紫阳镇	●
343	洪村村	上饶市婺源县清华镇	●●
344	诗春村	上饶市婺源县清华镇	●
345	豸峰村	上饶市婺源县中云镇	●●
346	坑头村	上饶市婺源县中云镇桃溪村	●●
347	上严田村	上饶市婺源县赋春镇	●
348	甲路村	上饶市婺源县赋春镇	●
349	水岚村	上饶市婺源县大鄣山乡	●
350	黄村村	上饶市婺源县大鄣山乡	●●
351	菊径村	上饶市婺源县大鄣山乡	●●
352	新屋下村	上饶市鄱阳县莲花山乡清溪村	●●
353	丰田村	上饶市鄱阳县枧田街乡	●●
354	青山村	上饶市上饶县石人乡	●

序号	名称	地点	文保级别
355	库前村	上饶市上饶县湖村乡	🟢
356	松坪村	上饶市上饶县茶亭镇	🟢
357	安坑村	上饶市上饶县应家乡	🟢⚪
358	上泸村	上饶市上饶县上泸镇	🟢
359	外方村	上饶市上饶县望仙乡	🟢
360	官溪社区居委会	上饶市玉山县仙岩镇	🟢🔴
361	漏底村	上饶市玉山县双明镇	🔴
362	周山村	上饶市玉山县横街镇	🟢
363	葛源村	上饶市横峰县葛源镇	🟢
364	枫林村	上饶市横峰县葛源镇	🟢🔴
365	兰子（畲族）村	上饶市横峰县姚家乡	🟤🟢
366	西门分场	上饶市铅山县永平综合垦殖场	🟢
367	水美村	上饶市铅山县太源畲族乡太源村	🟢🔴
368	大西坑村	上饶市铅山县太源畲族乡西坑村	🟢
369	查家岭	上饶市铅山县太源畲族乡西坑村	🔴
370	雷家自然村	上饶市铅山县篁碧畲族乡畲族村	🟢
371	畲族村	上饶市铅山县篁碧畲族乡	🟤
372	陈坊村	上饶市铅山县陈坊乡	🟢🔴
373	石塘村	上饶市铅山县石塘镇	🔴
374	新营村	上饶市德兴市银城镇	🟤
375	海口村	上饶市德兴市海口镇	🟢🔴
376	小丰村	上饶市广丰区铜钹山管委会	🟢
377	十都村	上饶市广丰区嵩峰乡	🟤🟢
378	龙溪村	上饶市广丰区东阳乡	🔴⚪
379	下孙自然村	上饶市万年县石镇镇中洲村	🟢
380	谭邦村	赣州市南康区坪市乡	🟤🟢
381	夏府村	赣州市赣县区湖江乡	🟤🔴

序号	名称	地点	文保级别
382	大坑村	赣州市赣县区大埠乡	🟤🔴
383	大都村	赣州市赣县区南塘镇	🟢🔴
384	清溪村	赣州市赣县区南塘镇	🟢🔴
385	白鹭村	赣州市赣县区白鹭乡	🟡🟤🔴
386	筼筜村	赣州市安远县长沙乡	🟢🔴
387	老围村	赣州市安远县镇岗乡	🟤🔴⚪
388	羊角村（羊角水堡）	赣州市会昌县筠门岭镇	🟤🔴⚪
389	三僚村	赣州市兴国县梅窖镇	🟤🔴
390	官田村	赣州市兴国县兴莲乡	🟤🔴
391	山阳寨村	赣州市兴国县枫边乡	🔴
392	白石村	赣州市兴国县城岗乡	🔴
393	东韶村	赣州市兴国县社富乡	🟢🔴
394	云山村	赣州市大余县左拔镇	🔴
395	寒信村	赣州市于都县段屋乡	🔴
396	谢屋村	赣州市于都县岭背镇	🔴
397	石溪圳村	赣州市于都县岭背镇禾溪埠村	🔴
398	禾丰村	赣州市于都县禾丰镇	🟢
399	坝脑村	赣州市于都县车溪乡	🟢🔴
400	平安村	赣州市于都县银坑镇	🔴
401	上宝村	赣州市于都县马安乡	🟤🔴
402	澄江村	赣州市于都县葛坳乡	🟤🔴
403	竹洞村	赣州市崇义县聂都乡	🔴
404	水南村	赣州市崇义县上堡乡	🟢
405	卢屋村	赣州市南康区唐江镇	🟢🔴
406	幸屋村	赣州市南康区唐江镇	🟢🔴
407	大石门村	赣州市上犹县双溪乡	🟢🔴
408	陶朱村	赣州市上犹县安和乡	🟢🔴

序号	名称	地点	文保级别
409	周田村	赣州市寻乌县澄江镇	●●●●
410	圳下村	赣州市寻乌县吉潭镇	●
411	桥头村	赣州市寻乌县项山乡	●
412	五丰村	赣州市寻乌县菖蒲乡	●
413	老城村	赣州市定南县老城镇	●●
414	九曲村	赣州市定南县天九镇	●
415	河背村	赣州市石城县琴江镇沙堬村委	●
416	丹溪村	赣州市石城县小松镇	●
417	大畲村	赣州市石城县琴江镇	●
418	杨依村	赣州市宁都县黄陂镇	●
419	东龙村	赣州市宁都县田埠乡	●●●
420	旸霁村	赣州市宁都县大沽乡	●●
421	雅溪村	赣州市全南县龙源坝镇	●
422	上窖村	赣州市全南县龙源坝镇	●
423	大岳村	赣州市全南县大吉山镇	●
424	杨梅村	赣州市大余县池江镇	●●
425	上龙村	赣州市信丰县万隆乡李庄村	●
426	新园村（栗园围）	赣州市龙南县里仁镇	●●●
427	新里村	赣州市龙南县里仁镇	●●
428	正桂村	赣州市龙南县里仁镇	●●
429	清源村	赣州市龙南县桃江乡	●
430	大坝村（田心围）	赣州市龙南县武当镇	●●
431	杨村燕翼围	赣州市龙南县杨村镇	●●
432	乌石村	赣州市龙南县杨村镇	●
433	关西村	赣州市龙南县关西镇	●●●●
434	密溪村	赣州市瑞金市九堡镇	●●
435	坝溪村	赣州市瑞金市九堡镇	●
436	洋溪村	赣州市瑞金市叶坪乡	●
437	谢排村	赣州市瑞金市叶坪乡	●
438	田背村	赣州市瑞金市叶坪乡	●
439	黄田村	赣州市瑞金市武阳镇粟田村委	●●
440	武阳村	赣州市瑞金市武阳镇	●●
441	下坝村	赣州市瑞金市瑞林镇	●●
442	上田村	赣州市瑞金市冈面乡	●●
443	凤岗村	赣州市瑞金市壬田镇	●
444	山口镇	九江市修水县山口镇	●●
445	朱砂村	九江市修水县黄坳乡	●●
446	箬竹自然村	九江市修水县黄沙镇岭斜村	●
447	内石陂自然村	九江市修水县黄沙镇下高丽村	●
448	太阳村	九江市修水县布甲乡	●●
449	回坑村	九江市修水县新湾乡	●
450	庄前潘村	九江市湖口县流泗镇	●
451	岚陵村	九江市彭泽县浩山乡	●
452	戴山村	九江市柴桑区涌泉乡	●
453	鹤舍村	九江市都昌县苏山乡	●●
454	茅垅村	九江市都昌县汪墩乡	●
455	南边圈村	九江市都昌县汪墩乡石树	●
456	合港村	九江市武宁县甫田乡太平山村	●●
457	上清镇	鹰潭市龙虎山风景名胜区	●●●
458	塘湾镇	鹰潭市贵溪市	●●
459	曾家村	鹰潭市贵溪市耳口镇	●●●
460	车家村	鹰潭市贵溪市文坊镇	●
461	闵坑村	鹰潭市贵溪市塘湾镇上祝村委	●●
462	倪家村	鹰潭市余江区马荃镇五峰	●

总序

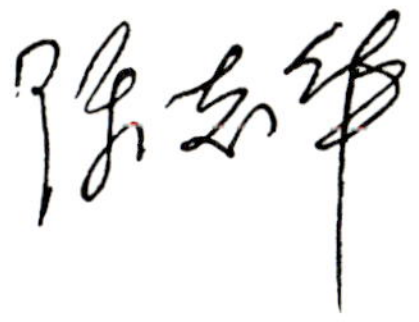

中国有着非常漫长的自然农业历史，传统的中华文明，基本上是农业文明。农业文明的基础是乡村的社会生活。在广阔的乡土社会里，以农民为主，加上小手工业者、小商贩、在乡知识分子和少数退休还乡的官吏，一起创造了像海洋般深厚瑰丽的乡土文化。比起庙堂文化、士大夫文化和市井文化来，乡土文化是绝大多数人创造的文化，为绝大多数人服务。乡土文化依赖于土地，是一种地域性文化。它不像庙堂文化、士大夫文化和市井文化那样有强烈的趋同性，它千变万化，更丰富多彩，是中华民族文化遗产中还没有被充分开发的宝藏。没有乡土文化的中国文化史是残缺不全的，不研究乡土文化就不能真正了解我们这个民族。

乡土建筑是乡土生活的舞台和物质环境，它是乡土文化最普遍存在的、信息含量最大的组成部分。它的综合度最高，紧密联系着许多其他乡土文化要素，甚或是它们的重要载体。不研究乡土建筑就不能完整地认识乡土文化，甚至可以说，乡土建筑研究是乡土文化系统研究的基础。

乡土建筑当然也是中国传统建筑最朴实、最率真、最生活化、最富有人情味的一部分，不仅有很高的历史文化价值，对建筑工作者来说，还可能有一些直接的借鉴价值。没有乡土建筑的中国建筑史是残缺不全的。

在一个漫长的历史时期，中国的经济、文化中心在农村。农村里建筑品类之多样胜过一般的城市，连书院、藏书楼、寺庙也大多在农村，更不必提路亭、磨坊、水碓房、畜舍之类了。雕梁画栋、琐窗朱户也并不次于城里。但是今天，乡土建筑优秀遗产的价值还远远没有被正确而充分地认识。一个物种的灭绝是巨大的损失，一种文化的灭绝岂不是更大的损失？大熊猫、金丝猴的保护已经是全人类关注的大事，我们的乡土建筑却正在以极快的速度、极大的规模被破坏着，我们正无可奈何地失去它们。

我们无力回天，但我们决心用全部的精力立即抢救性地做些乡土建筑的研究工作。

我们的乡土建筑研究从聚落着手。这是因为，绝大多数的乡民生活在特定的封建宗法制的社区中，所以，乡土建筑的基本存在方式是形成聚落。作为与乡民们社会生活的各个侧面相对应的物质条件，聚落中的乡土建筑包含着许多种类：有居住建筑，有礼制建筑，有寺庙建筑，有商业建筑，有公益建筑，也有文教建筑，等等；当然更有农业、手工业所必需的建筑，例如磨坊、水碓房、染坊、畜舍、粮仓之类。几乎每一类建筑都构成一个或大或小的系统。例如宗庙，有总祠、房祠、支祠、香火堂和祖屋；例如文教建筑，有家塾、义塾、书院、文昌（奎星）阁、文峰塔、进士牌楼、功名桅杆、戏台；生产性建筑则有陶瓷窑、抄纸作坊、竹木店、染坊、铁匠铺、油坊等等。这些建筑系统在聚落中形成一个有机的大系统，这个大系统规定着聚落的结构，使它成为功能完备的整体，满足一定社会历史条件下乡民们物质的和精神的生活需求，以及社会的制度性需求。打个比方，聚落好像物质的分子，分子是具备了某种物质的全部性质的最小的单元，聚落就是乡土社会的这种最小单元。我们以完整的聚落作为研究乡土建筑的对象。这个研究目标本身规定了研究的基本方法，即以田野调查为主，结合文献考察。

乡土生活赋予乡土建筑丰富的文化内涵，我们力求把乡土建筑与乡土生活联系起来研究，因此便是把乡土建筑当作乡土文化的基本部分来研究。聚落的建筑大系统是一个有机整体，我们力求把研究的重点放在聚落的整体上，放在各种建筑与整体的关系及它们之间的相互关系上，放在聚落整体及它们的各个部分与自然环境和历史环境的关系上。乡土文化不是孤立的，它参与形成庙堂文化、士大夫文化、市井文化的共同基础，和它们都有千丝万缕的关系。乡土生活不是完全封闭的，它与一个历史时代整个社会的各个生活领域也有千丝万缕的关系。我们力求在这些关系中研究乡土建筑。例如，明代初年“九边”的乡土建筑随军事形势的张弛而变化，明代末年江南和晋中的乡土建筑随着商品经济的发展而有很大的变化等等。聚落是在比较长的时期里定型的，这个发展过程蕴含着丰富的历史文化内容，我们也希望有足够的资料可以让我们对聚落做动态的研究。总之，我们的研究方法综合了建筑学、历史学、民俗学、社会学、文化人类学的各种方法。方法的综合性是由乡土社会和建筑固有的复杂性与外部联系的多方位性决定的。

因为我们的研究是抢救性的，所以我们不选已经名闻天下的聚落作为研究课题，而去发掘一些默默无闻但很有历史价值的聚落。这样的选题很难，要求聚落要发育得成熟一些，建筑类型比较完全，建筑质量好，有家谱、碑铭之类的文献资料。当然聚落最好还保存得相当完整，老的没有太大的损坏，新的又没有太多的增加。从系列化的研究来说，更希望聚落在各个层次上都有类型性的变化：有纯农业村，有手工业村，有从农业向商业、手工业转化的村；有窑洞村，有雕梁画栋的村；有山头村，有河边村；有马头墙参差的，也有吊脚楼错落的；还有不同地区、不同民族的；等等。这样才能一步步接近中国乡土建筑的全貌，虽然这个路程非常漫长。选题的时候，要区分各个层次上的类别和性质。我们使用了细致的比较法，就是要找出各个聚落的特征性因子，这些因子相互之间要有可比性，要在聚落内部有特殊性，要在类型之间或类型内部有普遍性。我们不仅尽可能选取不同的角度和重点，还力求写出每个聚落的特殊性，而不是去把它纳入一般化的模子里。只有写出每个题材的特殊性，才能多少写出一点点中国乡土建筑的丰富性和多样性。所以，挖掘题材的特殊性，是我们着手研究的切入点，必须下比较大的功夫。类型性和个体性的挖掘，也都要靠细致运用比较的方法。

虽然我们只能从汪洋大海中取得一勺水，但这勺水毕竟带着海洋的全部滋味。希望我们的书能够引起读者们对乡土建筑的兴趣，有更多的人乐于来研究它们，进而能有选择地保护其中最有价值的一部分，使它们免于被彻底毁灭。

2013 年夏日

目录

概述

一、浙江古村落衍生的地理环境

浙江气候类型为亚热带季风气候，是光雨资源的高值区，具有发展农业文明的气候优势。

浙江的地形特点是坐陆临海、半面抱海，海岸线曲折漫长，超过2200千米，且港湾海岛众多。这些特点使浙江在长足发展稻作农业和农耕文明之外，同时具备了进军海洋国土、发展海洋文明的又一天然优势。

浙江的陆地地貌特点是西南高、东北低，山脉走向与季风环流方向呈正交或斜交。这种地形对来自北方的寒流与来自东南海洋的台风，虽起到一定的屏障作用，但当台风侵袭时，山脉的阻挡使台风移速减慢，气流受阻抬升，而使雨势加大，容易加剧台风导致的洪涝灾害。而且，越地河流大多源短流急，落差大，不易储水，所以少雨时易发生干旱。尤其是浙江中南部沿海地区，这些因素对古村落衍生的地理环境而言，在“天然优势”的特色之外，又增添了“多难之地”的属性。上述气候、地形环境，使避天水、近地水、日照、通风、散热、除湿成为聚落选址、布局、房屋设计的首要问题。

浙江省陆域面积为10.18万平方千米，土地构成有“七山一水二分田”之说，农耕用地紧缺，尤其是钱塘江以南的浙东区域，山县多高仰之乡，因此，水中夺田、向山要地、兴修水利成为浙江古代农政的主线，也深刻影响了聚落布局。

浙江地形地貌复杂多样，可简化为三个典型的板块，一是太湖、钱塘江口湿地平原，二是西部山地，三是上述以外的中山丘陵、金衢盆地。这三大板块是各具特色又互相联系的地理单元，各地的先人都在越文化格局中治田、定宅、养村，创造出各具风采的聚落文化。

二、浙江古村落的形成与发展

河姆渡文化和良渚文化是吴越文化的源头。约7000年前的河姆渡人已经创立了干栏式长屋和榫卯技术。

公元前5000年左右，浙江良渚文化时期的聚落以近水、择高、堆墩为特色。聚落规模不大，呈片状集群分布，并形成“聚、邑、都”三级格局。然而，灿烂的良渚文明在一场持续数年的海水倒灌中戛然中断了，河姆渡人也退居深山。只有位于中原的华夏集团生存和发展下来，并且创造了丰富的器物文化和先进的制度。

好在这时吴越之地幸存的越人部落集团已和黄河中下游、长江中下游部落形成了一个互动

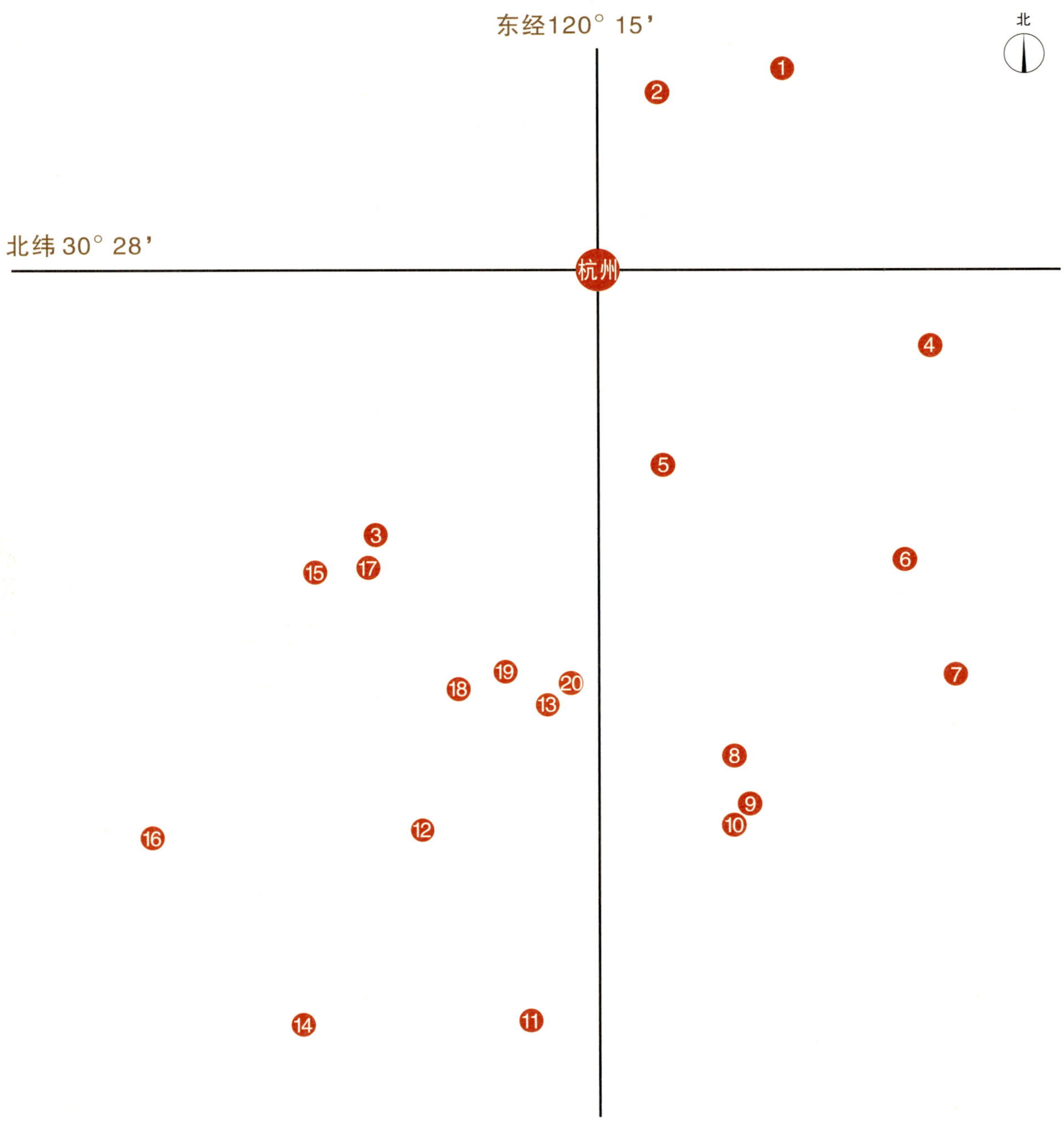

本书所收录浙江省古村落分布示意图

①嘉兴市嘉善县西塘镇
②湖州市南浔区南浔镇
③杭州市建德市大慈岩镇新叶村
④宁波市江北区慈城镇
⑤绍兴市诸暨市东白湖镇斯宅村
⑥宁波市宁海县前童镇前童村
⑦台州市临海市桃渚镇城里村桃渚城
⑧温州市永嘉县岩坦镇林坑村
⑨温州市永嘉县岩头镇苍坡村
⑩温州市永嘉县岩头镇芙蓉村
⑪温州市泰顺县筱村镇库村村
⑫丽水市松阳县大东坝镇石仓古村落群
⑬丽水市缙云县新建镇河阳村
⑭丽水市庆元县濛洲街道大济村
⑮衢州市龙游县石佛乡三门源村
⑯衢州市江山市廿八都镇
⑰金华市兰溪市诸葛镇诸葛村
⑱金华市武义县俞源乡俞源村
⑲金华市武义县熟溪街道郭洞村
⑳金华市永康市前仓镇厚吴村

⊙ 楠溪江中游的山水村落（晨波 拍摄）

圈，各部落互相交流、互相影响，产生了本质类似的平行变化和发展。这些燔火不息的越人，和已建立了国家的中原华夏族比，是很落后的。他们依山林而居，无酋长版籍，亦无年甲姓名制度（顾炎武《天下郡国利病书》），过着地广人稀的生活。大约在公元前5世纪的春秋时代，良渚人、河姆渡人返回太湖流域和宁绍平原，开始了以苏州和绍兴为中心的吴越时代。这时的聚落继承了良渚时期形成的分布密集、规模小、以自然水域为界线的特征，直到今天的农村，仍保持着这一格局。

“古有分土，亡（无）分民。”（《汉书·地理志》）这是古代中国国土资源开发利用的一个极其重要的特征。秦统一中国时，浙江属会稽等郡；汉朝分天下为十三州，浙江属扬州。这就是说，秦汉时期浙江人口少，聚落稀，大量土地资源尚未开发，而那时中州人多地少的矛盾已十分突出。从秦皇汉武开始，中央政府就组织引导中原平民和那些须以离散作为惩罚的六国后裔、大族强宗向浙江移民，并且实行齐民编户。吴越土著逐步接受了汉人的姓氏文化，寻找汉籍姓氏依傍势力、接受版籍。我国古代人口从瘠地流向肥地、从耕地少的地方流向耕地多的地方，这称作“逐熟”“就谷”；政府组织的这种移民，叫“宽乡”。所以，秦汉时期的“逐熟”“就谷”和“宽乡”，使得浙江人口和聚落迅速增加。

中原人口三次大南移是浙江古村落生成、发展的最大因素，可称之为村落“播迁”。西晋时期的永嘉南渡，政府采用“设郡（州、县）置

丽水市松阳县三都乡后湾村（丁俊清 拍摄）

杭州市富阳区龙门镇
（浙江省城乡规划设计研究院 提供）

侨”的办法安置移民。移民们以聚族而居的形式安家建村，并且把源自中原的特定地域单位“郡望”一起带到了吴越。而那些下层流民，也抱团营建一种叫作“坞堡”的聚落形制，成为独特的迁移聚落景观。浙江由此形成以中原移民族群为主体的社会形态。唐代中后期的中原士庶南徙和宋代靖康之难后的宗室南渡，建构了浙江古村落的框架和格局。元、明、清多次战事之后，福建、江西、安徽等地不断有人徙来浙江，在浙中、浙西、浙南山区建立了不少移民村落。宋人韩淲有诗曰：“太湖渺渺浸苏台，云白天青万里开。莫道吴中非乐土，南人多是北人来。”这首诗点出了吴越之地古村落生成、发展的主要动力。另外，宋代浙南的几次特大洪灾，明代近200年的抗倭斗争，明代梯田的开发以及番薯、玉米、马铃薯等耐旱作物的传入，清初的迁界复界，都是影响古村落的重要历史事件。

我们今天所看到的大小不等、疏密有致的村落中，原始定居者（即土著）几乎没有。这些村落大多数是在移民活动中建立、发展而成的。总的说来，浙江的村落源于秦汉，融于南朝（与中原文化融合）；在宋代奠定基础，在明代中期基本形成。秦汉时期，中原人口南下，带来了村落文化。南朝时，越族群实现了汉化。宋朝时，奠定了村落的宗法性质、房屋结构、布局基础。明代中期，村落的总体格局、总体面貌基本形成。

三、浙江古村落的风貌特征

1. 整体布局形态的基本类型

浙江古村落的布局在不同地区各有特色，从总体来看可以分为以下几大类。

（1）团状村落

村落以一个或几个建筑为中心均衡地向外发展，就会形成团状村落。这种村落规模较大，多位

永嘉县埭头村

于盆地、谷口、山坞或有较大平缓地带的山地。

（2）带状村落

带状村落多出现在溪流、河渠旁，沿水发展。这种村落又有沿河、夹河发展两种。有些两山夹峙的峡谷中，虽然没有溪流穿过，但村落因耕地位置的限制，或为避免洪水浸淹，也会沿山脚呈带状发展。

（3）环状村落

民居分布于湖库（塘）、河湾之畔或孤山之阳，就会形成环水或环山状的村落。

（4）散点状村落

因为耕地、用水等限制，有些民居只能分散坐落于各点，相距较远，形成散点状村落。

2. 水乡古村落风貌

（1）杭嘉湖水网地区

杭嘉湖水网地区河渠纵横，湖荡罗列，大运河从中缓缓穿过。水是村镇生成与发展的决定性因素，因此，村镇布局上出现了城濒大河、镇依支流、村傍小溪、桥连两岸的风貌。就单个村镇的空间形态来讲，吴良镛教授在《论江南建筑文化》中将其归纳成三种类型：密网型——镇外河流环绕，内部水网密布；十字型——村镇依托两河交叉，呈十字或丁字的形状布局；一字型——村镇沿河展开。村镇的街巷也呈三种类型：水巷型——河两边的建筑压驳岸而建；街巷型——民居面街背河；滨河型——街巷傍河，民居面水。

（2）宁绍平原

宁绍平原在先秦时期还是一片湿地。汉朝时，人们先在北起钱塘江口的金丝娘桥、南到曹娥江口的地方筑起长200千米的海塘，再在海塘内侧挖大湖蓄水造田，形成了很多不通出去的水湾。人们就环着水湾安家立业，这种形式称“环溇居”。大湖两岸用长长的纤道、石桥、避塘联系，它们和“环溇居”一道成了这一带水乡的风貌特色。

温州市泰顺县筱村镇徐岙底村（晨波　拍摄）

温州市永嘉县蓬溪村

丽水市遂昌县某滩头村（丁俊清 拍摄）

（3）西溪湿地

杭州西面古荡、蒋村、留下、五常一带的水网地区，被称为“西溪湿地”。这里原来是杭州浅海湾的组成部分，在长期的潮水进退中，形成了沙洲和沙嘴。这些沙洲和沙嘴连接封闭后，演化为内湖。从汉末起，人们就对西溪湿地进行改造和开发，逐步形成河港、池塘、湖漾、沼泽、滩涂、洲渚遍布的地貌。港汊纵横的湿地里面有773个池塘。池塘间的陆地又狭又长，形似堤坝，村民在上面筑室安家。这些民居多是一排排的长屋，屋前为路（或街），路（街）外是堤岸、水埠头；屋后是傍水小院、菜地、树林。村子很小，呈带状布局。

3. 海滨古村落风貌

浙江沿东海边的地形并不是一望无际的水网平原。从浙南温州沿海一带看，它是平原与溪谷的邻界处，地形特点是多有“岐”和“垟”。温州一带把由海涂改造成农业用地的小平原、盆地称作“垟”。“岐”是浙南的地形骨架，也叫“岐海”，指沿海的海湾、海峡、小岛、半岛，也可认为是水边突出的部位或坡地。由于这种特殊的地形，岐上的聚落很小，相互间联系非常不便。

滨海的先民们经过了以渔为食和以农为食的两个阶段，也就是水居和陆居两个阶段。以渔为食的水居族群又叫疍民。他们生活生产都在船上，白天出海打鱼，晚上回来。这种既会移动又相对固定的聚落叫渔村，可从唐代诗人顾况的诗句“何处乐神声，夷歌出烟岛”想象其风貌。随着海滨农田的开发，疍民逐渐陆居化。其中，温瑞平原就是在海涂、潟湖的基础上，用挖河渠、筑堤塘、排水、去湿、围淤等方式造成的。

海滨地貌多一渠一地，状若棋枰。民居的布局是填充式的，形状为散点状。村屋面田背水，呈“家家门前浦，户户水照檐”的景观。而沿着主干河流两岸，村落则一个接一个，有的发展成了乡镇。村镇总体布局呈“节点走廊”状。

4. 海岛古村落风貌

海岛村落大多是渔村，选址以面海背风为原则。建筑材料主要为石材，台风和碱性水分的腐蚀是房屋面临的重要问题。海岛平地很少，村落大多建在山坡上。房屋依山而造，房子大小、形状根据地基而变化，有“一”字形的，有带钩形的，也有合院式的。为了充分利用地形，这里竟还有多边形的房屋；常出现屋咬着屋、屋咬着山、山抱着屋的景象。房子小且低矮，以一层或

温州市永嘉县水云村

二层为主，用木构件，多为简支梁，大户人家为厅堂式梁架，以山墙承重。海岛多是当年火山喷出的碎屑堆积而成，海岛人将这些石头作为主要的建筑材料，墙体多用块石。大基座墙裙处厚达40—50厘米，上部逐渐收分到一砖厚，坡顶，小青瓦。为防台风，屋顶瓦片上压满石头，这成为海岛民居的一大景观。因用地不规整，聚落布点整体上看较为分散，聚落内部布局却很紧凑。渔村一簇簇攀附在山坡上，道路狭小，多用不规则的石块干砌，常有小草小花从石缝中挤出来。道路都是沿等高线修成的，上下道路用石阶联系。石屋、石街、石巷、石桥成为海岛渔村的特色。有些房子不一定从底层的大门出入，上层门与路之间会用一条石板桥相连。渔村有很浓的渔商文化特色和信俗文化特色。村中有儒教的文庙、宗祠，也有佛教的寺院、道教的宫观，还有外来的天主教堂、基督教堂、清真寺等。

温岭的石塘，是浙江渔村的典型。这里群山逶迤，三面环海。《台州府志》曰“塘多泥筑，少石砌者，唯此塘独砌以石”，故称石塘。层层叠叠的石屋建在石壁上，众多山岩伸在海中，海又环抱着山崖。阳光、礁石、海湾、海浪、渔帆、渔网、石屋，成就了石塘古村的风格。

5. 丘陵古村落风貌

浙江的丘陵不高不大，远远看去，像地面上一个个连续的点，有着一种韵律美。丘陵村落的规模，小的有十几家，大的有一百来家。村落之间距离五里或十里不等，为合理的耕作半径。住宅多为一层，小青瓦，坡屋顶。溪流旁、盆地上的村落密一些，主要的乡间通道上往往二里一路亭、十里一茶亭。驿道上二十里地内都会形成一些被山路穿过的商业小街或小镇，以满足这一方土地上农人的贸易需求，这也是一种文化集会。

温岭市石塘镇的渔村（屋顶瓦片上压满石头）

温州市永嘉县坦下村(丁俊清 拍摄)

温州市永嘉县坦下村建筑立面示意图

很多不傍溪的村都挖有大池塘，宗祠、寺庙、大树往往在池塘边，成为村落风貌的主体，也是村民的活动中心。

丘陵上的村落、田野、山水都是小尺度的，而且都是均匀连续的。行走其间，感觉十分舒适和谐。元代黄镇成的诗《东阳道中》曰："出谷苍烟薄，穿林白日斜。岸崩迂客路，木落见人家。野碓喧春水，山桥枕浅沙。前村乌桕熟，疑是早梅花。"诗境给我们提供了最好的感受。

丘陵地貌还有一个特点，它组合出许多符合中华古文化的理想的风水地形，所以这里靠山、傍水、面屏的村落很多，而那些由群山围合形成的不大不小的叫作"坞"的小盆地，更是深藏着古老的村落。清人程庭在《春帆纪程》中如是描写他的家乡："徽俗士夫巨室多居于乡，每一村落，聚族而居，不杂他姓。其间社则有屋，宗则有祠。……遥望粉墙矗矗，鸳瓦鳞鳞，棹楔峥嵘，鸱吻耸拔，宛如城郭。"以此来描写浙西丘陵地带的村落景象，同样适用。

金华市武义县山下鲍村

6. 山地古村落风貌

浙江多山，在很多山坡、山梁、台地、山嘴、山涧、山垭上，建有规模很小、风貌多样的古村落。按所处的位置和村落形态分，有爬坡村、傍溪村、高山村等。村屋利用地形的手法有筑台、提高勒脚、错层、掉层、跌落、附岩等。其中有些位于溪流的源头或深锁在高山峡谷中两县（或数县）交界处的村落有一个特征——通往村子的道路是尽端式的，环境特别清幽，这种村可称为源头村。有些位于溪流“汭位”的傍溪村，由于流水的长期作用，村落用地如甲板，村落形态似船，因此叫作船形村。

丽水市遂昌县某山地村（丁俊清 拍摄）

温州市瑞安市湖岭镇黄林村（丁俊清 拍摄）

综上所述可以看出，浙江这种在自然环境、社会经济主导下的村落面貌，是与浙江以山为主，山多但不大、水多但细小的地形地貌相吻合的。农耕社会里的村落，最核心的要素是耕地、阳光、雨水。而山系决定水系，水系决定耕

东阳卢宅

绍兴市越城区斗门古镇

地。古代农人遵循“治田、定宅、养村”的原则所建成的古村落，像美丽的珊瑚礁一样，大小不一、疏密有致地依附在“七山一水二分田”的大地上。

浙江的古村落，从国家的版图上讲，大多属于“江南”这一人文地理和文化范畴。杏花春雨，小桥流水人家，粉墙黛瓦马头墙，这些形象便是平原水乡地区经典古村落的整体风貌特色。而位于山涧溪谷、山坡、台地上的古村落，远远看去，举架轻盈，大坡顶、小青瓦、双曲屋面，和逶迤的群山互相呼应，仿佛是山的延续、坡的再生。

温州市泰顺县文兴桥

西塘镇

1. 历史概况

西塘位于嘉善县北11千米，这里湖泊河港如星罗棋布。

吴国大夫伍子胥曾在西塘北10千米的汾湖扎寨，兴水利，通盐运，凿水塘名胥塘。这一带春秋时为“吴根越角”之地，隋唐两代是京杭大运河的南端要冲，因此军事和集市是这段历史时期城镇形成的两大主要原因。东晋初年，高使君在西塘驻兵屯耕。唐宋时期，面积18平方千米的汾湖成了风景游览区。唐宋经济文化的繁荣，使风景旅游和山水居住成为一种时尚。南宋时，以京城大族唐氏兄弟介福、介寿为代表的文化人迁居西塘，在镇东建道观、宅院，形成市廛。

明初西塘，“民居稠密，不减市廛，水乡贸易者萃焉”（《嘉善县志》）。宣德五年（1430）嘉善设县，西塘曾是县治的候选地。正统十二年（1447），西塘设税课局。正德年间（1506—1521），改斜塘市为西塘镇。嘉靖三十五年（1556），西塘遭倭寇入侵焚掠，市集被毁，后集市中心逐渐东移。万历年间（1573—1620），西塘又复称斜塘镇。明中叶以后，西塘成为四乡八邻的商业枢纽，农用品制作、修理等为农业服务的手工作坊形成规模，各地商人和商业资本集团向这里汇集。尤其是清初，大量徽商迁入，西塘一度繁盛。经太平天国战争，西塘人口锐减。至光绪中期，这里逐渐恢复元气。清末，塘东街成为市集中心，从中塘桥到北塘桥一段成为最热闹的地段。

2. 城镇形态

在西塘建城区7平方千米的土地上，9条纵横交错的河将全镇分成8块，又有104座桥梁把全镇连接在一起，当地人把这一独特的地貌形象地比作“九龙捧珠”“八面来风”。西塘古镇是指沿镇区河道分布的明、清、民国建筑群，以及具有江南传统水乡特色的区域。西塘古镇总面积约1平方千米，有明清古建筑群25万平方米，古桥27座，整体保存完好。古镇布局是依河建屋，因河兴市，临水成街。上西街、塘东街、北栅街等商业街，巧妙而自然地把水、路、桥、宅、店联系融合为一体。

星状的古镇格局，鳞次栉比的街店，众多的明清厅堂，苍颜的寺院庙宇，以及石桥、深弄、河廊，以杜鹃花为主的庭院种植，构成了西塘独特的风光。在这里可以欣赏到丰富的民间艺术、多彩的民俗活动，还能品尝到美酒佳肴、风味小吃。

廊棚，即傍水坡顶的单面街廊，是西塘的一大特色。西塘人给廊棚取了个富有诗意的名字——烟雨长廊。其总长约1300米，廊宽2—2.5米；一边是店面，一边是廊柱；沿河一侧还设有长凳、美人靠。廊棚为砖木结构，一色的黑瓦盖顶，一色的灰砖地面，一色的圆柱木架。廊棚中间有一段最为出色，有翻轩两层雕刻花纹。隔岸相望，低处是排列有序的河埠头，当中是连绵的水上人家，高处是翘首蓝天的马头墙。欸乃桨声，水波倒影，荡漾着古越文化的风姿。

这一带人习惯把巷子称作弄堂，它比一般农村的小巷更窄更长一些，因此叫作深巷。西塘有弄堂122条，主要弄堂有16条，路面均以砖块或条石铺筑。弄堂的宽度一般在2米左右，窄的仅几十厘米。其中有些弄堂并不承担外部的交通任务，只供两旁大屋的人出入，确切地说应称为"宅弄"，这是西塘的一大特色。这种宅弄也不同于多进落大屋内部的"备弄"。备弄是家庭内部空间；宅弄是相邻家庭的公共交通空间，与两旁大宅第的各个厅堂、天井相连。西塘有句俗话叫作"亲戚远来香，邻居高打墙"。以前，西塘大户人家的正门一般都不打开，家人、亲戚通常都通过宅弄从房屋侧边半虚半掩的边门进出。西塘名气最大的宅弄当数"石皮弄"。这条宅弄长68米，宽1米左右，由168块3厘米厚的青石板铺筑，石板薄如弄上的一层皮，因此人们形象地称这条宅弄为"石皮弄"。

3. 建筑特色

为适应水乡沿街临河或前街后河的用地模式，小型住宅多采用"丨"形平面，特点是面宽小而进深很大。有人把这种形制称为竹筒式，也称街屋式。由于侧墙不能开窗，那些进深较大的住宅便用小天井、天窗来解决通风和采光问题，有的住宅则发展成穿心院式、纤堂式等。

位于这种街坊内的大型宅第，由于沿街都开店，寸土寸金，左邻右舍不肯出让，只好向纵深发展，形成狭长的多进、小天井大屋。嘉兴一带把"进"称作"埭"，有"堤塘"的引申义，作"层次"或"单元"解。这种大屋的纵轴线，几乎都是与河流垂直的，和浙中、浙西、徽州的大屋比，房屋的入口显得很小很普通；而且前厅多做可拆的太师壁，既挡视线，拆掉后又方便搬运。每逢重要节日，拆掉太师壁，客人一进门就可向厅中的主人拱手作揖，此谓"直拱"。若两座大宅相邻，则会形成又窄长又暗的宅弄。

西塘的大型宅第形制上的这一特点，又引申出"藏形""袋口"的特征和"以暗为安"的心理定式。西塘的大宅不像开阔地区的大屋那样，外形多为方整的矩形，而是呈不规则的多边形。大宅沿街的入口小，像布袋一样，外小里大，很难看到它的整体形象。它藏在密集的普通房屋之中，门面很普通，里面却很豪华。大宅的背弄狭窄，光线很暗；天井也很小，有的仅一洞而已，当地称"蟹眼天井"；天井四周的房屋采用统长统高的落地长窗采光。西塘大宅中，房屋的色彩也以暗色（黑里透红）为主，符合富贵人家"银不外露，暗可藏财"的建筑理念。这对江南人"内秀"性格的形成，也起到了潜移默化的作用。

4. 典型建筑

（1）种福堂

种福堂是宋代望族王渊后裔的住宅。本支始祖王渊为宋朝康王赵构南渡的随行护驾，担任御营司都统制。南宋灭亡后，其后代迁徙到西塘，以经商为生。其后裔先后建造了礼耕堂、尊闻堂、绥寿堂等。

种福堂建于清顺治年间（1644—1661），前后七进，由一条长弄连通，进深百余米，宽度仅十来米。第一进为门屋，矮小普通，俗称墙门间。第二进为轿厅，楼下停轿，楼上住人；中间为天井，天井前的砖雕门有6米高。这是嘉善一带大宅特有的建筑风格。第三进为正厅，名种福堂，宽12米，三开间二层，明间四柱；正厅前有一排长廊，与东西背弄相连。第四进为厨房，第五、六进为居室，第七进为后花园。

（2）西园

西园建于明万历年间（1573—1620），是西塘历史上最大的园林宅第。当年园内有延绿堂、养拙居、稻香阁、秋水山房、墨稼轩等建筑，并散布着“小山醉雪、盆沼游鱼、疏帘花影、中堂皓月、曲槛回风、古树啼禽、西园晚翠、邻圃来青”这八处景点。清末《塘东樵唱》中如此描绘当时的盛况：“忆昔西园延绿堂，当年八景最风光。小山曲槛游应遍，草阁微闻野稻香。”

西园几易其主，有些景点已不复存在。民国初年，园内辟有茶室“听涛轩”。吴江著名诗人柳亚子在西塘发展南社社员18人，常在此聚会，抨击时弊，鼓吹革命。1988年，西塘人在新址仿造了一座西园，陈列南社的历史资料，介绍西塘籍的18位南社社员的生平简况和主要作品。

（3）薛宅

薛宅是江南水乡集镇上典型的商住型民居，建于民国十五年（1926），近年进行了修缮。总建筑面积有350平方米，为“回”字形格局。第一进为店面，四开间。第二进为住宅，后墙沿河。天井居中，正厅左右是两间厢房。房屋采用长扇玻璃窗，建筑风格朴素简洁，显得明朗舒适。民居保留了水乡集镇前店后宅的建筑形式和原貌，第一进两边为旅游纪念品和古玩店，正厅悬挂“崇稷堂”匾额，内设平川书画展和民俗风情展。

（4）倪宅

倪宅位于烧香港（地名）之南，建于明末清初。宅第临街，前面有廊棚，后面有花园。原有五进，第一进是门厅，第二进正厅即“承庆堂”。第一、第二进之间为小天井，天井前有砖雕门楼。西塘倪氏家族是镇上的书香门第，历史上科甲不断。该房屋建筑简洁朴素，不存一丝张扬之气。

⊙ 西塘镇总平面示意图(资料来源:阮仪三《护城踪录》)

临河而建的民居

鸟瞰西塘镇

烟雨中的西塘镇

烧香港河道

民居门口的小码头

护国随粮王庙

种福堂（丁俊清 拍摄）

种福堂的蟹眼天井（丁俊清 拍摄）

西园（丁俊清 拍摄）

三官殿

倪宅砖雕门楼的门额

余庆堂的厅堂

⊙ 石皮弄

⊙ 老街

南浔镇

1. 历史概况

南浔于南宋理宗淳祐十二年（1252）建镇。“南浔”是“南林村”与“浔溪村”的合称。南林本是寺庙名，为吴越王钱弘俶于五代显德年间（954—960）创建；北宋初年因寺庙而形成市集；到北宋中晚期形成村落，村以寺名，称南林村。稍晚时期，在距南林村数里之处又建了浔溪桥，并逐渐形成浔溪村。南林村的集市向这里扩张，二村相连，发展成了南浔镇这一片村落。

元代南浔曾两次筑城。元末，张士诚在苏州称王，于至正十六年（1356）筑城，以坝桥为界，桥以南为居民区，桥以北为军事区。城墙周长约3.55千米，高10米，阔10米，设四座城门。明洪武二年（1369），南浔城墙被拆除，用于修筑苏州城，镇遂向四周扩展。

蚕桑是南浔发展的重要产业。宋代时南浔是杭嘉湖地区首屈一指的生丝商埠。明万历年间（1573—1620）“辑里丝”的出现改变了南浔的历史，使南浔走上了国际市场；南浔丝商群体暴富，大大促进了市镇建设。据汪曰桢《南浔镇志》记载，到清同治二年（1863），这里已是“阛阓鳞次，烟火万家，苕水流碧，舟航辐辏。虽吴兴之东鄙，实江浙之雄镇”。

南浔不仅物阜民丰、市井辐辏，也是人文荟萃、英才辈出之地。宋室南渡，中原士大夫多迁居于这一带。在明代这里就有“九里三阁老，十里两尚书”之誉。

历史上南浔镇的繁盛和富丽奢华，可与苏州、杭州相匹敌。这里的一大特点是崇文重教，许多小商贾同时也是藏书家，因此城镇格局、街市规模、民舍宅第、园林小品都较为大气和高雅。南浔镇历史上曾有大小园林二十四座，其中被称为“园林巨构”的有小莲庄、嘉业堂藏书楼、宜园、适园、颖园五座。另外著名的还有被称为“江南第一巨宅”的张石铭旧宅、明代建筑百间楼、现代建筑江南水乡一条街，以及古桥通津桥、洪济桥和广惠桥等。

2. 城镇形态

清同治二年（1863）出版的汪曰桢《南浔镇志》中的南浔，占地约3平方千米，东西向运河和南北向主市河十字相交，成为镇的两条轴线。整个用地被水围出四十多块大小不一的水墩，百十来个漾（三面环水之地）。浙江的农业村落总体上讲是在血缘、宗法的基础上，在共同的地域上形成的，耕地是控制村落规模的主要因素。城镇聚落则是在共同的经济基础上形成的，其经济地理位置、腹地，以及运输、集散能力，都影响着城镇规模。南浔镇有京杭大运河穿过，又靠近苏、沪、杭这些经济发达城市，周围还拱卫着震泽、平望、盛泽、乌青、双林等丝织业发达的市镇，呈“众星捧月”之势，在沟通城市与乡村之间的经济交流合作中，具有交通枢纽的地位。因此，南浔镇以二河交叉处（通津桥）为镇中心，形成一个十字港，向四方发展，成为团状城镇。

南浔镇是农村与城市之间的纽带和桥梁，空间形态、商业部分主要形式是一条街或十字街，居住部分不是街坊而是村落。南浔镇由于特殊的地形，又有和一般集镇不同的特征——有许多兜、漾、墩。

（1）环兜居

兜即河湾（绍兴一带叫溇），溪水回流，不通外港，像个死胡同。细看汪曰桢的南浔地图，有众多形如衣兜的旮旯，人们环兜而居，形成169个村落。以兜为名的有姚家兜、纪家兜等63个，占37.3%。

（2）环漾居

三面环水的陆地形似半岛，当地人称作漾。环漾而居的屋舍，靠水边都开辟道路，以提高河埠的使用率。

（3）风水墩

墩即小岛，当地人把东栅外的一个小岛称作分水墩。由于它有特殊的景观作用，人们便把它当作“风水墩”，进行水口处理，并在上面修建庙宇、楼阁。此外，由于水多，堤坝也就多。堤坝同时承担了水利、交通等作用，同时还可作为交易场所。南市河的东界坝桥到泰安桥这一地段，是旧时南浔的丝市中心，许多丝行集中于此。

南浔镇与农村不同的是，宗祠不多，也不是聚落中心。其主要的公共文化建筑为庙宇，历史上这类建筑有100多座。

3. 城镇风貌和建筑特色

（1）城镇风貌

南浔因水成镇，沿河设路，临水成街。在这里，以船代步成为一种生活方式，曾有“十步一桥”之说。清道光年间（1821—1850）有桥74座，同治年间（1862—1874）有桥107座，民国时期（1912—1949）有桥195座，今存88座。四乡农民进镇多是乘船。

南浔的历史上由于丝织业发达，走向了国际市场，较早受到西方文明的影响，因此留下了一批具有中西合璧特色的建筑，如懿德堂、求恕里、刘氏梯号，还有宗教建筑天主教堂、基督教堂等。这些构成了南浔古镇与其他水乡古镇不同的风貌特色。

（2）建筑特色

南浔的大宅第，多为多进落大屋。“进落”是苏州、常州、杭州、嘉兴、湖州一带对多轴线大型民居形制的称谓。这儿把以单数（三至五间）横向连成的建筑物称为“落”，“落”与正面庭院组成“进”。多“进”纵深串联，再以高围墙封闭组成住宅，这就是通常所指的一落多进住宅。以这样的形制为单元，可以组合形成多落多进的大宅。这种住宅是多轴线的，位于中轴线上的建筑叫正落，两侧与之平行的叫边落。正落是封建大家庭主人的居住和生活之所，所以对外入口（前门）必须设在正落；边落没有直接对外的入口，也不设正厅。这就保证了家庭中的主要礼仪、接待等重要活动都在正落中进行。而边落的建筑，无论是开间、进深还是间数等，都比正落少。正落所有建筑，从大门至上房都是贯通的。楼厅后面或是临界墙，或是宅园，或是下房。也有下房设在边落的。下房是厨房、柴房、杂物间和用人住房的总称，靠近后门，紧临河道，以利于购物、运输和洗涤。

南浔镇有众多的私家园林宅第，其住宅都是与山水园林相结合的。居住部分仍然是厅堂院落形式，园林部分有大面积的假山、水池。即使那些用地紧缺的宅第，也都有准园林空间。

南浔大宅的天井，比浙西的大，比浙南、浙东的宋式老屋小。这里的院落多数由厅堂、塞墙、门楼与两侧围墙组成。厅堂不是敞厅，而是装有长隔扇。院落小而高（一般都是二层），满眼都是花窗。由于用地紧张，很多大屋会出现特小的“蟹眼”天井。

4. 典型建筑

（1）小莲庄

小莲庄乃南浔“四象”之首、清末光禄大夫刘镛家族的园林宅第。占地27亩（约1.8万平方米），由园林、义庄和家庙组成。家庙居中，东为园林，西为义庄。园林分内外园，外园以水面为主（占地10亩，约6666.67平方米），水中植荷花。居室和家庙布置在一条轴线上，家庙西侧为厅堂、院落。最西边为私塾，东侧沿湖布置园林小品。小莲庄按照传统模式布置宅第，住房仅占很小一部分。辅助房采用自由布局，将小姐楼独立布置在湖边，并采用了西式建筑，表现了主人的人本思想和开放意识。会友、做学问的“净香诗窟”，内顶为一升一斗状，为海内独一无二的形制，反映了主人的改革精神。家庙门前耸立着两座青石牌坊——“乐善好施”牌坊和“钦旌节孝”牌坊，是清帝御赐的。牌坊均为四柱五楼，高8.5米，宽5.6米。家庙面阔三开间，进深三柱五檩，共三进，依次为门厅、轿厅、祭堂。家庙之后为“馨德堂”，会客用，带有精美的小院。家庙西侧为义庄，三楹二院。义庄是扶持本庄贫困者的办事机构，发放养老、慈幼、婚嫁、求学、赈穷、丧葬等所需的钱物。义庄西北为私塾，隔着一条水道与嘉业堂藏书楼相邻。

小莲庄的文化性很强。宋赵后裔，著名书画家赵孟頫在湖州建有莲花庄，刘镛追慕赵氏文采，遂谦称自家园林宅第为“小莲庄”。“诗书簪绂”是南浔商人普遍认同的价值取向。家庙东侧的碑刻、长廊石刻皆为名家翰墨，内有清代著名文学家袁枚和日本诗人熊坂等人的手迹。长廊的壁上嵌置的《紫藤花馆藏帖》刻石，系清翰林待诏徐达源与20多位文人雅士的诗札信函，至为珍贵。

（2）张石铭旧宅、适园

张石铭旧宅是江南巨富、南浔“四象”之一张颂贤之孙张钧衡（字石铭）的故居。此宅是张石铭于清光绪年间（1875—1908）购得明末清初诗人董说的旧宅，经改造、扩建而成的，是南浔镇现存晚清巨宅的典型代表。张石铭的父亲早逝，母亲桂氏含辛茹苦，乐善好施。为孝敬母亲，张石铭将其宅取名为“懿德堂”。全宅占地面积约7000平方米，建筑面积有6000多平方米，为多进落庭院式大屋，五进五落，传统的庭院式宅第中套着法式古典小楼。全园有房间244间，其中有法式楼房50间。主轴线上，第一进是门厅，一层；第二进是正厅，一层，三开间；第三进是小姐楼，三间两厢，天井收小，设落地长窗；第四进为巴洛克风格的法式洋楼，墙面屋面均用法式红色砖瓦，门头完全是法国图卢兹式古典花绘雕饰；第五进为后花园，置茶室、碑廊，碑廊的壁上镶嵌着自东晋王羲之到清代何焯等书坛名家的墨宝碑刻87方。

此外，张家还建有比小莲庄还大的花园——适园，用地30亩（约2万平方米）。园中的六宜阁是张石铭专门用来存放古籍、碑刻的地方，藏有宋本88种、元本74种、明本407种，还藏有历代名画、碑刻、奇石多种，其中最名贵的有晋、东魏、六朝及隋唐时期的一些墓志铭原石七八方。适园的大量古籍于抗战期间全部送到了国立中央图书馆上海办事处。

（3）张静江故居

张静江（1877—1950），是南浔“四象”之一张颂贤的第二房孙，又名张人杰，是“国民党四大元老”之一。其宅于1898年兴建，为园林宅第，主轴线上有三进五间。正厅称“尊德堂”，为典型的江南厅堂，堂匾系清末状元张謇题写，厅内陈列着明代著名书法家董其昌手书的“竹林七贤”之一刘伶的《酒德颂》板屏六块。二厅、三厅今陈列着张静江的生平事迹，以及孙中山、宋庆龄、何香凝、于右任、蒋介石等人的手札信件等文物。正厅右边是偏厅，二层，接待客人用，现陈列着张静江的书法作品。旧宅原有几个花园，总称东园。宅第中“有容乃大”“世守西铭”两座砖雕门楼，构思巧妙，技艺精湛。

（4）百间楼

百间楼是指南浔镇东、沿东西走向的运河两侧，单向长400多米，约150间的沿水民居楼群。百间楼是明代嘉靖年间（1522—1566）礼部尚书兼翰林学士、一品官员董份遭人弹劾，削职回归故里后为他的下人建造的一条街。初建时有一百多间，称“百间楼”，全部带有檐廊，大部分有楼房。沿河为货栈、店铺，沿岸均用条石驳岸。河埠码头林立，隔岸用石桥相连。这里曾是护城河，又是连接老运河的一段，凡驶往湖州、苏州或南浔的船只都从这里经过。到清朝中叶，这里演变成前店后宅的商住格局。廊坊用青石铺地。骑楼式的长街上，山墙高耸，有的做成云头，有的是观音兜式，有的是三叠马头墙。一眼望去，道道山墙如手风琴的合页，一架连一架地排列在河边，映在清清的河水中。

（5）大宗伯第、世德堂、寿俊堂

百间楼的背后，历史上有董份的“大宗伯第”。还有不少殷实人家的石库门住宅，多的有三四进。石库门用“武康石”砌筑，直至今天依然触摸得到当年的石灰粉墙。走进石库墙门，便可看到天井边的雕花木窗。别致的砖楼，古朴的厢房。榉木的大门里还找得到董家的后代，有穿着蓝印花布的老太太，还有学者、教授、博士。

位于董家弄的世德堂和寿俊堂也是董份所建。据说此宅曾卖给明末富户朱佑明，清康熙二年（1663）又买了回来。两厅堂各有楼屋三间七架两厢房，其用料粗硕，楼板厚实，风格有明式的古朴典雅。

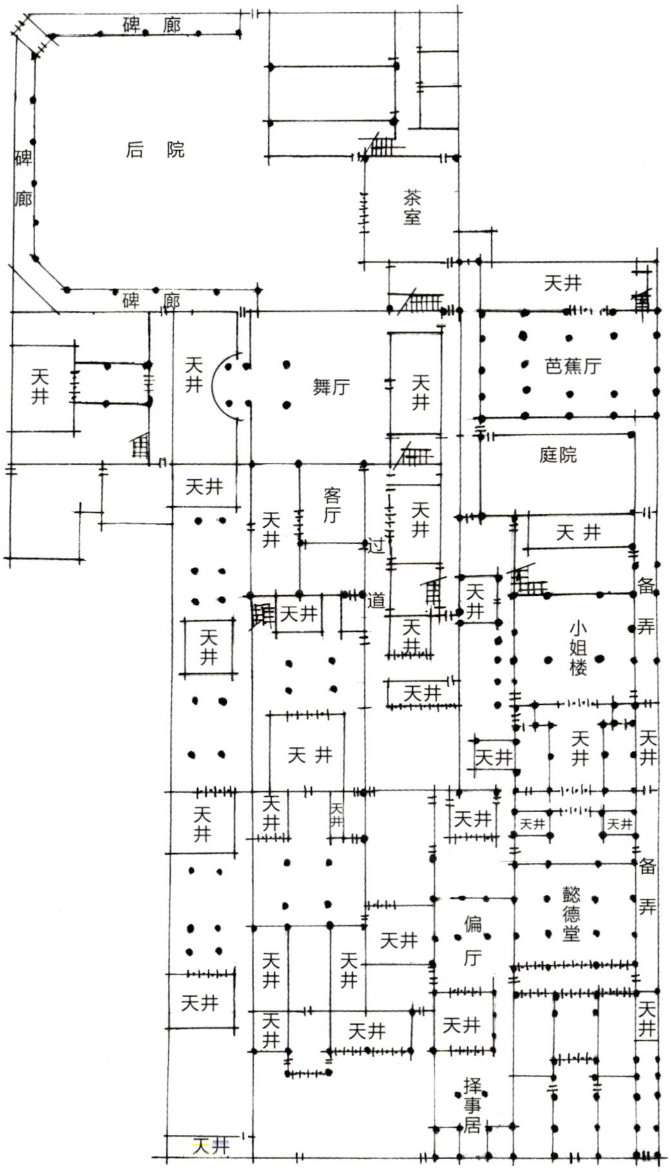

张石铭旧宅平面示意图

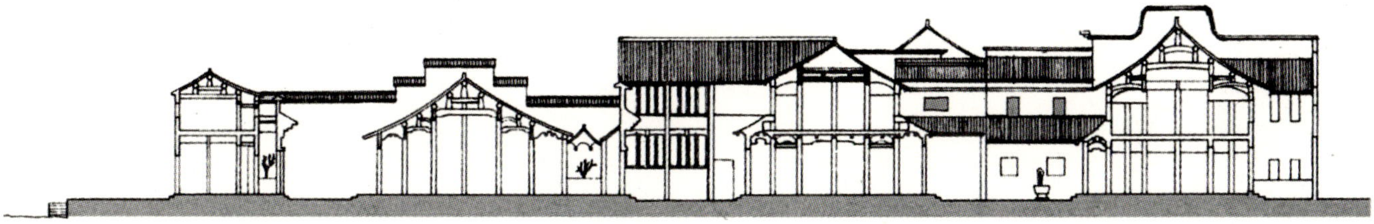
张石铭旧宅立面示意图

张石铭旧宅剖面示意图

百间楼的“观音兜”式封火山墙

沿河而建的百间楼

百间楼的券门

百间楼(丁俊清 拍摄)

运河上位于十字港正中的石拱桥——通津桥

石拱桥(丁俊清 拍摄)

河埠码头

小莲庄的“乐善好施”牌坊和“钦旌节孝”牌坊

小莲庄园门

小莲庄“净香诗窟”屋顶别致的升斗藻井

张石铭旧宅的厅堂

张石铭旧宅的天井

张石铭旧宅的芭蕉花窗

张石铭旧宅中镶嵌在红砖墙上的芭蕉花窗

⊙ 张石铭旧宅中的法式洋楼

⊙ 张石铭旧宅中的西式舞厅

嘉业堂藏书楼

跨街而建的山墙券门

新叶村

1. 历史概况

建德市的新叶村，位于玉华山旁麓，原名“玉华”，以山命名。玉华山也叫“白崖山”。南宋嘉定元年（1208），随宋室南渡到寿昌湖岑畈的叶坤入赘玉华夏氏，是为玉华叶氏的始迁祖。后来夏氏迁走，村名改为“白下里叶”。1949年更名为新叶。

叶坤生两子。分家后，大儿子一房住村内，叫“里宅”；小儿子搬到村外，叫“外宅”。外宅派的三世祖叶克诚是乐善好施的乡贤；四世祖叶震是读书人，后来当了官。父子俩办了四件大事，奠定了新叶村的基础：一是对村子进行规划，确定村落的发展范围为玉华山和道峰山之间；二是开凿水渠，从玉华山引来双溪水，解决了村子的生活、灌溉用水和防洪防灾问题；三是创办了“重乐书院”；四是在村外建造了玉华叶氏的宗祠“西山祠堂”（称为“祖庙”）和小房派的总祠堂“有序堂”，这两座祠堂成了后来的村落中心。里宅派在村内建造了“雍睦堂”，但这一派发展缓慢，渐渐衰落。

明宣德年间（1426—1435），外宅派已发展成有十一个支派、百十户人家、六百多人的大家族，于是接连兴建厅堂、分祠。较大的有崇仁堂、崇义堂、崇礼堂、崇智堂、崇信堂等，分布在有序堂的左侧、右侧和后面。各房派的住宅簇拥在本派分祠的两侧，房派住宅区之间是村子的主街巷。这个时期形成的村落的结构布局模式，一直为后世所延用。

明成化年间（1465—1487）是白下里叶村的鼎盛期。外宅派崇智堂分祠的十世祖叶天祥和崇德堂分祠的十一世祖叶一清，共同主持了白下里叶村又一轮重要建设：修缮祠堂，请风水师来做规划，修建或整顿水渠、道路、桥梁，建造了文峰塔（又称抟云塔）和水口亭。叶一清是读书人，曾就读于王阳明门下，继承叶天祥执掌宗族大权后，又重建了祖庙和有序堂。他亲自到皖南与徽州叶氏联宗，并带去一些工匠为徽州叶氏造宗祠。他将徽州的两层楼天井式住宅形制、封火墙的建筑模式，以及各类装饰手法带回家乡，促成了白下里叶村住宅的变化。

明万历年间（1573—1620），崇智堂派的叶希龙被皇帝赐婚，与京山王的孙女成婚，受诰封为郡马，移往河南开封，该堂派的一部分人去投奔了他。崇仁堂派逐渐成为白下里叶村最兴旺的房派。明末，村人重修有序堂，并把崇仁堂从村边迁到了村中心有序堂的西南侧。堂前面挖了一口半月形大池塘，建了一座梅园。清光绪六年（1880），村人重建崇仁堂，使其成为全村最高大、最宏敞的建筑。明清之际，住宅建筑也出现了两极分化，产生了新的形制——三进的天井式大屋。有一些设前院，有院墙和台门，前门或旁边设套院（偏屋），有书院、水池，装修装饰也趋向细密繁复。

2. 村落形态

叶姓是从北方南下的大姓，宗族意识很强，从新叶村最初的取名就可看出。新叶始迁祖叶坤的嫡兄比他稍早迁到距此村13千米处的一个地方建村，取名里叶（今存）。以郡望为村名，是中原人取名的常用办法，浙西一带有不少类似的村名。“白下里叶”是叶坤对应兄长的里叶村而取的名，两村的村名都有不忘原籍之意。1949年以前，过年过节时，里叶挂红灯，白下里叶挂蓝灯。这种强烈的宗族精神，使得村落呈现多层次团块式的布局形态，即以总祠为核心，分祠环绕总祠，住宅环绕分祠。总祠为整个村落的中心，分祠为各房派住区的中心。

兰溪、建德重视教育的文化传统深刻影响着新叶，村里办起重乐书院，大宅第中多带书房，甚至一些祠堂也专门设置书房、义塾。最突出的是文峰塔和文昌阁，它们成为村里的标志性建筑。新叶村的村落与山水的关系处理得非常好，村址和布局是请南宋著名理学家、精于堪舆的同乡人金履祥规划的。村落西南靠山，东北面屏，引双溪环抱东南，符合理想的风水模式。这一带村落理水有一个特点，即村村都有清水塘，这个传统现在还在延续。从新叶村里居图上看，这个长1500米、宽1000米的村子里，历史上起码有池塘十六七个。除了村南的石塘（子母塘）外，所有的水塘都布置在各自的宗祠前。有几个宗祠前的池塘还是半月形的，形似泮池。最大的是有序堂前的南塘，半圆形，弦长约66米，矢高约50米。

由于村里的主要宗祠进深都比较深，都朝向村北的道峰山，这些宗祠的两旁都布置了道路，所以出现了很多南北向的主弄堂。各房派的住宅都环绕各自的宗祠布置，门厅都设在靠这些弄堂的尽间或厢房上，并做重点装修。走在这些墙面高耸的窄巷里，前面可看到秀丽的道峰山，两旁又是一个接一个精致的门厅，这一景象成为该村的特色。

3. 村落风貌和建筑特色

（1）村落风貌

新叶村有以宗祠为核心、以文峰塔和文昌阁为地标的特征。《玉华叶氏宗谱·里居图》上标识的大小祠堂有13座。村中的住宅和巷弄很不规则，但建筑类型齐全；公共建筑规模大，装修华美。建筑物的木雕多由东阳师傅制作。天井很小，与赣东北的房子相似，巷弄狭窄。走进大户人家，满眼都是厚实的梁枨，以及小天井、花篮厅。

（2）建筑特色

新叶村今存老宅200多幢，其中明代的有15幢，清代的有150幢。老宅的基本形制是三间两搭厢，对合式或三进式，皆二层。有的再在屋前屋后建前后院或跨院，更多的农户是在主房两旁搭单层单披辅助用房。天井很小，正房二层或者连厢房二层也一起向天井方向出挑，形成“坐窗”。木构架是抬梁式和穿斗式的体系。三开间的房屋，明间为抬梁式，次间用有中柱及穿枋的穿斗式，进深一般为四柱五架。这里的住宅喜欢把木装饰构件油成暖色，有别于相近的衢州、徽州的装饰特点。牛腿的样式较多，明代、清代等各个时期的都有。

4. 典型建筑

（1）有序堂

有序堂于清嘉庆十三年（1808）重建。三进三开间二天井独立正厅式，通进深41.9米，通面宽12.7米，总面积532平方米，有戏台。第一、二进为贡式梁，第三进为月梁。与众不同的是，大门不开在正立面上，而开在侧立面上。这是出于风水方面的考虑：避免开门见山。道峰山位于东面，火力太旺，要回避一下。左侧的巷门兼作屋宅的正门，门屋式，悬“国戚第”匾。传说明代叶希龙的父亲因治好了太后的病而被任为御医，叶希龙则被封为郡马。皇帝赐诰命，制成金匾。有序堂北墙外立着三对功名旗杆。有序堂和堂北的半月塘是村中心。其正立面的处理朴素大气，体现了新叶村的文化底蕴。

（2）崇仁堂

崇仁堂是村中最大的祠堂，四进四天井，总深51.6米，总面积670.8平方米。第三进、第四进大厅之间用纵向过厅联系，过厅左右是日井、月井。过厅和第四进为二层，第四进的明间为二层通高。第一、二、三进明间为抬梁式，月梁；第四进为穿斗式。第二进祀厅有复水檐，装饰恢宏华丽。堂前凿半月形水塘，弦长21.3米。过年过节时，在水上搭临时戏台（当地叫雨台）。

（3）文昌阁

文昌阁初建于清同治年间（1862—1874），现存前后两进，三开间。前进明间宽4米，进深3.28米，有楼，重檐歇山顶，翼角起翘高耸。戗脊前端装饰一条鲤鱼，象征“鲤鱼跳龙门”。正脊两端饰鳌形吻，隐喻文人学子占鳌头“青云直上”。大门正面的木构件上布满雕饰，骑门梁和牛腿尤其华丽。后进三间单层，没有雕饰，用做义塾。前后进间为天井，二进建筑都向天井完全散开。

紧贴文昌阁北墙有一座独立的土地祠。文昌阁、土地祠、文峰塔三者虽先后建造，但风格和谐，建筑艺术上既有区别，又相互统一，是村子的地标。

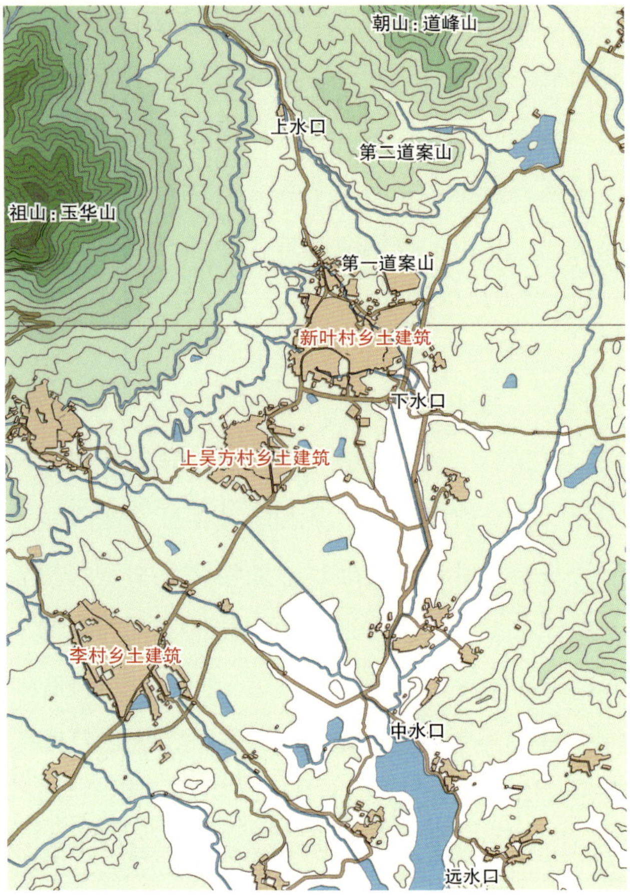

⊙ 新叶村周边环境及风水格局图

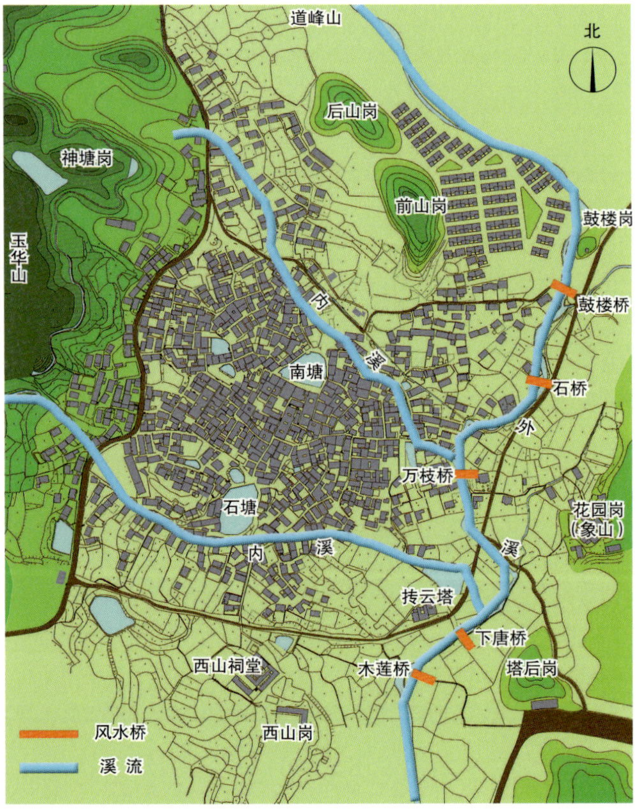

⊙ 新叶村总平面示意图

新叶村远眺（丁俊清　拍摄）

新叶村全貌

文昌阁背立面

文昌阁入口

⊙ 文峰塔（又名拷云塔）

有序堂的山门

有序堂

有序堂的天井

有序堂中的多处柱联

有序堂的梁架

⊙ 有序堂梁架上的“进士”匾额

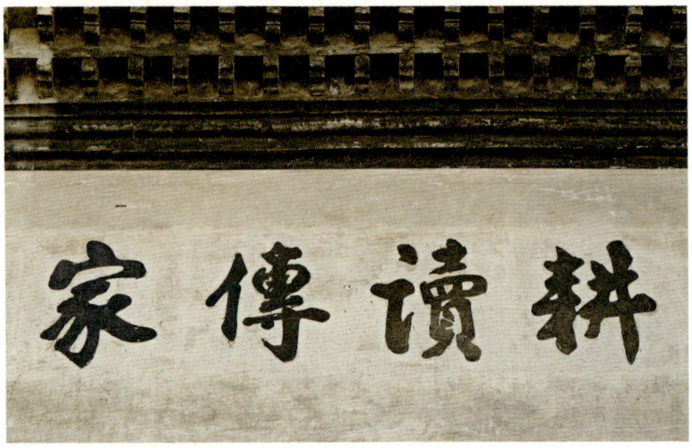

⊙ 双美堂墙壁上的题字

⊙ 双美堂的照壁

⊙ “进士第”匾额

孔庙

近年重建的清道观

太阳殿路周边的民居

尚志路上的贞节牌坊

宝善堂

⊙ 太阳殿路的冯宅入口

⊙ “大墙门”——冯宅(丁俊清 拍摄)

冯岳彩绘台门的入口（丁俊清 拍摄）

冯岳彩绘台门（丁俊清 拍摄）

布政房

民居门楣砖雕

民居石雕花窗

民居石雕花窗

斯盛居正厅

斯盛居正厅的天井

斯盛居正厅照壁上的《百马图》砖雕

笔峰书屋外景

华国公别墅

华国公别墅的天井

华国公别墅外景

发祥居的厢房

发祥居内景

明经堂的天井

明经堂的大门

⊙ “急公好义”大宅（丁俊清 拍摄）

⊙ “行会”中使用的台阁（丁俊清 拍摄）

千工床（丁俊清 拍摄）

泽思居中“俾炽而昌”宅的花窗（丁俊清 拍摄）

泽思居中“俾炽而昌”宅的梁柱（丁俊清 拍摄）

“群峰簪笏”宅的大门

马头墙上的题字“群峰簪笏”

卵石砌筑的墙裙、巷路

民居前的水井与石槽

街巷边的水渠

民居门口水渠上的石板小桥

⊙ 民居柱头铺作

⊙ 民居檐柱斗拱

屋同宽，进深8.35米。两厢各三间。天井方正，天井四周为八柱廊道，天井四角厢弄设楼梯。檐柱的样式为斗拱、斜拱、花拱相结合，低矮古朴。廊枋、窗棂均呈明代风格。

（4）高檐阶吴宅

高檐阶吴宅位于观音弄3号，清道光年间（1821—1850）修建。宅第为三合院，二层硬山两坡。宅院朝南，前为照壁式围墙，大门开在东厢房的南间。通面宽18.35米，通进深20.6米。正屋宽五间，进深8.4米。东西厢各三间，进深3.9米。天井为正方形。檐柱的样式为斜拱、花拱相结合，伸手可触。整座建筑古拙低矮，初建年代为明代。

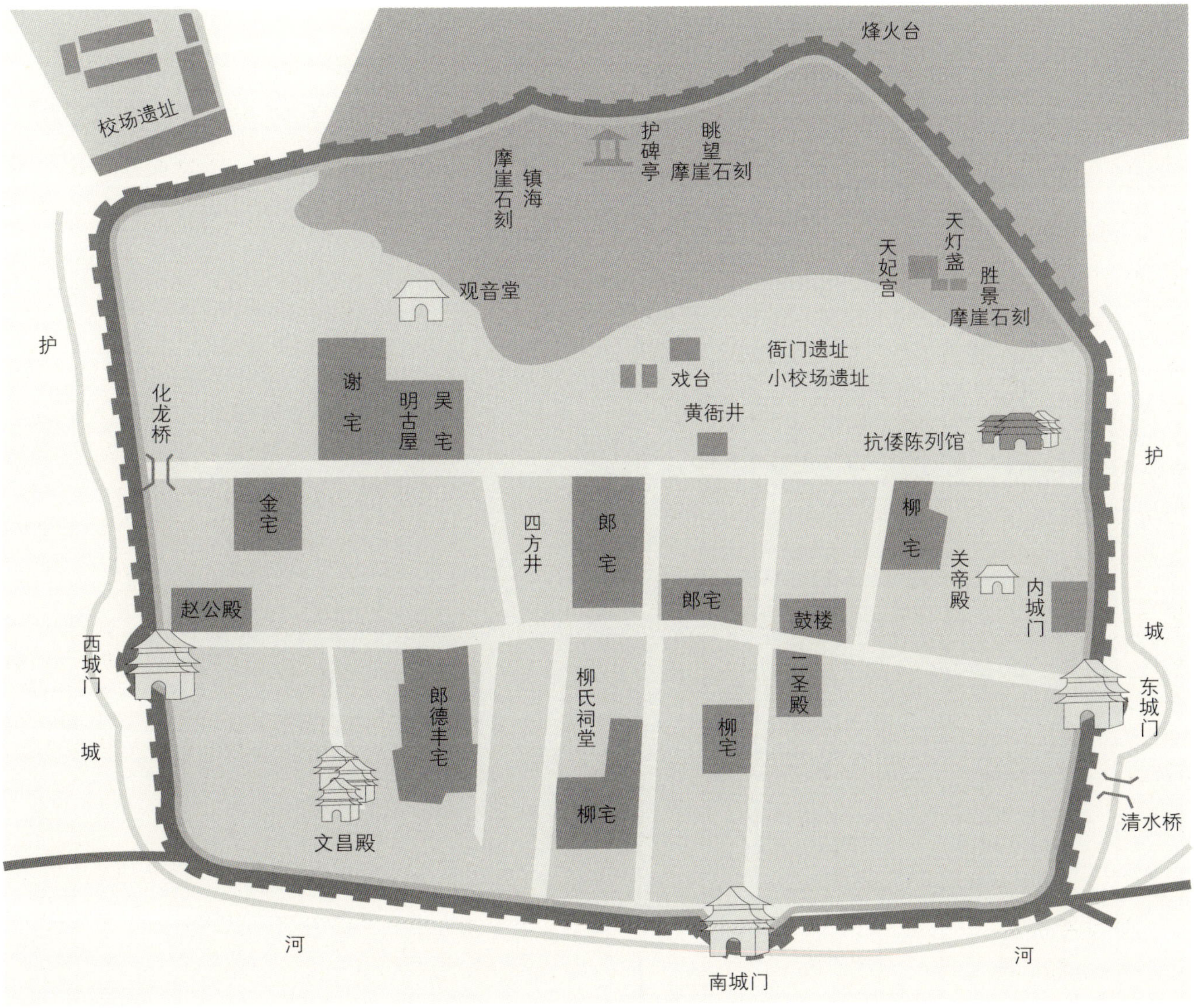

桃渚城总平面示意图

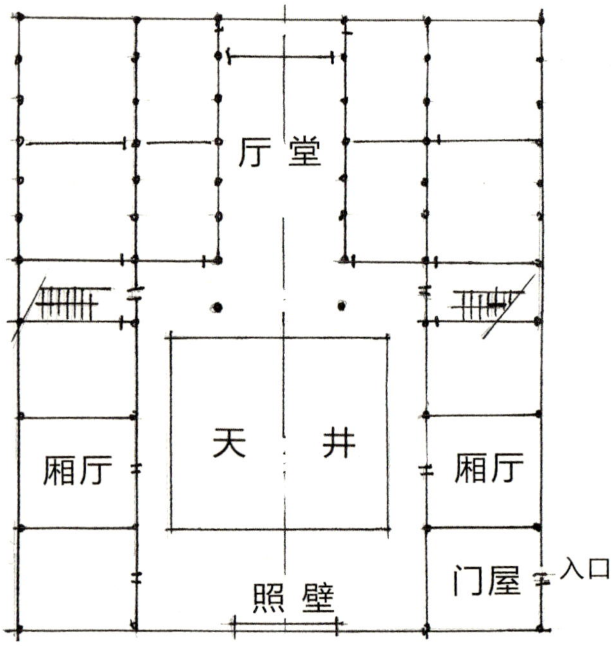

高檐阶吴家平面示意图

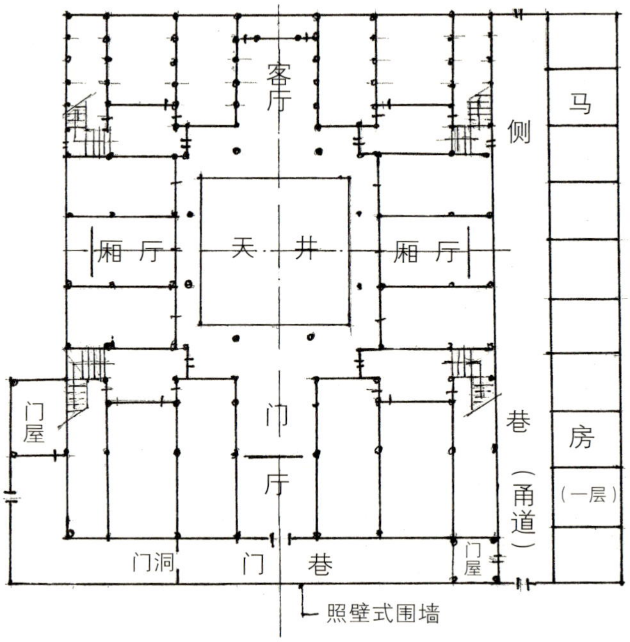

柳宅平面示意图

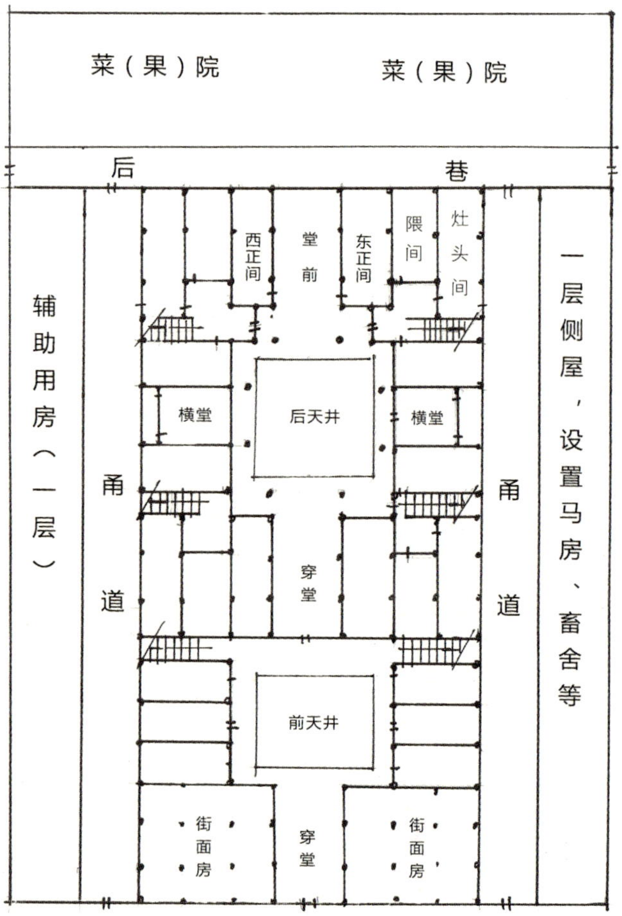

郎家里平面示意图

桃渚城东门瓮城

条石及石块垒筑的城门

主街上的水渠与过街楼

东西向主街

东西向主街

以蛮石砌筑墙基的老房子

民居山墙

老房子改成的民宿

不对称穿斗架、大挑檐的民居山墙

山涧转弯处的小体量民居

巷道

⊙ 溪东的爬坡屋

⊙ 蛮石砌筑的堤岸、地基

⊙ 廊桥与民居（丁俊清 拍摄）

小溪、小桥、小路、小石阶、长美人靠

上坳溪头长屋（丁俊清 拍摄）

溪西岸的民居

上山的小径

苍坡村

1. 历史概况

五代十国时期，在王审知入闽、钱镠主浙期间，闽中政局动荡，而浙江太平富强。大批福建人向温州迁徙，温州形成了以福建移民族群为主体的社会形态。有人查阅大量村落宗谱后认为，福建移民后裔几乎奠定了温州现代居民的基础和村落分布的格局。

五代后周显德二年（955），福建长溪（今浦霞县）的一个教书先生李岑，为避闽中战乱，来到永嘉灵山埭教书，被周家招为女婿。后来析居1千米外的苍墩，逐渐成为单姓村落。南宋时为避光宗赵惇的名讳，苍墩改名为苍坡，李氏家族迄今已延续了四十多代。苍坡人继承了中华民族"祭住合一"的传统，早在李氏五世祖（北宋至和年间，即1054—1056年）时，村落就形成了以祖坟为中心，分为东宅、西宅、麻溪园三块的格局，延续至今。他们敬祖举贤，尤重亲情。每每出现对社会做出贡献的人、事或亲情故事，村里就营建亭阁寺庙予以表彰。如建于北宋宣和年间（1119—1125）的"水月堂"，南宋建炎年间（1127—1130）的"望兄亭""送弟阁"，南宋淳熙年间（1174—1189）的"仁济庙"等，都有感人肺腑的动人故事，而且这些建筑在后来的村落建设中全部被保留了下来。

请风水师规划并按园林格局进行村中心的建设，是苍坡村的另一大特色。宋代吕大防提倡乡约，朱熹提倡家礼，目的是以宗族代替世家。在这个背景下，温州出现了寻根返乡、建设家园的风尚。苍坡《李氏宗谱》记载了李氏祖先们游历京师、遍观王侯府邸，用京师宅第模式规划建设家乡的事。南宋淳熙五年（1178），九世祖京官李嵩牵头，请著名风水师对苍坡进行了一次全面规划和重点建设，完成了主街建设，完善了渠沟水系工程，拓宽了东西池。这就是今天苍坡村东南角公共活动中心的前身，当时叫"务实园"。李嵩死后，他的夫人刘氏继续完成了寨墙、寨门的建设，并开凿了环村水渠。

南宋淳熙十年（1183），李嵩的儿子、十世祖李伯钧捐资建仁济庙，造园林厅堂并题堂匾"种德"，以励后人。曾孙李义问筑圃于西街之南（内有娱堂、龟台和亭子），并题亭额"撷蔬好景"；李义崇筑圃于苍墩祖坟前，西北接娱堂，题名"云居园"。

谱记十一世祖李仲为官清廉，政绩斐然，受皇帝器重，官位连升七级。村人特将溪门建成三阶式，称为三试阶，取意县（府、院）试、乡试、会试，以示秀才、举人、进士之路。紧接三试阶的是长20米的进士坦，然后跨上七级石砌台阶。七级台阶过处，地面上有一顶用石头拼成的宋代一品大员的“乌纱帽”，“乌纱帽”的上方是溪门牌坊。

元代，李义崇之孙李从逊再一次围着苍墩祖墓营筑别馆，取名“广润”。李义崇的侄孙李宙逊筑馆于宅左，有清泉一眼，题“东老余乐”等匾额。

明朝中叶，温州太守文林提倡“乡规民约”，嘉靖帝下诏允许民间建宗祠，这又掀起了乡村建设的热潮，李氏大宗祠落成。村中道路以鼓盘巷为中心向四方扩展，完善了以笔街为横轴、水月街为纵轴，鼓盘巷、九间巷、三退巷为骨架的准“皿”字状道路系统，并修缮了大宗祠、仁济庙、太阴宫、水月堂等祭祀建筑和东西池园林建筑。万历年间（1573—1620），港头村的李氏豪门李鸣岗返乡，在苍坡李氏大宗祠西北建立了和事局（俗称官厅），为准民事调解机构。

楠溪江古村落生成与发展的一个大背景是宋代耕读社会的形成与发展。这儿涌现出大批士人。这些士人和乡贤，以及当时的风水师，组合成为村落建设的一支有文化、有经济能力、高素质的主流力量。永嘉县的第一个进士出自苍坡，民间传说苍坡出过驸马。当官的人、有钱的人、有文化的人返乡主持家乡建设，这是古代村落建设的一个重要特点。

2. 村落形态

苍坡村与山水田地以及附近村落的关系处理得非常好。村北靠山，村南为民田沃野，一条小渠从山脚向东转南，呈“S”状注入楠溪江。苍坡村与兄弟村方巷村各位于水流的汭位，互相对望。

苍坡村的用地呈长方形，东西340米，南北300米，面积有10.2万平方米。村中街巷基本上呈东西或南北走向，直角相交，但未呈“井”字状，所以，住宅基本上是坐北朝南的。

苍坡村巧妙地利用了村西笔架山的环境要素，用“文房四宝”的理念进行布局。村中将早期的东西两塘凿成长方形，意为砚池；沿西池筑东西向主街，这象征笔；正对笔架山，再在主街边搁置三块大条石，象征墨；方形的村落基地象征纸。

宋代，楠溪江流域是频出进士、官员的地方。那时流行风水学和士人园林宅第，士人们热衷于回乡造园。苍坡村的十世祖李伯钧就是知名哲学家叶適的启蒙老师。以李伯钧的父母为首营造的“务实园”（即今东西池）名噪一时，实为都城临安达官显贵府邸园林之摹本。

3. 村落风貌和建筑特色

以大范围的水面为主体的园林为村落中心，并置于村口，这是苍坡村的最大特色。东池长147米，宽19米；西池长80米，宽35米。两池呈“˩”状位于村口。宗祠、仁济庙、太阴宫居中傍水而建，周边布置着水月堂、望兄亭、笔街、墨条。水边各种建筑多用园林手法，临水设敞廊和美人靠。园中建筑体态各异，古拙灵秀，顾盼生姿。庙前植苍老的古柏，放置着一条长长的洗马槽。加上水月堂、望兄亭的传说，整个园林散发着淡淡的古风。池东岸的堤坝原有21米宽的树林，宗谱记载历史上这里曾是“夹岸桃花堤十六咏，亭台莲塘广数里”。这样的村中心是乡村中难得一见的。

4. 典型建筑

（1）苍坡溪门

苍坡溪门是苍坡村的主要入口，即南寨门，为九世祖李嵩的夫人刘氏于南宋孝宗（1163—1189）时初建。今存的溪门为明代遗构。牌楼式木构门，面阔三间，占地34平方米。六柱，三架，二步梁。明间设二金柱，次间各设二角柱。柱头科为十一踩四抄双下昂式，上昂承檐悬檩和撩檐枋。明间、次间的攀间额枋设四组平身科，为九踩四抄双下昂式。屋面为重檐悬山顶，明间屋面高于次间，形成三山式。小青瓦，檐口置勾头、滴水，花脊。两端饰龙凤吻兽及垂脊。

溪门的体式壮硕、雄健而亲切，造型简洁，结构脉络清晰；斗拱使用连续四跳偷心造丁头拱，承架少见的结构性下昂。这座溪门牌楼是楠溪江流域的经典溪门牌楼，也是苍坡村的标志性建筑。

（2）望兄亭、送弟阁

望兄亭位于苍坡村东南角3米高的寨墙上，送弟阁位于方巷到苍坡村的村口。两亭形制略同，都是正方形，边长5米，歇山顶；四金柱，十二檐柱，檐柱间设美人靠；亭柱用古老的“侧脚”做法；构件玲珑轻巧，比例和谐。望兄亭有一副楹联为“礼重人伦明古训，亭传佳话继家风”。两亭隔着一片田野相望，默默诉说着近900年前兄弟情深的故事。

（3）水月堂

水月堂位于苍坡村东湖北端，建于北宋宣和六年（1124），是该村八世祖李霞溪为纪念其兄长李锦溪而建。李锦溪为抵抗外敌，不幸战死沙场。李霞溪任迪功郎。自其兄长为国捐躯后，他心碎肠断，辞职隐退故里，在湖中建水月堂，住在里面，日夜思念兄长，“寄兴觞咏，以终老焉”。

（4）仁济庙

仁济庙为苍坡十世祖李伯钧于南宋孝宗淳熙七年（1180）举资建造，祀平水圣王周凯。周凯为西晋时横阳（今浙江平阳）人，曾随陆机入京求仕，见晋室将乱，遂推掉别人的推荐，回家乡致力于治理三江，解决了温州当时最迫切的水患问题，被当地百姓尊为“平水圣王”。唐时敕封周凯为平水显应公，宋时加爵为护国仁济王。浙南、浙中一带多建有“平水王庙”以祀之。

该庙三进二天井，前为仁济庙，后为太阴宫。门厅五间，正殿五间，两边厢廊前三后二。它突破了正宗宗教建筑封闭的程式化格局。

从正面看，门厅五间二廊八柱三楼，双曲屋面；三根像扁担一样微微起翘的脊线，与月梁以及前廊、左右廊的美人靠的曲线相映生姿。屋顶、屋身、基座的比例和谐，整体显得稳重而灵巧，避免了庙宇建筑中常有的压迫感。从侧面看，从门厅、前殿到后殿（太阴宫）这三个空间序列，逐层升高，产生了优美的节奏变化。走近看，前有水池；跨过三条石板桥进门，又见一方水池（天井池）；厢廊和前殿两稍间都设计了可以向外瞭望的走廊和美人靠，且两边都有水池；围着外廊转，三面都是波光粼粼的水面和房屋的倒影。这一布局，着实叫人感慨苍坡人的敬水精神和理水能力。

（5）李氏大宗祠

李氏大宗祠位于东西两湖的交界处，是苍坡、方巷两村的祭祖中心。祠内有气势非凡的戏台和巨大的社鼓。宗祠内一年两祭，平时为村民们的文化娱乐场所。

农耕体验馆
老年人活动场地
农耕博物馆
医疗服务中心
苍坡人家
酒馆
儿童活动场地
苍坡客栈
手工作坊
染坊
农家乐
酿酒坊
祖坟
民宿
戏园
民俗风情体验馆
民间工艺展示馆
乡土美食
养老院
乐坊
茶馆
农家乐
婚俗文化演示馆
宗教文化交流中心
水月堂
特色小吃
书院文化展示馆
邮局
官厅
古玩展览馆
义学祠
祖坟
酒馆
游客中心
广场
东池
笔行
笔街(文明西街)
书画欣赏馆
凉亭
墨条
西池
戏台
仁济庙
李氏大宗祠
顶香桥
苍坡溪门
望兄亭

⊙ 苍坡村总平面示意图

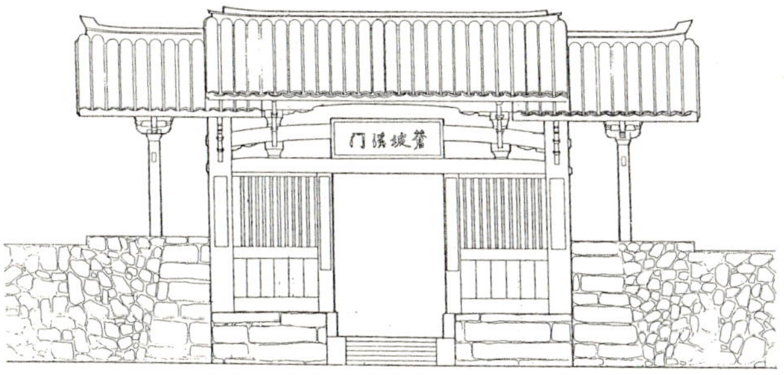

南立面

北立面

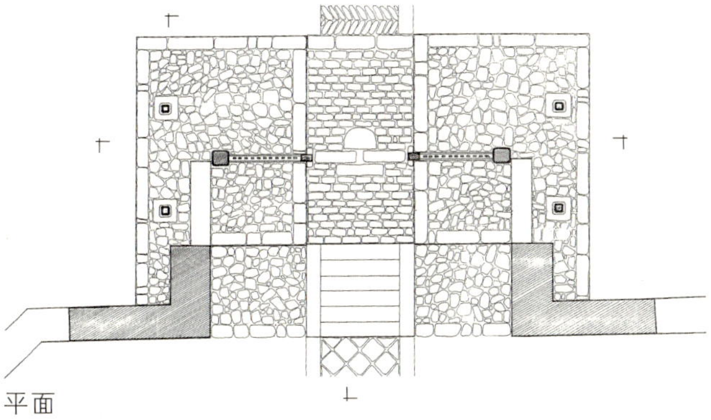

平面

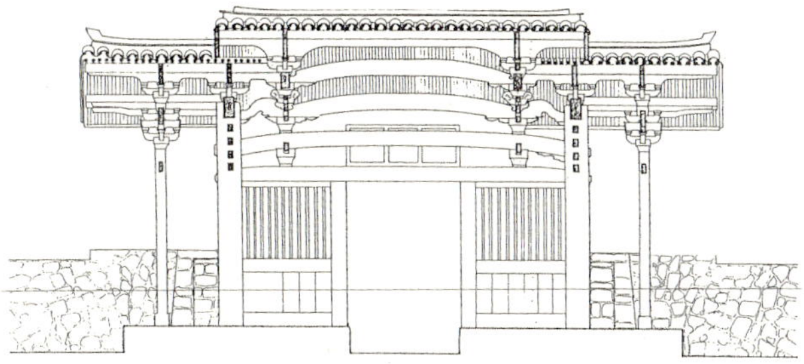

剖面

⊙ 苍坡溪门立面、平面、剖面示意图

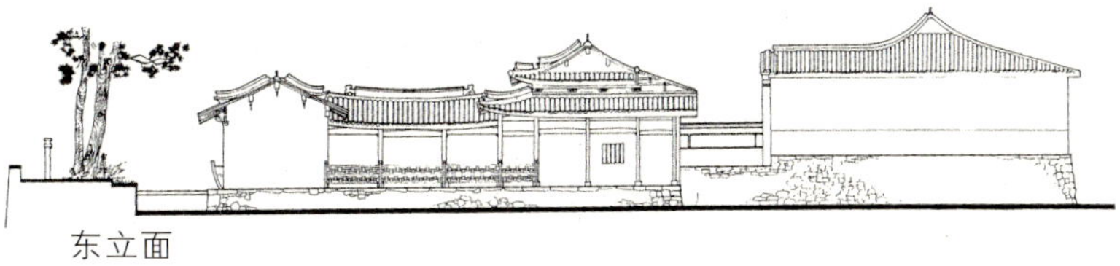

东立面

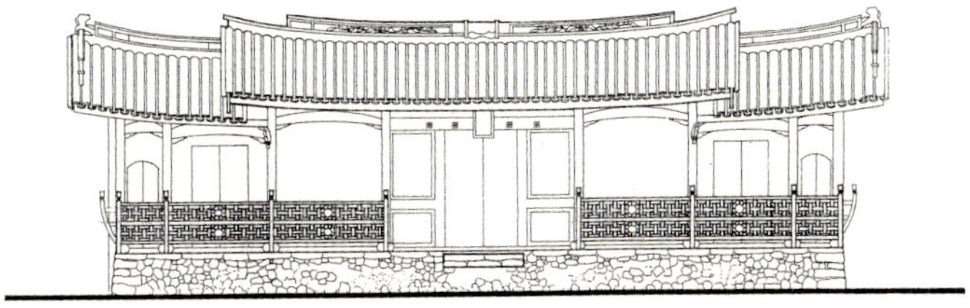

南立面

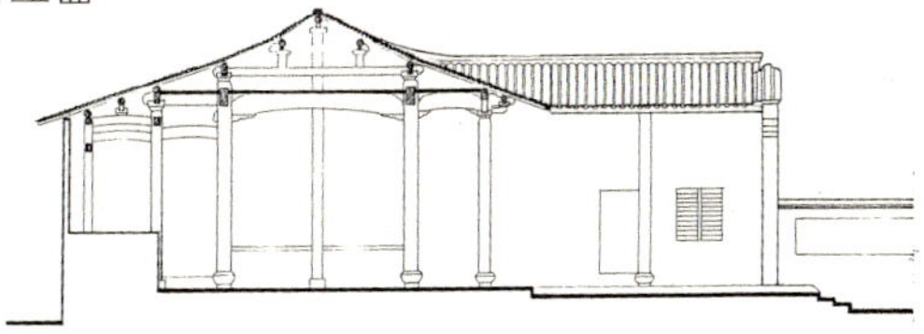

纵剖面 I

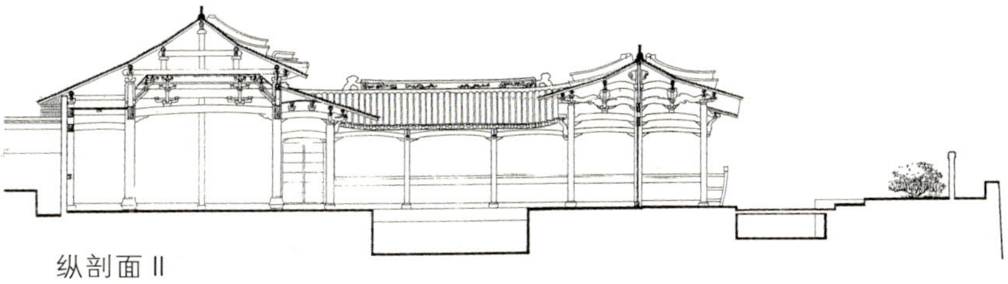

纵剖面 II

⊙ 仁济庙立面、剖面示意图

鸟瞰苍坡村（晨波 / 拍摄）

⊙ 砚池与笔架山

⊙ 笔街、墨碇、笔架山

水月堂外景

水月堂外景

水月堂入口

水月堂的瓦饰

望兄亭

送弟阁

李氏大宗祠内的戏台

李氏大宗祠梁架上的社鼓

李氏大宗祠内的戏台（近处的建筑）

李氏大宗祠内戏台的藻井

⊙ 花檐(戏曲瓦当)

⊙ 雕花石凳

⊙ 苍坡溪门

仁济庙外景

仁济庙（丁俊清 拍摄）

芙蓉村

1. 历史概况

永嘉县芙蓉村是单姓血缘村落。始祖陈忠，河南开封人，唐代迁徙到瑞安长桥。三世祖陈夷实从长桥迁到福建长溪。唐末天祐元年（904），九世祖陈拱又从长溪迁到永嘉，见这里“前横腰带水，后枕纱帽崖；三龙捧珠，四水归塘”，遂在此定居，迄今已1100多年。

南宋时期，温州成为“次辅郡”，芙蓉村“科名甲第，雀起蝉联；文武簪缨，云蒸霞蔚”，出过十八金带（十八个京官），至今陈氏大宗祠里还挂着一块金龙盘边的状元匾。那时的村落建设也达到了高潮。南宋景炎元年（1276），京城临安失守，恭帝被俘，太子逃到温州。进士、秘书省校勘兼国史院编修陈虞之率义兵救驾，引兵退守，诱敌深入，在家乡芙蓉崖坚守三年后失败，连同族众、士卒八百人，全部跳崖而死。芙蓉村被元军付之一炬。

元至正元年（1341），朝廷实行安抚政策，追誉陈虞之并赐“圣旨”匾。十八世祖陈贵道和一些乡绅邀请风水师规划重建村落，构建了现存村落的框架。明代楠溪江古村落掀起建设高潮，历清代，经民国至今，芙蓉村占地面积已有14.3公顷。

2. 村落形态

可用“屋宇同位，三理合一”八个字来表述芙蓉村的形态特征。

村落用寨墙围着，总平面像“口”字。底（东边）长500米，上边（西边）长360米，高350米，两腰稍稍向内倾斜。这个形状和它所处的两山夹一溪、气势渐开的谷口环境很协调，在东面远处登高往这里看，空间形态就像“谷”字。

村内有路网、水网两个系统。水网是村外（西面）农田水系的延伸。有四条水道进村，西进东出，互连成网。路网跟着水网走，大致方正的路网把村落大体均匀地分成若干地块。道路分等级，主要道路为南北走向。路网水网相交，组织出“七星八斗”的意象。

“星”是指丁字路口那一小块高出路面十几厘米的平台。平台用卵石拼花铺砌，共有七块，位于村内主要道路的交会点上，是节日祭祀时用的祭台，也是战时的联络指挥点。“斗”是指散布在村中的五个水井与三个水池，它们呈八卦状分布在水渠的交汇点上。星是天象，斗是人文，“七星八斗”的布局体现了“以象制器”的造物思想，除了有实用意义外，还有深刻的哲理意味。

楠溪江典型的古村落有一个共同的特点，就是都有一条主要的街道和一处室外公共活动中心。这个中心一般位于村头、水口、河边、山脚、宗祠前，而且都是开放式的。唯独芙蓉村的室外公共活动中心居于村落的中心位置，形成虚体空间，四周用建筑围合。这样设计，可能和上述“谷”字形环境空间有关。居中，取得了构图上的协调和稳定；取虚，取得了和远处背景山崖——芙蓉峰的对比和平衡效果；封闭，则是出于美学上的考量，是园林中的聚景手法，能调动审美主体的想象力，产生距离美。

全村有14个宗祠，总祠及主要宗祠分布在东寨墙旁，其余分祠均匀地散布在路网的各个节点上。寨门在四向寨墙的中间位置，主寨门在中轴线上。这种形态和环境是协调等势的。村落就像一个抱拳作揖的人，坐拥在芙蓉峰下，诠释着他们的天下观。

芙蓉村的宗祠、书院、大屋、厅堂都是朝东的，这也是为了与环境相协调。这一布局缘由，得从它的路网说起。

芙蓉村路网的建设方式和农田相似，大体方正，分成三级：主路东西走向，宽3.5米；第二级路和主路垂直，南北走向，宽2—3米；第三级路为进户的小弄堂，路巷直角相交，多为丁字路口。二级路网之间距离有50—60米，50米正是三进两院大屋的总进深，60米可带一个后院。因承担主要交通任务的二级路呈南北走向，且家家都喜欢大门朝路，所以住宅就多数为坐西朝东了，14个宗祠也都是朝东的。主要厅堂、公共建筑都朝东，这也是“前横腰带水，后枕纱帽崖”这个环境决定的。可以说风水是那个时代住宅朝向的主导因素，目的是要和地形地貌协调。形象地说，就是住宅朝向要跟地形走，而不是跟太阳走。这对耕农来讲有其合理性，因为农民不是依靠窗门来晒太阳，而是在道坛、前廊上晒太阳。再说“H”形和“日”形大屋，厅堂朝东，厢房则是南北向的，而厢房的使用频率远比厅堂高。于是这些多进庭院式大屋以及横向发展的“一”字形长屋，其屋顶坡面，尤其是正屋的屋脊线，都是和背景山峦的走向协调的。

3. 村落风貌和建筑特色

村落面貌特色，一般是由宗祠、大屋或水口建筑勾勒出来的，而芙蓉村却是由一方小池、一个小亭营造出来的。走进村落主入口——三开间两层楼阁式的东溪门，向左转，一条虽用边角小料铺筑，却显得很简洁干净的道路——如意街出现在眼前。街的前端是一个矩形水池和一座量身定做的亭子。目光从亭身向上移，湛蓝的天空中，三座山峰从亭顶露出，晴天还可以在池底看到同样的风景。这就是著名的芙蓉峰、芙蓉池、芙蓉亭。如此难得一见的村景，让各路文人、艺术家赞美不绝。最富神韵的还是陈志华教授在《楠溪江中游的古村落》一书中的描述，他说：“它们（芙蓉峰的三座山峰）像一朵芙蓉花。于是，山下便有了芙蓉村。木芙蓉是楠溪江中游的乡土树种，溪边墙角，粉粉白白，开得清清爽爽。而芙蓉峰确似一朵水芙蓉。村中央开了一方水池，可可儿地把芙蓉峰倒映在池里，这村子还能叫别的名字吗？”

也许有人会想，如意街为什么到此就停住了，不直通西寨门，把芙蓉山景引进来？其实这正是古代匠师们的功夫所在：视线直通山峦，村中心就失去了视觉上的宁静感，也犯了民俗中的路冲之忌。再说芙蓉峰离村子约4千米，若让人感知了峰朵和村子的实际距离，等于把池底的这朵芙蓉推远了，失去了峰和村的亲近感，也失去了村中心的庭院感。

沿池子向左或向右拐，你不须问路，自然就到了村子的南、北、西寨门。南门是楠溪江流域常见的石券门，门券上有个小平台和半壁挡墙。它连同寨墙都是原石砌筑，粗犷厚实。一条细渠贴寨墙外侧而过。门的对面有个方形谯亭，亭外设靠凳，供人避雨、歇脚。北寨门也是石券门，比南门简单一些。西寨门有三个，更简单，上面仅盖一块石板。寨门的位置、造型是经过精心思考的：西面是大片农田，设三座门，为的是让农人少走路；而北面和岩头镇相望，南面和溪南村相望，村际来往较多，所以把门做得好一点。

芙蓉村的风貌还有一个特色，就是没有像浙西、徽州一带那样形成窄巷狭弄、高墙深锁的景观，这是因为所有住宅都是开敞的。村中大多数住宅朝东，屋前有较宽的路，院落的围墙低矮，多进宅院又是大门、大院落朝路。住宅侧面组成的三级小弄也不会生成连续的大墙面。这里的路面、墙裙多用卵石或粗石砌筑，加上家家院子里的树都越墙而出，因此在村中行走，自然气息和农耕氛围很是浓厚。

4. 典型建筑

（1）芙蓉亭、芙蓉池

芙蓉亭建于明代，为重檐楼阁式的方亭，歇山顶。面阔三间，面宽5.16米，高5.42米。有金柱4根，檐柱12根。檐柱头不设斗；四角柱出斜撑，托挑檐柱。金柱和檐柱之间架设了抱头梁，亭中设美人靠。

芙蓉池东西长43米，南北宽13米。四周是道路与合着路面环列的住宅、书院，檐高约3米。这样的布局，使得以芙蓉亭为中心的围合空间约长50米，宽20米，高3米。在这个空间内，基本上都能看清亭子里人的面部表情，也都能看到芙蓉峰，从而领略到“两点江南山，欲从林梢吐”的诗意。这种造园手法叫“聚景”，使人居于此处便可以聚内外、远近、高下等不同角度的景观于一目，仿佛与六合八方的微妙景致和宏伟气象融为一体。

（2）陈氏大宗祠

陈氏大宗祠始建于明代，为七开间二进。沿轴线的建筑先后为前厅、戏台、正厅。前厅为过厅，梁架结构为穿斗式，用双步梁，后梁架用三柱。明间连接戏台，戏台向天井突出，歇山顶；内为覆斗状藻井，柱头科各出三挑；拱身做出精美的曲线状，使用不同样式的覆莲柱；斜撑刻有神仙人物，挑檐有精美的悬篮柱。两厢廊各五间。正厅七间，用八柱；廊步用双步梁承托单步梁，檐柱头为斗口挑；金柱间的梁架为抬梁穿斗混合结构，用料粗硕。左壁挂着十八金带名单，中堂上部的梁架高悬着陈氏功名牌匾。

（3）芙蓉书院

芙蓉书院位于芙蓉池西侧，占地1320平方米，封闭内院式，外墙东西长52米，南北宽12.8米。由东向西依次为泮池、仪门、明伦堂、讲堂。仪门为单间门楼式。明伦堂为三开间硬山顶，进深四柱九檩；后壁中央有神龛，供着孔子像。讲堂明间用减柱造，设大额枋，中榀架为五架梁，檐柱为斗口挑。书院南侧是竹林，宽12米，长40米。

（4）司马第

司马第是楠溪江流域典型的深宅大院，位于芙蓉村的西北角，始建于清康熙年间（1662—1722）。宅主陈士鸾，赐进士，官至奉直大夫，曾任司马（知府的佐官）之职，这座宅第因此被称为司马第。

因为受宅前的道路限制，宅第只好采用坐西朝东横向发展的形制，由三座四合院组成“罒”字状平面。前进一层，后进两层，连正房带厢房，一共46个整间。有6个天井、18个道坦、24个中堂。通面宽70米，通进深91米，总面积6382平方米。三所四合院各有自己的门，但院子之间又能以厢房前后的夹道连通。

颇为特殊的是司马第实行“内外庭”之制。即在前面设了一个宽70米、深18米的外庭，置阔4.6米、高3.8米的水磨砖照壁；庭前有门屋三间，两旁为出入大门；庭中植杏、槐、桃等树；庭右设私塾三间，取名杏堂。这是非常古老、等级很高的住宅形制。就私塾来讲，可能取意于孔子设讲坛的故事。当年孔子在庭中设坛、讲学，坛前就种有杏树，称杏坛。

司马第还有后院，院中有水井。屋的北侧有水渠，渠中的水被引入了前庭的池塘中。

（5）将军屋

将军屋始建于清朝中叶，因民国时出了位军官陈毓秀，故村民将此宅称为将军屋。宅第坐西朝东，形制为“H”形。正屋五间加“洞头房”，厢房前五后二。前院一圈房屋为居住之用，皆为南北向房间；后院为厨房、畜舍；当中的空间为起居礼仪之所。前院很大（宽四间半，长五间），让居住在里面的人不仅能充分享受阳光，而且抬头还能看见外面的树梢、远处的芙蓉峰。这座宅第还有一个特点，就是正门开在门巷里，安静而隐蔽。因采用了三楼式磨砖砌，八字门，所以宅第门前又产生了一方私密的小平地；再加上沿前方的院墙有一条小沟通过，宅第的入口处便显得既宁静，又富有生气。

芙蓉亭立面示意图

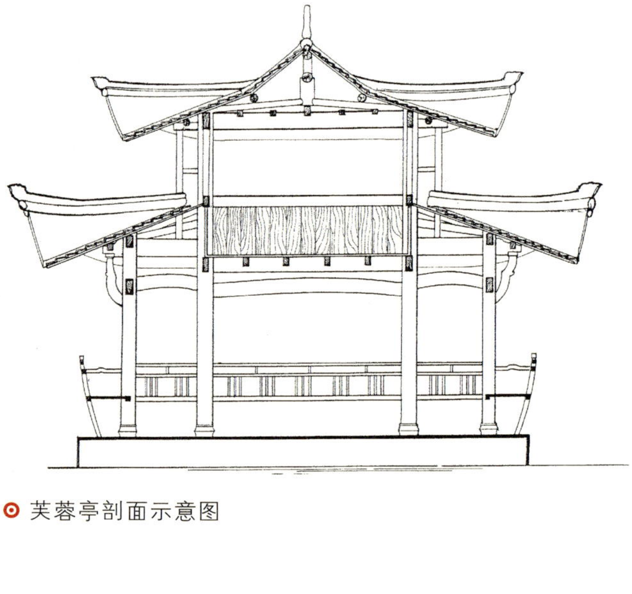

芙蓉亭剖面示意图

寨墙
寨墙
旧大型住宅
大屋（司马第）
旧大型住宅
旧大型住宅
陈氏大宗祠
芙蓉书院
芙蓉池
芙蓉亭
如意街
溪门
寨墙
旧大型住宅
寨墙
寨墙
旧大型住宅
寨墙
南门

⊙ 芙蓉村总平面示意图

⊙ 夕阳下的芙蓉峰

⊙ 芙蓉峰下的小宗祠

芙蓉村的西寨门

芙蓉村的东寨门

鸟瞰芙蓉村（丁俊清 拍摄）

晴空下的芙蓉峰与芙蓉亭

芙蓉亭旁的村民

淡淡晨雾中的芙蓉峰、芙蓉池与芙蓉亭

典型民居

巷内的水井

⊙ 民居山墙（编织抹灰墙，不对称立帖架）

⊙ 民居内景

将军屋的门楼

将军屋的入口（丁俊清　拍摄）

将军屋大门的对联

将军屋的前厅、庭院

陈氏大宗祠的戏台

陈氏大宗祠的神龛

陈氏大宗祠内景

民居中的垂花柱

南寨门外的三官庙

库村村

1. 历史概况

库村村是泰顺县新浦乡漈头村的旧称。村落位于泰顺县东南角、白云山南麓的小盆地中，库水的北岸，由吴宅、包宅、新仓、乌石四个自然村组成。库村村为多姓村，主要姓氏有吴氏、包氏、夏氏、翁氏。但夏姓、翁姓是因修建飞云江水库才迁来的，而古民居集中连片区，仍是以吴姓、包姓为主的双姓聚落。

包氏首先来到这里。始祖包全，会稽包山人，唐贞元六年（790）进士，任福州长溪知县。因藩镇相继叛乱，社会不安，遂生退意。他于唐元和六年（811）“沿剡水，跨天台，历东瓯”来到库村村，因“爱其山水之胜、风物之美、气候温和”而迁居于此。吴氏开基祖吴畦，山阴人，唐咸通元年（860）进士，谏议大夫，因奸佞当道而告老还乡。浙东节度使董昌叛乱称帝，欲聘他出山。吴畦拒绝，并于唐乾宁三年（896）率家人来此隐居。包氏与吴氏首到之处位于库村村西边三里许（约1500米）的卓家庄（今天的后坪村）。传说他们晚上迷糊中会听到钟鼓声。有一天一位僧人告诉他们此地是佛地，非俗人可居。于是，吴氏于光化元年（898）率先搬离，迁到库村村开基创业，村名初叫常德里。包氏一族也逐渐搬离卓家庄，一部分人迁到了常德里。吴、包二姓还共同举资在卓家庄修建了广度寺，作为共同祠堂分列共祀。常德里这个村因为有天然“宝库”的地形特征，所以于宋代改名为库村。但二姓没有混居，而是各据一片。吴氏住东面，叫吴宅；包氏住西面，叫包宅。

包氏、吴氏是早期迁入泰顺的十八大姓中的两姓，又都是官宦世家，后来都繁衍成望族，分居于泰顺一带。其中吴畦的弟弟迁到庆元，后裔成为种植香菇的创始人，闻名于天下，其中有一支定居今庆元大济村。大济村也是本书专门介绍的古村落。1100多年前兄弟俩作为始迁祖建立的两个村落，双双成为今天的优秀古村落，不失为一段佳话。

宋代是库村村发展建设的高峰期。其中有23人科举及第，进士不下10人。建有侯林书院、中村书院、石镜书院等四个书院，开凿了清阴井，建造了清阴亭等。今天看到的吴宅村风貌基本上是明清时形成的，但还能窥探到晚唐以来的规划思想。清雍正年间（1723—1735）的《吴氏宗谱》《库村村落图谱》，与现在的吴宅村对照，相差无几。包宅村前面有一条兴盛于清朝末年、民国初年的百年老街，一度成为这一带的古驿道和集市贸易重地。

2. 村落形态

吴氏家谱描写其居住环境曰："宅前案山如堆谷山，宅西曰钱仓，宅东有寻铜坑，村头有锦绣谷，村尾有石箱岩。"这些山名是根据山的形象而取的。村落位于这些山包围的小盆地上，故也因形取名为库村。另一说是这些山峦中有七条小溪汇入村前的小溪（库溪），但是人们只能看到溪水向盆地流来，却看不到是怎么流出去的。这小盆地就像个聚宝盆，库村的名字也因此而得。这二说都体现了村人强烈的祈福心理，故村落的选址、布局都以此为指导思想。村落布局特征是吴宅和包宅都背靠山、面朝溪，沿溪开发；一个在东，一个在西，在视觉上都位于区域空间上的安全格局位置。它们各自有方整的路网，大致均匀地划出若干地块；沟渠沿主要巷弄遍布全村；村中有一条主要的街道把吴宅和包宅串起来，以一个叫"世英门"的石门楼为界。人们站在这条主要街道上可以看到两头很远的山景，沿路可看到两姓的主要公共建筑和主要大屋。其中吴氏的宗祠在东头，包氏的宗祠在西头。整个村的建筑布局是连续的，但属于双中心村落。吴祠是礼仪中心，内有戏台。包宅的中心是50米长的商业小街和宗祠，以及宗祠前的广场。

从村落和环境的关系看，环境为底（背景），村落为图。村落处在盆地靠中的位置，在审美上有动势向心作用。四周的山形和与财富有关的山名，具有精神暗示作用。这样的几何空间通过文化转换，会对村落形态产生影响。在世俗欲望的驱动下，吴、包两姓各据一方，以宗祠为中心展开了对世俗财富的争夺。包宅终在清朝末年、民国初年迎来了商业小街的繁荣，使得村前一带挂满了宝龄堂、包泰号、南北街杂货等中药铺的店招，以及百货、布店等店招。在这种情况下，村落又出现了沿溪向两边延伸的形态。

3. 村落风貌和建筑特色

（1）村落风貌

可用"蛮石多、建筑门类多、木板墙多、檐角多、山尖多"来形容库村村的风貌特色。几乎所有住宅的墙裙、院墙都是用卵石或毛石砌成的，水渠壁亦多用卵石砌筑。走进村落，总体感觉是房屋由两部分组成，下部为石头，上部为木头（木板墙）。很少看到连片的砖墙。满眼卵石底座，大片大片的坡屋和背景山坡，加上木板墙屋身、门楼等，整体风格显得朴厚而粗犷，使人感到这是一个石头的世界。但它和一般的石头村不同。一般的石头村多是农耕村，村小，屋小，石头碎乱，有一种干枯之感。而库村村有很多合院式大屋，都是通体卵石墙，砌筑较为细腻。这里的卵石是光滑多彩的，是得水之浸润的，给人以水石同踪之感。

库村村道路的铺筑方法很考究，中间用大块平整的卵石铺就，两边用较小的卵石镶边。其中贯通吴宅、包宅的村中心路，是由两排较大的卵石并排铺筑的双心路。据说是古代吴氏两兄弟回家省亲时，哥哥总要让官比自己大的弟弟在前，弟弟却以年龄为由推却，于是乡亲们便筑了双心路，让他们并肩而行。库村村常见的石墙，筑法有乱石墙、人字墙、渐变墙、突变墙四种。

库村村建筑门类齐全。以吴宅为例，历史上曾有土地祠、社庙、追远庵、桃源庵、岚壁堂、清阴亭、野趣亭、半村堂、马仙宫、夫人宫、东园殿、西宅殿，还有四所书院和不少私塾、义塾。其中建于南宋庆元年间（1195—1200）的侯林书院是泰顺县最早的书院，名动一时。一个僻远的小山村，礼仪建筑、崇祀建筑、文教建筑这么齐全，这是文化世家建造村落的一大特色。今天虽然大多公建已毁，但遗址遗迹犹在，它们可以作为一种历史景观及文化空间丰富后人的精神生活。

（2）建筑特色

今存大屋多在包宅，共有10幢，过“世英门”后依次有食德堂（又名外翰第）、恒德堂、桂德堂、树德堂、衣德堂等。这些堂号是家族支派的代称。透过这些堂号，可窥见村落以“德”立家的高尚格调。就外观而言，原生型木构架、轻盈透薄的大屋顶、众多的大挑檐是浙南乡土建筑的一大特色。泰顺县民居还有一个特色，就是喜欢在檐角做出山尖。有的山尖做得很夸张，看上去像个亭子。库村村的村口有一幢临溪的三层通体木构小屋，屋面、楼层正面的挑檐与山墙面腰檐的相交处，以及底层廊檐正面与山面挑檐的相交处，均做了山尖。正立面就有六个山尖，加上侧立面的两个山尖，共有八个山尖、十片坡顶；溪水满时，还有八个山尖的倒影。村里还有几幢通体木构合院式大屋，都做出众多大挑檐和山尖。一幢幢房子就像一棵棵阔叶树，枝叶扶苏，参差摇曳。

库村村的小住宅以“一”字形及其变种为主，大屋以三合院、四合院为多。多进庭院式大屋，除具有其他地方大屋也具有的平面方正、正屋厢房开间多、庭院大等特点外，还有三个特色。一是喜欢在大院落厢房前用漏墙围出一个窄长的小院，院中有院，而且用砖雕漏墙相隔，使得整个庭院顿生园林的气氛。二是厅堂上面也设楼层，厅堂空间尺度比较宜人。浙中、浙西的一些大屋中，明间多做敞厅，以求具有厅堂的气派；而这里用壁板将厅堂隔成前后两部分，厅堂层高虽然不高，但前后都打开了，反而使人感到很舒适。三是一般大屋多设檐廊，沿庭院四周布置；有很多民居的两厢都设前后廊。这样不仅增加了堆放杂物、方便雨天绕行的空间，还增加了建筑的外观变化。

泰顺民居的屋面还喜欢采用长短坡的形式，正面的屋面坡短，后面的屋面坡长。这样做既省料，保证了正面的高度和采光，又造成了不对称构图的山面，以及不对称的穿斗式边缝梁架，增加了山墙面的空间层次和形式变化，而梁架力的传递也表现得轻松自如。

4. 典型建筑

（1）石门楼

石门楼始建于宋代，明嘉靖年间（1522—1566）重建。单间建筑高4.6米，面阔4.6米，进深1.15米，立面成一个正方形。建筑分上下两部分，门道两侧用长条石叠砌。上部用花岗岩仿木结构建成三开间。明间为抬梁式三架梁，上为青石刻成的两坡式屋顶；用一攒平身科斗拱，并从檐柱向外加施悬柱，悬柱承托撩檐柱。下部两个门墩用条石错缝砌筑。石门楼明间的门楣梁上镌刻着“世英门”三字。世英门造型小巧端庄，结构严谨，风格粗犷又不失精美，完整地保存着明代建筑特色，是浙南地区典型的石门楼建筑。

（2）戏台

戏台位于吴宅自然村，始建于南宋，清代重新修建。戏台四周以蛮石围墙合围，南面开有小门楼。戏台平面呈方形；四周为亭阁式，歇山顶。深约5.9米，距地面高约1.6米；顶部施八字藻井，造型优雅，做工精细。戏台正前方为正厅，面阔三间；悬山顶，山面带披檐，明间均开敞；通面阔16.3米，通进深13.1米。东侧建有厢房一座，三开间，悬山顶。

（3）食德堂

食德堂是清朝外放翰林包涵的故居，又叫“外翰第”，位于包宅自然村西边。建筑为三合院，由门楼、天井、正屋、左右厢构成。门楼为单间，悬山顶；进深为单柱三檩，穿斗式梁架结构。天井呈方形，以块石铺设。正屋面阔五开间，左右带耳房，悬山顶。明间为穿堂敞厅。进深为五柱十檩，穿斗式架梁结构；中柱分心，前后双步梁带前单步廊后单步梁。左厢房为两层三开间带腰檐，为清代修建。右厢房为两层单间，是一座夯土楼。木门楼额枋上挂着“外翰第”三字匾，门框上挂着皇帝御赐的“钦旌节孝”匾额。

沿溪的民居

⊙ 民居屋角头、悬鱼

⊙ 民居的庭院

食德堂（丁俊清 拍摄）

食德堂的大门

恒德堂的大门

巷道

吴宅带缝干砌的乱石墙和小巷（丁俊清 拍摄）

吴氏宗祠的戏台

⊙ 世英门

⊙ 世英门前的仿木石构

⊙ 世英门前的上马石

世英门内的巷道

清阴井

老街

巷道

民居外景

窗

溪边的民居

石仓古村落群

1. 历史概况

石仓原是大东坝镇的一个乡，现指原石仓乡的六个行政村——六村（古称上茶排）、七村（古称下茶排）、下宅街、后宅、蔡宅、山边。这六个村仍保持着古代的格局，沿石仓溪形成了一条长约3千米的传统村落群。石仓古村落群位于松阳县南部，距县城25千米，东南、南面与云和县毗邻。

石仓原名叫米仓，名字源自当地的一则民间故事。相传旧时此地有座寺院，寺院附近有个岩洞，洞里每逢灾年就会流出白花花的米来。有个财主想独占米仓。他嫌出米的洞口太小了，便命人凿大。结果洞口坍塌了，洞里倾泻出千万块石头，砸死了财主。从此，洞里再也没有白米流出来了，村落名称也由米仓改为石仓。

石仓为移民村落，清代处州（今丽水）地方志记载："括自甲寅兵燹，田芜人亡，复遭丙寅洪水，民居荡析。"这说的是浙西南为清初"三藩之乱"的战场，清军与耿精忠叛军在此进行了长达三年的战争，造成了大量人口流失和田地荒芜。康熙年间（1662—1722），处州知府刘廷玑招纳流亡人口来处州落户，"不数年土皆成熟，麻靛遍满山谷"，大量的福建客家人在这一历史背景中涌入浙西南。康乾年间共有18支同宗的阙氏从福建汀州迁到了石仓，同时迁来的还有蔡、王、曹、傅、李、何、冯等姓。石仓阙氏的香火堂上书"下邳郡"，表明这宗村民的始祖来自中原。他们先迁到江苏邳县，再迁至福建汀州，几经迁徙来到了松阳与云和交界的一条狭长平谷地带。他们坚守祖训，晴耕雨读，以儒兴业，成为望族。村民中有一支世代相传的泥水匠、木匠、石匠队伍，从事建筑业。他们走南闯北，足迹遍布福建、江西、松江、奉贤等，积累财富，以精湛的建筑技艺在家乡建起了一幢幢规模宏大的私家院落。

2. 村落形态

石仓古村落群属于带状节点走廊式平谷村落群，所包含的六个村均是傍溪而建，可用"古道烟村、奇石罗星、屋宇延绵、田畴毗连"十六字概括其形态。

发源于七尖顶的石仓溪，穿过云和通向松阳的一条谷地，在大东坝镇汶水口注入小港。谷地狭长而浅平，中部较开阔，地势东南高西北低。

石仓古村落群就分布在石仓溪中部两岸，房屋傍溪或夹溪而建。村落的进深随用地宽窄而变，时浅时深；村落规模有大有小。六个村一个接一个，总体上讲是带状的，但又是节点式的。

各个村都有自己的祖祠和中心。沿溪岸的主要道路或街巷，把古村落群串联起来。溪水不宽，用小桥连接两岸。自六村、七村至后宅有六座石桥，有梁板式平桥，有拱桥，所以用“小桥流水人家”来形容村落形态也很贴切。

和古村落群布局相适应的交通、商业形态，也具有线性、枝干形特点。沿石仓溪的道路是六个村的生活主干道，也是对外交通主干道，还是松阳、云和二县的古驿道。古代的店铺、驿站等商业、服务区域都依附在这条干道旁。六个村的街巷网络不是方格网式的，而是枝干式的；所有巷弄都与主干垂直。村民的出行有着最短、最便捷的路径。聚落的这种形态也让村民的民俗活动呈现出“一条龙”的特色。如山边村的马灯舞、蔡宅村的采茶灯，都从这条路上经过。尤其是晚上，从高远处观看，就像一条火龙在缓缓游动。各村的祭祖还神，抑或四时八节的进香上供、走亲访友，也都从这条路上穿行而过，呈线性流动状态。

出自家谱的几首小诗，反映了石仓古村群落的形态：

云中一望几重山，唯有松杉四面环。携杖登高频眺望，通衢客似鸟飞还。（《中山远眺》）

天地氤氲钟灵秀，堆成奇石像罗星。如棋布峙溪关上，拱抱云山碧水青。（《罗星布列》）

地方久仰石仓源，远近烟居十里村。直上两边皆屋宇，遥看四处尽田园。诗书子弟文风盛，世胄人家古道存。莫谓山涧无鲤跃，须知荜户有名元。（《石仓里居诗》）

3. 建筑特色

石仓古村落群的一些大屋具有福建民居的特色，山墙、门楼又融入了徽州、浙西的建筑风格。基本形制为两进或三进，带左右横屋。按当地人的说法就是，当中为主院，两旁为护院，用前院（即屋前的横向坊巷）连接。这是闽西北大厝常用的格局，称“三堂两横”。三堂指主院中的上、中、下三厅，两横指两侧护院中的横屋。这种形制造就了一族人的住宅“屋舍相贯、庭院联幢”的风貌。这正是福建客家土楼的特征。石仓一带也有人将这种民居建筑称为“营盘屋”。石仓大屋的大门既有浙西砖雕牌楼式门，又有闽西北式的雕花门楼。大屋的墙面为大块面版筑黄泥墙，外墙为石灰粉墙，门脸由精雕的花岗岩石块、胭脂红花砖拼花装饰。

丽水地区的大屋多为横向发展，建有与背景山峦走向平行的很长的连续墙面，这也是石仓村屋的第二个特色。

石仓古村落群的住宅内外装修都很精美，内外门楼、影壁、庭院、天井、台明、柱础、梁枋、牛腿、雀替、隔扇、神龛均有装饰，装饰的文化品位颇高。每幢大宅都有堂号（如余庆堂、怀德堂、光裕堂、敦睦堂、乐善堂、善继堂、福善堂等），每幢大屋都有门额、厅堂题额。这里的每幢大屋必有书画，有书画必有寓意，有寓意必示吉祥。

村中多门坊、门巷。门坊、门巷和天井多用鹅卵石铺地，图案细致精美。建筑常能巧用地形，并精心布置屋角头。这些都是丽水民居的特色，反映出古代农人治田、养村、定宅的格局，以及不与农业争地的建设理念。

4. 典型建筑

石仓古村落群今存清代古民居41幢，其中建筑面积为1000平方米左右的有19幢，超过3000平方米的有3幢。典型建筑有以下四处。

（1）乐善堂

乐善堂位于七村，建于清代，屋主姓阙。

其建筑面积为1820平方米，形制为“三堂两横”。中轴线上三进，面阔九间，进深七架，六厢房，两侧附屋面阔与通进深相同。一进门厅为一层，二、三进为二层。坐西朝东，八字门墙，牌楼式台门，四柱三间五楼，用雕刻精美的胭脂红花砖拼花贴面，有两道额枋。明间上方的砖雕有题额二款，上款为“宝田”，下款为“威凤祥麟”；墙脊用花砖叠涩出挑三层，下有墨画缠枝牡丹、卷草花纹；柱头饰有砖雕元宝；八字墙上镶嵌着砖雕麒麟。檐柱牛腿镂雕鹿回头、卷草、果实，二进牛腿镂雕狮子滚绣球、松柏、花卉等，三进牛腿圆雕狮子奔腾状。一进二进的檐枋、金枋下皮均刻有各式图案，雀替刻有花卉、果实等。天井有100余平方米，用青白色卵石砌出双狮滚绣球图案。三个天井均为槽式天井，用花岗岩条石镶边、筑壁。各进均为方砖墁地，出檐饰双喜纹勾头、瓦当。厅堂内悬匾三方，分别为“乐善堂”“义方教子”“丕振家声”。

（2）余庆堂

余庆堂位于六村，建于清康熙年间（1662—1722），建筑面积为3138平方米，村民称之为“九厅十八井”。“九厅十八井”是指住宅内共有九个厅堂、十八个天井，是客家民居形式之一。余庆堂前后共有三进，主院中间有三个厅堂、三个天井；右侧护院有一列横屋、三个天井；左侧护院横屋前后各有三个天井，共六个；左护院外加披屋，共有四个天井；中轴线上的第三进有正屋、山墙、披屋，以及两个天井。余庆堂是石仓最大的宅第，有大小房间129间，508根立柱。中轴线上有三进六厢房。第一进为门厅，面阔七间；明间五架梁带前后双步梁。第二进、第三进为楼房，重檐，面阔五间带双弄，五柱七檩。右侧护院横屋面阔九间，有三间厢房及四间耳房，五柱七檩；左侧护院横屋面阔九间，有三间厢房及五间耳房，五柱七檩；披屋面阔十四间，四柱六檩。厅堂、楼屋、附屋中的牛腿、雀替雕刻精细。外部为泥墙青瓦，硬山顶，马头墙。屋中用泥土墁地，阶沿为条石砌筑。天井用卵石拼成钱纹、菊花纹、叶脉纹等。

（3）善继堂

善继堂位于六村，清嘉庆年间（1796—1820）阙德玿公建。宅第为二进九开间四厢式楼房。左附屋五开间平房，右附屋九开间平房，总建筑面积为1907平方米。大门口两面为砖砌八字墙，外台门为石库门，墙上镶砖雕狮子。门额有砖雕“福自天申”，两侧镶砖雕“松竹梅柳”。台门也为石库门，门额有砖雕“长发其祥”。正屋第一进为穿斗式梁架结构，五柱七檩加后附阶；第二进为五柱七檩加前附阶。前后楼重檐，组合为跑马楼。主、附楼的牛腿、雀替分别为浮雕曲带、祥禽、瑞兽、亭台楼阁、案几插花，隔扇为棂条几何纹。门前是条石阶沿，天井用卵石拼成古钱、菊花、叶脉纹。屋中用三合土墁地。外部是刷白的泥墙，青瓦硬山顶，马头墙。

（4）阙氏家祠

阙氏家祠位于六村，建于清康熙年间（1662—1722），建筑面积为674.6平方米，坐南朝北。粉白的泥墙，黛瓦，马头墙，硬山顶，石库门。五间两厢房，五柱七檩。右首附屋二进。第一进为厅堂结构，七开间，五柱五檩。第二进为正屋，重檐，五间两厢房，五柱七檩。左首附屋面阔三间，三柱五檩。正厅和附屋的牛腿有浮雕案几插花，隔扇为棂条直格纹。厅堂上悬匾三方，分别为“余庆堂”“武魁”“芹藻增辉”。

村落入口的版筑泥墙屋

石仓溪两边的民居

石桥与民居

一字路横堂屋（丁俊清 拍摄）

乐善堂的砖雕内门

乐善堂外景

⊙ 善继堂全貌

⊙ 善继堂的大门

善继堂的台门

善继堂的天井

⊙ 鸟瞰敦睦堂

⊙ 敦睦堂入口

余庆堂

余庆堂的马头墙

余庆堂的台门

余庆堂的天井

余庆堂的天井

“东山毓秀”宅(丁俊清 拍摄)

“东山毓秀”宅的梁柱(丁俊清 拍摄)

河阳村

1. 历史概况

河阳村位于缙云县西南的低山区（仙霞岭余脉）与盆地、溪流的交会处。现有村民中，94%为义阳朱氏。村落的始迁祖为朱清源，河南信阳人，于五代后梁开平二年（908）来到吴越国，被吴越王钱镠聘为掌书记。钱镠非常爱民，重视发展经济，并实行减税政策。钱镠曾指示子女和臣僚们去开垦荒田，自食其力，以减轻农民的负担。在这样的历史背景下，朱清源于钱镠病故的前一年，偕弟朱清渊来到此地垦荒定居。为了使子孙后代永记祖籍，朱氏从“河南信阳”四字中取二字，将村落命名为“河阳”。

十七世祖朱竹友为元至正三年（1343）进士，他对河阳村进行了一次全面规划，奠定了“一溪两坑、五纵四横”的水系和街巷格局，建设了中街、八士门。十九世祖朱维嘉为明洪武年间（1368—1398）的国子监丞，一代名儒，人称“朱先生”，被皇帝封为“铁板秀才”。民间传说他在明太祖面前历数河阳朱氏先祖八个进士的荣耀时，朱元璋不禁击节赞叹“稀罕，稀罕，朱氏真是望族”，并说要赏赐朱维嘉一对“稀罕”，命他打造。朱维嘉在书童的启发下，设计了一对模样奇特的怪兽，立在八士门前，谁看到都说“稀罕”。

河阳遭受过两次由盛而衰的灾难。

第一次灾难是明正统十四年（1449），河阳连续三次遭受土匪洗劫，大宗祠、八士门、联桂坊及大片民房被毁，致使村民谈虎色变，日头未落即收工回家，夜闻鼓声就大惊失色。至明末，村中人丁减少过半，一派衰落不堪的景象。

清朝初年，第二十八世祖朱元夏（七如公）延师教子，把河阳推向鼎盛时期。他们亦农亦商，购田地山林，办工厂，筑码头，并赴金华、兰溪、杭州、苏州等地做靛青、土纸、粮食生意。一时间，“十八间头”，合院式、庄园式大宅纷纷而起，节孝坊、公济大桥等公共建筑也同时出现。他们还把公益事业做到了村外，如独造处州郡试大院、主修县城隍庙、创建“新建右文学馆”、赈济饥民、修路、建凉亭等，因此名扬丽城缙邑。

第二次灾难是清同治元年（1862），河阳村在战乱中被洗劫，房屋二度被烧。兵祸加上瘟疫，在短短一年中，河阳就死了345人，村民被迫流落他乡。但因河阳人文化素质高、经济实力雄厚，晚清民国时期河阳再度崛起，“望族”“财主村”的名声长盛不衰。

2. 村落形态

河阳朱氏始迁祖朱清源、朱清渊兄弟俩到这儿定居，是经过风水踏勘的。河阳村的村址符合风水学上的理想图式。不过，它是坐西南朝东北的，即西北、西南、东南三面是祖山环抱，东北有两支溪水汇合而过，溪的外面是朝山、案山，东面开口，通向县城。按风水学，坐西南朝东北是忌讳的。可是朱氏这一族人毕竟是高文化素质的人，他们深得风水学的实用要义。在坐北朝南的风水格局中，西南为“鬼门”，东北为“死门”，是大凶之方位，这是从天人关系出发的理念。河阳的先祖们既然是响应吴越王钱镠的号召来此开荒垦田的，就以“人地关系”为原则对待这个问题。他们首先把从西南面中峰山流出的两条小溪进行改道取直，使之左右环抱村落，和村前的河阳溪垂直相交，组织出一个具有安全格局的村落用地图式；再以这个格式设计了五纵四横的方形街巷网络。房屋顺着巷子，多为坐西南朝东北布置；而且村子的中心轴、八士门、中街和地形的中轴吻合，垂直于河阳溪，直指背后位于正中又是最高的山峰——中峰山。村庄的平面呈“土”字状，村庄形态与环境十分协调。因此可以说，河阳村的形态是文化和环境共同作用的结果。

尤其值得一提的是，河阳人为保护生态环境，使之不受破坏，在历史上曾数十次制定族规，规定某某地多少范围之内“永禁私人垦种”，“永不许子孙争称己业”，“世世禁伐护荫”，“永不许采樵斫石”，“永不许更议砍伐”。

3. 村落风貌和建筑特色

（1）村落风貌

河阳古村现用地南北宽约500米，东西长约730米。现存街巷系统、水系基本上是元代重建时的框架，还有明、清、民国初年三个时期的二十来座大屋，百来幢小住宅，以及十二座朱氏各房派的宗祠。原有十一座牌坊，可惜已毁。原有的三十七座寺庙道观，有三座保存较好。元、明、清时期村中心的八士门如今仍在，中街长150米、宽3米左右，两侧现有保存完好的木板店堂三十二间。这条中轴线左右各有五条巷弄，聚集着四片古建筑群、六个宗祠。巷弄以答樵路最具特色。路口原有答樵门，路名取“樵夫上山砍柴，对歌互答”之意。答樵路一侧民居构成了沿路三十多个马头墙的界面，此起彼伏，参差交错。这儿的马头墙风格比浙西、徽州夸张，叠落阶数多，涩檐深，戗角上翘厉害，装饰性强。再加上侧墙上门窗多，门楣、窗楣位置较高，外挑尺度较大，从远处看真有点像一堆堆樵薪扎在墙面上。主要街巷多是蛮石铺筑的，外墙为青砖空斗墙，也有版筑泥墙掺杂其间。砖墙上粉刷的石灰基本上已脱落，整个外装修显得古旧沧桑。庭院内多为木板墙面。

（2）建筑特色

河阳村现存较大的明清住宅主要有“二十八间头”“循规映月”“义阳旧家”“耕凿遗风”“六都”“义田公所”“廉让之间”“儒林古第”“中峰拱秀”等。从这些建筑来看，河阳民居的品位很高，具有形制类型多、文化内涵深等特点。住宅的形制以“十八间头”为主，在后面或两旁加上三间、五间或七间，带两厢或一厢。“十八间头”是浙中民居的主要形制，三间、五间加两厢则是浙西民居的特色。河阳两者兼有，这点也反映了河阳人在外地经商或当官的历史，以及兼收并蓄的文化气质。而河南路67号大屋则是完全对称的正方形古宅，有上房三间加两端“洞头房”各两间，两侧各三间厢房，还有倒座三间加两端“洞头房”各两间，共二十间房子，围着当中狭长的天井（院子）。这是古制“四向明堂”的遗风，是周礼“亞”字形明堂布局的延续。

题额是一幢房屋的文化表现，河阳的题额别有风味。比如“循规映月”宅的题额，是在清道光年间（1821—1850）由房主朱锡田亲自题写的，这里面包含着一个刻苦读书练字的动人故事。这座宅第入口的二门上还题写了四个奇怪的字“缶忌宊云”。这四个字，牛田为“耕”，心口合用为“读”，屋下有男人为“家”，云动为“风”，连起来是“耕读家风”。这也体现了河阳文化底蕴之深厚。

4. 典型建筑

（1）廉让之间

“廉让之间”是朱国龙宅，清道光五年（1825）建，是河阳今存最精致、最完整的合院式大屋。屋内有水井。大门上有四个不同形状的小洞，代表月亮上下旬的变化。屋顶上有一只石猫，为辟邪所用。院墙檐下有诗画。平面由前面十八间头加后面五间两厢组成，共四十一间，也可以看作环厅堂住宅，即当中为三间厅堂（三进两天井），两边由右八间、左九间厢房组成，具有明确的人文序位和礼仪精神。宅第有三条轴线：中轴上是礼仪祭祀性质的建筑；两侧是带廊的厢房，也可以叫夹房，是居住空间。住宅前有一条门巷，有三个门（当中开在门厅上，两旁开在厢廊上）；前面是大天井（院子），后面是小天井；前后有廊门隔开，厢房的廊道上开有边门。这种形制和“陕西岐山县凤雏村西周甲组建筑遗址”（被称作中国第一四合院）复原平面图很是相像。

（2）“循规映月”宅

“循规映月”宅是清代附贡生朱锡田的住宅，建于清嘉庆年间（1796—1820）。主屋有三十二间，三个天井，当中为十八间头，两翼各加六间一厢，二层，共六十二间。该宅正屋前为门巷，门巷一侧排着十二间辅助用房。门巷两端为前后巷门（方形）；中设两个圆洞门，把门巷均分成三段。第一个圆洞门题外额“耕读家风”、内额“循规”，第二个圆洞门题内额“映月”。入口处的巷门前还凿了一口水井。这样的门巷设计，既减轻了门巷的狭窄感，又有利于防火，还具有人文教育意义。

（3）“耕凿遗风”宅

“耕凿遗风”宅建于清嘉庆年间（1796—1820），是朱虚竹的第四、第六个儿子的住宅，形制和“廉让之间”基本相同，也有门巷。其特点是大门不是正开，而是斜开。这是因为与“十亩之间”民居门口不能正对，以免有损住宅风水。正立面上还有两扇偏门，开在两侧的厢廊上，供未嫁女和仆人出入。对联“七旬九子十三孙，八字一门千万选”，讲的是主人朱坤泗七十岁时，有九个儿子、十三个孙子的盛况。

（4）虚竹公祠

虚竹公祠是清咸丰九年（1859），三十三世祖朱虚竹的六个儿子为父建造的。它采用苏州祠堂的式样，为纵向合院式，三间二进，两侧各有六间厢房。门厅前有门廊，明间前有戏台一座。祠内有大天井一个，小天井四个。厅前有院，院门下建八角亭一座，所以又称“八角亭祠堂”。祠堂内雕梁画栋，精美豪华。木雕、砖雕、石雕技艺精湛，人物、鸟兽、花卉栩栩如生。

鸟瞰河阳村

错落有致的马头墙

中西合璧的巷道

鸟瞰四合院式民居

民居内景

“循规映月”宅入口一门的题额“映月”

“循规映月”宅入口二门的题额“耕读家风”

“十八间头”民居群的入口

荷公特祠（又称孝子祠）

答樵路

八士门

八士门前的石雕兽“稀罕”

“终焉允臧”宅

“终焉允臧”宅的大门

文翰公祠

文翰公祠的厅堂

文翰公祠厅堂内的祖宗画像

由文翰公祠的戏台看正厅

文翰公祠的戏台

大济村

1. 历史概况

在庆元县县城东南2.5千米处，有一个由濛川溪冲积而成的小盆地。大济村就位于这个小盆地上，古称櫻垟。“櫻”是树名，这种树是理想的建筑材料；“垟”是浙南、浙西南的方言，意为较大的冲积平地。隋代，这里还处于蛮荒状态，唐、五代十国时期，这里仍然没有形成固定的民居点。北宋真宗景德六年（1009），松源吴氏的五世祖吴崇煦从松源镇迁徙到此，并将村名改为大济。

村名“大济”的“济”字，与村东的濛川溪之“濛”同音，含义则取《易·系辞上》“知周乎万物而道济天下”之义。

宋代是大济村的田地开垦和耕读并进期。宋代实行“谁开发谁拥有”的政策，并且鼓励土地自由买卖。肇基始祖凭借雄厚的财力开发、购买了大量土地，成为松源的大地主。在科举上，从北宋天圣二年（1024）到明永乐十五年（1417），人口不足300人的单姓村大济出了26位进士，成为浙江省四个进士村之一。由于屡受朝廷嘉封赏赐，吴氏族人在村口建造了一座二层的接官亭；又在村中建造了一座接圣旨的门楼，叫圣旨门。村人还建造了双门桥、莆田桥、吴大理祠等，并沿濛川溪建成了长度约600米的护河坝。

元世祖至元十五年（1278），大济村遭到山贼的毁灭性洗劫，大量村民外逃。此后，吴氏在一片废墟上重建家园，并大规模修筑了防御工事，挖地道、筑河堤、建寨门，形成了一个进可攻、退可守的村寨。到元代中期，大济村基本恢复了元气。

元末明初，陈氏、余氏、叶氏、范氏等姓氏陆续迁徙到大济村周围；明代中叶后逐渐向大济村渗透。

明代庆元县实行“六则”土地分类法，彻底改变了不管土地好坏而只以亩数计税的弊病，同时引进了甘薯栽培技术，促进了大济村经济的发展。村人重建学田制度，发展私塾，重振科举雄风，再一次出现了“比屋业儒”、科名甲第“雀起蝉联”的局面；又出现了一批富农；房派也发展成两支，各立祠堂。到清乾隆时期（1736—1795），大济村的发展达到一个新的高峰。民国二十六年（1937），置济源乡，大济村成为乡政府所在地。如今，大济村为松源镇的一个行政村。

2. 村落形态

（1）布局

大济村的布局具有功能分区的理念，村内的

居住用地、副业用地结合得很好，有对内对外交通网络。

村落以溪（潆川溪）为轴，沿溪发展，总平面像即将扬帆的航船，当地人称之为“落滩船”。

溪东是一片湿地，为庆元县著名的水产养殖区，有上百口鱼塘。溪东是大济村的习武、祭祀区，设有沿溪跑马道、射箭丘。卢福神庙、福兴堂、百子庵、马仙宫等文化、宗教建筑建在山上或靠山处。

大济村对溪流的利用非常合理。溪床宽10多米，不驳岸。岸边辟一条10米宽的植物带，布置菜园、林地、灰房等。地面标高比街巷低5—6米，将房子和溪水彻底隔开。溪床南高北低，分段筑堰，以保证枯水期用水。溪上设四座廊桥，每座桥相距200多米。有水埠头的地方沿溪铺一段石板（或粗石）路，通过多级石阶和街巷连接。

（2）路网

大济村的道路网有对外交通和对内交通两种性质，分主、次、支三个等级。主要道路平行于溪流，次要道路垂直于溪流。主要道路有三条。第一条是村东沿溪平行走向的路，为对外交通道路。它也将溪东的宗教文化建筑、鱼塘、库房串联了起来。第二条是村后的路，与溪平行，在村的西侧外围通过，是村民到田间耕作的主要通道。第三条是村内的金甃街，南北走向，贯穿全村，是村内的生活干道，也是古驿道和商业古街。街东靠溪的部分是店铺、作坊、库房，街西为住宅区。

金甃街用青薄砖铺筑，立砌，拼成“人”字纹和钱币图案。这种薄砖当地人称“香蕉砖”。香蕉砖是五代至北宋时的建筑用砖，长28厘米，宽6.4厘米，厚3.8厘米。在金甃街的街口有一对威武的石狮子，因此这条街又被称为“狮子门街”。

大济村中心地带的张监弄，是一条东西向主干道，与金甃街垂直交叉，现存的明清古民居主要集中在该弄的南北两侧，因此，它在大济的地理上起到一定的标志性作用。

（3）水网

大济村内有完整的沟渠供水网和排水系统，“活水穿村”成为该村的一大特色。村内沟渠纵横，每条街巷、每座大屋都有沟渠相通。家家有石头的水槽，大户人家天井或庭院内还有和沟渠相通的水池、水塘。村民主要通过水渠用水，雨水和生活废水通过排水沟排放，这就从使用方式上保证了潆川溪的水质。供水渠宽1—2米，排水沟宽30—50厘米。此外，村内有八口公用水井，村落周围还凿了一百多口鱼塘。它们不仅对生活、生产起作用，而且还具有防旱、防火、防涝、调节小气候、美化环境等作用。

大济村还有一个特色，就是村口有一片茂密的风水林，种植着樟树、梓树、椤树等。这些树都是优秀的建筑用材，材质轻软，纹理直而细腻，耐腐蚀能力强。

3. 建筑特色

浙西南多有世外桃源般的小盆地，民居的边际特征很强，既具浙西短厢小天井的特色，又受闽西北大厝的影响。大屋的典型平面为两落（倒座、正屋）、四榉（四间厢房）、大厝（院落）。大门多为浙西砖雕牌楼式门，又有闽西北的风格。墙面为大块面版筑泥墙。门脸用精雕的花岗岩、胭脂红花砖贴面。

大济村的始祖为辗转迁徙而来的古越地世家大族，具有深厚的文化传统。村中的民居建筑类型、形制风格保存良好，至今仍有明清古驿道、古地道、卢福神庙、吴氏宗祠、木拱廊桥、古墓葬。还有33幢古民居，其中元代的2幢，明代的9幢，清代的22幢。不少建筑或构件保持着较明显的明代甚至宋代住宅风格，主要体现在以下六个方面。第一，多数大屋无倒座，多为两个五间两厢组合而成。第二，常用木柱础，正屋和厢房交接处用偷心拱或大斜掌，梁栿上用类似于海虹老梁状劄牵。第三，厅高且敞开，次稍间为二层，厅仍为一层，敞厅上都用复栋。这是结构上的一大特色。大木装饰的重点在明间两缝的梁栿上，所有的梁栿都进行浅雕；檩的两端都用龙头雀替。有的大屋的骑门梁雕十分突出。第四，那些有倒座的大宅门厅几乎都设有樘门。正屋明间的后金柱间设“正金壁”，把明间隔成前后厅。第五，设马弄，即东西山墙内侧、木构梁之间均留有1.2—1.5米宽的过道；回廊边上设楼梯或设门，通往辅助建筑；多用过街楼；大门前往往设门巷、门坊。第六，大屋多有堂名，多匾额，如门额有“延陵世泽”“延陵旧家”“恩迎北阙”“山川锦绣”“五福临门”“瑞霭祥云”等，以示家族历史、身份或德行。

4. 典型建筑

（1）聿新堂

聿新堂的屋主是吴道揆，建于明万历十二年（1584），由前后两组三合院组成。前组三合院俗称官厅。正屋五间，东西厢各两间。明间特高敞，宽8.4米，高8—9米，进深9米，六柱落地。明次间梁架为抬梁式（当地称“棋盘架”），构件古拙，有木柱础和海虹老梁状劄牵。稍间为穿斗架，带前后双步廊。东西厢房面阔两间，进深一间，地面由均匀的青色鹅卵石嵌成。山墙为五叶马头墙（当地称“五山屏风式保火墙”）。大门口有一对上马石，门前有道坛，地面用卵石铺筑。

（2）慎修堂

慎修堂建于清道光二十九年（1849），为太学生吴国钧所建。建筑坐南朝北，南高北低，自北至南依次为倒座、过道、东西厢、正堂、后院。正门内侧有一排辅助建筑，为用人住房、灰房、畜舍、厕所等。后院外侧辅助建筑为畜舍、灰房等。

正堂宽五开间，深七柱，带前后双步廊。明间屋面用复栋，挑斗；后金柱间立一垛板壁（当地叫“正金壁”），把明间隔成前后厅。次稍间为两层，两侧厢房各一间。倒座宽五开间，深五柱。屋内东西山墙内侧与木构架间均有一道宽1.2米的过道（俗称“马弄”），与前后廊连接。

两侧用五叶马头墙，前后檐用包檐墙。牌楼式大门，二柱三楼，顶以青灰色砖瓦垒砌飞檐，门楣上书“延陵旧家”四字。

建筑木雕精致，刀法明快，线条流畅，内容为梅兰竹菊和鸟兽图案。

（3）善继堂

善继堂建于清代，原为吴杰府邸，后由当地著名富豪吴爔于康熙末年重建。建筑由前后两组三合院组成，利用了地形高差。前院比后院低1.5米。面阔五开间，二层楼，穿斗式梁架带前后双步廊。东西厢房各柱、梁、枋均用珍贵树种“福建柏”构建，天井地面用青色卵石铺筑。砌筑工艺与金甃街一脉相承。两侧山墙距稍间有一两米宽的过道（马弄），与前后廊道首尾衔接，形成多功能的“回”字廊。该宅至今还保存有八块匾额。

（4）双门桥

双门桥原名临清桥，为木拱廊屋桥。桥梁横跨濛川溪两岸，长11.5米，宽4.5米，有五间廊屋。这是庆元县有文字记载的最早的木拱廊桥。桥为牌坊式结构，雕梁画栋。因桥屋有双重门楼，形成“桥连双坊，双坊护桥”的形态，因此又称“双桂联坊”。

北宋天圣二年（1024）至景祐元年（1034）十年间，吴榖与吴轂兄弟二人先后荣登进士，里人于北宋景祐元年（1034）将原临清桥改成廊桥，以纪盛事。明代隆庆元年（1567），邑人吴道揆捐资重修，1992年按原貌重建。

（5）吴氏祠堂

礼仪制度对宗祠、家庙有极为严格的规定，庶民百姓只能列宗亲牌位于堂屋。民间独立式宗祠是在明代嘉靖十五年（1536）皇帝下诏“许民间皆得联宗立庙”后才出现的。可是迁居松源的吴氏是衣冠之胄、望族之胤，属可建宗庙之列，于北宋就修建了庆元县未建制之前的第一座宗祠——吴都巡祠。五世祖吴崇煦迁居大济。二十年后，他的长子吴榖高中进士，官至大理寺评事、大中大夫、殿中丞。北宋朝廷封其父吴崇煦为“大理寺评事”。其裔孙于北宋末年建“吴大理祠”，该祠毁于元至元十五年（1278）匪患。明代，大济吴氏分成二支，各立祠堂。一支于明万历年间（1573—1620）建吴氏中宅祠堂，另一支于清康熙十二年（1673）建吴氏岭根祠堂。当地人按地理位置简称中宅祠堂为上祠，岭根祠堂为下祠。

吴氏中宅祠堂（上祠）位于村西偏南，与扁鹊庙、双门桥、圣旨门同在大济古村东西走向的中轴线上。祠堂占地600多平方米，由大殿、厢阁、亭楼、后院组成，总平面呈长方形，为孔庙式建筑。正厅面阔五间，深五架，五柱落地，抬梁穿斗混合梁架；东西厢房各五间，重门步廊；左右设马弄，马弄宽1.5米；四周是围墙。整座建筑宏伟壮观，檐牙高啄，庄严肃穆。

（6）地道

在农村建有地道人防体系，这种情况在地下水多且水位高的江南是绝无仅有的。大济村为什么设地道，这没有文字记载，推断其原因主要有三个。一是相传地道筑于南宋末年，是为抵抗元朝而建；二是为躲避土匪抢劫而建；三是为对付清朝的“三藩之乱”而建。也可能是陆续修建而成的。地道修成网状，相互贯通，至今已发现七个出口。出口有通往房屋和野外两种形式，内壁全部用青砖和鹅卵石砌筑。门口部分由石板铺筑，每块石板长2米。共有七级石阶。地道壁上还有可放灯的凹洞和灯台。

（7）卢福神庙

卢福神庙又名神福庙、卢大相公庙、扁鹊庙，祭祀土神卢相公，另一说是纪念神医扁鹊。初建于北宋，迁建于元顺帝至正五年（1345）；几经火灾，于清嘉庆二十年（1815）重建；又经几次修缮，至今保留着元代的形制与规模，同时还能看到宋代王侯的全副仪仗。整座庙占地面积为2300多平方米，建筑面积约1600平方米，呈长方形，自西向东拾级而上。庙宇共有四进。第一进由倒座、戏台、过道（俗称月台）、天井、第一中庭、左右厢房组成；面阔27.8米，进深22米。第二进由过厅、第二中庭、左右天井、过道组成；地面比第一进高2.55米；面阔24.75米，进深12.25米。第三进为正房，进深12.55米，用五柱；面阔五间，18.4米，为抬梁穿斗混合式梁架。第四进（福兴堂）纵深13.1米，面阔18米。卢福神庙的戏台藻井华丽，彩绘双凤朝阳和飞天仕女。屋面正脊砖砌宝珠，两首饰以双龙戏珠，重檐飞甍。戏台有回廊通往两边厢房，两厢为二层，其中间设置钟楼、鼓楼、观众席。

达德堂的牌楼式大门

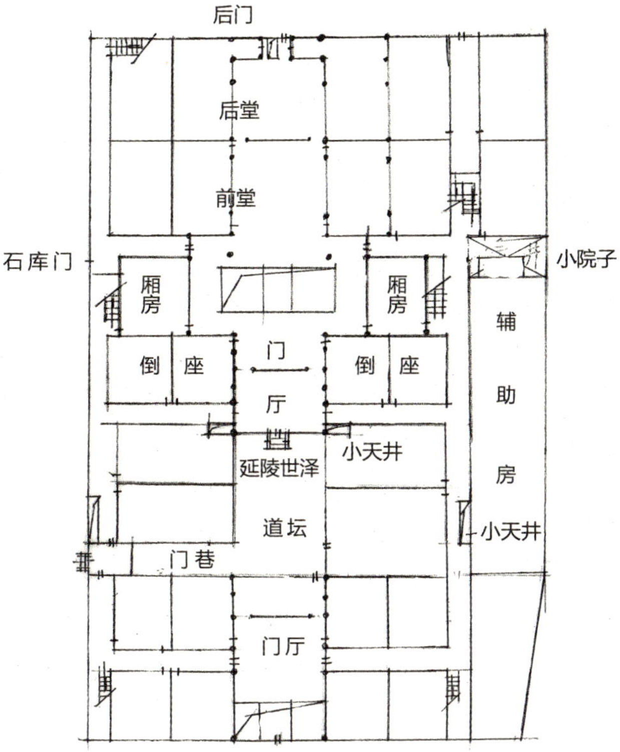

达德堂平面示意图

达德堂的正厅

◎ 别驾第的正厅

◎ 民居中的梁架

⊙ 修德堂的梁架

⊙ 民居中的梁架

务本堂（丁俊清 拍摄）

聿新堂的内厅（丁俊清 拍摄）

⊙ 村口的接官亭

⊙ 接官亭(丁俊清 拍摄)

⊙ 古井

双门桥的牌坊式桥门

远眺双门桥

双门桥（木拱廊屋桥）

"松源胜境"牌坊

门楼

"恩迎北阙"宅的砖雕拼花门楼(丁俊清 拍摄)

慎修堂的牌楼式大门

卢福神庙的中亭

東道修身疾病千般自愈

卢福神庙的中亭与戏台

从卢福神庙的中亭看戏台

三门源村

1. 历史概况

龙游县的三门源村位于龙游、建德、衢州三县市交界地带，最早叫“杏花村”，因有大片杏花而得名。关于“三门源”称谓的来源，有三种说法。一是翁氏在村南筑了一道城垣，开了三个门，故称“三门垣”，也叫“三门源”。第二种说法是村的东、北、西三个方向的山口都有路通往这儿，《叶氏家谱》曰：“闾门有桥，跨溪通两堤之往来，并做山居之锁钥，东西各为门户出入；又于黄山之麓间开一门，为东郊往来之径。或称三门。”《翁氏家谱》也有类似说法。第三种说法是村中碧溪之水由白佛岩瀑布汇合其他三股小泉而来，所以村名称三门源。

该村的村民早期主姓季，来自江西。现在以叶、翁两姓为主。翁氏始迁祖翁良驷，原籍寿昌五都仁堂村，宋时避方腊之乱，迁居三门源，繁衍至今已有二十六代，共有四个分支。三门源有三个分支，另一分支迁到丰塘山村了。

叶氏的祖先为北宋绍圣四年（1097）进士、户部尚书左丞叶梦得。其五世孙叶文彬于南宋咸淳元年（1265）从松阳卯山道坪乡迁出，卜居三门源附近的黄里坞。后代又迁到三门源，现已繁衍到二十八代。

叶氏一族“力食躬耕，唯知稼穑”，入仕者寥寥无几，经商却有方。富商贤十九公叶庆荣，于清乾隆年间（1736—1795）建了五幢徽式大屋，今存三幢。第十四代叶鹤天，于道光二十六年（1846）丙午科得中恩贡。第十五代叶廷灿于同治十一年（1872）恩科得中恩贡，又在大屋前立了旗杆石。这些大屋和翁氏祠堂、叶氏祠堂、明代古亭以及礼耕堂等，成为当今三门源村建筑风貌的典范。

三门源村的背后（北面）是千里岗山脉，南宋京都临安到新安的古驿道就在千里岗上通过。翻过千里岗山脉向南，三门源是第一个大村落。明代龙游商帮勃兴，这里是龙游到新安古驿道的第一站。街店、驿站在溪的东侧，至今还保留着古埠头、古商号“会隆号”遗址等。

2. 村落形态

三门源村北倚峰峦起伏的千里岗。千里岗山势较高，层次深远，是一道天然屏障。村东西有二山相辅。村南为千亩良田，隔田又有山相望。这样的地形，既不是峡谷，也不是广野，是一方小盆地，龙游人称作“山坞”。对于一个以锄头和耕牛为生产工具的农村来说，这是最理想的空间尺度。地势平坦而具有一定的坡度，北高南低。北边的白佛岩山中有一条小溪，曲折穿过这块内敛型台地。水淡而清，色碧味甘。翁姓因避乱而来；叶氏则是经过考察，相中了这块地。宋代统治者出于政治需要，公开提倡、鼓励士大夫隐逸。《叶氏宗谱》记载，始迁祖叶文彬“世居括苍山中。公性喜林泉，以祖居施岙，有即芮鞠之思，因卜宅，至龙邱。于此见崇山峻岭，飞泉幽涧，有扶舆清淑之气，又见高原下湿，可以农蚕，遂筑室坞中，挈家来此居焉”。这样一个深得中华文化要领的家族，肯定会把风水、宗族等关系处理得很好。他们以这条小溪为轴，依山造屋，傍水建村，使之形成了依附自然条件发展起来的聚落形态，宗法关系也处理得十分恰当。叶氏在溪西，翁氏在溪东，各以宗祠为中心，有序布列。至于道路的布局、房子的风格样貌等，两姓是完全融为一体的。

村落以碧溪为轴，两岸的住宅沿溪做东西向布置。贴着碧溪两岸开设两条主要道路，最大程度地实现了溪水的使用和欣赏价值。房和水隔开，减少了水被污染的不利因素。村里的第二级道路都是和溪流垂直的，第三级道路和第二级垂直，和溪流又是平行的了。这样的路网系统既保证了大多数房屋和溪流平行，又使得每一个人出了家门后都能以最明确、最短的路径到达溪边。

对于这样的家园，村人是津津乐道的。《叶氏宗谱》这样写道：“青山面面拥流水以绕柴门，翠幄重重垂清阴而落院宇。堂开绿野，阅陌上之桑麻；池蓄锦鳞，候门前之剥啄。珠帘初卷，翡翠来巢；春水方融，鸳鸯并浴。间栽杨柳，不殊西子湖头。”那些学子和士人们还为家乡遴选了“山桥秋月”“古堤春色”等十景。

3. 建筑特色

三门源村现存明清古民居60余幢，其中明代建筑占70%。民居的形制按当地人的称呼有“三间统”“五间统”“三间两搭厢”“三间两搭厢加楼上厅”“对合式”“对合式加楼上厅”“前厅后堂”等。从结构角度讲，有梁架结构，有“扛墙”结构（即檩条直接搁在山墙上），还有茅铺屋。不过茅铺屋已逐渐被淘汰，几乎消失了。总的来讲，房屋的体量比较小。这一方面是经济上的原因，另一方面也有用地、风俗上的原因。龙游县人多地少，所以即使那些富有的人家，房子也都不大。在这些小体量的住宅中，有两种做法很有特色，即坐窗和楼上厅。这两种做法在严州地区很流行，不过形成的原因说法不同。徐淑娟主编的《三门源》一书中说，《大明律》曾规定房屋地皮税的征收是按其厅堂的占地面积来计算的，故此古代民房常常将底层厅堂面积缩小，作为次厅，高度也相应减少，而把外挑出来的二楼三间正房全用作客厅。三门源村今存楼上厅住宅五幢，皆为明代早期建筑。这些建筑多用过街楼连接，常见的有圆拱券门，至今保存完好。三门源村的民居风格接近徽派，门罩形式多样，有木构门罩、牌楼式砖雕镶嵌门罩等，其中牌楼式砖雕镶嵌门罩最为精美。

4. 典型建筑

（1）永思堂

永思堂是叶氏宗祠，建于明中期，占地440平方米。三进三开间。门楼为“八”字形重檐歇山顶，第一进为门厅，正中大门后为戏台。明间两缝为五架梁前后双步，次间为穿斗式五架梁前后双步。第二进为大厅，前廊卷棚。明间两缝为五架梁前后双步，次间为穿斗式五架梁前后双步。第三进为二层楼屋，五架梁前双步。大门外左右有旗杆石一对。

（2）雨金堂

雨金堂为翁氏宗祠，是明代早中期的建筑，

占地277.2平方米。原三进三开间，现存二进。第一进为厅。明间两缝为四柱五架梁前后双步。次间为穿斗式构架，木柱础。第二进二层。明间为五架梁前后双步，硬山顶。

（3）叶氏建筑群

三门源村的叶庆荣、叶鹤天住宅，组成了该村特有的叶氏建筑群。这个建筑群由“芝兰入座”“荆花永茂”“环堵生春”三座大屋，以及其附属用房、院门、照壁、池塘等组成。叶氏建筑群建于清乾隆年间（1736—1795），占地约5000平方米，原有五座大屋，后来池塘西岸、南岸的两座被太平军烧毁了。

“芝兰入座”为三开间三进两明堂，“荆花永茂”“环堵生春”为三开间对合式。三幢房屋呈“品”字形布局，当中用巷子连接。房子不算大，但建筑木雕和砖雕、石雕十分出色，是龙游县今存的302幢明清古民居中保存最为完好的。其牛腿以单个体量大、工艺精湛、表现细腻著称。比如“芝兰入座”的前檐牛腿，描绘出一幅幅生动传神的乡村农家生活情景。试看一例：掩映在树木中的楼阁里，一名妇人搀着孩子凭栏远眺；打鱼归来的丈夫在水势湍急的激流中划着渔船，翘首以望，情真意切。整个木雕从人物的眼神到水的波纹，从所撑之篙到房屋的瓦垅，无不精雕细琢，表现出农村小家庭的农耕之乐、天伦之乐。

浙西人十分重视门楼、门罩的装饰，有“千斤门楼四两屋”之说。叶氏三幢民居的门墙，皆由水磨青砖雕刻而成。砖块与砖块之间衔接得严丝合缝，整个平面平整如镜，历经两百多年而纹理如初。花卉的细梢、人物的眼神、船桨划过水面漾起的涟漪，依然清晰可辨。青砖雕刻的题材也很丰富，有山水花鸟、渔樵耕读、花边图案、祀祥隐喻等，尤以戏曲题材最为珍贵。三座门楼的阑额望柱间共镶有二十三出婺剧戏曲砖雕，一块砖便是一出戏。戏曲人物的造型、神态均惟妙惟肖。

沿碧溪而建的民居

⊙ 民居的门额

⊙ 民居的过道

民居的庭院

民居与巷道

叶氏民居外景

永思堂(叶氏宗祠)

⊙ 叶氏民居“荆花永茂”宅门楼上的砖雕

⊙ 叶氏民居“荆花永茂”宅的门楼

叶氏民居“芝兰入座”宅的门楼

叶氏民居“芝兰入座”宅门楼上的砖雕

芝蘭

民居中的牛腿装饰

民居中的牛腿装饰

民居中的牛腿装饰

廿八都镇

1. 历史概况

廿八都镇位于江山市境内。廿八都镇形成的主要原因是仙霞古道的开辟。仙霞古道是公元前138年汉武帝发兵攻闽越和公元878年黄巢农民起义军“刊山开道七百里，直趋建州”这两次军事行动开辟的。此后，这条古道就成了历朝的京城通往福建的陆上通道。

唐宋元时期，随着“海上丝绸之路”的兴盛，浙江经由福建沿海出口的物资可以走海路，也可以走钱塘江和闽江。可是自明朝建立到1840年鸦片战争的近500年间，浙江的海上贸易受朝廷钳制，浙闽物资往来就不得不倚重钱塘江和闽江的航运。仙霞古道是钱塘江源头与闽江源头之间距离最短的旱路。它北起浙江江山的清湖码头，南至福建浦城县的南浦镇码头，全长120千米。廿八都镇的位置居中，成为驿站，也是福建与浙江龙泉、丽水、遂昌等地进行物资交流的中转站。

由于环境闭塞，廿八都镇的发展大大晚于南浦镇和清湖镇。“廿八都”这个名字形成于南宋，是行政区划名。它的勃兴由于军事原因。清初，福建先有南明隆武政权，后有耿精忠之乱，仙霞岭和仙霞关陡然间成为军事要地。顺治十一年（1654）在浙闽交界地枫岭设置“浙闽枫岭营”，兵力1000名，营地设在廿八都。这一事件使廿八都的命运发生了转折。出于军事需要，政府必须投入资金，保证仙霞古驿路的畅通；民间资本也向这条路集中，出现了经贸运输业的繁荣局面。镇上的驻军不仅操练，还屯田，后来就全部落籍在廿八都。商业意识强的人也纷纷向这里迁移。廿八都的四大家族姜、杨、曹、祝（另一说为姜、杨、曹、金），都是在这一时期迁来的。到清朝末年和民国初年，仙霞关成了古道上的商业重镇，出现了浔里街、枫溪街两条商业街，有店铺、作坊200多家，商业规模超过了古道两头的南浦镇和清湖镇，甚至可能已与当时的江山县不相上下。如今的廿八都镇，已有建成区面积约30万平方米。

春节的“花灯会”和中秋节的“滑石块”是廿八都镇近年新兴的民俗活动。

2. 城镇形态

廿八都镇坐落于群山环拱、一水潆洄的一个小盆地上，海拔250多米。其山分为两个层次：镇区周围是低矮的小山，海拔在500米以下；外围是高山，海拔约1000米。“一水”是指枫溪。它拐了七个弯，自北而南流过。另有一支水从东北流来，在镇区北侧；还有一支水从西北流来，在镇区中部汇入枫溪。这是被大山环抱着的丘陵盆地环境。

廿八都居民多为退伍兵士，姓氏多，而平均每姓只有40人左右，最多不超过200人。因此镇上的宗祠很少，历史上只有三座半。

相反，这里庙宇众多，一共有十三座半。主要是文昌宫、土地庙、东岳宫、雷神庙、水星庙、万寿宫等。镇上的庙宇和一般农业村落不一样，它们大多数分布在街区内。庙宇质量之好、规模之大，是一般集镇无法相比的。众多庙宇中，文昌宫最大最好，占地达到1570平方米左右，供奉文昌帝君、魁星、孔子等主管文运和教育的神。这说明廿八都人的科举观念十分强烈。由于这里是以营署和退伍兵为基础形成的商业镇，因此关帝庙成为最重要的庙宇，位于镇区中间，是镇区格局中最重要的文化地标。

因为镇是沿河跨河发展的，所以桥梁、碇步也就特别多，供人休息的亭子也由此产生。还有一种特殊的亭子——花子亭，专门为乞丐提供临时场所。廿八都还存有两座私办粮仓，即丁家粮仓和姜家粮仓；文昌宫的义仓也是临时贮粮的场所。

“大门店”是廿八都商业街市的特色。一般的集镇商店都是采用“板门店”的形式，即临街都是可拆卸门板的店铺。而廿八都有一段商业街两旁都是大型宅第，宅第内部开商市店铺。当地人把这种形式的商店叫作“大门店”，也叫“墙门店”。为了吸引顾客，店家会将临街的大门（店门）做成十分气派的“四柱三楼”式的门楼。大门店的店铺与屋主的住宅多各自独立且紧密相连，形成“前店后宅”的格局。当地人又把这种大屋叫作“店屋”。

3. 建筑特色

廿八都是一个杂姓聚居的集镇，这里的建筑风貌也呈现出风格多样、兼容并包的特点。对建筑特色起重要作用的有十多座建筑，主要是文教、会馆、庙宇等公共建筑。

廿八都的大宅通常由主院和辅助用房组成。规模小的主院只是一个小型三合院或四合院，面阔三开间，当地人称其为“合面三架”。大的主院有前后两进院，面阔可到五开间，当地人称其为“合面五架四合厅”。再大的主院，其院落可在三个以上，加上充分利用空隙之地建辅助用房，故形状多不规则。廿八都大宅的形制有两个特色。一是住宅和“墙门店”相结合。建筑一般分为两幢，店临街，宅在后面。宅不占据街面，而是由巷弄进出。店宅之间多会产生一些不规则空间，店宅内部有通道或门联系。也有的店宅是一幢房子，用一道墙隔开，但住宅的出入口仍是独立的，如姜秉书宅和店、杨瑞球宅和店。就纯住宅而言，当地人的称呼“合面五架四合厅”已道出了它的第二个特色。所谓“合面”，可理解成一家人环天井居住，空间形式就是四面厅。店宅一体的豪宅，不管店面还是住宅，几乎都是四面厅或准四面厅。四个厅有的是都敞开的，也有的是上下厅敞开，左右厢厅有隔扇门。厅的檐柱间多做挂落。正屋明间檐柱和厢柱间用木板隔断，并设置与挂落风格统一的花窗。天井地面一般用卵石铺砌，并修筑较浅的天井池。比较讲究的人家，天井全用条石或石板铺就。天井内常摆放盆栽植物和假山，形成生趣盎然的微园林。

廿八都住宅的牛腿也非常有特色，多用透雕斜撑。这里汇集、浓缩了很多地方的建筑符号。湘西木结构、徽式马头墙、浙式屋脊、赣式楼檐、闽式木雕、西式亭子间等，在这里有着完美的组合。其中最耀眼的是墙门店和豪宅大门上悬挑的架子门楼。这样的情况很明显地表现了一个军事故地的建筑特点。

4. 典型建筑

（1）文昌宫、文昌阁

文昌宫通面宽约26米，通进深约45米，占地面积为1570多平方米，由主院与东西跨院组成。主体为三殿两院。前殿五间，院落两侧各三间厢廊。正殿三间，用三重檐歇山顶；其南面东西两侧各出七个翼角，十分华丽；底层供奉文昌帝君，二层供奉文字始祖仓颉，三层供奉魁星。正殿两侧为跨院，各是一个小型三合院，正房五间，无厢房。后院两侧也是厢廊，各三间。后殿五间，明间供奉孔子，次间供奉朱子和邹思师（廿八都读书人心目中的神）。稍间为住房。文昌宫的木雕与彩绘极为丰富。木雕集中在牛腿、雀替、门窗、隔扇等构件上。彩绘主要集中于天花板、梁枋、裙板等构件上，总数有400余幅。

文昌阁占地约500平方米，为清宣统己酉年（1909）建。空间序列如下：

① 前院（窄巷）。

② 半口形回廊，前天井。

③ 正殿（三开间，底层供奉文昌帝君，楼阁上供奉魁星。屋顶用三重檐歇山顶，东立面二角部各伸出四个翼角，造型生动华丽）。

④ 中天井，两旁各一间半厢廊，厢廊外侧为天井。

⑤ 主体建筑文成殿（七间，明间撑起一个单檐歇山顶楼阁，底层太师壁前供奉孔子，太师壁后出一开间抱厦，设义塾先生的讲坛）。

⑥ 后天井（两侧各有两间教室）。

（2）架子门楼

架子门楼是廿八都豪宅、店铺大门上的一个装饰构件（浙西其他地方也偶尔可见）。基本造型是四柱三楼（或六柱三楼，也有二柱一楼的），有悬挑出大门上方的木牌楼式罩檐。门楼的柱架是垂莲柱，由内外两排组成，每排各四柱或六柱。内排柱贴在外墙上（墙外侧另有一排短柱用穿枋与之拉接牢固）。内外柱距有50—60厘米。从内排柱上伸出牛腿，支撑着外排柱。两排柱一起支撑着半个重檐歇山顶。门楼上的牛腿、梁、枋、垂莲柱、勾头、滴水都精雕细琢，玲珑别致。门楼下方常设有砖雕门匾并题字。全镇今存这样的门楼24座，门匾题字有“光辉高拱”“一心为公”“瑞气临门”“南极星辉”等。

（3）姜遇鸿宅

姜遇鸿宅有两座。

第一座姜遇鸿宅位于浔里街17号，是店铺群，占地面积约500平方米。其中“姜遇鸿钱庄”门楼为六柱三楼式门楼，门匾题字为“光辉高拱”。门楼的内层垂柱上斜伸出四根牛腿，中间两根雕成秦叔宝像和尉迟恭像，外侧两根雕成荷花与仙鹤。这座门楼是廿八都架子门楼的代表作之一。

第二座姜遇鸿宅位于姜家下弄，占地面积约1700平方米，是廿八都规模最大的住宅。宅第有三条轴线：中轴线上是厅堂，五进三开间；两旁环以厢房或五间一厢三合院。整座宅第厅堂套叠，院弄纵横，院中有院，仅天井就有36个。住宅和店屋的基本形制是准四面厅。两座屋一面是商业街，另三面都是弄堂。二屋性质不同，但有机地组合在一起。主屋二层，木构架，抬梁穿斗结合。住宅的正立面风格中西合璧。一层门窗除正门外都是拱形，侧门的拱顶上有蝙蝠石雕，二层窗都是尖顶。

（4）杨瑞球宅

杨瑞球宅占地面积约730平方米。其东侧用一墙隔出面阔三间二层的店面，占地约150平方米。住宅由三部分组成。东南部是“合面三架四合厅”。天井四周的檐廊柱间，布满了细繁的挂落和隔扇窗。挂落的内容是松鼠偷葡萄，隔扇窗用藤条式图案，檐下十根牛腿是“和合”与“八爱”。北面是三间一搭厢吸壁天井；屋外有小院，为内眷住房。中间的三角形空间为厨房、杂房，它与主屋用过厅和两个小天井联系。传说本宅是屋主本人设计的，充分利用了边角地形，把浙西、浙东住宅的形制巧妙地糅合在一起。该宅以及杨通敬宅、杨通孝宅，皆是廿八都典型的“合面三架（或五架）四合厅”。

（5）金家老宅

金家老宅建于清初，是廿八都现存最老的几座建筑之一。原由主院、南北两跨院三部分组成，一层。

主院为“合面五架四合厅”，不过平面布局和本镇其他的四面厅稍有不同。它的上下厅两旁各有两间洞头房。洞头房的梁架转90度，和厢厅一致，把正屋五间变成三间两弄五厢房，形成“卄”形交通廊道。这种形制颇像宁波的“一横两纵四明堂”，也像浙中的“廿字楼”。

两跨院指在院两侧各建五间厢房，当中用窄长的天井弄联系，并在弄的两端开门。这样，整座住宅正立面上有五个门，背立面上有四个门，两个侧立面上无门，形成“卄”形交通廊道。四个厅和二十二间房前均有交通廊道通过，交通廊道以最明确的方式和最短的线路把各个房间、院落联系起来。

（6）江西会馆

江西会馆又名万寿宫，位于镇南。建筑为三进两天井。通面阔五间，16.8米；通进深42.3米。占地面积约710平方米。前殿用抬梁式构架，明间为戏台。中殿亦为抬梁式构架，明间、次间为客厅兼看书厅，稍间为客房和账房。前院两旁为看廊，二层，各四柱三间。后殿用穿斗式构架，明次间为神殿，稍间为客房，后天井两侧的厢房面阔各一间。民国期间，这里是廿八都镇上演戏最频繁的地方。

（7）水星庙

水星庙也称“真武庙”，位于枫溪街北端，枫溪桥桥头，相当于旧时镇的水口位置，并对着镇南香炉山上的雷神庙。庙宇供奉真武大帝（水神），具有镇水镇火双重意义。原建筑已毁，1994年重建，为一个“T”字形四合院。通面阔约15米，通进深约31米，占地面积约465平方米。“T”字顶部是山门和戏台，戏台前为天井。天井两侧是二层看廊，面阔三间。天井北是正殿，阔三间，明间用单檐歇山顶，其牛腿分别雕有以“渔、樵、耕、读”为主题的图案。正殿内供奉真武大帝像。水星庙的建筑和规划堪称园林精品。

（8）东岳宫

东岳宫始建于明万历甲戌年（1574），民国十二年（1923）复建。主院为一大型四面厅，面阔约33米，进深约37米，中间天井宽约15米，进深约12米。前为门厅，后为正厅，各三间。正厅明间用重檐歇山顶，檐下施五彩如意斗拱，出“如意云”假昂，角科斗拱十分华丽。牛腿雕成“双狮滚绣球”和“仙鹤展翅”，梁枋雕刻也十分复杂。正殿内的梁架用抬梁式。天井两侧为配殿，各面阔三间；明间用单檐歇山顶。四角为四个跨院，正立面为三段式，三间门厅高出两边。正门上为三山墙，两侧为五花马头墙。

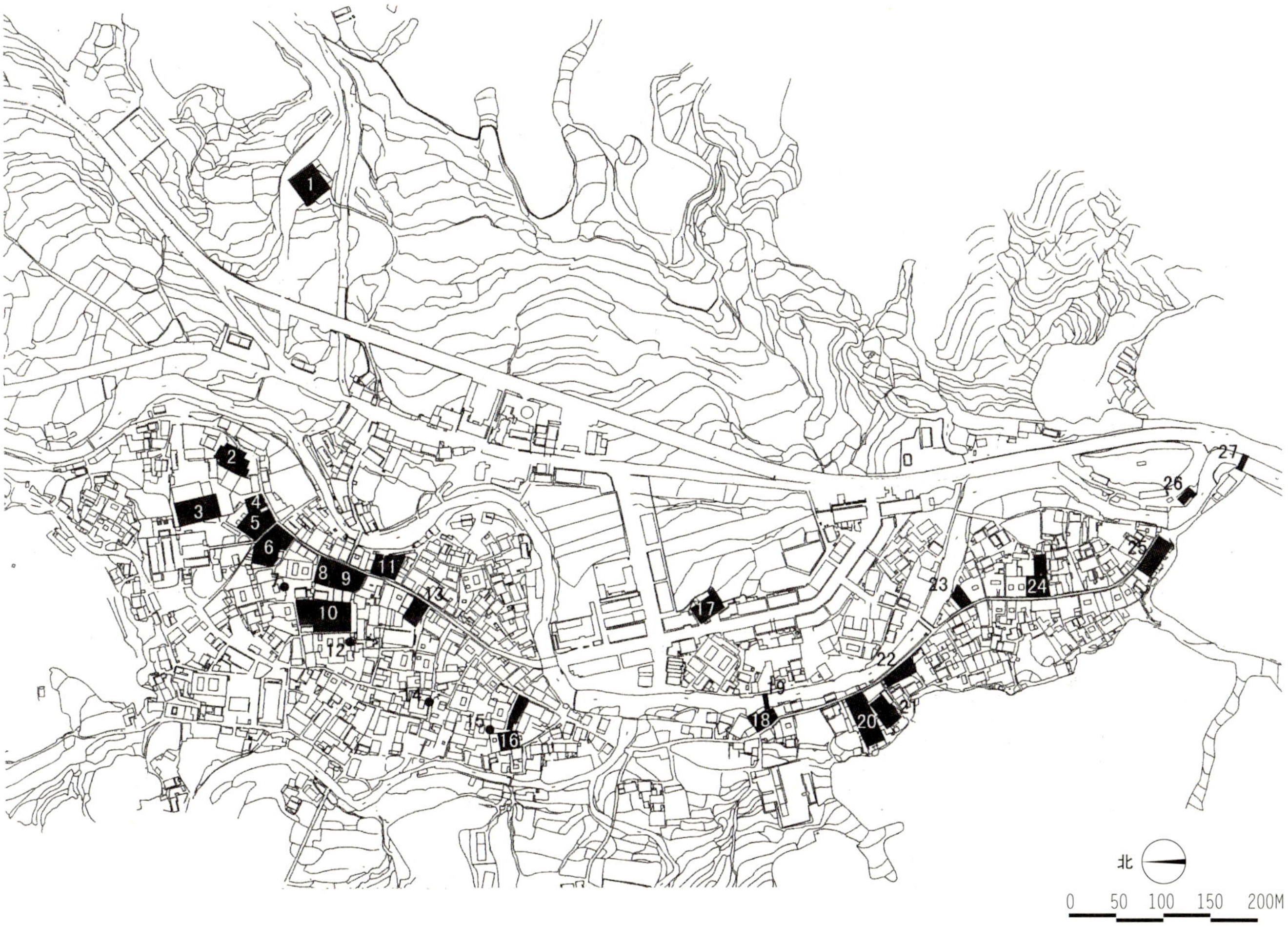

1. 东岳宫
2. 武官衙门
3. 文昌宫
4. 黄坛社
5. 姜秉书宅店
6. 姜秉镛宅店
7. 姜守全宅门
8. 姜隆兴香菇行
9. 浔里街店铺片段
10. 姜遇鸿住宅
11. 杨通熙宅店
12. 姜遇臣宅门
13. 杨瑞球宅店
14. 杨通敬宅门
15. 杨仁和宅门
16. 金同顺店及金品佳宅
17. 前山坂 1 号金宅
18. 水星庙
19. 枫溪桥
20. 丁家大院
21. 小文昌阁
22. 丁家粮仓
23. 姜在清店铺
24. 曹玉书宅店
25. 万寿宫
26. 姜绍廉水碓房
27. 永安桥

廿八都镇总平面图

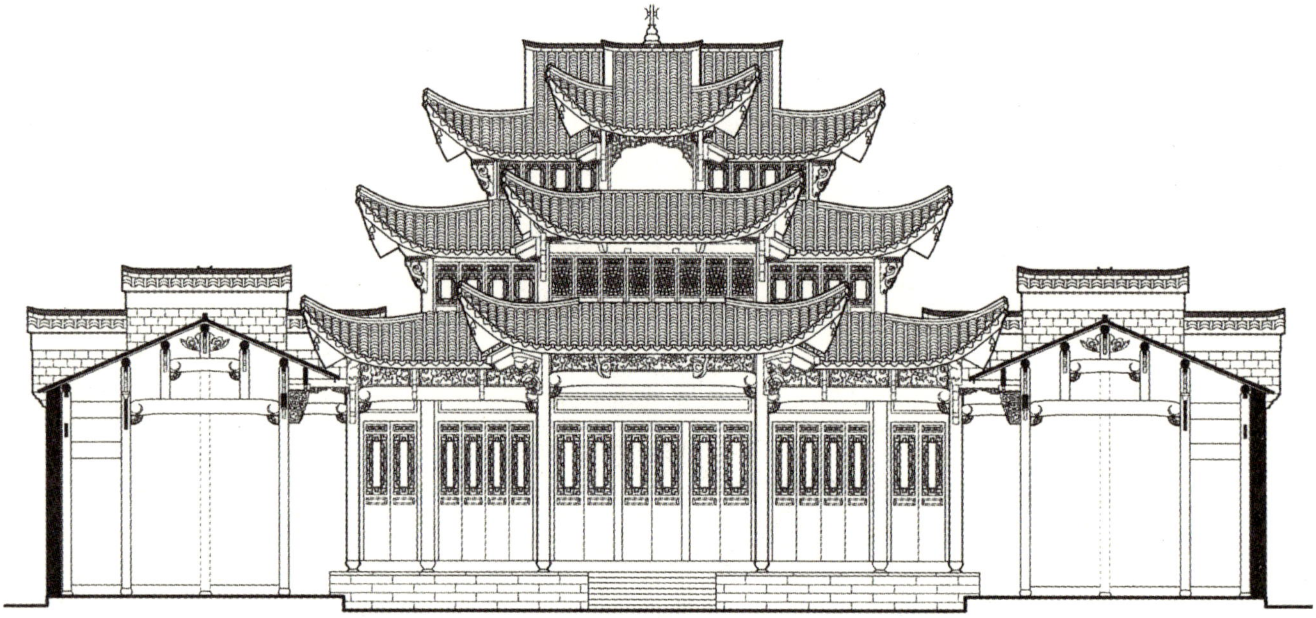

文昌宫剖面示意图

文昌宫中的彩绘

文昌阁

文昌宫正殿

⊙ 廿八都镇一角

⊙ 浔里老街

⊙ 东岳宫

枫溪老街

枫溪老街上昔日的店铺

枫溪老街上的孩童

民居

题字“南极生辉”的门楼

老房子内景

老房子内景

门楼细部

题字“紫气东来”的架子门楼

堂。今存的大公堂系清光绪年间（1875—1908）修建，又经1940年、1990年两次大修。建筑为三开间四进，总面宽11.1米，进深49.5米，面积约为550平方米。正立面明间做成牌楼式，屋顶为中央歇山式，顶上正脊高10米，四方翼角高翘。当地人称其为“五凤楼”。大公堂的建筑造型夸张、气势恢宏，堂前有半月形小院和门屋。

（2）丞相祠堂

丞相祠堂是高隆诸葛氏的宗祠，始建于明代中叶，经历代修缮扩建，到1930年规模才完全确定，一直保存至今。祠堂为三进五间，两庑各十三间；宽42米，深45米，面积约1900平方米。特点是开间多（五间），是三品以上高级官员的宗祠。门屋、寝室和两庑的尺度与规模不大，装饰也比较简朴。它们围合成一个宽22.6米、深18米的长方形院子。院子正中建中庭，面阔五开间（16.6米），进深9.2米，檐柱高5.6米，金柱高6.6米，脊檩高8.9米。檐柱和山柱都是石质方柱，中央四根金柱直径约50厘米，木材分别为柏木、梓木、桐木和椿木，谐音“百子同春”。中庭梁架宏伟华丽，雕刻丰富而精彩。

5. 上塘商业中心

村子的西侧有一条对外交通道路。诸葛氏三个房派中的一派子孙居住在这一带，他们擅长经商，于是沿路逐渐形成了南北长约70米、东西宽约38米的单面商业街。这条街后来发展成该村最繁华的商业街——高隆市。太平天国战争中，高隆市被付之一炬。之后这一带再次兴盛，围绕着上塘一圈发展成商业区。商业区的建筑形式主要有排门式、石库门式和水阁楼三种，鼎盛时期有一百多家店面。开店者的关系也从血缘走向业缘，即很多外乡人在此建屋设店。他们有专做铁匠、木匠的东阳帮，有打铜铁锡器的永康帮，有专做玉器的江山帮，有专做珠宝生意的江西帮，有经营百货、木器的安徽帮，还有开衣店、当铺的绍兴帮等。

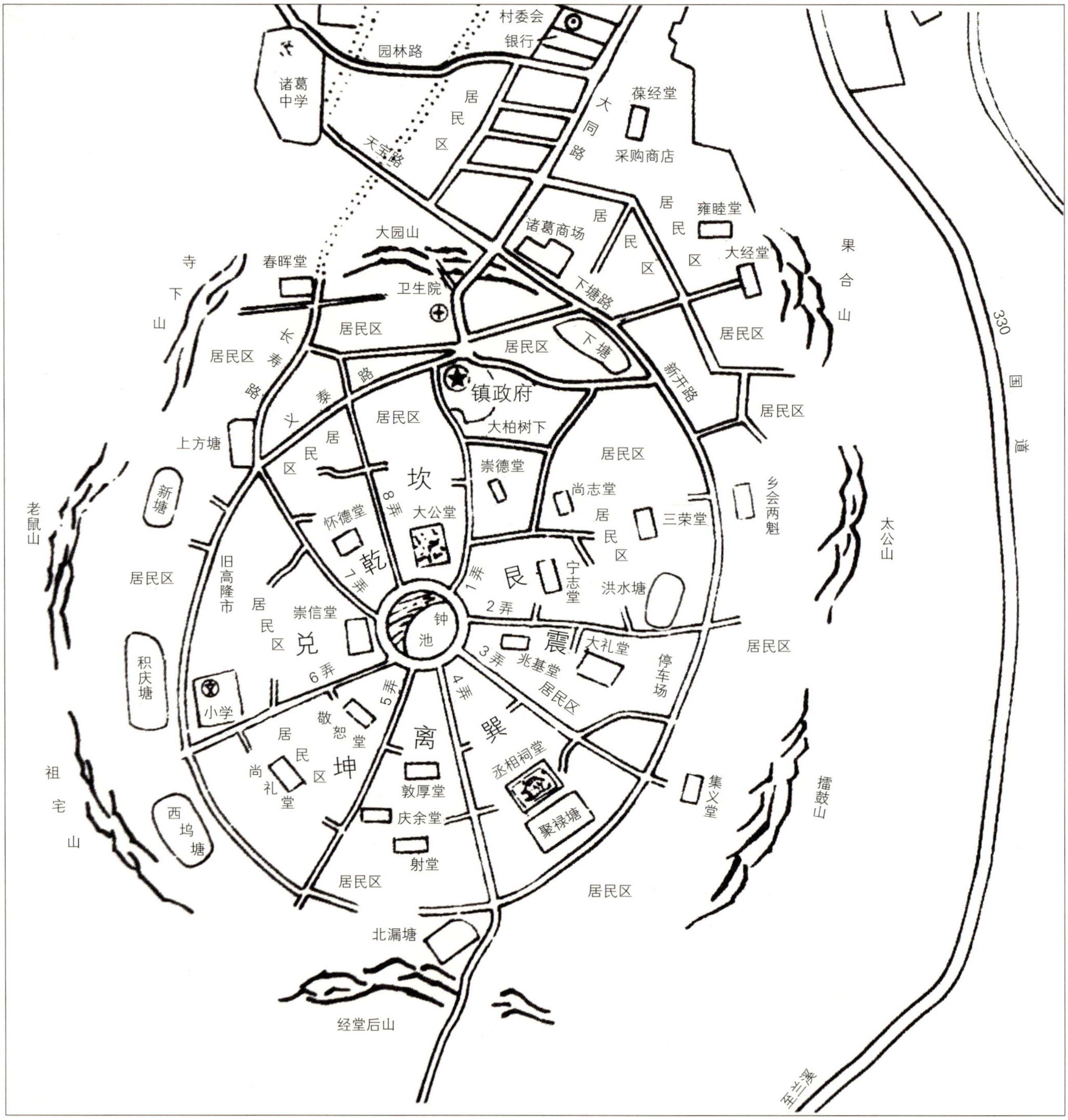

村委会
银行
园林路
诸葛中学
天宝路
居民区
大同路
葆经堂
采购商店
雍睦堂
诸葛商场
大园山
春晖堂
寺下山
卫生院
下塘路
大经堂
果合山
下塘
长寿路
头泰路
镇政府
新开路
大柏树下
330国道
上方塘
坎
崇德堂
尚志堂
乡会两魁
新塘
老鼠山
8弄
大公堂
怀德堂
三荣堂
太公山
乾
1弄
艮
宁志堂
洪水塘
旧高隆市
7弄
钟池
2弄
崇信堂
兑
震
大礼堂
积庆塘
6弄
3弄
兆基堂
停车场
5弄
4弄
小学
敬恕堂
离
巽
坤
尚礼堂
丞相祠堂
集义堂
擂鼓山
祖宅山
敦厚堂
西坞塘
庆余堂
聚禄塘
射堂
北漏塘
经堂后山

诸葛村路网示意图

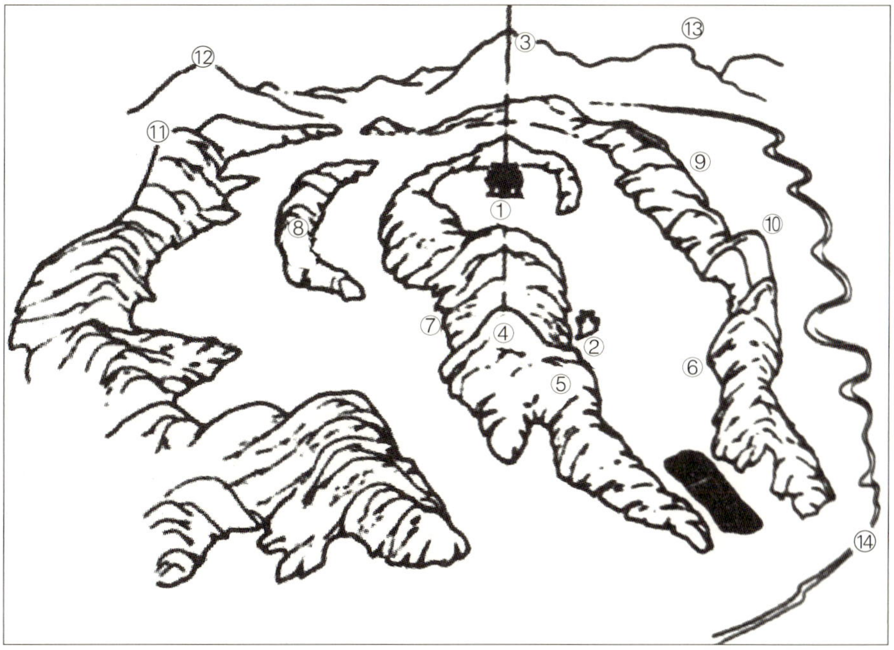

①大公堂 ②丞相祠堂 ③天池山 ④桃源山 ⑤后经堂山 ⑥下塘路
⑦高隆市路 ⑧老鼠山背 ⑨假猢狲山背 ⑩擂鼓山 ⑪石阜岩
⑫岘山 ⑬大慈岩 ⑭石岭溪

诸葛村风水格局示意图

丞相祠堂

丞相祠堂（丁俊清 拍摄）

丞相祠堂的贡式梁（丁俊清 拍摄）

崇行堂

大公堂的梁架(丁俊清 拍摄)

大公堂的门楼（五凤楼）

勅旌尚義之

⊙ 文与堂的砖雕门楼

⊙ 文与堂正门

春晖堂

高墙中的窄巷

上塘

上塘

上塘商业中心

水塘边的民居

钟塘周边的民居

经典民居(丁俊清 拍摄)

大公堂前方的钟塘

钟塘周边的民居

俞源村

1. 历史概况

俞源村位于武义县中部，距县城20千米，是古时婺州与处州交界的一个多姓村落。村中俞姓占70%，李姓占25%，董、泮、张、陈、周、吴姓共占5%。南宋末年俞氏迁入以前，这里叫朱颜村。朱姓又分前朱、后朱，住在今村子东南端的十家头一带；颜姓住在今村西的丛林一带。现在俞源村已没有这两姓的村民了。

关于俞氏的迁入问题，有两种说法。明末《宣平俞源俞氏宗谱序》中说：南宋时，杭州人俞德任松阳教谕，经游俞源，“雅爱其地山水之胜，遂卜居焉”。而在一百几十年后的宗谱里，说法则有所不同。宗谱中说：俞德病逝于任上，其子俞义扶灵柩回杭州，在路过朱颜村时停柩夜宿；第二天早上，紫藤缠柩，俞义认为是神灵示意，天地留人，便把父亲葬在此地；他在此地定居，与当地人通婚，从此子孙繁衍，蔚成大族。

俞氏的兴起始于元末，五世祖俞涞和明朝的开国功臣刘伯温是同窗好友。他的四个儿子和几个孙子虽没走上仕途，但都受过良好的教育并周游天下，和当时的一些名士交谊很深。这祖孙三代开始了重要的家乡建设，建造了利涉桥、康济桥，在水口和案山种植风水林，建成了以前宅为中心的住宅群，以及一些礼仪建筑和赏玩性建筑，奠定了俞源村的基本格局。

明景泰初年，银矿工人起义，俞源村遭到了焚掠。到嘉靖年间（1522—1566），俞源俞氏涌现出诸如六峰公、雪峰公、苏溪公等几个有学识、有功名、有官职的人物，还出了两位阴阳地理学家俞逸和俞札。这些人广游天下，眼界开阔，又有经济实力，于是掀起了家乡建设的第二个高潮，立宗谱，建宗祠，造大屋，村的中心从前宅发展到下宅。至今村民们仍说他们的祖先在明隆庆年间（1567—1572）建造的俞氏宗祠是处州八县里最大、最辉煌的祠堂，共有51间。

明初洪武年间（1368—1398），俞源李氏的始迁祖雅爱俞源山水之胜，从城里迁来。俞涞的孙女嫁给了他。李俞二姓此后互通婚嫁，世代和睦融洽。李姓科名不很发达，终明之世，只出过四个贡生。他们住前宅南隅，弘治（1488—1505）或万历（1573—1620）年间修建了李氏宗祠。

俞源在明末清初改朝换代期间连遭大难，老幼逃窜，房屋被烧毁百余幢。1674年又遇耿精忠踞府坐县，以致堂室萧条。

俞源人不求闻达，入榜者不多。历朝只出过进士一名，且英年早逝；出举人、贡生60余人；出秀才140余人。明清两朝当过公职小官者21人，没有出过显赫的官员。但是有一个特点：他们继承了始迁祖的传统，读书、教书、壮游、交际，对社会形势很了解，且有经济头脑，注重实业。宋明二朝，这一带是陈亮、叶適的事功派思想流行的地区，所以明朝中叶商品经济发展的形势被他们抓住了。到了清朝又出现了发展实业的浙东学派。以俞从岐父子，俞君选、俞君泰兄弟，李嵩萃等为代表的一些俞源人，又抓住了江南商品经济发展的形势，利用俞源为当时婺州、处州的过境交通之地，又是钱江和瓯江水运最短陆路连线经过地的有利条件，把他们的文化资源、信息资源和丰富的山林资源优势发挥出来，迅速发展起山货生产和贩运贸易。他们经营靛青、竹材、茶叶、茶油等，很快便发家致富，陆续购置了北面平原地区的大片土地，直抵武义县县城边缘。在他们的带动下，俞源村有七八成人经商致富，于是，于乾隆年间（1736—1795）再度掀起建房高潮。现存最重要的大型住宅，除了六峰堂（声远堂）外，几乎都是这个时期建造的，宗祠也在这个时期大修重建。1906—1912年，属安逸堂房派的俞万业建造了本村最后一座大型宅院万花厅，三进两院，是全县木雕最为多样的住宅，可惜于1942年被日本侵略军烧毁。

2. 村落形态

（1）环境

俞源村位于一个狭窄的山坳里。它四面环山，只有南北两个曲折的出口。过南口，是到宣平大山区的崎岖山路；出北口，有一座不高的山遮挡着。由武义平原过来，左右的群山渐渐逼近；绕过凤凰山的山角，突然就进了四面被山围住的俞源村。村落的环境给人以很强的安全感，山与村子的距离也显得很亲切。四周的山，身边的低矮清秀，外围的渐远渐高。几道深沟幽谷从群山中挤出，带来了潺潺流水。这样的地形环境，具有明显的领域特征，能提升人们的家乡观念，形成一个内聚性很强的村落。

（2）布局

三支涧水进村，汇成“Y”字形，把建筑用地分成两岔。一岔长，前贴东溪，背靠锦屏山，长约600米，最宽处约170米；另一岔短，在东溪与西溪之间，东西约200米，南北约230米。村庄形成三大团块：东溪南岸到西溪之间叫前宅；东溪东北岸的南部叫上宅，北部叫下宅。发展时序为“前宅—上宅—下宅”。这三大团块的形成与宗法制度有关，并体现出一定的社会分化。上宅最富，建筑密度最小，大屋最多、最精美，有的还带花园；下宅次之；前宅较穷，建筑密度高，质量差，多为中小型住宅。

俞源的特点是祠堂不多，只有俞姓和李姓各有一座宗祠。俞氏以房屋堂号来标示分支房派。李氏不分房派，都属“贻燕堂”。俞源人把家乡称为“太极星象村”，说这是刘伯温帮助规划设计的。这个说法是否史实并不重要，但它表现了俞源人的风水知识。风水术中的天门、水口、龙脉、朝山、案山，以及古代星象上的七星、八斗、二十八宿等，都一一处理得不错。他们把丰富的建筑类型，如祠堂、香火堂、公厅、学塾、书屋、寺观、庵堂、孤童塔、牌坊、桥梁、水碓、酒坊和供观景休闲的楼台亭阁等，都和风水环境对应起来，还罗列了“八景”“十景”等人文、自然景观。这种“题景”的雅行，是在江南地区素质较高的村落才有的。

俞源村里曾有二十多口水塘，叫靛青塘，主要是调制染料用的。

村子西部通向宣平、武义的大路边，有为过

路人开设的歇店和几家日用杂货店，上下宅和前宅沿东溪路边也有几家。此外，俞源的富户还在自己的田地旁一路建造“谷仓”，远的在离村庄15—20千米之外，甚至到了金华边缘。

3. 村落风貌和建筑特色

（1）村落风貌

由于俞源村对村貌起结构性作用的大型住宅、公共建筑的投资主体是亦农亦商致富的文化人，因此俞源村既呈现出传统农业文明的风貌（典型的丘陵地区农业聚落），又体现了商业文明的特色（重要道路边都有提供食宿的地方）。其建筑门类多，宗祠、庙宇、书塾、墓地等旧时农业社会中大型村落应有的公共建筑大体齐备。村落的布局结构和自然环境之间的关系处理得较好。各种建筑构筑，包括道路、河流、水塘等，都能顺应山形水势。此外，风水术上的天门、水口、朝山、案山等的营造，也处理得很好。

俞源村之所以建设得这么好，也得力于优秀的匠师。据村民传说，清乾隆（1736—1795）、嘉庆（1796—1820）年间，邻近的东阳县连年饥馑，工匠四处逃生，而这里却风调雨顺，还大兴土木，因此招留了大批东阳匠师，长期营筑。

（2）建筑特色

俞源村现存民国以前的住宅48幢，有9幢已毁，但基址清晰可辨。原有大型住宅11幢，现存6幢：裕后堂、上万春堂、下万春堂、六峰堂、祐启堂、急公好义宅。较好的中小型古宅有青峰远映楼、玉润珠辉楼，均建于明代。这些大屋在清初以前，并不是一个家庭居住的，而是宗族的一个房派居住的，具有环中心特征，其平面形制可叫作“套屋”。基本模式是这样的：当中一列为厅堂，两旁和背后三面环以伙屋（这些伙屋也不都是兵营式的，有的是三间一厢或五间一厢）；天井贴在主屋的外墙上，自成一个有客厅、有天井甚至有小院落的居住单元。

大型住宅的中央主屋多是七间数厢，皆有前后两院，可分为三种形制。①三进两院，为“日”字形，如裕后堂。②“口”字形，当中用一道塞墙门洞将院落隔成前后院。没有大厅，而把第一进门屋的明间、次间做成高敞的大门厅。如上万春堂、下万春堂。③“月”字形，没有门屋，为墙式大门。进门后为天井、厅堂、后天井、堂楼。这叫作“前厅后堂楼”，如六峰堂。

大型住宅是明代的主要住宅类型，反映了当时社会的宗法力量和家庭结构。一幢大宅可能有三世、四世甚至五世同堂的。宅内的生活秩序，具有父权家长制的强烈色彩。大厅堂楼里的轩间、香火堂、檐廊、院子都是公共空间。轩间里大家共同祭祀房派或支派历代的先祖，大厅是公用的礼仪场所。

随着社会的发展，核心家庭逐步代替了共祖家庭，于是从清代中期起，中型住宅便成了主要的住宅类型。全村现存30幢。比较精致的有青峰远映楼、连厅楼、玉润珠辉楼、七星楼、九道门、精深楼、廿字楼、锦屏楼等。这类住宅的基本单元，在东阳一带叫十三间头；这里则以主屋间数命名，如主屋七间、两翼各三间的叫“大排七”，五正四厢者叫“大排五”。俞源的洞头房因三间正屋外侧的两道夹弄和前廊形成一个“廿”字形交通廊道，故称“廿字楼”。

大、中型住宅中，有一种叫作“楼上厅”的，梁架用材很好，并且都有雕饰，而一般住宅的楼上都只用粗糙的草架。这一带的明代住宅，均以楼上为主要部分，而到清代以后则改为以楼下为主要居住部分。这是明清生活方式的一个重大变化。

4. 典型建筑

（1）俞氏宗祠

俞氏宗祠的前身为孝思庵，俗名“小祠堂”，建于1374年，为祭奠先祖之处。到明嘉靖时期（1522—1566）朝廷允许庶民建祠后，经改造建成。清初被烧毁，道光年间（1821—1850）经修缮扩建后完成。共有房屋51间，总体呈“日”字形。中轴线上五开间，三进二明堂，门屋、戏台、享堂、寝室依次排列。门屋、享堂、寝室左右各有一座三开间跨院，每进之间用三开间大厅联系。戏台6米见方，攒尖顶，突出于门屋内侧，结构完全独立。

俞氏宗祠在历史上有过多种功能，曾用作祭祖、演戏、团练，也曾作为六合社仓、施粥厂、水龙会、敬老院、孤儿院、义塾、小学校等。民国《宣平县志》称此建筑为“处州十县第一祠”。

（2）洞主庙

洞主庙的主神为战国时代建都江堰的水利工程专家李冰，另一说是因沉香托梦而建。建筑由三部分组成，主体建筑为四合院，空间序列如下：

前厅五开间，天井夹殿五开间；两侧厢廊宽阔，仿若敞厅。大殿左侧跨院是观音堂，五开间；右侧跨院为土地堂，正屋三间。下厅的左边为斋堂和香积厨；下厅的右边为清幽阁，三层，顺地造型。第二层与下厅同标高，底层在下厅高高的蛮石基墙外。清幽阁的正房面对殿堂方向，五开间，有一个天井；厢房三间，二、三层与庙的右厢相连，形成跑马厅。

洞主庙每年举行两次庙会——正月十五闹龙灯，六月二十六擎台阁。

（3）裕后堂

裕后堂是俞源村最大的住宅，二层，三进两院加套屋，共有158间。主屋三进两院，前院为四合院，第一进七间，当中三间为通高门厅，稍间和次间为洞头房。第二进七间，当中三间为落地大厅，稍次间为洞头房。一、二进厢房各三间。后院为十三间头，七正六厢，即正屋七间，两旁厢房各三间。主屋四周砌以砖墙，两旁各布以十二间伙屋（又叫伙厢）、四个贴壁天井。伙屋前后贯通联排，前檐廊直通第一进边门。共有七部楼梯设在厢房两端。

裕后堂的第二进大木结构华丽，五架梁、三架梁和廊的双步梁都用月梁，当地人称“眠梁”。梁以上，檩条之间有环状的“猫儿梁”。前后檐都有牛腿，牛腿之上还有一串雕饰精巧的“叠斗”，呈卷草花叶形。大厅前檐完全敞开，明间后金柱间设六扇槿门，次间后檐用空斗墙封砌，正中有一个直径1.5米的精雕圆窗。正立面有四道五叶马头墙。

（4）九道门

九道门是俞源最精致的中型住宅，建于清道光二十五年（1845）。形制为典型的十三间头，七正六厢。正屋后面是七间两厢狭长天井的伙屋。正屋的右前方为三间二层带小院的书斋，大门前是花园。花园面临东溪，园西有一座三间两层的赏花厅。赏花厅、书斋、正屋用一条曲折的门巷相连，门巷上有九道门。

本屋的所有板壁隔断之下都设有石质地栿，当地人称“木不落地”。院落全部用条石铺墁。正屋和两厢的木作雕饰十分华丽，叠斗（牛腿和它上面的挑檐构件）和呈方（相当于雀替的垫木）的雕刻是全村最精细的，门窗、隔扇的雕刻也十分精致。正屋上的窗子为雕花格子窗。整座建筑堪称园林宅第。

俞源村总平面示意图

鸟瞰民居

⊙ 裕后堂

⊙ 裕后堂的门厅（丁俊清 拍摄）

裕后堂的梁架

裕后堂的梁架

裕后堂的大圆窗

⊙ 俞氏宗祠的戏台

⊙ 六峰堂

⊙ 洞主庙的庭院

⊙ 洞主庙外景

⊙ 古石桥

郭洞村

1. 历史概况

郭洞村位于武义县县城南面约20千米处，主姓何。据《武义县志》载，宋朝时就有赵、吴等姓在此生活，形成了村落。元至正十年（1350），青年书生何寿之羡慕外婆家所在地郭洞村的好风水，在此落籍并娶吴氏为妻，是为郭洞何氏的始迁祖。

郭洞村的村名因其环境“山环如郭，幽邃如洞”而得；又因有两支泉水进村，故又得雅名为“双泉古里”。

始迁祖何寿之深迷风水术，第一项工程就是进行三重水口的建设。郭洞村位于两山相夹的山谷中。从平野进村，一路上有两个双峰对峙的卡口，古人形容其为“狮象把门”。加上村口，一共三处。郭洞人对这三个地方都按风水理念中的水口进行建设。在第二道口的山上建造了鳌峰塔，此塔亦成为进村的标志。在第三道口（村口）的溪上建造了回龙桥和桥亭、海麟院、文昌阁、水碓房、风水林，还在村口东西两山脚之间建造了一道长100米、高4米、底厚3.5米、上面台宽2.2米的城墙及东西城门。三道水口的建设，对郭洞村的安全起了重大的作用。清代同治年间（1862—1874）太平军三次攻打郭洞村，三次都被挡在卡口外，使郭洞村人免遭战祸，保存了村落和许多古文化遗迹。郭洞村人制定了许多鼓励读书的族规和措施。八世祖何荆山创办了“啸竹斋”，继而建造了“东山草堂”“闲闲亭”“寻乐斋”等文化建筑。他们的科举功名不是很显赫，但平均文化程度很高，明清两代出了府、县秀才114名。

2. 村落形态

郭洞村位于两侧山脉夹峙的涧谷盆地里。峡谷最窄处仅三四十米，入口在北。峡谷两侧的山由北向南逐渐升高，高程在130—380米之间。两支泉水宝泉和漳泉，自南向北，汇合成溪。村落选址在溪流环抱的两块空地上。北面一块地南北长约500米，东西宽约250米，位于溪东，称下宅（郭下自然村）；南面一块地略小，位于溪西，称上宅（郭上自然村）。两宅相邻，头尾相接。后来，村民中有一分支向宝泉上游发展，在距上宅1千米处建立了大湾自然村。始迁祖何寿之主要是看中了这里“重山复岭，迤逦杂沓，苍翠满眼，已令人应接不暇。愈进则愈奇，愈奇则愈秀。不数里而山环水抱，仅容一线。进此地，复加旷”。这里环境优美，又有旷地，因此，从何寿之起，村人就着意环境建设，使村落、三个水口以及村背后的南山这五者位于一条轴线上。故三个水口不仅有防卫作用，还有景观价值。

村中住宅以祠堂为中心。总宗祠设在郭下自然村。两个自然村各有分支房派的分祠作为村的中心。房屋围绕小宗祠布置。再往南的大湾自然村因为人口少，所以没有分祠，但在村入口处建有禹王庙。三个自然村共有七座庙宇，供奉观音、关帝、文昌、土地、财神、禹王、玄武等。农历正月十一、十二、十三，村人会举行盛大的迎神活动，还会在庙前搭台唱戏、猜灯谜。

3. 建筑特色

郭洞村的建筑构成丰富，有六座祠堂、七座庙宇、四座书院、六座牌坊，还有不少礼仪文化建筑和大型宅院，弥漫着浓厚的人文气息。

住宅形制以三合院为主，另有“一”字形长屋和四合院。站在很多住宅天井里，都能看到山峰，这是村人着意利用两山挟峙的地形创造出来的特色景观。

郭洞村住宅的装饰特点之一，是纹样以动植物为主。建筑木雕属东阳木雕体系，保持着早期形象。比如别处的雀替，经过不断的融合，已经形成了固定的形式；虽然仍有斗拱和替木，但两者已经融合为一体。而这儿的雀替，仍然保持着斗拱和替木两个部分。郭洞村住宅的装饰特点之二，是装饰构件的形态和题材的组合不拘一格。比如牛腿，简单的牛腿只是一根斜撑木，加工成弯曲的植物茎秆，上面附刻花草。一般的牛腿则用卷草纹组成外形，上面雕刻着各种花卉。复杂的牛腿有一个较完整的外形，上大下小，略呈倒三角形，雕着狮子、鹿、仙鹤以及各种花卉。

4. 典型建筑

（1）何氏宗祠

何氏宗祠始建于明万历乙酉年（1585），位于郭下自然村北头，是进村后第一座主要建筑，也是全村的公共中心。祠堂坐北朝南，平面呈长方形；南北长44.4米，东西宽24.4米；有五开间三进两院，是“目”字形合院式建筑。第一进为下厅，宽五开间，外加左右门道。明间连接凸向天井的戏台。第二进为中厅，五开间，全部敞开。天井两边各有三间厢廊。第三进为上厅，五开间，中央三间北墙为神龛。天井两边各有三间厢房。大门为石库门，门的上方墙面加高为三山式，朴素大方。戏台屋顶为歇山顶，正脊和四条戗脊都用刻有花瓣的空砖砌造。正脊两端和戗脊顶端都用鳌形作为装饰，均用灰瓦砌筑。八角藻井和整个戏台的梁、柱、枋、斗拱华丽而不复杂，丰富而不繁缛，表现出乡土建筑在装饰处理上的多样性。

据宗谱记载，原来在祠堂中曾挂有匾额九十余块。

（2）凡豫堂

凡豫堂是郭洞村住宅最主要的形式——三合院式的典型代表，初建于明末崇祯年间（1628—1644）。形制为前后三进三合院，二层。第一进五间四厢，大天井；第二进五间两厢，小天井；第三进五间无厢，小天井。主要起居空间在第一进，为楼上厅。第二、第三进为香火堂和杂物间，有四道边门出入。第一进的装饰十分精致，天井全用条石铺砌，牛腿、雀替、梁枋装饰呈明代风格。凡豫堂的窗雕也极其丰富细腻，有直棂窗、“卍”字纹、动植物雕饰等多种式样。花样多而风格统一，品位高而不张扬。

（3）萃华堂

萃华堂的平面呈“凸”字形，二层，二进

二院。前面为三间八厢三合院，中间为五间一廊小天井，后面为后堂屋和厨房、杂物间。该宅平面简单，但非常舒适。前面是主人的主要起居空间，是楼上厅，环绕大天井一圈可饱览两旁的青山秀色。

（4）慎德堂

慎德堂由南北两个小三合院组成。北面为楼上厅，三间（加两侧楼梯间）两厢。南面因地形限制，为不对称平面，四间两厢。两个天井拼合成一个大天井，当中用一道塞墙隔开，使住宅有了园林艺术的效果。

（5）燕翼堂

燕翼堂是形制比较特殊的明代住宅。当中为一个高敞的双面厅，两旁各有五间厢房，组成四面高墙围合的“H”形前后天井院。这种形制住宅的重点是厅堂，三开间全部敞开。前天井为吸壁天井；后天井较大，起杂院的作用。住宅的门开在两侧厢廊上，来人可直接到后院，保证了客厅不被穿越。

村北头的“双泉古里”城门

回龙桥和桥亭

桥亭和水碓房

山脚下的传统民居

民居内景

海麟院

节孝牌坊

何氏宗祠的大门

何氏宗祠内祠堂的大门

何氏宗祠里的祖宗画像

何氏宗祠的戏台

何氏宗祠的中厅

凡豫堂的天井

凡豫堂的二层楼屋

凡豫堂照壁正中的二道门

凡豫堂二道门上的“双凤朝阳”砖雕

凡豫堂的照壁

⊙ 凡豫堂的中心构图花窗

⊙ 凡豫堂的中心构图花窗

⊙ 凡豫堂的中心构图花窗

⊙ 凡豫堂的中心构图花窗

厚吴村

1. 历史概况

厚吴村位于永康南部，村人多为吴姓。自始迁祖吴昭卿于南宋嘉定丁丑年（1217）从仙居县的厚仁村迁来，定居厚吴村，至今已逾800年。如今的厚吴村已发展成拥有800多户、3000多人的大村落。

厚吴人十分注重教育，创办过永康县最早的村小学和已有百余年历史的村级婺剧团。明天顺丁丑年（1457）出进士吴宁，还有吴璘、吴沄先后登科及第，享“丹桂联芳”之荣。历世学业有成者如举人、邑庠生、贡生、州司马、州同知、廪膳生众多，村中有“进士街”以记其历史之盛。

厚吴历史上曾几次受到战争摧残。清康熙十三年（1674），三藩兵乱，耿精忠的部将徐尚朝入浙，驻处州，以献才色双绝的厚吴村女子吴绛雪作为不扰永康县的条件相威胁。为保县人的安全，吴绛雪佯允。迨诱叛军过永康境、绕道至三十里坑时，她跳崖身亡，壮烈成仁。县人特建吴绛雪祠，永祀纪念。清同治壬戌年（1862），村中的4座宗祠、600余间房屋被太平军烧毁，村民幸存者仅十之二三。族内各房逐年捐资，历时30年，终于把宗祠修好。上世纪60年代“文革”时，6座青石牌坊被砸，众多宗祠被改作住宅、学校或作坊，受到破坏。进入21世纪后，一些优秀的古民居、宗祠得到修缮、保护。现存明清大宅、宗祠近百幢，总数有1000多间。

2. 村落形态

厚吴村周边有千亩良田，外围有山有谷。山不高，是尺度宜人的丘陵山坞地貌，村人开门便能看到“碧起南山布景良，层峦排闼锦屏张”“万壑有声含晚籁，数峰无语立斜阳”的场景。这环境为村人营造了神妙的气场，似乎永远包含着“青葱常觉当门立，鼎峙愿同世泽长”的美好愿景。正是这种极佳的农耕环境，吸引了文化修养颇高的始迁祖吴昭卿。宗谱如此记载他：“秉性高亢，有出尘之想。其时伯叔、兄弟、侄辈先后登仕路要津，人皆为荣，公独视之淡泊如常。”他跟伯父在永康任职，见永康南乡武平山明水秀，退休后便在厚吴住下来，世代以耕种为业，生意也做得很大、很广。村人同时也很注重文化，所以农商结合且又有文化，是厚吴村的一大特征。

村落呈方形，东西约500米，南北也有500多米，而且边界还比较明确整齐，这是农业生活方式发展的结果。因为村落既不靠山，也不傍水；村落的始祖居于一点，四周是农田；随着人口的增长，方方的田地由近至远发展，村屋也像田地一样，以“间”和“进”为单位，一间一进地建造；村落就这样由一点向四周发展，逐渐形成一个方形。方形村落便于布置比较均衡的路网，便于村人到田间耕作或到村中心集合，还孕化出有很多优点的邻里居住模式。

厚吴村的街巷道路也颇具特色。除了村落北面一条对外道路比较明确外，几乎看不出路网是什么形状的，也说不清楚东南西北四个方向各开有几个口，哪一条是主要街巷。其实它的路网不是一次性规划出来的，而是先有房子，然后在房子与房子的间隙中走出来的。

在这个有着25公顷多用地的村子内，挖有大大小小的池塘18个，平均每40户就有一个池塘。这是方形村子对用水需求的均好性安排，这种安排也有利于救灾。

厚吴村的大屋几乎都有堂名。著名的大屋有衍庆堂、树玉堂、聚庆堂、存诚堂、桂花居、兰花居、屏山精舍等。各个大屋中还有诸如“书府”“墨林”“叙伦堂”“奎壁联辉”“明经进士”“秀山叠翠”“上苑腾声”“仰瞻山斗”“观德”“承先”“启后”“追远”等众多堂匾或门额。连村里的一口井也给取了名，叫“醴泉井”。该井深约8米，内径4米，与村同龄，已有800多年历史了。可以说厚吴村的村头巷尾处处透着书香。厚吴村还有八大美景：屏山耸翠、碧水潆清、金龙出洞、紫凤鸣岗、前溪印月、后垅连云、花园瑶草、槐井醴泉。古代村里的那些读书人不时会写些同题诗，收录于宗谱中，如宗谱中的《屏山耸翠》诗。

厚吴村有显赫的家族史，明、清、民国时期肩挑步行、穿村越乡做生意的人又多，因此追念祖先、建造宗祠的情结很浓，历史上建有大小宗祠13座，今存9座。厚吴人行善施义、尽孝之至、守节自爱的人与事也历代不绝，村人建有6座牌坊以纪念之。这些恢宏的建筑不仅表现了村落的风貌，还反映出不同层次的宗族结构。厚吴村虽是一个多房族的村落，却给人以井然有序的感觉：宗祠成为村落的中心；各支系既受总祠的统领，又以支祠为副中心，形成一些小的族团。

3. 村落风貌和建筑特色

（1）祠堂特色

厚吴村至今保留着不少完好的祠堂，体现着村落的风貌特征。这些祠堂有以下几个特色。

①形制古朴，多采用环厅堂式布局。整个建筑有三条轴线，中轴线上为三进三开间前厅、祭厅、寝厅，两旁左右各一轴线，附以厢房或廊。这一带的住宅也多是这种布局方法。由此可见，祠堂的形制是从住宅的形制衍化出来的。

②正立面上多开三扇门，墙面做成三墙式，和浙中的十三间头住宅立面形式很像。如吴氏宗祠正门为八字门（等级较高的才许用八字门），左右二门对称，墙面很像山墙、五叶马头墙。丽山公祠正立面为五叶三墙（中间门为门楼式，四柱五楼，两旁小门为五叶马头墙）。向阳公祠正面是五叶三墙，当中为石库门，两旁是五叶马头墙；中间低，两旁高。吴仪庭公祠正面为五叶三墙，当中为四柱五楼牌楼式，两旁为五叶花墙；当中高，两旁低。上面列举的几个五叶三墙立面的祠堂，做法有异，但都很有气势。

③梁架构件用料硕大，装饰繁复。前厅、中厅的前后檐柱、牛腿、檩条上都有粗壮精致的木雕。喜用月梁、瓜形矮柱。劄牵尤其肥大复杂，形似蝙蝠、象鼻、卷云。梁架构件喜欢着色，材质极为讲究，柱、牛腿雕刻件多用樟木或枫木。

枫木坚硬；樟木有香气，使蜘蛛等不能在上面生存。椽、檩、枋多用松木，可防水防蛀。

④多用插柱式抬梁。大厅均为彻上露明造。为扩大使用空间，三开间的两缝、五开间的中央四缝，均用抬梁结构，且栋柱（中柱）不落地。两个双步架使用五架梁。梁头和雀替都进行了美化雕刻，其形状有木鱼状、鱼鳃状、龙须纹状等。梁头和雀替起到了减短梁的长度、增强梁架稳定性和美化构件这三大作用。

（2）民居建筑特色

厚吴村的民居形制有二十四间头、二十九间头、三进二明堂、三间两厢等。这些大屋原本粉墙黛瓦、飞檐朱栏，如今许多大屋的外表已斑驳苍颜，但走进去一看，它们仍然很有气魄，也很温馨。比较典型的是那些环厅堂式住宅。这些住宅天井很大，天井内多植珍贵花木。例如“桂花居”“兰花居”，满眼皆是桂花、兰花。围绕着天井（庭院）四周的墙都是上漆的木板墙，且多用一板一缝。有的外廊檐部的月梁、牛腿、雀替会做些简单的装饰。整座住宅的重点是庭院，这体现出主人注重自然的文化品位。只有司马第例外，厅堂的大木装饰十分精致细繁。

厚吴村民居的另一个特色是，古老的房子外墙都用条砖陡砌，即用长、宽、厚之比约为1:1/2:1/6的条砖以石灰膏做黏合剂陡砌成空斗后，以碎砖瓦片填塞空斗，最后用黄泥黏灰土砂浆浇灌充满。这种外墙构造能起到很好的防盗作用。

4. 典型建筑

（1）吴氏宗祠

吴氏宗祠为厚吴村总祠，始建于明嘉靖丁未年（1547），此后多次重修。占地面积为1128.6平方米，砖木结构，三进两厢。前进三间，宽13.4米，深6.7米，硬山顶。牛腿、雀替等构件采用高浮雕技法雕刻，刻有动物、花草等纹饰。宗祠的梁架、构件等，着色保存完好。

吴氏宗祠的首要功能是祭祀厚吴始迁祖昭卿公等先辈，让后人铭记他们不辞艰辛、砥砺前行的创业历程。宗祠的中堂正中悬挂着本族堂号“叙伦堂”。在上中厅内左右两旁挂着写有本族祖先历任官衔及高中科举进士的匾额，从中可以看到九世祖吴芾任龙图阁直学士，十三世祖吴坚居左丞相，二十一世祖吴时来任大中丞等。此外，在厢房外侧的回廊四周也挂满了各种匾额，有一百多块。这些都展现了吴氏追远报本、敬宗收族的精神。

（2）丽山公祠

丽山公祠始建于清嘉庆末年，1861年焚于太平天国兵火，民国初年重建。占地445平方米，平面呈“T”字形，三进二天井，天井两边各有七间厢房。

第一进面阔三开间，11.2米，进深七檩。第二进面阔五开间，13.3米，进深七檩。第三进面阔五开间，19米，进深七檩。

厢房梁架为抬梁式三架梁，二层有花窗。天井一周的檐柱为圆石柱，其余均为方石柱。月梁上的斗拱、雀替等都有深浅浮雕。天井用石板铺砌。

丽山公祠是为纪念二十四世祖吴翰而建。吴翰多有善举，曾出巨资扶持村里的公益事业，获得了乡里族人的一致称赞。清乾隆年间（1736—1795），永康县令赠匾“盛世鸿仪”，以褒奖他为后世所做的贡献。

（3）吴仪庭公祠

吴仪庭公祠占地约800平方米，砖木结构，中轴线上有三开间，三进二天井，两侧为厢房。第一进面阔三间，11.7米；进深七檩，6.15米。两面坡，硬山顶。第二进面阔三间，11.7米；进深7.28米。两面坡，硬山顶。第三进面阔三间，11.7米；进深9.86米。两厢面阔均为36.76米；进深均为五檩，5.1米。两厢的梁架为穿抬混合结构，两面坡，硬山顶。

吴仪庭公生于清嘉庆丁卯年（1807），47岁时考取进士并候选儒学训导。他家是当时全村发展最快、经济最富裕、拥有房产最多的大家庭。吴仪庭的长子吴邦定（乳名阿迟）曾任州同知，还经营火腿生意，创出了“阿迟火腿”这个招牌产品。

（4）司马第

司马第为环厅堂式大屋。中轴线上有三进二天井，三开间，两旁各有十间厢房，二层，砖木结构，俗称“廿九间”。建于清嘉庆二十一年（1816）。第一进一层，面阔11.5米；进深八檩，7.2米。墙檐下内外均有彩画和题诗。梁架为抬梁式。第二进一层，面阔三间，11.54米；进深九檩，7.27米。梁架为抬梁式。大小木作装饰均十分精细。第三进一层，面阔三开间，11.86米；进深五檩，7.28米。梁架为穿斗式。

司马第的第一代屋主为吴文武，清乾隆己酉年（1789）生，自幼天资聪颖，童子试即成名，融会经书。清嘉庆己巳年（1809）由太学生考授州同知。他平生喜好交友，待人和善且多义举，深受闾里称颂。

（5）树玉堂

树玉堂始建于清乾隆八年（1743）。整座宅第有二进二天井（第一进为吸壁天井），左右各有八间厢房。硬山顶，双面坡，砖木结构。第一进为一层，面阔三开间，12.15米；进深七檩，7米。斗拱、雀替等大小木作，雕刻都很精细。第二进为二层，面阔三开间，12.15米；进深七檩，6.75米。梁架结构为穿斗式。厢房二层，穿斗式五柱落地。

树玉堂的第一代屋主为吴永颂（1681—1751）。他为人厚重，秉性温良，勤俭持家，教子有方，为乡里族人所称赞。郡守郑公闻其品行端方，遂赠匾“酹爵褒光”。

（6）衍庆堂

衍庆堂是厚吴村今存最古的一幢带祠堂式住宅。其梁架颇为特殊，用料细，因此室内空间灵活，并产生了多种剖面和外观。衍庆堂建于明代成化四年（1468），占地460平方米，三进二明堂。第一进面阔三间，12.15米；进深七檩，8.13米。第二进面阔三间，12.15米；进深七檩，9.31米。第三进面阔三间，12.15米；进深六檩，7.77米。三进皆为硬山顶，两面坡。

传说衍庆堂的先祖扶危济贫，多有善举。明弘治年间（1488—1505），永康县丞曾授其“乐善”匾一块。太平天国时，太平军来到厚吴，因看到“乐善”之匾，就没有烧掉此屋。一块匾救了一幢房子，成为一段佳话。

1. 吴氏宗祠
2. 老宅
3. 树玉堂
4. 衍庆堂
5. 聚庆堂
6. 兰花居
7. 屏山精舍
8. 卫生院
9. 长房十三间
10. 吴仪庭公祠
11. 司马第
12. 澄一公祠
13. 商店
14. 后殿
15. 古苏铁
16. 桂花居
17. 镇南殿
18. 九份公祠
19. 古樟树
20. 千工床

厚吴村总平面示意图

丽山公祠的门楼

丽山公祠的天井

丽山公祠的梁架

吴仪庭公祠与水池

觀德

吴氏宗祠(丁俊清 拍摄)

过街楼

民居的檐廊

树玉堂的正厅

树玉堂的庭院

树玉堂内景

龙籍庙外景

后宅厅的门楼

司马第（丁俊清　拍摄）

司马第的牛腿（丁俊清　拍摄）

司马第的牛腿（丁俊清　拍摄）

题字“鹏抟”的民居门楼

民居的门罩、门额

民居的门罩、门额

民居

民居的天井

隔扇门上的格心

隔扇门上的格心

隔扇门上的格心

隔扇门上的格心

主要参考文献

1. 李秋香，陈志华. 新叶村[M]. 北京：清华大学出版社，2011.
2. 陈志华. 俞源村[M]. 北京：清华大学出版社，2007.
3. 楼庆西. 郭洞村[M]. 北京：清华大学出版社，2007.
4. 陈志华，李秋香. 诸葛村[M]. 北京：清华大学出版社，2010.
5. 阮仪三. 江南古镇[M]. 上海：上海画报出版社，1998.
6. 阮仪三. 护城踪录[M]. 上海：同济大学出版社，2001.
7. 陈志华，李玉祥. 乡土中国：楠溪江中游古村落[M]. 北京：生活·读书·新知三联书店，1999.
8. 陈志华，楼庆西，李秋香. 楠溪江上游古村落[M]. 石家庄：河北教育出版社，2004.
9. 刘杰，李玉祥. 库村[M]. 石家庄：河北教育出版社，2003.
10. 徐淑娟. 三门源[M]. 杭州：浙江大学出版社，2009.
11. 叶贵良. 大济[M]. 杭州：浙江大学出版社，2009.
12. 罗德胤. 廿八都古镇[M]. 上海：上海三联书店，2013.
13. 顾希佳. 前童[M]. 杭州：浙江大学出版社，2009.
14. 《建筑创作》杂志社，浙江省永康市文物管理委员会. 文化厚吴[M]. 北京：机械工业出版社，2003.
15. 小田. 江南场景：社会史的跨学科对话[M]. 上海：上海人民出版社，2007.
16. 宋绍杭，赵淑红，邰惠鑫. 屿北[M]. 杭州：浙江大学出版社，2010.
17. 洪铁城. 稀罕河阳[M]. 北京：中国城市出版社，2005.

附录

浙江省的传统村落、历史文化名村（镇）名单

序号	名称	地点	文保级别
1	赤川口村	杭州市淳安县汾口镇	●(红)
2	上江村	杭州市淳安县枫树岭镇	●(红)
3	常青村	杭州市淳安县鸠坑乡	●(红)
4	芹川村	杭州市淳安县浪川乡	●(红) ●(褐)
5	金家岙村	杭州市淳安县王阜乡	●(红)
6	龙头村	杭州市淳安县王阜乡	●(红)
7	洞源村	杭州市淳安县威坪镇	●(红)
8	洄溪村	杭州市淳安县中洲镇	●(红)
9	札溪村	杭州市淳安县中洲镇	●(红)
10	练溪村	杭州市淳安县梓桐镇	●(红)
11	龙源庄村	杭州市淳安县左口乡	●(红)
12	龙门镇	杭州市富阳区	●(褐) ●(黄)
13	新登镇	杭州市富阳区	●(黄)
14	大章村	杭州市富阳区常绿镇	●(黄)
15	东梓关村	杭州市富阳区场口镇	●(红)
16	龙门村	杭州市富阳区龙门镇	●(红)
17	梅城镇	杭州市建德市	●(黄) ●(青)
18	寿昌镇	杭州市建德市	●(黄)
19	李村村	杭州市建德市大慈岩镇	●(红) ●(褐) ●(黄)
20	里叶村	杭州市建德市大慈岩镇	●(红) ●(黄)
21	上吴方村	杭州市建德市大慈岩镇	●(红) ●(褐) ●(黄)
22	双泉村	杭州市建德市大慈岩镇	●(红) ●(黄)
23	新叶村	杭州市建德市大慈岩镇	●(红) ●(褐)
24	大坞自然村	杭州市建德市大慈岩镇大慈岩村	●(红)
25	麻车岗自然村	杭州市建德市大慈岩镇三元村	●(红)
26	湖塘自然村	杭州市建德市大慈岩镇檀村村	●(红)
27	樟宅坞自然村	杭州市建德市大慈岩镇檀村村	●(红)
28	劳村村	杭州市建德市大同镇	●(红)
29	石郭源自然村	杭州市建德市大同镇上马村	●(红)
30	章家自然村	杭州市建德市大洋镇建南村	●(红)
31	于合村	杭州市建德市更楼街道	●(红)
32	乌祥村	杭州市建德市三都镇	●(红) ●(黄)
33	石泉村	杭州市建德市寿昌镇	●(红)
34	乌石村	杭州市建德市寿昌镇	●(红)
35	百箩畈自然村	杭州市建德市杨村桥镇徐杭村	●(红)
36	河桥镇	杭州市临安区	●(黄)
37	呼日村	杭州市临安区岛石镇	●(红)
38	石门村	杭州市临安区高虹镇	●(红)
39	横岭村	杭州市临安区锦南街道	●(红)
40	杨溪村	杭州市临安区清凉峰镇	●(红)
41	童家村	杭州市临安区湍口镇	●(红)
42	塘里自然村	杭州市临安区湍口镇塘秀村	●(红)
43	莪山村	杭州市桐庐县莪山畲族乡	●(红)
44	戴家山自然村	杭州市桐庐县莪山畲族乡新丰村	●(红)
45	翙岗村	杭州市桐庐县凤川街道	●(红) ●(黄)
46	三鑫村	杭州市桐庐县凤川街道	●(红)
47	茆坪村	杭州市桐庐县富春江镇	●(红) ●(褐) ●(黄)
48	石舍村	杭州市桐庐县富春江镇	●(红) ●(黄)

序号	名　称	地　点	文保级别	序号	名　称	地　点	文保级别
49	俞赵村	杭州市桐庐县富春江镇	●	91	虎鹿镇	金华市东阳市	●
50	瑶溪村	杭州市桐庐县合村乡	●	92	李宅村	金华市东阳市城东街道	●●
51	荻浦村	杭州市桐庐县江南镇	●●	93	郭宅村	金华市东阳市湖溪镇	●
52	环溪村	杭州市桐庐县江南镇	●●	94	蔡宅村	金华市东阳市虎鹿镇	●
53	深澳村	杭州市桐庐县江南镇	●●	95	葛宅村	金华市东阳市虎鹿镇	●
54	石阜村	杭州市桐庐县江南镇	●	96	西坞村	金华市东阳市虎鹿镇	●
55	徐畈村	杭州市桐庐县江南镇	●●	97	厦程里村	金华市东阳市虎鹿镇	●●
56	彰坞村	杭州市桐庐县江南镇	●	98	天鹅村	金华市东阳市画水镇	●
57	梅蓉村	杭州市桐庐县桐君街道	●●	99	北后周村	金华市东阳市六石街道	●
58	松山村	杭州市桐庐县新合乡	●	100	吴良村	金华市东阳市六石街道	●
59	引坑村	杭州市桐庐县新合乡	●●	101	雅坑村	金华市东阳市马宅镇	●
60	进化镇	杭州市萧山区	●	102	前田村	金华市东阳市三单乡	●
61	衙前镇	杭州市萧山区	●	103	白坦村	金华市东阳市巍山镇	●●
62	东山村	杭州市萧山区河山镇	●	104	大爽村	金华市东阳市巍山镇	●
63	塘栖镇	杭州市余杭区	●	105	古渊头村	金华市东阳市巍山镇	●
64	山沟沟村	杭州市余杭区鸬鸟镇	●	106	曹宅镇	金华市金东区	●
65	孝丰镇	湖州市安吉县	●	107	仙桥村	金华市金东区赤松镇	●
66	双一村	湖州市安吉县昌硕街道	●	108	畈田蒋村	金华市金东区傅村镇	●
67	鹤鹿溪村	湖州市安吉县递铺镇	●	109	山头下村	金华市金东区傅村镇	●●
68	鄣吴村	湖州市安吉县鄣吴镇	●●	110	雅湖村	金华市金东区江东镇	●
69	仰峰村	湖州市长兴县煤山镇	●●	111	蒲塘村	金华市金东区澧浦镇	●
70	上泗安村	湖州市长兴县泗安镇	●●	112	琐园村	金华市金东区澧浦镇	●
71	新市镇	湖州市德清县	●●	113	郑店村	金华市金东区澧浦镇	●
72	菱湖镇	湖州市南浔区	●●	114	后溪村	金华市金东区岭下镇	●
73	南浔镇	湖州市南浔区	●●●	115	岭五村	金华市金东区岭下镇	●
74	双林镇	湖州市南浔区	●●	116	中柔村	金华市金东区孝顺镇	●
75	荻港村	湖州市南浔区和孚镇	●●	117	女埠街道	金华市兰溪市	●
76	港胡－新兴港村	湖州市南浔区旧馆镇	●	118	永昌街道	金华市兰溪市	●
77	义皋村	湖州市吴兴区织里镇	●	119	游埠镇	金华市兰溪市	●
78	长安镇	嘉兴市海宁市	●	120	刘家村	金华市兰溪市黄店镇	●
79	盐官镇	嘉兴市海宁市	●●●	121	三泉村	金华市兰溪市黄店镇	●
80	路仲村	嘉兴市海宁市斜桥镇	●	122	上包村	金华市兰溪市黄店镇	●
81	西塘镇	嘉兴市嘉善县	●●	123	上唐村	金华市兰溪市黄店镇	●
82	新民村	嘉兴市南湖区凤桥镇	●	124	桐山后金村	金华市兰溪市黄店镇	●
83	新仓镇	嘉兴市平湖市	●	125	芝堰村	金华市兰溪市黄店镇	●●●
84	新埭镇	嘉兴市平湖市	●	126	上戴村	金华市兰溪市兰江街道	●
85	乍浦镇	嘉兴市平湖市	●	127	姚村村	金华市兰溪市兰江街道	●
86	崇福镇	嘉兴市桐乡市	●	128	聚仁村	金华市兰溪市梅江镇	●
87	石门镇	嘉兴市桐乡市	●	129	渡渎村	金华市兰溪市女埠街道	●
88	乌镇镇	嘉兴市桐乡市	●●●	130	虹霓山村	金华市兰溪市女埠街道	●●
89	民合村	嘉兴市桐乡市乌镇镇	●●	131	岘坦村	金华市兰溪市女埠街道	●
90	新塍镇	嘉兴市秀洲区	●	132	西姜村	金华市兰溪市水亭畲族乡	●

序号	名　称	地　点	文保级别
133	社峰村	金华市兰溪市永昌街道	🔴
134	下孟塘村	金华市兰溪市永昌街道	🔴
135	永昌村	金华市兰溪市永昌街道	🔴🟠
136	潦溪桥村	金华市兰溪市游埠镇	🔴🟠
137	长乐村	金华市兰溪市诸葛镇	🔴🟠🔵
138	厚伦方村	金华市兰溪市诸葛镇	🔴
139	诸葛村	金华市兰溪市诸葛镇	🔴🟠🔵
140	墨林村	金华市磐安县安文街道	🔴🟠
141	横路村	金华市磐安县胡宅乡	🔴🟠
142	管头村	金华市磐安县尖山镇	🔴🟤🟠
143	里岙村	金华市磐安县尖山镇	🔴🟠
144	三水潭村	金华市磐安县九和乡	🔴🟠
145	朱山村	金华市磐安县冷水镇	🔴🟠
146	榉溪村	金华市磐安县盘峰乡	🔴🟤🔵
147	大皿村	金华市磐安县双峰乡	🟠
148	梓誉村	金华市磐安县双溪乡	🔴🟤🟠
149	郑宅镇	金华市浦江县	🟠
150	嵩溪村	金华市浦江县白马镇	🔴🟤
151	杭坪村	金华市浦江县杭坪镇	🔴
152	石宅村	金华市浦江县杭坪镇	🔴🟠
153	古塘村	金华市浦江县黄宅镇	🔴🟠
154	潘周家村	金华市浦江县檀溪镇	🔴🟠
155	登高村	金华市浦江县仙华街道	🔴
156	礼张村	金华市浦江县岩头镇	🔴
157	新光村	金华市浦江县虞宅乡	🔴🟠
158	郑宅镇区	金华市浦江县郑宅镇	🔴🟠🔵
159	水阁村	金华市武义县白姆乡	🔴
160	岭下汤村	金华市武义县大田乡	🟠
161	桥头村	金华市武义县大溪口乡	🔴
162	山下鲍村	金华市武义县大溪口乡	🔴🟠
163	东西村	金华市武义县柳城畲族镇	🔴
164	橄榄源村	金华市武义县柳城畲族镇	🔴
165	华塘村	金华市武义县柳城畲族镇	🔴
166	金川村	金华市武义县柳城畲族镇	🔴
167	梁家山村	金华市武义县柳城畲族镇	🔴
168	上黄村	金华市武义县柳城畲族镇	🔴
169	乌漱村	金华市武义县柳城畲族镇	🔴
170	新塘村	金华市武义县柳城畲族镇	🔴
171	云溪村	金华市武义县柳城畲族镇	🔴
172	范村村	金华市武义县履坦镇	🔴
173	郭洞村	金华市武义县熟溪街道	🔴🟤
174	上坦村	金华市武义县坦洪乡	🔴🟠

序号	名　称	地　点	文保级别
175	上周村	金华市武义县坦洪乡	🔴
176	陶村村	金华市武义县桃溪镇	🔴🟠🔵
177	上少妃村	金华市武义县新宅镇	🔴
178	俞源村	金华市武义县俞源乡	🔴🟤🔵
179	岱上村	金华市婺城区塔石乡	🔴
180	鸽坞塔村	金华市婺城区汤溪镇	🔴
181	上境村	金华市婺城区汤溪镇	🔴
182	上堰头村	金华市婺城区汤溪镇	🔴
183	寺平村	金华市婺城区汤溪镇	🔴🟤
184	下伊村	金华市婺城区汤溪镇	🔴
185	赤岸镇	金华市义乌市	🟠🔵
186	佛堂镇	金华市义乌市	🟤🟠
187	东朱村	金华市义乌市赤岸镇	🔴
188	乔亭村	金华市义乌市赤岸镇	🔴🟠
189	尚阳村	金华市义乌市赤岸镇	🔴
190	雅端村	金华市义乌市赤岸镇	🔴🔵
191	雅治街村	金华市义乌市赤岸镇	🔴
192	朱店村	金华市义乌市赤岸镇	🔴🟠🔵
193	红峰村	金华市义乌市大陈镇	🔴🟠
194	倍磊村	金华市义乌市佛堂镇	🔴🟤🟠
195	寺前街村	金华市义乌市佛堂镇	🔴
196	田心村	金华市义乌市佛堂镇	🟠
197	何宅村	金华市义乌市廿三里街道	🔴
198	缸窑村	金华市义乌市义亭镇	🔴
199	何店村	金华市义乌市义亭镇	🔴🟠
200	陇头朱村	金华市义乌市义亭镇	🔴🟠
201	唐先镇	金华市永康市	🟠
202	象珠镇	金华市永康市	🟠
203	芝英镇	金华市永康市	🟤🟠
204	胡库下村	金华市永康市古山镇	🟠
205	大陈村	金华市永康市前仓镇	🔴
206	厚吴村	金华市永康市前仓镇	🔴🟤🔵
207	塘里村	金华市永康市石柱镇	🔴
208	芝英一村	金华市永康市芝英镇	🔴🟤
209	舟山二村	金华市永康市舟山镇	🔴🟠
210	壶镇镇	丽水市缙云县	🟠
211	寮车头村	丽水市缙云县大源镇	🔴
212	吾丰村	丽水市缙云县大源镇	🔴
213	隘头自然村	丽水市缙云县东渡镇桃花岭村	🔴
214	胡村村	丽水市缙云县胡源乡	🔴
215	宫前村	丽水市缙云县壶镇镇	🔴
216	金竹村	丽水市缙云县壶镇镇	🔴

序号	名称	地点	文保级别
217	岩背村	丽水市缙云县壶镇镇	●
218	岩下村	丽水市缙云县壶镇镇	●
219	上官坑自然村	丽水市缙云县溶江乡岩门村	●
220	黄碧村	丽水市缙云县新碧街道	●●
221	黄碧虞村	丽水市缙云县新碧街道	●
222	河阳村	丽水市缙云县新建镇	●●
223	笕川村	丽水市缙云县新建镇	●
224	鹤溪街道	丽水市景宁县	●●
225	标溪村	丽水市景宁县标溪乡	●
226	叶谢村	丽水市景宁县标溪乡	●
227	安亭村	丽水市景宁县渤海镇	●
228	漈头村	丽水市景宁县澄照乡	●
229	金丘村	丽水市景宁县澄照乡	●
230	驮垟村	丽水市景宁县大地乡	●
231	张坑村	丽水市景宁县大地乡	●
232	西一村	丽水市景宁县大漈乡	●●
233	小佐村	丽水市景宁县大漈乡	●
234	大均村	丽水市景宁县大均乡	●
235	李宝村	丽水市景宁县大均乡	●
236	大张坑村	丽水市景宁县东坑镇	●
237	茗源村	丽水市景宁县东坑镇	●
238	深垟村	丽水市景宁县东坑镇	●
239	桃源村	丽水市景宁县东坑镇	●
240	徐砻村	丽水市景宁县东坑镇	●
241	章坑村	丽水市景宁县东坑镇	●
242	东弄村	丽水市景宁县鹤溪街道	●
243	鹤溪村	丽水市景宁县鹤溪街道	●
244	周湖村	丽水市景宁县鹤溪街道	●
245	岗石村	丽水市景宁县红星街道	●
246	金包山村	丽水市景宁县红星街道	●
247	东垟村	丽水市景宁县景南乡	●
248	高沈村	丽水市景宁县九龙乡	●
249	鸬鹚村	丽水市景宁县鸬鹚乡	●
250	仁字坑村	丽水市景宁县鸬鹚乡	●
251	山下村	丽水市景宁县鸬鹚乡	●
252	驮戥村	丽水市景宁县鸬鹚乡	●
253	徐崇村	丽水市景宁县鸬鹚乡	●
254	印章村	丽水市景宁县鸬鹚乡	●
255	陈坪村	丽水市景宁县毛垟乡	●
256	库头村	丽水市景宁县毛垟乡	●
257	炉西村	丽水市景宁县毛垟乡	●
258	毛垟村	丽水市景宁县毛垟乡	●
259	上沙湾村	丽水市景宁县毛垟乡	●
260	秋炉村	丽水市景宁县秋炉乡	●
261	新塘垟村	丽水市景宁县秋炉乡	●
262	道化村	丽水市景宁县沙湾镇	●
263	何处村	丽水市景宁县沙湾镇	●
264	季庄村	丽水市景宁县沙湾镇	●
265	李处村	丽水市景宁县沙湾镇	●
266	七里村	丽水市景宁县沙湾镇	●
267	小地村	丽水市景宁县沙湾镇	●
268	叶桥村	丽水市景宁县沙湾镇	●
269	张庄村	丽水市景宁县沙湾镇	●
270	高演村	丽水市景宁县梧桐乡	●●
271	雁溪村	丽水市景宁县雁溪乡	●
272	董川村	丽水市景宁县英川镇	●
273	黄谢圩村	丽水市景宁县英川镇	●
274	隆川村	丽水市景宁县英川镇	●
275	梅漈村	丽水市景宁县英川镇	●
276	王宅村	丽水市景宁县英川镇	●
277	英川村	丽水市景宁县英川镇	●
278	跃垟村	丽水市景宁县英川镇	●
279	吴布村	丽水市景宁县郑坑乡	●
280	碧湖镇	丽水市莲都区	●●
281	联济村	丽水市莲都区碧湖镇	●
282	堰头村	丽水市莲都区碧湖镇	●●
283	官岭村	丽水市莲都区大港头镇	●
284	库坑垟村	丽水市莲都区峰源乡	●
285	赛源村	丽水市莲都区峰源乡	●
286	夏庄村	丽水市莲都区峰源乡	●
287	西坑自然村	丽水市莲都区峰源乡庞山村	●
288	梁村村	丽水市莲都区老竹畲族镇	●
289	曳岭脚村	丽水市莲都区老竹畲族镇	●
290	官桥村	丽水市莲都区联城街道	●
291	梅田村	丽水市莲都区仙渡乡	●
292	龚山村	丽水市莲都区雅溪镇	●
293	库川村	丽水市莲都区雅溪镇	●
294	西溪村	丽水市莲都区雅溪镇	●●
295	上垟镇	丽水市龙泉市	●
296	住龙镇	丽水市龙泉市	●●
297	大舍村	丽水市龙泉市安仁镇	●●
298	湖尖下村	丽水市龙泉市安仁镇	●
299	季山头村	丽水市龙泉市安仁镇	●●
300	金蝉湖村	丽水市龙泉市安仁镇	●

序号	名　称	地　点	文保级别
301	李登村	丽水市龙泉市安仁镇	●(红)
302	双溪口村	丽水市龙泉市八都镇	●(红)
303	车盂村	丽水市龙泉市宝溪乡	●(红)
304	溪头村	丽水市龙泉市宝溪乡	●(黄)
305	内双溪村	丽水市龙泉市城北乡	●(红)
306	上田村	丽水市龙泉市城北乡	●(红)●(黄)
307	盛山后村	丽水市龙泉市城北乡	●(红)
308	荷上畈村	丽水市龙泉市道太乡	●(红)
309	锦安村	丽水市龙泉市道太乡	●(红)●(黄)
310	外翁村	丽水市龙泉市道太乡	●(红)
311	夏安村	丽水市龙泉市道太乡	●(红)
312	周际村	丽水市龙泉市剑池街道	●(红)
313	官埔垟村	丽水市龙泉市兰巨乡	●(红)●(黄)
314	梅地村	丽水市龙泉市兰巨乡	●(红)
315	大庄村	丽水市龙泉市龙南乡	●(红)
316	底村村	丽水市龙泉市龙南乡	●(红)
317	蛟垟村	丽水市龙泉市龙南乡	●(红)
318	金川村	丽水市龙泉市龙南乡	●(红)
319	龙井村	丽水市龙泉市龙南乡	●(红)
320	上南坑村	丽水市龙泉市龙南乡	●(红)
321	下田村	丽水市龙泉市龙南乡	●(红)
322	兴源村	丽水市龙泉市龙南乡	●(红)
323	杨山头村	丽水市龙泉市龙南乡	●(红)
324	垟尾村	丽水市龙泉市龙南乡	●(红)
325	车盘坑村	丽水市龙泉市屏南镇	●(红)
326	地畲村	丽水市龙泉市屏南镇	●(红)
327	横坑头村	丽水市龙泉市屏南镇	●(红)
328	库租坑村	丽水市龙泉市屏南镇	●(红)
329	南垟村	丽水市龙泉市屏南镇	●(红)
330	上畲村	丽水市龙泉市屏南镇	●(红)
331	石玄铺村	丽水市龙泉市屏南镇	●(红)
332	垟顺村	丽水市龙泉市屏南镇	●(红)
333	源底村	丽水市龙泉市上垟镇	●(红)
334	李山头村	丽水市龙泉市塔石街道	●(红)
335	炉地垟村	丽水市龙泉市塔石街道	●(红)
336	南弄村	丽水市龙泉市塔石街道	●(红)
337	宫头村	丽水市龙泉市西街街道	●(红)
338	下樟村	丽水市龙泉市西街街道	●(红)●(褐)
339	小梅镇	丽水市龙泉市	●(黄)
340	大窑村	丽水市龙泉市小梅镇	●(红)●(黄)●(灰)
341	黄南村	丽水市龙泉市小梅镇	●(红)
342	金村村	丽水市龙泉市小梅镇	●(红)●(黄)
343	孙坑村	丽水市龙泉市小梅镇	●(红)
344	柳山头村	丽水市龙泉市岩樟乡	●(红)●(黄)
345	安坑村	丽水市龙泉市竹垟畲族乡	●(红)
346	盖竹村	丽水市龙泉市竹垟畲族乡	●(红)●(黄)
347	西井村	丽水市龙泉市住龙镇	●(红)
348	阜山乡	丽水市青田县	●(黄)
349	安店村	丽水市青田县阜山乡	●(红)
350	陈宅村	丽水市青田县阜山乡	●(红)
351	仁庄村	丽水市青田县仁庄镇	●(黄)
352	考坑村	丽水市青田县石溪乡	●(红)
353	牛路坑村	丽水市青田县祯旺乡	●(红)
354	白柘洋村	丽水市庆元县官塘乡	●(红)
355	横坑村	丽水市庆元县官塘乡	●(红)
356	坝头村	丽水市庆元县江根乡	●(红)
357	箬坑村	丽水市庆元县江根乡	●(红)
358	岙里村	丽水市庆元县龙溪乡	●(红)
359	冯家山村	丽水市庆元县龙溪乡	●(红)
360	鱼川村	丽水市庆元县龙溪乡	●(红)
361	转水村	丽水市庆元县龙溪乡	●(红)
362	大济村	丽水市庆元县濛洲街道	●(红)●(褐)
363	九漈村	丽水市庆元县松源街道	●(红)
364	西川村	丽水市庆元县五大堡乡	●(红)
365	黄坛自然村	丽水市庆元县贤良镇黄淤村	●(红)
366	岙头村	丽水市庆元县张村乡	●(红)
367	后溪村	丽水市庆元县张村乡	●(红)
368	南阳村	丽水市庆元县张村乡	●(红)
369	古市镇	丽水市松阳县	●(黄)
370	西屏镇	丽水市松阳县	●(褐)●(灰)
371	玉岩镇	丽水市松阳县	●(黄)
372	安岱后村	丽水市松阳县安民乡	●(红)
373	大泮坑村	丽水市松阳县安民乡	●(红)
374	张山村	丽水市松阳县板桥畲族乡	●(红)
375	麒上自然村	丽水市松阳县板桥畲族乡大毛科村	●(红)
376	黄山头村	丽水市松阳县赤寿乡	●(红)
377	界首村	丽水市松阳县赤寿乡	●(红)●(黄)
378	蔡宅村	丽水市松阳县大东坝镇	●(红)
379	横樟村	丽水市松阳县大东坝镇	●(红)●(黄)
380	后宅村	丽水市松阳县大东坝镇	●(红)
381	六村村	丽水市松阳县大东坝镇	●(红)
382	七村村	丽水市松阳县大东坝镇	●(红)
383	小后畲村	丽水市松阳县大东坝镇	●(红)
384	燕田村	丽水市松阳县大东坝镇	●(红)

序号	名称	地点	文保级别
385	洋坑埠头村	丽水市松阳县大东坝镇	●
386	百鸟朝凰自然村	丽水市松阳县大东坝镇内大阴村	●
387	梨树下村	丽水市松阳县枫坪乡	●
388	钱余宝钱源旧处自然村	丽水市松阳县枫坪乡	●
389	沿坑岭头村	丽水市松阳县枫坪乡	●
390	山下阳村	丽水市松阳县古市镇	●●
391	呈回村	丽水市松阳县三都乡	●
392	后湾村	丽水市松阳县三都乡	●
393	黄岭根村	丽水市松阳县三都乡	●
394	里庄村	丽水市松阳县三都乡	●
395	毛源村	丽水市松阳县三都乡	●
396	上田村	丽水市松阳县三都乡	●
397	上源村	丽水市松阳县三都乡	●
398	上庄村	丽水市松阳县三都乡	●
399	松庄村	丽水市松阳县三都乡	●
400	下田村	丽水市松阳县三都乡	●
401	杨家堂村	丽水市松阳县三都乡	●
402	尹源村	丽水市松阳县三都乡	●
403	酉田村	丽水市松阳县三都乡	●●
404	周山头村	丽水市松阳县三都乡	●
405	紫草村	丽水市松阳县三都乡	●
406	桥头村	丽水市松阳县水南街道	●
407	陈家铺村	丽水市松阳县四都乡	●
408	平田村	丽水市松阳县四都乡	●
409	汤城村	丽水市松阳县四都乡	●
410	塘后村	丽水市松阳县四都乡	●
411	西坑村	丽水市松阳县四都乡	●
412	吴弄村	丽水市松阳县望松街道	●●
413	桐溪村	丽水市松阳县西屏街道	●
414	靖居村	丽水市松阳县象溪镇	●●
415	南州村	丽水市松阳县象溪镇	●
416	雅溪口村	丽水市松阳县象溪镇	●
417	东北头村	丽水市松阳县新兴镇	●
418	官岭村	丽水市松阳县新兴镇	●
419	平卿村	丽水市松阳县新兴镇	●
420	山甫村	丽水市松阳县新兴镇	●
421	张山头村	丽水市松阳县新兴镇	●
422	朱山村	丽水市松阳县新兴镇	●
423	庄后村	丽水市松阳县新兴镇	●
424	岗头自然村	丽水市松阳县新兴镇竹囮村	●
425	岱头村	丽水市松阳县叶村乡	●
426	斗米岙村	丽水市松阳县叶村乡	●
427	横坑村	丽水市松阳县叶村乡	●
428	南岱村	丽水市松阳县叶村乡	●
429	膳垄村	丽水市松阳县叶村乡	●
430	凤弄源村	丽水市松阳县裕溪乡	●
431	木岱坑村	丽水市松阳县裕溪乡	●
432	白麻山村	丽水市松阳县玉岩镇	●
433	大岭脚村	丽水市松阳县玉岩镇	●
434	何山头村	丽水市松阳县玉岩镇	●
435	交塘村	丽水市松阳县玉岩镇	●
436	玉岩村	丽水市松阳县玉岩镇	●●
437	吊坛村	丽水市松阳县斋坛乡	●
438	上坌村	丽水市松阳县斋坛乡	●
439	下坌村	丽水市松阳县斋坛乡	●
440	黄田村	丽水市松阳县樟溪乡	●
441	球坑村	丽水市松阳县樟溪乡	●
442	呈田村	丽水市松阳县竹源乡	●
443	横岗村	丽水市松阳县竹源乡	●
444	后畲村	丽水市松阳县竹源乡	●
445	黄上村	丽水市松阳县竹源乡	●
446	周岭根村	丽水市松阳县竹源乡	●
447	王村口镇	丽水市遂昌县	●
448	徐村村	丽水市遂昌县垵口乡	●
449	苏村村	丽水市遂昌县北界镇	●●
450	下坪自然村	丽水市遂昌县北界镇淤弓村	●
451	蔡和村	丽水市遂昌县蔡源乡	●
452	大柯村	丽水市遂昌县蔡源乡	●●
453	车前村	丽水市遂昌县大柘镇	●
454	茶树坪村	丽水市遂昌县高坪乡	●
455	淡竹村	丽水市遂昌县高坪乡	●
456	福罗淤村	丽水市遂昌县湖山乡	●
457	姚岭村	丽水市遂昌县湖山乡	●
458	奕山村	丽水市遂昌县湖山乡	●
459	大畈自然村	丽水市遂昌县湖山乡三归村	●
460	大洞源村	丽水市遂昌县黄沙腰镇	●
461	黄沙腰村	丽水市遂昌县黄沙腰镇	●●
462	独山村	丽水市遂昌县焦滩乡	●●●
463	横坑村	丽水市遂昌县濂竹乡	●
464	千义坑村	丽水市遂昌县濂竹乡	●
465	治岭头村	丽水市遂昌县濂竹乡	●
466	小岱自然村	丽水市遂昌县濂竹乡大竹小岱村	●
467	汤山头自然村	丽水市遂昌县妙高街道仙岩村	●
468	阴坑自然村	丽水市遂昌县妙高街道仙岩村	●

序号	名称	地点	文保级别
469	柳村村	丽水市遂昌县石练镇	🔴
470	举淤口村	丽水市遂昌县西畈乡	🔴
471	蕉川村	丽水市遂昌县新路湾镇	🟡
472	斋堂下自然村	丽水市遂昌县应村乡竹溪村	🔴
473	长濂村	丽水市遂昌县云峰街道	🔴🟡
474	黄处村	丽水市云和县安溪乡	🔴
475	坑根村	丽水市云和县崇头镇	🔴
476	坑下村	丽水市云和县崇头镇	🔴
477	沙铺村	丽水市云和县崇头镇	🔴
478	叶山头村	丽水市云和县崇头镇	🔴
479	桑岭村	丽水市云和县石塘镇	🔴🟡
480	竹子坪村	丽水市云和县石塘镇	🔴
481	包山村	丽水市云和县元和街道	🔴
482	梅垮村	丽水市云和县元和街道	🔴
483	观海卫镇	宁波市慈溪市	🟤
484	方家河头村	宁波市慈溪市龙山镇	🔴🟤🟡
485	龙山所村	宁波市慈溪市龙山镇	🟡
486	山下村	宁波市慈溪市龙山镇	🟡🔵
487	洪魏村	宁波市慈溪市掌起镇	🟡
488	溪口镇	宁波市奉化区	🟡🔵
489	大堰村	宁波市奉化区大堰镇	🔴
490	董家村	宁波市奉化区大堰镇	🔴🟡
491	马头村	宁波市奉化区裘村镇	🔴🟡
492	苕霅村	宁波市奉化区尚田街道	🔴
493	葛竹村	宁波市奉化区溪口镇	🟡
494	栖霞坑村	宁波市奉化区溪口镇	🔴
495	岩头村	宁波市奉化区溪口镇	🔴🟡
496	西坞村	宁波市奉化区西坞街道	🔴
497	青云村	宁波市奉化区萧王庙街道	🔴🟡
498	李家坑村	宁波市海曙区章水镇	🔴🟤🟡
499	蜜岩村	宁波市海曙区章水镇	🔴🟡
500	慈城镇	宁波市江北区	🟤🟡🔵
501	半浦村	宁波市江北区慈城镇	🟡
502	前童镇	宁波市宁海县	🟤🟡
503	许家山村	宁波市宁海县茶院乡	🟤
504	许民村	宁波市宁海县茶院乡	🔴
505	西岙村	宁波市宁海县长街镇	🔴
506	力洋村	宁波市宁海县力洋镇	🔴🟡
507	河洪村	宁波市宁海县梅林街道	🟡
508	峡山自然村	宁波市宁海县强蛟镇峡山社区	🔴🟡
509	麻岙村	宁波市宁海县桑洲镇	🟡
510	龙宫村	宁波市宁海县深甽镇	🔴🟤🟡🔵
511	马岙村	宁波市宁海县深甽镇	🟡
512	清潭村	宁波市宁海县深甽镇	🔴🔵
513	东岙村	宁波市宁海县一市镇	🔴🟡
514	箬岙村	宁波市宁海县一市镇	🔴
515	梅枝田村	宁波市宁海县越溪乡	🔴
516	石浦镇	宁波市象山县	🟤🟡
517	东陈村	宁波市象山县东陈乡	🟡
518	墙头村	宁波市象山县墙头镇	🔴🟡
519	溪里方村	宁波市象山县墙头镇	🟡
520	东门渔村	宁波市象山县石浦镇	🔴🟡
521	儒雅洋村	宁波市象山县西周镇	🟡
522	黄埠村	宁波市象山县晓塘乡	🟡
523	韩岭村	宁波市鄞州区东钱湖镇	🟡
524	陶公村、建设村、利民村	宁波市鄞州区东钱湖镇	🟡
525	勤勇村	宁波市鄞州区东吴镇	🔴
526	大西坝村	宁波市鄞州区高桥镇	🟡
527	新庄村	宁波市鄞州区高桥镇	🟡
528	凤岙村	宁波市鄞州区横街镇	🟡
529	走马塘村	宁波市鄞州区姜山镇	🔴🟤🟡
530	上周村	宁波市鄞州区塘溪镇	🟡
531	童夏家村	宁波市鄞州区塘溪镇	🔴🟡
532	梁弄镇	宁波市余姚市	🟡🔵
533	临山镇	宁波市余姚市	🟡
534	泗门镇	宁波市余姚市	🟡
535	鄞江镇	宁波市余姚市	🟡
536	柿林村	宁波市余姚市大岚镇	🔴🟤🟡
537	金冠村	宁波市余姚市梨洲街道	🔴🟡
538	中村村	宁波市余姚市鹿亭乡	🔴🟡
539	十七房村	宁波市镇海区澥浦镇	🟡
540	芳村镇	衢州市常山县	🟡
541	球川镇	衢州市常山县	🟡
542	东案村	衢州市常山县东案乡	🟡
543	金源村	衢州市常山县东案乡	🔴🟡
544	芳村村	衢州市常山县芳村镇	🔴🟡
545	大埂村	衢州市常山县辉埠镇	🔴
546	江家村	衢州市常山县青石镇	🔴
547	球川村	衢州市常山县球川镇	🔴
548	同弓山村	衢州市常山县同弓乡	🔴
549	五里村	衢州市常山县招贤镇	🔴
550	廿八都镇	衢州市江山市	🟤🟡🔵
551	清湖街道	衢州市江山市	🟡
552	保安村	衢州市江山市保安乡	🟡

序号	名　称	地　点	文保级别
553	大陈村	衢州市江山市大陈乡	🔴🟤
554	凤里村	衢州市江山市凤林镇	🟠
555	茅坂村	衢州市江山市凤林镇	🟠
556	南坞村	衢州市江山市凤林镇	🔴🟤🟠
557	枫溪村	衢州市江山市廿八都镇	🔴
558	花桥村	衢州市江山市廿八都镇	🔴
559	浔里村	衢州市江山市廿八都镇	🔴
560	清湖三村	衢州市江山市清湖街道	🔴
561	清湖一村	衢州市江山市清湖街道	🔴
562	江郎山村	衢州市江山市石门镇	🔴
563	清漾村	衢州市江山市石门镇	🔴🟤🟠
564	洪福村	衢州市江山市塘源口乡	🔴
565	柴村村	衢州市江山市峡口镇	🔴🟠
566	枫石村	衢州市江山市峡口镇	🔴
567	广渡村	衢州市江山市峡口镇	🔴
568	三卿口村	衢州市江山市峡口镇	🔴🔵
569	勤俭村	衢州市江山市新塘边镇	🟠
570	先锋村	衢州市江山市张村乡	🔴
571	秀峰村	衢州市江山市张村乡	🔴
572	张村村	衢州市江山市张村乡	🟠
573	马金镇	衢州市开化县	🟠
574	高田坑村	衢州市开化县长虹乡	🔴
575	陆联村	衢州市开化县何田乡	🔴
576	姜坞村	衢州市开化县林山乡	🔴
577	霞山村	衢州市开化县马金镇	🔴🟤🟠
578	霞田村	衢州市开化县马金镇	🔴
579	龙门村	衢州市开化县齐溪镇	🔴🟠
580	读经源自然村	衢州市开化县音坑乡儒山村	🔴
581	沟溪村	衢州市柯城区沟溪乡	🔴
582	北二村	衢州市柯城区航埠镇	🔴
583	墩头村	衢州市柯城区航埠镇	🔴
584	园林村	衢州市柯城区华墅乡	🔴
585	妙源村	衢州市柯城区九华乡	🔴🟠
586	新宅村	衢州市柯城区九华乡	🔴🟠
587	源口村	衢州市柯城区九华乡	🔴
588	双溪村	衢州市柯城区石梁镇	🔴
589	湖镇镇	衢州市龙游县	🟠🔵
590	溪口镇	衢州市龙游县	🟠
591	祝家自然村	衢州市龙游县大街乡方旦村	🔴
592	天池村	衢州市龙游县横山镇	🟠
593	志棠村	衢州市龙游县横山镇	🟠
594	星火村	衢州市龙游县湖镇镇	🔴🔵
595	张家埠村	衢州市龙游县湖镇镇	🟠
596	庙下村	衢州市龙游县庙下乡	🟠
597	社里村	衢州市龙游县沐尘畲族乡	🔴
598	双戴村	衢州市龙游县沐尘畲族乡	🔴
599	大公村	衢州市龙游县社阳乡	🟠
600	源头村	衢州市龙游县社阳乡	🟠
601	三门源村	衢州市龙游县石佛乡	🔴🟤
602	西金源村	衢州市龙游县石佛乡	🔴🟠
603	泽随村	衢州市龙游县塔石镇	🔴🟤🟠
604	灵山村	衢州市龙游县溪口镇	🔴🟤🟠
605	灵下村	衢州市龙游县溪口镇	🔴
606	鸿陆夏村	衢州市龙游县小南海镇	🟠
607	杜泽镇	衢州市衢江区	🟠
608	全旺镇	衢州市衢江区	🟠
609	破石村	衢州市衢江区湖南镇	🔴🟠
610	大丘田自然村	衢州市衢江区湖南镇山尖岙村	🔴
611	茶坪村	衢州市衢江区黄坛口乡	🔴
612	翁源村	衢州市衢江区举村乡	🔴
613	洋坑村	衢州市衢江区举村乡	🔴
614	赖家村	衢州市衢江区岭洋乡	🔴
615	车塘村	衢州市衢江区云溪乡	🔴🟠
616	安昌镇	绍兴市柯桥区	🟤🟠
617	柯桥街道	绍兴市柯桥区	🟠
618	冢斜村	绍兴市柯桥区稽东镇	🔴🟤
619	紫洪山村	绍兴市柯桥区兰亭镇	🔴
620	王化村	绍兴市柯桥区平水镇	🟠
621	双叶村	绍兴市柯桥区夏履镇	🔴
622	丰惠镇	绍兴市上虞区	🟠
623	梁宅村	绍兴市上虞区岭南乡	🔴
624	董家山村	绍兴市上虞区上浦镇	🔴
625	崇仁镇	绍兴市嵊州市	🟤🟠🔵
626	小昆村	绍兴市嵊州市长乐镇	🔴
627	崇仁六村	绍兴市嵊州市崇仁镇	🔴🔵
628	七八村	绍兴市嵊州市崇仁镇	🔴🔵
629	黄胜堂村	绍兴市嵊州市甘霖镇	🔴
630	华堂村	绍兴市嵊州市金庭镇	🔴🟠
631	楼家村	绍兴市嵊州市石璜镇	🔴
632	松明培村	绍兴市嵊州市通源乡	🔴
633	泉岗村	绍兴市嵊州市下王镇	🔴🟠
634	竹溪村	绍兴市嵊州市竹溪乡	🔴🟠
635	回山村	绍兴市新昌县回山镇	🔴
636	上下宅村	绍兴市新昌县回山镇	🟠

序号	名　称	地　点	文保级别
637	外婆坑村	绍兴市新昌县镜岭镇	●
638	西坑村	绍兴市新昌县镜岭镇	●
639	梅渚村	绍兴市新昌县梅渚镇	●
640	班竹村	绍兴市新昌县南明街道	●
641	南山村	绍兴市新昌县儒岙镇	●
642	东浦镇	绍兴市越城区	●●
643	东浦村	绍兴市越城区东浦街道	●●
644	枫桥镇	绍兴市诸暨市	●●
645	次坞村	绍兴市诸暨市次坞镇	●
646	斯宅村	绍兴市诸暨市东白湖镇	●●●
647	溪北村	绍兴市诸暨市璜山镇	●
648	金杜岭村	绍兴市诸暨市暨南街道	●
649	新胜村	绍兴市诸暨市暨南街道	●
650	周村村	绍兴市诸暨市暨南街道	●
651	十四都村	绍兴市诸暨市五泄镇	●
652	紫阆村	绍兴市诸暨市应店街道	●
653	路桥区	台州市	●
654	潮济村	台州市黄岩区北洋镇	●
655	半山村	台州市黄岩区富山乡	●
656	下街村	台州市黄岩区茅畲乡	●●
657	乌岩头村	台州市黄岩区宁溪镇	●
658	头陀居村	台州市黄岩区头陀镇	●
659	布袋坑村	台州市黄岩区屿头乡	●
660	大小浦村	台州市椒江区大陈镇	●
661	横河陈村	台州市椒江区下陈街道	●
662	桃渚镇	台州市临海市	●●
663	尤溪镇	台州市临海市	●
664	大泛村	台州市临海市白水洋镇	●
665	龙泉村	台州市临海市白水洋镇	●
666	前塘村	台州市临海市白水洋镇	●
667	西洋庄村	台州市临海市白水洋镇	●
668	呈岐村	台州市临海市东塍镇	●
669	岭根村	台州市临海市东塍镇	●●●
670	坦头村	台州市临海市东塍镇	●
671	殿前村	台州市临海市河头镇	●
672	下湾村	台州市临海市河头镇	●
673	孔坵村	台州市临海市汇溪镇	●
674	善家洋村	台州市临海市汇溪镇	●
675	岙底罗村	台州市临海市江南街道	●
676	黄石坦村	台州市临海市括苍镇	●
677	张家渡村	台州市临海市括苍镇	●
678	年坑村	台州市临海市邵家渡街道	●
679	城里村	台州市临海市桃渚镇	●●●
680	胜坑村	台州市临海市小芝镇	●
681	石牛坑自然村	台州市临海市小芝镇桥头村	●
682	南蒋村	台州市临海市沿江镇	●
683	东屏村	台州市三门县横渡镇	●●
684	岩下村	台州市三门县横渡镇	●
685	高枧村	台州市三门县朱岙镇	●
686	街头镇	台州市天台县	●
687	后岸村	台州市天台县街头镇	●
688	街二村	台州市天台县街头镇	●●
689	九遮村	台州市天台县街头镇	●
690	山头郑村	台州市天台县南屏乡	●●
691	上杨村	台州市天台县南屏乡	●
692	张思村	台州市天台县平桥镇	●●●
693	迹溪村	台州市天台县石梁镇	●
694	灵坑村	台州市天台县泳溪乡	●
695	温峤镇	台州市温岭市	●
696	新河镇	台州市温岭市	●●
697	东海村	台州市温岭市石塘镇	●
698	东山村	台州市温岭市石塘镇	●
699	里箬村	台州市温岭市石塘镇	●
700	箬山镇	台州市温岭市石塘镇	●
701	横溪镇	台州市仙居县	●
702	皤滩镇	台州市仙居县	●●
703	高迁村	台州市仙居县白塔镇	●●
704	厚仁中街村	台州市仙居县白塔镇	●●
705	西炉村	台州市仙居县步路乡	●
706	埠头村	台州市仙居县埠头镇	●
707	十都英二村	台州市仙居县埠头镇	●
708	西亚村	台州市仙居县埠头镇	●
709	白岩下村	台州市仙居县大战乡	●
710	大战索村	台州市仙居县大战乡	●
711	尚仁村	台州市仙居县淡竹乡	●
712	油溪村	台州市仙居县淡竹乡	●
713	三井村	台州市仙居县广度乡	●
714	祖庙村	台州市仙居县广度乡	●
715	苍岭坑村	台州市仙居县横溪镇	●
716	上江垟村	台州市仙居县横溪镇	●
717	溪头村	台州市仙居县横溪镇	●
718	管山村	台州市仙居县南峰街道	●
719	枫树桥村	台州市仙居县皤滩乡	●
720	山下村	台州市仙居县皤滩乡	●

序号	名　称	地　点	文保级别
721	上街下街村	台州市仙居县皤滩乡	红●
722	方宅村	台州市仙居县淑山乡	红●
723	四都村	台州市仙居县淑山乡	红●
724	滕山村	台州市仙居县上张乡	红●
725	马安山自然村	台州市仙居县上张乡上张村	红●
726	滕庄自然村	台州市仙居县上张乡西片村	红●
727	上王村	台州市仙居县双庙乡	红●
728	公盂村	台州市仙居县田市镇	红●
729	九思村	台州市仙居县田市镇	红●
730	李宅村	台州市仙居县田市镇	红●黄●
731	垟墺村	台州市仙居县田市镇	红●
732	仁庄村	台州市仙居县溪港乡	红●
733	羊棚头村	台州市仙居县下各镇	红●黄●
734	上岙村	台州市仙居县朱溪镇	红●
735	兴隆村	台州市仙居县朱溪镇	红●
736	朱家岸村	台州市仙居县朱溪镇	红●
737	朱溪村	台州市仙居县朱溪镇	红●
738	楚门镇	台州市玉环市	黄●
739	白马岙村	台州市玉环市干江镇	红●
740	炮台村	台州市玉环市干江镇	红●
741	矾山镇	温州市苍南县	黄●绿●
742	金乡镇	温州市苍南县	黄●
743	福德湾村	温州市苍南县矾山镇	红●褐●绿●
744	鲸头村	温州市苍南县龙港镇	红●
745	金城村	温州市苍南县马站镇	红●黄●
746	龙门村	温州市苍南县马站镇	红●黄●
747	矴步头村	温州市苍南县桥墩镇	红●黄●
748	碗窑村	温州市苍南县桥墩镇	红●褐●
749	黄坑村	温州市瓯海区泽雅镇	黄●
750	水碓坑村	温州市瓯海区泽雅镇	红●黄●
751	顺溪镇	温州市平阳县	褐●黄●
752	腾蛟镇	温州市平阳县	黄●
753	鸣山村	温州市平阳县昆阳镇	黄●
754	青街－睦源村	温州市平阳县青街乡	黄●
755	顺溪村	温州市平阳县顺溪镇	红●黄●绿●
756	林垟镇	温州市瑞安市	黄●
757	黄林村	温州市瑞安市湖岭镇	红●
758	均路村	温州市瑞安市湖岭镇	红●
759	泗溪镇	温州市泰顺县	黄●绿●
760	筱村镇	温州市泰顺县	黄●
761	上交垟村	温州市泰顺县罗阳镇	红●
762	仙居村	温州市泰顺县罗阳镇	红●绿●
763	洲滨村	温州市泰顺县罗阳镇	红●
764	台边村	温州市泰顺县司前畲族镇	红●
765	左溪村	温州市泰顺县司前畲族镇	红●
766	下桥村	温州市泰顺县泗溪镇	红●绿●
767	东垟村	温州市泰顺县筱村镇	红●
768	库村村	温州市泰顺县筱村镇	红●
769	徐岙村	温州市泰顺县筱村镇	红●
770	百福岩村、塔头底村	温州市泰顺县雅阳镇	黄●
771	朱川村	温州市文成县珊溪镇	红●
772	东方村	温州市文成县峃口镇	红●
773	枫林镇	温州市永嘉县	黄●
774	岩头镇	温州市永嘉县	褐●黄●
775	埭头村	温州市永嘉县大箬岩镇	黄●
776	黄南村	温州市永嘉县岩坦镇	红●
777	岩龙村	温州市永嘉县岩坦镇	红●黄●
778	屿北村	温州市永嘉县岩坦镇	红●褐●
779	张溪村	温州市永嘉县岩坦镇	红●
780	苍坡村	温州市永嘉县岩头镇	红●黄●
781	芙蓉村	温州市永嘉县岩头镇	红●绿●
782	蒲岐镇	温州市乐清市	黄●
783	黄塘村	温州市乐清市淡溪镇	黄●
784	北阁村	温州市乐清市仙溪镇	黄●
785	南阁村	温州市乐清市仙溪镇	红●褐●绿●
786	黄檀硐村	温州市乐清市乐成街道	红●黄●
787	东沙镇	舟山市岱山县	褐●黄●
788	东沙村	舟山市岱山县东沙镇	红●褐●
789	马岙镇	舟山市定海区	黄●
790	里钓山村	舟山市定海区岑港镇	黄●
791	大鹏岛村	舟山市定海区金塘镇	红●黄●
792	庙子湖自然村	舟山市普陀区东极镇东极社区	红●
793	峙岙村	舟山市嵊泗县黄龙乡	黄●

注：

- 红● 中国传统村落
- 褐● 中国历史文化名村（镇）
- 黄● 浙江省历史文化名村（镇）
- 绿● 全国重点文物保护单位

图书在版编目（CIP）数据
中华古村落·浙江卷 / 丁俊清著 .—南京：江苏凤凰教育出版社，2021.12
ISBN 978-7-5499-9705-3
Ⅰ . ①中… Ⅱ . ①丁… Ⅲ . ①村落—介绍—浙江 Ⅳ . ① K928.5
中国版本图书馆 CIP 数据核字 (2021) 第 268345 号

书　　名　中华古村落·浙江卷
作　　者　丁俊清
责任编辑　樊曼莉
装帧设计　周　晨　孙宁宁
责任校对　刘国颖
出版发行　江苏凤凰教育出版社（南京市湖南路 1 号 A 楼　邮编 210009）
苏教网址　http://www.1088.com.cn
照　　排　南京新华丰制版有限公司
印　　刷　上海雅昌艺术印刷有限公司
厂　　址　上海市嘉定区嘉罗公路 1022 号
开　　本　889mm × 1194mm　1/16
印　　张　20
版　　次　2021 年 12 月第 1 版
印　　次　2021 年 12 月第 1 次印刷
书　　号　ISBN 978-7-5499-9705-3
定　　价　460.00 元
网店地址　http://jsfhjycbs.tmall.com
公 众 号　江苏凤凰教育出版社（微信号：jsfhjyfw）
邮购电话　025-85406265，025-85400774，短信 02585420909
盗版举报　025-83658579

总序

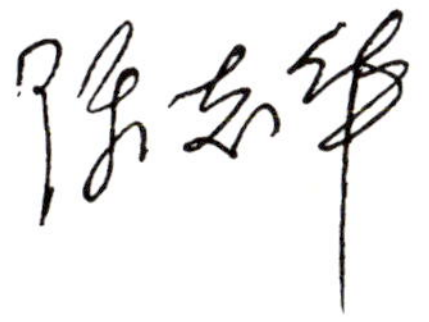

中国有着非常漫长的自然农业历史，传统的中华文明，基本上是农业文明。农业文明的基础是乡村的社会生活。在广阔的乡土社会里，以农民为主，加上小手工业者、小商贩、在乡知识分子和少数退休还乡的官吏，一起创造了像海洋般深厚瑰丽的乡土文化。比起庙堂文化、士大夫文化和市井文化来，乡土文化是绝大多数人创造的文化，为绝大多数人服务。乡土文化依赖于土地，是一种地域性文化，它不像庙堂文化、士大夫文化和市井文化那样有强烈的趋同性，它千变万化，更丰富多彩，是中华民族文化遗产中还没有被充分开发的宝藏。没有乡土文化的中国文化史是残缺不全的，不研究乡土文化就不能真正了解我们这个民族。

乡土建筑是乡土生活的舞台和物质环境，它是乡土文化最普遍存在的、信息含量最大的组成部分。它的综合度最高，紧密联系着许多其他乡土文化要素，甚或是它们的重要载体。不研究乡土建筑就不能完整地认识乡土文化，甚至可以说，乡土建筑研究是乡土文化系统研究的基础。

乡土建筑当然也是中国传统建筑最朴实、最率真、最生活化、最富有人情味的一部分，不仅有很高的历史文化价值，对建筑工作者来说，还可能有一些直接的借鉴价值。没有乡土建筑的中国建筑史是残缺不全的。

有一个漫长的历史时期，中国的经济、文化中心在农村。农村里建筑品类之多样胜过一般的城市，连书院、藏书楼、寺庙也大多在农村，更不必提路亭、磨坊、水碓、畜舍之类的了。雕梁画栋、琐窗朱户也并不次于城里。但是，乡土建筑优秀遗产的价值还远远没有被正确而充分地认识。一个物种的灭绝是巨大的损失，一种文化的灭绝岂不是更大的损失？大熊猫、金丝猴的保护已经是全人类关注的大事，我们的乡土建筑却正在以极快的速度、极大的规模被破坏着，我们正无可奈何地失去它们。

我们无力回天，但我们决心用全部的精力立即抢救性地做些乡土建筑的研究工作。

我们的乡土建筑研究从聚落下手。这是因为，绝大多数的乡民生活在特定的封建宗法制的社区中，所以，乡土建筑的基本存在方式是形成聚落。作为与乡民们社会生活的各个侧面相对应的物质条件，聚落中的乡土建筑包含着许多种类，有居住建筑，有礼制建筑，有寺庙建筑，有商业建筑，有公益建筑，也有文教建筑，等等。当然更有农业、手工业所必须的建筑，例如磨坊、水碓、染房、畜舍、粮仓之类。几乎每一类建筑都构成一个或大或小的系统。例如宗庙，有总祠、房祠、支祠、香火堂和祖屋；例如文教建筑，有家塾、义塾、书院、文昌（奎星）阁、文峰塔、进士牌楼、功名桅杆、戏台；生产性建筑则有陶瓷窑、抄纸作坊、竹木店、染坊、铁匠铺、油榨坊等等。这些建筑系统在聚落中形成一个有机的大系统，这个大系统规定着聚落的结构，使它成为功能完备的整体，满足一定社会历史条件下乡民们物质的和精神的生活需求，以及社会的制度性需求。打个比方，聚落好像物质的分子，分子是具备了某种物质的全部性质的最小的单元，聚落就是社会的这种最小单元。我们以完整的聚落作为研究乡土建筑的对象。这个研究目标本身规定了研究的基本方法，即以田野调查为主，结合文献考查。

乡土生活赋予乡土建筑丰富的文化内涵，我们力求把乡土建筑与乡土生活联系起来研究，因此便是把乡土建筑当作乡土文化的基本部分来研究。聚落的建筑大系统是一个有机整体，我们力求把研究的重点放在聚落的整体上，放在各种建筑与整体的关系及它们之间的相互关系上，放在聚落整体及它们的各个部分与自然环境和历史环境的关系上。乡土文化不是孤立的，它参与形成庙堂文化、士大夫文化、市井文化的共同基础，和它们都有千丝万缕的关系。乡土生活不是完全封闭的，它与一个历史时代整个社会的各个生活领域也有千丝万缕的关系。我们力求在这些关系中研究乡土建筑。例如，明代初年“九边”的乡土建筑随军事形势的张弛而变化，明代末年江南和晋中的乡土建筑随着商品经济的发展而有很大的变化等等。聚落是在比较长的时期里定型的，这个发展过程蕴含着丰富的历史文化内容，我们也希望有足够的资料可以让我们对聚落做动态的研究。总之，我们的研究方法综合了建筑学的、历史学的、民俗学的、社会学的、文化人类学的各种方法。方法的综合性是由乡土社会和建筑固有的复杂性与外部联系的多方位性决定的。

因为我们的研究是抢救性的，所以我们不选已经名闻天下的聚落作为研究课题，而去发掘一些默默无闻但很有历史价值的聚落。这样的选题很难：聚落要发育得成熟一些，建筑类型比较完全，建筑质量好，有家谱、碑铭之类的文献资料。当然聚落最好还保存得相当完整，老的没有太大的损坏，新的又没有太多的增加。从系列化的研究来说，更希望聚落在各个层次上都有类型性的变化：有纯农业村，有手工业村，有从农业向商业、手工业转化的村；有窑洞村，有雕梁画栋的村；有山头村，有河边村；有马头墙参差的，也有吊脚楼错落的；还有不同地区不同民族的，等等。这样才能一步步接近中国乡土建筑的全貌，虽然这个路程非常漫长。选题的时候，要区分各个层次上的类别和性质，我们使用了细致的比较法，就是要找出各个聚落的特征性因子，这些因子相互之间要有可比性，要在聚落内部有特殊性，要在类型之间或类型内部有普遍性。我们不仅尽可能选取不同的角度和重点，还力求写出每个聚落的特殊性，而不是去把它纳入一般化的模子里。只有写出每个题材的特殊性，才能多少写出一点点中国乡土建筑的丰富性和多样性。所以，挖掘题材的特殊性，是我们着手研究的切入点，必须下比较大的工夫。类型性和个体性的挖掘，也都要靠细致运用比较的方法。

虽然我们只能从汪洋大海中取得一勺水，这勺水毕竟带着海洋的全部滋味。希望我们的书能够引起读者们对乡土建筑的兴趣，有更多的人乐于来研究它们，进而能有选择地保护其中最有价值的一部分，使它们免被彻底毁灭。

2013年夏日

目录

概述

一、河南古村落的历史背景

1. 河南的自然环境

河南辖境大部位于黄河以南，全省总人口过亿，是中国第一人口大省，简称“豫”。又有“中州”“中原”之称，省会郑州市。位于华北平原南部，黄河的中、下游地区，地势西、西北大部高，东、东南低，平原盆地、山区丘陵面积分别约占全省土地总面积的一半。

河南平原广袤，气候条件适中，有耕地面积7万多平方千米，占全国的6.24%，仅次于黑龙江、四川和内蒙古，居全国第4位，是重要的农畜产品生产省份。全省年平均气温一般在12℃—16℃之间，年平均降水量约为500—900毫米，南部及西部山地较多，大别山区可达1100毫米以上。全年降水的50%集中在夏季，常有暴雨。

2. 河南的历史文化

河南地处中原，文化积淀深厚，全境16.70万平方千米土地上，分布着28000多处地上地下文物点，其中世界历史文化遗产3处，国家级重点文物保护单位526处，地上文物占全国第二，地下文物名列全国第一。

河南是中华民族的主要发祥地之一，距今五六十万年以前，中原地区就有了人类活动。中原地区有着丰富的裴李岗文化、仰韶文化、龙山文化等史前文化遗存。从中国第一个世袭王朝夏朝建都于河南偃师，至清王朝覆灭的4000余年历史中，河南处于全国政治、经济、文化的中心地域长达3000年，经济社会文化发展曾几度鼎盛，先后有20多个朝代建都于此。中原地区是中国传统思想的萌发和荟萃之地，春秋战国时期，道家、儒家、墨家、名家、兵家、法家、纵横家等在此活跃。

由于河南地理环境、气候条件、人类活动等差异，河南地区在远古和三代时期又分为多个酋邦、方国、封国，加之族群的影响，河南地区西、北、东、南、中五个区域可相应分为河洛文化区、河内文化区、黄淮文化区、楚文化区和天中文化区。这些子文化区域间的交流、竞争，从内部促进了中原文化的形成和发展，也形成了河南传统村落的地方性特色。

二、河南古村落的历史沿革

在河南渑池仰韶村、郑州大河村、淅川下王岗、灵宝西坡等遗址考古发掘中，已发现村落产生的雏形。说明公元前5000年至前3000年，

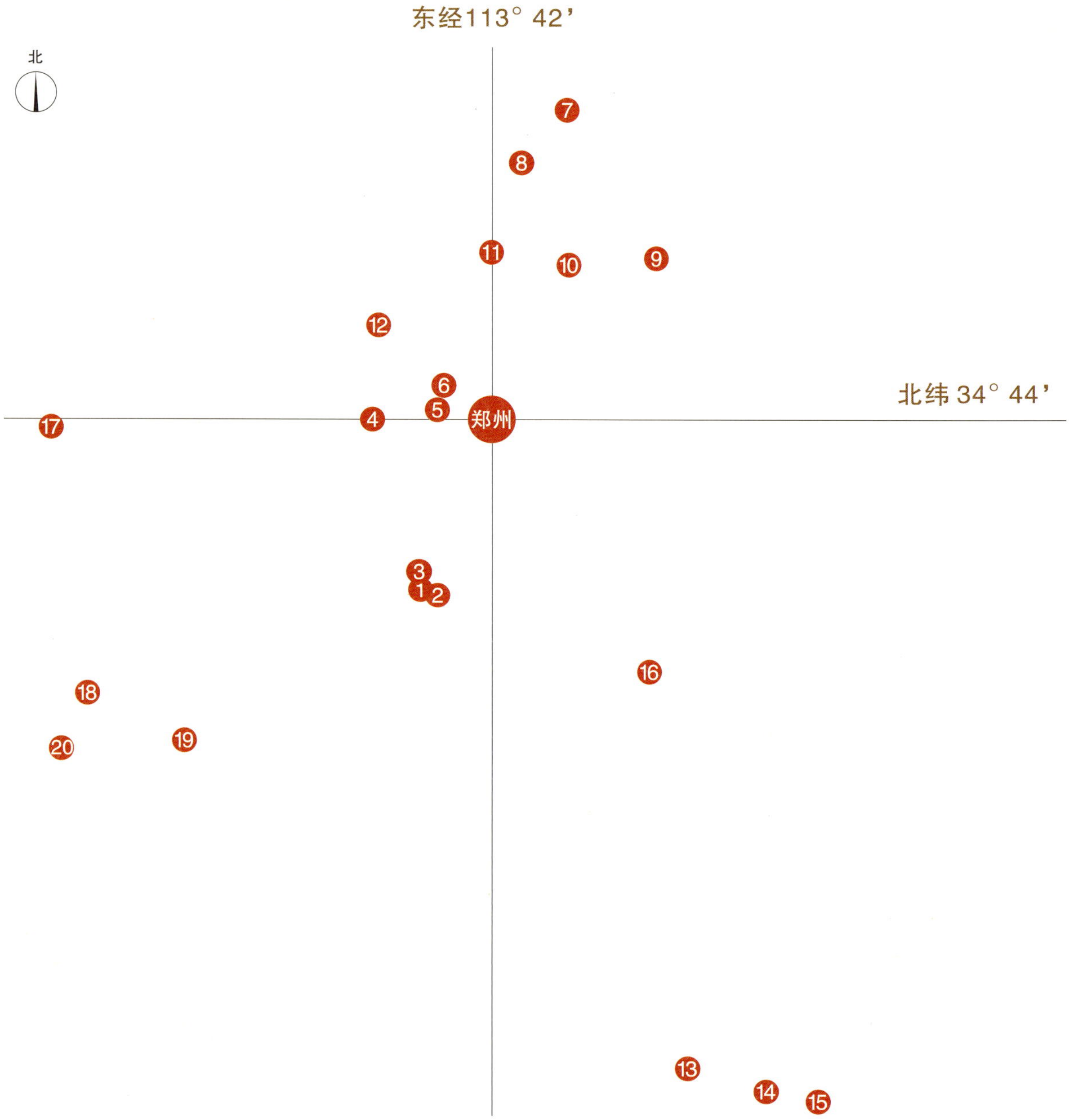

⊙本书所收录河南省古村落分布示意图

① 平顶山市郏县堂街镇临沣寨
② 平顶山市郏县李口镇张店村
③ 平顶山市郏县冢头镇李渡口村
④ 郑州市巩义市康店镇康南村
⑤ 郑州市荥阳市高村乡油坊村
⑥ 郑州市上街区方顶村
⑦ 安阳市安阳县蒋村镇西蒋村
⑧ 安阳市林州市任村镇任村
⑨ 安阳市滑县道口镇顺南街村
⑩ 新乡市卫辉市狮豹头乡小店河村
⑪ 新乡市辉县市沙窑乡郭亮村
⑫ 焦作市博爱县苏家作乡寨卜昌村
⑬ 信阳市新县八里畈镇神留桥村丁李湾村
⑭ 信阳市新县周河乡毛铺村
⑮ 信阳市商城县长竹园乡张花店村何家冲
⑯ 周口市商水县邓城镇邓西村
⑰ 三门峡市陕县西张村镇庙上村
⑱ 南阳市西峡县寨根乡方庄村
⑲ 南阳市内乡县岞岫镇吴垭村
⑳ 南阳市淅川县荆紫关镇

处于黄河中游新石器时期的河南仰韶文化，农业生产活动已较为发达，社会分工开始出现，人们过着相对稳定的定居生活，固定村落扩大并稠密起来，一夫一妻为基础的家庭出现，父系氏族形成，能够组织大量劳力进行筑城活动。如郑州西山仰韶文化遗址，是中原最古老的圆形城址，属于从仰韶文化早中期的环壕聚落到龙山时代方形城制的过渡形态，距今约5300年，也是中国最早使用夹板夯筑技术构筑城墙的古城。距今约4600年前，为了争夺适于放牧和浅耕的中原地带，黄帝与蚩尤在今河北省涿县一带展开了断杀，黄帝“剥林木以战”“以玉（石）为兵”，最终将蚩尤擒杀。这就是中国历史上见于记载的最早的“战争”——涿鹿之战，显示出在战争形式的逼迫下氏族制度向国家机制的转化。而商代的城邑已不是单纯的聚居点，已发展成为有“城”有“市”的城镇了。在已知的商代70多个城邑中，有近30个分布在河南境内，其中大部分发展成为建制镇。周王朝是奴隶制社会的全盛时期，河南村镇随着社会经济的发展而迅速增加。周成王七年（前1056），周公姬旦营建洛邑，建王城（今洛阳市区）和下都（今洛阳白马寺镇东）二城，各地诸侯城邑也发展较快。到西周时期，曾先后分封大小诸侯国1200多个，经兼并发展后还有140多个，其中河南境内有50多个，分布在全省各地。到春秋时期，河南已拥有城邑200多个，经诸侯战乱兼并，后期尚剩100多个。但城邑规模进一步扩大，如魏都大梁（今开封市）方圆超过10千米，人口约20万。宋都睢阳、韩都阳翟、楚都宛陈等范围均超过5平方千米。秦统一六国后，建立了中央集权制国家，实行郡县制。到东汉末年，河南境内除洛阳外，郡县级城镇已有150多个，并有一批小型集市贸易网点，初步形成了完整的都城、郡府、县城和集镇的体系。

2003年发现的内黄县三杨庄遗址是我国唯一一处保存完整、内涵丰富、价值重大、影响深远的大型汉代农耕聚落遗址。共发现汉代庭院

内黄县三杨庄汉代村落 2 号庭院遗址

14处，清理4处，发掘面积1万平方米。首次发现的大面积汉代耕作农田遗迹再现了汉代农村乡里的真实景象，包含了中原地区当时作为社会基础的单个家庭的居住环境与条件、房屋建筑技术及思想意识、农业生产、社会生活等多方面的实物信息，同时，也包含有当时社会最基层组织等许多历史信息。

经过魏、晋、南北朝的社会动荡，河南村镇发展遭到不同程度的破坏。到隋唐时期，随着南北大运河的开凿，沿河运交通线的村落得以发展，有的演变为今天的城镇，如宋州（今商丘市）、淮阳、朱仙镇、周口镇等。石壕村因杜甫的《石壕吏》诗被人们熟知。石壕是唐代河南道陕州硖石县镇名，在今河南陕县东南，石壕村地处崤函古道东段，是有名的驿站。崤函古道沿途战乱不断，民不聊生，石壕村是古道中多灾多难的村庄之一。这个千年古村至今尚存。开封朱仙镇随贾鲁河水运的兴旺，到明清时期，发展成为与汉口、佛山、景德镇齐名的古代四大名镇。其他如卫河航运的终点道口镇、唐河县水运终点的赊店镇、河内县（今博爱县）的清化镇、内黄县的楚旺镇、固始县的三河尖镇等都是清代河南的名镇。河南地区明清以来的村落和堡寨，可根据河南各地县志、史志等历史文献资料的记载有个大概了解。清代咸丰、同治年间清政府为对付太平军和捻军，在河南各乡村推行修筑堡寨，堡寨村落大规模修筑，如郏县临沣寨、焦作寨卜昌村、林州任村、鹤壁肥泉村等。清末到近代，河南省仅有128个城镇（包括县城），其中人口超过10万的只有开封（24万）和郑州（15万），绝大部分是1万人以下的小城镇，城镇人口仅占全省总人口的7.4%。由此，也可得知河南近代村落发展的规模和状况。

三、河南古村落的形成原因

河南地区由于气候、土壤、水利等自然条件为发达的农业文化提供了优越的物质基础，以自给自足为主的家庭式农业经济使家族宗法观念得到加强，对祖先的崇拜直接影响到以人伦关系为主的儒家学说和阴阳五行观念的形成。村落的形成与农业生产活动密切相关，主要因素有五个。

1. 选址布局

河南地理环境大体可以分为西部的山地丘陵、中东部的平原地带两大类。平原地区古村落多沿路、沿河发展，靠近耕地，村落形态整体布局多以“十”字、“井”字状展开，呈方

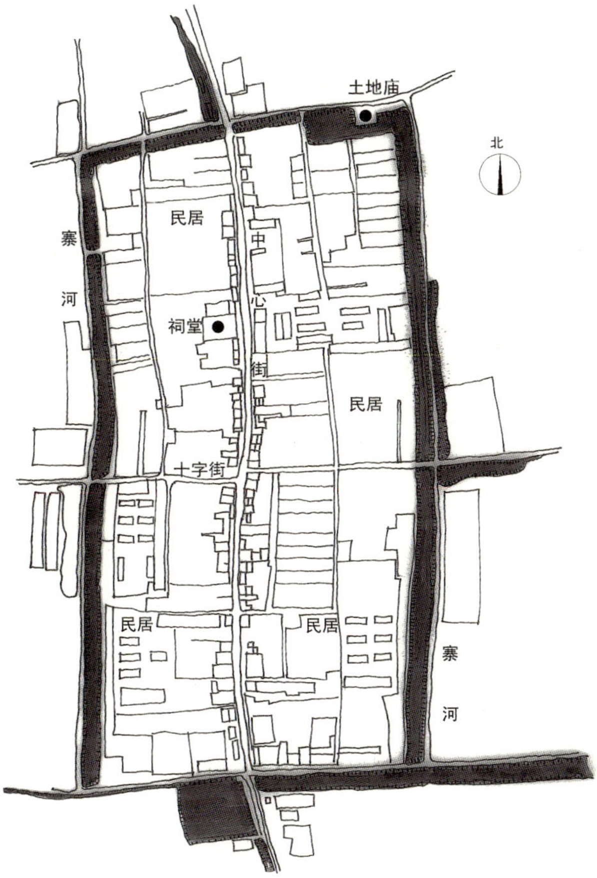

⊙鄢陵县陶城村总平面图

形或长方形状，如豫东鄢陵县陶城村、兰考县堌阳镇等。陶城村呈矩形，有寨墙和寨河，村内有一条南北主路，与东西主街形成十字街，十字街形成村落的中心地带，常作为临时集市之用。山区村落常选择沟谷、河谷等山间平地建设。如商城县的顾荆乐堂位于县城南34千米的长竹园乡，三面环山，南临河谷，有很强的防御功能，建筑群四角建有炮楼，四周山上有砖砌寨墙，高4米，厚1米，也建有五处炮楼。这里的环山、竹林、河塘、院落、建筑共同构成了一个独特的乡村风景。

2. 安全需求

村落安全方面的考虑带有普遍意义，对村落格局、建筑形态产生重要影响。豫东项城袁寨村，1859年袁世凯出生于此。咸丰七年（1857），其父袁保中对袁寨进行了改造与营建，形成了集居住与城堡为一体的建筑群。袁寨共占地约270亩，各式建筑240余间，周围是寨河及寨墙。整体布局方整，院落按中、东、西三个平行轴线布局，每组院落按中轴线布局，又分前、中、后三进四合院。西侧另建有花园一座，南侧建有几组客房和长工住房。为了加强安全防卫，袁氏家族在寨子四周建造高丈余的寨墙，寨墙外开挖两道护城河，四角各建有炮楼。东西两面设有寨门，寨门前两道护河吊桥高悬，其防御性达到了极致。

3. 防洪治水

水对村落而言，具有两面性：其一，村落选址均靠近河流、水源，或打井取水；其二，为防备洪水灾患和防止野兽的侵袭，在远古社会人们

⊙商城县顾荆乐堂

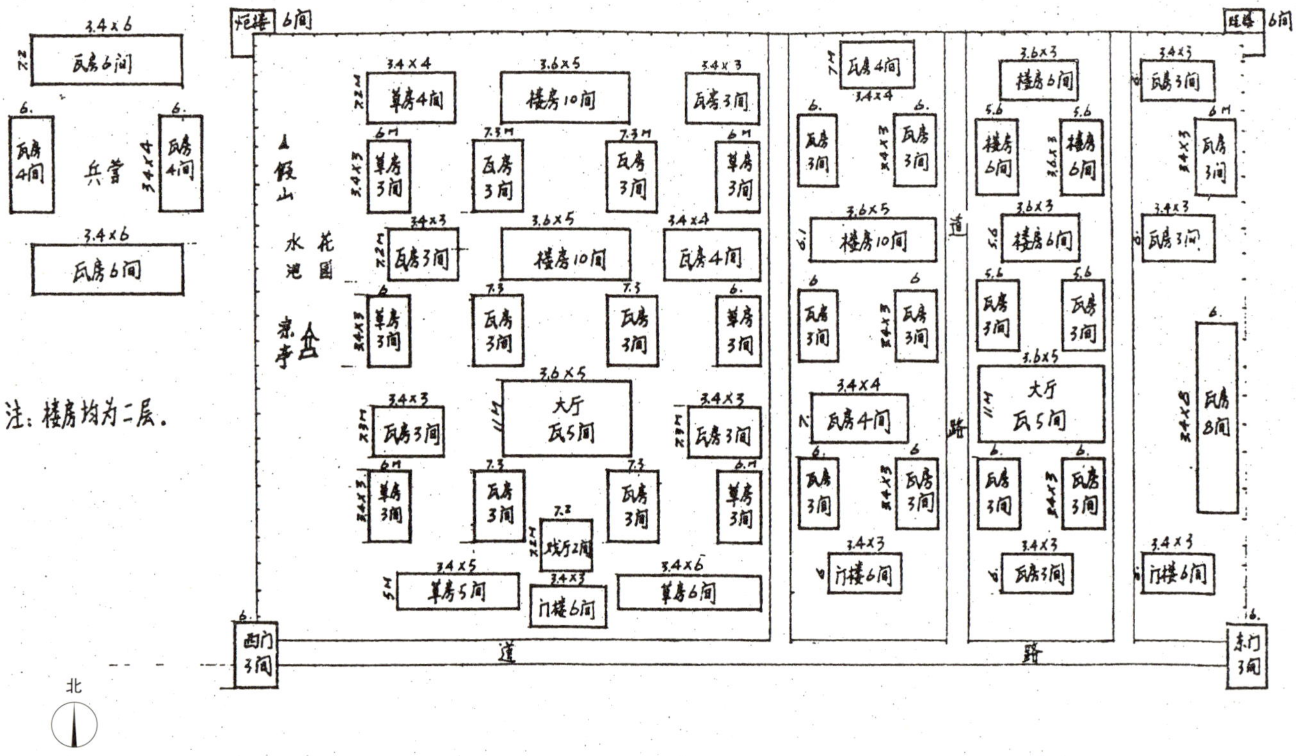

⊙项城袁寨村总平面图

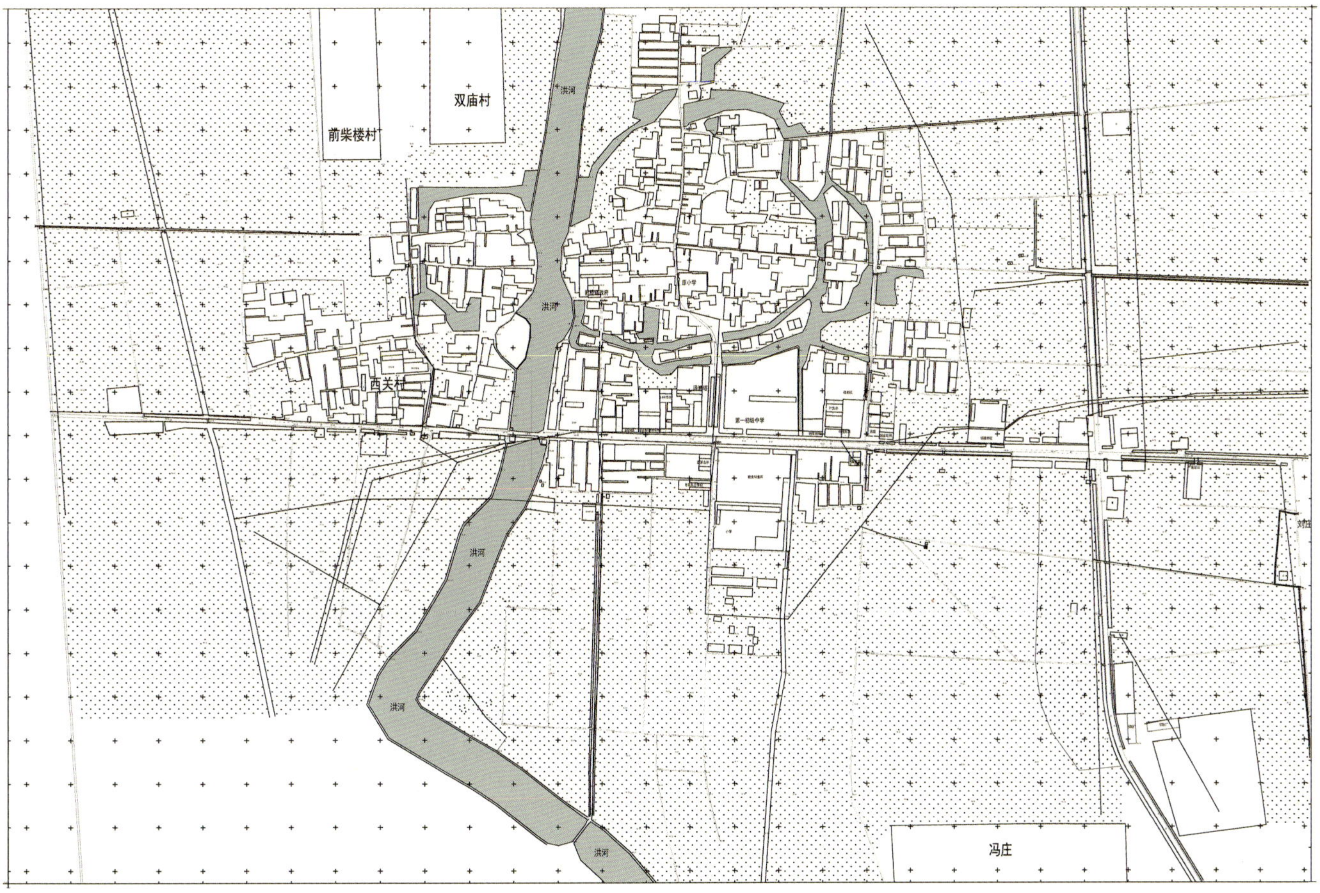

⊙平舆县射桥镇水寨格局图

"择丘陵而处之"，居住在较高地带，这在河南豫东南平原地区尤为明显。因为这里地处黄河中下游地区，历史上黄河多次泛滥和改道，为防止洪水淹没，筑墙垒寨成为这里的村落、城镇的特点，形成所谓的水寨。现在豫东南地区还广泛存在着村镇地势比周围自然地势低的状况，这些都是水灾湮至寨墙，洪水退后淤积所形成，村落寨墙起到了阻挡洪水的功能。因修筑寨墙取土形成的寨河大多与周围河流水系相连，具有排水、灌溉的作用。如距离平舆县城北部21千米的射桥镇，历史悠久，洪河、茅河穿境而过。宋、辽、金时期为射子镇，明、清时为射桥集，至今仍保留着"水寨"的格局。

4. 社会礼制

村落常由具有一定的家族形式组织起来。中原地区在龙山时期进入父权制时代，社会的分化和等级差别也由家族内部开始，如许多聚落遗址附近的大片家族墓地的出现。许多古村落都以姓氏为村名，并设有祠堂、家庙或家族墓地。如郑州市上街区马固村王氏宗祠和新郑市庙后安村安氏家族墓园。

5. 战乱动荡

河南地处中原，历史上战乱频繁，无论平原还是山地，许多村落都建有寨墙，俗称"打寨"，形成堡寨以防乱世。寨墙一般就地取材，以黄土夯成或砖石建造，设寨门。如现在许多村庄名称仍为某"寨""堡""台""营"等。新密县现存明清时期的村寨达387个，占全县村庄的25%；鹿邑县以"寨"命名的村庄有31个，洛宁县现存村寨遗址近300个，各地皆然。寨墙

⊙郑州市上街区马固村王氏宗祠门楼

郑州市上街区马固村王氏宗祠影壁墙

新郑市庙后安村安氏家族墓园

的形式因村落所处的地形和规模大小而不同。山地、丘陵多依山就势而建，常在沟口、峪口，借助两侧山势，横筑厚厚寨墙，中间开设寨门。规模小的村落多以木栅围之，规模大的则以黄土夯打而成。这种集寨墙、寨河、寨门等于一体的防御体系成为村落的独特形象。

四、河南古村落的形态构成

传统村落具有一种对自然的、文化的亲和力，其建筑样式、道路结构、空间尺度、材料质感等特色，体现着不同地域的自然条件、人口分布、开拓历史、经济水平和景观构成等。村落中的建筑物、构筑物及特殊的地形、地貌等形态，除传统民居建筑外，还有以下九种类型。

1. 寺庙

河南村落中有许多寺庙，过去几乎遍及各村，成为民间信仰的载体，如佛教寺院、道观以及关帝庙、龙王庙、土地庙等。过去，庙会一般都在寺庙或寺庙附近举行，是一种以庙宇为依托，开展祭祀神佛、交易货物、娱乐活动的集会。如光山县文殊乡东岳村，就是以东岳寺为名的村庄。河南各地乡村至今保留着规模不等、形式多样、各具特色的民间庙会，成为乡村的独特生活场景。随着时间的推移，庙会逐渐移至集镇内街举行。

2. 戏楼

戏楼（台）与戏曲相伴而生，中原地区是中国戏曲的主要起源地。戏楼是早期演出的主要固定场所，作为一种建筑类型，体现了中国传统农耕体系下产生的文化景观，现存多为明清时期所建。这些戏楼的共同特点：一是大多随寺庙应运而生，即凡有寺庙必有戏楼，这是因为旧时演戏与祀神有着密切的关系（民间的戏曲演出活动多集中于庙会期间进行，往往是借祀神而实则娱人）；二是建筑方位多在寺庙前，与庙门相对，庙门朝南，戏楼则相对朝北（也有与寺庙直接相连，台口与寺庙大殿相对），戏楼下部为庙门，穿门而过即入庙内，称之为“头门戏楼”，如神垕镇伯灵翁庙（瓷圣庙）戏楼；三是建筑规模，形式大同小异，台基高6米多，宽8—9米、深6—8米，样式与普通民房相近，均系砖木结构。除寺庙戏楼外，也有单独的戏楼建于热闹市区，专供人们娱乐的，如伊川县兴隆镇过街戏楼。

从文化人类学的角度看，戏楼是乡村人生

⊙神垕镇伯灵翁庙（瓷圣庙）戏楼

⊙荥阳市高山镇石洞沟村付家祠堂

活的一种参与和创造，它在文化心理、社会关系、村落起源、村落的公共空间格局和环境景观等方面均体现出了与村民生活的密切关系。据统计，河南历史上戏楼建筑遗存最多的县是：洛宁县186座，灵宝县232座，陕县280座，林县301座，嵩县330座。戏楼建筑一个重要的特色就是它的细部装饰，且不说戏台前立柱上的对联，单是建筑上的屋脊、壁柱、梁枋、门窗、屏风以及其他细小构件上运用的雕刻、彩绘、装饰，内容丰富多彩，运用浮雕、透雕、浅雕等手法，表现出花卉、人物、故事等。临颍县娘娘庙戏楼有两座，一是城关镇东三里的东娘娘庙戏楼，一是繁城镇西三里的西娘娘庙戏楼，屋脊高12米，戏台高2.4米，台宽10米，深7米。传说，二月初六是娘娘的生日，所以每年的这个时候就起庙会，戏楼都是唱戏，以示庆贺。戏楼约毁于上世纪60年代，今存有戏楼对联一副，上联是："三四步走遍天下，五六人百万雄兵"，下联是："千里路程眨眼到，百年夫妻弹指终"，横批："出将入相"。

3. 祠堂

传统村落的小型祠堂多设置四龛，以奉高、曾、祖、考四世神主。大的祠堂通常有大门、二门，还有临街房、内有戏楼以及后寝、左右厢房等，其前门额上书以"某氏祠堂"或"某氏家庙"。如荥阳市高山镇石洞沟村的付家祠堂和郑州市上街区峡窝镇柏庙村孙氏宗祠。

南阳地区的蒙古族聚居处，其祠堂则多建在村北，据说是借此以发思祖之情。祠堂多为民居

⊙郑州市上街区柏庙村孙氏宗祠

形式，但较民居高大。豫南新县的祠堂建筑有一共同之处，即采取天井院的形式，如罗氏祠堂，坐北朝南，有灰瓦房十余间围成一个天井院。程氏宗祠，坐北朝南，前后两排，各有三间正屋，东西两侧各有耳房一间，组成“四水归池”的天井小院。

据实地调查，河南各地祠堂都大同小异，但是新县周河乡则出现了一个全省罕见的五姓联祠。周河村的邬、晏、李、陈、杨五姓都是小户人家，为了反抗大姓望族的欺凌，清代道光年间，经五姓协商，一致同意在马山岭联合建立一座祠堂，大门上挂横匾一块，上书“五姓宗祠”四个大字，又立一块石碑，刻上联祠的规定条文为证。

4. 牌坊

牌坊又叫牌坊门、牌楼，是一种标识、装饰、纪念性构筑物，多在村口、庙宇、陵墓、祠堂、路口等处设置。其内容多样，如尚书坊、孝子仿、贞节坊、义行坊等。巩义康南村的康道兴王氏节孝石牌坊，郏县长桥镇窦堂村清代红石牌坊，郑州市上街区峡窝镇柏庙村孝义石牌坊等。

5. 水井

井在河南村落是一种极其古老的存在，“凿井而饮，耕田而食”是对先民生活的真实描述。黄河流域的凿井记录始见于河南龙山文化，有木构方形井和竖穴土井。木构方形井发现于河南汤阴白营遗址。从发现的早期水井资料看，新时器时代的水井均为居民饮用和制陶

⊙巩义市康南村康道兴王氏节孝石牌坊

用水。由于时代的发展，古老的水井已大量消失，但作为村落生活场景中的重要组成，成为村镇景观的标志。

6. 水塘

水塘在河南多是一种自然形成或人工挖掘的村落设施，无论是山区，还是平原，都可见到。这样的水塘各地都有，豫南最多，村边田头随处可见。豫南许多村子水塘环绕，成为天然屏障。村落中分布的水塘可以相通，使用却有严格的区分，如息县夏庄乡大金店村，东塘淘米洗菜，西塘涮屎盆尿罐，南塘洗衣涤物。河南其他不临河村庄的池塘，俗称“大坑”或“水坑”，是禽畜饮水、洗涤、养殖、防火的主要水源。在炎热的伏天，常见孩童在塘中洗澡。

⊙郏县长桥镇窦堂村清代红石牌坊

村中的水井

7. 石碾、石磨、石臼

碾、磨、臼是中原古老的谷物加工用的生产农具，它是伴随着农业文明的形成和发展而出现的，在传统村落里随处可见。在北宋张择端的《清明上河图》中所描绘的郊外村落中就有石碾的图像，生动地展示了当时的生产工具。

新县杨高山村村前水塘

8. 晒场

晒场是传统村落中用来打、晒粮食的场地，形状有长有方，也有近似于圆的。场地都有明显的界限，有的还用泥垛的矮墙将其围住，故而有很多地方的人们又非常直接地把场地称为“场院”。场的位置因地而宜，但大多是在村头开敞之处，有一家独用的，也有几家合用的，甚至全村共用的。

石槽碗

⊙渑池县苏秦村清代石碾
上刻：大清乾隆七年十一月十四日苏秦村碾主张玉中

9. 学校

中原古代最早的学校相传出现于夏朝，西周以后，学校分为官学和私学两类。河南古代基础教育的主要形式是社学、义学和私塾，到了清代也是这样。如安阳市渔洋村，是安阳八景之一“漳河晚渡”的所在地，村里早先私塾内的牌匾尚存，上面刻有“读书声”三个大字。目前乡村学校的分布，一般小学设在中心村，而中学设在乡镇中，自然村设小学的不多。

⊙村口的晒场

⊙安阳市渔洋村私塾中的“读书声”牌匾

五、传统村落与民居建筑

黄河流域的民居建筑经历了从穴居到半穴居，进而发展为地面建筑的过程。到仰韶文化时期人们已经过着定居的生活，河南安阳后岗、三门峡庙底沟、渑池仰韶村、洛阳王湾等地，都已发现了仰韶文化的村落遗址，这些具有一定规模的聚落分布在近水的台地上，主要建筑形式为半地穴或地面起建的圆形或方形房子。

河南传统村落和民居建筑必然受到其自然环境和文化观念的影响，发达的农业生产促进了乡村聚落的发展。在适中的气候条件下，村落建筑没有特别的防寒与抗热需求，由于纬度的影响，河南地区的建筑以南、东南朝向为主，讲究日照与通风。河南传统村落和民居建筑有四个方面的特点。

1. 生土民居

生土民居是河南民居建筑的一大特色，不少人把它等同于河南民居，这虽不确切，但也说明生土民居的地位。生土民居主要集中在豫西地区，主要分为“地坑院”和“靠崖窑”两类。

地坑院又称为“下沉式窑院”“天井窑院”，当地村民俗称“地坑院”。它是在平地上向下挖6米左右，形成大小不一的方形或矩形土坑，然后在四壁凿出窑洞，供人居住的一种建筑形式，是豫西地区特有的一种乡土建筑类型，距今已经有数千年的历史。在窑洞类居住环境中独具特色，被称为中国北方的“地下四合院”。地坑院是黄土材料运用于建筑的极致，这种建造方式之所以能在豫西地区仍具备一定的生命力，与豫西地区特殊的地质条件是分不开的。尤其是陕县三大塬区，黄土层堆积深厚，一般在50—150米。此外，这里地下水位较低，一般在30米以下，这些都为“地下挖坑，四壁凿洞”这种建筑形式提供了得天独厚的条件。

靠崖窑是在天然土崖壁上挖出的窑洞，窑体垂直崖壁，顶部呈半圆形或抛物线形。可以并列3—5孔，或各自开门，或在侧壁开通道成为套间。崖面多用砖石包砌，上扣挑檐、女儿墙、截水沟，以防崩坍。窑口发砖券，装门窗。窑内也有用砖石衬砌的。有的做成上下两层，叫“呼天窑”。有的大型靠崖窑在前面另建地面建筑做厢房、大门，围成庭院。厢房有时是用土坯或砖砌的筒壳（见拱券），称“锢窑”，但它是拱壳结构，与利用土层传压角开挖的窑洞不同。锢窑可做成加女儿墙的平顶，也可垫土做成两坡屋顶的外形。

⊙光山县徽派风格民居建筑

2. 院落形制

院落是北方地区最为常见的民居建筑形制，河南传统民居中主要有三合院和四合院等，多为高墙窄院。三合院是缺少临街房，称“三阁斗宅”。四合院则由堂屋（也称“主屋”“正屋”“上房”）、厢房（也叫“陪房”“东西屋”“厦子”）和临街房组成，俗称“四阁斗宅”。大型的宅院多由二进院、三进院及四进院组成，这种院落由过厅或过屋相连，讲究的过厅内有明柱、屏风门，每间四扇椂门，前院直通后堂。

普通民居的院落中只有主屋和简陋陪房，以土墙或土坯墙相围的简易小院也称“三合院”或“四合院”。过于简陋且以秸秆、树枝编棚为墙的院落，叫作“半截院”或“不成院”。但是各种院落都讲究大门的设置。院落的大门多设门楼，门楼有土坯门楼“脊架门楼”和“过道门楼”，一般多与临街房相连。无临街房的则独设，多有一间房大。大型三合院、四合院的大门多为过道型的门楼。庭院通过建筑、墙、廊及附属门屋的围合与间隔，形成特有的空间，它是人们生活场所的一部分。如鹿邑县地处豫东平原，民居以草房、半截瓦房、瓦房为主。院落为四合院，民间习惯东西屋间数相等为最佳。左为青龙、右为白虎，如东屋两间、西屋不能三间、更不能西屋南山垒半截墙，这叫“白虎张嘴”，不吉利。东屋比西屋多一间没关系，俗话有“能叫青龙伸头，不叫白虎张嘴”的说法。

3. 南北合璧

河南南部紧邻安徽省、湖北省等处，在建筑布局、装饰等方面受南方民居的影响，集南北之长，在建筑和装饰风格上有着一定的相似性。信阳、南阳等地的传统民居大多建有马头山墙和采用穿斗式结构构架，如罗山县民居和淅川荆紫关镇明清古街民居。

4. 构件特色

民间信仰多带有原始拜物教色彩。在居住生活中，土地、门神和灶王更是占有特殊的重要地位。通过这些崇拜祭祀借以保佑平安，实现人们风调雨顺、五谷丰登、人财两旺等良好愿望。神明的存在是人们传统精神生活中不可缺少的部分，同时也为建筑细部构件提供了广泛的素材。

（1）神龛

传统民居中多有家神供奉，除给祖宗设牌位外，还有天神、灶神、财神和门神等。其位置灵活，除祖宗牌位设于正堂外，其余诸神则可在山

⊙陕县人马寨改造后的地坑院

⊙巩义市南瑶湾村杜甫故居靠崖窑

⊙豫西的锢窑

⊙鹤壁市山城区大胡村李家大院“三阁头院”

⊙温县番田镇段村秦氏老宅“四阁头院”

墙面、照壁上及门洞中。例如豫西窑洞院落中，主窑洞的门脸墙间常设有拱形小壁龛，作为逢年过节供奉天帝、土地神的小祭坛；博爱县寨卜昌村的院落中，有立于影壁前的神龛。

（2）风水影壁

有些民居建筑在院落正房一角或中部建风水楼或风水影壁，期望起到遮挡煞气、镇住风水的作用。在洛阳一带，影壁墙上大多挖砌一神龛，上供奉土地爷。影壁墙上镶刻字画，其内容有松鹤延年、麻姑献寿、梅鹿望柏等吉祥图案，有的墙上雕刻一巨大的“福”“寿”重叠的字。在河南传统民居中，宅门表现出主人的社会地位、财富和权势等，是重点装饰的部位，如新郑市庙后安村安家大院的门楼。

（3）女儿墙

女儿墙多用在平顶民居和窑洞建筑中，窑洞的女儿墙是砌在窑脸墙顶端的矮墙，是遮挡雨水冲刷脸墙和防止窑顶人畜跌落的维护构件。它是窑洞民居的顶部天际线，而女儿墙以下与窑脸墙接触部位又是保护墙体的檐棚（板）。其构造做法多用土坯或砖砌花墙，也有用碎石嵌砌的。当用砖时会砌成各式花墙，用碎石时则与青瓦、青砖嵌镶成各种图案用来装饰窑面，很注重美化与装饰。

（4）檐廊

檐廊多用在大户民居重要的堂屋前或砖石拱窑前，不仅扩大了护檐功能，而且也构成庭院与居室的过渡性空间。在立面上增加了空间层次，

⊙巩义市刘镇华庄园的砖砌檐廊

⊙窑洞的女儿墙

产生丰富的光影变化，同时檐廊也成为装饰元素，如巩义市刘镇华庄园的砖砌檐廊。带檐廊的窑洞也可设砖砌檐廊。

（5）门脸

住宅门口上部常作重点的精雕细刻，称为门脸。在豫西窑洞，一般人家都雕有垂花帐帘图案，拱门上饰以叠层花饰砖雕，以增加拱形曲线的花边美感。题材常有“五福临门”“紫气东来”等小型匾额。在拱形曲线上方则用挑砖叠层出小门檐，有二方连续花纹砖、竹枝砖雕等多层叠砌。为遮蔽风雨对窑脸的冲刷，最上方用水磨薄壁砖在两端卷边上翘。又如豫西小篷檐上常用六角形砖拼成圆孔，不仅具有装饰性，而且也是通风换气、排烟的排气窗。

（6）砖石雕刻

砖石雕刻在民居建筑中是最常见的装饰方法，是民居建筑乡土性、艺术性的体现。各种砖石雕刻的题材丰富多彩、线条流畅清晰，表达了百姓的生活追求和审美喜好。陕县原店村百鸟朝凤四合院，位于县城西陇海铁路南侧的原店村，据传称系兀氏宗族先世在明皇室供职时所建，后经清代时翻修改建。现存两处院落被陇海铁路分割成南北两处，南侧为一独院；北侧为二进四合院形式，根据其现存建筑形制，推测是早先大建筑群中的女眷们的住处，因其门楼照壁上用青砖雕砌有“百鸟朝凤”图案，故被称作“百鸟朝凤院”。该四合院现存占地面积1000余平方米，改建后的布局基本完整，门道为石砌台阶九级，门外两侧壁为砖雕几何图案，门楣及两边亦

⊙主宅门脸造型

陕县原店村百鸟朝凤四合院砖雕影壁墙

新郑市安家大院门楼上的墀头砖雕装饰

有砖雕花卉或几何图案，迎门照壁用青砖雕砌百鸟朝凤，鸟与鸟之间相互呼应，姿态生动，是河南民居砖雕艺术的精品。二重门楼全用立木扶撑而起，悬山门楣周围多有木雕图案，二进院南部现存房三间，单檐硬山，东西厢房为两层阁楼式建筑，前面伸出檐廊。厢房北端各有耳房一间，前院北屋面阔四间（带门洞），进深5米的带斗拱单檐硬山建筑，横梁下嵌有彩画木雕，每间有承檐柱两根，柱与横梁交叉伸出部分有龙头形木雕，柱础为青石雕的兽形石墩，主跨大梁中段书有“大清道光拾贰岁次壬辰柒月戊申贰拾捌日壬申甲辰时竖柱上梁”等字样，另有清咸丰九年“文曲高耸”残匾一块。

六、中原文化与地域特色

“一方水土养一方人”，受中原文化影响，河南传统村落有以下特点。

1. 风水观念

中原地区因“河图、洛书”发展为周易哲学的心理框架，建立了中国古代包括建筑学在内的一整套观念体系。这些阴阳二元论的周易思想反映在建筑上形成了中原古代的堪舆学和风水理论，对村落（城市）选址、宅基定位、建筑布局、坟茔选穴等产生了影响。河南民间认为一村的“风脉”优劣关系全村居民的凶吉祸福，如“向阳近水”“风水树”“风水井”“风水塔”等观念影响到村落格局。义马市地处河南西部浅山丘陵区，几千年来当地人运用自己的智慧，在北方四合院的基本格局中形成了自己的风格。起脊房是义马民间传统住房的基本形式，因房屋覆盖物不同，又分为瓦房和草房两类。瓦房多见于河川、平地村落，草房多见于东北部山区。坡岭地区则多住窑洞。宅院的格局由上房、两厦、临街房组成。当地人对住址选择、择日建房等方面有许多习俗，宅院忌正南正北和正东正西向，如坐北向南要偏离子午线，建房择日要选在“太岁出游日”。房子正对道路、河道、沟壑的在相对的墙下迎面处竖一大石块，上刻“泰山石敢当”五字，可逢凶化古、除邪免灾。

灵宝位于河南西部，地处豫、陕、晋三省交界。地形复杂、山峦起伏、沟壑纵横，有中国最早的历史雄关——函谷关。此地村落民居多分布在河谷平原和浅山地带，窑洞分布在丘陵区和平原的沟岔地带。宅院组合以四合院为主，当地有“四檐八滴水”之称，可为二进院、三进院。建宅仪礼中属“梁记”最有特色，即建房纪念，一般都将梁记写在中梁的方板上，无方板者，可写在中梁上。写梁记时，习惯在两端绘制八卦中的“乾坤”图——左端绘“一（乾）”，右端绘“--（坤）”。中间写建房时间，接着写男性宅主及男性子孙姓名和“全力兴建永臻吉庆”等字，最后写工匠姓名。按乾为天，坤为地，中间写人名，取“天时、地利、人和”之意。

建房时的上梁题记

2. 多元融合

在汉族形成史上，曾经有过三次较大的民族融合，第一次是从春秋战国到秦统一为止，其结果是形成了华夏民族共同体，产生了以华夏族为主体的、统一的、多民族的中央集权制国家。第二次在魏晋南北朝时期。宋、辽、金、元时期是历史上第三次民族大融合时期，这一时期，契丹、女真、蒙古族相继进入中原，建立了以汉族为主的多民族国家。如河南的蒙古族在104个县市中都有，约4-5万人口。河南境内黄河以北地区及洛阳、开封、南阳等地广泛存在着明初山西移民村落，如焦作寨卜昌村、林州东盘阳等村落在建筑空间布局、装饰做法等方面与山西民居可谓一脉相承。

3. 地方材料

由于自然条件的限制，河南村落建筑在地方材料的运用方面突出体现在生土和石材两个方面。

河南中西部黄河流域有广阔丰厚的黄土层，土质均匀，含有石灰质，易于开挖窑洞，生土建筑成为河南民居建筑的特色之一，主要有地坑院和靠崖窑两种类型。在豫西地区，地坑院较为集中，尤其是陕县东凡源、张村源、张汴源为国

林州东盘阳村门楼做法与山西相似

巩义市刘镇华庄园的靠崖窑洞

内地坑院最为集中的地区。巩义和洛阳地区的地坑院一般做窑脸、女儿墙及披水挑檐，且窑洞的收口小，仅开门洞的宽度，通过门上方的亮窗采光和通风，如洛阳市郊区的张村等。而三门峡一带的地坑院通常不做窑脸和披水挑檐，窑洞开口亦较大。此外，下沉式窑洞村落有不同的入口形式，从平面布局分，有直进型、曲尺型、回转型三种。如陕县人马寨村的地坑院。靠崖窑就是利用天然土壁挖出的券顶式横穴，可单孔，可多孔，还可结合地面房屋形成院落，常见的有靠山式和沿沟式两种形式，如巩义市刘镇华庄园的靠崖窑。

石材的使用主要在豫北、豫南、豫西南山区大量民居建筑中，如林州市石板岩村、修武县一斗水村和辉县平岭村等太行山区的乡村民居。其石板民居选用的是当地质地坚硬、纹理整齐的银晶石和红石，凿成厚度相等的石板。建房时先砌好石墙，架上梁、椽，在椽上铺上编织密实的荆条笆，用泥巴抹面，最后用石板铺顶。通常是一间一坡三搭的形式，一搭就是一大块石板，一间房用六块。屋脊上平镇窄长形的小石板。屋内的墙壁用麦秸泥抹面后再用白灰泥照面，使房间整洁亮堂。整个村落到处是石屋、石地、石街、石院、石桌、石凳、石磨、石臼、石水缸、石炉、石庙、石神像……整个是石头的世界。

河南的传统村落为绝大多数河南人世代提供了安息之处，总体上讲是简陋和发展缓慢的，它注重实用和经济，结构简单、材料单一、装饰质朴，院落组合讲究尊卑和风水，体现出一定的文化形式和观念，并与河南城市的发展形成了鲜明对照。从河南传统村落建筑的发展过程中可以看出：传统村落承载着传统文化的精华，其实质就是“耕读传家”的生活理想和信念。生产活动、生活习俗等文化传统成为一个村落的灵魂，那些非物质文化遗产只有活态传承，才能彰显其生命力。但现实中，那些老的技艺要么被工业化生产替代，要么因为工作辛苦报酬低而被放弃，成为了博物馆中的展品或亟待保护的非物质文化遗产。

虽然行政区不完全等同于文化区，但中原文化与河南有着特殊联系，成为其地域内涵所在。新石器时代以来，从东北直至西南地区的广大地域，已形成了一个“半月形”的文化传播带，即所谓旱作农业区。这也是因文化交往而形成的中国建筑文化整体性的体现，如合院式民居建筑在相当大范围内的一致性和适应性。中原文化随着历代人口的迁移，尤其是汉文化的中心区由中原

⊙林州市石板岩村民居石板屋顶

地区转移到江南地区和岭南地区，中原文化的影响力不断地传播并产生变异。河南传统村落亦是中原文化的重要载体，古村落不仅拥有众多的历史建筑，其现存状态所展示的历史、文化信息和社会空间变迁，是我们了解过去如何走到今天的线索和实证。

⊙登封市柏石崖石头村景观

临沣寨

临沣寨位于河南省平顶山市郏县堂街镇东部，是2003年全国第二批、河南省第一批全国历史文化名村。寨内有朱家府第和十余处传统四合院民居，还有祠堂、关帝庙等建筑，古建筑共计100多栋、300余间，是全国罕见的保存完好的古寨，有“中原第一红石古寨”之称。其营建过程展示了中国传统乡村聚落的形成和演变，是中原地域文化和传统农耕生活方式的一种体现。

1. 历史沿革

临沣寨古称“水田村”，北魏地理学家郦道元所著《水经注・河水》记载：“柏水（石河）经城北复南，沣溪自香山东北流入郏境，至水田村。一由村南而北，一由村北而东，环村一周，复东北至石桥入汝。”明朝末年水田村改名为“张家埂”。作为从山西移民迁入的朱姓居民则靠给张姓人家种田，闲时以编苇席、纳草鞋为生。靠着聪明和勤奋，多年后，朱姓人家成为寨中大户，张姓人家反主为佃，靠给朱家种田为生。清道光年间，朱姓达到鼎盛时期，张家埂也改称“朱家洼”，清末简称“朱洼”延续至今。清道光二十九年（1894），盐运司知事朱紫峰告老还乡，在朱家洼大兴土木，营造私宅，称为“朱镇府”。其规模宏大，布局严谨，被称为“汝河南岸第一府”。朱家洼在朱紫峰等富商巨贾的带领下，选紫云山红石为主要材料修筑了长达千米的红石寨墙，1862年竣工落成，寨名“临沣”。

2. 自然风光

该村域内地势东高西低，有平、山、岗、洼四种地形。村东5千米处的紫云山，一峰秀出，紫云环绕，山林叠翠。临沣寨的周边历史环境要素包括茶亭遗址、五虎庙、闯王桥、集首庙遗址、朱紫峰墓遗址、朱紫贵墓遗址、祖坟遗址、沣溪三孔桥、义地等在内，分布于朱洼村、五虎庙村、宋庄村三个自然村。历史上临沣寨的东部、西部和北部曾有近千亩的芦苇荡，每到秋季，苇花飘香，野鸭成群，景色宜人。当地居民一度以苇编为业，苇编制品通过陆运或汝河水运，行销各地。

村寨四周环境优美，构成包含了“农舍、河流、麦田、池塘、树林”等典型的乡村居住环境，保存了中原民居的历史风貌。从地理条件看，临沣寨地势低洼，两面临河，符合中国传统村落选址逐水而居、聚水聚财的风水观念。此外，因“朱”与“猪”谐音，而猪性喜水，所以朱家便看中了这块风水宝地。临沣寨寨墙砌筑所用红石取自附近的紫云山，其色朱红且耐风雨剥蚀，这暗含了“朱”字固有的含意，象征朱氏家族的尊贵身份。临沣寨依水而建成船形，按照八卦方位仅在东南、西北、西南三个方位上开有寨门。东南门面对利浦之渠而命名为“溥滨”，西北门濒临沣溪之水而得名为“临沣”，西南门名称“来熏”，语出《南风歌》：“南风之熏兮，可以解吾民之愠兮；南风之时兮，可以阜吾民之财兮。”这也是朱氏宗族对种族繁衍不息、家庭和平安宁、财源广茂的一种生活寄托。

3. 建筑特色

临沣寨红石古寨，呈不规则椭圆形，全长1100米，寨墙上砌墙垛800个，炮楼5座，寨门3座，目前寨墙的外墙保存较完整，内部和顶部的条石已被拆除，现为3.6米宽的土坡。寨内东西两条主街与南北两条主街呈“井”字形交错，寨墙、寨河（水系）组成的完整系统，具有极佳的防御效果。寨内现存有明代民居3间、清代民居300多间，属于典型的中原民居风格。寨内现有红石砌筑的明代民居1座，平面呈“凹”字型，由6根金柱支撑，房子前后墙壁由青砖砌筑，两侧山墙全部由红石砌筑，虽经数百年风雨侵蚀，仍十分坚固。而汝河南岸第一府——朱镇府古建筑群、重修于咸丰二年（1852）的关帝庙和保存尚好的传统四合院建筑4处，它们分别为朱紫贵、朱紫峰、朱镇南和张氏所建。这些古民居建筑群除少部分被后人拆除或翻新外，大部分保存了原有风貌。

朱镇府位于南街中段路北，是朱紫峰的宅院，建于清道光二十九年（1849），分东、中、西三套宅院。每一套都是一进五院，南大街进，北大街出，每套院占地2516平方米，每套院建房66间，东跨院第一进为明代民居，有倒座楼和东、西厢房；穿过明代客厅进入二进院，原有堂楼和东、西厢楼各三间；第三进为酒馆院；第四、五进为仆人院和庄稼院。中院门楼高6米多，“百福并臻”的匾额悬于上方，威严气派，在当时号称“汝河南岸第一府”，该宅院是临沣寨内现存清代民居中规模最大的一处。第一进有倒座楼三间，卷棚式书房两间，100平方米月台一个，客厅面阔三间进深三间，堂号为“崇善堂”，专为接待各类官员所用；二进院为厨房院，穿过二客厅进入三进院——私塾院；第四进为私塾先生宅院；第五进为庄稼院。西跨院第一进有倒座楼、东厢房、客厅各三间，客厅堂号“崇本堂”；第二进为厨房院；第三进是朱紫峰的住宅，有堂楼、东西厢房各三间，第四进为花园；第五进为长工院。各宅院间由不到1米的狭窄通道相联系，极具防御性。

朱紫贵宅院建于清道光十五年（1835），分东、中、西三跨宅院。每跨都是一进五院，南大街进，北大街出。东跨院临街为倒座楼三间，门开东南，一进院有东厢房三间、客厅三间；二进院北向是三间二层的上房，为了防潮，主房的室内地坪比院落地坪高出将近1米，东西各三间两层的东、西厢楼，为了体现等级制，东厢房的总高比西厢房高出半米多；第三进有东厢房三间、客厅三间，是账房院；第四进和第五进为仆人院和庄稼院。中院形制同东跨院，客厅堂号为“渔汝堂”。西跨院第一进为管家院，第二进为戏子学堂，第三进为马棚院，第四、五进为庄稼院。院内有棵明万历年间种植的皂荚树，枝繁叶茂，被称为“思乡树”，是朱氏先祖从山西带来的。

朱振南宅院又称“棂子门”宅院，建于清道光十一年（1831），为“武生朱峥（朱紫云）暨子长发”创建。坐南朝北，门临北大街，为一进三院四合院。中院临街五间瓦房开正门，进院原为一座影壁，影壁前有金鱼池，现均无存；绕过影壁两侧进入二进院，有东、西厢房各三间，正面全部用本地小叶杨雕刻而成的纵横交错的直棂隔扇门，做工考究。东厢房门首浮雕“补过”二字，西厢房门首浮雕“迁善”二字，客厅为面阔五间大厅，堂号“浴德堂”；第三进院有双层南楼五间，双层东、西厢楼各三间。东跨院为庄稼院。西跨院为学堂。

朱家祠堂现为朱洼小学，位于寨子西南方，现存一栋双层五间楼房，是20世纪70年代朱洼大队拆除朱氏祠堂大殿的建筑构件建造而成。朱家祠堂原称“沛国家寺”，原有清代咸丰年间郏县教谕刘大来亲笔楹联一副，上联为“清芬素紫阳乃克绍简业”，下联为“金固故徽洹亦能逞干国志”。

清枪炮局为清代“张胜故居”一进院。现存东厢房三间，客厅五间，正堂悬挂清代咸丰年间郏县知县王延徽亲笔“霜清柏茂”匾额一块。清末民初改为“枪炮局”，专为临沣寨生产枪炮子弹，为守寨御匪之用。

朱家酒院即“酒馆院”，位于朱紫峰东跨院第三进院，用当地所产青高粱制成“临沣烧酒”，专为临沣寨招待宾客、逢年过节、婚丧嫁娶、生子满月所用，酒香扑鼻，后劲剧烈。北大街路北现封一口古井为酒馆院专用取水点。

临沣寨传统建筑多为砖木青瓦房，属典型的明清四合院建筑。这些古民居多为硬山式单层或两层砖木结构的瓦房，中间用简化了的抬梁式木梁，两端在山墙上直接搁檩。室内墙面一般是苇绒拌泥打底，白灰罩面，虽然材料原始，但由于施工工艺精良，现在虽表面陈旧，但很多壁面还完好。所有的建筑群沿中轴线对称布置，坐北朝南，冬避寒冷，夏迎清凉。房屋墙体里生外熟，即里为土坯，外为青砖，中连拔石，坚固一体。地基由红石精雕细磨垒砌而成，每两层红石条间密不容刃。因此，至今基础无变形，房屋坚固如初。

临沣寨传统建筑装饰非常精美，具有地方特色，以砖雕、石雕、木雕“三雕”为主，郏县出产的枣红色石是良好建筑材料，多用于门窗过梁、勒脚、台阶、窗台、拔石、门枕石等建筑构件。大多山墙上皆有“卍”字整块红石透雕镂花窗，整块红石透雕而成的窗户坚固大方，这些红石构件和青砖灰瓦在色彩和质感上形成了有趣的对比。

装饰内容选材广泛，多为民间喜闻乐见的如意、富贵长寿、年年有余、多子多福等，一些有趣的历史典故、民间故事也有入选。具体图案大多为松、竹、梅、兰、菊、海棠、荷花、杏花、牡丹、石榴、麒麟、蝙蝠、龟、象、鹤、鲤鱼、花瓶等，也有直接采用吉祥文字的，如福、禄、寿、宝等，均有吉祥如意、丰收太平之象征。

另外，临沣寨内至今还保留有大量堂斋题匾、书法题词等。这些牌匾内涵丰蕴，书法精湛，既记录了临沣寨的深厚文化历史，也成为书法艺术的宝藏。

4. 民间习俗

临沣寨相沿成习的敬祖祭神民俗文化，已成为族人行为和日常生活的重要组成部分。村里的朱氏祠堂是族人祭祀祖先的场所，也为会聚场所活动之用。1950年后，朱家祠堂改成朱洼小学，为村内及附近孩童普及义务教育。关帝庙位于临沣寨西寨墙中间偏南，为清代初期建筑。同治元年（1862）修筑西寨墙时被西寨墙包裹。关公忠君尚义的价值理念被寨内居民奉为传世信条。农历每月的初一、十五，香火不断。整块红石透雕而成的九棂红石窗古朴厚重。庙内现塑关公坐像一尊，面如重枣、凤目微闭，左手扶膝盖、右手捋长胡，左塑关平捧侯印，右站周仓拄偃月。另外，每年农历二月十五的“五虎庙会”延续数百年而不绝，届时唱社戏、宴宾朋成为当地习俗。

临沣寨全景图

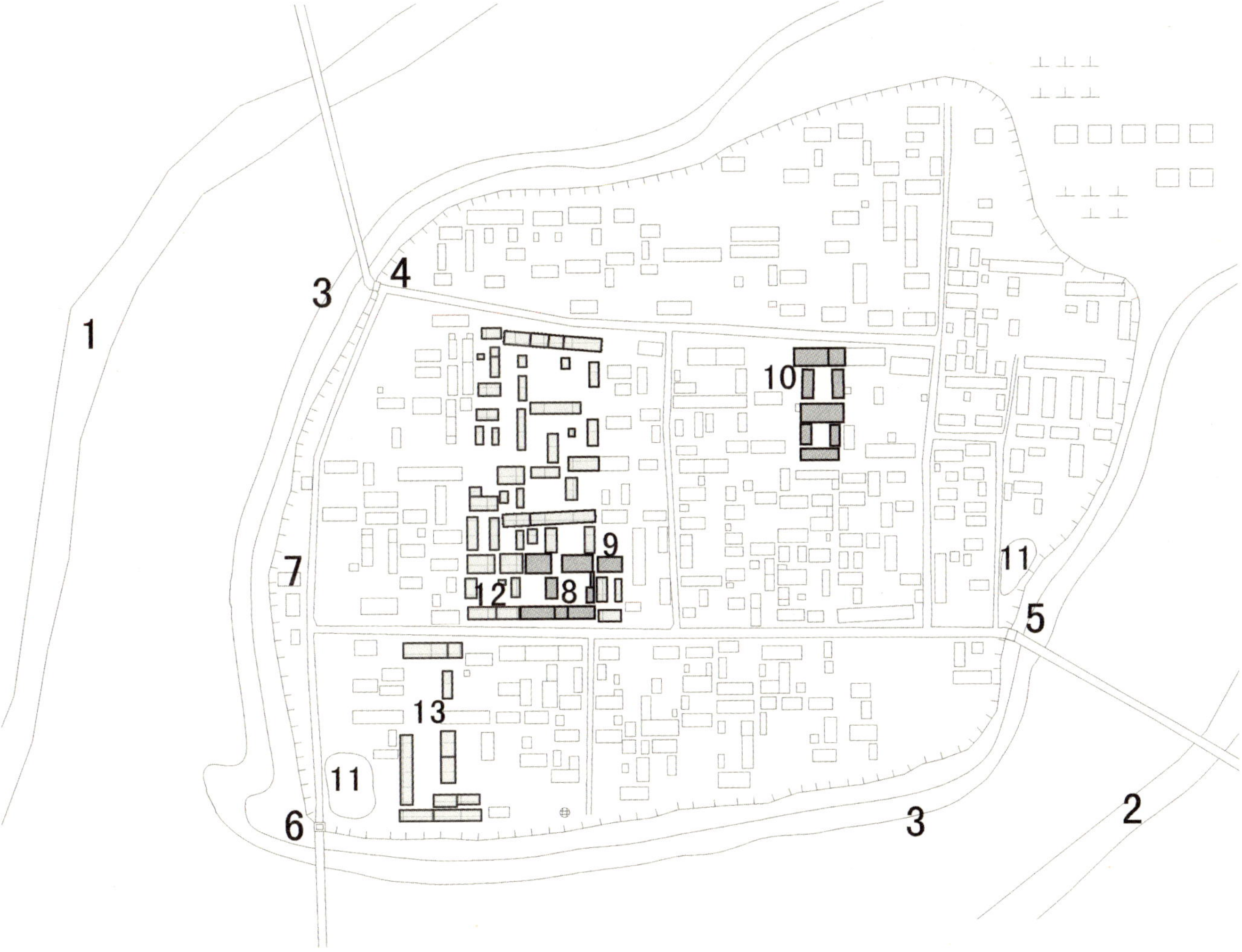

⊙临沣寨总平面图

1. 沣溪
2. 杨柳河(柏水)
3. 寨河
4. 临沣门
5. 溥滨门
6. 来曛门
7. 关帝庙
8. 朱紫峰宅院
9. 明代民居
10. 朱紫云宅院
11. 池塘
12. 朱紫贵宅院
13. 朱家祠堂

临沣寨寨门

临沣寨寨墙和水系

⊙临沣寨内南大街

⊙沿街墙面红石拔石及红石拴马石

⊙红石墙基及红石券门

朱紫峰宅院入口门楼

朱紫峰宅院倒座及卷棚书房

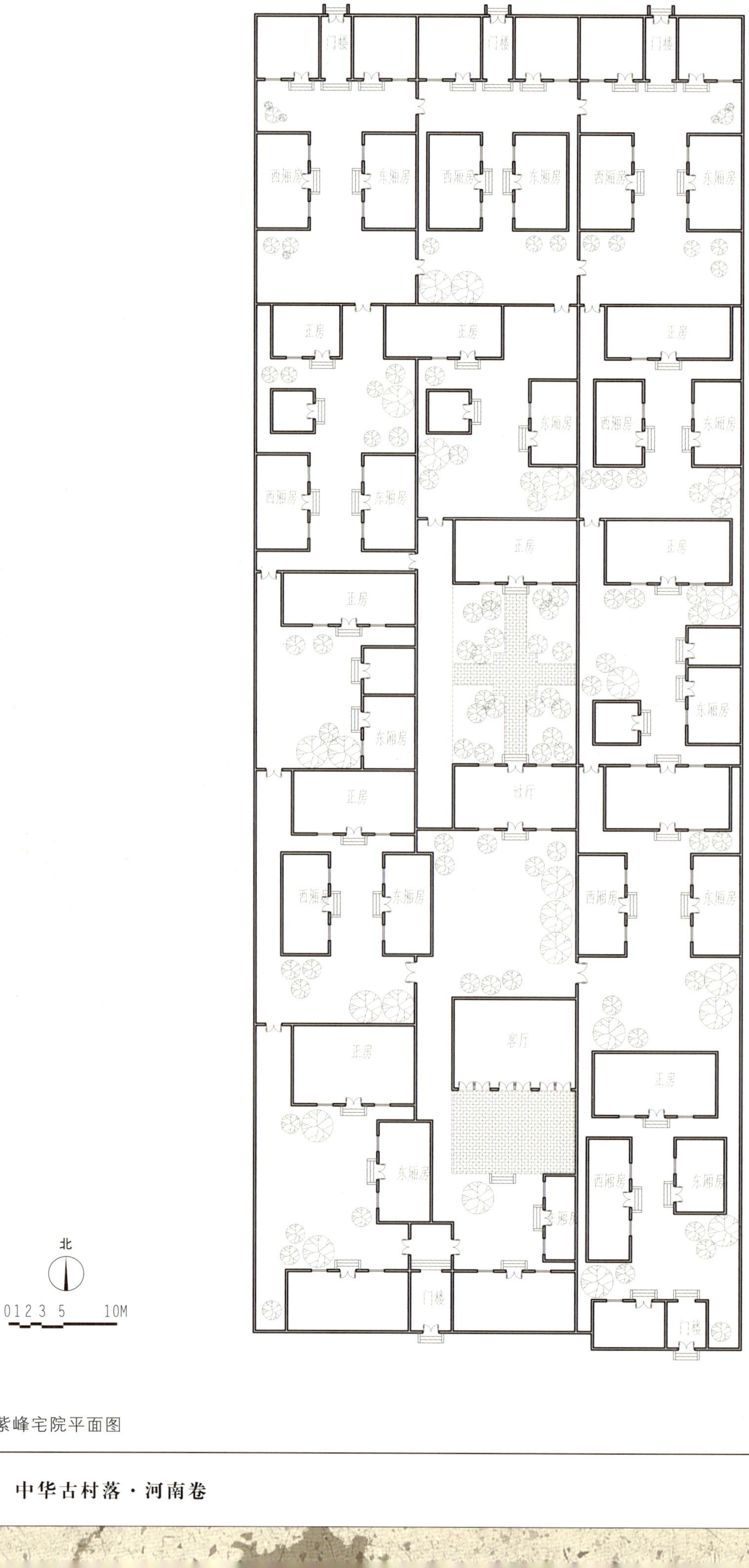
门楼
门楼
门楼
西厢房
东厢房
西厢房
东厢房
西厢房
东厢房
正房
正房
正房
东厢房
西厢房
东厢房
西厢房
东厢房
正房
正房
正房
东厢房
东厢房
正房
过厅
西厢房
东厢房
西厢房
东厢房
客厅
正房
正房
东厢房
西厢房
东厢房
厢房
门楼
门楼
北
0 1 2 3 5 10M

⊙朱紫峰宅院平面图

朱紫峰宅院客厅

朱紫峰宅院崇善堂

朱紫峰宅院通道

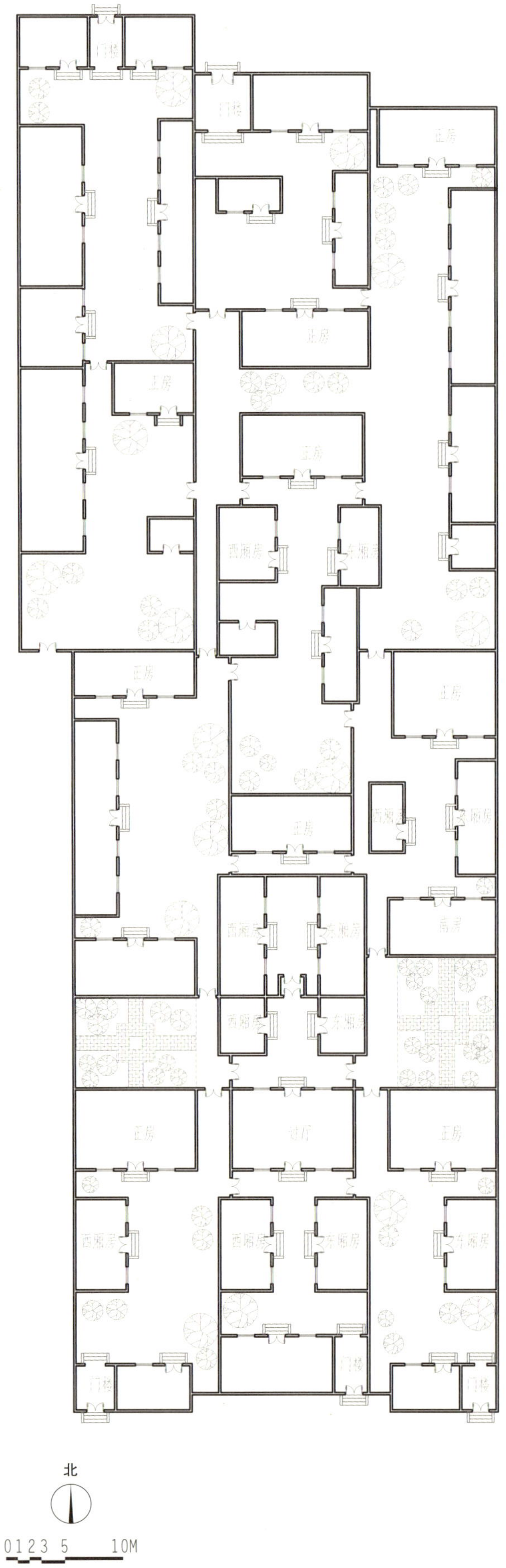

朱紫贵宅院平面图

朱紫贵宅院一进院客厅及厢房

朱紫贵宅院第五进院的庄稼院

硬山式屋顶

⊙朱家祠堂（现为朱洼小学教室）

⊙关帝庙

⊙门头砖雕及砖券装饰

⊙木雕与彩绘

⊙墀头砖雕

⊙红石柱础

张店村

张店村位于平顶山市北7.5千米处马鞍山北麓，郏县、宝丰、襄城三县交界的李口镇。距郏县县城东南25千米，是一个有数千年历史文化积淀的中原古村落，村南依巴山，北临汝河，左风岗，右紫云，面山抱水，藏风聚气。

1. 历史沿革

据史料记载及多方考证，张店村是“汉初三杰”之一张良的故里。张良辅佐刘邦成就西汉大业，功成退隐，史称“古今第一完人”，被尊称“谋圣”。《括地志》记载，张良故里距郏城东南15千米。汉代就建有张良村，又称“留侯祠”，随着张姓家族兴衰延续和发展，留侯祠毁于元，明初张良后裔寻根问祖，迁返故里，守护张留侯祠，四时祭祀，延续至今。

现今张店村面积约2.5平方千米，大部分村民仍居住在寨内。村内保存古建筑100多栋，都是明清时期的官宅。2006年张店村出土的一块未经打磨的红石石刻，经辨认其上清晰刻有属“箴铭类”文体的“汉隶”书体，短文内容叙述了诸葛亮拜谒留侯祖庙的情景感受，故称其谓《留侯祠铭》，亦称之为张店“汉石刻”。石刻上“观地势不严，然清静秀逸，乃龙凤之地”，道出了张店村选址与风水格局的奥秘。

2. 自然风光

张店村的位置恰好在山地的边缘，南面有一列东西山脉，古代总称“巴山”，又名“父城山”。马鞍山东西长2.6千米，南北宽1.9千米，顶峰海拔419.7米。从整体地势看，古村南、东面为山，北面为汝河河曲及平原，这里并无紧密险要之处，但是其山拱水护，形势开阔，交通方便，可谓清静秀逸。该地区光照充足，四季分明，气候温和，雨量充足，属暖温带大陆性季风气候。村西、北两面的平原有汝河灌溉，近村处有马鞍山上流下来的山溪芝河、泥河，宜于农耕，适合小麦和玉米的生长，至今是郏县的主要产粮区之一。马鞍山北麓植被茂盛，满覆森林，可以采薪，可以伐木，兴造房屋可以就地取材。马鞍山乃至该地区盛产紫红石，高强度、抗风化、抗冲刷，用于建筑可起到加固持久的作用。张店村位于马鞍山北麓沙涧口畔，北可上郏县，南到平顶山，东通襄县，古代乃交通要塞。清同治《郏县志》载：“马鞍山、铧尖山，俱在县东南五十里。二山之间名沙涧口。涧长数里，横亘石桥，石路三百余丈，通郏、叶往来，亦扼要之地也。”

张店村的地理环境及区位都有利于古民的繁衍生息。这里“可樵”“可耕”“可居”“通达”，应该是张店村选址定居的前提条件。

3. 建筑特色

张店经过几千年历史演变，其村落选址和聚落景观等方面都较好地反映了中原村落建设的艺术成就。从村落整体的布局可以看出，其宅院内院与院间的格局以及建筑轴线与建筑的间距、体量的布置都经过周密的计算。张良后裔张崇进士及第后，官至紫荆关提督，今提督府仍在。寨内有节孝坊等遗址，寨外有留侯祠遗址、张良洗马池遗址、叶洛故道、五龙寨遗址、五龙村遗址。张店村南面的马鞍山上还有魁星楼（文昌阁）、咣当石、河洛图、石观音、古石刻等重要历史文化遗存。

清同治年间张店修筑寨墙，全长5千米，面积约2.5平方千米，高8米，厚9米，分东、西、南、北和小南五座寨门，周边等距设寨楼（炮楼）共15座，除小南门楼是一层外，其他均为两层，大部村民居住寨内，后来寨墙毁于1947年初。现张店仍保存有部分寨墙和寨河，东西主街一条，南北主街三条，呈“井”字形交错，另有西南拐、东北拐等数条传统街巷，街巷空间曲折、变化，路面多铺以红石。

建于明代隆庆年间的提督府，位于寨内西南侧，是九门提督张乐舜的宅院。据张店《张氏家谱》记述：张乐舜，明隆庆举人，曾任保定府通判。性忤权贵，挂冠而归，后驻易州奉敕提督紫荆关。张乐舜的次子张化鹏，先后任过新野县教谕、陈州学正等职。张乐舜父子位居高官，给其府第家宅取堂号为“裕恒堂”，寓富裕恒久之意。其宅第也被敬称为“提督府”，以示张姓宗亲族人张乐舜曾任提督而满族荣耀。提督府初建时主院为一进五四合院，各院均以大房为主，室内三大建筑工艺精湛，石刻、木雕、砖刻合为一体，规模宏大壮观，大房屋前是东西厢房。透花门窗朴实浑厚，大门楼、二门楼对应矗立。大门楼旁是保卫、佣人的住所。左侧是东跨院数十间，供家人、佣人共用。

其原来的五进院，现仅存两院，前院主体建筑为穿堂式大客厅，共五间，建于1米高的台基之上，房体通高8.33米。

大客厅前檐下有明柱4根，近1米高的柱础浮雕着吉祥图案。檐廊下主次间的棂子门扇上雕刻盘龙、滚狮、莲花等吉祥图案和篆书“寿”字，尽显明清古建筑之雅韵。屋内大方砖铺地，厅内正间距后墙过厅门1.7米处设有高大的木质屏风。屏风上部悬挂有刻着“裕恒堂”三个大字的匾额。整个建筑气势非凡、式样精美、雕刻传神。

创建于明代崇祯年间的张近永宅院，当时其家族十分兴旺，宅院号“西西盛”，即家业兴盛的意思。宅院为一进三院，当时宅院前大门楼美观大方，里面一进院主建筑是五间大房屋，东西厢房的窗均由八角砖砌成。西边是二截四合院，主建筑三间，东西厢房各三间，三进院在最后。现存一进院大房屋五间，前大门楼一座，屋檐下木雕细致，可见昔日的富丽面貌。

始建于清朝道光年间的西官宅，为进士刑部主事张重之父张宅东所建，四进院三层高楼。光绪年间张崇又建四合院两个、东西跨院等，张任刑部主事和广德州知州时又建一进院大房屋，会客厅一座，书房等当时共计有130余间。现存主院、东西跨院，古建筑基本完好，坐北向南，大门临街，宅院多为两三层，为砖木结构楼房，其中的一处主楼为三层，整个楼高7米，一层为当地盛产的红石所砌，高达两三米，一楼以上为大青砖垒砌。

东跨院过梁、墙面拔石装饰性强，东西厢房

砖券门，显示有近代西化一定影响。

始建于清朝咸丰的北义和，为财主张怀之父张树功所建，其宅院高大的花门楼刻着飞鸟走兽等吉祥之物，后由三进四合院组成。第一进主建筑是大房屋，屋深“三丈四间头”，两侧是东西厢房。前面是二门楼，后面是二进四合院，大房屋五间前是东西厢房，第三截四合院主建筑是三层楼，高约10米，前面仍是东西厢房。主楼石刻窗子，十分坚固，东西跨院房数十间，供佣人使用。

张店村至今尚保存100余间传统民居，建筑面积约7091平方米，占寨内总建筑面积近一半。宅院鳞次栉比、结构严谨、雕饰精致。现存比较完整的传统建筑有：提督府官宅、西官宅、西西盛宅、北义和、东官宅、南义和、张老实院、花门楼、张生院等。建筑形式不仅有北方的官式做法，而且又融入了南方建筑细腻的做工和极具特色的地方手法，石刻、砖雕、木雕工艺精湛，丰富了张店村的建筑特色。

张店传统建筑装饰亦非常精美，具有地方特色，以砖雕、石雕、木雕“三雕”为主，不同材质形成不同特征，三者互相映衬，结合完美，大大丰富加强了艺术表现力和感染力，从而增加了民居建筑美感，提高可识别性，具有较高的科学、艺术价值。装饰内容选材广泛，多为喜闻乐见的如意、富贵长寿、年年有余、多子多福等，一些有趣的历史典故、民间故事也有入选。具体图案大多为松、竹、梅、兰、菊、海棠、荷花、杏花、牡丹、石榴、麒麟、蝙蝠、龟、象、鹤、鲤鱼、花瓶等，也有直接采用吉祥文字的，如福、禄、寿、宝等，均有吉祥如意、丰收太平之象征。石雕主要有柱础、抱鼓石、墙脚的条石、石鼓等。木雕多用在大厅的厅柱、月梁、牵梁、屏门、窗户、雀替、斗拱等；砖雕多用于墀头、照壁、山花等处。

4. 民间风俗

张店村民至今仍保持着传统的语言和风俗习惯，注重春节、元宵节、二月二、三月三、清明、六月六、鬼节、中秋节、冬至等富有浓厚地方传统民俗的节日与活动。农历四月初十是古时传下来的留侯祠庙会，又称为“小麦会”。这天家家户户吃面条、唱社戏、宴宾朋以庆贺张良生辰。张店村民最乐玩的“摆山”是当地特有的一项棋艺类娱乐活动，据传是根据张良的布阵图演变而来。一般在地上画三个相套着的方框，四角四边连起来，用不同的石块或小棍作为各自的棋子。虽然看似简单，但阵法奥妙无穷。

⊙张店村总平面图

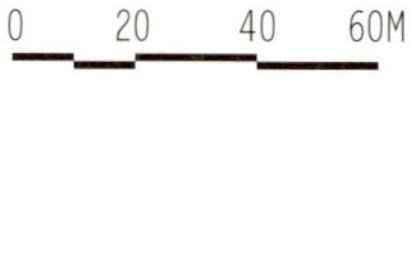

1. 寨河
2. 残损寨墙
3. 池塘
4. 五福堂
5. 西西盛宅
6. 西官宅
7. 北义和
8. 张生院
9. 南义和
10. 提督府
11. 张老实院
12. 花门楼
13. 东官宅

山拱水护的张店村

张店村残存的寨墙

⊙提督府大客厅

⊙提督府槟子门扇

⊙提督府大客厅柱础红石雕刻造型

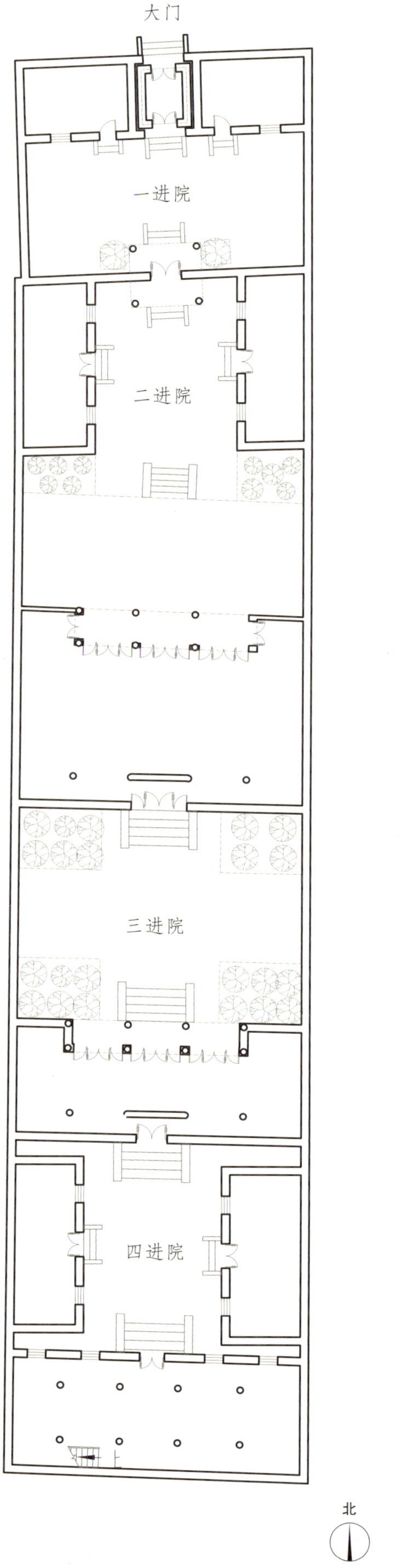

⊙提督府院落平面图

西酉盛宅入口门楼

西酉盛宅二进院五开间大居室

西酉盛宅三进院

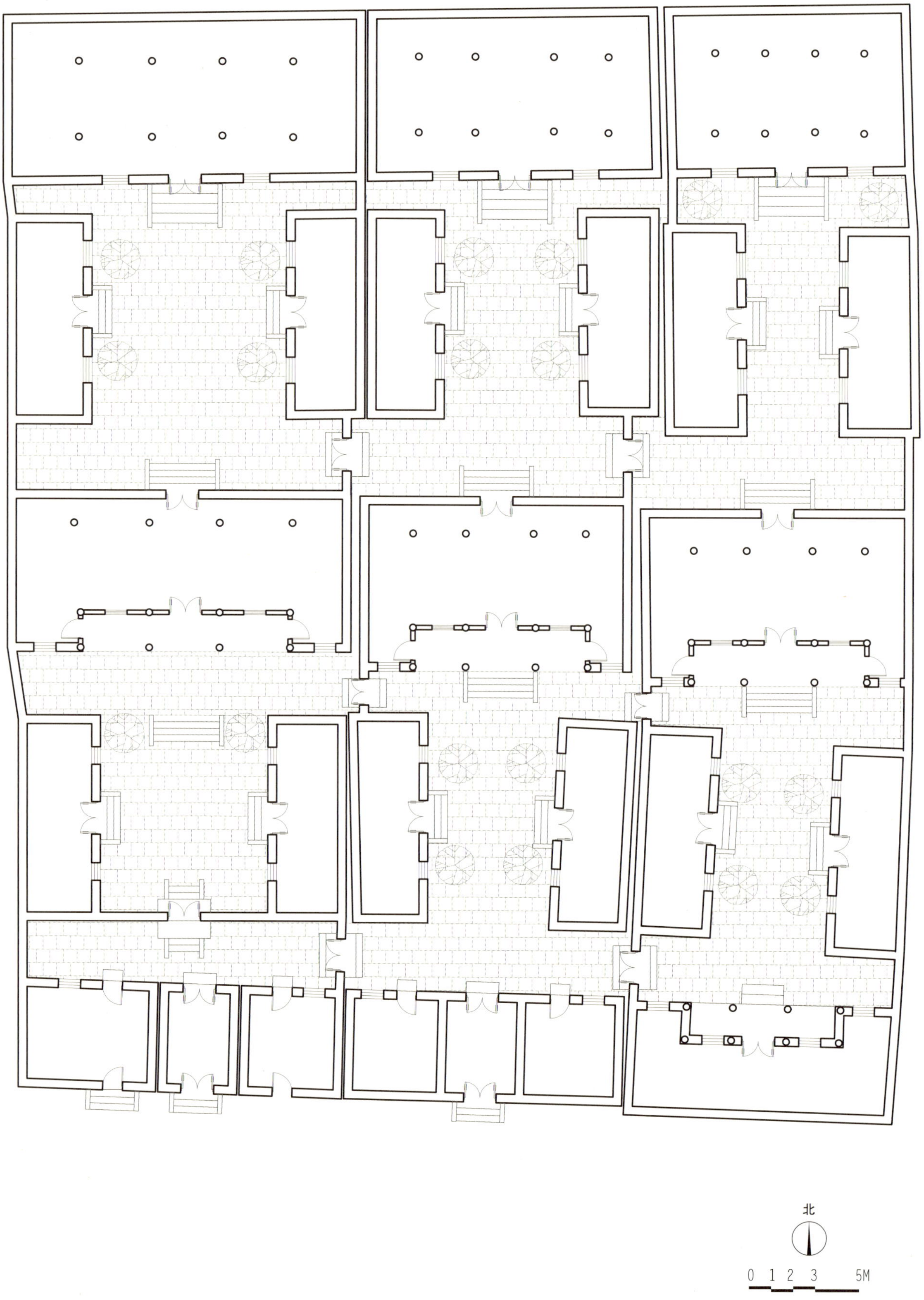

⊙西酉盛宅平面图

张老实院

张店村民在下“摆山”棋

南义和二进院

⊙西酉盛宅二进院大居室木雕

⊙东官宅刘付信宅红石花窗

⊙侧墙檐口砖饰及山花造型

⊙门环铁艺

李渡口村

李渡口村位于郏县冢头镇西北部，紧邻蓝河。现有村落面积近19万平方米，总人口1400多。

1. 历史沿革

李渡口汉代时已形成村落，由于位于蓝河上游，漕运的繁盛，沿河一带的经济得到了发展。李渡口村也因依偎蓝河的地理优势成为区域内东西交通的一个纽带，自古至今一直发挥着“渡口”的重要作用。到明末清初，李渡口村逐渐发展成远近闻名的商贸集聚之地。村落鼎盛时期，寨内人口逾千，商号几十家，四方陆路，车如流水，骡马相连，生意兴隆，人流不断。据《郏县志》记载，清同治三年（1864）全县共有25处集贸市场，李渡口为其中之一，可见李渡口当时重要的商业地位。

1957年，因蓝河水患，李渡口村寨墙损坏大半，而倒塌的古建筑更是多达数百间，古树名木也所剩无几，但古村的格局仍保有原貌。如今的李渡口古民居数量仍多达数十栋，尤其是明末清初民居，在建筑构造、细部、室内均有较高的建筑和艺术价值。

2. 自然风光

村落周边三面沃野，一面依水。村西面蓝河缓缓绕过，与寨河相连，形成水系。蓝河，曾名蓝水、长桥水、赵家河等，出禹州市文殊乡宋庄村，自安良乡牛庄村北部入郏县境，蜿蜒南下，途经李渡口，入北汝河。寨内地势由东西大街向南北方向逐渐降低，现存大多历史建筑分布于东西大街南北两侧。

3. 建筑特色

李渡口村因蓝河而兴起，筑寨挖河，建起了一道屏障，寨内居住生息，形成完整的村落防御体系。李渡口村的寨子布局为东西走向，寨墙高5米左右，上宽近3米，可供巡逻和打更护寨。寨墙外面10米多宽的寨濠，内有水，周转流动，称为护寨河。寨内东西分中心街（正街）、南街和北街三条街，南北形成六条小巷胡同。正街有东西寨门，寨门的上边建有阁楼。东寨门上面用青石镶着“朝阳”两字，西阁面朝蓝河，寨门的上方刻着“迎龙”两个大字。

李渡口村现存历史建筑主要位于中心街两侧。中心街东西长约230米。中心街两侧建筑群现存20座四合院（局部），有建筑60余间，建筑格局以四合院为主，两进和三进院落居多。院落结构大多为前有门楼，中有过厅，后有堂楼，有东西厢房（楼）。红石基础，砖木结构，小灰瓦覆顶，有五脊六兽装饰。古楼、古房、古窗，部分保存完好。沿街两侧多为一层商业建筑，石刻、木刻、砖刻工艺精巧，反映出明清时期豫西南民居的建筑风格和工艺水平，具有较高的建筑学价值和艺术价值。

（1）李和风老宅

明末清初建筑，现存过厅三间，门前三级红石台阶，门两侧砖墙内砌，半露木柱两根，木柱上方有横坊两根，横坊间有木雕花卉三组，红石柱础，过厅正门内凹，青石门墩，门侧左右各置木质方窗，东西山墙突出墙体约10厘米，小灰瓦覆顶。该宅西侧相邻为李长河老宅，现保留临街房一座，二层西厢房和二层正房堂楼一座，已改为他用。

（2）局子屋

位于李南娃花行东邻，清代建筑，现有过厅三间，面阔10米，进深9米，门前两级台阶，檐下两根明柱，红石柱础，上棚五脊六兽，后有堂楼三间两层，面阔10米，进深5.5米。砖石结构，红石窗，门前三级台阶，上棚小灰瓦覆顶。

（3）李义仁故居

清代建筑，现有临街房三间，面阔10米，进深5米，红石墙面，上棚已翻修。厅后有西厢房三间两层，面阔9米，进深3米，砖石结构，屋顶五脊六兽，厢房后有过厅三间，面阔10米，进深8米，砖石结构。门前三级台阶，过厅后有堂楼一座，面阔10米，进深5.5米，三间两层，红石窗，屋顶小灰瓦覆面。

（4）李朝永老宅

清代建筑，位于中心路路北临街，现存南屋三间、门楼一间，面阔10米，进深4.5米，砖木结构，后作为济世堂药铺使用。进门楼为一进院，有过厅三间，面阔10米，进深7米。门前四级台阶，木质门窗，过厅后有堂楼一座，三间两层，门前九级台阶，面阔10米，进深5.5米，砖石结构，一楼窗用红石刻成“卍”字，二楼门上方窗左右各设小拱窗一个，立面比例协调，美观大方。

（5）李贯儒老宅

现有西厢房三间两层，面阔10米，进深4米，过厅楼三间，面阔10米，进深5.5米，出地平二层，红石基础。后有西厢楼房三间，面阔10米，进深4米，堂楼三间，面阔10米，进深5.5米，砖石结构，五脊六兽。门前四级红石台阶，坐北面南，该宅院保存较完整，现为李渡口村委会办公地点。

（6）宏运屠行

李五同于1865年创办，以屠宰生猪为主业，并出售猪肉，兼营熟肉。

（7）兴隆酒行

李文秀于1865年下半年创办，聘请宝丰县皮庄酿酒技术员，用十几名工人，在南街路北建了一个蒸酒酿酒作坊。蒸酒用的是大麦、小麦、豌豆和高粱，水源是深井水，水质甘甜，酒供不应求。

（8）济世堂药铺

李文秀于1867年创办，中药材都来自禹州药行，经过精心炮制，提高了药材质量，药材品种齐全，童叟无欺。因当时的社会经济背景，李文秀经营药铺的宗旨是“穷人吃药，富人打钱”，因此，“济世堂药铺”在群众中留下了良好的口碑。

（9）李南娃花行

建于清乾隆年间，占地500平方米，保留传统建筑面积70平方米，为一进三房院落，主房为一层大房屋，红石基础，砖木结构，五脊六兽，上棚小灰瓦覆顶。

（10）李泽之老宅

位于中心街北，是保存最为完整的院落。该院坐南向北，二进院有二层堂楼，两侧山墙上的山花最具特色，其中东山墙是目前河南民居中所见到的最大的山花图案造型。

李渡口村格局完整，古建筑保存质量高、规模大，是郏县古建筑的典型代表，也是历史上李渡口村商业繁荣的实物见证。村中散放着各种石制石臼、石槽、石磙、石磨等农具，寨墙、寨河遗址格局完整，传统村落风貌依旧。

4. 民间习俗

李渡口村历史悠久，保存了多样的民间传统风俗，唐代修建的古寺“关帝庙”，千百年来香火鼎盛，逐步形成农历三月十三的古刹庙会。庙会在保持祈雨活动的同时，逐渐融入集市交易活动。古刹庙会的传统内容还包括了民间戏剧表演，秧歌舞和铜器舞是郏县民间非物质文化遗产的重要组成部分。

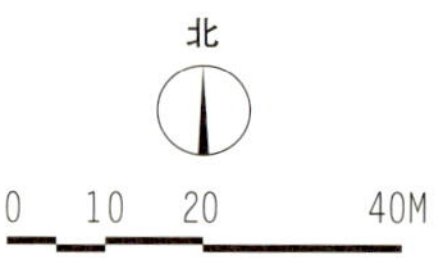

⊙李渡口村总平面图

1. 蓝河
2. 寨沟
3. 李贯儒老宅
4. 李凤朝故居
5. 李奇玉故居
6. 李之印故居
7. 李义仁故居
8. 明代民居
9. 济世堂药铺
10. 池塘
11. 李泽之老宅

⊙村内景观

⊙中心街街景

李和风老宅北立面

李长河老宅二层厢房

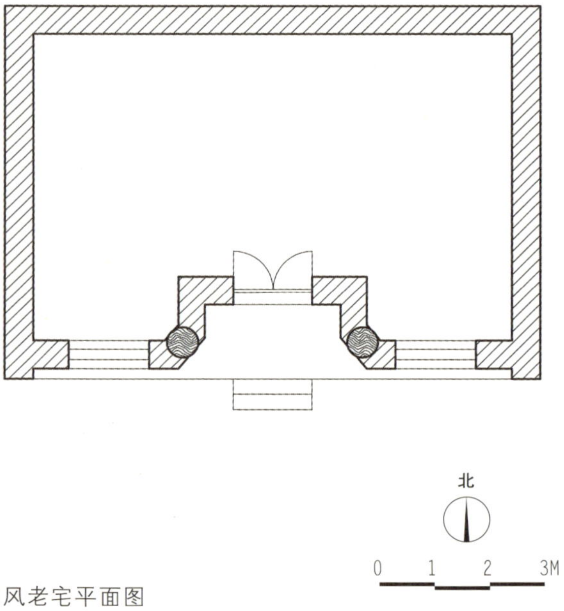

李和风老宅平面图

⊙李义仁故居北立面

⊙李贯儒老宅

李朝永老宅二进院堂楼

平安

⊙李朝永老宅临街南屋

⊙李朝永老宅一进院堂屋

⊙李朝永老宅红石“卍”字花窗

宏运屠行

李南娃花行主房

济世堂药铺

兴隆酒行作坊院

⊙李泽之老宅

⊙李泽之老宅西山墙山花

⊙李泽之老宅东山墙山花

⊙村中遗存的喂马大石槽

⊙村中的石臼

康南村

康南村位于巩义市康店镇，背依邙山，面临洛水，北近黄河，南凭黑石关，处于嵩山、邙山、黄河、伊洛河的山水交汇处，环境优美，地势险要，水陆交通便利。康百万庄园位于康南村境内，庄园建筑始建于明清，是中原地区最具代表性的集农、官、商为一体的，跨明、清、民国三个历史时期的大型封建地主庄园，是黄土高原封建堡垒式建筑的典型代表。

1. 历史沿革

（1）康氏家族发展史

康百万庄园始建于明末清初。“康百万”是明清以来康氏家族的统称，土地、商铺遍及山东、陕西、河南三省八县，被称为“百万富翁”。当年慈禧太后逃难西安回銮北京路过巩义时，康家出钱并监工修造黑石关、县城、行宫，花费了100多万两银子。又向朝廷捐赠白银100万两，慈禧御封“康百万”。康家始祖康守信于明初从山西移民河南，定居在巩县桥西村（今康店），从此繁衍生息到发展壮大，创建了令人惊叹的康百万庄园建筑群。明朝中期，康家的第一至五代以农耕为生。第六代康绍敬步入仕途，他带领全家人在伊洛河附近经商，很快就为家族积累了大量的产业和财富，成为当地的大财主。此后，康家抓住了一次次走向繁荣的机会。先是第十一代康惠娶明朝福王孙女，成就了“康朱联姻”。接着第十二代康大勇父子借康乾盛世，利用朝廷重视漕运的机会，打破“士不经商”的儒家传统观念，扬帆黄河，建立了在山东的商业基地。清朝中期，第十四代康应魁时，康家的发展达到顶峰。康应魁在前人基础上，将产业扩大，靠河运发财，靠土地致富，靠“贡献”得官，有土地达120平方千米，财富无以数计。同时，康家又大兴土木，挖山扩宅，康百万庄园初具规模。随后因为时局动荡，康家逐渐走向衰落，但是仍然具有相当大的实力，尤其是庄园的扩建从未停止，更增加了许多的防御系统。民国时期，虽然第十八世康庭兰奋发中兴，但国难当头终究无力回天，康家最终败落。至此康氏家族前后共风光了12代400余年。1963年，康百万庄园被批准为省级文物保护单位。2001年公布为全国重点文物保护单位。

（2）康百万庄园的历史状况

康百万庄园原有19处形式不同、功能齐全、风格各异的建筑群，占地近16万平方米，它们分别是：明代的楼院（尚待考证），主要分布在张沟、寺沟区；清代的建筑群为福禄堂区、龙窝综合住宅区、寨上主宅区、南大院区、栈房区、祠堂区、金谷寨、饲养区、菜园区、花园区、圣寿寺、造船场、唐高善果园、砖瓦场、墓园区、集贤庄以及书院、戏楼、观音堂、关帝庙、黑石关行宫、杨岭栈房、看家院、望楼、大碑楼、石牌坊等建筑。现存各类建筑共有大小庭院33座，楼房53座，平房97间，窑洞73孔，建筑遗址10余处。

2. 自然风光

康店一带属巩义市西北邙岭黄土丘陵区。西有偃师、北临黄河、东靠伊洛河，为黄土丘陵地貌。邙岭实为黄土残塬，古代称为“山”。《水经注》卷五载：巩义市“北有山，临城（指康店古城）谓之塬丘，下有穴，谓之巩穴”。位于康店东侧的伊洛河，与庄园关系最为密切。洛河源于陕西省华山南麓洛南县，与发源于熊尔山南麓的栾川县的伊河交于偃师，形成伊洛河入巩义。河水含沙量比黄河少而显得清，又称“清河”。经康店至神北村注入黄河，境内长33千米，河宽200—300米。

3. 建筑特色

（1）结合自然、布局整体

庄园主宅区地形不规则，又经历代营造，但其整体布置完整统一。庄园选址充分考虑到周围的自然地理面貌，加以充分利用。建筑群依山就势，窑房结合，建筑坐向不拘于陈规。南北两区分合有序，毗邻院既各成体系又联系紧密。虽未建于同一时代，但在统一营造思想指导下，有着“虽由人作，宛若天成”的整体效果。主宅区院落巧妙地利用了自然地形，外形作寨堡，东寨墙通高达12米。单体建筑高低错落，空间变化丰富。院落之间的联系常常通过一些狭长的空间，在这狭长的空间中分隔空间来增加层次。屋宇式门楼、随墙简易门楼、月亮门洞和低矮的对花墙等都被用作空间的分隔物，富于变化。加上园中植物、石雕、楹联、匾额的点缀，更突出了庄园中浓郁的园林艺术效果。又经各道院门的“障景”与“借景”，使得这一狭长空间步移景换，空间丰富。

（2）院落组合、功能实用

主宅区以券洞式东寨门为主入口，由东向西，顺斜坡道，逐渐达于寨上主宅院，坡道顶与照壁间现存水井一口。另外南面另设一侧门，可以进入寨门。以东入口上部东西道路分寨区为南北两大部分。

北部为主院，由东而西并列五座院落，坐北朝南，外各立门户，内部又相连通。最东面的院落为1号院，又称“花楼重辉院”。南入口现存大门一间、耳房一间、倒座二间；入前院有东花厅、西花厅和三间大过厅。过厅后，为一垂花门即为内院，东西两侧现存的厢房，东五间，西四间，西缺一耳室。最后为上房三间。上房后东角，原有厕所一处，已毁。此院在上房西侧崖下，现存南、北二孔窑洞。2号院又称“秀芝亭院”。大门居东南隅，其西并列四开间倒座一座。前院东侧大门之内是1号院与2号院间的过道，原无建筑，现加建了一座过宅门；西侧现存祭祀厅一座，北面为一垂花门。过垂花门进入内院，内院现存东、西厢房各三间，其北端另有平房各一间。西厢房西墙后原有厕所一座，现改为它用。厢房之北现存东、中、西窑洞三座。3号院又称“克慎厥猷院”。前有倒座，前院在垂花门前现存东、西二花厅。垂花门后为内院，现存东、西厢房各三间，其北接建平顶小室各一间。西厢房西侧原有厕所一处，现也改为储藏用。院北部现存东、中、西窑洞三孔。此院照壁前置一太湖石，其东侧有“行贵简门”（即祭祀厅的西侧门），西有月亮门。院中现存树龄有上百年的葡萄和石榴树。4号院又名“知所止院”。院之东南隅现存大门一间和四间倒座，现前院东、西两厢无建筑，东面经月亮门与3号院相通，西面过花墙与5号院相通。由前院经垂花门可至后院。后院现存东、西厢房各三间，厢房北接建平顶房各一所。院北崖下现存窑洞三孔。5号院又名“芝兰茂院”。由于地形关系，此院最为狭窄，建筑亦少。前无大门，由4号院大门入内。倒座处现存瓦房一所。经月亮门进入内院，其内仅存东厢房二间，北崖下现存窑洞二孔。此外，西崖下现存窑洞五孔。

总共北院计有五座院落，木构建筑有四大门、四倒座、四花厅、九厢房、一上房、一过厅、四垂花门楼以及六平顶伙房、库房等。另有北崖、西崖下各式窑洞17孔。

主宅区之南院，位居水井以南，与北院倒座相距约10米。现存建筑有南1院、南2院、大门及八孔窑洞，另有厢房与平房基址等。南1院坐西向东，现存大门与倒座三间。向西过一垂花门，即为前院，前院现存南北对称厢房各三间。再过一月亮门为后院，也有南北对称厢房各三间。院之西崖下现存北、中、南窑洞三孔。南2院，原有二进院落。现尚存大门一间，倒座两间，内面亦出廊子。厢房已毁，仅存西崖下窑洞两孔。南2院南边有磨房院旧址，现为花园。再向南西崖下现存面向北和东北窑洞各一孔。

南大院位于主宅院东南角的寨堡下面，中间一路之隔。南大院由主院和左右两侧的别院组成。此外还在西路西边缘筑有六孔窑洞，现已基本损毁。院落前部原还建有戏台、旗杆、石刻、大门和二门等，现均被拆除，目前为康店中学操场的一部分。

主院现存“方五丈”院的厢房和正房等。东、西厢房各五间。正房五间。厢房南端均有一座平顶房。东路是书院。现存“临街房”的三间过厅式二层硬山式楼座。院内现存东、西厢房各三间，再后为过厅三间，厢房和过厅均严重损毁。西路院落现仅存三间过厅和西“方三丈”正房，其余建筑已毁。但此院内尚存坐西向东的两组窑洞。

栈房区位于主宅院之东，与主宅院东墙一路之隔，其西临庄园路，南临栈前路。现保留下来的坐北朝南院落四座。自西向东通称为1号院、2号院、3号院和4号院。

（3）堡寨建筑、防御性强

主宅区总体为寨堡形式建筑，北自龙窝区，经东寨主墙到南院东南角，建有青砖砌筑的坚固寨墙，在东寨墙上筑有75米长堞垛。寨堡的地下通道上口处，现存“打更屋”一座。由寨门斜洞正面的雕花照壁之后，筑有通向崖顶的上山坡道。崖顶现存砖券窑洞二孔。在崖顶之西南角，靠山又筑窑洞一孔，临崖建望楼一座。主宅区上下建窑洞居室30余孔，与木构建筑略相等。

康百万庄园的房屋绝大多数是二层楼房，一楼居住，二楼不设窗或开小窗用作仓库，这是康百万根据自己的实用要求进行的设计。原因是康家的生意主要以棉花、布匹等棉织品为主，需要较大的存放空间，且又有防火、防水、防潮、防日晒的要求。这种根据实用要求产生的房屋形制，广泛地用于中、后期建筑。后来，由于时局动荡，庄园内又修建了大量的防御设施，庄园的外墙全都砌筑成高大的城墙形式，并留有垛口。靠山部分又开挖了大量的窑洞，有些窑洞还有地下室，形成了一套既利用平时储藏、陈列，又兼顾战时躲避、逃生的防御系统。

（4）装饰精致、内涵丰富

康百万庄园建筑的内、外檐装修与家具以

及陈列品，在河南民居中首屈一指。外檐装修主要分布在柱础、门枕石、门窗、窑脸、雀替、花罩、檐枋、檐口、山花和屋脊等部位。室内装修主要为空间隔断如隔扇、罩、架等。装饰手法主要是木雕、砖雕和石雕，楹联、匾额以及彩绘和灰塑。雕刻的内容主要有吉祥动物龙、凤、狮子、麒麟以及喜鹊、仙鹤等；还有植物花卉如梅、兰、竹、菊、牡丹、荷花、葡萄、葫芦等；更为传神的还是人物雕刻，有常见的文臣武将，还有读书习文、敬老爱幼、惩恶扬善等内容。康百万庄园中的木、砖、石三雕，根据具体内容而刀法不同，代表了河南传统民居建筑雕刻艺术的最高水准。

4. 民间习俗

康店的建房习俗在豫西地区有一定代表性。首先，村落住宅多为土木结构、石基砖柱的灰瓦房屋，以三合院和四合院为主。山区村落因地制宜，开辟崖头，挖掘土洞或天井窑院居住；富裕人家则是建石基高墙、深宅大院，有一进二或一进三的宅院，多是砖木结构。一直到20世纪70年代，乡村民居仍无大的变化。

其次，传统建房注重布局和方位的选择。一是选择宅基地要先看路，宅院前必须临路，最好是横向大路。但不能门对着直路，更不能是前后左右都是路，当地称这种基地是“鬼抬轿”；二是院落建筑布局前低后高，尊卑有序，主次分明；三是主房即堂屋一般为三间大屋的形式，院子宽度可建成五间，院子窄的可建成一大间；四是院落排水设施建于地下，使院中积水从大门一侧的下水道流出，形成绕门而过，所谓“山环水抱”的格局；五是院落形态多是长方形，也有正方形的，窄扁形状的极少。院落布局最忌讳前宽后窄的形式。

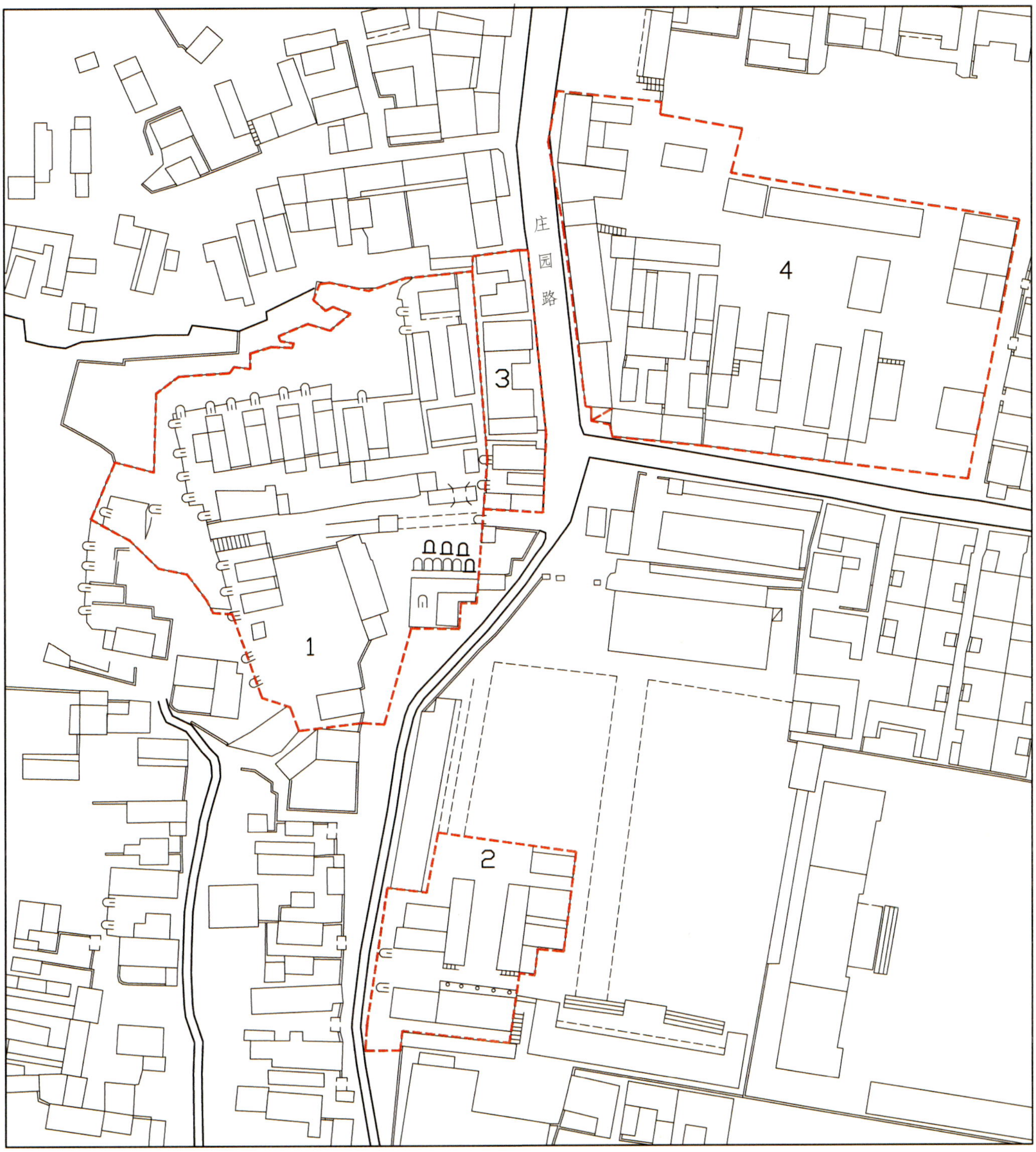

⊙康百万庄园一角总平面图

1. 庄园主宅区
2. 庄园南大门
3. 庄园作坊区
4. 庄园客栈区

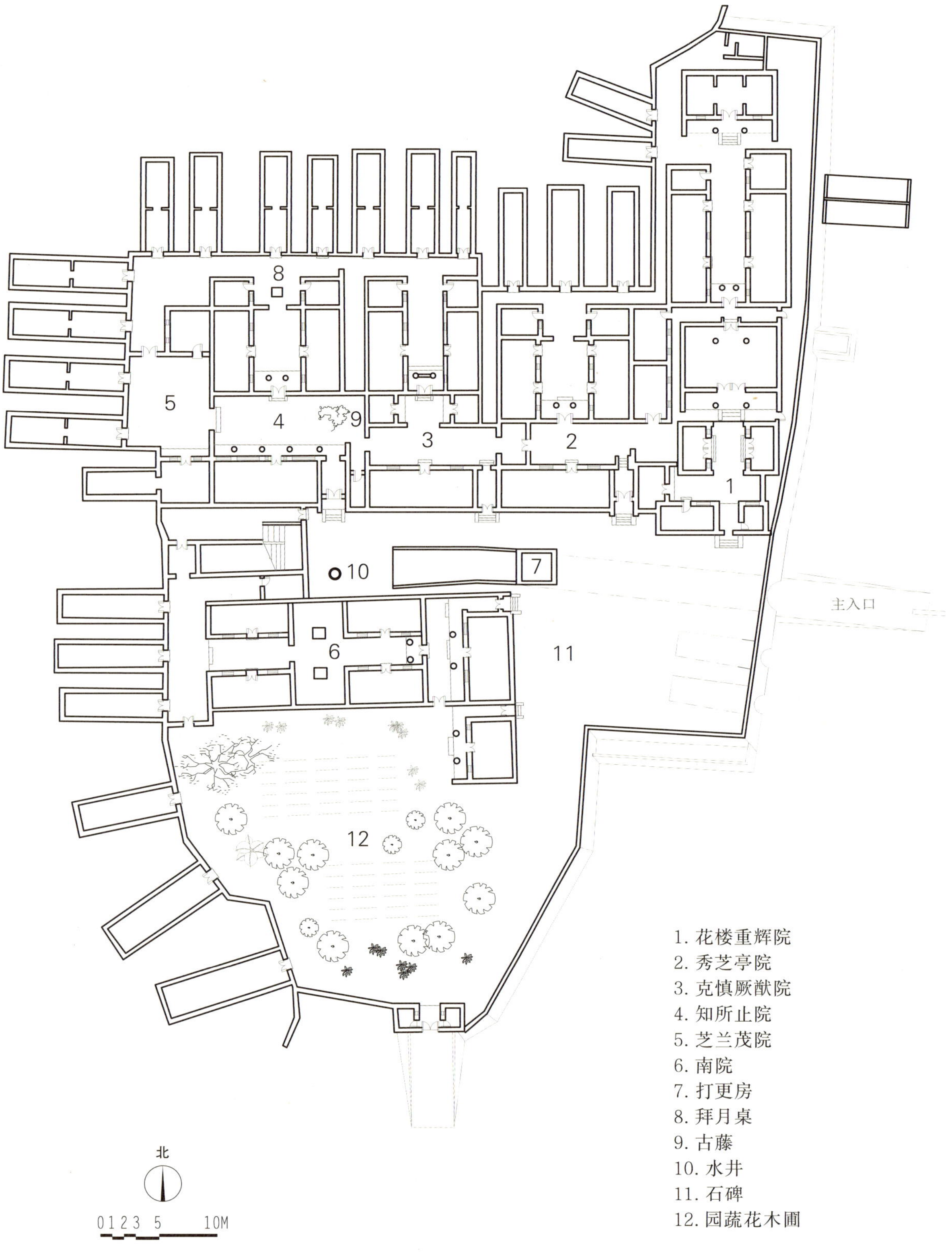

1. 花楼重辉院
2. 秀芝亭院
3. 克慎厥猷院
4. 知所止院
5. 芝兰茂院
6. 南院
7. 打更房
8. 拜月桌
9. 古藤
10. 水井
11. 石碑
12. 园蔬花木圃

康百万主宅区现状平面图

⊙主院区

⊙窑院结合的主宅区

⊙主宅区屋宇式门楼

⊙主宅区楹联

⊙主宅区东大厅“留馀”匾额

主宅区 1 号院花楼重辉庭院

2 号院秀芝亭院

主宅区券洞式主入口

⊙主宅区寨墙垛口

⊙窑洞口砖饰

内厅家具陈设

门罩上的砖雕刻字

油坊村

油坊村位于荥阳市西北的广武山下，高村乡中部，村子规模不大，但是荥阳市传统民居建筑保留最多的村庄，且特点突出。

1. 历史沿革

现油坊村居民95%姓秦，据《秦氏家谱》记载，秦姓人是明朝洪武年间，山东举人秦景瑗到河阴县（现荥阳境内）任教谕，从此落户，繁衍生息。作为秦家后人，秦川是这个家族兴旺的核心人物。他是明太祖朱元璋五子周定王的女婿，因此关系，秦姓人很快富甲一方。

当年水运发达，秦姓人通过水运将生意做到全国各地，因此，从河南到北京，沿途有不少的秦家商户。到了清朝，随着商品流通领域扩大，因商而富的秦家人返乡修建楼院、祠堂。如巩义的康百万庄园体现了豫商的富足实力，秦家大院也应是一代豫商的实力代表。

2. 自然风光

油坊村地处豫西山地和华北平原的过渡地带，这里没有高山影响，日照充足。境内河道属黄河流域，村落周边有丰富的自然旅游资源：有颇具传奇色彩的秦王寨，见证了秦王李世民大战窦建德的英雄气概；建于明永乐年间的道教名刹飞龙顶，古建筑群落雄伟壮观，峰岭竞秀，依旧香火缭绕；荆砦村古冯城作为冯氏先祖的发源地，吸引着冯氏子孙寻根祭祖；官庄西周遗址被评为2012年度河南省五大考古新发现，2012年度全国十大考古新发现之一，对于探讨郑州西部贾鲁河上游一带两周时期考古学文化的发展演变意义重大。

3. 建筑特色

油坊村村落格局因当代经济发展已经遭到一定程度破坏，现在保有的古建筑（院落）是历史上古村落兴盛时期的见证，如秦氏旧宅、南大院、秦氏祠堂、天主教堂等建筑遗存。

（1）典型宅院的建筑空间

秦氏旧宅由两进院落组成，坐北朝南，按南北纵轴线对称布置房屋和院落，宅院大门设于东南角。整个建筑群呈现较为严整的四合院格局，遵循“前堂后室”的规制，北高南低，具有典型豫中地区民居建筑厚重、凝练的风格。

第一进院俗称“大厅院”，由倒座、东西厢房和正房（客厅）组成，南北长9米、东西宽5米，为规整的四合院式布局。以正房（客屋）为中心，东、西厢房与正房均为单层硬山建筑带前廊。正房位于一进院正中，与倒座相对，坐北朝南，是一进院中最重要的建筑。正房面阔五间，进深三间，屋前有宽大的月台。柱础为石雕，狮兽型图案，造型别致。东西厢房面阔各三间，一明两暗式布局，通面阔7.2米，进深一间。厢房檐柱、柱础石雕为简易的覆盆式。柱头不施斗拱，柱间置额枋，施彩画。厢房与倒座之间有月亮门，院内有株长达百年的蜡梅树。

第二进院俗称“堂楼院”，因其东、西、北三面均以三层堂楼围合而得名。堂楼居中，坐北朝南，由家中长者居住，高度约13米。堂楼入户门周围装饰有石雕匾额和对联，上书“存朴堂”三字。东西厢楼由晚辈居住。堂楼和东西厢楼均为三层，五檩五廊楼层式硬山建筑，是荥阳地区独特的民居形式。整个二进院落立面造型通过堂楼和东西厢房五种不同开窗形式和装饰变化，打破了矩形院落空间单调、狭窄的氛围，增加了活泼因素，尤其是堂楼二三层之间加一装饰檐腰，在尺度上形成了二层回廊的亲切感。

两进院落布局严谨有序，建筑空间尺度宜人，特征明显。秦氏旧宅由入口门楼、一进大厅院和二进堂楼院的层层过渡将豫中地区传统住宅中公共空间、半公共空间、私密空间的空间层次清晰地呈现出来。两侧厢房向正房各内收半间及正房露脸两间，形成了较宽敞的南北长、东西窄的矩形院落。由相互分离的各栋房屋组成院落，形成一个与外界隔离的内向院落小环境。

南大宅为一处三进式四合院落，坐南朝北，北依村中大街。现存前院正房、左右厢房、大门楼，中院左右两厢房，后院正房和两厢房等楼房共9所，占地面积800多平方米。

秦氏祠堂为两进四合院，坐北向南，建于清乾隆二十四年（1759），由秦恭个人所建，后改为家庙。

（2）建筑结构

秦氏旧宅现存部分建筑均为清代豫中地区地方建筑样式。大部分建筑木构架保留了官式做法和形式，但制作及用料方面较官式做法更简单合理，省工省料，突出表现在梁架中梁、柱、檩等均使用圆木制作，只进行简单加工，构件大小依结构体系的需要制作。梁架部分较为完整地保留了明清时期豫中地方营造手法，可以由此详实地了解明清时期豫中地区的居住传统、地方营造技术及风俗习惯。

一进院承重结构类型有木构架承重体系和木架与墙体承重体系。倒座为五檩楼层式建筑，砖木混合承重；厢房为五檩抬梁式无廊硬山建筑。

正房是整个建筑群中最重要的建筑，承重类型为九檩抬梁式木构架带前廊硬山建筑，屋顶高出厢房。正房檐下有斗拱的大式做法，而在内部梁架中未用斗拱，仍为小式做法，这在一般民居中比较少见。

正房室内为彻上明造，抬梁构架搭接清晰，脊瓜柱由两块弓形的叉手支撑，其上端支撑脊瓜柱，具有典型的河南民居地方营造特色。这种构造方式有利于提高脊瓜柱的稳定性，优于角背。

正房檐下斗拱由坐斗和正心瓜拱相交，拱的券杀只为有一折的折线形，展现了北方建筑的简洁粗犷，从木结构等级的设置上突出了正房的中心地位。特别是在斗拱之间、平板枋与檐檩之间的间隙设有木垫板，相当于自上而下传力的坐斗，垫块上雕刻有卷云式样浅浮雕。

二进院内有建筑均为木架与墙体承重体系，五檩抬梁式木构架五廊楼层式硬山建筑，是荥阳地区较有代表的民居形式。

东、西两厢房面阔三间，通面阔8.2米，进深4.2米。一层为砖拱承重结构形式，二层为砖墙承重结构形式，三层为砖木混合承重结构形式。

堂楼外观三层，一层为砖拱承重结构形式，室内以方砖墁地铺席纹图案。二层为砖墙承重结构形式，中间设一砖券门洞，三层为砖木混合承重结构形式，上置抬梁屋架，彻上明造。

从上述分析可以看出，秦氏旧宅不仅从各建筑单体的规模上突出了中轴线的序列感，在梁架木构等级的设置上也充分体现了各建筑的主次地位：堂屋最为严整隆重，而且还在外檐柱下设有斗拱，厢房相对简单，倒座则仅突出大门。

秦氏旧宅屋顶均为硬山做法，建筑屋面形式根据房屋的用途、地位及重要程度分别采用不同的类型。建筑群中只有最为主要的正房是合瓦屋面，其余均为干槎瓦屋面。屋脊采用叠瓦的花脊，为豫中地区传统民居经常采用的一种瓦饰，颇具地方特色。其特点是在陡板位置用板瓦摆出各种漏空花纹图案，称为“花脊”或者“透风脊”。花脊造型简洁大方又具有装饰色彩，还有效地减轻了屋脊的重量，不但对结构有利，而且还可以降低造价。正脊装饰构件正吻以龙头鱼身的造型为主，安装于正脊两端，龙嘴一律向外。

秦氏旧宅墙体所用材料为青砖，采用顺砌的砌筑方式。山墙封檐较为简洁，博缝使用条砖仿制，四层封檐，山际处是阴阳鱼雕饰图案，寓意镇宅辟邪。建筑群中带檐廊的山墙两端均设置墀头，墀头上部的盘头部分是山墙的重点装饰，墀头戗檐下设双层神台，砖雕精美。

⊙油坊村总平面图

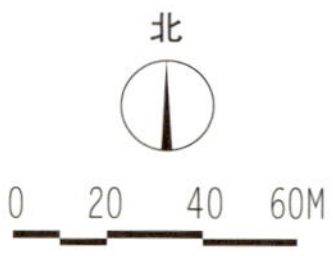

1. 秦氏旧宅
2. 火神庙
3. 天主教堂
4. 毛主席像
5. 秦氏祠堂
6. 秦氏新宅
7. 孔庙
8. 土地庙

秦氏旧宅一进院厢房

秦氏旧宅一进院客厅檐廊

⊙秦氏旧宅二进院一层回廊

⊙秦氏旧宅二进院堂楼“存朴堂”入口

⊙秦氏旧宅二进院不同窗户造型及砖雕装饰

⊙秦氏旧宅二进院不同窗户造型及砖雕装饰

⊙秦氏旧宅二进院不同窗户造型

秦氏旧宅二进院二层回廊

南大宅一进院

秦氏祠堂入口门楼

秦氏祠堂一进院正房

秦氏祠堂二进院“内省斋”堂楼

硬山墙体

⊙秦氏旧宅一进院正房室内结构

⊙墀头造型

⊙秦氏旧宅二进堂楼

⊙秦氏旧宅一进院正房檐下结构

方顶村

方顶行政村位于郑州市上街区峡窝镇西南隅，地处五云山北坡丘陵地带，南望五云山，西临汜水河，地势险要，古迹丰富，环境优美，民风淳朴，是郑州地区保存最为完整的古村落之一。辖方顶、程湾、底河三个自然村，共八个村民组、1675人。

1. 历史沿革

方顶村始建于600多年前，为古汜水县的一个古老村落。村子最早取名“方山寨”，因村子地势比周围高，四周沟里的村子就称“方山寨”为“方顶”。据《方氏家谱》记载，方姓系明洪武年间由山西洪洞迁来，为防兵乱环村周依山势建寨，以自然地形和宅院房屋建筑为寨墙，设有12座寨门，地势险要，易守难攻。清乾隆年间，焦氏八世先人由焦沟迁来，焦姓、方姓人家陆续联姻，发展壮大。所以方姓、焦姓成了村中主要姓氏。

2. 自然风光

方顶村是一个深藏于山坳间的村寨，地处丘陵地带的方顶村民居建筑体现了人与自然的和谐统一，依山就势，围筑了村落，构筑了村民生活、劳作、交往的传统聚落。现存乡土建筑遗存总面积10000多平方米，明清民居院落43处，保存良好的有13处。其特点是村子的古道路地面仍铺设着鹅卵石，村寨围墙高高耸立，城门有门上门、寨上寨。每一户人家的居所，无论是依傍窑洞兴建，或是平地上起屋，风格不尽相同，显现出主人家的品行、嗜好及追求。登高俯视，矗立几百年的村子古围墙、明清两朝的建筑风格差异尽收眼底。

3. 建筑特色

方顶村里的古民居是目前郑州市内保存面积最大、规模最大、保存较为完整的一处明清建筑群，代表了独特的中原乡土建筑文化，真实反映了中原地区明清以来自然村落的街道布局、建筑风格、历史风貌，具有丰富的历史、社会和艺术价值。其中典型建筑有：

（1）寨门

寨墙依山势和宅院的自然地形建成，全村设有12座寨门，形成天然屏障。村庄建构复杂，有“十二门不通”的说法，在冷兵器时代真可谓“一夫当关，万夫莫开”。古商道从村东北斜穿西南，进入村东北第一个寨门叫方山寨门，然后沿着修砌的石坡路，经过几道寨门从西南最后一个寨门万华门出村。其中还有一座“门上门的”

奇观（大门上面建小门）。后来这些寨门全部被毁，现留下一些建筑残迹。

（2）古民居

方顶村原有古民居200余所、500多间，现存100余所、300多间，面积1万余平方米。这些古民居包括街道、祠堂、名人故居和普通百姓住房，多为依山而筑的后窑前房式四合院和三合院，其中以四合院布局为主。

一进入方顶村，映入眼帘的就是方氏宗祠和寨顶几户传统院落。方氏宗祠位于村南头，坐北朝南，约建于清乾隆年间。宗祠面积约200平方米，有正殿三间和东厢房两间，厢房对面为敞棚。宗祠门楼木刻雕琢精细，正殿、厢房屋脊和门楼均有陶制五脊六兽。祠内原有两株高大的古柏。祠堂正殿和厢房曾在民国年间翻修，正殿内墙镶有方氏十四世祖碑刻一通。宗祠东边相邻的一个院落，院落只是一个狭窄的通道，厢房极其靠近。沿祠堂前的小路，村东南角有一座三合院民居，主宅砖木结构、土坯墙体，门罩为装饰重点，砖雕上有“五福来朝”四字。祠堂北面的寨上还保存有四五处传统院落。

沿村中主街向北下行，经过百米寨墙遗址就到了底沟街，街两侧排列着院落门楼，经过方兆园、赵东阶、方兆麟、方兆福等的宅院，就是街北水口处的方兆凤宅院。清末的翰林院编修赵东阶任职前和晚年回归故里后，就居住在这里的古民居中，尽管今天的赵东阶故居已换了主人，但它仍被完好保存下来。方兆凤是清末文秀才，门楼对面是方兆星的宅院，门楼北侧就是清代早期修筑的地下排水沟，村里人称之为“水口”，该排水沟可沿石阶下到沟底，仍在使用。方兆凤宅院坐北朝南，主要由上房、东西厢房、临街房组成。上房为窑洞，为长者所居。因靠崖凿土为窑，这种窑洞也称为“靠崖窑”。东西厢房为单坡顶，坡向内院，临街房作为整座院落的主要出入口，人口木门扇也颇具特点，内侧有多道锁闭机关，外人就是从院墙进入也不容易打开此门。从其风格和建筑年代看，建房晚于筑窑，房屋应建于清中期以后。院内目前住着几户人家，其中的主院窑洞口上方有精美的砖雕装饰，上有“卜云其吉”四字，从这个院落我们也可以知道，当年的方家不但人丁兴旺，而且善于构筑营建。方连军家的窑洞更为别致，其窑中有窑、窑上有窑，窑洞里还保存着清代的书柜，显示了方顶村诗书传家的文化传统。

由此可以看出，当年方顶村的先民们于明初迁居至此时，先是依山筑窑，约在清康熙到乾隆年间，随着生产发展、生活条件改善和人口增多，他们又在窑前建起一层房屋或两层住房。

方顶民居建筑的墀头和门头、屋脊等位置装饰有精美的砖雕、木雕、石刻，造型生动、形式活泼，反映了方顶先民祈求生活安康的美好愿望，如彩色“阴阳鱼”“福寿康宁”等。

方顶村原有三个自然村，各村都建有土地庙和火神庙。顶门的庙建在街的东头，底沟的庙建在村中间，还建有关帝庙、白奶奶庙；程湾的庙建在村西北角。这些古庙各占地100平方米左右，座座雕梁画栋，所塑神像威风凛凛，香火旺盛。其中关帝庙东面还竖有四通石碑，碑文均为赵东阶手书。各村每年举行一次庙会。这些庙宇均在“文革”期间被毁，20世纪90年代，程湾村又在火神庙原址重修一庙，但已无法恢复原貌。

原有的碑楼位于方顶底沟的东头，为汜水县南部名门望族、方顶村知名人士方兆凤、方兆星的功德碑。碑顶雕满奇禽异兽，四角挂有四口小钟，微风中常年钟声不断。碑楼前后各镶嵌着一通大碑，碑文是赵东阶亲笔。碑楼高大气派。1958年修水库时，将其拆毁，用作水库石料。

目前，村北还保留着关帝庙、戏楼遗址和戒赌碑。戏楼位于方顶底沟的东头、关帝庙正南50米处，带有卷棚，戏台高约2米，分前台、后台和侧门。台前有一个能容纳近千人的大看场，戏场上还设有花场（专给女人、孩子设的看戏场地），每次演出，周围很多村的群众都赶来观看，热闹非凡。在戏台西边的墙壁上，立有一块石碑，为村中戒赌碑，提醒村民除大年三十至正月十九可以玩牌外，其他时间一律不准打牌，更不能赌博，对养成良好的民风有积极意义。

4. 民间习俗

民风民俗是某一地域的人们长期形成的风俗习惯，它有明显的地域性。就方顶村而言，由于地域狭小，不少民风民俗都和周边区域相近，有的甚至和我国北方广大地区相仿。然而这些习俗因时代变迁、社会发展和城市化步伐加快，有些被延续下来，有些则逐渐淡化，有的甚至正在或者已经消失。

迎娶习俗：在方顶村迎娶是很有讲究的，先是请阴阳先生选定良辰吉日，迎娶前一天，男方要向女方家送大礼盒，这一天晚上男方小一辈的二三个男孩要睡在为新婚夫妇准备的床上，俗称“压床”。迎娶途中若遇到水库、过河或者岔道口要扔喜钱，贴红辟邪。娶亲要在中午12点之前赶回家，宜早不宜迟。此外，娶亲必须原路返回，不可改道，寓意夫妻永不分离。

祝寿习俗：在方顶一带给老人祝寿，一般从66岁开始，儿女每年都要为老人过生日，这天都要买一块肉来给老人祝寿。一般人家老人过寿仪式比较简单，多是家中子女向老人叩拜祝贺，中午全家同吃寿面，俗称“嚼灾（斋）”。

盖房习俗：古时盖房子对于农家来说是一件大事，因此各家都十分谨慎，迷信的家庭首先是请来阴阳先生看座向，择吉日动土（开挖地基）。宅院可以开南门、东门和北门，但绝不能开西门，因为古代犯人行刑都是出西门，出西门在民间便被人认为有归天之意，所以家家都十分忌讳。

除了以上讲究之外，盖房上梁时，本地有吃石心馍的习俗。石心馍是白面包石头的小馍，上梁时要为工匠和帮忙的邻里撂上（因人在墙上）石心馍，目的是镇邪，祈求房屋牢固。

会俗：大约在清朝康熙初年，战争渐渐平息，经济开始复苏，人口出现增长，一家一户的祭神拜祖逐渐发展为以部落大姓本族为单位的火神会、坟会等，清末到民国年间，又兴起了交流农耕用具和农耕产品的庙会和村会。

方顶村每年都会举办一次或两次的火神会以及一年一次的坟会。火神会、坟会等一是祭拜火神和玉皇大帝，二是祭拜各自的祖先，祈求来年风调雨顺，五谷丰登，无灾无疫，保佑后代。

庙会、村会多兴于清末到民国时期，期间，人们除烧香、磕头求神外，还要出售或购买农耕、生活用品和年节物品，各村还要搭台起戏或搭棚说书，少则一二天，多则三五天。

今天，城区里超市、商场林立，人们所需的大多物品不再依赖庙会或村会，其规模已明显缩小，但作为风俗和联络亲情的日子，一直延续下来。

方项村总平面图

1. 入村道路
2. 方氏家祠
3. 方克勤宅院
4. 方道范宅院
5. 方景州宅院
6. 方兆园宅院
7. 方兆麟宅院
8. 赵东阶宅院
9. 方兆福宅院
10. 方兆凤宅院
11. 关帝庙
12. 戏台
13. 北寨门
14. 村委会
15. 古寨墙遗址

方顶村民居鸟瞰

⊙宗祠东边窄院

⊙百米寨墙遗址

⊙村东南角民居门罩砖雕

⊙赵东阶宅院

⊙村东南角民居内院

方氏宗祠院落

方氏宗祠正殿入口及砖饰造型

方兆园宅院

方兆凤宅院门楼

方兆凤主窑庭院

方兆凤宅院大门内侧暗含多道锁闭机关

村北水口暗渠

木雕门罩装饰

二层平台及窑洞

清代书柜

⊙山墙山花装饰

⊙村北关帝庙建筑遗存

⊙墀头砖雕

⊙墀头砖雕

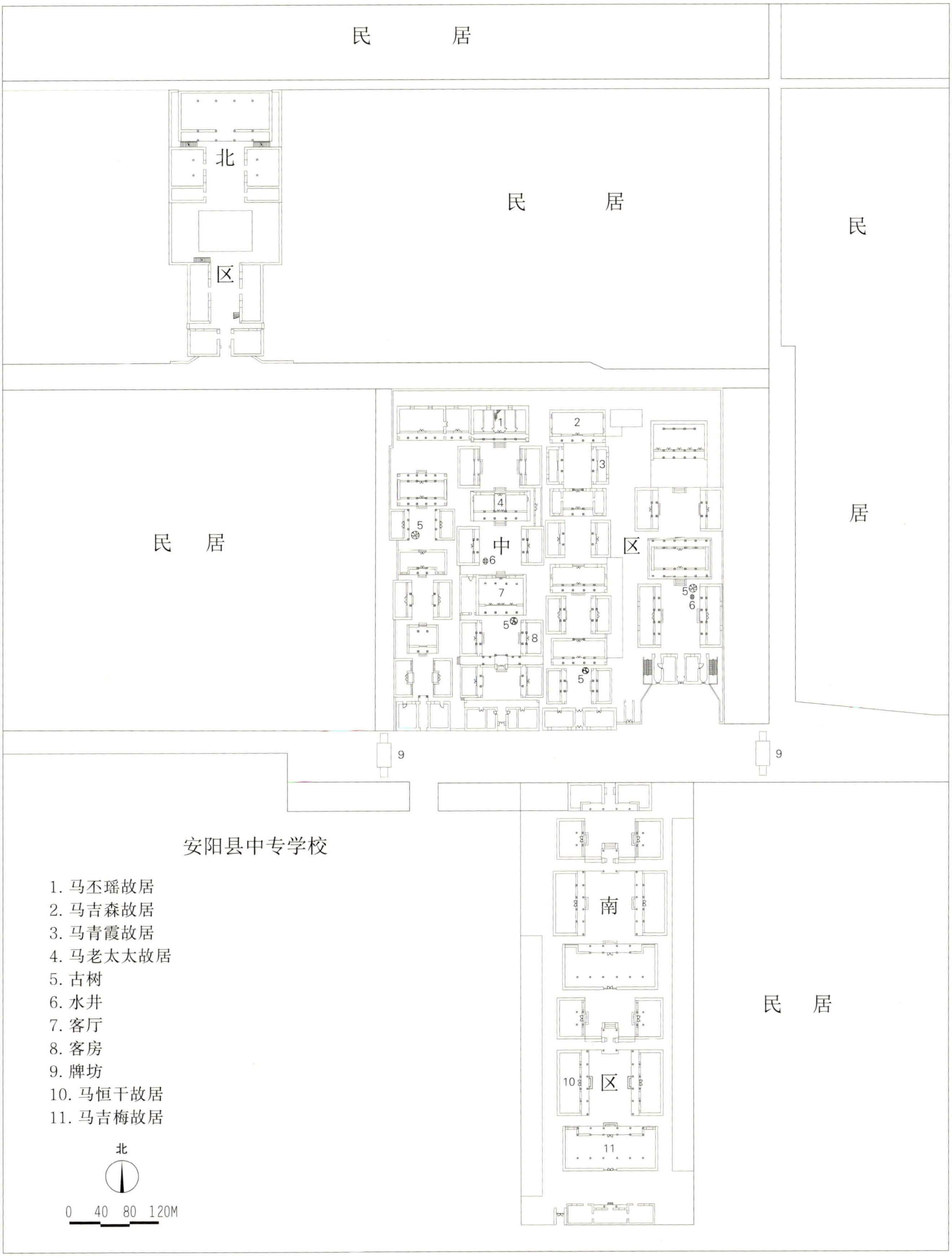

马氏庄园总平面图(北、中、南三区)

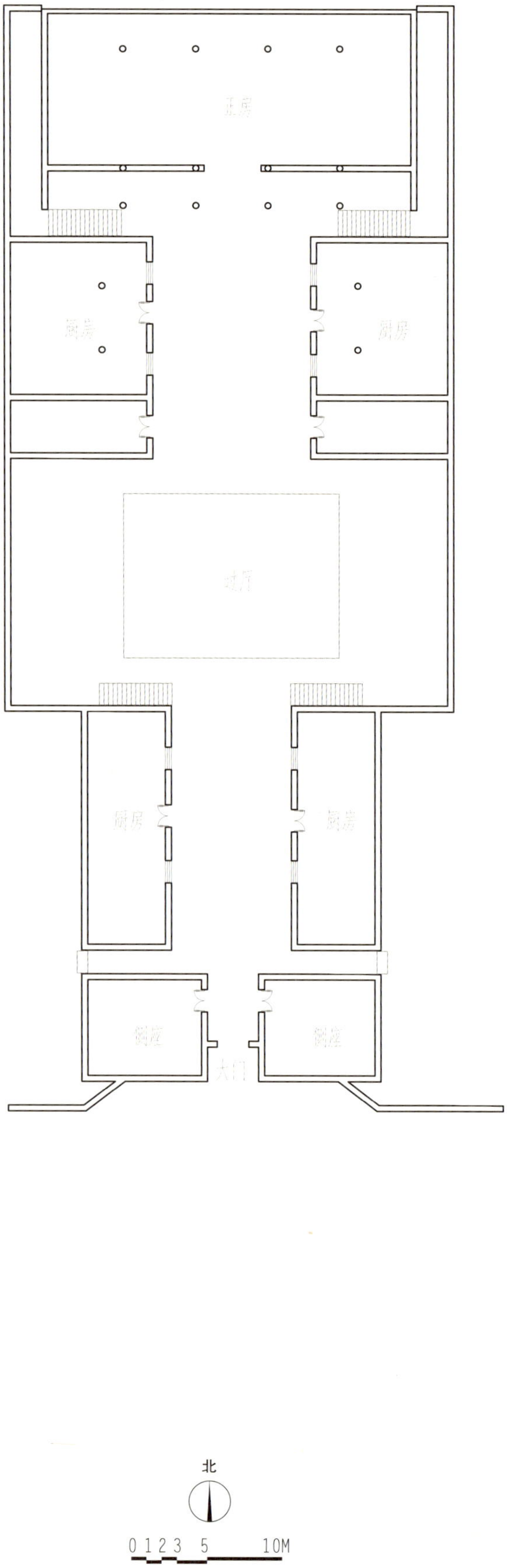

北区一路平面图

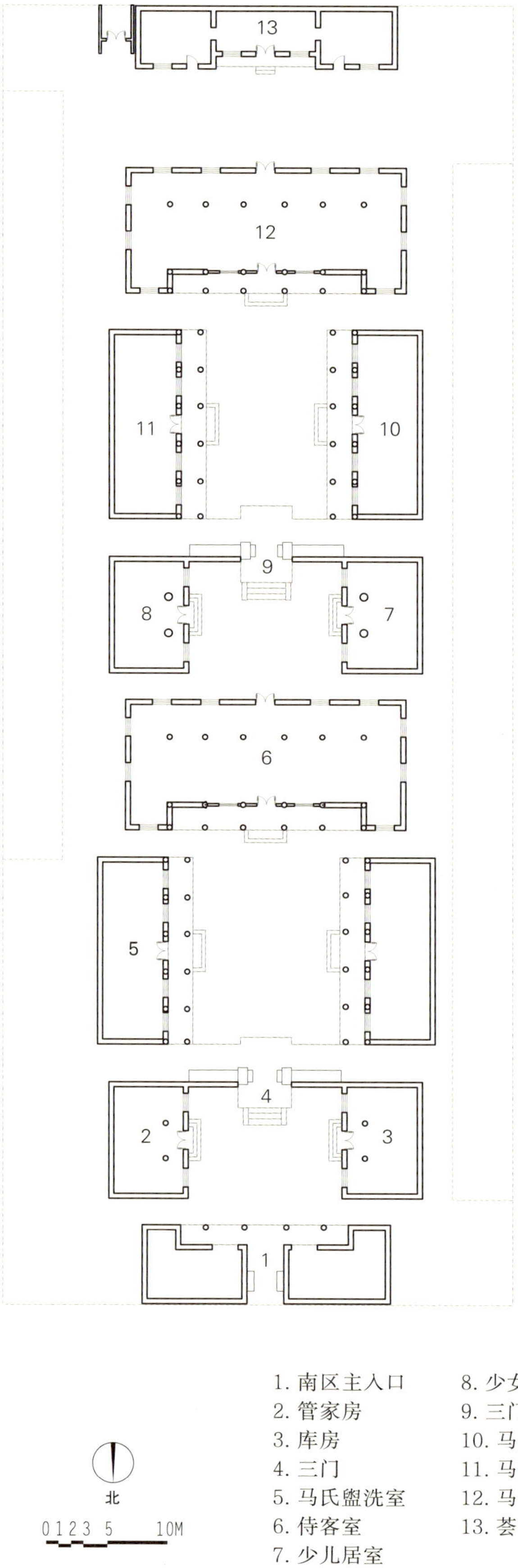

1. 南区主入口
2. 管家房
3. 库房
4. 三门
5. 马氏盥洗室
6. 侍客室
7. 少儿居室
8. 少女居室
9. 三门
10. 马恒干故居
11. 马恒矗故居
12. 马吉梅故居
13. 荟和房

南区总平面图

1. 马古郡故居
2. 刘邓大军会堂旧址
3. 邓小平居室
4. 刘伯承居室
5. 书房
6. 书画先生故居
7. 书画室
8. 邓喜先生故居
9. 马丕瑶故居
10. 新婚洞房
11. 马吉樟故居
12. 马老太太故居
13. 慈禧、光绪用膳处
14. 酿酒商店
15. 会客厅
16. 清代官制展室
17. 客房
18. 账房
19. 马氏庄园整体建筑展室
20. 中区进出口
21. 马吉森故居
22. 丫鬟住房
23. 马青霞故居
24. 子女房
25. 袁世凯与马吉樟展室
26. 袁世凯与马吉樟密谈室
27. 餐厅
28. 马吉樟生平展室
29. 马吉森生平展室
30. 马丕瑶生平展室
31. 轿车房
32. 轿房
33. 马厩
34. 享堂与祭祀堂
35. 藏祭器所
36. 遗衣物所
37. 马家世系及家庙家规展室
38. 中国历代科举制度展室
39. 马氏家塾
40. 马氏家庙门楼
41. 龙抱槐
42. 马府老井
43. 百年皂角树
44. 百年海棠

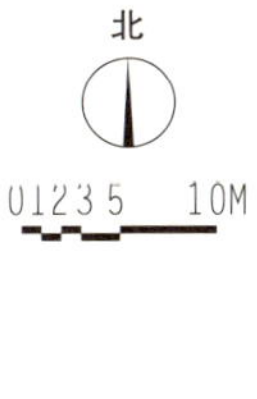

马丕瑶府第中区总平面图

玄武庙

中区东路祭祀区入口门楼

家庙门楼北侧

家庙享堂

家庙内的燕冀堂

⊙中区二路主入口门楼

中区二路第一进院

中区二路和信堂院

中区二路修身堂院(马丕瑶故居)

一等人忠臣孝子

马老太太故居

室内陈设

任村

任村位于林州市西北部任村镇，太行山支脉林虑山北端，周围环山，是著名“红旗渠”的所在地，地处晋、冀、豫三省交会处，素有“鸡鸣闻三省”之说。地处通往山西省平顺县，河北省涉县的交通要道。

1. 历史沿革

据《任村志》记载，该村始建于元代至正五年（1345），当时有任氏兄弟从河北邯郸迁到此地落户，明正德十一年（1516）设立集镇，因交通便利，商贾云集，历史上就有“卫弃之而弱，晋有之而霸”的战略位置，至今留有许多文化古迹和遗址。抗战时期曾作为八路军总部豫北办事处和边区银行所在地，红旗渠著名景点“青年洞”“分水岭”“洛丝潭”等均在任村境内。

2. 自然风光

从任村镇境由北向南延伸的林虑山，形成海拔1500米以上的天然屏障。它南界淇水，北濒漳河，高峰突兀，姿态万千，重岩叠嶂，挺拔雄壮，具有“雄、奇、险、绝、秀”之特点。历史上有“太行最秀林虑峰”“景物雄奇，秀绝一郡”之赞誉。在任村境内林虑山主峰有一段长城遗址，存留一段残基，长约100米，基高最高处3米，最低2米，用土石和青石垒砌，这是公元前3世纪赵肃侯所筑长城的一段遗迹。1986年被公布为河南省重点文物保护单位。林县20世纪60年代修建的红旗渠，使林虑山逐步成为旅游之地。

3. 建筑特色

走进任村，即刻被其古老的街巷、成片的老宅所激动，在豫北地区仍保存有如此成规模、高质量的古民居群和堡寨式聚落实在难得。现存张鸿逵庄园、西券（寨门）、南券（寨门）、昊天观等古建筑遗存，其中最大一处宅院当属张鸿逵庄园，是清道光、咸丰、同治年间曾任两湖地方高级官员的张丞实（原名张鸿逵）及其子侄两代人所建。虽经风雨沧桑，但风采依旧，其合院式布局，精美装饰，体现了清代民居建筑的独特风格。庄园雄居西大街两侧，南北长153米，东西宽91米，约占地1.6万平方米。分为六套院落，38个单院，共有359间房屋。以院落自成体系，每套的主建筑风格为前客厅、后楼院而后花园，又配以数目不等的偏跨院。张翰林书院（二街230号院）就在西大街街北东段。

庄园内房屋建筑式样明显区别于一般民

宅，各套虽有所异，但大局相同。每套院落大门两侧设有两个精雕青石“L”形上马石，正面浮雕竖眉瞪眼口衔环兽头。三层台阶上面宽一间的出心门楼悉尊臣下出入左腋门的上制，全都建于主院的前左部位。门楣上悬职事大匾，门内照壁嵌于左厢房山墙上。照壁侧院中筑子墙，子墙正中开二门，门内庭院宽阔，青条砖铺地。厅厢房基都高出院平面0.45—0.6米，均为两坡硬山单檐屋顶，灰色筒瓦铺面，古朴典雅。

客厅居中，呈明三暗五两甩袖格局，前廊二檐柱下置履盆柱础，柱间上承雕花大额枋、平板枋、斗拱、檐檩、檐椽、飞椽，可谓雕梁画栋，足见当年的气势。三明间颇具特点，以12扇木质金锁窗刻花格扇门代替前墙，明间正中插屏后开了一扇直通楼院的中门，进入楼院脚下是青条砖铺地，青苔幽绿，树影婆娑，清静幽雅。楼院东西两面各为有前廊的三间厢房，正面为五间二层木板楼，房中设木隔断，有13级虎梯可方便登梯。楼院、偏、跨院均另有甬道、便门与主院相通，形成一个整体。

街北偏西是张丞实居住的主院落，临街有一个醒目的仪门，坐北朝南，名曰“广亮门”。该门三开间，悬山殿顶高起脊，正脊两面饰富贵不断头图案，四边脊饰绕枝花浮雕，六陶质吻兽虎视眈眈，威镇八方。构造为传统单檐飞椽、檐檩、斗拱下置平板枋、垂花大额枋，垂柱镶边。在仪门檐下中间悬一横长1.6米，竖宽0.9米，装饰有龙凤图案的长方形大匾，右竖刻“湖南衡阳道”一行小字，中横雕“太守第”三个行书大字。两柱廊立于鼓形石质柱础之上，柱础下呈八角履莲。前后有游廊。整座门楼建于高出地面0.67米的台基之上，置三级踏垛，象征连升三级。门前左右两座上马石。此门宽2米、高2.6米，门框下坐素面枕石，内有门房一间。门内迎面有一方嵌之于墙上金砖拼成的2米见方的大迎屏，上施仿木结构雕檐盖，下置砖砌须弥座。迎屏前左转北进二门，南北长13.2米，东西宽9.5米的砖铺宽敞大院。1米高台基之上是坐北面南明三暗五的大客厅，大客厅进深二间，金砖墁地，12扇金锁窗刻花格扇门，彩画插屏位于明间正中。院东西两面各是三间附有穿山鹿顶耳房、抄手游廊的厢房。

走过插屏，沿后中堂门下台级又到了一处楼院，局中堂屋楼原为张丞实寝屋，内隔断门上方浮刻“不欺室”三字，棱角分明，俊秀中不失刚劲，体现了这位昔年逾八旬的老人“耿直廉介，处世不肯苟同”（重修县志语）的品质。迎屏前右转为甬道，迂回折深，曲径通幽，往内可到另两座楼院和别院。院落虽然方整，但院连院，院套院，初来乍到，犹如迷宫一般。

任村西大街以民居为主，宅院古朴，南大街以商业为主，店铺林立，民间传统逢单日为集，设有棉花、布匹、山货、粮行、医药等货栈，是三省边缘地区的物资集散地。两街中间的三街，街巷曲折，两侧保存着多处完整的宅院，使任村保留着传统的风貌。现在两街均保存着寨门，当地人称之为“西券”和“南券”。

西券位于西大街西口，是一石砌门式建筑。此券创建于明天启元年（1621），后经清康熙壬子年（1672）、乾隆丙申（1776）、道光庚寅（1830）屡次重修。西券券腿高1.5米，跨3.2米，正圆起拱。东西两口券额封面，西口券额正中浮雕一张口欲吞之巨龙，具有威严正气不可侵犯之势。东口内额刻二龙戏珠陪以流云，给人赏心悦目之感。青条石砌成的城台，南北长12.3米，东西宽10.5米，高5米，有台阶可登爬。

城台正中是一座“南顶庙”，面阔三间，东带前廊，进深二间，平面呈长方形，东西宽6.85

米，南北长8.3米。单檐悬山殿顶施以绿色琉璃瓦，瓦当皆饰以琉璃盘龙图案。正脊及边脊饰行龙，葵枝花图案，吻兽均残毁。廊柱四根，下置八瓣覆莲柱础。殿正中塑一尊1.8米高金装神像，神采焕然，坐于1米高台上，右手掌印左手按剑，威严庄重。台前一石香案，浮雕龙凤、麒麟、花鸟图案，系明朝天启元年石刻，为研究明代石刻艺术提供了有价值的史料。外廊左现存两通石碑，其右一块碑文记载："道光十年地震二百余日，坍塌民宅庙宇无数……武生张跃先撰、壬午科举人张鸿逵书"，为后人研究地震留下珍贵的史料，具有较高的文物价值。

南券处于大街南口与南大街交汇之处，始建于明代正德至嘉靖年间，后遭洪水冲毁，于嘉靖二十三年（1544）重修。南券用大块青石砌成，拱高2.5米，跨3.82米，总拱高3.55米。券孔南北两头均置0.55米宽券额，券额正中雕有一蛟斗，稍下一边为一云龙。券台平面呈正方形，上筑古庙宇三间，庙宇的檐柱仍用原嘉靖三十年雕造的四根浮雕滚龙石柱，台南北两边地袱之上各立六根方形望柱。北边栏板外侧浮雕各种花卉，南面外侧浮雕人物、麒麟、花卉。券东腿北侧2米高处一碑嵌于墙内，碑云任村"先于正德十有一年立集场"，任村乃"地灵人杰聚贵之地"；券西腿北侧建一东西正对南大街的关帝庙，面宽三间，筑于青石砌成的台基上。庙为前庑后殿，庑殿一体，关帝庙与券之间建一钟楼。

任村作为一个完整的乡村聚落，建有多座佛、道教建筑，如昊天观、泰山庙、法济寺、大般若寺。这些寺庙建筑维系着乡村的精神世界和人与人的关系，是传统乡村生活中不可或缺的组成部分。位于村中圆形水塘西北侧的昊天观，别称"北庙"，该观始建于明初，因清道光十年地震，诸庙齐毁，道光十一年（1831）重修（见地震碑）。北庙院落东西30米，南北45米，东临村南民宅，西俯沙河河道，南隔圆型水池与西街主宅区相望，北靠村外数顷良田。山门向北10米，是以山门为中线的长方形石砌高台，拜殿、玉皇殿就修建在台上。拜殿平面呈长方形，为悬山式建筑，面宽三间进深二间；玉皇殿位于拜殿北6米，下为高青石台基，面宽三间，进深二间，东西长11.24米，南北宽7.05米，平面呈长方形，檐边为绿色琉璃瓦，正脊前饰黄绿二色琉璃浮塑人物组，后饰行龙，边脊饰葵花。

从形制上看，任村是一个保存较为完整的堡寨式聚落，最初平面从风水角度看像一匹马，设有寨墙和四门，村中圆形水塘位于马眼部位，独特有趣，并由此逐步发展成为一个集镇。

⊙任村总平面图

1. 昊天观
2. 晋冀豫边区银行
3. 八路军豫北办事处
4. 张鸿逵宅院
5. 泰山庙
6. 翰林院东院
7. 任村二街 230 号院
8. 魏进士客房院
9. 魏进士主宅院
10. 紫阳县知县故居
11. 林北县办公旧址
12. 西券南顶庙
13. 任村三街 17 号院
14. 任村三街 16 号院
15. 任村三街 12 号院
16. 任村三街 15 号院
17. 南券迦兰圣庙
18. 戏台
19. 村委会
20. 镇政府
21. 养老院
22. 蓄水池

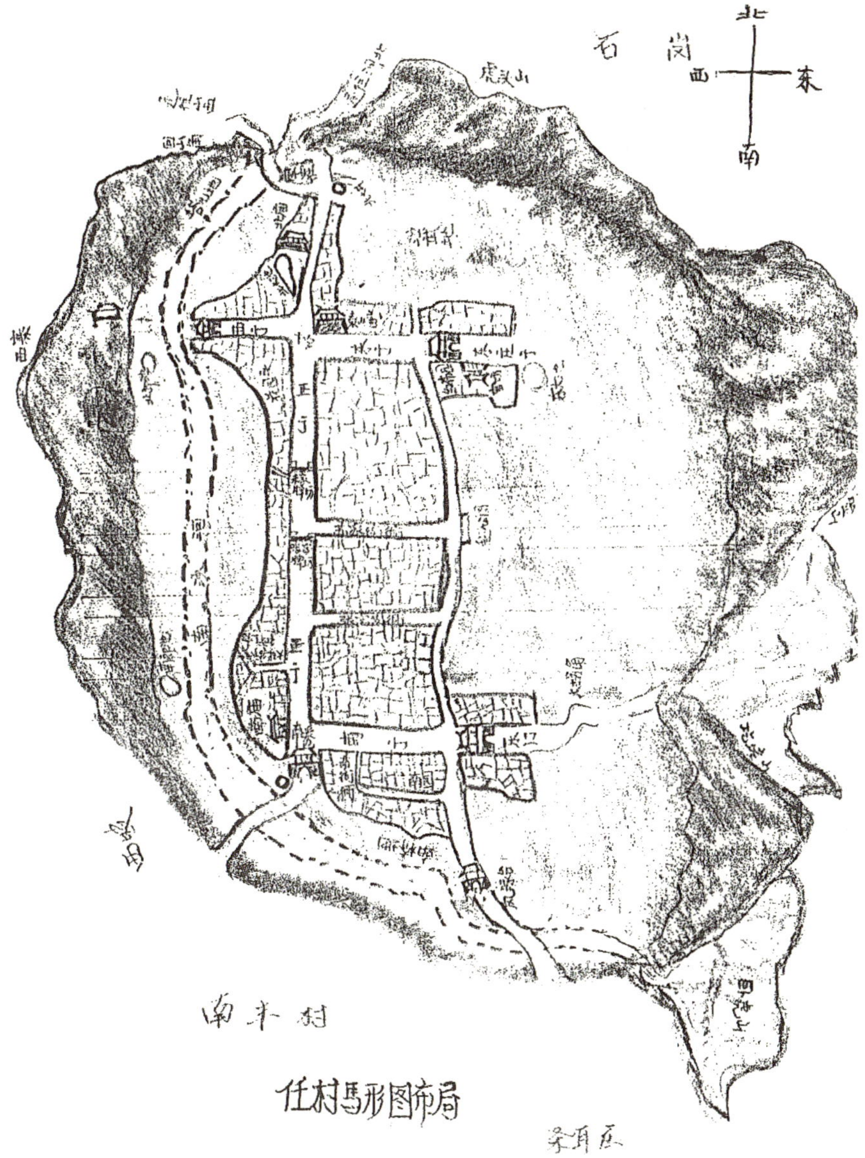

⊙"马状平面"布局示意图

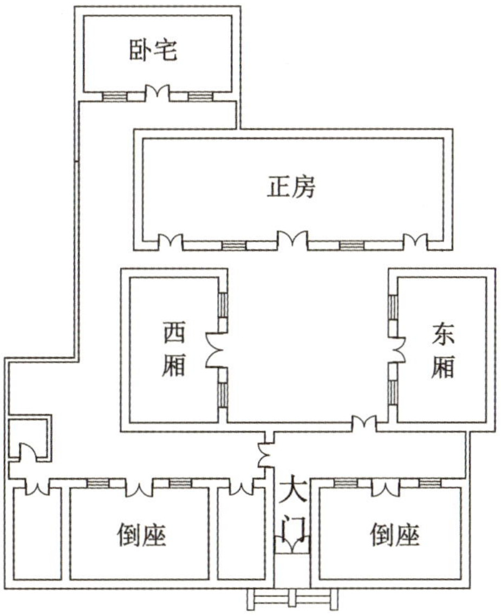

⊙任村二街 230 号院平面图

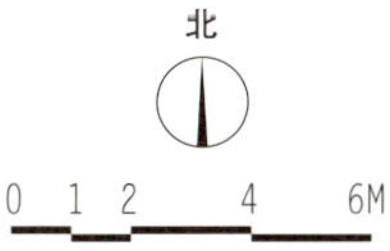

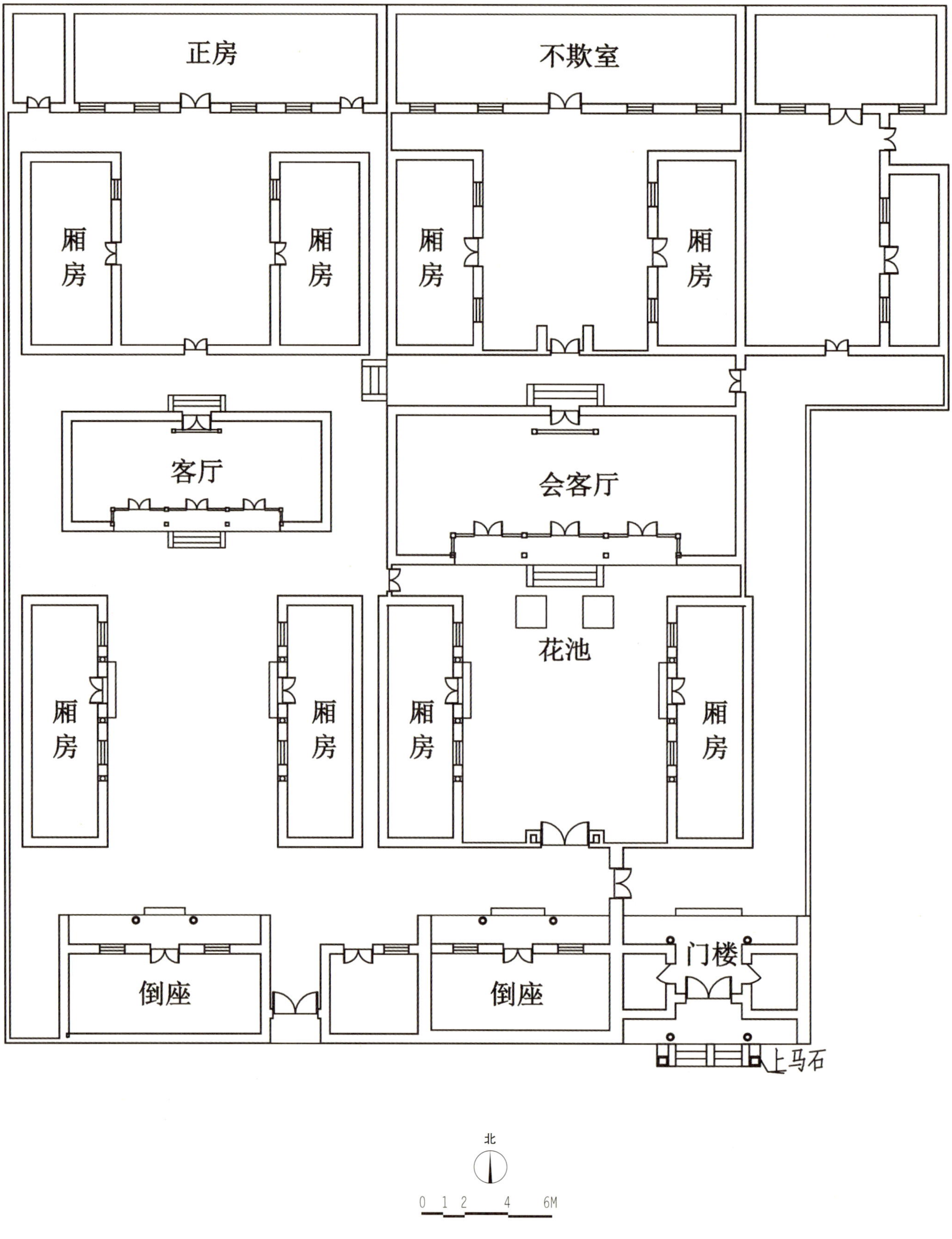

⊙张鸿逵宅院平面图

张鸿逵宅院广亮门

张鸿逵宅院入口大迎屏

张鸿逵宅院上马石

民居

昊天观入口

昊天观大殿

⊙昊天观前圆形水塘

顺南街村

道口镇是明清时期因卫河航运而兴起的古镇，位于今滑县县城西北的卫河南岸，由顺南街和顺北街两个村组成。因卫河在历史上可上至辉县百泉镇下抵天津，水运通达商业繁盛，最终使得道口这个沿河要埠于明清时期成为豫北重镇，是清代河南四大名镇之一。

1. 历史沿革

道口本为黄河故道上一个古渡口，因隋炀帝疏浚大运河时开挖的永济渠，北宋更名为“御河”，明初又改称“卫河”并一直沿用至今，道口又发展成为不可替代的重要码头和商贸集镇。据《浚县志》载：“宋、黎南十八里有李家道口”，“金朝有道口，称村多年，位于古黄河左金堤黎阳（浚县）——卫辉（汲县）官道之上”。又据《滑县志》和有关史料记载：“贯穿豫北八个县的卫河，是古老的水行驿道，漕运畅通，直达天津。道口是卫河上游的一个重要码头，南北水路交通要道。”所以，古有“水旱码头”之称。由于地理环境优势，此地逐渐商贾云集，内地粮、棉下运，津货内输，商业发达、经济繁荣，人称“小天津”。清初，浚县设“十八乡四十三里”，道口为十八乡之一，后逐渐发展为商贸集镇。民国5年（1916），浚县复设道口所，以后多有变化，1949年10月复归滑县，1982年，建立镇人民政府。

2. 自然风光

道口镇千百年来依托而生的水环境铸成了独特的水文化特色。安阳市大运河（卫河）呈西南－东北走向，流经安阳市滑县、内黄县，全长约58千米。大宫河与卫河、调节渠一同给予道口得天独厚的自然条件，水网发达促进了农业和交通贸易的发展。丰富的人文传统和淳朴的小镇民风，尺度宜人和生活气息浓厚的传统街巷构成了古镇格局的特色，古镇现有街巷里弄基本能反映道口较为完整的历史信息，特别是顺河南北街和大集街，街道尺度以及沿街建筑基本为历史原貌。

3. 建筑特色

道口镇沿河而建、因河而兴，是目前河南省卫河沿线保存状况最好的运河城镇。道口镇历史格局保存完整，古镇内现存的一面街、顺河街、大集街水胡同及老字号、票号、绸缎庄、道口城墙等历史文化遗产是研究中国古代北方地区运河城镇空间布局、航运组织、地方建筑艺术、经济文化交流的重要实物资料。镇内至今保存完好的清代商贸一条街（顺河街）和许多清代的住宅院落，沿街两侧的建筑，多为传统的砖木结构两层商铺。建筑外立面富有中国传统建筑特色，多用青瓦覆顶，门面房多不挂前廊，三五间大小不等；门面房后边是住宅，过道开在门面房左边。住宅以北方四合院为基础，多为一进院、二进院，部分为三进院落，院落不大，但布局严谨。主房为带廊瓦房，砖木结构房屋。如“顺南30号店铺”“顺南50号店铺”“大集街薛记店铺”等商贾铺面、“大集街王宏发旧宅”“水胡同史新武旧宅”等大户人家的宅院，共有房舍1000多间。这些建筑结构严谨，气势恢宏，石刻、木刻、砖刻工艺精巧，糅合了北方官宅的宏丽和南方民宅的细腻，具有较高的建筑史学价值和艺术价值，集中反映出清代豫北民居的建筑风格和工艺水平。代表性建筑有：

（1）道口义兴张老铺

位于大集街30号，清代建筑，坐南向北，单檐硬山阁楼式，灰瓦布顶，砖木结构，檐下素面墀头，建筑前上下为木质结构，中间有一砖雕水泥字牌匾，从右至左“本镇专家义兴张烧鸡老铺”，木板门窗。虽然店铺规模不大，但作为道口非物质文化遗产的经营场所，成为道口商业店铺的代表。

（2）顺南街寇国海店铺

位于顺南街42号，清代建筑，坐西向东，面阔三间，硬山阁楼式，前脸设砖柱，一到二层砖叠式出檐，上有砖砌匾额，宝瓶顶，具有欧式折衷主义风格特点。该建筑造型复杂，中西建筑语言拼贴、杂合，显示出不同时期建筑风格的变动。

（3）大集街同和裕老票号

位于大集街路北，清代建筑，原建筑布局为四合院式，东西宽15.4米，南北长48.4米，现仅存临街北屋、东西厢房。临街北屋二层，窗户上辟梳背式砖券，二层设冰盘沿，山墙仿徽州马头墙，造型简洁、朴实。东西厢房相距6.3米，其中东厢房现存6间（22米），进深4.23米，砖石木结构，单檐阁楼式，仿徽州马头墙，灰色小瓦布顶，砖雕墀头，方门窗，窗上为梳背式砖券。西厢房现存9间（30.7米），进深4.15米，砖石木结构，单檐阁楼式，仿徽州马头墙，灰瓦布顶，砖雕墀头，方门窗，窗上为梳背式砖券。该建筑造型简约，比例适当，在考虑造价经济的同时，风格上已体现出现代造型趋向，是地方近代建筑特色的代表，目前已重新修复。

（4）苦水井街许恒昌宅院

位于苦水井街20号，清代建筑，现保存有主房，东西配房，临街房。正房坐东向西，面阔三间（10.6米），进深5米，硬山灰瓦覆顶，前挂廊，廊下有柱，砖木结构，砖雕墀头。主房前有南北配房各三间（9.1米），进深4.7米，均为单檐硬山灰瓦覆顶，砖雕墀头，青石墙基。临街房为硬山阁楼式，面阔三间（11.3米），进深4.9米，南一过道，前后出檐，砖雕墀头，青石墙基。该宅院布局合理，倒座及门楼高大，砖雕木雕丰富，是道口传统合院式民居的典型。

（5）苦水井街5号马新玉宅院

位于许恒昌宅院西南对面。该宅院始建于清，二进院式，南北13.15米，东西32.07米，占地面积421.7平方米。一进院保存有临街房和客厅，临街房面阔四间及中间通道（13.15米），进深五檩（4.67米），单檐硬山灰瓦覆顶，砖石木结构，砖雕墀头；客厅面阔三间（8.55米），进深五檩（6.7米），硬山前挂廊，灰瓦布顶，砖木结构，廊前二级青石踏垛。二进院保存有主房，坐西向东，面阔三间（9.18米），进深五檩（4.65米），入口门楣石上刻有四字家训：“克勤克俭”。该建筑硬山阁楼式，灰瓦布顶，砖石木结构，青石墙基，砖雕墀头。

（6）顺北德庆诚绸缎庄

位于镇顺河北街南段路东，坐东向西，始建于清末民初，为砖木结构，半坡阁楼式建筑。门面三层，面阔四间（11.45米），进深6.8米，高12.6米，门窗为拱券式。大门两侧扶墙上有楹联，左为“津沪国货布匹×”，右侧“苏杭丝罗绸×”。该建筑为大运河安阳滑县段仅存几座保存较完整的老字号之一，具有鲜明欧洲折衷主义的建筑风格，是近代运河繁荣与发展的直接见证。

（7）顺北祥盛宫绸缎庄

位于德庆诚绸缎庄北侧，清晚期建筑，原为商铺，民国后改建为新华书店，后设按摩医院。该建筑坐东向西，一门两窗，面阔三间（10.58米），进深5.7米，现临街面呈欧式建筑，平顶半坡，阁楼式，砖木结构，前脸白灰抹面，设有砖砌立柱四个，门窗上为砖拱券，一二层上出檐，立柱顶设有宝珠，建筑风格独特，见证了清末以来道口建筑受西方文化影响的发展过程。

（8）王家宅院

位于道口镇顺河街南段，现存院落面积650平方米，东西长52米，南北宽12.5米，共三进院，坐西朝东。现存沿街店铺；一进院南阁楼、南厢房、北厢房及正房；二进院南阁楼、北厢房及正房；三进院南、北厢房。其中三进院南、北厢房保存最为完好，开窗、砖雕具有特色。厢房面阔三间，通面阔8.80米，进深一间（4.05米）。建筑东山墙外设楼梯通至二层，建筑一层前檐明间开门，次间开窗，二层前檐明间及次间开窗。两座厢房结构做法相同，均为两层砖木结构硬山式建筑，干槎瓦屋面，一层梁架进深方向设平梁，平梁上坐檩，檩上置木板，木板上做室内地面。二层梁架结构为柱支撑五架梁，五架梁上置瓜柱支撑三架梁，三架梁上置脊瓜柱支撑脊檩。建筑东山墙外设楼梯通至二层，建筑一层前檐明间开门，次间开窗，二层前檐明间及次间开窗。但后人使用中有改动，目前准备维修。

（9）顺南李世斌旧宅

位于顺南街32号附3号，清代建筑，坐北向南，面阔五间（12.35米），进深4.3米，建筑面积53.11平方米，单檐硬山阁楼式，灰瓦布顶，砖木结构，檐下砖雕墀头，二层设五个亮窗。建筑保存完好，开窗装饰和墀头造型具有特色。

（10）道口镇码头

卫河由南向北曲穿道口镇，历史上的道口码头上下数里，船桅如林，航运繁忙。现存道口镇码头是卫河全线仅存的保存较好的码头群，现存的八个码头中，西街码头、一面街码头、顺南街南口码头、水胡同码头保存较好，系用规则的青石块和白灰垒砌而成，基本保持了原有形制和结构。道口镇码头是卫河航运与道口古镇兴盛的历史见证，具有重要的历史文化价值。

（11）道口镇城墙

道口镇城墙作为古镇的组成部分，是道口镇兴衰演变的历史见证。现存的一段城墙遗址位于卫河右岸，兼有防洪堤的作用，是卫河沿岸城镇“城堤一体”的代表之一，同时也见证了卫河航运的兴衰演变。

4. 民间风俗

道口镇独特的民俗风情是历史蕴积形成的，木板年画、大平调已成为国家级非物质文化遗产。而道口传统的茶文化、烧鸡美食等更可追溯到清朝时期。时至今日，道口烧鸡已经是带动当地经济发展的一个重要因素。

顺北码头
三道街码头
水胡同码头
顺南码头
顺南街南口码头
一面街码头
城墙遗存
西街码头
老庙街码头
卫河路
贸易路
调节渠
北
0 40 80 120M
1. 义兴张老铺
2. 顺南街寇国海店铺
3. 大集街同和裕老票号
4. 苦水井街许恒昌宅院
5. 苦水井街马新玉宅院
6. 顺北德庆诚绸缎庄
7. 顺北祥盛宫绸缎庄
8. 王家宅院
9. 顺南李世斌旧宅
10. 顺南 30 号店铺
11. 顺南 50 号店铺
12. 大集街薛记店铺
13. 水胡同孙金广宅院
14. 顺北王振河宅院

⊙顺南街村总平面图

⊙寨墙遗存

⊙顺河街街景

⊙大集街义兴张老铺

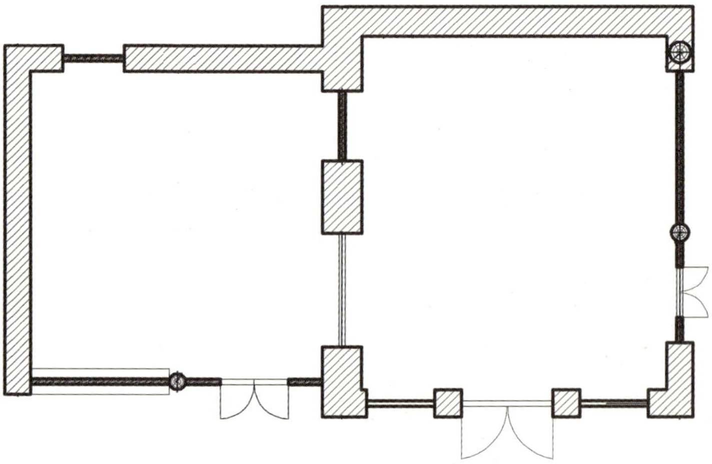

⊙义兴张老铺一层平面图

顺北街德庆诚绸缎庄

⊙大集街同和裕老票号外观

同和裕老票号内院

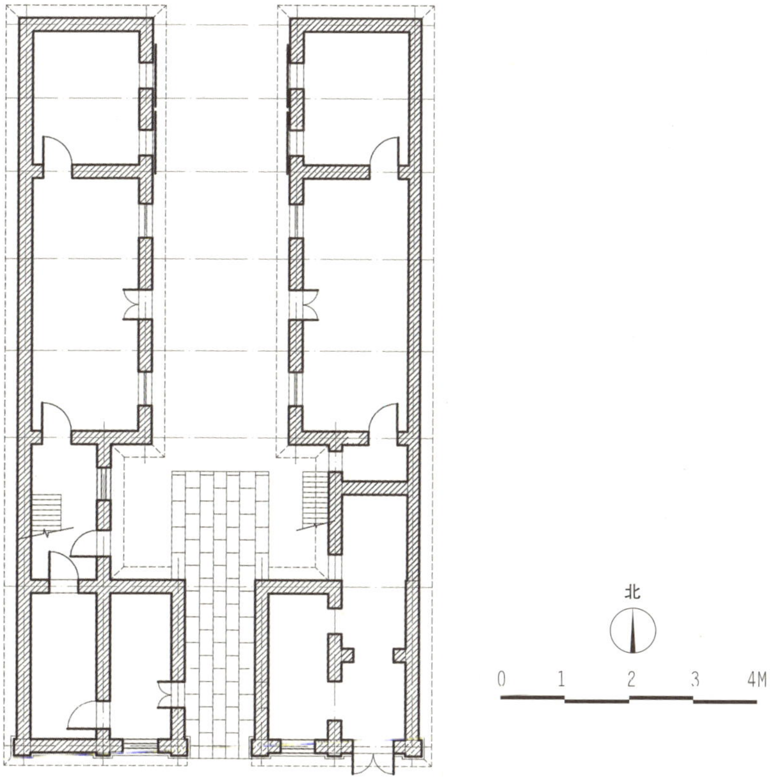

同和裕老票号一层平面图

家庭教育健全孩子
无论你的事业多么成
把孩子教育成
父母的一言一行对
家长合格 孩子
滑县关工委砺智
小寇理发店
学生全托午托部

⊙顺南街寇国海店铺

⊙苦水井街许恒昌宅院入口及倒座

⊙苦水井街许恒昌宅院二进院

⊙苦水井街马新玉宅院入口门楼

⊙苦水井街马新玉宅院二进院门楣

⊙苦水井街马新玉宅院一进院

⊙顺北街祥盛宫绸缎庄

⊙顺河街南段王家宅院檐口装饰

顺南街李世斌旧宅南立面

顺南街李世斌旧宅窗饰

卫河河堤及古码头

小店河村

小店河村位于卫辉市西北部太行山狮豹头乡，村落建筑依山傍水。鳞次栉比的门堂楼阁，整齐有序；错落有致的院落空间，变化丰富；石块砌成的寨墙，蜿蜒在龟背状的山腰上。

1. 历史沿革

小店河村民居建筑群，建于清乾隆十三年（1748），由闫氏十世祖闫榜所建。据《闫氏家谱》记载：闫氏祖居山西林虑，后迁林县吕儿庄，至第九世闫无党时携子南迁汲县，后由第十世闫榜、闫永兄弟二人于乾隆十三年（1748）奉母迁至沧河沿岸，在沧河边建一座小店铺，此村（地）因店取名“小店河”。

闫氏兄弟继承祖训，勤俭持家，披荆斩棘，修治田里，植树造林，凭借傍山依水的地理优势，开辟了牧养和造纸两项致富门路。历经多少苦心经营，发展到良田千顷，牧羊万只，田产遍布整个太行山区，闫氏家族成为闻名一时的豪门望族。自乾隆十三年定居，经嘉庆年续建，兴盛于同治、道光、光绪，扩建至民国16年（1927）止，时间跨度180余年，逐步形成现存之规模。2000年河南省人民政府将其公布为第三批省级文物保护单位。

2. 自然风光

小店河村坐落在太行山怀抱之中，其选址颇具特色，三面环山，北面邻水，从远处望去，村落所处地势像一巨神龟，整个村寨建筑在龟背山上，寨门建在龟颈上，龟头伸向沧河。这一和谐的村落环境在传统风水上被称为“神龟探水”。村前沧河四季川流不息，两岸山岭树木葱绿，整个村落掩映在青山绿水的优美自然环境之中。

3. 建筑特色

整个小店河村民居建筑群依山而建，平面呈梯形，占地面积约5万平方米，现有主要传统建筑为：寨门、寨墙、街道、院落10座。以院落为主，依据地形，形成高低有致、院落紧密、小巷幽深、石墙石路的山地村落风貌。每座院落有一进、两进、三进、四进四合院不等，依次为山门、配房、过厅、上房等组成，其规格、布局、造型、用料大致相同，原有寨墙绕村落一周，村内街巷狭窄，只能容一人穿行，两侧是高墙宅院，形成环山、寨墙、街巷、院落结合的完整防御体系。

村口青石寨门，面阔一间，券石结构。进入寨门，整个村寨坐西向东，纵贯南北。街道全长170余米，宽约4米。沿主街西侧，前后排开，尚有八座形式各异的门楼，精雕细刻的墀头、木雕装饰、石台阶、拴马石等，透露着古润风貌。

1号院亦为闫氏家祠，嘉庆二十五年（1820）建，现为一进四合院，建筑较为简陋。有上房面阔五间，进深一间，砖石结构，原隔扇门窗，朱楹粉墙，硬山瓦顶。南、北配房各三间。

2号院，民国16年（1927）建，现存一进四合院，沿着九级青石台阶，登入二门，门高2.1米，砖石结构，硬山瓦顶。门楣上石碣一方，凸雕行楷“侨云山房”。院内上房面阔五间，进深一间，建筑面积有80平方米，上下两层为砖石结构，粉墙方窗，硬山灰瓦顶。房前有石台阶，屋内青砖铺地，木制隔扇门板，由楼梯可登至二楼。门楣石碣楷书四字“天赐纯嘏”。配房北屋面阔三间，上下两层，建筑面积36平方米，内屋有4平方米地下室一间。二层有木制隔扇一间，晒台两间，晒台周围有0.6米高青砖镂孔花墙。门楣石碣“春观鱼跃”楷书四字。配房南屋，面阔三间，建筑面积36平方米，门楣石碣“秋听鹿鸣”楷书四字，两侧对联：“四面云山都在眼，万家烟火最开心。”周围雕刻有麒麟呈祥、双喜闹梅、长寿富贵、如意平安等装饰图案。

3号院为三进院，五间倒座门楼，装饰丰富，门前有6米多长的青石条，如何运到此处，令人惊叹。门楼上悬木匾一块，上书“捍卫乡闾”四字。二门位于中轴线上，垂花门楼，木制扇门，门楣上书“迎日丽”楷书三字，书体美观，端庄秀丽。庭堂明三暗五，上下两层，绣楼上青砖铺地，木制隔扇，阳台为几何图形木制栏杆。南北配房各三间，整个建筑上的瓦当滴水均有“福、喜”二字。穿过厅堂九级踏青石台阶进入三门，三门影壁为木制隔扇，对面有太极八卦图，直径1.9米，黑朱两色，青砖镶嵌在粉墙上，以镇邪去魔，吉祥避凶，福禄长寿，保宅平安。

4号院，两进院落，倒座门楼门楣上有“平为福”三字，二门双柱间有方格木雕装饰，灰瓦房脊上有“公忍相济”楷书四字。入二门第一进院落，厅房面阔五间，进深一间，木制隔扇门窗，硬山瓦顶，房脊上有“吉星临”楷书三字，山墙分别有砖雕楷书“寿”字。南北配房各三间，山墙上各雕一字，分别为“修、诚、正、庆”，房脊上有“秀竹宣”楷书三字。穿过厅堂，踏青石台阶进入第二进院，上房五间，配房各三间，粉墙门窗，硬山瓦顶，瓦当滴水有“福、喜”二字。

5号院，三门四户，四进四合院，三道门原有四块匾，第一道门砖石结构的券门，门楣上木匾有“恩贡”。第二道门木制扇门，上悬“礼让可风”木匾，均已毁坏。第三道门木制双扇门，门楣上有“丽融和”楷书三字。两侧木雕有牡丹、菊花、凤桃、石榴、梅花、荷花等吉祥图案。第二进院落为秀才读书场所，上房五间，配房各三间，粉墙方窗，硬山瓦顶，房脊上有“攸宁所”楷书三字。第三进院为小姐绣楼，上房五间，配房各三间，二层木制几何槛窗，分别有“麟趾呈祥”或“关雎起化”楷书四字。

6号院现保留两进四合院。

7号院，现存两进四合院，第三进院子上房五间，配房各三间二层，门楣为青石过梁，北面为“守身为大”、南面为“作善降祥”楷书字。

8号院，三进四合院，门楼高大、装饰精细，倒座门楣上有“行叠翠”楷书三字，门楼上有木雕四艺图，即琴、棋、书、画，两侧为“暗八仙”木雕，象征喜庆吉祥。上房五间，门楣上“和始致祥”楷书四字，落款“道光廿玖年岁次己酉孟夏沧溪主人书”。上为八仙图，两侧为富贵平安图，下为春、夏、秋、冬四秀花卉图，四角有祥云纹。

9号院，三进四合院，门楼前有石阶和条石凳，形成门口休息空间。倒座门楣上有“惠迪吉”楷书三字，喻意仁慈就会带来吉祥，院内墙头两侧“宜磬”“谷吉”楷书，喻意用尽福禄。第一进院，为练武场地，院内有石锁三件，石盆一件，正房面阔五间，房脊上有“日月有恒”四字，南北配房各四间，房脊上有“竹苞”“松花”，喻意家族兴盛，居室堂皇。第二进院宽大，正房七开间，砖石结构，一层窗过梁宽大，上刻纹样装饰；二层为七个砖券小窗，造型鲜明。两侧厢房青石做基础，墙体以土坯砖为主，青砖在转角和门窗两侧做固定，既节省材料又起到美观的效果。第三进院为原先的库房，主房设有外檐廊，较为独特。

10号院，一进院，现存两座建筑，为闫氏女子学堂。

4. 民间习俗

小店河村的民间习俗主要体现在因地制宜的造房技术和环境观念。小店河村属于聚族而居的古村落，村落的发展史体现了中国农村经济、宗法社会及伦理精神三大因素支撑下农村社会发展的缩影。村内保存有反映历史沿革文化的较多文物古迹，是研究清代民居建筑文化和民俗文化的宝贵资源。小店河村民居建筑群，四周由寨墙环绕，内部是封闭的街巷空间，采用传统的合院建筑布局，体现出封建时代家族凝聚力。其建筑既有北方民居的传统风格，又具有豫北民居建筑的鲜明特色，达到建筑功能、材料结构和装饰艺术的完美统一。村落的总平面布局，除了受地形条件的限制之外，还具有一些山地聚落的共同规律，如采取纵向扩展，以重重院落相连接而构成的组群建筑，整个布局有主有次，是中原民居建筑群的优秀范例。小店河村民居建筑不仅具有北方建筑雄伟高大、粗朴浑厚的风格，又兼具南方建筑清新秀丽、丹楹刻角的特色，可谓集南北一体，风格独特。小店河村落的传统文化内涵，还具体体现在各种建筑构件和装饰上，如：砖雕上刻着“竹苞”“松茂”“日月有恒”“养其性”“知”“谦”“物”“格”“平为福”“福”“禄”“祯”“祥”“修”“诚”“正”“庆”“公忍相济”“吉星临”等字句，瓦当上写着“喜”“福”等字样，石雕上有“山为壁”“作善降祥”“和始致祥”“关雎起化”“麟趾呈祥”“侨云山房”“春观鱼跃”“秋听鹿鸣”等文字，不胜枚举。将“守身为大”的封建伦理文化刻在楼阁的门楣上是极为罕见的，在河南也绝无仅有，足见当时对妇女思想的禁锢。

1. 沧河
2. 乡间公路
3. 寨门
4. 1 号院(闫氏家祠)
5. 2 号院
6. 3 号院
7. 4 号院
8. 5 号院
9. 6 号院
10. 7 号院
11. 8 号院
12. 9 号院
13. 新建农宅
14. 村委会
北
0 10 20 30 40M

小店河村总平面图

小店河村落环境

⊙青石寨门

⊙村中小巷

⊙村内南北主街

⊙ 1 号院闫氏家祠

⊙ 2 号院依山就势而建

⊙ 3 号院入口门楼

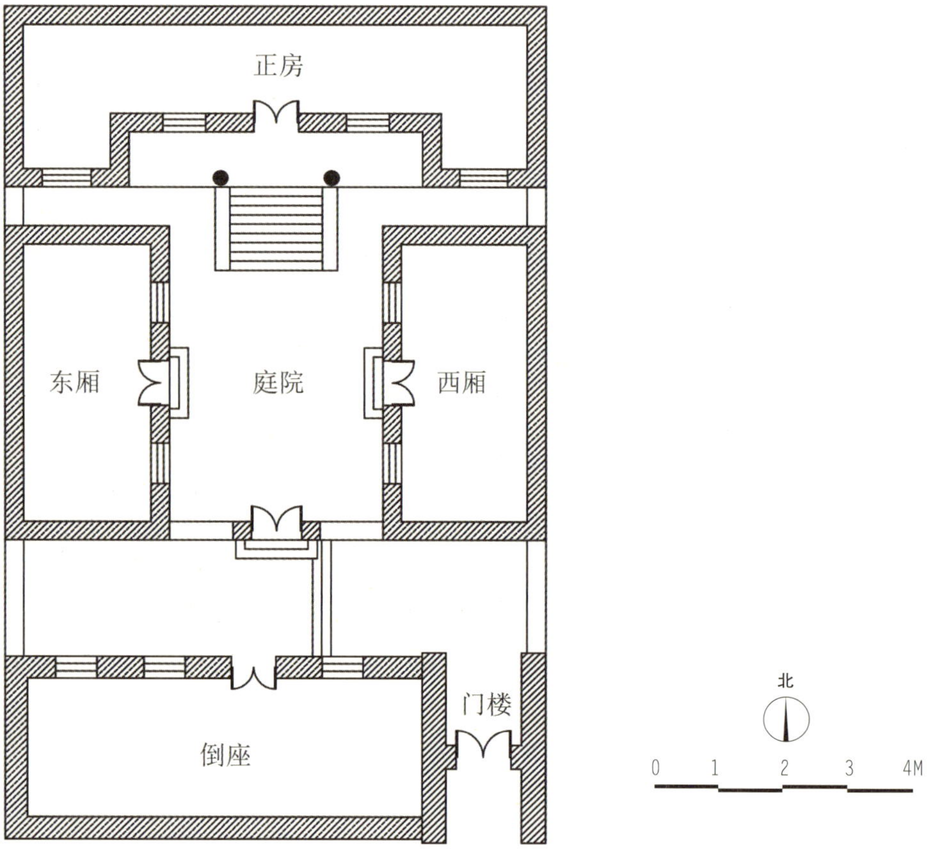

⊙ 3 号院平面图

3 号院二层堂楼

⊙ 4 号院门楼

⊙ 5 号院拱券式门楼

⊙ 5 号院二进院落

⊙ 6 号院现有建筑

⊙ 7 号院山墙构造

⊙ 7 号院三进院落

7 号院西厢房“作善降祥”门楣石雕

8 号院入口门楼

9 号院入口门楼与倒座

9 号院一进院

9 号院门前玩耍的女童

9 号院练功石

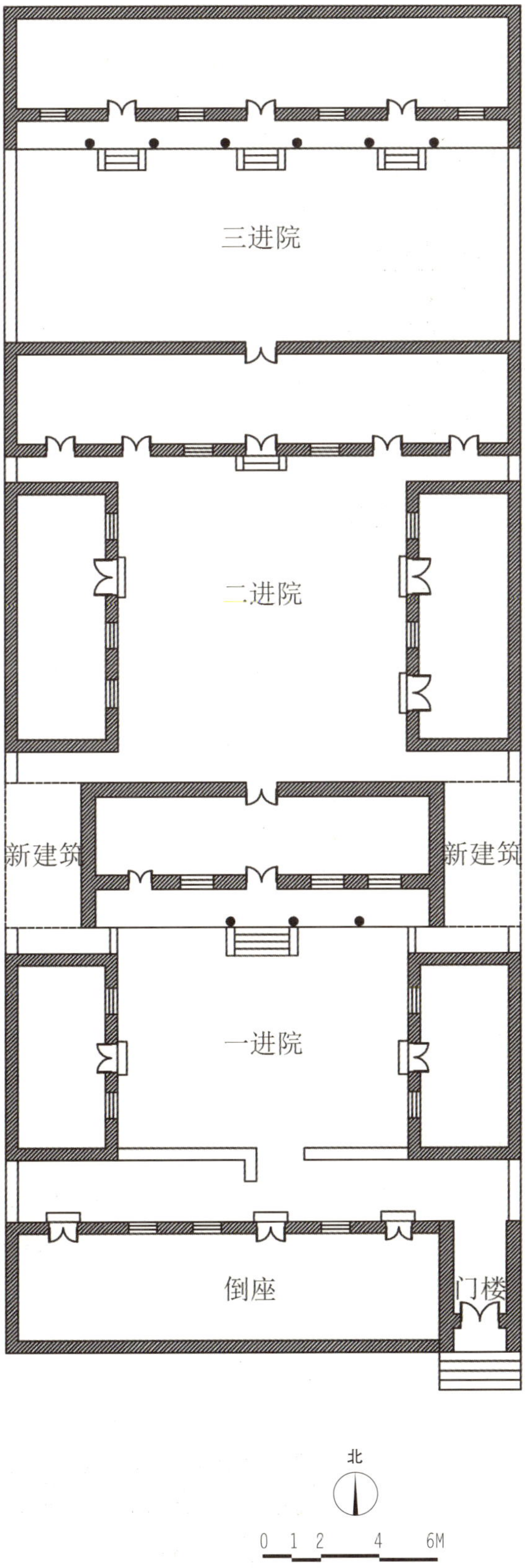

9 号院平面图

9 号院二进院正房

9 号院屋脊“日月有恒”砖雕

郭亮村

距离河南省辉县西北60千米的太行山深处，海拔1700米高的悬崖上，有一个以其独特的地理位置，依山顺势地坐落在千仞壁立的山崖上的村落——郭亮村。由于身处太行山崖壁之上，依山势而建的聚落建筑布局形式，青石砌筑的建筑院落以及石磨、石碾、石炕等生活生产用具的使用，都受到当地地域条件影响。数百年来，勤劳勇敢的当地居民在这片土地上繁衍生息，在独特的自然环境中，其文化逐渐衍变，反映在当地居住建筑与生态环境相互和谐共存之中。

1. 历史沿革

郭亮村是太行山腹地的诸多村庄之一，与南太行山中的其他山村相比，郭亮村更具有典型意义。郭亮村位于太行山南部，是辉县市下辖的一个行政村，现有80多户，300多人，由郭亮、崖上人家和回桃寨三个自然村组成。关于这座太行山深处小村庄的由来，当地传承的一个说法是：这里曾经是西汉末年农民起义军首领郭亮据守抗击朝廷的地方，他在这里打败了王莽的部队。后人为了纪念郭亮，就把这个村庄命名为“郭亮村”。由于四面均是绝壁，郭亮村的80多户人家起房造屋，都只能在有限的平地上费尽心思。以崖上人家为例，这个只有几户人家的小村子，在一块窄窄的台地上，拥挤着数间房屋，许多房屋的门前不到10米处就是绝壁形成的万丈深渊。

2. 自然风光

太行山的海拔高度大多在1200—2000米，呈北高南低状。因为南太行山与豫北平原相邻，山脉崛起于海拔只有几十米的平原边缘，再加上太行山的山峰大多是由深切的山谷和壁立千仞的悬崖构成，花岗片麻岩、砂页岩和石灰岩经过千百万年的风化侵蚀作用，形成了千姿百态的峻岭峡谷，因而看上去竟比西部许多四五千米的高山更险峻。在太行山腹地的山谷、山塬和山间的小盆地里，有一些村落形成。“山中无日历，寒尽不知年”，多年以来，它们与外界难以沟通，也疏于沟通，从而形成了一个个闭塞、原始、朴素的人文孤岛。

郭亮洞，又称“绝壁长廊”，位于红岩绝壁大峡谷一侧。1977年以前，郭亮村与外界的通道只有一条凿于百米绝壁上的叫作“天梯”的“之”字形石阶小道，这条小路曾是大山中通往中原的唯一古道。为了能走出大山，1972年，村长申明信带领13名村民在无电力、无机械的状况下全凭手力历经5年时间，终于打通了南太行第一个横穿绝壁的隧道。1977年5月1日竣工通车，始成今日这条长1300米、宽5米、高4米的绝壁长廊。自此，身居世外的郭亮人才一步迈出了大山，郭亮人从此也改变了封闭贫穷的生活。凭借着山村长久以来交通不便，与外界交流较少，形成的具有自身特色的自然村落和淳朴民风，明清修筑的古建筑，山居宜人的气候，以及令人惊叹的“绝壁长廊”，郭亮村吸引了大量的游客前来旅游、避暑、攀岩、写生、摄影。村里的居民生活方式也从以前的农耕为主，转向为游客提供食宿的第三产业。

3. 建筑特色

（1）郭亮村的选址

郭亮村坐落在北傍莲花峰，西靠罗姐寨，南对另山，东接喊泉的一块缓坡上，村南紧邻山涧水溪，形成“夹于山脉有川，夹于川有山脉；水流则山行，水合则山止”的山水环抱的环境之中。在村口的溪流汇合处，当地村民修建了白龙王庙来祈求风调雨顺。因此，它的选址充分体现了山村聚落营造中的一种“自持系统”，以此来达到人与环境和谐共存的生态平衡。

（2）人与自然的共生

在海拔1297米，有一石缝孤独另立，与绝壁隔离10多米，名为“另山”。明清时，有人家在此筑屋，现存4个院落，12座房屋，均为木石建造。门外绝壁高100多米，被称为“另山村”，又称“崖上人家”。正如民谣所述：“千仞绝壁立太行，高阔雄险在郭亮。崖上耕织农家乐，清风白云拂石房。”就是对这一在恶劣环境中改造自然、利用自然的形象描述。

郭亮村的山地建筑依地势而建，这样适应自然的建筑空间排布，既能节约有限的土地资源，又能使聚落拥有充沛的阳光、空气、绿化的环境，创造出一种有机、随机的生活空间和建筑层次感。就建筑单体来讲，墙体均为石块砌筑，有些墙体内部还再做一层土坯墙用以保暖隔热，建筑为坡屋顶，二层层高较低，多做夹层用以储物，这样可以防止燥热。这种综合的考虑正是由于在居住营建的过程中，融合了当地经济和技术水平、生态资源利用和生产生活的功能需要。

（3）院落空间的营造

豫北民居的基本形制是三合院（又称“抽屉院”）和四合院（又称“盒子院”）住宅。如申春福宅院，是正房和两个厢房组成的三合院。正房（又称“堂屋”或“上房”）一般朝向较好，供老人居住，在正房的中间堂屋是室内陈设集中的地方，这也是家庭伦理的核心要素。正房中常设有红木桌椅，一张条几居中紧靠后墙供奉祖宗牌位，或后墙挂祖宗遗像、祖训，下方常供地脉龙神牌位，象征宅基核心。围绕院子布置厢房（又称“陪房”），厢房一般由晚辈居住或作厨房及它用，这种布局表现出向心性和“蕴藏生气”的空间观念。在郭亮村的合院中，正房通常为四开间，有外楼梯可上至二层；东、西厢房通常为三开间，室内有木楼梯上至二层储藏室，如宋宝群宅院，是郭亮现存最早的宅院之一，院落紧凑，东屋有石炕、石灶台。

郭亮村的每栋建筑单体均朝向南或东南。豫北春联常有“紫气东来”“彩云南现”等祝福语，说明豫北地区朝向南偏东5°—15°最佳，也是村民心中的吉向；其次是建筑组织排列有序，按“东下西高、富贵英豪”“东高西下，绝无门房”等传统观念，传统院落的层次性，被作为村宅布局的规范，形成了整个村庄当中高、两头低，四周留有排水沟渠的整体格局。郭亮村依山而建，做到前低后高、东低西高的排列层次，用今天的通风日照要求来看，仍是十分科学的。

在郭亮村中，大部分民居不设后窗，且前

面的窗和门都较小，整个房子的采光通风较差。究其原因，是因为豫北冬季多北风，开设后窗会与前窗形成穿堂风，易使寒气侵入。对民居建筑来说，保暖防寒是必须考虑的因素，如申四海宅院。其次，当地封闭、保守、对外开放较少，心理知觉定势在居住环境中起了作用，人们总是希望自己的居住环境有较大的安全防御性。加之，豫北当地的建房习俗，通常把整座房屋视为一个人的头部，窗为眼，门为口，后墙开窗，被认为破坏整体风水。

（4）聚落空间的生成

郭亮村位于山涧溪流交汇处，其主要出入方向为村落东部的千米长廊，因此，在布局时充分考虑了从长廊到进村这一过程中的地形特征和空间序列。当来访者从千米长廊中走出来后是上山缓坡，在这里基本上看不到村落。当走到村落入口时，村落的整体轮廓凸显眼前。穿过上刻“乳泉”二字的石砌大门，是村前一块平坦的场地，青石砌筑的民居沿着东坡的沟谷蜿蜒而上地排列着，但由于整个郭亮村是顺应地势有机的组织，观者并不能整体感知整个村落。当到达村委会前的石阶时就开始进入村落中参差的建筑群：拾级而上，巷陌纵横。粗犷的石砌房屋、参天的古树、宽敞的平台，沿石砌台阶继续行进，便踏入了串联建筑群的主路。由于山地的坡度不同，因而村民们在修建房屋时，尽量沿着同一高度来排列房屋，于是，数座院落便由一条狭窄的小巷组织起来，在与台阶的交汇处空出一定的开敞空间，为村民营造出多样化的接触“面”，同时，形成统一而丰富的水平肌理，而这条蜿蜒向上的道路也因为周边高低起伏的山墙而层次感更为丰富。接近村落北端是这组建筑群的终端，与刚进村时密集的建筑群组织不同，顶部的建筑更为疏朗，两个三合院前是一个清澈的水池，供当地村民饮用。在这一村落的交通和空间序列中，整个村落层次丰富、步移景异，充分体现了山地聚落的空间特色。

（5）地方营建的技艺

建筑材料的使用传达出建筑独有的风格特征，而郭亮村建筑的质朴自然则成为其重要因素。在郭亮村的整个建造之中，由于地处山区，交通不便，建筑材料均取自当地，斧斫的青石作为墙体，山上伐来的松木作为梁柱等构架，山上土窑中烧出的土瓦，整个建筑的建造无不体现着山地独特的生态原生性，大多生产工具和生活设施也由石头加工而成。

在郭亮村建筑建造的整个过程中，村民是建筑设计和施工的主体。村中的老人有着自己的建房经验总结：“屋檐到地一丈三，开间九尺长，进深一丈六。”当地住房的修建均是选在农闲时间由村民帮工，户主提供施工材料，也就是人们常说的“没有建筑师的建筑”。

4. 民间习俗

在整个豫北民居中，门是宅院主人财富与权势的外部表示，是建筑文化的一种体现。郭亮村民居的门，在四合院中居于倒座的一端，从高度上看，门楼比院墙要高出好多，以显示高门大户的气派。大门上用砖雕、石刻或木雕花纹装饰。在门框下设两块大石门墩，以供镇宅之用。在大门入口常设影壁墙，影壁墙的设置在风水中是防泄财的。墙的正面常有“福”“禄”“寿”等字样或吉祥图案，在门的一侧墙壁约1米高处，挖有凹槽可以夜间放置油灯照明或供奉神明的牌位。在二层的墙壁上，一些住户还设有石制蜂箱，用来养蜂。

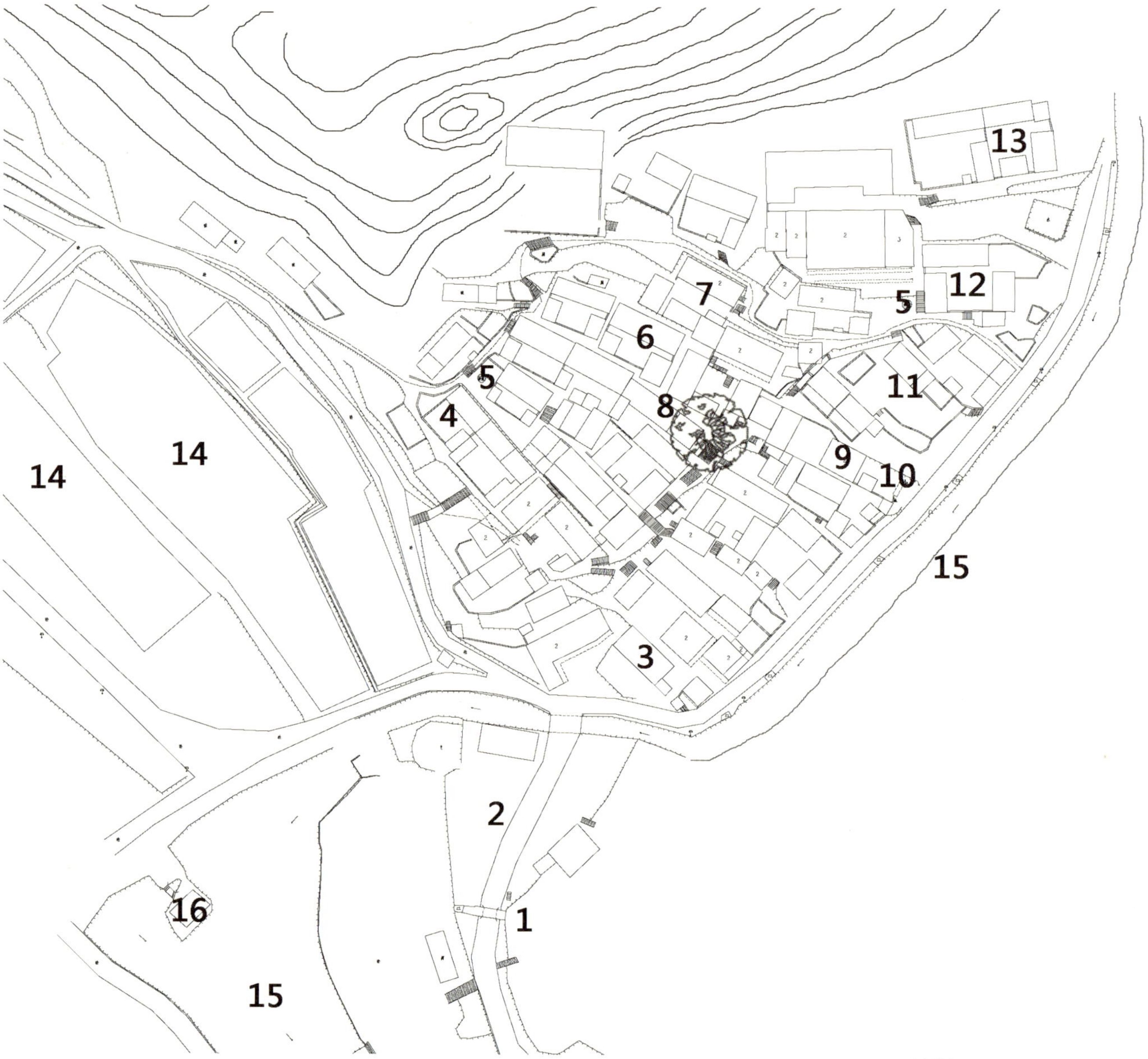

◎郭亮村总平面图

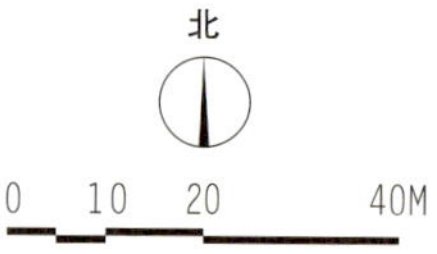

1. 寨门
2. 村前广场
3. 村委会
4. 申春福宅院
5. 古磨盘
6. 申茂盛宅院
7. 王家宅院
8. 古树、台阶
9. 卫生所
10. 谢晋居
11. 影视拍摄点
12. 申四海宅院
13. 宋宝群宅院
14. 商业步行街
15. 山涧水溪
16. 白龙王庙

郭亮洞一景

◎崖上人家

郭亮村石砌寨门

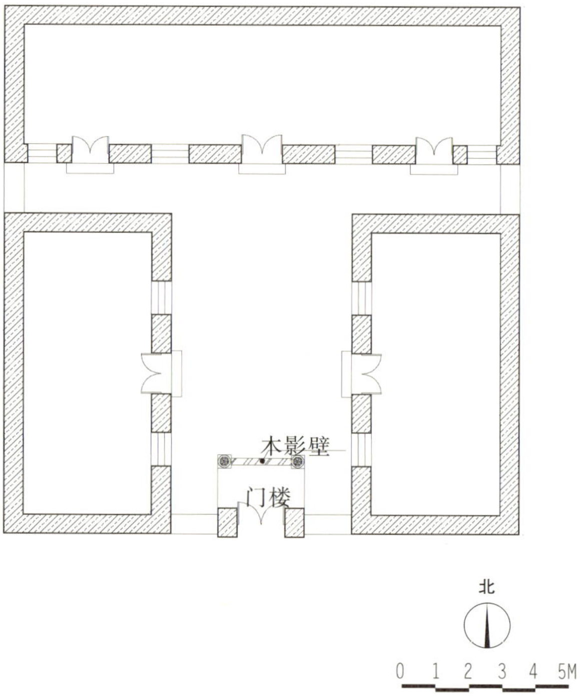

申春福宅院一层平面图

石块砌筑的房子

崖上人家申春福宅院

⊙门楼上的木雕装饰

⊙墀头砖雕

⊙墀头砖雕

⊙四合院的正房

⊙村中的建筑

⊙村中的窄巷

群山环抱的郭亮村

宋宝群宅院院落空间

申四海宅院

小石桥

石制鸡笼

寨卜昌村

寨卜昌村位于博爱县东南5千米的苏家作乡，现有3200人，面积4.2平方千米。寨卜昌村古建筑由富甲当地的王氏家族建于清朝咸丰年间，鼎盛时期有房屋300多座、2000余间，气势恢宏、精美绝伦，堪称“怀川大宅门”。

1. 历史沿革

寨卜昌的渊源最早可追溯到商周时期，相传3000多年前，周武王伐纣时曾驻军于此，命人搭台祭祀卜问前程。巫师用龟壳，洒上水在火上灼烧，龟背裂纹隐约为“昌”字，占卜的结果是“后必昌盛”，故得名“卜昌”。明初外来人口移居卜昌一带，将各自家族姓氏加上，形成药王卜昌、油王卜昌、乔卜昌、侯卜昌等八个卜昌村。清咸丰末年匪患丛生，药王卜昌、油王卜昌、乔卜昌经过商议，共建周长2500米的寨墙，三村合一称为“寨卜昌”。

从清初王家第一代创业开始，长达200多年的建设，先后经历10余代人，在长期营建过程中培植了王家的专业匠师和施工队伍，保证了建造质量。在鼎盛时期，除建有大量民居建筑，还有规模宏伟的王家祠堂、戏楼和躲兵楼。至19世纪末期，王氏家族不过300余人，而各类房舍多达1500余间。寨卜昌村内东西向分为五条街，王氏家族就占了三条半街道。然而，随着清王朝的衰败，到民国初期，王氏家族也日渐没落。特别是抗日战争时期，房产被日本侵略军烧毁多半。虽历经沧桑，寨卜昌村传统民居建筑遗存仍是中原现存规模最大古民居群落之一。

2. 自然风光

寨卜昌村坐落在豫北平原上，北依巍巍太行，南濒滔滔沁水，山水秀丽，四周良田遍布、物产丰富，西为温博公路，北为詹泗高速公路，交通条件极为便利。现在的寨卜昌村不仅仅是一座古村，更是一处历史的缩影，一个辉煌时代的见证。

3. 建筑特色

寨卜昌村现存明清民居建筑近130座、400余间，明末清初的已是少数，多数是乾隆、嘉庆、道光年间所建。民居建筑整体布局是封闭式的一进二四合宅院，形式大同小异，但各有千秋，且用料讲究，造型美观。寨卜昌村明清民居在空间特色方面将北京的四合院和南方的楼阁式建筑融为一体，具有黄河以北怀庆地区明显的地方建筑特色，是河南明清民居中数量最大、建筑质量上乘、建筑形式独特的民居遗存。其木刻、石雕精湛细腻，文化内涵丰富，有较高的艺术价值。

寨卜昌村落格局是一座典型的北方堡寨式建筑，寨墙、寨河和院落形成一整套防御体系。用灰土夯筑的寨墙环绕村庄，约七八米高，环绕寨墙的寨河宽约六七米、深约二三米。寨墙和寨河始建于清咸丰十一年（1861），清同治七年（1886）春竣工，距今已有近150年的历史。寨墙之东、南、西、北建造四座寨门，各门顶部分别镶嵌着长1.5米、高0.7米的青石牌匾，上刻名人题词。东、南、西、北门依次分别为“纳春融”“揽荣光”“挹秋浆”“迎叠翠”，以代替常用的东门、南门、西门、北门。经过时代变迁，4座寨门和12座炮楼先后被拆除，部分寨墙被一些村民取土挖掉。

目前，村内二街、三街和一街西半部，坐落着很多院落相连、建筑别致、高大古朴的民居建筑，均为一进二宅院，附设跨院，前客后楼，相通相连。这些传统民居建筑，除少量属于明末清初外，大部分为清乾隆、嘉庆、道光年间所建，最晚的建于清光绪年间，大多是王氏家族所建。寨卜昌村古建筑群保留有大量的石雕、砖雕和木雕，内容丰富，题材广泛，尤其是石刻花鸟耕读纺织图，雕刻精美，故事寓意深刻，处处都散发着历史的悠远与厚重，展现着当时民居主人拥有过的家业昌盛和辉煌。它们融工艺、木雕、石刻、书法及民俗风情为一体，是不可多得的古代艺术品，对研究中国古代民居建筑具有不可替代的作用。

1号民居院位于二街的最东端，与2号、3号院宅院相互依托，都是封闭式一进二四合院。三个院子都为光绪初年所建，整体保存比较完整，现存房屋37间，其中街屋12间，前厢房6间，后厢房12间，客房7间。1号院是典型的北方四合院建筑布局，四合院的大门位于东南角，门楼高约6米多，原建筑由南向北依次为倒座、东西厢房、过庭、后院东西厢房、后上房，这种建筑布局在寨卜昌村的传统院落中具有典型性。门楼内侧雕刻有精美石刻对联，门楼外侧两边设有特大石楹联，高3.92米，宽0.385米，厚0.32米，上下均为通体石材刻制。上联是“麟史标八业书香黼黻缵缨荣禄第”，下联是“龙门衍六经教泽文章礼乐圣贤家”；副联是“溯天宝辋川图春荣大雅，垂永和兰亭序冠冕儒宗”。此联将“书香、黼黻、六经、文章、荣禄、圣贤”串在一起，营造出官宦书香门第的家庭氛围，凸现官宦书香门第的显赫地位，而副联措辞风雅，极有韵味。

3号民居院是清朝武举人王大漠的宅院，门楼是悬挑式檐廊，门口立着两个抱鼓，上边雕刻着荷花、牡丹等图案。大门上方挂着“梓里屏藩”四字匾额，是对王大漠的功德的赞扬。匾额上方是雕刻精细的垂柱莲花。主院过庭五间，豪华气派，重檐立卧枋，檐柱落地，梁架斗拱上有龙凤花鸟人物彩绘，屋顶为灰布筒板瓦覆盖。室内有清代书法家翁同龢亲书“克昌厥后”匾额，以及泰顺家族的店号匾“泰顺硕”。客厅主门四个门扇上刻着栩栩如生的梅、兰、竹、菊图案。

4号民居院位于二街中部，建于清朝咸丰、同治年间，为泰顺家族鼎盛时期的建筑。现存一进院落，建筑气势轩昂，雕刻工艺精绝，金柱大门，大门上木雕垂花挂落已毁，立卧枋上的贴雕、透雕、浮雕相结合，技艺精湛。院内的墀头石雕、砖雕相结合，荷叶逼真，梁头雕以卷云纹；垂柱头造型与其他院落不同，4号院的莲蓬底面有14籽；压窗石看面为平面减地阴刻，牡丹雍容华贵，耕织花鸟图案神态各异，形象生动，共6组30幅。其中东、西厢房的压窗石看面各有5副，每组图案中间一副为“耕读纺织”图，其余为吉祥寓意的花鸟图。整个建筑立面的门窗装饰繁复、精细，外观造型雍容华贵，形态各异的雕刻手法与图像造型为河南民居建筑中少有的精品。

5号民居院为泰顺家族鼎盛时期的建筑，建于光绪年间。门口高大的石对联，高4.25米，措辞文雅，寓意深刻，专家考证为国内传统民居最高的石对联。主联为“门外拥珠旗，报国曾持三尺剑；庭前罗玉树，传家惟有五车书”；副联：“燕翼贻谋缵承世泽，圭璋器重黼黻皇猷。”寓意文武兼备，诗书传家，蕴含着王氏家族文治武功、精忠报国的豪情壮志。

6号院建于清朝光绪十九年（1893），正院后上房为绣楼，明三暗五，楼上为木质走廊。

7号院建于清朝道光九年（1829），宅主原为清末举人，官至七省经略、度支部主事。

8号院为一正一跨，二进四合院，建于清朝同治年间。过厅重檐结构，木构粗大。

9号、10号院原为并联的一正一跨院，建于清朝同治五年（1866）。两院原有月亮门相通，门洞上方嵌着石匾，上书“量入为出”和“早作晚思”的家训，瓦当上有“耕读”二字。

民居14号院位于三街北侧，建于清朝道光十三年（1833），现保存有第二进院落。

民居15号院位于三街南侧，村中广场对面。原为三进一正一跨四合院，西正东跨，三进院为学堂花园，现仅存二进院上房八间、东厢三间和后花园学堂三间，其余被日寇烧毁，是寨卜昌豪宅中独有的一处三进院。前二进院与其他院略同，第三进院则为私家学堂，此院中西屋三间为学屋，屋外庭院中有一花坛，坛上置太湖石。花池周围单面围廊，现围廊已毁，花坛及太湖石完好如初。现状从东跨的月亮门进入主院第二进院，院门前有一株近200年的古蜡梅，进入院内让人有一种曲径通幽之感，是融南北于一体的典型中原风格院落空间。

王氏宗祠在三街东头路北，始建于清朝乾隆三十年（1765），门口有一棵古槐，据说树龄已有500多年。进入宗祠，两列蛟龙石碑林立两旁。其中五通保存完好的圣旨碑，碑额雕刻着精美的双龙戏珠图案，碑文遒劲有力，记载了王氏家族昔日荣耀和显赫身份。

碑刻大致分三类：一是封赠碑，记载历代先人所受皇恩；二是记事碑，如光绪年间赈灾碑；三是碑记类，如新祠堂碑记。记事清晰，文字严谨，均为书法石刻上品。当时的一品大员毛昶熙，曾为王氏宗祠撰写建祠碑记，并题写“王氏家庙”牌匾。光绪年间王家重修祠堂，光绪皇帝的老师、维新派领袖、著名书法家、户部尚书翁同龢为其题写“克昌厥后”匾额，至今仍悬挂在宗祠内。

4. 民间风俗

寨卜昌村的古民居基本上都是王氏家族所建，是以商兴寨的典型。清朝康熙年间，王氏家族创立生意字号和家族堂号——“泰顺硕”，经过数代经营，泰顺的“连锁店”遍及半个中国，这个家族成为富甲一方的名门巨贾。乾隆末年、嘉庆初年，泰顺生意已经遍及苏北、皖北、山东、河北、辽宁、河南等地，大小门店100多处。相传泰顺子弟进京不宿别人客店，可见门店分布已成网络。泰顺家最早就在祠堂一带居住，发迹后逐步扩展。乾隆、嘉庆年间，泰顺生意高速发展，每年春节前，位于北方各省的连锁店关了门，把成车白花花的银子送到寨卜昌来。于是购置田地、兴建住宅，自然成为王泰顺家的重头戏。泰顺家用了100多年时间，出高价把邻村土地大部分买进，到光绪初年，已经拥有土地6000多亩。于是王家的宅院在村里渐次扩张，100多年后，王家豪宅已有六七十座，把寨卜昌的后三街占了两条半。泰顺家的土地并不出租，而是雇工经营，各院都有马房仓库，单是骡马等大牲畜就有六七百头。所用雇工名目繁多，诸如庄稼把式、马车把式、长工、短工等。而家庭佣工也五花八门，有厨师、帮厨、账房先生、管家、跟班、奶妈、丫鬟、侍女等。由于长年兴建房屋，家里还有木工房、油漆房等，有的工匠数代人都为泰顺家打工。到同治、光绪年间，家族人口达到100多口，各种雇工三四百人，泰顺家的这些豪宅里，长年有五六百口人吃饭。有钱的王家不但买地建房极有气魄，买官也是大手笔。王家第一个四品官是王大温，他花8000多两银子，买到了山东候补道，虽然只是个候补官员，但品级相当高，王家的荣耀达到极盛。王大温得意之余，大兴土木建家族祠堂，王家的声势达到鼎盛。

⊙东寨墙

⊙寨卜昌村总平面图

北

0 20 60 100M

1. 寨河
2. 村委会
3. 东门
4. 西门
5. 碑林
6. 祠堂
7. 1 号院
8. 2 号院
9. 3 号院
10. 4 号院
11. 5 号院
12. 6 号院
13. 7 号院、8 号院
14. 9 号院、10 号院
15. 15 号院

⊙东寨门牌匾“纳春融”石刻

⊙1 号院厢房屋檐墀头

⊙1 号院高门楼

⊙3 号院门口抱鼓石

⊙ 3 号院“梓里屏藩”匾门楼

3 号院主院过庭建筑

4 号院内院及厢房

4 号院入口倒座

4 号院厢房墀头造型

⊙4号院浅浮雕图案压窗石

⊙压窗石的细部——多子多福

⊙压窗石的细部——喜上眉(梅)梢

⊙压窗石的细部——耄(猫)耋(蝶)松寿

⊙压窗石的细部——金鸡独立

4 号院西厢房

门扇木雕图案造型

门扇木雕图案造型

二街街景

5 号院石对联高门楼

15 号院三进院花园

王氏宗祠和碑林

丁李湾村

丁李湾村位于河南省信阳市新县东北部的八里畈镇境内，丁李湾村所在的神留桥村属于信阳新县八里畈镇十二个行政村之一。地处要塞，环境优美，气候宜人。

1. 历史沿革

据《李氏宗谱》记载，丁李湾村始建于元代，形成于清代嘉庆中期，以乾隆年间最盛，当时田地“一万多担”（1担相当于现在4600多平方米），房屋600多间，有“李氏庄园”之称。嘉庆中期丁李湾村房屋已形成规模，建筑风格独特，整个村庄是花园式格局。至李维屏时期，庄园四周城墙环绕5000多米，并有东、西、南、北四道大门。

丁李湾村方圆5.3平方千米，现有人口约820人，常住人口约670人，有80%的传统建筑至今保存完好。河道绕村而过，终年绿水长流，村内民居规模集中，错落有致，布局严谨。整个村落从选址布局、空间组织到单体建筑都经过匠心设计。村内清代民居房屋有天井院、“歪门斜道”的八字门楼、带有八卦的门楼。建筑圆窗斗拱、雕梁画栋，斑驳的白墙、缀绿的灰瓦，既具有北方宅院的粗犷风格，也含有徽派建筑的婉丽清雅，呈现出一种多元的文化色彩，是不可多得的具有豫南特色的古村落。

2. 自然风光

新县多山，丁李湾村就在曲曲折折的绵延数里的山路尽头。其山间乡道两侧山势不高，河流、水塘颇多。村前有一处传说曾有神仙在此下凡的石桥——神留桥。从村南头的大水塘北岸朝南望去，映入眼帘的五座大门楼“一”字排开，青砖、白墙，屋檐高耸挺立。走在塘边，看着对岸民居的倒影，看着大门楼正对着的小山，江南水乡那种雅致感觉油然而生。洗衣的槌打声敲醒着丁李湾村每一天的清晨，这里幽静闲适，慢生活的节奏在时光中流淌。村前的这个水塘北岸呈弧形，东西两个尖角，包括再向北的小山，呈月牙形，圆心都向着民居方向。水塘叫“望月塘”，也叫“腰子塘”“元宝塘”，远处的山叫“对面山”，也叫“月亮山”“元宝山”。丁李湾村的祖先认为此地山水相拱，是能聚财的风水宝地，便迁到这里定居下来，逐步形成了人与自然和谐共处的田园风光。

3. 建筑特色

丁李湾村于嘉庆中期形成规模，东西长约700米，房屋180余间。各组院落沿水塘有序排列，依山就势地展开，每重建筑风格统一中又有变化，是不可多得的豫南民居建筑群。其古村落建筑有以下特色：

（1）建筑布局与环境结合

豫南古村落与河南其他地区不同，大都和山、水环境相结合，讲求人与自然的和谐。与大多数古村依水而建一样，丁李湾村的建筑与山水更是融为一体，经历岁月洗礼，展现出岁月的痕迹。古村环水、依山、傍林的格局形成山环水绕之势，从而把整个村庄融入一片青山绿水之中。

正对入村主桥的老宅是村委会办公的场所，由此向东，经过几处老宅，向北一拐，是一开敞的场院，该场院北依绣楼，由绣楼西侧的门洞进入，里面的小巷有三处完整的院落，五六户人家在此居住。这里门楼高大，庭院内部南北贯通，建筑沿地势逐步升高，体现出因地制宜的布局特色和徽派建筑的装饰风格。

由村委会向西，沿水塘形态各异的门楼“一”字排开，临水建筑面对着村前的月亮山，其门楼的方位和造型颇有讲究，其中以“歪门斜道”最具特点。这种趋吉避凶、财不露外的居住理念，使建筑和装饰透露出一种隐逸的道家文化，大门朝向要对应对面山丘凹下的位置，这种门楼的形制体现出建筑布局与环境的关系。

其他还有带有八卦的门洞、知府宅院的八字门楼等。沿水塘向北，有三条窄巷沿地形向北，通往村后的小山，形成村落南北的交通组织。窄巷结合院落格局，错落有致，尺度亲切，山石铺地与两侧的墙面材料形成丰富的肌理效果，在转弯处建筑墙身有的做成斜角，以便大体量的家具或农具搬运；有的墙身做成石材护角，以防碰撞，这些细节体现了建造者的经验，也反映了村落整体空间的狭小与紧凑。

（2）南北交融，偏徽派风格

信阳所属豫南地区自古是南北过渡地带，东邻安徽，南接湖北，为三省通衢。地貌以山地为主，地势南高北低，由西向东倾斜。特殊的区位特征，造就了豫南相对独特的地域建筑文化。豫南民居因地理气候条件的特殊性，又受南、北历史文化的影响，以信阳市区和息县为代表的民居具有明显的北方硬朗特征，具有较宽敞的院落，大门位于院落正中，不设影壁，门两边设有耳房；而以新县为代表的传统民居则具有明显徽派民居灵秀风格，白墙青瓦，院内呈“回”字形，四面有回廊，大门两侧均有耳房，大户人家还设有戏楼。

丁李湾村的建筑属徽派风格，是豫南建筑的代表。如祠堂的山墙做出起翘的马头墙，可以起到防火防盗的作用，屋角的墀头、山墙上的造型窗、封火山墙的形制、各种柱础石、门和窗等装饰细部都可以在鄂东地区和徽派民居中找到相似之处。建筑结构体系以穿斗式屋架为主，堂屋南侧建有外檐廊。

（3）入口门楼考究

丁李湾村民居的入口空间大都是封闭的围合空间，门楼将外部空间和内部庭院分隔开来。大门的朝向多有建筑风水上的考虑。多选择在朝南向阳处，有靠山面水的格局，并要求门前的溪流不能正对着大门，并且是缓缓流过，能见到起伏连绵的山峰，而且房屋不能正对着路，前面房屋的山墙不可对着后面房屋的大门。门楼的位置多设在平面布局的东南处，很少有大门正对着堂屋大门的。有些民居，大门则开在南面中侧，利用院内厢房的山墙作为照壁遮挡内院和堂屋的视线。

门楼是一户人家贫富的象征，所谓“门第等次”即为此意，它是户主门第地位的标志。因此，名门大宅的门楼建筑特别考究。不管是屋宇式门楼，还是高墙式门楼，都是精心装点的对象之一，尽可能地把本家族的丰厚财势和显赫历史显露出来。同时，入口处门楼的方位取向充分考虑到自身建筑与周围环境的协调。

另外，豫南雨水较多，对门楼通风的要求也较高，门楼中间多开洞口或窗户，起到通风防潮的作用。

（4）细部装饰精致

豫南民居多以砖雕、木雕和石雕进行细部装饰，多用在大门、窗户、檐下、墀头、山墙、屋顶脊饰等部位，精致得当，提高了建筑整体的艺术感，焕发着生机。

丁李湾村临塘而建，民居中随处可见各种造型的砖雕、木雕、石雕。在走道的横梁、门梁或窗格上，雕刻有人物和花鸟虫草图案，木雕取材精良，虽然经历数百年，仍然栩栩如生。在各式门楼上，石雕、砖雕也处处可见，不同的门楼的雕刻也不同，有的是龙、有的是凤、有的则是牡丹，雕工精巧。

丁李湾村是豫南地区传统文化的重要载体，北方建筑与南方建筑在这里交汇。它所反映的地方性建筑特色十分明显，体现了当地自然条件、社会风俗和审美情趣。豫南民居所体现的文化内涵也反映了时代变迁、营建技术的传承，是信阳人理想生活环境的有机组成部分。

4. 民间习俗

丁李湾村有着独特的生活起居习惯。冬天家家户户烧柴取暖。一米见方的木架子上放着平底铁火盆，里面燃木炭，透着红红的光，一家人围坐火盆，谈天说地，其乐融融。

⊙丁李湾村总平面图

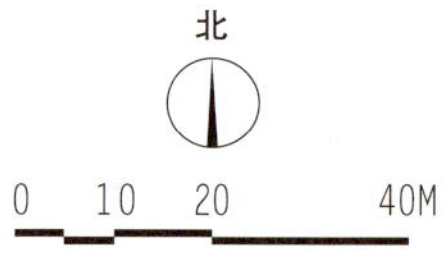

1. 桥堤
2. 村委会
3. 绣楼
4. 龙门架大屋
5. 知府宅院门楼
6. 八卦门楼
7. 斜门楼
8. 南北窄巷

⊙绣楼

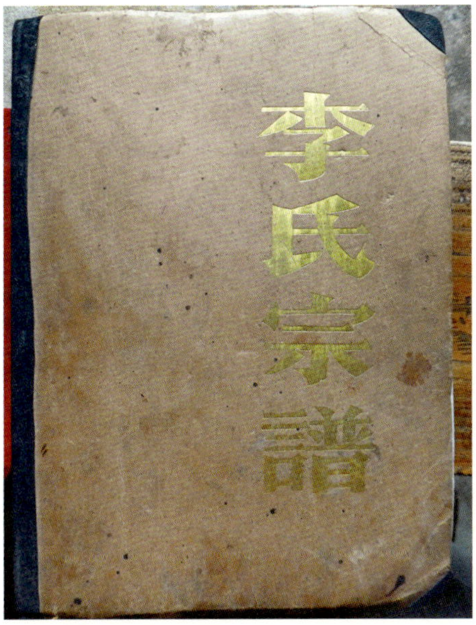

⊙《李氏宗谱》书影

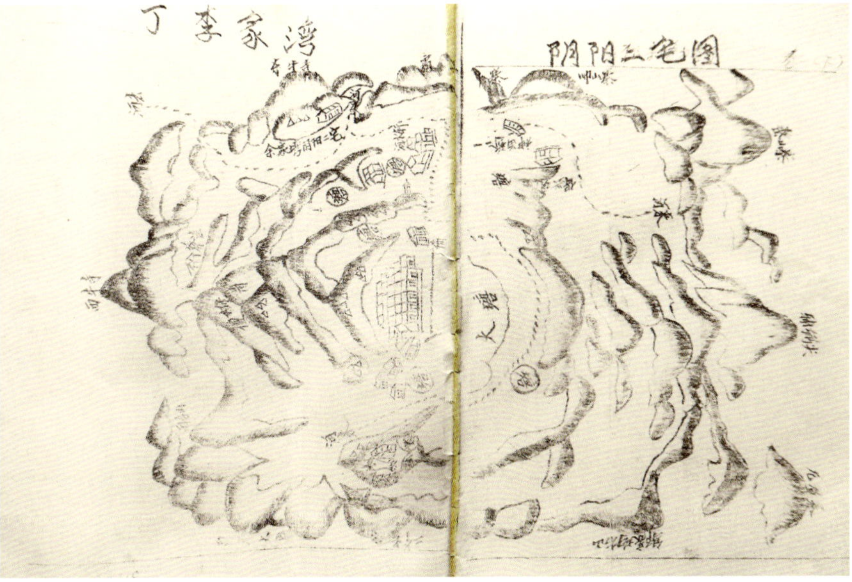

⊙《李氏宗谱》书影（村落选址）

丁李湾村的田园风光

财源涌进富贵门

八卦图案装饰的门楼

堂屋前的外檐廊

知府宅院八字门楼

屋架采用"龙门梁"的结构方式

屋脊木雕兽吻"麒麟望月"

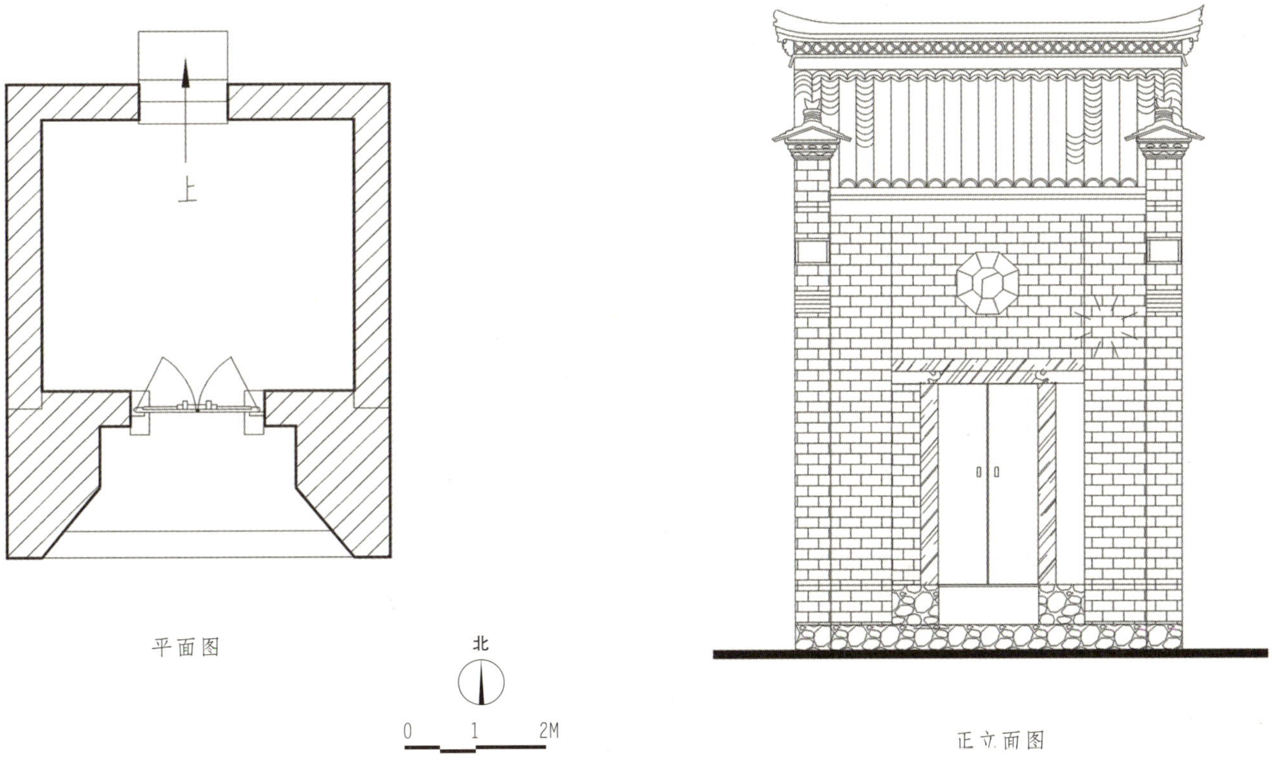

知府宅院八字门楼平、立面图

村中的徽派建筑风格民居

窄巷与院落的结合

南北贯通的庭院

高墙式门楼

⊙封火山墙

⊙墀头造型

⊙木雕

⊙木雕

毛铺村

毛铺村属信阳市新县周河乡，由相邻的楼上、楼下两个村民组组成，两个村民组以村中最高建筑碉楼为东西分界，村落建筑和周边山水环境形成一个整体，有400多人。

1. 历史沿革

明清时期长江中下游流域内区际的人口大迁徙，是中国封建社会后期人口地理变化的重要地点之一。至今流传有“江西填湖广，湖广填四川”这一民间谚语。明朝初期的移民运动，使湖北地区受到江西等经济、文化较发达，宗教组织较严密地区的巨大影响。豫南大别山地区紧靠湖北，接收了两湖以外的大量江西移民，也同样受到了江西移民文化的强烈影响。

据《彭氏宗谱》记载，毛铺村是明朝中后期家族由江西迁此繁衍而成的，现今村民仍大多为彭氏后裔。整个古村占地约4万平方米，村前小溪古桥，村后山秀竹密，是豫南地区保存面积较大，结构较为完整的明清古民居群。村口北头建有彭氏宗祠，惜已残损，门楼、基址尚存。

同豫南山地的其他的村落一样，毛铺村地处大别山支脉，多为浅山丘陵，且地表多沟壑池塘等小面积水系。整个村落依山傍水，西靠打鼓寨，东为白云山，此山地势险峻，是抗战时期武汉会战时的一条防线。两山间有一条小溪，是熊河的支流，由南向北从村前流过，汉潢古驿道沿小溪沟通南北。

2. 建筑特色

豫南山地的村落多依山面水而建，通常沿着山势等高线或者河流呈条状布置。当地传统民居以多开间及多天井的基本布局形成，多采用当地称为“望山”的处理手法，将屋门偏移一个角度朝向远处的山坳或朝向东南方向。毛铺村的建筑依山面水而建，单体建筑随着水系的走势来布局，村内的建筑门楼多朝向门前的水系。为避让隔溪相望的连绵山丘，入户大门均为北侧略倾斜一个角度，原因是门不能直接对山头，叫作“山杀”，而要对着山凹，才聚财、有利。砖木结构民居由西向东“一”字排开，东西长500余米，南北宽40余米，原先有13座门楼，后居民分家在院墙上开设大门，内部还是相对独立又可彼此相通的宅院群落。其中一个门楼门楣上刻有“溪山自赏”四个字，一个门楼门楣上刻着“厚德载福”四个字，反映出村落的文化底蕴。

毛铺村民居大多为青砖小瓦两进院落构成，且随山势渐次升高，墙体以石条垒基，青石铺路，门楼高大，灵活而紧凑。每个独立院落的每进门廊两侧均设小门，达到村内户户相通，家家可支援，整个村落形成一个整体，增强了其防御性。因为社会变迁和人口增加，院落建筑的使用功能、门窗位置和布局有所改变，但整体格局基本保持原有风貌。如彭老之宅院，第一进院落为方形的合院，地面条石铺就，正房为接待用的厅堂，三开间，采用木制雕花隔扇门，左右两厢分别为厨房和书房，穿过厅堂进入第二进院为堂屋及二层居室，主屋面阔三间，木质门窗镂空雕花精美。

因村落依山而建，布局上充分考虑了防洪排水问题，各个院落内利用地势高差在天井内采用水池存水、暗沟排水，汇总后由暗沟排到村前水系中。其中代表性的有彭广豪和彭绪长宅院，前有主宅门，门内为宅院主通道，以主通道为轴，随地势拾级而上，两侧分别建有两个相对独立的小庭院，第二进院为明五暗七的带外廊主宅院。村落中每二三个大宅间或建碉楼一座，用作防御眺望，整个村落原有五座碉楼，现存二座。

村子西头宅院所依山坡为彭氏历代先祖墓地。村子最东头的彭氏宗祠是全村最大的公共建筑，五开间二进院落，入口为上下两层，下层为通道，上层为戏楼，今已不复存在，但支撑戏楼的石柱尚存，两只石狮栩栩如生。经过倒厅，进入后院祭祀祠房，抬梁式屋架，内部空间宏大，供奉彭氏历代祖宗牌位，至今仍在使用。整座建筑沉稳大方，虽有局部缺失，但砖雕、木雕、石础彩绘尚呈历史风貌。宗祠东侧保留着清代建造的公厕，且分男女，男厕入口为长方矩形，门楣石上刻有青龙标志；女厕入口为半拱形，表示阴。

由于过去村落周边常有匪患，故建筑防护体系严密。每户均设防护门楼、瞭望台、射击孔，户内有避匪通道。豫南地区雨水较多，气候温润，故建筑的防潮处理讲究，双重石础，高高的石柱脚，屋面的叠涩出檐，双层的“S”形曲线檐口既防雨淋又增美观。

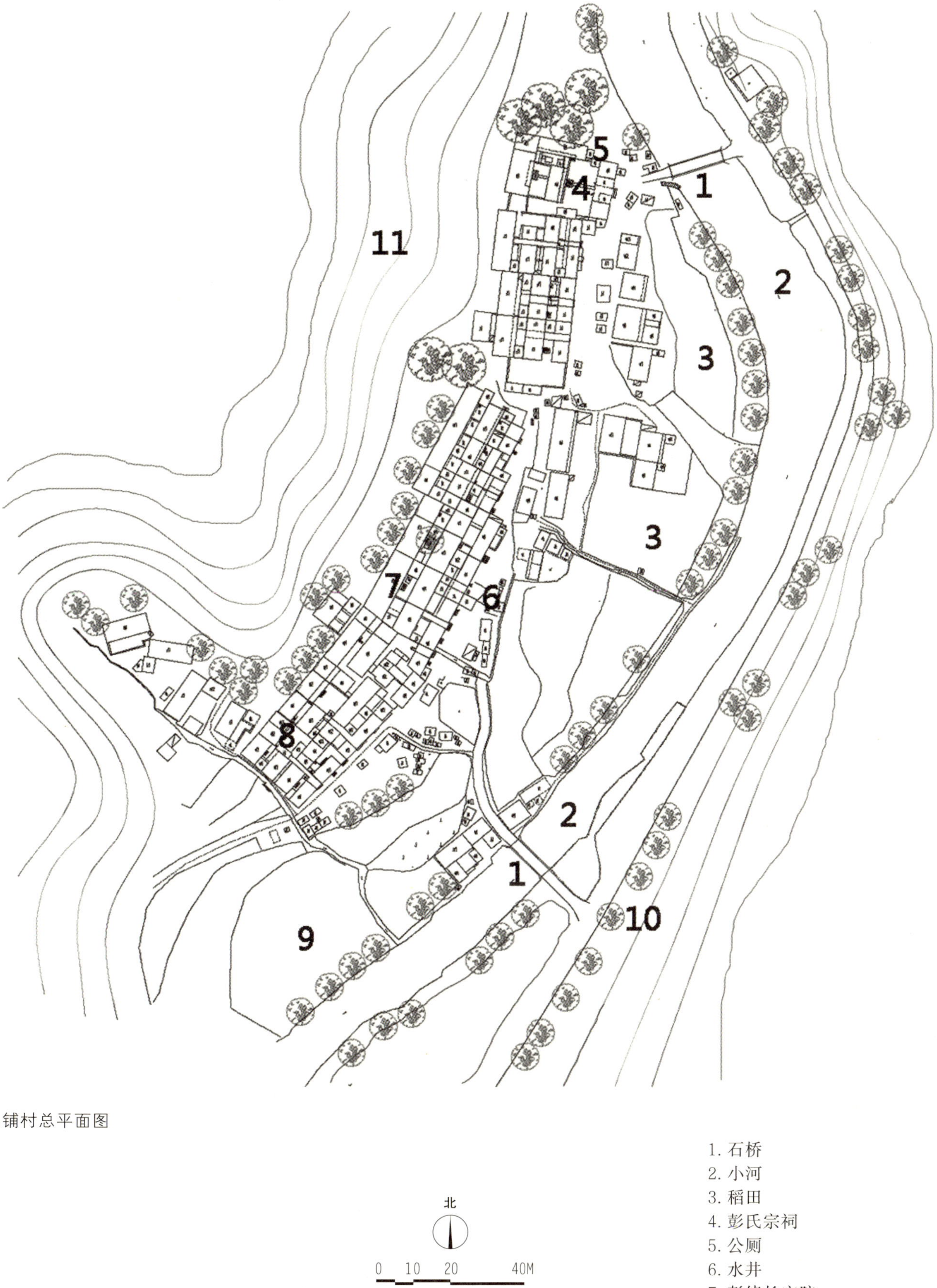

⊙毛铺村总平面图

1. 石桥
2. 小河
3. 稻田
4. 彭氏宗祠
5. 公厕
6. 水井
7. 彭绪长宅院
8. 彭老之宅院
9. 晒场
10. 山间公路
11. 山岭

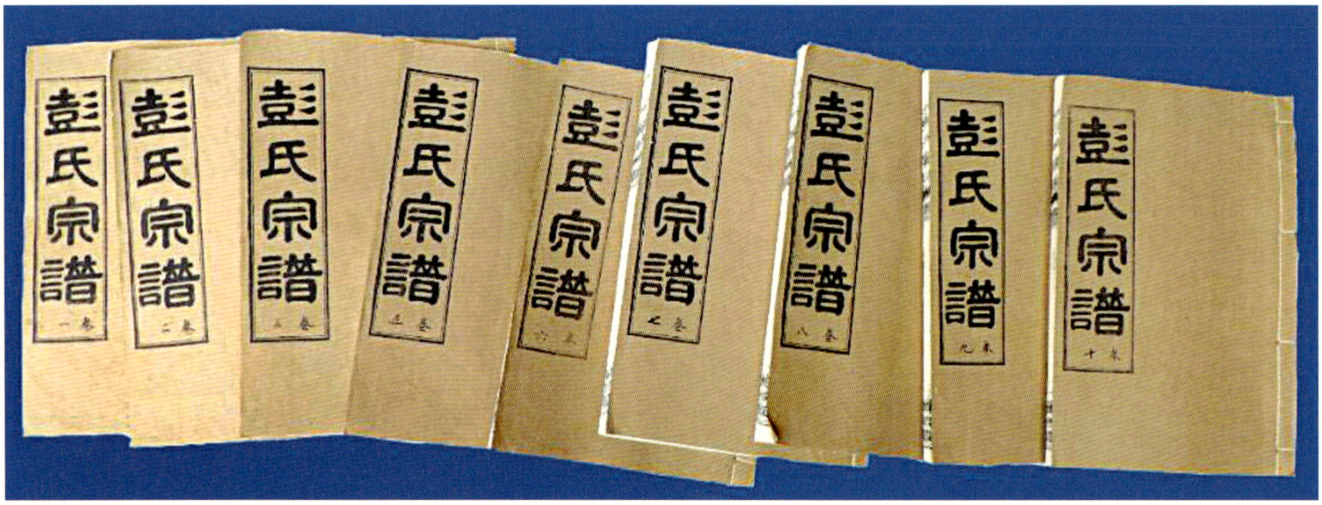

⊙《彭氏宗谱》书影

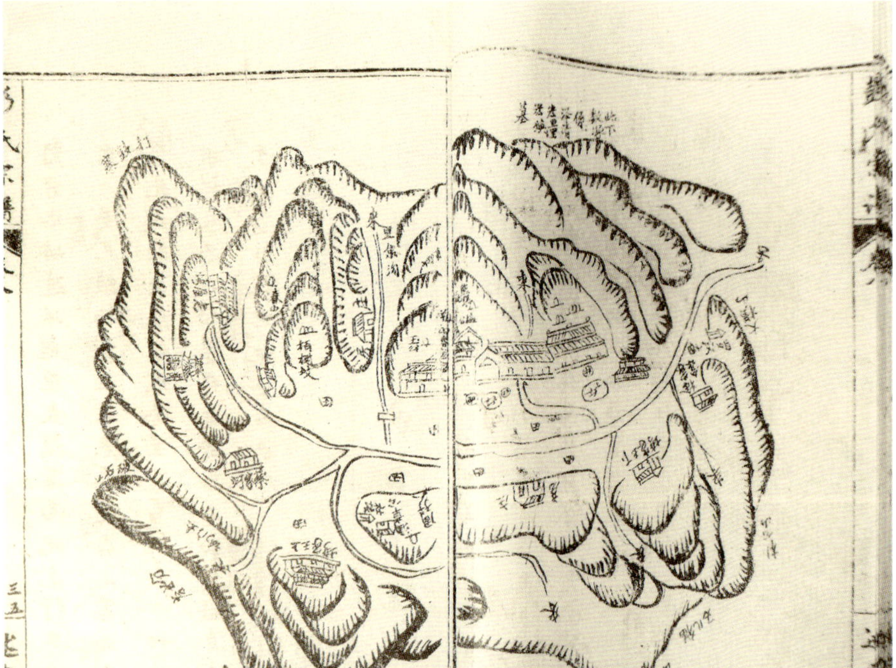

⊙《彭氏宗谱》（村落选址）

门前抽烟的老汉

斜门楼

沿街院落门楼

⊙“溪山自赏”门楼

⊙“厚德载福”门楼

彭老之宅院入口斜门楼

彭老之宅院公共通道

彭老之宅院二进院楼屋

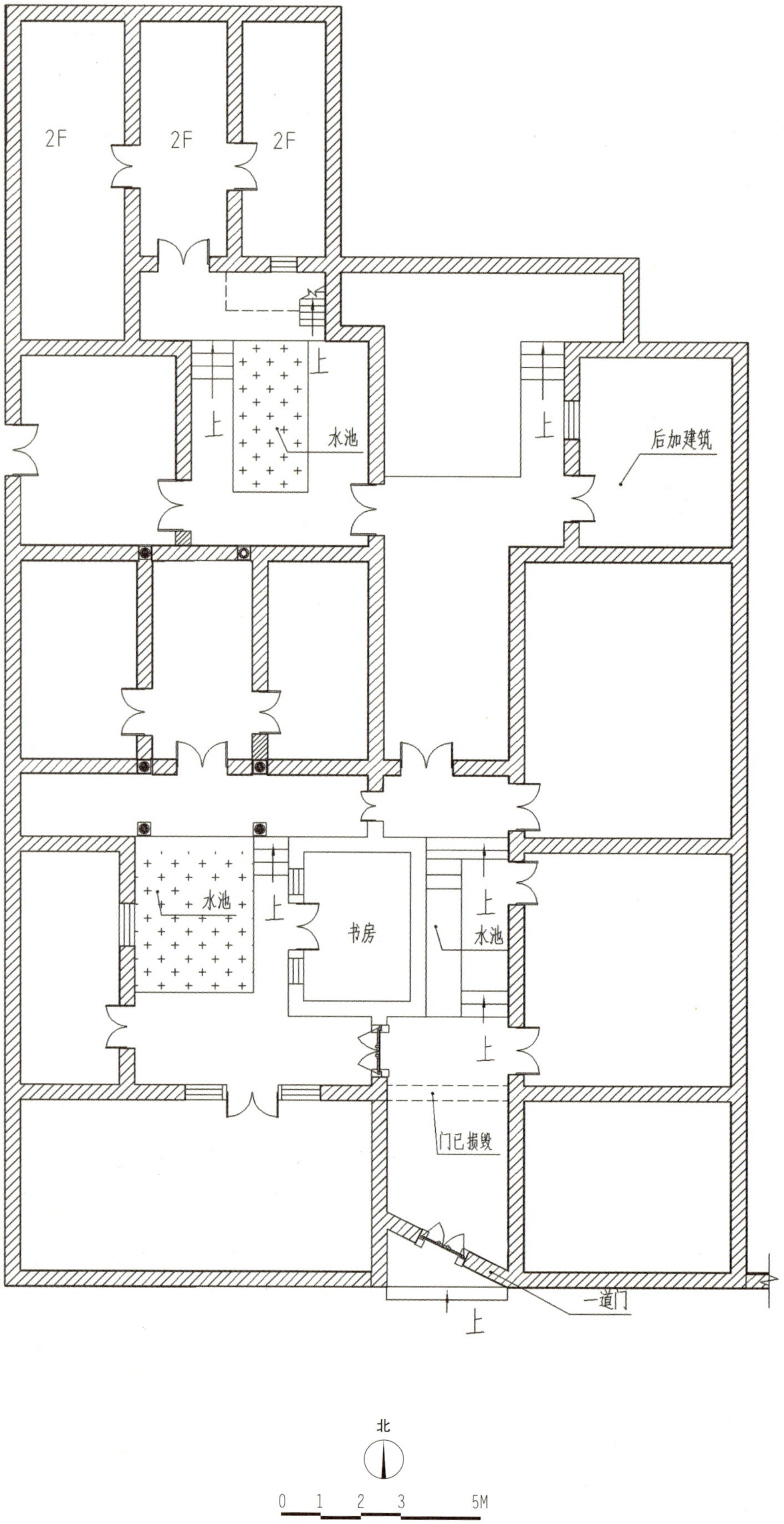

⊙彭老之宅院平面图

彭广豪宅院门楼

彭广豪宅院二进院

⊙彭广豪宅院后墙及排水沟

⊙村中的排水暗渠

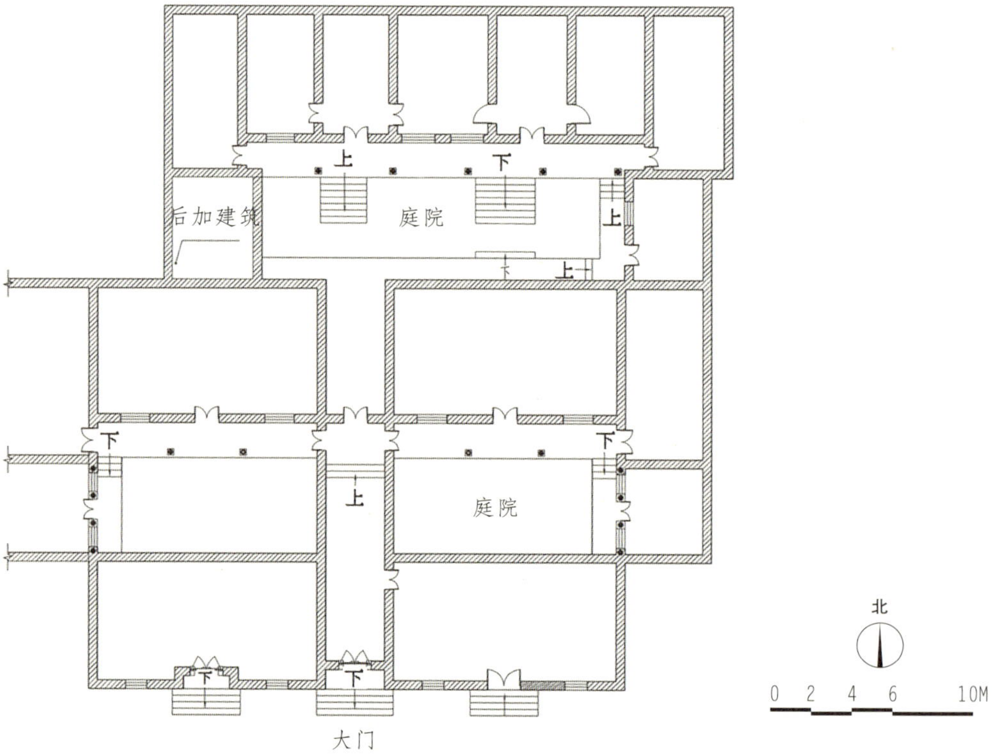

⊙彭广豪宅院平面图

彭氏宗祠大门

彭氏宗祠石匾

⊙屋顶曲线造型

⊙碉楼

⊙檐口叠涩砖饰

何家冲

何家冲古村落位于商城县长竹园乡张花店村，距离该乡政府驻地6.5千米，属张花店村一村民小组，47户村民，166人。何家冲自然村地理环境优越，紧邻湖北省，交通不便，所以自然生态环境保持良好。何家冲面积虽小，却是河南省生态环境最为完好的古村落。

1. 自然风光

何家冲古村落身隐峡谷之中，周山环绕，清水潺流，竹影婆娑，古树照影。土坯泥墙，砖石黑瓦的民居掩映在青山绿水中，相得益彰，堪称居住的上好风景。何家冲峡谷内已知名树5类87种，名木古树2000多株，生态完美，自然和谐。近年来，交通稍为便利，游人纷沓而至，此地已成为长竹园乡又一风景胜地。附近的何家冲大峡谷，全长3千米，河水在深谷中穿行，上下景致各异，生态变化明显，植物以“百日红”（紫薇）著称。

2. 建筑特色

何家冲的建筑特色体现在：环境优、水系全、建筑巧。

所谓环境优，就是村落建在临水的山脚高地，满山茂密的绿色毛竹成为村落建筑的背景，宛如一幅浓墨重彩的山水画，达到了天人合一的自然之境。

水系全指两个方面，一是村前的水溪，流水潺潺，进村竟要先下到水沟里，踏着水中的浮石，跨过水溪，再沿台阶而上，进入村前的晒场；二是村中的排水系统周全，豫南多山，因此依山就势、背山朝水的村庄格局比比皆是，豫南又多雨水，所以房屋建有天井，这样有利于排水。为防止山洪的影响，家家院落中设有排水边沟，并与村中的主沟相连。

建筑巧是指整个村落现有房屋78间，依山就势，沿东西向分层级展开、组合，形成一个有机整体。晒场东侧只有一个主门楼和东西街巷入口，进入主门沿左侧通道进入何家权宅院，向后可进入何吉平宅院。沿右侧通道向东，可进入一两进宅院，经天井院和连廊，曲径通幽，沿后山边缘可进入村东的南北斜坡窄巷，沿卵石路经老磨坊可到达村东一敞地，可由西侧围墙上的门进入东西街巷。整个村落空间既分又合，形成一个内部的循环。外人第一次进入，可能会迷失方向，说明村子虽小但变化丰富。大门内是一户一院相邻居住的形式，非常紧凑。虽一户一院紧紧相邻，但并不是一个家族所有，以何家居首，且各庭院均能相通又不觉烦扰，首尾相应，左右相连，甚为独特。同时，建筑结构以穿斗式为主，木骨泥墙或黑瓦石墙，形成土、砖、石等地方材料相结合的建筑形象。村中另一特色是河卵石铺地，就地取材，卵石大小不一，形成参差的卵石路、台阶和墙面，略显粗糙但古朴而巧妙。代表建筑有何氏宗祠（明嘉靖末年所建，重修于民国初年）及何吉平、何家权的宅院。村东石径路边的石碾，直径1.9米，明嘉靖末年制作，三槽两口，由驴子拉碾轮磨粮，乡土味十足。

3. 民间风俗

何家冲古村落位于长竹园乡东北部，村民大多以水稻种植和板栗采摘为生。虽常居深山，但传统文化传承一直延续不断，大别山的传统文化亦在此有所展现，如皮影戏、大别山小调、花鼓唱、丝弦锣鼓等。更组织有一丝弦锣鼓队，逢农户红白事、房屋上梁等大事都宴请宾客，拉丝弦，打锣鼓，热闹非凡。

何家冲总平面图

1. 道路
2. 溪流
3. 古树
4. 竹林
5. 何吉平宅院
6. 何家权宅院
7. 进村步道
8. 磨坊
9. 晒场
10. 新建建筑
11. 村东窄巷
12. 村内东西巷道

何家冲村周围环境

⊙村东开敞空间及入口巷门

⊙进入村前晒场的石阶

⊙村内东西巷道

⊙剥栗子的老人

⊙村前的晒场

村中的排水设施

土坯墙民居建筑

何家权宅院堂屋

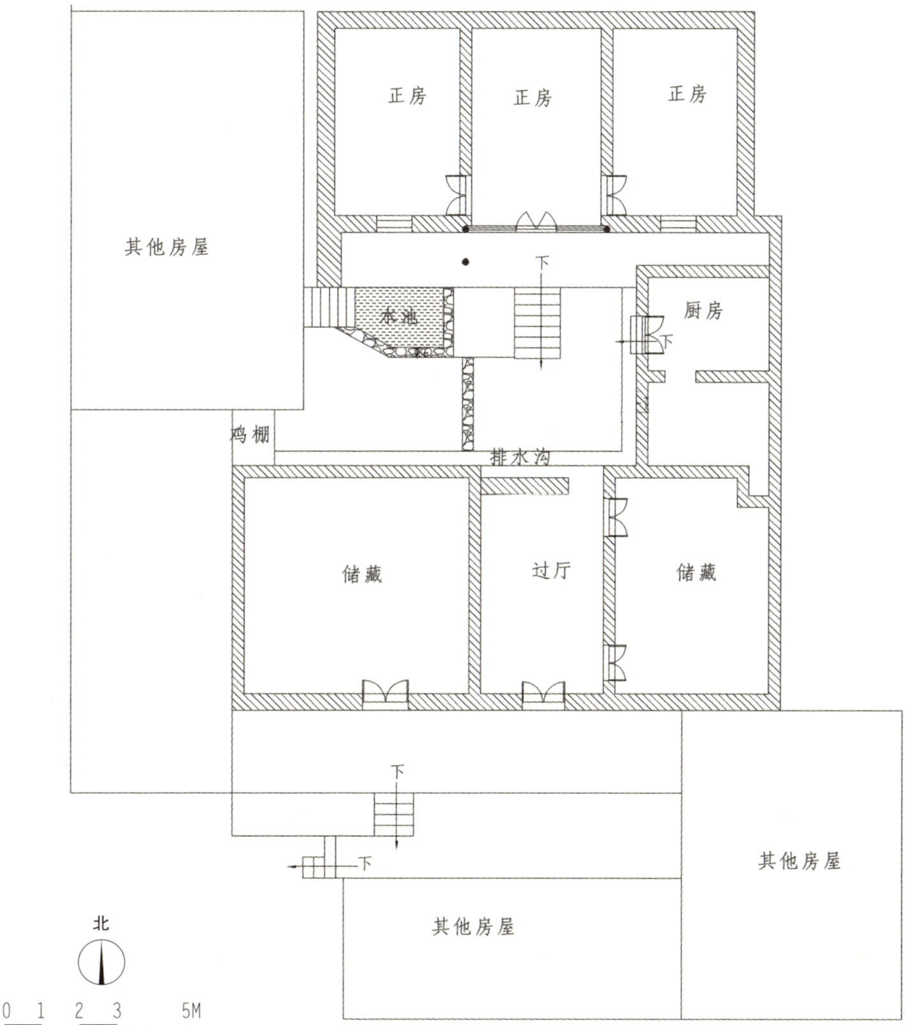

何家权宅院平面图

何吉平宅院堂屋

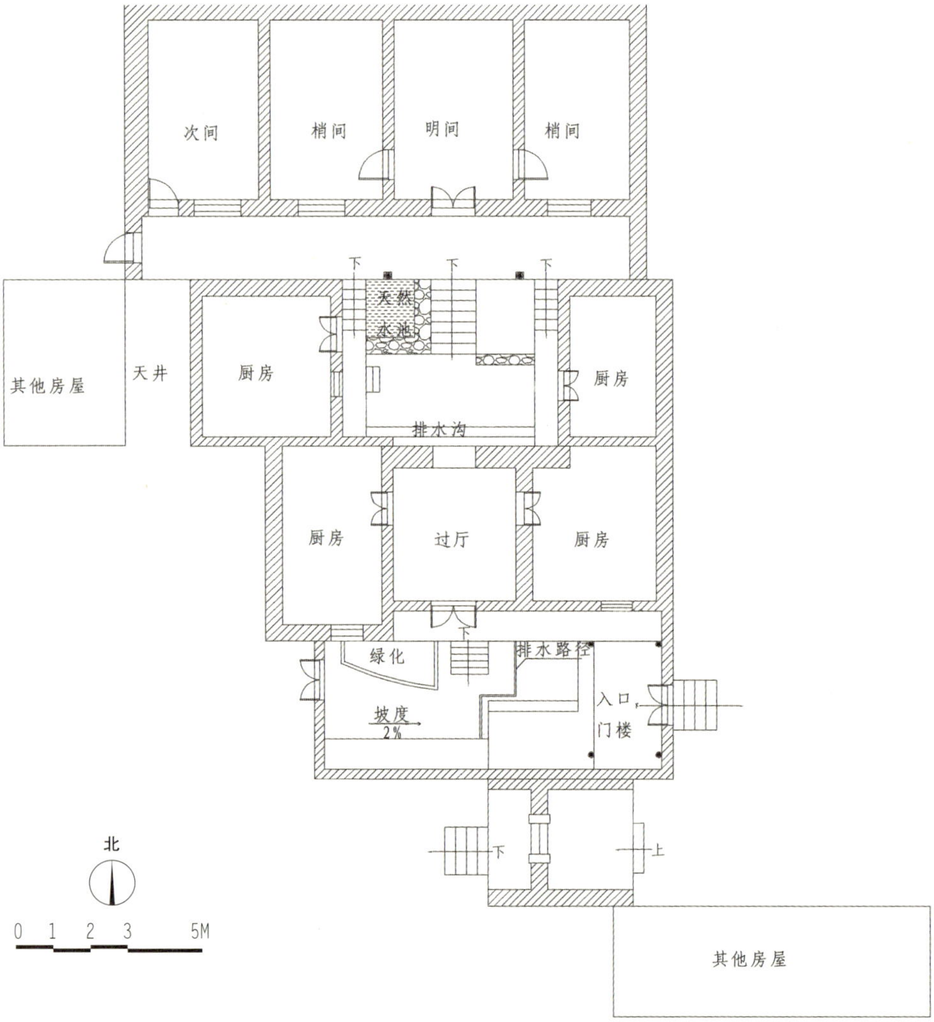

何吉平宅院平面图

穿斗式民居建筑

⊙穿斗式民居外廊

⊙墀头造型

邓西村

邓城镇位于商水县西北部，北与西华县隔沙河相望，东、东南距周口市、商水县各15千米。邓西村叶氏庄园位于邓城镇北部，背靠沙河，与巩义康家、开封刘家并称中原三大民居建筑。

1. 历史沿革

邓城历史悠久，相传三国时魏国大将邓艾在此屯兵筑城，故名“邓城”。叶氏庄园位于邓城古镇北部的邓西村，北临沙河，位于河道弓臂内，地势平坦，在传统意义上是风水极佳能庇护子孙之宝地。《叶氏族谱》显示，叶氏来祖叶绍逸明末大移民时从山西迁居中原，因邓城集镇繁华，是水上交通要道，为谋生迁居于此。现存的叶氏庄园最早由叶氏第六代叶和之、叶方科始建。

民国初年，叶奉先的后人叶氏第12代传人叶海荣掌管“三进堂楼院”，因其生性豪爽，急公好义，颇受乡人敬重，曾担任商水县西半部在域首事，这里就成了他的办公场所。三进堂楼院成为叶海荣及其子女的居所。叶海荣的侄儿叶炳旭和袁世凯的侄女袁河清结婚时的新房就是在二进院堂楼的上房，东西厢房是他们子女的居所。

1938年淮阳沦陷后，淮阳师范学校、淮阳中学被迫解散，流亡的学生组建了七区联合师范、七区联合中学。叶家大厅院和二厅院无偿提供给七区联中，东边的“五门照”厅院无偿提供给七区联师使用，直到1943年。抗战胜利后，这里成了商水县清平乡公所。一直到土改时，他们几家才从三处院子里搬出，宅院分别成了乡政府、学校、粮管所与卫生院。

2. 自然风光

邓城镇是一个千年古镇，历史悠久，境内古迹众多。地势北高南低，土质为沙土、两合土、黏土，土壤肥力上乘。属温带季风气候，年降水量800—1000毫米。沙河邓城段长19.5千米，河面宽阔，碧波荡漾。境内另有沟河6条，水利资源丰富。

境内现存东汉时的刘秀饮马台遗址，位于邓城东沙河南岸，西距邓城集1千米。虽经1900多年沙河水冲刷，现仍巍然不动，突出河床。据传，汉光武帝（刘秀）被王莽追赶，刘秀逃至此处，人困马乏，口干舌燥，刘秀在此饮马，因岸陡水浅，马无法靠近河水。突然，河边升起一块土台，马站在土台上饱饮，从此，饮马台就成了民间流传的佳话。刘秀拴马的白果树位于许村西南角，树高35米，冠盖亩余，现仍枝繁叶茂。树干距地表1.5米处有一明显细腰，下有似鞋底样和圆形的凹痕。相传为刘秀拴马的缰绳勒痕和人足及马蹄的踏印。树主干腰中又长出一枝大树干，很似“怀中抱子”，让人难解其谜。镇东南还有千年古刹宋庙遗址，镇西有真龙寺，至今仍有僧人主持，香火繁盛。

3. 建筑特色

叶氏庄园自乾隆六十年（1795）始建，历时73年，于同治七年（1868）完成，耗银170余万两。叶氏庄园整体由三座院落组成，分别为西院“三进堂楼院”、中院“五门照院”和东院“高门台院”。主宅三院共占地2万平方米，基地南北长230米，东西宽260米。宅西100间群楼，称之“百间群楼”，系叶氏当铺；宅南亦有100间群楼，系叶氏粮库，总共有楼房400多间。所有建筑均系灰砖墙、灰瓦、硬山顶建筑。

三进堂楼院为现存三座院落中保留建筑最多、最完整，质量最高的院落，东西通开间宽约25米，南北通进深长70米，现存前中后三进院落，共有楼房96间，瓦房17间。一进院又称“大厅院”，由门楼、倒座、东西厢房与正房围合而成。中院又称“二厅院”，由大厅楼两边的侧门或大厅底层均可通达。中院厢房楼和正房楼均为三间两层，前后封护檐墙。第三进院又称“堂楼院”。堂楼气势宏大，坐落于1.2米高的台基上，分为三部分，中间三间，两侧各两间，立面和屋顶也分开处理，河南民居中较多见的是明三暗五的房屋，这种“明三暗七”的形式极其少见。堂楼上层均有门洞相互连通，并与两侧厢房和厢耳房连通，这种形制的楼房被当地人称作“转厢楼”。堂楼立面中间三间墙檐下墙面砖雕仿木结构，斗拱、额枋、檐柱等雕刻精致。

“五门照院”与“三进堂楼院”通过一条胡同相连，胡同宽仅1米。曾有前后五进院落，本世纪90年代建小学时，原建筑基本拆除，基址大多保留。

“高门台院”因其所处基地西高东低，为了防止雨水从西侧大门倒灌入院内，建筑工匠们在整个宅院周围以当地的红石石板筑起一圈高台，因此而得名。

其建筑特色主要体现在下列三方面：

（1）院落布局

叶氏庄园的建筑是中轴线对称，四面围合的合院式布局，平面布局外紧内松，庭院宽敞。从平面图中可看出，厢房躲闪间距大，正房完全露脸。院内不种树，没有厨房和厕所，内庭院宽阔敞亮。

通过建筑高低对比，营造院落空间节奏。从三进堂楼院剖面看出叶氏庄园空间与故宫建筑布局有异曲同工之妙。通过院落围合程度的对比，营造不同院落空间氛围。综观前、中、后三院剖面，前院宽敞通透；中院起过渡作用；堂楼院的建筑高大封闭。

（2）造型风格

叶氏家族发迹之后为光耀门庭，要把自己的家建设得辉煌高大。叶氏庄园建筑高大，构件宏丽，当地人称作“中原小故宫”。庄园门楼总高约达13米。为整体协调，导致全部房屋高度相应提高，尤其是大厅楼的尺度，长宽高接近，接近正方的墩形。立面高大还有一些副作用，诸如增加材料消耗，例如三进堂楼院正房大梁直径就达到了0.4米；同时增大了施工难度。

房屋立面富于变化。房屋立面高大，如处理不当，会显得单调、呆板。传统建筑工匠利用窗口、门洞、檐口、披檐、檐廊等常规的立面构图要素，成功解决了这一问题。例如：大厅院的护院楼立面为清水砖墙面，高大平直，匠人把门洞口设为半圆砖拱券，两边方窗洞口对称，上层三个窗洞口，中间大而方，两边小而圆，通过这种简单的大小与形状变化，取得了良好效果。

建筑构造做法科学，施工质量上乘。墙体采用檐墙厚0.55米，山墙厚0.45米。现存所有房屋墙体平直，无变形。

建筑用料标准，所用砖瓦全部用麦草秕火慢工烧透。门窗上方为木质过梁。砖瓦手工烧制，地下基脚3米。所有楼房都用同型青砖，七卧一立，砖茬相交，小刀勾缝。梁檐全用桐油做防腐材料，至今未见有蛀虫和折断。在豫东民居中，叶氏庄园是用石材最多的，台基压阑石长随间广，宽0.52米，厚0.18米，很标准。

（3）装饰雕刻

叶氏庄园里保留了大量精美的雕刻，石雕、砖雕、木雕俱全。叶氏庄园建筑正脊和垂脊上现存的砖雕纹饰有两种：卷草纹和花卉纹饰。正脊两侧和垂脊中部吻兽形象形似一条鱼，正脊中间座有两条鱼头尾相对的脊饰。砖雕还在檐口和门楣处集中使用。石雕主要集中于柱础石和墀头，叶氏庄园几乎每座建筑都有墀头，且墀头石雕尺寸巨大，例如三进堂楼院大厅院正房二层墀头分为上下两层，总高约8米。三进堂楼院二厅院正房后门门楣的砖雕，砖雕竹节框内分三层雕刻。上层题材为狮绳不断头，中间是菊花、牡丹，下层是松、鹿和蝴蝶采莲。墀头拔檐砖雕题材丰富，雕工精湛。木雕主要用于变异斗拱、抱兴梁头，室内二柁梁头。最复杂的要数用于五门照院门楼上充当斗拱之用的“百龙竞翔”图，用名贵的楠木透雕、圆雕而成。

在河南民居中，叶氏庄园为兄弟三人所建宅院，河南其他地方，如寨卜昌民居、康百万庄园原规模都很大，亦是几代人所为。但叶氏庄园在历史上曾移做他用，是现存最完整的乡公所行政建筑遗存，具有一定的历史文化价值。

4. 民间风俗

叶氏所代表的豫商是长期以来被人忽略的群体。明清十大商帮缺失“豫商”，中国“新五大商帮”中，也没豫商。这令“商道”精神在中原大地缺乏依托。事实上，河南是中国商文化的发源地，我国最早有史书记载的商业活动，就是夏朝中期殷人“肇牵牛车而远贾”，居住于豫东商丘的商始祖王亥，就是最早的商人。

到了明清、民国时期，河南巩义康百万创造了辉煌四百年的传奇。叶氏家族影响力远不及康氏家族，但他们身上都体现了以河洛文化为中心，重乡土、恋家乡的豫商精神。人们离家无论多远都有落叶归根的心愿，因此，商人一旦在外积累了足够的资产，都要在家乡置地建房。在“祖根文化”的影响下，人们一辈子甚至几辈人会不断修缮和建设祖宅，并世代传承，视之为家族兴盛的根基。因此，从一个家族的宅院中往往能够看到主人的职业特征、生活习惯甚至性格特色。

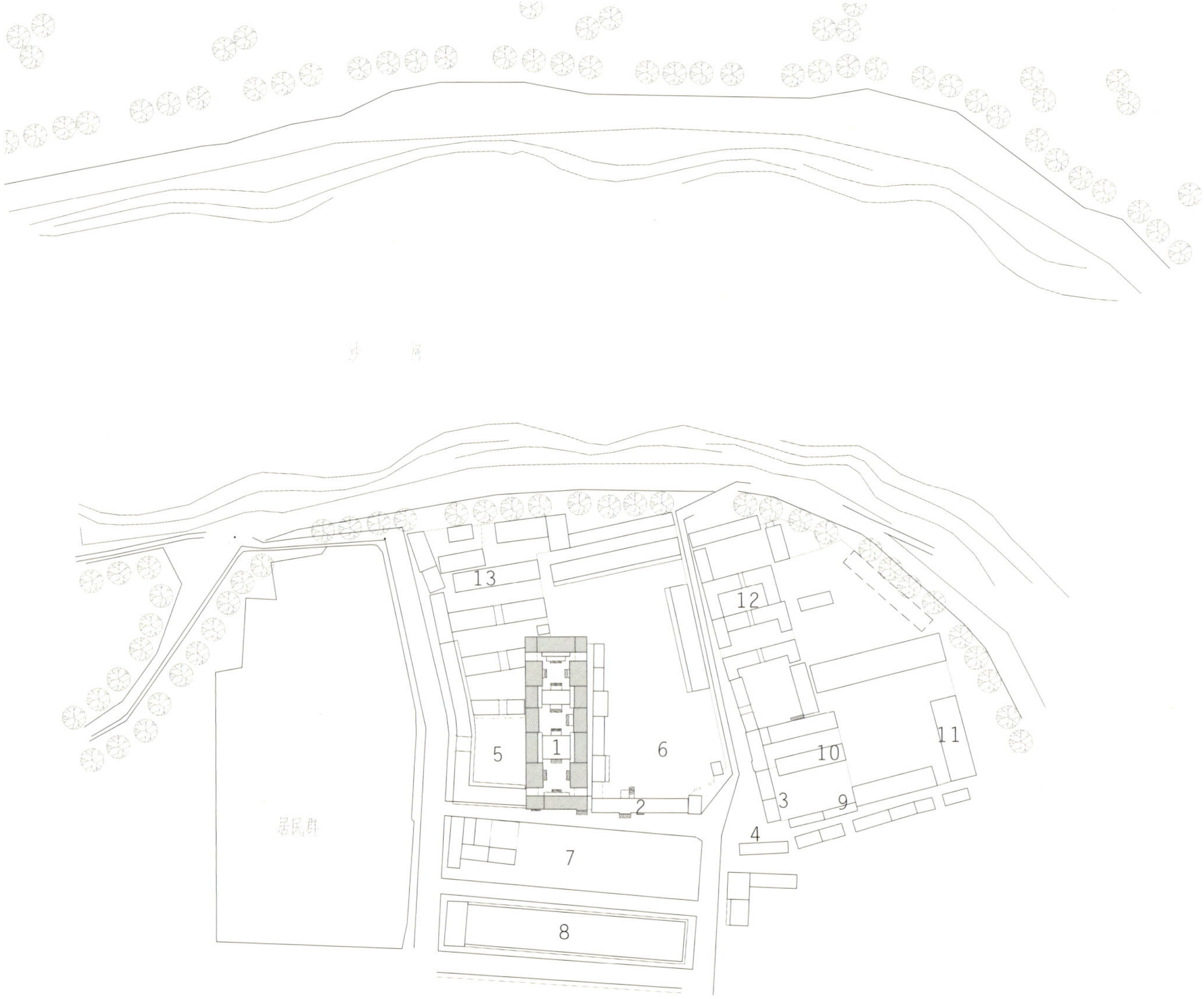

⊙邓西村总平面图

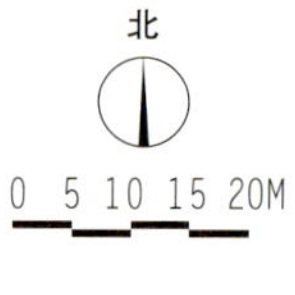

1. 三进堂楼院
2. 五门照院
3. 高门台院
4. 古井
5. 镇政府
6. 学校
7. 广场
8. 商业
9. 村委会
10. 粮库
11. 卫生院
12. 水利局

⊙建筑群

⊙村北侧沙河两岸

⊙千年白果树

叶氏庄园前广场

叶氏庄园入口门楼

⊙东过道

大厅院正房

二厅院正房

二厅院北侧

◎堂楼院正房

◎堂楼院厢房

0 2 4 8M

三进堂楼院纵剖面图

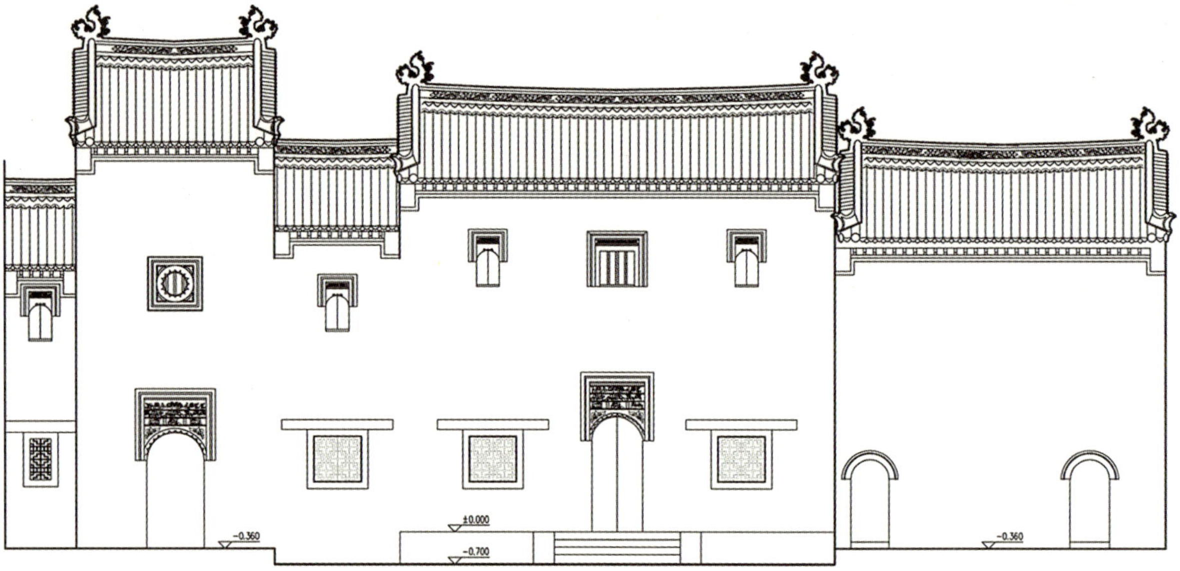

0 1 2 4M

三进堂楼院北立面图

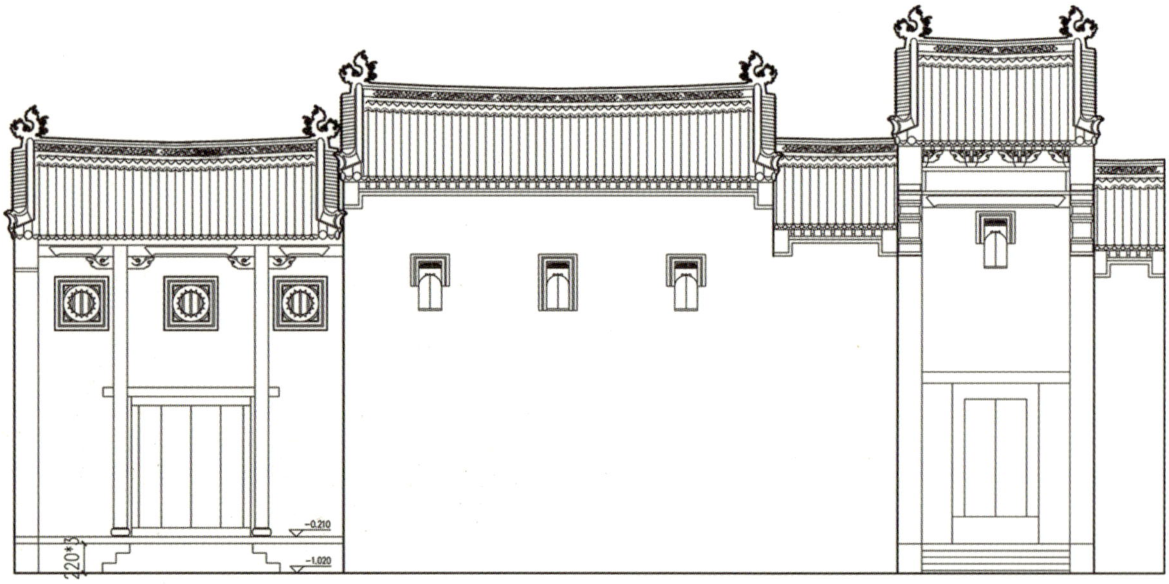

0 1 2 4M

三进堂楼院南立面图

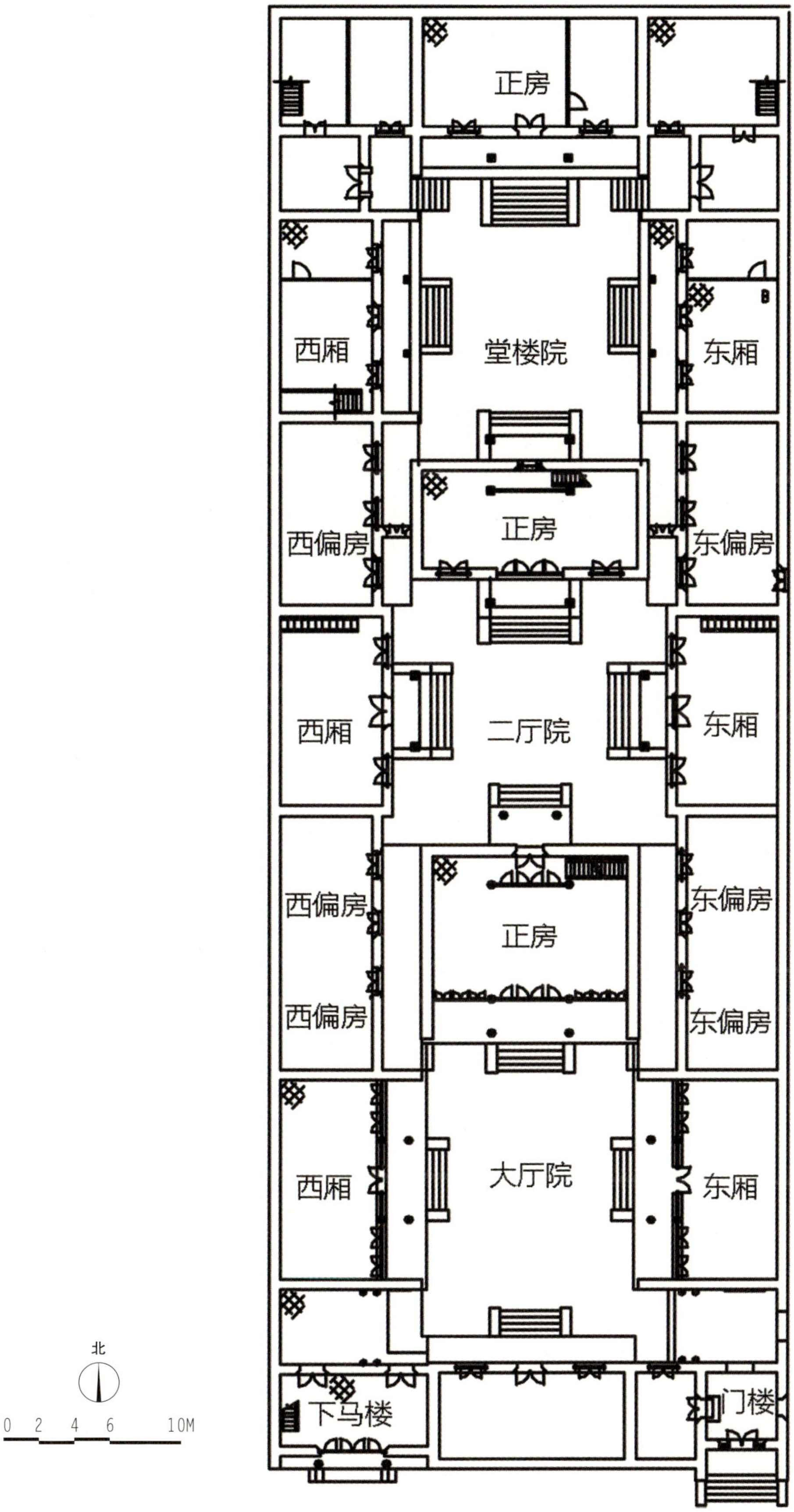
正房
西厢
堂楼院
东厢
正房
西偏房
东偏房
西厢
二厅院
东厢
正房
西偏房
东偏房
西偏房
东偏房
西厢
大厅院
东厢
下马楼
门楼
北
0 2 4 6 10M

⊙三进堂楼院平面图

高门台院门楼

五门照院门楼

“百龙竞翔”木雕

⊙门罩砖雕

⊙建筑砖材

⊙墀头砖雕

⊙柱础石造型

庙上村

庙上村位于陕县西张村镇南约1.5千米处，距离陕县20千米左右，是豫西地坑院（天井窑院）保存数量最多、最为完整的村庄之一。2007年，陕县被认定为“中国天井窑院文化之乡”。这些地坑院建筑是中国传统民居乃至世界乡土建筑中的独特类型，具有建筑史和文化史研究的特殊价值。

1. 历史沿革

庙上村隶属于陕县西张村镇，位于三门峡市南郊，全村有4个村民组，780人。陕县地处豫西黄土高原，属于高原沟壑地貌，其特点是塬上平坦、土层深厚、水源缺乏。高原上沟壑发育活跃，由于长期侵蚀，平坦的塬面被侵蚀沟切割，沟谷深达100—200米，人在沟中行走如在山涧中，待登上“山顶”则是宽阔的塬面。豫西地区平坦塬面面积占高原沟壑面积的60%。早在石器时代，生活在这里的先民们在长期的生产生活实践中，就用土建造了各种建筑，如三门峡渑池县仰韶文化遗址，距今6000年，建筑材料都是以天然黄土为主。原始人在天然黄土塬上营造洞穴这一居住形式，发展到今天就形成了中国黄土高原上的窑洞居住建筑。这种在黄土地上向下挖出的窑洞形式，融于大自然环境中，有冬暖夏凉的特点，是原始而朴素的自然生态型建筑。

1950年以后，农村生产力的发展，尤其是打井技术的进步，为从高原沟壑和河流岸边迁往塬上居住提供了重要保证。同时，现代生活要求方便快捷，人们之间交往增多，村落向塬上搬迁，挖建地坑院，在当时成为一种必然。庙上村现存地坑院主要建造于这一时期。

在1980年以前，村民基本上居住在地坑院内，地上砖混建筑很少看到。而在1980年以后，随着经济的发展，村民不再满足地坑院的居住条件，开始建造地上房屋。而到2000年以后，村落内基本没有可用的宅基地，为满足人口大量增加的需要，村民开始推平地坑院，然后在其上盖砖房。庙上村作为张村塬上形态最为独特、保存最为完整的地坑院村落之一，且正好处在“三门峡—甘山风景区”的旅游线路上，庙上村里部分地坑院已成为旅游景点。

2. 自然风光

陕县位于河南西部三门峡市东西的狭窄川地上，是三门峡南至崤山的二级台地，名曰“陕塬”，三门峡人称之为“南塬”。境内沟壑纵横、塬川相间，地势南高北低，东峻西坦，地貌基本可分为中山、低山、丘陵和塬川四种类型。

张茅、菜园、西张村、张汴乡四个乡镇既有中山地貌也有塬川地貌特征，豫西地坑院主要集中在张村塬、张汴塬、东凡塬三大塬区，结构呈现为“四沟三塬”。塬者，乃“中国黄土高原地区因流水冲刷而形成的高地，四边有陡坡，顶上比较平坦”。由三门峡市南望，高耸的山阶近在眼前，驱车登上则不见山，所以，当地人所说“上山不见山”就是这个缘由。南部山区主要山峰有甘山、方山、放牛山、三角山等，最高点甘山海拔1885米，其中甘山国家级森林公园属国家3A级旅游景区。

塬上的地形地貌及生态环境塑造了独特的村落景观，构成豫西特有的“住文化”形态。豫西地坑院窑居村落分布在黄土高原沟壑区外的平坦塬面上，成行或呈散点式布局。这种“进村不见村”的景象构成了塬上最为独特的地下村庄景观。“唯有树木不见村，风送炊烟缭绕飞，待看地坑如天井”也成为庙上村的景观特色。

3. 建筑特色

陕县的古村落选址从古至今发生过很大变化，在古代主要聚中在黄土高原沟壑里面或塬上边缘处，现状村落选址主要在平坦的塬上地区。这是因为聚落选址须考虑水源、田地、交通和植被等资源利用的便利性。在黄土高原上，饮水是一个很重要的问题，而黄土高原地区水源多分布在沟壑里面，在古代的技术条件下，不可能在塬上打深水井，居住在沟壑里就近取水也成为必然，在当时的技术条件下，逐水而居是当地典型的一个聚落特点。同时，为躲避战乱和匪寇的侵扰，村落多选址在冲积沟壑里，有险可守，即使在塬上居住，也常常选择在沟壑旁边，并在塬上一边垒砌起很高的寨墙，起到防御作用。庙上村东、西、北三面均为农田树林，放眼望去绿意盎然，充满田园气息，南面沟壑纵横穿过，更为村落增添了些许特色，丰富了周边的自然环境。庙上村现状村落分为旅游景点区、原村中地坑院区和新建地上民宅区三个部分。

在平面形态上，地坑院院落融合了北方与南方民居建筑的某些形态特征，其单体平面集中国传统的北方合院与南方天井居住形式于一体。天井窑院一般为独门独院，个别也有二进院、三进院，就是通过地下通道把二至三个天井院相连。庙上村的天井窑院院落平均高度为5.65米，平均宽11.3米，平均长度10.45米，平均宽高比为2，平均长高比为1.86，这种比例尺度使得窑院空间有着比较适宜的封闭感和私密性，形成良好的私人空间。典型平面与立面组合成的窑院高度5.65米，宽度8.4米，长度为12.6米。一座地坑院占地面积大约是1.2亩地。民间的工匠因地制宜巧妙利用地形，为下沉式窑洞村落设计出各种不同的入口形式，从平面布置上分有直进型、曲尺型、回转型三种。

地坑院村落具有独特的村落景观：进村不见村，只见树冠和炊烟。在过去没有路灯的年代，经常有人夜晚不慎跌落坑中。与地上空间的一览无遗相反，地坑院村落的地下空间却变化丰富：由地面经坡道下到地下院落，再经由院落进到窑洞而形成了收放有序的空间序列。地面上人的视野十分开阔，步入坡道视野受到约束，再进到院落便又有豁然开朗的感觉，整个空间充满了明暗、虚实、开闭的对比变化。下沉式院落的空间感也十分强烈，院落内不仅设有照壁，而且种植果木花卉，加之还用砖石等材料装饰的窑洞洞口，从而使小环境变得更加幽静宜人。

从建筑形态来看，虽然窑居聚落这一形式历经了百年多的发展，但其单体建筑无论空间形态，还是立面处理基本保持一定地域风格。院落布局多呈四合院式，形状有方形和长方形两种，尺寸一般是10—12米，院深约6—7米。地坑院一般为8、10、12孔窑，窑洞一角的一孔窑或正中一孔窑挖出一个斜向弯道通向地面，作为居民出入院子的门洞。地坑院入口坡道有直进型、曲尺型或回转型。地坑院中的坡道装饰也有多种形式，有的用青石平铺或青砖铺成踏步，甚至还有用碎石装饰坡道两旁崖面。门洞正对的窑洞是长辈居住的正窑即主窑，左右为侧窑。根据主窑所处方位朝向不同，地坑院可分为四种宅院。窑洞门脸立面“一门两窗”和“一门三窗”是典型的单元化处理。

黄土高原地区天然的黄土层为原始人类居住提供了条件，“黄土”是该地区最普遍的建筑材料。这里的黄土层沉积厚达百米之上，土质颗粒细小均匀，富含石灰质，具有良好的粘合性、透气性和渗水性，又具有较高的抗压强度。地坑院的生态价值因其就地取材，利用天然的地势地形，在地层内掘出窑洞作为住房，厚厚的土质围护结构保温隔热性好，具有冬暖夏凉的优点。从节省资源、能源的角度看，窑居是符合可持续发展原则的居住形式。不少研究认为这种原生态的居住方式是地坑院最重要的价值体现，也是其应该被充分保护的原因，但这种“生态”是在低技术条件下对自然被动的适应和利用，所以，现实中地坑院由地下走到地上，逐步被地面砖房取代的事实，也说明其存在着一定的局限性。从两方面来认识这一问题，是我们进一步做好保护和再利用的工作基础。

地坑院窑洞可以降低冬季冷风和春季风沙的直接侵袭，但是，在窑洞内没有穿堂风，冬季换气是靠室内外温差和空气对流来实现的。每个窑洞的门槛都是可以取下的活动隔板，板右侧有一个直径为10毫米的半圆洞，窑洞顶部也有一个约120毫米×150毫米的洞。在夏季，空气对流无法解决中后部的潮湿，即便门窗全开，效果也不明显。对于采光，以朝南窑洞为例，夏季中午阳光可射入2米左右。所以前部明亮，起居活动多集中于此，而中后部十分阴暗。对于朝西和朝东的窑洞，居民则用竹帘遮阳，而斜阳将被高达7米左右的地坑院所遮挡。

作为下沉式院落，地坑院的排水非常重要，包括雨水和污水两方面。其中，及时疏导雨水对窑洞安全至关重要，因为黄土有孔隙，湿隐性强，遇水塌落。调查表明，窑洞的坍塌多是细雨侵蚀的结果。所以，村民要对窑洞顶部，即地井院四周地面经常维护，如除草、堵洞、定期用磙石碾压，使其干硬，并使地面向四周保持有一定坡度。农民在场地四周广栽吸水性强、成熟快的泡桐树，目的也是为了使窑洞顶部黄土变得坚硬。此外，院内所有的雨污水直接排向地井院东南角一个约20米深的渗井，此井一直穿透岩层，以保证水能渗走。从使用上看，其渗水速度承受得起当地的雨水污水量。但厕污是担运的，就非常麻烦。

传统地坑院的营建一直由农户独自或合作完成，受建造方式的制约，地坑院存在的影响居住环境质量的问题一直未能得到有效改善。如开窗小，窑内光线昏暗，通风不畅，排烟困难和夏季潮湿；窑院内无污水排水设施，污染水源等；并且，地坑院的顶部一般都有不少于3米厚的土层，由于土层内土质不均，造成土层中的垂直节理的发育，当雨水沿土层垂直下渗时，直接影响窑洞的安全；加之，相对平地房屋，地坑院存在上下交通不便的缺点，尤其是近年来，农用三轮车、摩托车的普遍使用使矛盾更加突出，地上建房成为富裕家庭的标志。所以，地坑院本身单一的居住模式，如何适应现代农村生活需求和变化，陕县的其他地坑院村庄也在进行相关的改造和实验。

4. 民间风俗

在建造方式上，地坑院的建造是一种逆向思维的产物。它不是在地面上树立建筑物，而是向下开掘，地面上几乎看不到形迹，这与普遍通用的建筑方式、风格迥然不同。

天井窑院虽是农家小院，但由于受深厚的历史文化的影响，其建房习俗也十分讲究。在动土之前，要依照道家阴阳平衡的原理选方位、定座向、下线桩，俗称“方院子”；然后择吉日奠基，俗称“破土”。在破土动工之时，还要燃放鞭炮、焚香磕头祭土地神，再在地基中央各挖三锨土后方可动工。此俗源于远古人类对土地的崇拜。在当地，修建窑洞是一件关系家庭兴衰、子孙繁衍的大事。在修建窑洞的整个过程中，最为隆重和热闹的仪式为“合龙口”，就是在窑洞建成之时，工匠要在中间一孔窑洞的顶上留下空隙，用系了红布、五色线的砖或石砌齐，然后燃放爆竹，摆宴请客，共祝主人平安吉祥。迁入新居时，主人的亲朋好友还要备礼祝贺，喝喜酒，称为“暖窑”。

⊙庙上村总平面图

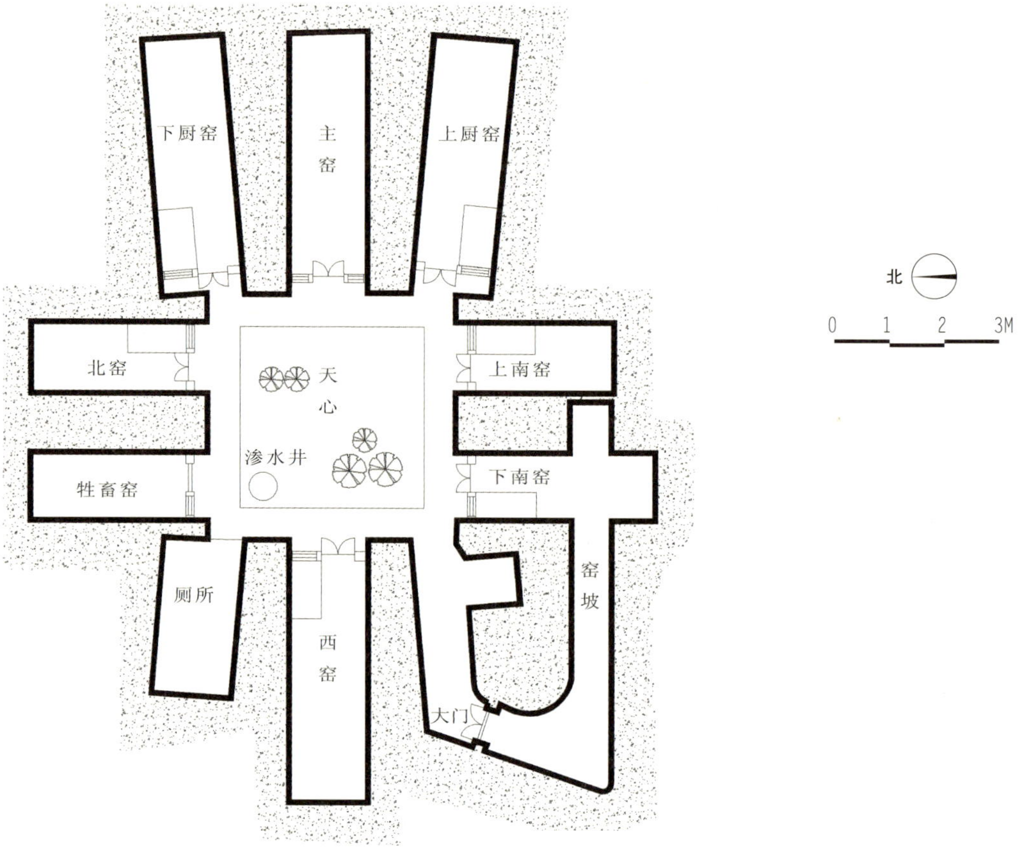

⊙主窑在东地坑院平面图

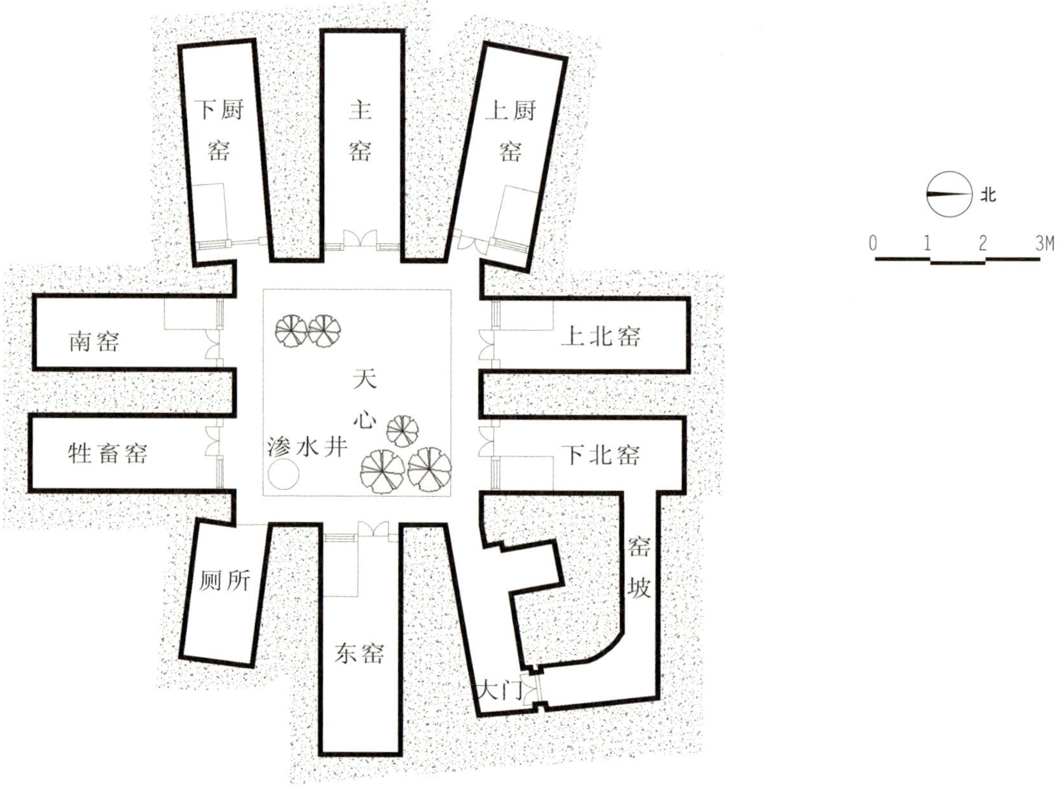

⊙主窑在西地坑院平面图

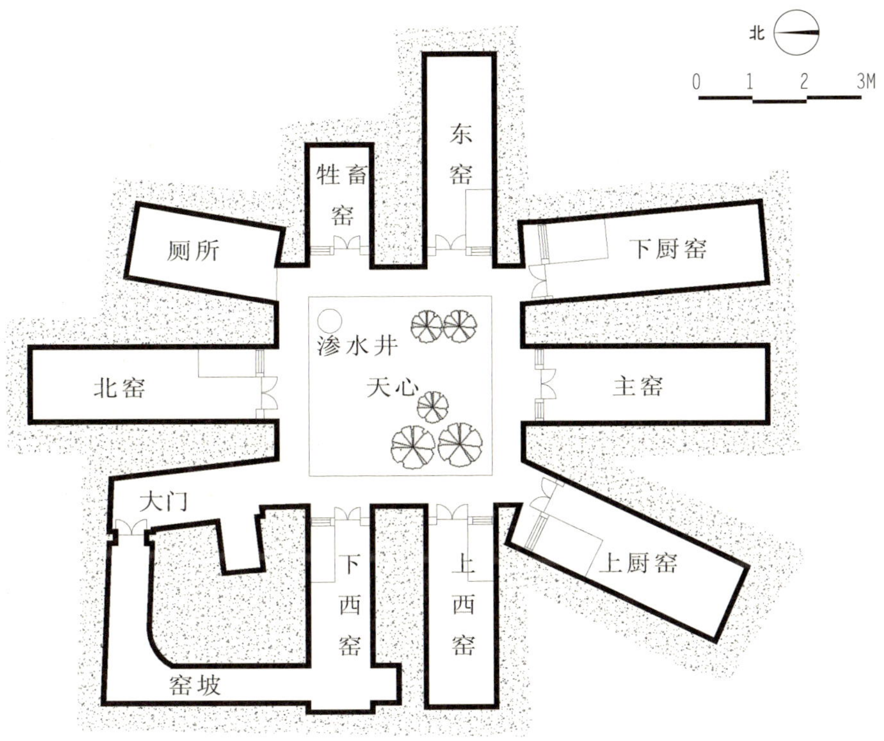

主窑在南地坑院平面图

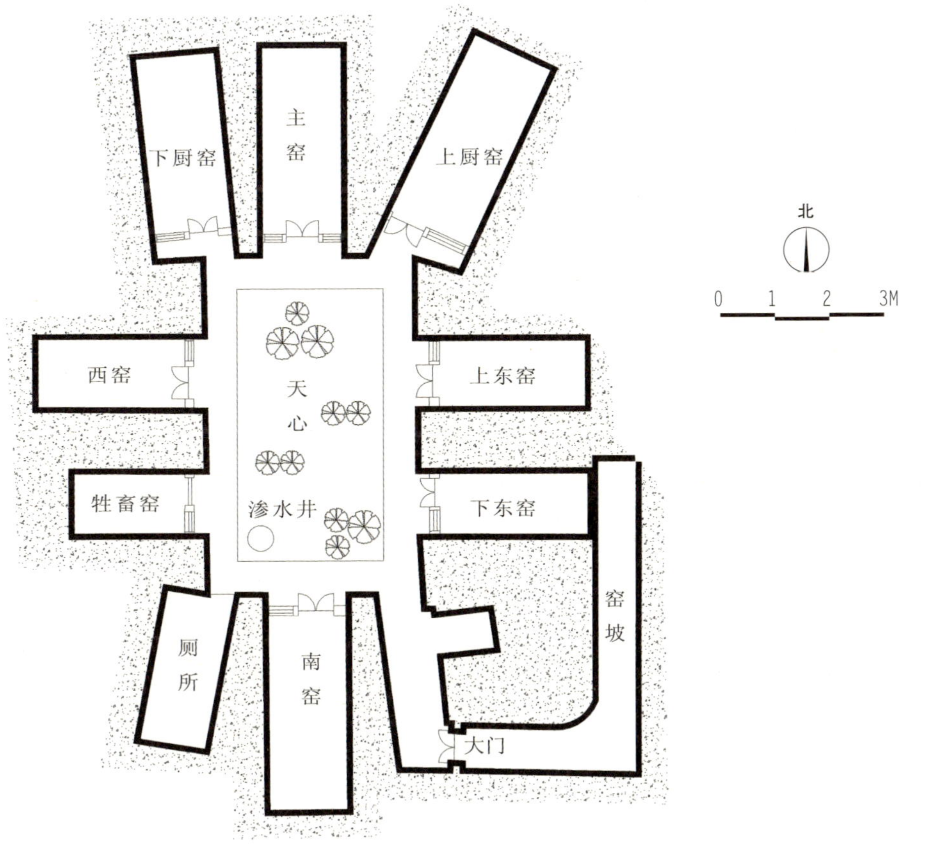

主窑在北地坑院平面图

⊙庙上村的地坑院

⊙地坑院院落

⊙庙上村村内景观

⊙直下型入院坡道

⊙曲尺型入院坡道

⊙地坑院入口

地坑院内的植物

砖砌门洞口

八孔窑地坑院

十孔窑地坑院

一门两窗的窑洞门脸

⊙一门三窗的窑洞门脸

⊙窑洞室内空间

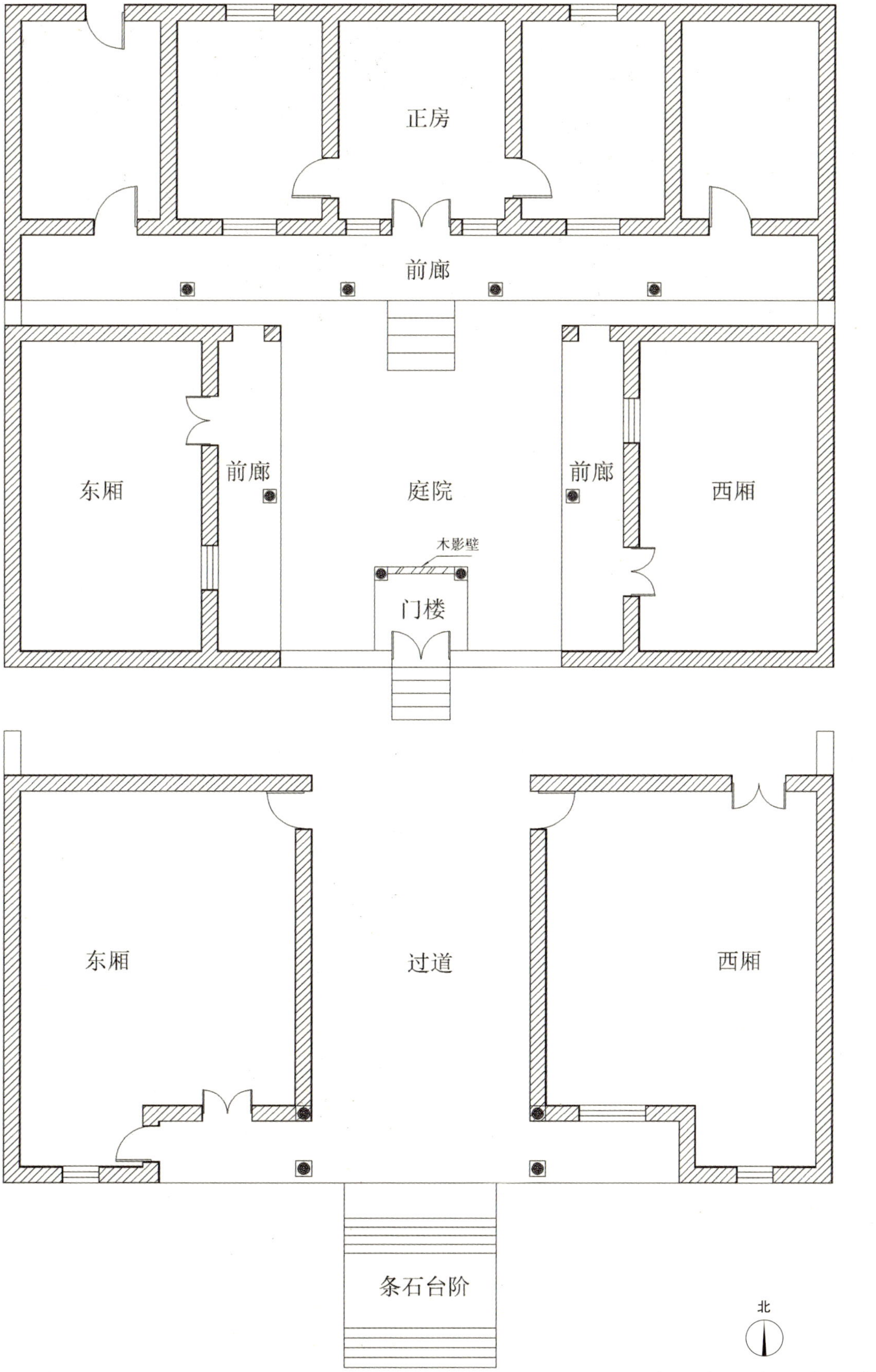

⊙东院平面图

东院过厅

东院排水设施

东院后院门楼

东院后院内院

村内民居院落

吴垭村

吴垭村位于内乡县城西6千米的岞岖镇村王井境内，距省道豫52线仅1千米，是河南省闻名的石头村，距今已有270余年历史。

1. 历史沿革

据现存吴垭村东的咸丰二年《始祖吴公迪元之墓碑》记载，吴氏家族原籍为内乡县城西侧的湍东龙头村堰坡组，乾隆八年（1743）始祖吴迪元迁居至此，距今已有270余年的历史。因全是吴姓人居住在石垭上，故得名“吴垭”（“垭”指两山之间的高地），至今村内仍全为吴姓人家，同敬一个老祖先。

2. 自然风光

吴垭村周围群山环抱、梯田环绕、林木掩映，林间老柿树、野梨树、歪枣树、翠竹林自然婀娜，鸟儿和小动物自由穿梭，充满山野间原始气息。沿老虎岭而上，山道逶迤，两侧奇石突出，火山蛋、糠包石遍布其间，山下石梯田蜿蜒伸展，风景优美。吴垭这个古老的石头房村落堪称露天民俗博物馆。村内现保存民居42座，石头房93座200余间，占地面积5620平方米，传统建筑80%以上保存完好。保存形态完整的历史街巷4条，古墓地2处，石碑13通（清代8通、民国5通），百年古树10棵（500年黄楝树、300年三叉古柏树和200年金桂树等），农耕实物、民俗用品特别是石器具随处可见。整个村落宛如一个石头的王国。村落布局因地制宜、错落有致，山、石、房、林、田浑然一体，形成了人与自然和谐共存的山村景观格局。

3. 建筑特色

吴垭村现有农家50多户，村中大多是石头房，依势而建，错落有致，整个村庄像一座由石头房子组成的城堡。所谓“石头房”，就是墙体全部以不规则且形态各异的石头为基本材料而建成的房子。吴垭村掩映在茂林修竹、古藤老树之中，浑然天成，民俗独特。与平原村落常见的商贾大宅不同，吴垭村没有受丝毫商业活动的影响，是一座原汁原味的山民自建的古村落。

沿着崎岖的山路，经过一个晒场，顺斜坡下行，进入村前广场，映入眼帘的就是依山而建、错落有致的石头房子。沿广场向北前行，自然进入一条石头院落和石头民居组成的窄巷，窄巷尽端正对一座石砌门楼，透过门楼，是一户宅院的院墙和宅门。这是一条所谓的“死胡同”，门楼里是两户人家，窄巷是进出的唯一通道。宅门正对窄巷，不符合风水格局的要求，但方便、实用。走在巷中，感觉四周被石头包围着，由于受地形的限制，建筑布局紧凑、院落狭窄，石建筑、石楼门、石院墙、石板路、石台阶、石畜圈、石窑、石盆、石槽、石桌、石凳、石臼随处可见，从基石到屋顶，找不到一块砖，是吴垭村石头房最具代表性、最集中的区域。

从村前广场向东，地形逐步向下，有一条曲折小路通往村东边几户院落。路南错落的台地上，坐南朝北排列着三个宅院，路北有一个三合独院，该院两侧有石阶逐步向北，在独院北侧是一开阔地，正对着吴登鳌宅的宅院。村中336号建筑吴登鳌宅是吴垭村中现存保存最为完整的一座院落。其为两进院落，坐北朝南，门前有广场，平面布局呈“日”字形，分筑于三层台地之上，占地面积496平方米，建筑面积305平方米。其第一进院落无正房，仅有东、西厢房，且西厢房曾作为古村的唯一一座私塾使用，现已毁坏。私塾坐西朝东，原是吴登鳌宅一间厢房，其面阔三间，南北长9.0米，东西宽5.1米，木石结构，是典型的的吴垭石头建筑。第二进院落是吴垭典型的“凹”字形布局院落，其正房面阔三间，依地势高出两侧厢房布局，且其东厢房为一层带阁楼建筑。东厢房阁楼在正房前台阶东侧上开有门，由此门可直接进入，设计巧妙。由此向西，逐渐升高，路过墓地，可到村落最高处几家宅院；向东，沿坡壁小路逐步下行，可迂回到村后山坡上。

吴垭村建在两山之间的高地上，冬天凛冽的北风会被前后的大山挡住，夏天却因地处高山又十分阴凉。整个村落分布在三层台地上，民居依山而建，坐北向南，随地形和功能需要灵活布局、错落有致。街巷依山就势，以村中三处开敞空间为中心，形成疏密有致的有机布局，略有向心性。

吴垭村民居采用分层筑台，分台建房的方式建造，有的是上房下院，有的是院房一体，还有的是两房两院呈阶梯状布局，高低错落。大多数民居为三合院，也有两进院、三进院，平面布局多为“凹”字形、“日”字形。院落随地形大小不一，正房和厢房互不相连，且一圈房子顶部不相交叉，充分体现了豫南山区民居建筑的特点。

吴垭村传统民居的建筑特点为石墙青瓦，单檐硬山墙，采用周边山上的石灰岩、水泥灰岩和白云岩为基本材料，此类岩石石层外露，材质硬度适中，节理裂缝分层，易于开采，而且岩石既有大而厚的块石，也有小而薄的片石，可切割成不同形状规格，发挥各种用途；墙体用毛石块或加工精细的石片、石砖内外对齐干垒而成，用黄泥巴或自烧的白灰勾缝；石头房大多用木构架承受屋顶及阁楼荷载，木立柱用料不大，柱径20—30厘米；屋面将青瓦或片石置于固定在木椽上的斜芭席（用荆条所编），上下搭接，互相叠压；窗户较小，石料砌筑的窗户有平拱形、圆弧形等，也有很多窗户是疏疏落落的木质窗棂，里面糊上窗纸。建筑主体色彩为黄褐色、白色和灰色，木构件为红、黑等传统民居色彩。

吴垭村的石头建筑与豫北太行山区石墙石瓦建筑有所不同，其屋顶均为小青瓦，并保留着宛西地方特色的民居、碑林、梯田和生产方式，其独特的村落格局和空间形态，是宛西山地村落的典型代表。

4. 民间风俗

石头村由于山深岭险，女子出嫁时，常有娘家三辈人（爷爷辈、父辈、同辈）相送，俗称“送客”。男方迎娶礼，要送给女方整猪，最少也得连皮带肉“五斤”肉（当地称连刀肉），这叫“离娘礼”。中产之家为了体面，除“五斤离娘肉”外，再加上猪头和猪四条腿，猪尾巴夹在猪嘴里，代表整猪。到现在，石头村人还戏称闺女为“猪头”。

吴垭的传统民俗主要有接官亭与画眉的风俗、土地庙庙会、祖坟祭祀、新婚礼以及建房、添丁、乔迁、过节、祈雨、敬神等活动；特色节庆有菊花节、春节、正月十六十七“跑百病”等。

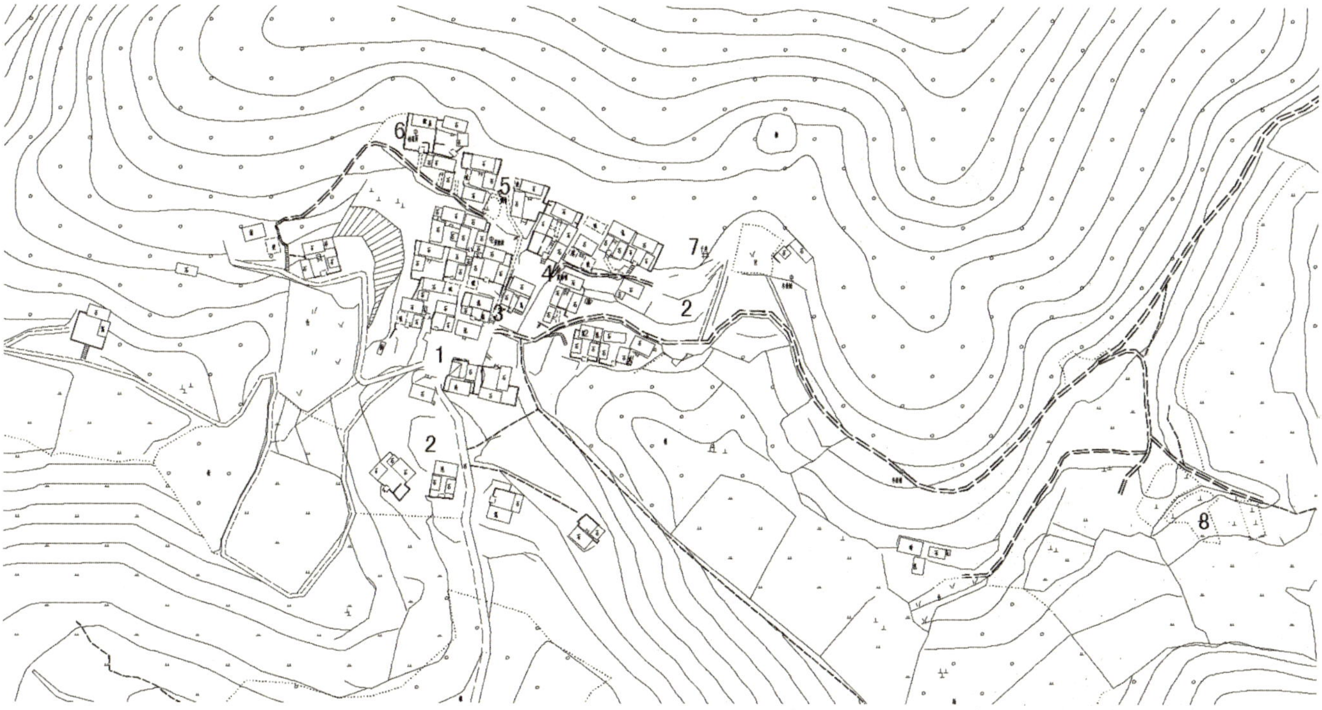

⊙吴垭村总平面图

北

0　20　40　60M

1. 文化广场
2. 打谷场
3. 石磨
4. 黄楝树
5. 侧柏
6. 桂花树
7. 古井
8. 祖坟

吴垭村鸟瞰

石头院墙和宅门

⊙村前广场

⊙三合独院外观

西户民居宅院

民居石槽

民居石磨

⊙ 336 号建筑第二进院正房

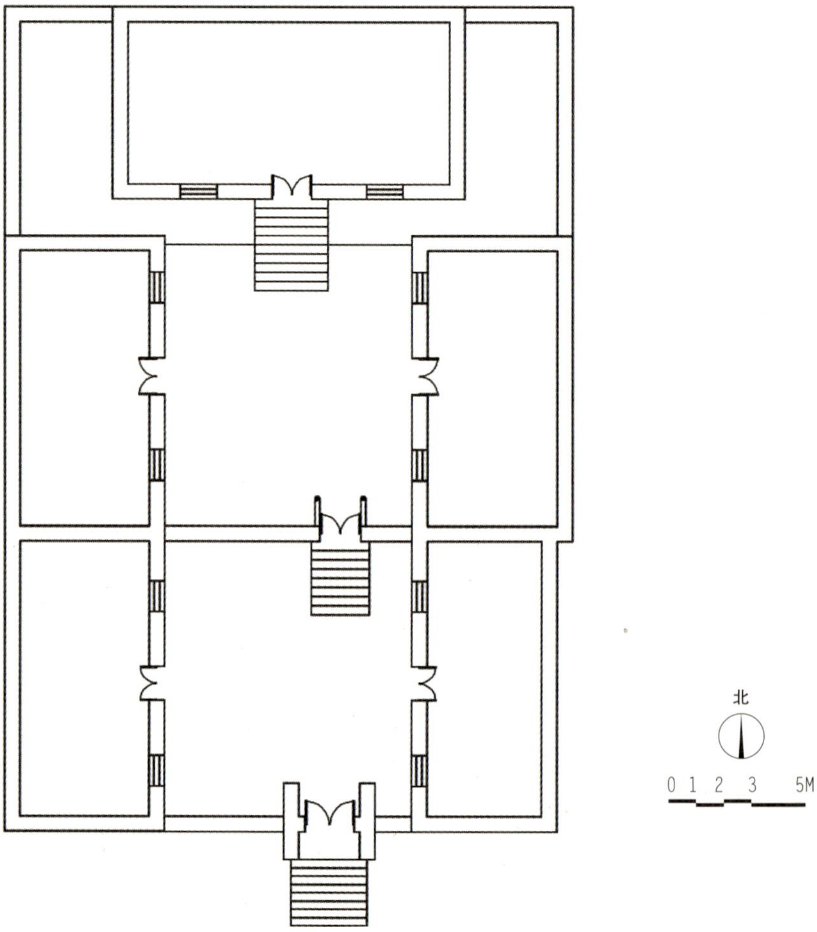

⊙ 336 号建筑平面图

336 号建筑第二进院落入口门楼

村中心开阔地及古树

荆紫关平浪宫入口两侧的钟楼

荆紫关关门

荆紫关镇北街

荆紫关镇中街

荆紫关镇南街

山陕会馆大殿及前广场

⊙山陕会馆过道楼

⊙山陕会馆戏楼

山陕会馆大门楼

封火山墙造型

石雕狮子

山陕会馆大殿

平浪宫入口

⊙山陕会馆钟楼

⊙禹王宫入口

⊙山陕会馆墀头造型

⊙山陕会馆墀头造型

⊙山陕会馆墀头造型

⊙山陕会馆石雕狮子

主要参考文献

1. 河南省文物局编. 河南省第三次全国文物普查300项重要发现[M]. 郑州：海燕出版社，2011.
2. 河南省文物建筑保护研究院编. 文物建筑：第6辑[M]. 郑州：大象出版社，2013.
3. 重修汜水县志：上册. 点校注本，1928（民国17年）.
4. 南阳市政协文史资料委员会编. 南阳文史资料（第5辑）[M]. 北京：中国文史出版社，2006.
5. 林州市人民政府地方史志办公室. 任村镇志[M]. 1979.
6. 河南省志：第五十七卷[M]. 郑州：河南人民出版社，1993.
7. 牛彦军. 安阳古今建筑文化印迹[M]. 北京：中国文史出版社，2007.
8. 荥阳文物志编纂委员会编. 荥阳文物志[M]. 郑州：中州古籍出版社，2011.
9. 王振江，孙宪周，等. 巩义史话[M]. 郑州：中州古籍出版社，2007.
10. 左满常，白宪臣. 河南民居[M]. 北京：中国建筑工业出版社，2007.

附录

河南省历史文化名村（镇）、传统村落名单

序号	名　称	地　点	文保级别
1	临沣寨（村）	平顶山市郏县堂街镇	●●●●
2	张店村	平顶山市郏县李口镇	●●●●
3	渣园村	平顶山市郏县渣园乡	●
4	西寨村	平顶山市郏县冢头镇	●
5	李渡口村	平顶山市郏县冢头镇	●●
6	北街村	平顶山市郏县冢头镇	●
7	东街村	平顶山市郏县冢头镇	●
8	苏坟村	平顶山市郏县茨芭镇	●
9	姑嫂寺村	平顶山市郏县茨芭镇	
10	齐村	平顶山市郏县茨芭镇	●
11	山头赵村	平顶山市郏县茨芭镇	●●
12	小张庄村	平顶山市郏县姚庄回族乡	●
13	下宫村	平顶山市郏县薛店镇	
14	冢王南村	平顶山市郏县薛店镇	●
15	马街村	平顶山市宝丰县杨庄镇	●
16	高皇庙村	平顶山市宝丰县石桥镇	●●
17	张庄村	平顶山市宝丰县商酒务镇	●
18	程庄村	平顶山市宝丰县李庄乡	●●
19	大营村	平顶山市宝丰县大营镇	●●
20	白石坡村	平顶山市宝丰县大营镇	●
21	李老庄村	平顶山市鲁山县瓦屋乡	●
22	仓头村	平顶山市鲁山县仓头乡	
23	半扎村	平顶山市汝州市蟒川镇	●
24	山顶村	平顶山市汝州市夏店乡	●
25	康南村	郑州市巩义市康店镇	
26	油坊村	郑州市荥阳市高村乡	
27	庙后安村	郑州市新郑市龙王乡	
28	霹雳店村	郑州市新郑市龙王乡	
29	大金店老街	郑州市登封市大金店镇	●
30	柏石崖村	郑州市登封市徐庄镇	●

序号	名　称	地　点	文保级别
31	弋湾村	郑州市登封市大冶镇	
32	方顶村	郑州市上街区峡窝镇	●●
33	马固村	郑州市上街区峡窝镇	
34	苏寨村	郑州市荥阳市广武镇	●
35	北周村	郑州市荥阳市城关乡	
36	裴城村	漯河市郾城区裴城镇	●●
37	小商桥村	漯河市临颍县皇帝庙乡	●
38	西蒋村	安阳市安阳县蒋村镇	
39	赵家河村	安阳市安阳县马家乡	
40	渔洋村	安阳市安阳县安丰乡	●
41	顺南街村	安阳市滑县道口镇	
42	任村	安阳市林州市任村镇	●
43	朝阳村	安阳市林州市石板岩乡	●
44	漏子头村	安阳市林州市石板岩乡	●
45	草庙村	安阳市林州市石板岩乡	●
46	梨园坪村	安阳市林州市石板岩乡	●
47	南湾村	安阳市林州市石板岩乡	●
48	小店河村	新乡市卫辉市狮豹头乡	●●●
49	郭亮村	新乡市辉县市沙窑乡	●
50	百泉村	新乡市辉县市百泉镇	
51	张泗沟村	新乡市辉县市拍石头乡	●
52	单拐村	濮阳市清丰县双庙乡	●
53	王家辿村	鹤壁市鹤山区姬家山乡	●●
54	大胡村	鹤壁市山城区鹿楼乡	●
55	肥泉村	鹤壁市山城区鹿楼乡	●●
56	西街村	鹤壁市浚县卫溪街道办事处	●●
57	纣王殿村	鹤壁市淇县黄洞乡	●●
58	石老公村	鹤壁市淇县黄洞乡	●●
59	温坡村	鹤壁市淇县黄洞乡	●
60	北朱村	焦作市中站区府城街道办事处	●●
61	一斗水村	焦作市修武县岸上乡	●●●
62	东岭后村	焦作市修武县岸上乡	●●
63	平顶爻村	焦作市修武县西村乡	●●
64	双庙村	焦作市修武县西村乡	●●●
65	长岭村	焦作市修武县西村乡	●
66	九渡村	焦作市沁阳市常平乡	●
67	寨卜昌村	焦作市博爱县苏家作乡	●
68	段村	焦作市温县番田镇	
69	陈家沟	焦作市温县赵堡镇	●
70	东岳村	信阳市光山县文殊乡	●●
71	徐楼村	信阳市光山县泼陂河镇何尔冲村	●
72	龚冲村	信阳市光山县泼陂河镇黄涂村	●
73	向楼村	信阳市光山县南向店乡董湾村	●
74	扬帆村	信阳市光山县净居寺名胜管理区	●
75	何家冲村	信阳市罗山县铁铺乡	●●
76	丁李湾村	信阳市新县八里畈镇神留桥村	●●●
77	毛铺村	信阳市新县周河乡	●●
78	西河村大湾	信阳市新县周河乡	●●
79	钱大湾	信阳市新县苏河乡新光村	●
80	白沙关	信阳市新县陡山河乡白沙关村	●
81	刘咀村	信阳市新县卡房乡胡湾村	●
82	水塝村韩山村	信阳市新县田铺乡香山湖管理区	●
83	大湾村	信阳市新县田铺乡田铺居委会	●
84	何老湾	信阳市商城县吴河乡万安村	●●

序号	名　称	地　点	文保级别
85	余老湾	信阳市商城县余集镇迎水村	●(红)
86	何家冲	信阳市商城县长竹园乡张花店村	●(红) ●(深褐)
87	四方洼	信阳市商城县长竹园乡汪冲村	●(红) ●(深褐)
88	四楼湾	信阳市商城县冯店乡郭店村	●(红)
89	锁口村	信阳市固始县武庙乡	
90	袁寨村	周口市项城市王明口镇	●(深褐) ●(青灰)
91	邓西村	周口市商水县邓城镇	
92	乔庄村	洛阳市孟津县小浪底镇	●(红) ●(深褐)
93	杜康村	洛阳市汝阳县蔡店乡	●(红) ●(深褐)
94	卫坡村	洛阳市孟津县朝阳镇	●(红) ●(深褐)
95	石碑凹村	洛阳市孟津县常袋镇	●(红)
96	寺坡山村	洛阳市新安县石井镇	●(红)
97	东山底村	洛阳市新安县石井镇	●(红)
98	石场村	洛阳市嵩县九店乡	●(红)
99	上戈村	洛阳市洛宁县上戈镇	●(红) ●(浅米)
100	城村	洛阳市洛宁县河底镇	●(红)
101	丈庄村	洛阳市洛宁县东宋镇	●(红)
102	草庙岭村	洛阳市洛宁县底张乡	●(红)
103	程村	洛阳市嵩县田湖镇	
104	圣王台村	洛阳市汝阳县小店镇	●(深褐)
105	大王庙村	洛阳市栾川县潭头镇	●(红)
106	抱犊寨	洛阳市栾川县三川镇火神庙村	●(红) ●(深褐)
107	苏羊村	洛阳市宜阳县张坞镇	●(红)
108	南姚村	济源市承留镇	●(深褐)
109	庙上村	三门峡市陕县西张村镇	●(红) ●(深褐) ●(浅米)
110	丁管营村	三门峡市陕县西张村镇	●(红)
111	赵沟村	三门峡市渑池县段村乡	●(红) ●(深褐) ●(浅米)
112	赵坡头村	三门峡市渑池县段村乡	●(红)
113	南沟村	三门峡市陕县西张村镇	●(红)
114	刘寺村	三门峡市陕县张汴乡	●(红)
115	杜店村	三门峡市卢氏县朱阳关镇	●(红)
116	石佛村	三门峡市义马市东区办事处	●(红) ●(深褐) ●(浅米)
117	朱阳村	三门峡市灵宝市朱阳镇	●(红)
118	杏山村	南阳市邓州市杏山旅游管理区	●(红)
119	吴垭村	南阳市内乡县岞岫镇	●(红) ●(深褐) ●(浅米)
120	老城村	南阳市南召县云阳镇	●(红)
121	转角石村	南阳市南召县马市坪乡	●(红)
122	方庄村	南阳市西峡县寨根乡	
123	荆紫关镇	南阳市淅川县	●(深褐) ●(土黄) ●(青灰)
124	土地岭村	南阳市淅川县盛湾镇	●(红) ●(深褐) ●(浅米)
125	前庄村	南阳市唐河县马振抚乡	●(红)
126	竹沟村	驻马店市确山县竹沟镇	●(红)
127	神垕镇	许昌市禹州市	●(深褐) ●(土黄) ●(浅米)

注：

- ●(红) 国家级传统村落
- ●(深褐) 河南省历史文化名村（镇）
- ●(土黄) 中国历史文化名村（镇）
- ●(浅米) 河南省文物保护单位
- ●(青灰) 国家级文物保护单位

图书在版编目（CIP）数据
中华古村落·河南卷 / 郑东军著. -- 南京：江苏凤凰教育出版社, 2016.11
ISBN 978-7-5499-6209-9
Ⅰ.①中… Ⅱ.①郑… Ⅲ.①村落－介绍－河南 Ⅳ.①K928.5
中国版本图书馆CIP数据核字(2016)第313404号

书　　名　中华古村落·河南卷
作　　者　郑东军
责任编辑　徐金平
装帧设计　周　晨
出版发行　江苏凤凰教育出版社（南京市湖南路1号A楼　邮编 210009）
苏教网址　http://www.1088.com.cn
照　　排　南京新华丰制版有限公司
印　　刷　上海雅昌艺术印刷有限公司
厂　　址　上海市嘉定区嘉罗公路1022号
开　　本　889mm×1194mm　1/16
印　　张　20.375
版　　次　2018年11月第1版　　2018年11月第1次印刷
书　　号　ISBN 978-7-5499-6209-9
定　　价　460.00元
网店地址　http://jsfhjycbs.tmall.com
公 众 号　江苏凤凰教育出版社（微信号：jsfhjyfw）
邮购电话　025-85406265,025-85400774,短信 02585420909
盗版举报　025-83658579